Cuba

Anke Munderloh
Ulli Langenbrinck

DUMONT
Reise-Handbuch

Inhalt

Wissenswertes über Cuba

Königin der Antillen 12
Steckbrief Cuba 14

Natur und Umwelt 16
Flora und Fauna 16
Landschaften 19
Umweltprobleme 23

Wirtschaft, Soziales und aktuelle Politik 24
Überleben in der Quadratur des Kreises 24
Die Hintergründe 27
Soziales 30
Cuba libre? 32
Menschenrechte und Opposition 33

Geschichte 40
Die Ureinwohner 40
Kolumbus entdeckt Cuba 40
Die Kolonialzeit – unter spanischer Herrschaft 41
Unabhängigkeitskriege 45
Die USA und Cuba 46
Die Revolution ... 48
... und ihre Folgen 50
Zeittafel 54

Gesellschaft und Alltagskultur 56
Nicht nur schwarz und weiß ... 56
Cubas tanzende Götter – die Santería 61
Die Regla Conga und die Paleros 69
Der Geheimbund Abakuá 73
Cubanischer Karneval 77
Andere Feste 78

Musik und Kunst 80
Klingender Rum – cubanische Musik 80
Literatur im 20. und 21. Jahrhundert 94
Kunst im 20. Jahrhundert 97
Cubanischer Film 101

Essen und Trinken 102
Kreolische Küche 102
Cocktails 104
Kulinarisches Lexikon 106

Wissenswertes für die Reise

Informationsquellen 110
Reise- und Routenplanung 115
Anreise und Verkehr 120
Unterkunft 127
Sport und Aktivurlaub 130
Einkaufen 133
Ausgehen 134
Gut zu wissen 135
Reisekasse und Reisebudget 138
Reisezeit und Reiseausrüstung 141
Gesundheit 142
Kommunikation 144
Sprachführer 146

Unterwegs in Cuba

Kapitel 1 Havanna und Archipiélago de los Canarreos

Auf einen Blick: Havanna und Archipiélago de los Canarreos 152
Havanna 154
Geschichte 155
Habana Vieja 163
Rund um den Prado 177
Der Malecón 182
Vedado 183
Cementerio Cristóbal Colón 187
Plaza de la Revolución 187
Miramar, Playa und Marina Hemingway 188
Aktiv unterwegs: Barhopping in Habana Vieja 195
Aktiv unterwegs: Mit der Hershey-Bahn von Havanna nach Matanzas 201

Die Umgebung von Havanna 203
Südlich vom Zentrum 203
Die östliche Seite der Bahía de La Habana 204
Von Havanna an die Playas del Este 205
Weiter Richtung Matanzas 209

Inhalt

Archipiélago de los Canarreos 210
Isla de la Juventud 210
Cayo Largo 214

Kapitel 2 Cubas Westen

Auf einen Blick: Cubas Westen 218
Von Havanna nach Pinar del Río 220
Complejo Turístico Las Terrazas 220
Aktiv unterwegs: Wanderungen im
Naturpark Las Terrazas 221
Soroa 223
San Diego de los Baños und Umgebung 224

Pinar del Río 228
Geschichte 228
Sehenswertes 228

Valle de Viñales und Umgebung 234
Viñales 234
Die Umgebung von Viñales 235
Aktiv unterwegs: Fahrradtour durch Tabakland 242
Von Viñales nach María La Gorda 243

Vuelta Abajo und Península de Guanahacabibes 244
Vuelta Abajo 244
In den südwestlichen Zipfel Cubas 244
Península de Guanahacabibes 245

Kapitel 3 Zentralcuba

Auf einen Blick: Zentralcuba 250
Die Provinz Matanzas 252
Matanzas 253
Varadero 258
Cárdenas 264
Península de Zapata und Bahía de Cochinos 267
Aktiv unterwegs: Vogelbeobachtung
auf der Península de Zapata 270

Cienfuegos und Umgebung 273
Cienfuegos 273
Ziele in der Umgebung von Cienfuegos 282

Trinidad und die Provinz Sancti Spíritus 284
Trinidad und Umgebung 284
Aktiv unterwegs: Trinidads Musikszene –
eine abendliche Kneipentour 291
Sierra del Escambray 293
Aktiv unterwegs: Wanderungen im Schutzgebiet
Topes de Collantes 294
Valle de los Ingenios 297
Sancti Spíritus 299

Die Provinz Villa Clara 305
Santa Clara 305
Aktiv unterwegs: Auf den Spuren des Che 308
Lago Hanabanilla 312
Remedios 313
Weiterfahrt nach Caibarién 316
Cayo Las Brujas und Cayo Santa María 317

Die Provinz Ciego de Ávila 319
Geschichte 319
Ciego de Ávila 319
Archipiélago Jardines de la Reina 322
Morón 322
Die Umgebung von Morón 325
Cayo Coco und Cayo Guillermo 326

Camagüey und Provinz 330
Camagüey 330
Die Nordküste 339

Die Provinz Las Tunas 343
Las Tunas 343
Die Nordküste 345

Kapitel 4 Cubas Osten

Auf einen Blick: Cubas Osten 348
Holguín und Provinz 350
Holguín 350
Gibara und Umgebung 357
Bahía de Bariay 361
Guardalavaca und Umgebung 362
Banes 367
Entlang der Nordküste nach Baracoa 368

Inhalt

Aktiv unterwegs: Zu Fuß durch den Humboldt-Nationalpark 370

Bayamo und die Provinz Granma 372
Geschichte 372
Bayamo 373
Parque Nacional Turquino 377
In den Parque Nacional Desembarco del Granma 379
Aktiv unterwegs: Besteigung des Pico Turquino 380
Küstenstraße nach Santiago de Cuba 384
Von Bayamo nach Santiago de Cuba 385

Santiago de Cuba und Umgebung 388
Santiago de Cuba 388
Aktiv unterwegs: Spaziergang durch El Tivolí 398
Ausflüge in die Umgebung 406

Die Provinz Guantánamo 410
Guantánamo 410
Von Guantánamo nach Baracoa 413
Baracoa 415
Die Umgebung von Baracoa 424
Aktiv unterwegs: Bootsfahrt auf dem Río Toa 425

Register 426

Abbildungs- und Zitatnachweis/Impressum 432

Themen

Tabak und Zucker – ein cubanischer Disput 20
Claudia Cadelos Internetblog Octavo Cerco (›Achter Kreis‹) 38
José Martí – Cubas Nationalheld 44
Fidel Castro 49
El bloqueo – das US-Embargo gegen Cuba 52
Schwarzes Selbstbewusstsein 59
Wenn die Götter tanzen – eine Santería-Zeremonie 66
Essende Trommeln – die Batá 68
Besuch beim Babalawo 70
Die Casa de la Trova – ein Haus für Troubadoure 84
Musiktipps 92
Havanna literarisch 158
Szenen aus der Provinz 226
Tabak – historisch 232
Von Köhlern, Sängerwettstreiten und Krokodilen 269
Beny Moré – der größte Sonero aller Zeiten 281
Über das Leben in den Sklavenbaracken 298
Ernesto ›Che‹ Guevara 310
Die ›Franzosen‹, die Tumba Francesa und der Karneval 390
»Guantanamera« – wie ein Ohrwurm entsteht 412
Karibische Köstlichkeiten in Baracoa 419

Das Klima im Blick

Reisen verbindet Menschen und Kulturen. Wer reist, erzeugt auch CO_2. Der Flugverkehr trägt mit bis zu 10 % zur globalen Erwärmung bei. Wer das Klima schützen will, sollte sich – wenn möglich – für eine schonendere Reiseform entscheiden. Oder die Projekte von *atmosfair* unterstützen: Flugpassagiere spenden einen kilometerabhängigen Beitrag für die von ihnen verursachten Emissionen und finanzieren damit Projekte zur Verringerung des CO_2-Ausstoßes in Entwicklungsländern (*www.atmosfair.de*). Auch der DuMont Reiseverlag fliegt mit *atmosfair*!

nachdenken • klimabewusst reisen
atmosfair

Inhalt

Alle Karten auf einen Blick

Havanna und Umgebung: Überblick	153
Havanna: Übersichtskarte	163
Habana Vieja: Cityplan	166
Havanna: Cityplan	178
Vedado: Cityplan	184
Cubas Westen: Überblick	219
Las Terrazas: Umgebungskarte	221
Pinar del Río: Cityplan	230
Viñales: Umgebungskarte	236
Zentralcuba: Überblick	251
Matanzas: Cityplan	254
Cienfuegos: Cityplan	274
Trinidad: Cityplan	286
Topes de Collantes: Umgebungskarte	294
Sancti Spíritus: Cityplan	301
Santa Clara: Cityplan	306
Camagüey: Cityplan	332
Cubas Osten: Überblick	349
Holguín: Cityplan	352
Bayamo: Cityplan	374
Pico Turquino: Wanderkarte	381
Santiago de Cuba: Cityplan	394
Baracoa: Cityplan	416

► Dieses Symbol im Buch verweist auf die Extra-Reisekarte Cuba

Die Santería-Liebesgöttin Ochún beim Tanz

Typischer cubanischer Straßensnack: *cucuruchos de maní* – Erdnüsse, die in selbst gebastelten Papiertütchen verpackt sind

Wissenswertes über Cuba

Königin der Antillen

»Alle träumten von Cuba« – der Titel eines Romans von Miguel Barnet über einen galicischen Auswanderer, der seine Heimat in Spanien verlässt, um auf der karibischen Insel sein Paradies zu finden, könnte auch als Motto über Gegenwart und Geschichte Cubas stehen.

Diese Insel hat, wie wenige andere, unzählige Träume geweckt: Träume vom paradiesischen Eiland, vom subtropischen Garten Eden, das Eldorado der spanischen Konquistadoren, die mit goldhungrigen Augen die Insel absuchten. Piratenträume von reich gefüllten Karavellen. Eine ›ewig treue Insel‹, die mit dem nicht versiegenden Reichtum aus ihren Zuckermühlen und Tabakmanufakturen bis in alle Ewigkeit die königliche Kasse Spaniens füllte. Ein unerträglicher Alptraum für die afrikanischen Sklaven, die unter sengender Sonne für diesen Reichtum schuften mussten. Immerhin waren ihre Götter mit ihnen an Land gegangen. In Cuba hinge das Geld selbst in den Trauben, glaubten galicische Auswanderer, die zu Anfang des 20. Jh. zu Hunderttausenden in der Hoffnung auf Arbeit ihre regenreiche Heimat verließen und ihr Glück in Cuba versuchten.

»Alle träumten von Cuba«, und als sie die Augen öffneten, stellten sie fest, dass Trauben hier kaum bekannt waren. Traurige Tropen für Sklaven und (arme) Einwanderer, sonnenverwöhntes Land der unbegrenzten Möglichkeiten für Mafiosi jeglicher Couleur – Hauptsache, man setzte auf die richtige Farbe. Eine ganze Insel als Einsatz auf dem Roulettetisch. Und dann der revolutionäre Traum, der viele der vorherigen Träume hinwegfegte und neue, noch niemals geträumte in Aussicht stellte. Eine giftige Schlange hat den Apfel verspeist, meinte der Nachbar im Norden, dem allzu viele der Jetons gehört hatten, und erklärte das Paradies zur kommunistischen Hölle, die es zu bekämpfen galt. Die Linke in der ganzen Welt dagegen ließ sich von der exotischen Zuckerinsel zu romantischen Höhenflügen inspirieren. Wie kein anderes Land wurde Cuba in den 1960er-Jahren zur Leinwand, auf die vor allem die europäische Linke ihre eigenen revolutionären Utopien projizieren durfte: Sonne und Sozialismus, Rumba und Revolution.

Alle Perspektiven auf die Insel, so unterschiedlich sie auch sein mögen, enthalten mehr als nur ein Körnchen Wahrheit: Die Traumstrände und das sanfte Meer gibt es wirklich, die Kolonialarchitektur ist tatsächlich imposant, die Musik (nicht nur die des Buena Vista Social Club) ist allgegenwärtig und liegt wie ein beständiges Flirren in der Luft. Und die Revolution hat wahrhaftig, wenn auch ›nur‹ vorübergehend, Grundübel beseitigt, unter denen andere Länder Lateinamerikas und der Dritten Welt noch heute leiden.

Doch Cuba wäre nicht Cuba, wenn es sich mit diesen einfachen Wahrheiten begnügen würde: Die Insel ist vor allem ein Paradies der Widersprüche und Vermischungen. Afrocubanische Götter und atheistische Staatsdoktrin, Mangelwirtschaft und Luxushotels, laue Brisen und Hurrikane, sowjetische Ersatzteile in amerikanischen Oldtimern, Pesogehälter und Luxus gegen Devisen, leere Geschäfte und florierender Schwarzmarkt, karibische Sanftmut und blutige Aufstände …

Erträglich und lebbar ist diese alltägliche und meist wenig traumhafte Achterbahnfahrt für die Cubaner vor allem durch ihren unverwüstlichen Humor, ihre zupackende Fantasie und ihren unbedingten Überlebenswillen.

Trotz der seit 1990 herrschenden Dauerkrise sind die viel zitierten Errungenschaften der Revolution vielen Cubanern zu Recht noch heilig – die Kindersterblichkeit ist niedrig, die allgemeine Lebenserwartung liegt bei etwa 75 Jahren, die Bevölkerung ist überdurchschnittlich gut ausgebildet, das Gesundheitssystem trotz akuter Versorgungsprobleme in Krankenhäusern und Apotheken immerhin noch existent. Die Rassentrennung wurde aufgehoben, die Gleichberechtigung der Frauen durch umfangreiche Gesetze zumindest auf dem Papier garantiert. Dies alles ist mehr, als jedes andere Land der Hemisphäre von sich behaupten kann. Allerdings besitzen CubanerInnen keine Reisefreiheit, haben keinen Internetzugang und Meinungsfreiheit ist sozusagen nicht vorhanden. Nach dem Ende der Sowjetunion stürzte die Insel in eine schwere Krise: Ohne Erdöl, Strom, Benzin, Ersatzteile und Lebensmittellieferungen brachen die industrielle und die landwirtschaftliche Produktion, der Exportsektor und die Versorgung der Bevölkerung immer wieder zusammen.

In ihrer Not haben sich die Cubaner eine Art Schatteninfrastruktur geschaffen, mit deren Hilfe man zumindest überleben kann. Man schlägt sich durch, indem man 1000 verschiedene Jobs und Dienstleistungen erfindet und dazu nach Kräften den Staat schröpft. Halb Cuba hängt am finanziellen Tropf der Miami-Cubaner, kaum eine Familie könnte ohne die regelmäßigen Geldüberweisungen ihrer Verwandten in den USA überleben. Wer nur einen Zipfel des cubanischen Alltags beispielsweise in Havanna oder Santiago erlebt, wird ungemein fantasievolle Methoden kennenlernen, mit denen viele Cubaner diesen täglichen Kampf meistern, und die illusionslose Hartnäckigkeit, mit der sie eigentlich unlösbare Probleme zumindest auf kurze Sicht lösen. Jeder versucht sich eine kleine Scheibe vom winzigen Devisenkuchen abzuschneiden, dennoch herrscht erstaunlicherweise eine relative Gelassenheit. Das mag an der Vergangenheit dieser Insel liegen, die von Gewalt, kolonialer Unterdrückung, Sklaverei, dem Karussell der Diktaturen, von Aufständen, Hungerzeiten, Hurrikanen und eben der Revolution von 1959 geprägt ist. So leicht lässt man sich in Cuba nicht aus der Fassung bringen. Mag sein, dass deshalb die meisten Cubaner auf Cuba geblieben sind, obwohl sie dort in den letzten Jahrzehnten (um nicht zu sagen Jahrhunderten) nur selten nach ihrer Meinung gefragt wurden.

Die cubanische Realität ist heutzutage voller Gegensätze, ein stetes Auf und Ab – einerseits ein karibisches Urlaubsparadies mit allen Zutaten, von denen wintergeplagte Europäer träumen: weiße Puderzuckerstrände und warme Meereswellen, die einen wahren Farbenrausch in Grün-Smaragdfarben-Himmelblau-Türkis entfalten und in denen es sich herrlich baden, tauchen und schnorcheln lässt. Die Bevölkerung dagegen lebt in Pesocuba, einer völlig anderen Welt, benötigt zum Überleben aber Devisen.

Dann ist Cuba auch der karibische *melting pot,* in dem sich Afrika, Europa und ein Stückchen Asien vermischt haben. Kein Mensch in Cuba sei rein weiß oder rein schwarz, sagte der Schriftsteller Miguel Barnet einmal, jeder trage die Elemente der anderen Kultur ebenfalls in sich. Und allgegenwärtig wie ein unterirdischer roter Faden ist Afrocuba mit seinem magisch-animistischen Weltbild und seinem überaus lebendigen Götterhimmel, der sich wenig um Staatsformen und Machthaber schert.

Die Besonderheit Cubas ist, dass all diese Welten miteinander verwachsen sind, was dazu führt, dass ein Tag in Cuba aus vielen Wechselduschen bestehen kann, während derer man die Insel entweder auf der Stelle verlassen oder für immer dableiben will. Cubas Reichtum an Abgründen, Widersprüchen und Überraschungen ist immens. Ein vorzüglicher Wegweiser, um dem Geheimnis der Magie, die diese Insel ausübt, auf die Spur zu kommen, sind die auf der Insel gedrehten Filme, die hier geschriebenen Romane und das wichtigste cubanische Lebenselixier: die Musik. Wer von dieser Magie berührt wurde, den lässt sie nicht mehr los. Man kann Cuba lieben oder hassen, doch gleichgültig lässt diese Insel niemanden.

Steckbrief Cuba

Daten und Fakten

Name: República de Cuba

Fläche: 110 860 km^2. Die Hauptinsel Cuba umfasst 105 007 km^2, ist über 1200 km lang und zwischen 30 und 190 km breit. Die übrige Fläche teilen sich die vier zum cubanischen Archipel gehörenden Inselgruppen Los Colorados, Sabana-Camagüey, Jardines de la Reina und Los Canarreos, die aus 1600 kleinen bis winzigen Inseln *(cayos)* bestehen.

Einwohnerzahl: 11,2 Mio.
Hauptstadt: Havanna (2,4 Mio. Einwohner)
Bevölkerungswachstum: 0,33 %
Amtssprache: Spanisch
Staatsform: Sozialistische Republik

Währung: Peso Convertible (CUC) und Peso Cubano (CUP), beides Binnenwährungen
1 CUC = ca. 24 CUP = 1,08 US-$ = 0,85 € = 1,13 CHF (Stand August 2010)
Zeitzone: MEZ – 6 Std.
Landesvorwahl: 00 53

Landesflagge: Jedes Element hat seine eigene Bedeutung: Das Dreieck bezieht sich auf die Losung der Französischen Revolution – Freiheit, Gleichheit, Brüderlichkeit; der Stern im roten Dreieck steht für die Einheit Cubas, für die viel Blut floss; die drei blauen Balken erinnern an die frühere Aufteilung der Insel (Westen, Zentrum, Osten), ihre Farbe an die Freiheitsbestrebungen der Cubaner; die zwei weißen Balken verkörpern die Reinheit und Tugend des cubanischen Volks.

Geografie

Cubas Küsten erstrecken sich über knapp 6000 km. Das Landschaftsbild ist geprägt von weiten Ebenen, die von verschiedenen Hügelländern und Gebirgsketten durchzogen werden: im Westteil der Insel die Cordillera de Guaniguánico (Pan de Guajaibón, 692 m), im südlichen Zentralcuba die Sierra del Escambray (Pico de San Juan, 1156 m) und im Osten die Sierra de Baracoa, die Sierra de Cristal sowie die Sierra Maestra (Pico Turquino, 1947 m), die mit dem 7243 m tiefen Caimangraben das größte Gefälle bildet, das an cubanischen Küsten anzutreffen ist.

Geschichte

1492 wird Cuba von Kolumbus entdeckt und für Spanien in Besitz genommen. Nur wenige Tausend indianische Ureinwohner überleben die ersten Jahre. Ab 1522 importiert die Kolonialmacht Sklaven aus Westafrika, die in den Minen und auf den Zuckerrohrplantagen arbeiten. 1520 wird Havanna zum Brückenkopf für die Eroberung des lateinamerikanischen Kontinents und ab 1620 zum Handelszentrum für Tabak und Zucker. Ende des 18. Jh. beginnt der cubanische Zuckerboom, ausgelöst durch den Sklavenaufstand in Haiti, der dort die Zuckerproduktion lähmt.

Der Erste Unabhängigkeitskrieg (1868–78) gegen Spanien bringt Cuba einige Reformen, doch weder die Unabhängigkeit noch die Abschaffung der Sklaverei. Unter José Martí beginnt 1895 der Zweite Unabhängigkeitskrieg. Kurz vor dem Sieg der Cubaner greifen die USA ein und erklären Spanien den Krieg. 1899 ziehen die Amerikaner in Havanna ein; 1901 wird eine Verfassung nach nordamerikanischem Vorbild verabschiedet.

Zwischen 1902, dem Jahr der offiziellen ›Unabhängigkeit‹ Cubas, und 1959 dreht sich das Präsidentenkarussell, geprägt von Putschen, US-amerikanischen Militärinterventionen, Generalstreiks, Repression, Marionettenregimes, Korruption und Unruhen. Der Überfall auf die Moncada-Kaserne in Santiago 1953 ist der Auftakt zur Revolution, die mit dem Einmarsch in Havanna am 8. Januar 1959 ihren siegreichen Abschluss findet.

1961 erfolgen die Invasion von Exilcubanern in der Schweinebucht und das US-Handelsembargo gegen Cuba. 1962 kommt es zur Cubakrise wegen der Stationierung sowjetischer Raketen auf der Insel. 1976 wird eine Sozialistische Verfassung verabschiedet. Der Zusammenbruch der UdSSR bewirkt 1991 eine heftige Wirtschaftskrise auf Cuba. 1994 fliehen Zehntausende Cubaner übers Meer Richtung Florida. 1993 wird der Dollar als Zahlungsmittel für Cubaner legalisiert, 2004 aber wieder abgeschafft und durch den Peso Convertible ersetzt. 2006 übergibt Fidel Castro aus gesundheitlichen Gründen zunächst provisorisch, im Februar 2008 offiziell die Macht an seinen Bruder Raúl Castro.

Staat und Politik

Cuba ist seit 1959 eine Sozialistische Republik. Parteien außerhalb der regierenden Kommunistischen Partei Cubas (PCC) sind nicht erlaubt. 1976 wurde eine neue Verfassung verabschiedet, der zufolge alle vier Jahre die Volksmachtorgane (Poder Popular) gewählt werden, und zwar in den Gemeinden, auf Provinzebene und für die Nationalversammlung. Diese tritt jedoch so selten zusammen, dass sie eher affirmativen Charakter hat.

Wirtschaft und Tourismus

Die cubanische Wirtschaft ist nach der Auflösung des sozialistischen Lagers, diversen Hurrikanen und der Weltwirtschaftskrise heftig angeschlagen. Nickel, Kobalt, pharmazeutische Produkte sowie Tabak und Rum haben den Zucker als wichtigste Exportwaren verdrängt. Mit ca. 2,5 Mrd. US-Dollar ist der Tourismus ein weiteres ökonomisches Schwergewicht. 2009 besuchten 2,5 Mio. Touristen die Insel, vor allem aus Kanada und Europa. In den nächsten sechs Jahren sollen mithilfe ausländischer Investoren mehr als 30 weitere Hotels gebaut werden, damit steigt die Zimmeranzahl um 10 000.

Bevölkerung und Religion

Etwa ein Drittel der Bevölkerung ist jünger als 16 Jahre. 12 % bezeichnen sich als Schwarze, 21,9 % als Mulatten und 66 % als Weiße. Die durchschnittliche Lebenserwartung liegt bei 73 Jahren, die Säuglingssterblichkeit bei 15,3 pro 1000 Geburten. Auf je 600 Einwohner kommt ein Arzt. Die Analphabetenquote ist mit 3 % niedriger als in den USA.

Gemäß der Katholischen Kirche Cubas sind rund 35 % der Bevölkerung praktizierende Katholiken, ca. 2 % bekennen sich zum protestantischen Glauben. Die Mehrheit der Bevölkerung gehört offiziell keiner Religionsgemeinschaft an. Sehr stark verbreitet sind afrocubanische Religionen wie Santería und Regla Conga.

Natur und Umwelt

Cuba ist die größte und landschaftlich wohl abwechslungsreichste Antilleninsel. Berühmt sind die weißen Traumstrände mit kristallklarem Wasser, doch die Natur hat noch andere Highlights zu bieten: subtropische Urwälder, schroffe Kegelfelsen in idyllischen Tälern, Mangrovensümpfe, Gebirgszüge und sanft gewellte Ebenen. Die Fauna wartet mit winzigen Kolibris und einer enorm artenreichen Fischwelt auf, die Flora mit unzähligen Palmenarten und karibischem Blütenzauber.

»Im Aquarium des Großen Zoos
schwimmt die Karibische See. Dies Tier
– Meeresbewohner und rätselvoll –
hat eine weiße Krone aus Kristallen.
Sein Schwanz ist grün, der Rücken blau
der Bauch aus kompakten Korallen
die Wirbelsturmflossen sind grau.
Im Aquarium hängt diese Inschrift hier:
›Vorsicht, bissiges Tier‹.« (Nicolás Guillén)

Der cubanische Nationaldichter Nicolás Guillén hat im Exil seine Heimat Cuba mit einem lachenden Krokodil verglichen. Mit ein wenig Fantasie kann man wirklich in den Umrissen dieser größten Antilleninsel jene Echsenart erkennen, die einst zahlreich in den Sümpfen und im Mangrovendickicht lebte.

Bevor Cuba eine spanische Kolonie wurde, war das ›schwimmende Krokodil‹ reich bewaldet. Der spanische Pater Bartolomé de Las Casas schrieb begeistert, man könne die gesamte Insel im Schatten der Bäume durchwandern, ohne auch nur einmal die Sonne zu sehen. Zunächst wurden die Wälder für den Schiffsbau gerodet, später dann für die Zuckerrohrplantagen und die Viehzucht. Im Jahr 1770 war noch die Hälfte der Insel von Wald bedeckt, 1959 nur noch 10 %. Seit der Revolution hat man sich bemüht, die Insel wieder aufzuforsten; so ist etwa die Provinz Pinar del Río heute wieder zu 43 % bewaldet. Eine Ahnung von der ursprünglichen Vegetation geben vor allem die Nationalparks Turquino, Gran Piedra und Alejandro de Humboldt im Osten Cubas.

Die rund 200 cubanischen Flüsse sind kurz und flach und verlaufen oftmals unterirdisch – eine interessante Besonderheit für Taucher ist, dass viele davon ins Meer münden. Der längste Fluss ist der Río Cauto in Oriente. Der karibische Ozean hat viele kleine bis große Höhlen in das Gestein gewaschen – sie wurden zu Schlupfwinkeln der cubanischen Ureinwohner.

Flora und Fauna

... de donde crece la palma

Das Wahrzeichen des Lands ist die Königspalme *(palma real, Roystonea regia)*. Sie ziert das Wappen Cubas. Die Königspalme, deren schnurgerader, betonartiger Stamm bis zu 40 m hoch werden kann, ist vielseitig verwendbar: Ihre Palmwedel dienen zum Decken der Dächer der *bohíos,* der auch heute noch auf dem Land verbreiteten Hütten; man kann mit ihren Fasern aber auch Hüte oder Körbe flechten. Aus dem Stamm lassen sich robuste Bretter schneiden; ihre zarten Herzen *(palmitos),* das Mark der Blattstiele, verarbeiten die Bauern zu köstlichen Salaten, ihre Früchte *(palmiches)* schließlich dienen als Tierfutter. Die zierliche Korkpalme und die

Barrigonapalme (sp. *barriga* = Bauch), auch Flaschenhalspalme genannt, sind weitere verbreitete Exemplare der rund 300 Arten zählenden Palmenspezies. Letztere kann man leicht an der bauchförmigen Ausbuchtung am Stamm erkennen, in der sie Wasser speichert. Natürlich findet man auch die Kokospalme und die *licuala* mit ihren dunklen, fächerförmigen Blättern. Auf den Hügeln im Tal von Viñales wächst die *palma corcho,* eine Korkpalme, die als Relikt aus der Epoche der Dinosaurier gilt.

Die *ceiba,* auch Kapok- oder Wollbaum genannt, galt in allen indianischen Kulturen als heiliger Baum. Heute noch verehren die afrocubanischen Religionen die Ceiba als magischen Baum, und man wird kaum einen Cubaner finden, der bereit wäre, eine Ceiba zu fällen. Die üppig herunterhängenden Luftwurzeln des *yagüey*-Baums (aus der Familie des Ficus) sorgen selbst in den Städten für eine fast unwirkliche, verwunschene Atmosphäre. Aus den Fasern des bis zu 25 m hohen Guanabana-Baums werden Hüte geflochten, wie man sie auf den Märkten angeboten findet.

Rauschende Blütenpracht

Ein sagenumwobenes Gewächs ist der Flammenbaum (Flamboyant, *Delonix regia*) mit seinen leuchtend roten oder gelben Blüten. Falls diese in einem Jahr mal ausbleiben, so weiß der Volksmund, muss man allgemein mit schweren Ehekrisen rechnen. Auch Edelhölzer wie Mahagoni *(caoba),* Zeder und Ebenholz sowie das weniger bekannte *yaya,* aus dem die Zigarrenkistchen hergestellt werden, wachsen auf Cuba. Während der Kolonialzeit wurden Schiffe und kostbare Möbel daraus gefertigt. Auf den sandigen Böden im Bergland gedeihen Kiefern *(Pinus tropicalis, Pinus caribea)* und Eichen. Reizvoll sind auch die Korallenbäume, Indischer Goldregen und die blauen Blütendolden des Palisanders. Der cubanische Hibiskus blüht reich in allen Farben. Die häufigsten fruchttragenden Bäume sind Mango, Papaya (*fruta bomba* genannt) und Avocado.

Wenn im März die Regenzeit beginnt, ist dies der Auftakt für einen prachtvollen Blütenzauber: Oleanderblüten von weiß, lachsrosa und gelb bis dunkelrot, die Blütenkaskaden der Bougainvillea, Hortensien und der

Die Palme und der Tabak – beide haben in Cuba eine große Bedeutung

aus Afrika stammende Tulpenbaum mit seinen leuchtend roten, orangegelb geränderten Blüten – bekümmert denkt man an die mühevoll daheim gezüchteten Miniableger, die einen solchen wild wachsenden Farben- und Duftreichtum kaum erträumen lassen. Nicht zu vergessen die weiß blühende *mariposa* (Schmetterlingsjasmin), Cubas Nationalblume, die weißen oder gelben Blütentrompeten des Baumstechapfels und die porzellanartigen Blüten des Trompetenstrauchs *(frangipani)*. Darüber hinaus gedeihen auf Cuba an die 700 Orchideenarten, die meisten davon findet man in Soroa, etwa 80 km westlich von Havanna. Eine Orchideenart wächst sich dort schon zu einer Plage aus, weshalb man sie Lila Fluch getauft hat: Die Wasserhyazinthe, auch Wasserpest genannt, ist so allgegenwärtig, dass sie zum Ärgernis für Fischzucht und Schifffahrt werden kann. Insgesamt sind rund 9000 Pflanzenarten in Cuba bekannt.

Mücken und andere Gefahren

Die Malariamücke gehört glücklicherweise nicht zu den in Cuba surrenden, brummenden und meistens stechenden Insektenspezies, doch auch die harmlosen Moskitoarten können den Reisenden – vor allem auf dem Land und immer in der Nähe von Wasser – plagen. Das cubanische Wundermittel gegen Insektenstiche aller Art: sechsjähriger, bernsteinfarbener cubanischer Rum, gleichzeitig äußerlich (sorgfältig auf die Stiche tupfen) und innerlich (für die Psyche) angewandt. Es hilft – übrigens auch bei Bissen der Strandflöhe, die nach Sonnenuntergang auf Nahrungssuche gehen.

Um dagegen von einem Skorpion oder der Riesenspinne Schwarze Witwe gebissen zu werden, muss man schon großes Pech haben. Normalerweise tauchen diese ziemlich unangenehmen Tierarten nur in Bergregionen, selten in Wohngegenden auf. Anders die allgegenwärtigen *cucarachas:* Diese überaus große karibische Variante der gemeinen Küchenschabe ist leider nur mit terroristischer Hygiene oder härtestem chemischen Totalangriff totzukriegen und besonders nervtötende Exemplare können sogar fliegen.

Zu den entschieden angenehmeren Zeitgenossen des Insektenreichs gehören die zahllosen Schmetterlinge. Und wenn man die allerliebsten *cocuyos* in der tiefschwarzen karibischen Nacht blinken sieht, entschädigt das vielleicht für einen unpassenden Stromausfall. Diese cubanische Variante der Glühwürmchen wurde früher von Bauern in kleinen Käfigen gehalten und mit Zuckerrohrsaft gefüttert, was ihnen offensichtlich gut bekommen ist.

Wirbeltiere, von ganz klein bis groß

Zu den sympathischen tierischen Zeitgenossen gehören zwei Miniexemplare: Auf Cuba lebt der kleinste Frosch der Welt *(Eleutherodactylus iberia)* und quakt *hóla, hóla* (›hallo – wie geht's?‹), und auch der weltweit kleinste Vogel, der grün schillernde *zunzuncito (Mellisuga helenae)*, ist auf der Insel zu Hause. Der im Deutschen Bienenelfe genannte Kolibri ist nicht größer als seine Namensgeberin und steht auf der Liste der gefährdeten Arten, ebenso wie der *carpintero real,* ein Schnabelspecht, und der Cubanische Papagei.

Von den 300 sichtbaren Vogelarten sind zwei Drittel jedoch nur auf der Durchreise in südlichere Gefilde. Dagegen kommen 24 Arten nur auf Cuba vor. Allgegenwärtig ist auf den Landstraßen die *aura tiñosa,* der schwarze Geier mit dem roten Kopf, eine Art Gesundheitspolizei, die unter Naturschutz steht. Desgleichen die *garzas blancas,* kleine weiße Reiher, die in einer Art Symbiose mit den Kühen leben, indem sie sie von Insekten befreien. Als Nationalvogel hat man sich den hübschen Cubatrogon ausgewählt, dessen Federkleid blau, rot und weiß schillert.

Die einzigen größeren Wirbeltiere, die man wild auf Cuba entdecken kann, sind die *almiquí,* langschnäuzige Insektenfresser, und ein rattenähnliches Nagetier, die *jutía conga,* eine essbare und unter Naturschutz stehende Baumratte.

Erleichtert stellten schon die spanischen Konquistadoren fest, dass auf Cuba mit giftigen oder würgenden Schlangen nicht zu rechnen war. Die *maja de Santa María* (Cubanische Schlankboa, eine von insgesamt 14 Arten) wird zwar bis zu 4 m lang, aber sie tut eigentlich nichts anderes, als in der Sonne zu liegen und schleunigst zu verschwinden, wenn menschliche Schritte den Boden erschüttern. Eine wirklich wichtige Rolle spielt sie als mystisches Tier in verschiedenen afrocubanischen Religionen.

Das Meer wartet mit einem großen Reichtum auf. Rund 900 Fischarten schwimmen vor Cubas Küsten: weiße oder blaue Marline, die bis zu 4 m lang werden können, Schwertfische, Steinbeißer, Zackenbarsche, Papageienfische, Barrakudas, Delfine und Haie, die sich im Normalfall glücklicherweise weit draußen im Meer tummeln. Crevetten, Tintenfische und Langusten gibt es natürlich auch. Taucher, Angler und Fischesser dürfen sich freuen.

Landschaften

Die Küste

Cubas Küsten erstrecken sich über knapp 6000 km. An den Küsten entlang verlaufen dichte Mangrovenwälder und Sümpfe.

Der häufigste Bewohner der Strände ist die windschiefe Kasuarine, ein immergrüner Baum mit langen kiefernartigen Nadeln. Sehr verbreitet ist auch der Strandwein mit seinen schönen, dicken Blättern und traubenartigen, allerdings zur Weinherstellung weniger geeigneten Früchten. Auch die Mangrovensümpfe warten mit Farbtupfern auf: Direkt am Wasser blüht die rote und dahinter die weiße Mangrove.

Typisch für das Inselbild sind eigentlich wildromantische verkarstete Felsküsten, oft reich bestückt mit *dientes de perro,* ›Hundezähnen‹, wie der Volksmund die scharfen Kalkspitzen treffend getauft hat. Die entlang der Küste verstreuten berühmten Traumstrände aus weiß schimmerndem karibischen Korallenkalk sind vergleichsweise sehr viel seltener, aber von einzigartiger Schönheit. Mit den feinsten Sandstränden wartet die Nordküste auf. Die schönsten Strände am Atlantik sind die Playas del Este östlich von Havanna, der berühmte Strand von Varadero auf der Halbinsel Hicacos, die Cayos Santa María, Coco und Guillermo, die Playa Santa Lucía nördlich von Camagüey sowie Guardalavaca bei Holguín im Osten der Insel.

Es lässt sich aber auch sehr gut im Karibischen Meer an der Südküste baden. Dort sind die Strände etwas grobkörniger und das Wasser ist, obwohl sauber, nicht kristallklar. Die bekanntesten Strände der Südküste sind Playa Larga bei Guamá auf der Halbinsel Zapata, Rancho Luna bei Cienfuegos, Playa Ancón südlich von Trinidad und Playa Siboney östlich von Santiago de Cuba. Badewannentemperatur hat das Wasser an allen Stränden Cubas.

Die kleine Insel Cayo Largo, südlich der Hauptinsel im Karibischen Meer gelegen, bietet ebenfalls paradiesische Strände und türkisfarbenes Wasser.

Der Westen

Im Schwanz des Krokodils, also im Westteil der Insel, durchziehen drei Mittelgebirge die ansonsten eher hügelige bis flache Landschaft. Die Cordillera de Guaniguánico erhebt sich bis zu 692 m (Pan de Guajaibón), zu ihr gehören die Gebirgszüge der Sierra del Rosario und die Sierra de los Órganos nahe der Provinzhauptstadt Pinar del Río. Die ›Orgelberge‹ heißen so, weil sie aus steilen, kegelartigen Felsen bestehen, die schroff aus dem flachen Boden ragen. Zwischen den *mogotes,* wie diese Kalksandsteinfelsen genannt werden, gedeiht der vorzügliche cubanische Tabak. Die Flüsse haben hier unzählige Höhlen ins Felsgestein gegraben – die größte von ihnen, die Cueva Santo Tomás, zieht sich über 46 km. In den unzähligen Höhlen hausen mehr als 30 verschiedene Arten von Fledermäusen, für die der Tisch mit immerhin über 7000 Insektenarten jeden Tag wirklich reich gedeckt ist.

In der Sierra de los Órganos haben sich 22 000 km^2 ökologische Vergangenheit erhalten. So dicht und urwüchsig wie nirgends sonst auf der Insel stehen hier noch wie vor Urzeiten Kiefern, Zedern und Mahagonibäume.

Tabak und Zucker – ein cubanischer Disput

»Tabak und Zucker sind die wichtigsten Personen in der Geschichte Cubas. Es gibt nichts, was die Geschichte der cubanischen Wirtschaft deutlicher kennzeichnet als der Kontrast zwischen den beiden einst und heute für Cuba typischen Produkten«, schreibt der cubanische Ethnologe Fernando Ortíz (1881–1969) in seinem Essay »Tabak und Zucker. Ein cubanischer Disput«.

»Zuckerrohr und Tabak sind ein einziger Gegensatz. Man könnte meinen, dass von der Wiege an Rivalität sie erfüllt und voneinander trennt. Die eine Pflanze gehört zur Gattung der Gräser, die andere zur Familie der Nachtschattengewächse. Der Reichtum der einen sitzt im Stängel und nicht in den Blättern, die fortgeworfen werden; der Wert der anderen liegt in den Blättern, nicht im Stängel, der verschmäht wird. Das Zuckerrohr lebt viele Jahre auf dem Feld; die Tabakstaude lebt nur wenige Monate; jenes sucht das Licht, diese den Schatten; Tag und Nacht, Sonne und Mond; jenes liebt den Regen, diese die aus der Erde aufsteigende Hitze.

Der Zucker kommt in Wasser gelöst als Sirup zum menschlichen Verbraucher, der Tabak gelangt durch das Feuer zu ihm, das ihn, zu Rauch verwandelt, verflüchtigt. Zuckerrohr ist ein Werk der Götter, Tabak eines der Dämonen (...).

Der Tabak wächst, der Zucker wird gemacht. Der Tabak entsteht rein, wird rein zur Zigarre gemacht und rein geraucht. Um Saccharose herzustellen, muss man, um die Verunreinigung durch Säfte, Schaum, Ausfällungen und Trübungen zu beheben, auf einen komplizierten physikochemischen Prozess zurückgreifen.

Der Tabak ist dunkel, von schwarz bis kaffeebraun, der Zucker hell, von kaffeebraun bis weiß. Der Tabak verändert seine Farbe nicht, er wird braun geboren und stirbt mit der Farbe seiner Rasse. Der Zucker ändert seine Färbung, er ist bei Geburt dunkel und wird weiß; er ist eine honigsüße Mulattin, die sich, noch braun, der allgemeinen Genäschigkeit ergibt und alsbald herausgeputzt und raffiniert wird, um als Weiße zu gelten, durch die ganze Welt zu geistern, in aller Münder zu gelangen und besser bezahlt zu werden, womit sie auf der Treppe der gesellschaftlichen Kategorien ganz nach oben gelangt.

›In ein und derselben Kiste gibt es keine Zigarre, die der anderen gleicht; jeder reine Tabak schmeckt anders‹, pflegen erfahrene Raucher zu sagen. Jeder reine Zucker hingegen schmeckt gleich. Der Zuckerverbraucher weiß nicht und fragt auch nicht, woher der Zucker kommt, den er zu sich nimmt. Der Raucher sucht einen ganz bestimmten Tabak, den Soundso-oder-soundso-Tabak. Alle Zucker sind gleich – kein Tabak gleicht dem anderen.

Der Zucker ist geruchslos; der Wert des Tabaks liegt in seinem Duft, der der Nase unzählige Varianten bietet, vom köstlichen Aroma der reinen Havanna, die eine Trunkenheit des Geruchssinns hervorruft, bis hin zu den stinkenden Strünken ausländischer Tabakfabriken, die beweisen, wie weit die Geschmacksverirrungen des Menschen gehen können. Tabak verbrauchen und rauchen ist ein Akt der Selbstdarstellung des Einzelwe-

Thema

sens. Für den Akt des Zuckerverbrauchens gibt es keine besondere Bezeichnung, er ist profane Schlemmerei. Daher kennt der Wortschatz den Raucher; den Zuckerer aber gibt es nicht.«

Die Raffinierung des Zuckers ist ein industrieller Vorgang, die Verarbeitung des Tabaks zu Zigarren handwerkliche Kunst. Auch Landschaft und Kultur werden von beiden Pflanzen ganz unterschiedlich geprägt, führt Fernando Ortíz aus. Das Zuckerrohr wird extensiv, also auf großen Flächen mit geringem Aufwand, angebaut, der Tabak intensiv. Denn maschinelle Ernte ist beim Tabak ebenso unmöglich, wie ihn auf riesigen Plantagen anzupflanzen. In die Zuckerproduktion sind Millionen von Menschen einbezogen, die Pflege und Ernte der Tabakpflanzen ist die Arbeit einzelner Kleinbauern. Die Geschichte des Zuckeranbaus ist eng mit der Sklaverei und der Entstehung von gigantischen Latifundien verknüpft, die Tabakpflanzer sind traditionell spanischer Herkunft und lebten auch während der Kolonialzeit als freie und hoch spezialisierte Kleinbauern.

»Der Zucker war Sklaventum, der Tabak Freiheit. In der kolonialen Geschichte Cubas war der Zucker spanischer Absolutist, der Tabak befreiender Mambí. Der Tabak begünstigte die nationale Unabhängigkeit. Der Zucker hat immer ausländische Intervention bedeutet.«

... die Verarbeitung des Tabaks ist handwerkliche Kunst

Zentralcuba

Das landwirtschaftliche Herz der Insel schlägt in Zentralcuba mit seinen sanft gewellten Ebenen, auf denen Zuckerrohr bis zum Horizont wächst. Rund um Camagüey verwandelt sich die tischflache Landschaft in sattgrüne Viehweiden, die für extensive Rinderwirtschaft genutzt werden. In der Regenzeit können die normalerweise kleinen Flussläufe große Überschwemmungen auslösen.

An der Südküste Zentralcubas liegt die Sierra del Escambray. Ihr höchster Gipfel, der Pico de San Juan, ist 1156 m hoch. Der Río Agabama teilt die Sierra del Escambray in die östlichen Bergzüge von Sancti Spíritus und die westliche Bergkette bei Trinidad. In dieser Region hat man zwei große Bewässerungsstauseen gebaut: den Embalse Zaza bei Sancti Spíritus, Cubas größten Stausee, und den verwunschen wirkenden Hanabanilla-Stausee nordwestlich von Trinidad.

Ein großes natürliches Reservat bildet der an der Südküste Zentralcubas gelegene Gran Parque Natural Montemar, zu dem die ausgedehnten Sümpfe und Mangrovenwälder der Halbinsel Zapata gehören. Dort züchtet man Krokodile, die vom Aussterben bedroht sind, da sie von den Inselbewohnern als Delikatesse angesehen werden. In dieser Gegend sollen auch einige wenige Manatís, eine Seekuhart, überlebt haben. Diese Tiere sind ebenso nahezu ausgerottet worden wie die Riesenschildkröten Kawama. Häufiger dagegen trifft man auf diverse Echsenarten.

An der Südküste, auf Cayo Largo und der Isla de la Juventud kann man Flamingos und Pelikane und in den Mangrovensümpfen mitunter Kanarienvögel beobachten, die hier in freier Natur leben. Eine winzige Insel in der Nähe von Cayo Largo ist vollständig im Besitz von Riesenleguanen, die zwar martialisch aussehen, tatsächlich aber harmlos sind.

Der Osten

Aus dem lachenden Maul des Krokodils im Osten Cubas blitzen kräftige Zähne – diese Region umfasst den bergigsten Teil der Insel. Der höchste Gebirgszug ist die raue Sierra Maestra, die kurz vor dem östlichen Küstenzipfel ins Meer ausläuft. Der höchste Berg ist der 1947 m hohe Pico Turquino. Nach ihm wurde der unter Naturschutz stehende Parque Nacional Turquino benannt, der große Teile der Sierra Maestra einnimmt. Die unzugängliche Sierra Maestra ragt steil aus dem 7243 m tiefen Caiman-Meeresgraben auf – zwischen dem Pico Turquino und dem Meeresgrund liegt das größte Gefälle, das an cubanischen Küsten anzutreffen ist. Im Norden der Sierra Maestra schließen sich das landschaftlich ungemein reizvolle Bergland der Sierra de Baracoa und die Sierra de Cristal an. Der Parque Nacional Alejandro de Humboldt, der sich über 57 000 ha im Osten Cubas erstreckt, bietet vielen Pflanzen und Tieren, die man nirgendwo sonst findet, eine Heimat.

In den fruchtbaren Tälern der Sierra Maestra und der Sierra de Baracoa wachsen Kaffeepflanzen und Kakao. Zwischen den großen Bergzügen dagegen liegen endlos scheinende Ebenen – hier reicht das grüne Gold der Zuckerrohrfelder bis an den Horizont.

Winziges Inselparadies vor der Nordküste Ostcubas: Cayo Saetia

Einzigartig auf der Welt und von großer Schönheit sind die cubanischen Schnecken der Gattung *Polymita,* eine Besonderheit der Provinzen Camagüey, Holguín und der Gegend um Baracoa. Der *Helix pita* entlockten die Medizinmänner der auf Cuba lebenden Indianer trompetenähnliche Laute. Noch heute kann man hier während des Karnevals den Schneckenbläsern lauschen.

Umweltprobleme

Als agrarisch geprägtes Land leidet Cuba wenig unter industrieller Umweltverschmutzung. Umweltprobleme hat die Insel trotzdem: Gegen die Schädlinge in der Landwirtschaft geht man radikal mit Pestiziden vor. Auch gegen Cucarachas, Moskitos und vor allem die *Aedis aegyptis* (Mücke, die Denguefieber überträgt) wird in der feuchten Periode nach Kräften Chemie versprüht. Durch betroffene Stadtviertel zieht dann die Sprühkolonne und räuchert jede Wohnung aus, gleichgültig, ob die Bewohner dies wollen. Vor allem Asthmatiker und Allergiker leiden darunter. Die sichtbarste Umweltverschmutzung jedoch quillt aus den Auspuffrohren der Busse und *camellos,* der Lkws und altersschwachen Autos. Rußfilter gibt es auf Cuba kaum.

Gesundheitsprobleme entstehen, wenn die Müllabfuhr mit organisatorischen Problemen zu kämpfen hat, denn dann bleibt vor allem in untouristischen Gegenden der Müll in der Hitze liegen. Darüber freuen sich die Ratten, und wenn es noch dazu regnet, können sich in schmutzigem Süßwasser die gefürchteten Denguefieber-Erreger entwickeln. Diese Gefahr besteht auch in privaten Zisternen, wenn diese nicht komplett verschlossen sind.

Erhebliche Umweltsünden wurden bei der Erschließung der Cayos an der Nordküste begangen: Beim Bau des Fahrdamms vergaß man, die Wasserzirkulation zu ermöglichen. Das frühere Naturschutzgebiet hat sich zu einem touristischen Schwerpunkt entwickelt.

Wirtschaft, Soziales und aktuelle Politik

In Cuba liegt alles auf der Straße. Wer wissen möchte, wie es um die Wirtschaft des Lands bestellt ist und wie die Bevölkerung ihren Alltag meistert, muss nur mit offenen Augen und Ohren über die Schlagadern der Städte wandern – jede noch so kleine Veränderung im Wirtschafts- und Politikdschungel der Insel findet hier sofort ihre Übersetzung.

Überleben in der Quadratur des Kreises

»Ich habe eine gute Matratze«, informiert ein kräftiger junger Mann neben der Ladentür die Eintretenden. »Guck mal«, murmelt ein Passant im Menschengewirr von Havannas Calle Obispo und zeigt den Vorübergehenden das verschwommene Foto einer Sitzgarnitur. »Willst du Langusten? Garantiert frisch«, zischelt eine Oma an der Bushaltestelle. Schinken aus eigener Herstellung? Kein Problem. Du sagst, was du brauchst, und es wird dir eine halbe Stunde später oder am nächsten Tag in die Wohnung gebracht. Fast alle Waren sind, wollen wir mal sagen, vom Lastwagen gefallen. Bezahlung sofort, und wenn möglich, mit echtem Geld. Echtes Geld, das sind die bunten Pesos Convertibles, kurz CUC, der inseleigene Dollarersatz. Der Name täuscht vor, bei den *chavitos,* wie der Peso Convertible im Slang heißt, handle es sich um eine konvertierbare Währung. Der Devisenersatz gilt jedoch nur auf der Insel und seine Gleichsetzung mit dem Dollar ist eine schöne Illusion.

Ökonomen nennen diese Straßenszenen Schattenwirtschaft. Im Falle Cubas ist es eine Schattenwirtschaft zum Anfassen, denn es wird am Arm gezupft, mit den Augen gesprochen, mit den Händen beschrieben. Der wichtigste Unterschied zwischen der staatlichen Ökonomie und der privaten Schattenwirtschaft ist: Nur Letztere ist von Erfolg gekrönt – nicht zuletzt wegen der Devisen, die Familienangehörige aus Miami ihren Verwandten nach Cuba schicken. Ohne diese Überweisungen wäre die Wirtschaft längst ins Bodenlose gerutscht. Ausgerechnet die als *gusanos* (›Würmer‹) beschimpften Exilcubaner tragen heute dazu bei, die Versorgungssituation auf der Insel zu stabilisieren.

Pesocuba und Devisencuba

Zur Absurdität des cubanischen Alltags gehört, dass Gehälter und Renten in Pesos Cubanos (CUP) ausbezahlt werden, doch damit kann man nur einige Grundnahrungsmittel kaufen. Zum Überleben braucht man andere Währungen: früher den Dollar, heute den Peso Convertible. Rund 70 % aller Grundbedürfnisse wie Lebensmittel, Kleidung und Schuhe, Windeln, Babynahrung, Medikamente, Ventilatoren usw. bekommt man nur gegen ›echtes‹ Geld. Die Formel ist einfach: Devisencuba funktioniert, Pesocuba funktioniert nicht.

Tägliche Achterbahnfahrt

Der Durchschnittslohn eines Cubaners liegt seit dem Jahr 2005 bei 415 Pesos Cubanos (ca. 13 Euro) monatlich, ein Rentner erhält rund 200 Pesos Cubanos (ca. 6 Euro) im Monat. Die Preise für Gas, Wasser und andere Dienstleistungen sind (noch) subventioniert und die *libreta,* die Lebensmittelkarte, garantiert seit 1962 jedem der 11 Mio. Cubaner monatlich 3,5 kg Reis, 2,5 kg Zucker, 250 g Bohnen, 230 g Öl, 10 Eier, 460 g Hühnerfleisch, 460 g Spaghetti, 230 g Sojahack-

Schlangestehen für Lebensmittel oder Dienstleistungen gehört zum Alltag in Cuba

fleisch, 115 g Kaffee und täglich ein kleines Brot – soweit vorhanden. Jedes dieser Produkte wird staatlicherseits massiv subventioniert und kostet weniger als einen Euro. Zwar kommt man mit dieser Minimalversorgung nur 10 bis 12 Tage im Monat aus, doch immerhin ist die *libreta* ein Symbol der Gleichheit aller Cubaner.

Angesichts der Wirtschaftskrise kündigte Raúl Castro jedoch Ende 2009 an, die Bezugskarte abschaffen zu wollen – eine Maßnahme, die besonders Menschen mit Mindestlohn sowie Rentner sehr hart treffen wird. Dann bleiben nur noch die freien Bauernmärkte und die *chopins,* die früheren Dollarläden. Wer dort etwa eine Flasche Shampoo oder Speiseöl kauft, wird schnell einen ganzen Wochenlohn los, mit einem normalen Gehalt sind die Lebenshaltungskosten nicht zu bestreiten. Und selbst ein Ministergehalt ist schnell ausgegeben, wenn man auf den freien Bauernmärkten Obst, Gemüse und etwas Fleisch für die Woche einkauft. Trotzdem sind die *agromercados* ein Fortschritt, da man dort überhaupt etwas für Pesos Cubanos bekommt.

»Die Regierung tut so, als würde sie mich bezahlen«, sagte mir Marcel, ein promovierter Lebensmittelchemiker, »und ich tue so, als würde ich arbeiten.« Mit einem Gehalt in der falschen Währung, von dem sie nicht leben können, mit Überlebenstechniken, durch die sie ständig mit einem Fuß im Gefängnis stehen, bewegen sich die meisten Cubaner auf einer Achterbahnfahrt durch den Alltag.

Arbeiten und andere Überlebenstechniken

Man darf sich fragen, warum trotzdem die meisten Cubaner an ihren Arbeitsplätzen festhalten: Weil nicht arbeitende Menschen einen Stempel in den Ausweis bekommen, der bei Polizeikontrollen erhebliche Nachteile zur Folge hat; weil der Arbeitsplatz eine wichtige Kontakt- und Tauschbörse für den Schwarzmarkt ist; weil man über den Arbeitsplatz eventuell an Güter kommt, die man weitertauschen kann; und weil man mit Arbeit vielleicht einen Rest von Selbstachtung und Würde behält, selbst wenn der materielle Gegenwert für einen Monat Arbeit weniger ist als das tägliche Devisentrinkgeld eines Kofferträgers. Die allseits beklagte extrem niedrige Arbeitsproduktivität ist, neben anderen Gründen, sicherlich auch dieser Situation geschuldet. Daher kann man sich als Ausländer nur wundern, wenn man auf jemanden trifft, der mit Energie, Fantasie und Kreativität seine nahezu unbezahlte Arbeit tut. Zeit, Fantasie und Unmengen an Energie benötigen die meisten Cubaner nämlich vor allem, um ihr tägliches Auskommen zu organisieren. *Resolver* heißt das Gebot der Stunde, ›etwas organisieren, besorgen, irgendwie beschaffen‹. Also wird fleißig gehandelt, getauscht, organisiert, verkauft, vermietet – und dabei werden die äußerst engen legalen Grenzen sehr schnell überschritten.

Verbote allerorten

Cubanern ist es beispielsweise verboten, mit einem Boot fischen zu gehen oder Langusten zu fangen. Fische und Langusten sind für den Export und die Tourismusresorts reserviert. Wer auf dem Schwarzmarkt Langusten verkauft und dabei erwischt wird, landet im Gefängnis. Noch drakonischer geht die Regierung gegen den illegalen Rindfleischhandel vor. Da es in Cuba ausschließlich staatliche Rinderfarmen gibt, ist automatisch jedes Stückchen Rindfleisch, das in der Schattenwirtschaft zum Verkauf angeboten wird, gestohlen. Auf Rindfleischdiebstahl stehen hohe Gefängnisstrafen.

Auch die Steuerpolitik wird als Mittel eingesetzt, den legalen privaten Markt zu reglementieren bzw. ihn zu verunmöglichen: Private Zimmervermieter müssen ganzjährig hohe fixe Steuern pro Zimmer bezahlen, unabhängig davon, ob sie es vermieten oder nicht. *Paladares,* die privaten Restaurants, werden ebenfalls sehr hoch besteuert und sind zahlreichen Reglementierungen ausgesetzt – sie müssen beispielsweise sämtliche Lebensmittel gegen Devisen einkaufen, auch wenn sie ihre Speisen für Pesos Cubanos anbieten. Das Gleiche gilt für private Taxifahrer, die nur Devisenbenzin tanken dürfen. Jeder, der auf eigene Rechnung arbeitet *(cuentapropista),* muss mit ständig wechselnden Vorschriften rechnen.

Rigides Sparprogramm

Die Subventionierung der Lebensmittelkarten kostet den cubanischen Staat rund 800 Mio. Dollar pro Jahr. Seit seinem Amtsantritt im Februar 2008 betont Raúl Castro immer wieder, die *libreta* sowie andere Gratisleistungen und millionenschwere Unterstützungen seien irrational und unhaltbar. Ende 2009 legte er rigide Sparmaßnahmen und einen Wirtschaftsplan für das Jahr 2010 vor, mit denen der ökonomische Kollaps der Insel verhindert werden soll.

Das wichtigste Werkzeug, so Raúl Castro, sei eine Planwirtschaft mit Fünf-Jahres-Plänen. Im Zuge der Sparmaßnahmen hat die Regierung u. a. begonnen, Betriebskantinen zu schließen. In staatlichen Geschäften, Büros und Betrieben dürfen die Klimaanlagen nicht mehr eingeschaltet werden, und alle Betriebe, die keine Devisen erarbeiten, wurden geschlossen. Einige Lebensmittel hat man bereits von der *libreta* gestrichen, und es ist eine Frage der Zeit, wann die Lebensmittelkarten selbst abgeschafft werden.

Fällt die massive Subventionierung von Lebensmitteln etc. weg, scheinen Reformen unausweichlich, um weitere soziale Spannungen zu verhindern. In diesem Zusammenhang ist es interessant zu wissen, dass die in Cuba produzierten Lebensmittel zu 60 bis 70 % von privaten Kleinbauern kommen, die über nur 20 % der Anbauflächen verfügen.

Rückblick: die große Krise der 1990er-Jahre

Ende der 1980er-Jahre war die cubanische Nationalökonomie nahezu völlig vom sozialistischen Lager abhängig. 80 % des Außenhandels wickelte Cuba mit der ehemaligen Sowjetunion ab, die über dem Weltmarktniveau liegende Preise für cubanischen Zucker und für Nickel zahlte und cubanische Importe (vor allem Erdöl und Waffen) zu günstigen Konditionen ermöglichte. Nach dem Zusammenbruch des Ostblocks begann in Cuba eine Wirtschaftskrise, die in der Geschichte des Lands ihresgleichen sucht. Praktisch alle Wirtschaftsaktivitäten brachen zusammen – ohne Erdöl konnten weder die Zucker- noch die Lebensmittelproduktion aufrechterhalten werden. In Zahlen bedeutet das: Drei Jahre lang sank das Bruttoinlandsprodukt um insgesamt fast 40 %; der gesamte Maschinenpark des öffentlichen Verkehrs und der Landwirtschaft musste stillgelegt werden; die Milchproduktion, die wesentlich von Futter- und Düngemittellieferungen aus der Sowjetunion und der DDR abhängig war, ging zeitweise um 80 % zurück. Hinzu kamen extrem niedrige Weltmarktpreise für Zucker. In der Folge entstand in Cuba ein duales Wirtschaftssystem im Stil der Schattenwirtschaft.

Die wichtigsten strukturellen Probleme aus diesen Período Especial en Tiempos de Paz (›Spezialperiode in Friedenszeiten‹) und Opción Cero (›Null-Option‹) getauften Jahren existieren noch heute und bilden ein nicht zu unterschätzendes Konfliktpotenzial: die Teilung der Bevölkerung in Devisen- und Pesobesitzer, eine wachsende soziale Ungleichheit, fortdauernde Versorgungsengpässe und, als Konsequenz, eine weit verbreitete Korruption sowie ein massiver Schwarzmarkt.

Die Hintergründe

Grunddaten cubanischer Wirtschaft

Cubas wichtigste Exportwaren sind Nickel (etwa 500 Mio. US-Dollar pro Jahr, Cuba verfügt über rund ein Drittel der Weltvorkommen) und Kobalt (5 % der Weltproduktion), pharmazeutische Produkte sowie Tabak und Rum. Der Ausbau der Biotechnologie wird seit Jahren erheblich forciert. Dagegen hat das Land seine Anbauflächen für das ehemals wichtigste Exportprodukt Zucker seit 2003 um mehr als die Hälfte reduziert und 50 % der Zuckermühlen geschlossen.

Wichtigster Faktor des Bruttoinlandsprodukts ist der Dienstleistungsbereich (80 %). Weitere Schwerpunkte sind der Tourismus (rund 2,5 Mrd. US-Dollar/Jahr) sowie der Export von Humankapital: Lehrer und Ärzte, die vor allem in Venezuela arbeiten.

Die Überweisungen von Exilcubanern an ihre Familien auf der Insel tragen rund 1 Mrd. US-Dollar zur Zahlungsbilanz bei. Besonders große Hoffnungen sind mit Ölbohrungen vor der Küste Cubas verbunden – nach cubanischen Schätzungen liegen dort Reserven von 20 Mrd. Barrel Öl. Sollte dies zutreffen, besäße Cuba ähnlich große Ölvorkommen wie die USA und könnte sich aus der venezolanischen Abhängigkeit lösen.

Cuba importiert vor allem Erdöl und Agrarprodukte bzw. Lebensmittel. Die cubanische Landwirtschaft ist äußerst unproduktiv: Rund die Hälfte der Nutzflächen liegen brach, etwa 80 % der Lebensmittel müssen importiert werden (2009: über 2 Mrd. US-Dollar). Trotz des US-Embargos kommt ein großer Teil dieser Importe (2009: 538 Mio. US-Dollar, von Cuba bar und im Voraus bezahlt) aus den USA. Seit Sommer 2008 dürfen private Kleinbauern einen Teil der ungenutzten Anbauflächen kultivieren.

Die Wirtschaftslage Cubas stellt sich 2010 als äußerst bedrohlich bzw. am Rand des Abgrunds stehend dar. Das Bruttoinlandsprodukt lag 2009 bei 1,4 %, gehofft hatte man auf 6 %. Im Vergleich zum Vorjahr verringerten sich die Investitionen 2009 um 16 %, der Export sank um 22 % und der Import um 37,4 % – eine rasante Talfahrt. Der industrielle Sektor nahm 2009 um 2 % ab und die ohnehin niedrige Arbeitsproduktivität um ein weiteres Prozent.

Zu den äußeren Faktoren für die wirtschaftliche Talfahrt gehören die stark gestiegenen Weltmarktpreise für Lebensmittel, der Fall der Nickelpreise, die Auswirkungen der globalen Finanzkrise sowie besonders starke Verwüstungen durch drei Hurrikane im Jahr 2008 (s. S. 29). Infolgedessen leidet das Land

Umweltfreundliche Traktoren – mangels Treibstoff werden in Cuba heute überwiegend Ochsengespanne zur Feldarbeit eingesetzt

u. a. unter einem extrem hohen Devisenmangel, der sogar dazu führt, dass Bankguthaben ausländischer Investoren nicht mehr überwiesen werden können.

Auslandsbeziehungen

Cuba ist es in den letzten Jahren gelungen, eine Reihe bedeutender Handelsbeziehungen auszubauen und Investitionen ins Land zu holen. Die existenziell wichtigsten Handelspartner Cubas sind Venezuela und China.

Der Waren- und Leistungsaustausch zwischen Cuba und Venezuela beläuft sich auf rund 5 Mrd. Dollar jährlich; darin ist die Lieferung von täglich 90 000 Barrel Öl zum Vorzugspreis enthalten, womit etwa 65 % des Bedarfs in Cuba gedeckt wird. Im Gegenzug schickt die Karibikinsel Tausende Ärzte, medizinisches Personal und Lehrer nach Venezuela. Allerdings ist die massive Unterstützung, die das erdölreiche Venezuela bietet, durch den Fall des Weltmarktpreises für Rohöl um 78 % im Jahr 2009 stark in Gefahr.

China stellt Cuba vor allem günstige Kredite zur Verfügung, im Tausch gegen cubanischen Zucker (über die Hälfte der cubani-

schen Zuckerproduktion geht nach China) sowie Nickel (ca. 15 % der cubanischen Nickelproduktion). Große Bedeutung hat China außerdem, weil das Land der wichtigste Lieferant für Züge, Busse und Lastwagen ist.

Der drittwichtigste Handelspartner der Karibikinsel ist Kanada, das Land, aus dem die meisten Touristen nach Cuba kommen (rund 30 %). Die Europäische Union macht etwa 20 % des gesamten cubanischen Handelsvolumens aus und stellt rund 37 % aller Touristen, die nach Cuba reisen. 2003 fror die EU die Handelsbeziehungen mit Cuba ein, aus Protest gegen die Inhaftierung von 75 friedlichen Dissidenten (s. S. 36), doch im Juni 2008 wurden die Handelsbeziehungen wieder freigegeben. Weitere wichtige Handelspartner sind Russland, das Cuba 2008 einen Kredit in Höhe von 3,5 Mrd. Dollar gewährte, sowie Mexiko und Brasilien. Seit 2005 wurden Cuba über 10 Mrd. Dollar vom Iran zur Verfügung gestellt, um Lastwagen, Autos und Baumaterial für Straßen und Staudämme zu erwerben. Eine regelmäßige Schiffsverbindung zwischen dem Iran, Venezuela und Cuba ist seit 2008 in Betrieb.

Verheerende Hurrikane ...

Besonders fatal wirken sich die alljährlichen Wirbelstürme auf die ohnehin beklemmende Wirtschaftssituation aus. Allein 2009 fegten sechs Hurrikane über die Insel und 2008 richteten die *ciclones* Fay, Gustav, Ike und Paloma schlimmste Verwüstungen an. Sie töteten sieben Menschen und verursachten mit fast 10 Mrd. Dollar (20 % des Bruttoinlandsprodukts 2007) gigantische Schäden auf der Insel. Ein Drittel der Ernte wurde zerstört sowie 53 000 Tonnen Lebensmittel, 90 % der Zuckerrohrfelder, Zuckermühlen, 350 000 Bananenpflanzen in den Provinzen Guantánamo und Granma, 80 % der Pflanzungen in der Provinz Villa Clara, fast ein Drittel der Zitruspflanzungen landesweit, der größte Teil der Reis- und Tabakernte sowie 85 % der Kaffeeernte in den westlichen Provinzen. Ungefähr 1 Mio. Hühner bzw. Geflügel und 375 000 ha Wald wurden vernichtet. Ike beschädigte die Nickelfabrik Che Guevara stark, Gustav legte 150 Starkstrommasten in Pinar del Río um und zerstörte das Elektrizitätsnetz auf der Isla de la Juventud. Noch einen Monat nach den beiden Hurrikanen waren 250 000 Einwohner in fünf Provinzen ohne elektrischen Strom. Über eine halbe Million Häuser und Wohnungen wurden von den Hurrikanen zerstört oder schwer beschädigt – hinzu kommen an die 70 000 Gebäude, die von den vorherigen Wirbelstürmen zerstört oder schwer in Mitleidenschaft gezogen worden waren. Etwa 77 % aller zerstörten Häuser konnten noch nicht wieder aufgebaut oder repariert werden, allein für diese Mammutaufgabe wird man drei bis sechs Jahre benötigen. Vor dem Hurrikanjahr 2008 schätzte man offiziell, dass rund eine halbe Million Wohnungen fehlten, jetzt sind es etwa 1 Mio. Unterkünfte. Auch im Telefonnetz, auf Straßen, an Brücken, Fabriken, Krankenhäusern und Schulen richteten die vier Hurrikane schwere Verwüstungen an.

… und Versorgungskrisen

Vor allem der Verlust eines Drittels der Ernte führte 2008 zu einer schweren Versorgungskrise der Bevölkerung, die sich noch verschärfte, weil die Regierung die Lebensmittelpreise auf den freien Bauernmärkten auf dem Niveau vor den Hurrikanen eingefroren hatte, um Preissteigerungen zu vermeiden. Dadurch verringerte sich zwischen August und Oktober 2008 das legale Angebot an Lebensmitteln um 80 % und verlagerte sich auf den Schwarzmarkt, was allgegenwärtige Kontrollen und drakonische Strafen nach sich zog. Allerdings muss auch angemerkt werden, dass Hurrikane in anderen Ländern der Hemisphäre weitaus mehr Menschenleben fordern. Die Hurrikanprävention ist in Cuba vorbildlich – innerhalb kürzester Zeit werden Hunderttausende Menschen evakuiert, um so ihr Leben zu schützen.

Soziales

Arbeitslosigkeit

2008 betrug die Arbeitslosigkeit laut offiziellen Angaben 1,6 % der arbeitsfähigen Bevölkerung – die niedrigste Rate Lateinamerikas. Wie hoch die Arbeitslosigkeit tatsächlich ist, kann man kaum überprüfen, doch Zahlen verlieren ohnehin an Relevanz angesichts der Tatsache, dass auch arbeitende Cubaner von ihrem Gehalt nicht leben können. Die von Raúl Castro im Jahr 2010 angekündigten Entlassungen in der aufgeblähten Verwaltung dürften die Situation insgesamt schmerzhaft verschärfen.

Obwohl Löhne und Renten 2005 nominell erhöht wurden, lag der inflationär bereinigte Durchschnittslohn 2007 ca. 76 % niedriger als 1989, vor dem Beginn der Wirtschaftskrise, durch den Wegfall des sozialistischen Lagers. Im Jahr 2008 sank der Durchschnittslohn noch einmal um 1,8 %. Rentner erhielten durchschnittlich 61 % weniger Geld als 1989. Allerdings hatte Cuba bislang äußerst niedrige Renteneintrittsalter: Frauen gingen mit 55 Jahren in Rente, Männer mit 60 Jahren. Da die Lebenserwartung in Cuba hoch ist (Frauen: 79,64 Jahre, Männer: 75,02 Jahre), ist die durchschnittliche Rentenzeit sehr lang. Die Betriebsabgaben reichen nicht aus, um die Renten zu finanzieren, sodass zwischen 1986 und 2007 das vom Staat finanzierte Defizit von 1,3 auf 2,3 % des Bruttosozialprodukts anwuchs. In der Folge wurden im Juni 2010 die Renteneintrittsalter für Frauen und Männer um jeweils fünf Jahre erhöht.

Armut

In Havanna stieg der Armutsindex zwischen 1988 und 2002 von 6 auf 20 %. Die Sozialfürsorge kümmerte sich 2007 um 5,3 % der Landesbevölkerung. Experten wie der exilcubanische Wirtschaftswissenschaftler Carmelo Mesa-Lago schätzen jedoch, dass rund 20 % der Bevölkerung Havannas als arm einzustufen sind und dass diese Prozentzahl im Landesinnern noch sehr viel höher liegt.

Gesundheit

Laut Weltgesundheitsorganisation wendet Cuba rund 6,3 % des Bruttoinlandsprodukts für Gesundheitsausgaben auf, das sind etwa 230 US-Dollar pro Kopf.

In Cuba kommen zwar 60 Ärzte auf 10 000 Einwohner – die höchste Zahl der Hemisphäre –, doch rund 40 % davon arbeiten im Ausland, vor allem in Venezuela, was auf der Insel ernsthaften Ärztemangel bewirkt. Die Kindersterblichkeit lag im Jahr 2008 bei 4,7 % (im Vergleich: 11% im Jahr 1989), die niedrigste Quote in Amerika nach Kanada. Dagegen stieg die Müttersterblichkeit 2006 auf 49 pro 100 000 Geburten (im Vergleich: 29 im Jahr 1989).

Ausstattung und Versorgung der Krankenhäuser haben sich in den letzten Jahren jedoch dramatisch verschlechtert, Medikamente werden häufig nur gegen Devisen verkauft. Im Normalfall sind die Patienten darauf angewiesen, dass ihre Familien von Bettlaken über Handtücher, Trinkwasser und Ventilator bis zu Nahrungsmitteln nahezu alles für die Versorgung Notwendige auf dem Schwarzmarkt oder gegen Pesos Cubanos besorgen. Selbst eine schlichte Zahnfüllung bekommt man kaum, ohne Amalgam oder Gold, Betäubungsmittel und Einwegspritzen unter der Hand in Devisen zu zahlen. Auch die hygienischen Verhältnisse in Krankenzimmern, Behandlungsräumen und Operationssälen sind häufig katastrophal.

Die medizinische Versorgung der cubanischen Bevölkerung steht in krassem Gegensatz zu den recht gut ausgestatteten Devisenkliniken, in denen sich Gesundheitsurlauber aus Lateinamerika und sogar aus Europa Schönheitsoperationen unterziehen oder hoffen, mithilfe cubanischer Spezialisten von Krebs und anderen schweren Krankheiten geheilt zu werden.

Weitere Gefahren für die Gesundheit der Bevölkerung stellen die unzureichende Trinkwasserversorgung, der prekäre Zustand der (städtischen) Kanalisation sowie die enormen Probleme bei der Müllbeseitigung dar.

Bildung

Cubas Bildungssystem gilt als eine der wichtigsten Errungenschaften der Revolution und ist in der Hemisphäre ohnehin konkurrenzlos, schneidet jedoch auch besser ab als einige europäische Länder und die USA. Schulbesuch und Studium sind kostenlos (alle Absolventen müssen einen dreijährigen Sozialdienst ableisten), es gibt kaum Analphabeten und die Einschulungsquote liegt bei 100 %. Dem UNESCO-Education-for-All-Development-Index zufolge zählt Cuba im Bildungsbereich zu den hoch entwickelten Ländern der Welt mit einer gut ausgebildeten Bevölkerung. Allerdings entstand in den letzten Jahren ein enormer Lehrermangel, da viele Lehrer entweder im Tourismus arbeiten oder

Am Straßenrand: Werbung für ein modernes Gesundheitssystem

besonders in Venezuela beim Aufbau eines Bildungssystems helfen – im Gegenzug erhält Cuba verbilligtes Öl von Venezuela. An ihre Stelle sind sogenannte Nothilfelehrer getreten, 16 bis 18 Jahre alte Schulabgänger, die kaum qualifizierten Unterricht halten können und rund die Hälfte der Unterrichtsstunden bestreiten. Eine weitere Notlösung sind Teleklassen, bei denen der Unterricht durch das Abspielen von Videos ersetzt wird. Eine cubanische Besonderheit ist auch, dass viele Schüler in Landinternaten (Escuela Secundaria en el Campo, ESBEC) leben und neben dem Unterricht unbezahlt in der Landwirtschaft arbeiten. Ausstattung und Versorgung der Landinternate haben sich in den letzten Jahren deutlich verschlechtert.

Cuba libre?

Politisches System

Das politische System Cubas fußt auf der uneingeschränkten politischen Vorherrschaft der Kommunistischen Partei Cubas (Partido Comunista Cubano, PCC), die etwa 600 000 Mitglieder zählt. Eine bedeutende Rolle spielen auch der Kommunistische Jugendverband (Unión de Jóvenes Comunistas, UJC, 600 000 Mitglieder) sowie Massenorganisationen wie die Komitees zur Verteidigung der Revolution (Comités de Defensa de la Revolución, CDR, knapp 8 Mio. Mitglieder), die Frauenvereinigung (Federación de Mujeres Cubanas, FMC, etwa 3,5 Mio. Mitglieder) und die staatlichen Gewerkschaften (rund 3 Mio. Mitglieder). Andere politische Parteien und Organisationen sind verboten, das Recht auf Meinungsäußerung, Versammlungs- und Pressefreiheit sind äußerst eingeschränkt bzw. de facto nicht vorhanden.

Vor allem die CDRs als allgegenwärtiges Spitzelsystem sorgen für eine Rundumüberwachung der Bürger, da sie sämtliche Aktivitäten in den Häuserblocks *(cuadras)* überwachen und ›verdächtige Handlungen‹ sofort melden: Besuch aus dem Ausland, die Tatsache, dass jemand im Morgengrauen einem Schwarzmarkthändler ein paar Eier abkauft, mangelnde Teilnahme an offiziellen Kundgebungen oder schlicht genervte Bemerkungen im Hausflur.

Trotz zunehmender sozialer Ungleichheit und mal vereinzelter, mal massiver Unruhen – wie die Massenflucht von 1994 (s. S. 51) – hält die politische Führung auch unter Raúl Castro an der sehr straffen Lenkung von Staat, Wirtschaft und Gesellschaft fest. Im Juni 2002 ließ man eine Unterschriftensammlung durchführen, derzufolge nun das sozialistische System als unveränderlich in der Verfassung festgeschrieben ist.

Hoffnungsträger Raúl Castro?

Wie selbstverständlich übergab Fidel Castro aus gesundheitlichen Gründen im Februar 2008 die Macht sozusagen in natürlicher Thronfolge an seinen Stellvertreter und Bruder Raúl Castro. In den ersten Monaten seiner Regierung machte Raúl Castro der Bevölkerung große Hoffnungen auf Reformen. Strukturelle Änderungen oder ein stringenter Reformkurs sind jedoch von Raúl Castro offensichtlich nicht zu erwarten, vielmehr rigide Sparmaßnahmen (s. S. 26). Die Tatsache, dass der ›General‹ den Cubanern erstmalig erlaubte, Mobiltelefone und Computer für die private Nutzung zu kaufen und Touristenhotels und -einrichtungen in ihrem Land zu betreten, werten viele Beobachter als rein kosmetische – und längst überfällige – Maßnahmen, denn den meisten Cubanern fehlen die Devisen, dort etwa zu übernachten oder etwas zu konsumieren. Der Zugang zum Internet unterliegt starken Restriktionen, Inhalte des World Wide Web werden kontrolliert und zensiert.

Gegenüber dem neuen US-Präsidenten zeigte sich Raúl Castro zunächst gesprächsbereit, doch schon im November 2009 ließ er – seit Jahrzehnten Oberbefehlshaber der cubanischen Streitkräfte – mit der Mobilisierung von 100 000 Soldaten und Reservisten die größten Militärmanöver seit fünf Jahren auf der Insel durchführen, um das Land auf eine hypothetische Militärintervention der USA vorzubereiten, da die »Konfrontation Cubas mit dem Imperium weiter fortbestehe«.

Menschenrechte und Opposition

Individuelle Bürgerrechte und Grundfreiheiten wie die Meinungs-, Versammlungs- und Pressefreiheit existieren in Cuba nicht. Hinzu kommt, dass durch die tendenzielle Kriminalisierung von Überlebenstechniken nahezu jeder Cubaner ›Dreck am Stecken‹ hat, was vielleicht erklärt, warum diese Grundfreiheiten nicht massiver eingeklagt werden. Auch die 1999 erfolgte Verschärfung des Strafrechts mag dazu beitragen. In Cuba gilt nach wie vor die Todesstrafe – zum letzten Mal wurde sie 2003 angewandt, als im April jenes Jahres die drei Entführer einer Personenfähre aus Havanna nach einem Eilverfahren hingerichtet wurden. 2008 setzte Raúl Castro den Vollzug der Todesstrafe aus.

Keine Pressefreiheit

Von einer freien Medienlandschaft kann in Cuba keine Rede sein, denn sämtliche Medien und Presseorgane unterstehen einer rigiden staatlichen Kontrolle. Im April 2010 setzte die Organisation Reporter ohne Grenzen (RSF, Reporteros Sin Fronteras) Cuba in Sachen Pressefreiheit auf den weltweit vorletzten Platz, hinter Burma und vor Nordkorea. Da sich ausländische Journalisten nur in den seltensten Fällen freiwillig der cubanischen Zensur unterwerfen, stellen sie für das System offensichtlich eine große Gefahr dar. Die cubanische Regierung beobachtet ausländische Journalisten mit größtem Argwohn und behindert beim leisesten Verdacht auf fehlende ›Linientreue‹ die Recherchen massiv (Dauerbegleitung durch die Staatssicherheit, Verhöre, Drohungen) bzw. unterbindet sie ganz (Verweigerung des Arbeitsvisums, vorübergehende Inhaftierung, Abschiebung). Diese mangelnde Souveränität der cubanischen Behörden erschwerte auch die Arbeit an diesem Reiseführer erheblich.

Amnesty International und Cuba

In seinem Cubabericht erklärte Amnesty International 2009: »Das Recht auf freie Meinungsäußerung war 2008 weiterhin eingeschränkt; alle Massenmedien blieben unter staatlicher Kontrolle. Journalisten, die für unabhängige und alternative Nachrichtenagenturen arbeiteten, sahen sich mit Schikanen und Einschüchterungen in Form von kurzzeitigen Festnahmen sowie Überwachung durch Sicherheitsbeamte konfrontiert. Oppositionellen politischen Gruppen und vielen Bürger- und Berufsverbänden wurde der legale Status nach wie vor verwehrt. Vier gewaltlose politische Gefangene kamen Anfang des Jahres aus gesundheitlichen Gründen frei, mussten aber das Land verlassen; 58 blieben inhaftiert. Es gab Berichte über Schikanen und Einschüchterungen gegenüber gewaltlosen politischen Gefangenen durch andere Gefängnisinsassen oder Gefängniswärter. Im Dezember wurden mehr als 30 Personen von den cubanischen Behörden für kurze Zeit festgenommen, um sie daran zu hindern, den Internationalen Tag der Menschenrechte in Havanna zu feiern. (...) Das Justizsystem wurde weiterhin dazu benutzt, politische Dissidenten, die in Opposition zur cubanischen Regierung standen, zu schikanieren, vor allem, indem Beschuldigungen der ›Gefährdung‹ herangezogen wurden. Journalisten, politische Dissidenten und Regierungskritiker wurden 24 oder 48 Stunden lang in Gewahrsam gehalten und dann ohne Anklage freigelassen.«

Die Opposition

Oppositionelle Gruppen sind in Cuba illegal, doch die Regierung toleriert mal mehr, mal weniger ihre Existenz und stellt sie unter permanente Beobachtung. Das bedeutet jedoch nicht, dass sie etwa in Cuba veröffentlichen könnten, das ist nur im Ausland möglich. Wenn sie dann die einzige ihnen zur Verfügung stehende Möglichkeit wahrnehmen und in ausländischen Medien veröffentlichen, wirft ihnen die cubanische Regierung üblicherweise Söldnertum und Agententätigkeit vor. Selbst zu friedlichen politischen Aktionen dürfen die oppositionellen Gruppen innerhalb Cubas nicht aufrufen, oppositionelle Aktivitäten wie Demonstrationen oder Kundgebungen werden strikt unterbunden, auch mit Ge-

Ein Auslaufmodell: die Läden, in denen man auf Bezugsschein *(libreta)* einkaufen kann

walt. In der Folge ist die cubanische Dissidentenszene im Land selbst kaum bekannt. Es liegt auf der Hand, dass die Struktur der Opposition und ihrer Organisationen ziemlich unübersichtlich und zersplittert ist, doch in den letzten Jahren haben sich einige Tendenzen bzw. Führungspersönlichkeiten herauskristallisiert.

Das Varela-Projekt

2002 nutzte eine Gruppe um Osvaldo Payá (Christliche Befreiungsbewegung, MCL) den Artikel 88 der cubanischen Verfassung, der es Bürgern erlaubt, dem Parlament einen Gesetzentwurf vorzulegen, wenn dieser von mindestens 10 000 Wahlberechtigten unterschrieben ist. Payá und die demokratische Oppositionsbewegung sammelten 12 000 Unterschriften für ein Volksbegehren, das umfassende politische Reformen forderte, und reichte es unter der Bezeichnung Proyecto Varela beim Parlament ein. Eine Antwort erhielten sie nicht. Stattdessen warf ihnen die cubanische Regierung vor, von den USA gesteuert zu sein, und ließ im Gegenzug 8,2 Mio. Wahlberechtigte über eine Verfassungsänderung abstimmen, die den sozialistischen Charakter des Lands für unantastbar erklärt. Wie zu erwarten, stimmten offiziellen Angaben gemäß 99,25 % der Wähler mit Ja.

Osvaldo Payá, der überdies vergeblich versuchte, für das cubanische Parlament zu kandidieren, wurde 2002 mit dem Sacharow-Preis des Europäischen Parlaments für Menschenrechte ausgezeichnet. 2010 stellte er das Diskussionsforum www.contodosloscubanos.com (›Mit allen Cubanern‹) ins Netz.

Mittlerweile hat das Proyecto Varela eine Reihe von Nachahmern. Die oppositionelle Frauenorganisation FLAMUR (Bund Lateinamerikanischer Landfrauen) etwa übergab dem Parlament im Jahr 2008, am Tag der Menschenrechte, über 10 000 Unterschriften für einen Antrag, der die Aufhebung der ökonomischen Apartheid zum Ziel hat: Die Cubaner sollen in allen Geschäften in der Währung bezahlen können, in der sie auch entlohnt werden. Die zuständigen Bürokraten verweigerten die Annahme der Liste.

Elizardo Sánchez, einer der bekanntesten Dissidenten Cubas und Vorsitzender der Cubanischen Kommission für Menschenrechte und nationale Versöhnung (CCDHRN) wurde 1968 von der Universität verwiesen, wo er als Professor Marxismus gelehrt hatte. Achteinhalb Jahre verbrachte er in cubanischen Gefängnissen, ging nach seiner Entlassung dennoch nicht ins Exil, sondern berichtet seither von Menschenrechtsverletzungen in seinem Land. Ihm zufolge soll es aktuell rund 200 politische Gefangene in Cuba geben.

Der Schwarze Frühling 2003 und die Weißen Damen

Im März und April des Jahres 2003 ließ der cubanische Staat 90 Menschenrechtsaktivisten, Oppositionelle und Regimekritiker festnehmen (darunter 27 Journalisten), von denen 75 aufgrund des berüchtigten Gesetzes Nr. 88 zu Haftstrafen von zwei bis 28 Jahren verurteilt wurden – die meisten wegen Störung der öffentlichen Ordnung und Missachtung von Staatsorganen. Einige wurden in den letzten Jahren aus gesundheitlichen Gründen freigelassen, teilweise leben sie im Exil.

Aus Protest gegen die Verhaftungen in diesem sogenannten Schwarzen Frühling, gegen die schlechten hygienischen Bedingungen und die mangelhafte medizinische Versorgung in den Gefängnissen gründeten Familienmitglieder und Verwandte die Gruppe Damas de Blanco. Die von Kopf bis Fuß weiß gekleideten Frauen ziehen jeden Sonntag im Schweigemarsch mit den Fotos ihrer Angehörigen, auf denen die Zahl der zu verbüßenden Gefängnisjahre vermerkt ist, zur katholischen Kirche Santa Rita in Havannas Vorort Miramar. Den 7. Jahrestag des Schwarzen Frühlings und den Tod von Orlando Zapata Tamayo (s. S. 37) begingen die Damas de Blanco mit mehrtägigen Schweigemärschen, bei denen sie von der Polizei und auch von der Brigada de Respuesta Rápida (›Brigade der Schnellen Antwort‹) physisch angegriffen wurden. 2005 erhielten die Damas de Blanco den Sacharow-Preis, 2010 wurden sie als Kandidatinnen für den Friedensnobelpreis vorgeschlagen (www.damasdeblanco.com).

Tod eines Hungerstreikenden

Der schwarze Handwerker Orlando Zapata Tamayo war Mitglied der Republikanischen Alternative und ein von Amnesty International anerkannter politischer Gefangener in Cuba, der beim Schwarzen Frühling 2003 (s. S. 36) verhaftet und in einem Schnellverfahren zu drei Jahren Haft verurteilt wurde. Im Gefängnis weigerte er sich u. a., Anstaltskleidung zu tragen, und protestierte mehrfach mit Hungerstreiks gegen gewalttätige Wärter und die Haftbedingungen. Noch in Haft, wurde er zu weiteren 63 Jahren Gefängnis verurteilt – u. a. wegen Beleidigung der Person Fidel Castro, Ungehorsam etc. –, die später auf 25 Jahre reduziert wurden. Am 3. Dezember 2009 trat Orlando Zapato Tamayo in einen Hungerstreik und starb nach 86 Tagen am 24. Februar 2010. Sein Tod löste international und bei der cubanischen Opposition Empörung aus, die Regierung Raúl Castro dagegen bezeichnet Orlando Zapata Tamayo als gewöhnlichen Kriminellen und veröffentlichte in der Parteizeitung Granma sogar eine Stellungnahme, in der sie die Vereinigten Staaten für den Tod des Gefangenen verantwortlich macht. Angesichts der Proteste aus den USA, der EU und anderen Ländern erklärte Castro, sein Land »ziehe es vor, unterzugehen«, als sich der »Erpressung durch die USA und der EU« zu beugen.

Um die Freilassung der politischen Gefangenen zu erreichen, sind weitere Aktivisten in den Hungerstreik getreten, darunter der Journalist Guillermo Fariñas. Im Juni 2010 wurden nach Verhandlungen zwischen General Castro und Kardinal Jaime Ortega 12 Gefangene des Schwarzen Frühlings in Gefängnisse in der Nähe ihrer Familien verlegt und der schwer erkrankte Ariel Sigler nach sieben Jahren Haft bedingt freigelassen.

Bloggen für Meinungsvielfalt

Obwohl Cubaner eigentlich keinen freien Zugang zum Internet haben, entwickelt sich das World Wide Web zunehmend zum Podium für die freie Meinungsäußerung in Cuba. »Die Technologie«, schreibt etwa Claudia Cadelo in ihrem Blog Octavo Cerco (›Achter Kreis‹, octavocerco@blogspot.com, s. S. 38), »wird auf der Insel immer deutlicher zur größten Gefahr: Computer, USB-Sticks und SIM-Karten sind die Werkzeuge der neuen Helden auf den schwarzen Listen der Staatssicherheit. Für den Staat ist das Internet nicht ein Medium der Kommunikation im Dienst der Bürger, sondern eine Waffe der Konterrevolution. Wir sind an einem Punkt angekommen, bei dem sich der Fortschritt in ein Risiko für den Status quo verwandelt hat.«

Claudia Cadelo ist wie alle anderen der rund 40 bekannten BloggerInnen Cubas darauf angewiesen, ihre Posts telefonisch ins Ausland durchzugeben oder sie in einem internationalen Hotel mit Internetzugang per Mail an eine Vertrauensperson zu senden, die sie für sie postet. Innerhalb des Landes kann kaum jemand diese Blogs lesen, trotzdem kursieren auch dort die Beiträge und Texte aus dem Netz auf Sticks, CDs oder abgeschrieben auf Papier. Die Blogger sind untereinander und mit den oppositionellen Gruppen sowie mit kritischen Journalisten locker verbunden und haben sich zu einer Plattform zusammengeschlossen, den Voces Cubanas (›Cubanische Stimmen‹, http://vocescubanas.com/).

Mit Abstand die bekannteste Bloggerin Cubas ist Yoani Sánchez, die vom Time Magazine als eine der 100 einflussreichsten Personen des Jahres 2008 ausgezeichnet wurde und die für ihren Blog Generación Y (›Generation Y‹) mehrere Preise erhielt, darunter den Weblog Award der Deutschen Welle. Yoani Sánchez stellte unter anderem Cubas Präsident Raúl Castro und dem amerikanischen Präsidenten Barack Obama mehrere Fragen zur Zukunft ihres Landes und dem Verhältnis zwischen Cuba und den USA. Barack Obama antwortete ihr ausführlich in Englisch und auch in Spanisch (http://desdecuba.com/generaciony/).

Weitere Internetpodien bieten die vom cubanischen Exilschriftsteller Jesús Diaz begründete Zeitschrift Encuentro (www.cubaencuentro.com) und die von unabhängigen Journalisten und Organisationen zusammengestellte Internetseite http://cubanet.org.

Claudia Cadelos Internetblog Octavo Cerco (›Achter Kreis‹)

Cubas unabhängige Blogger bilden eine (noch) winzige Insel der Meinungsfreiheit und der Kommunikation. Die meisten Blogger veröffentlichen offen unter ihrem Namen. Claudia Cadelo hat auf ihrem Blog Octavo Cerco sogar ihren Personalausweis eingescannt.

Der Titel Octavo Cerco ist eine Anspielung auf das Lied »Grabspruch für Wladimir Wisotski« des rebellischen polnischen Sängers Karsmarski Jacek. Über das Zustandekommen ihres Blogs schreibt Claudia Cadelo:

»2008 wurde Gorki Águila, Sänger und Gitarrist der Rock-Punk-Band Porno para Ricardo sicherheitshalber und zur Vermeidung von Straftaten verhaftet: Wenn aus der Sicht der Nationalen Revolutionären Polizei ein Bürger potenziell fähig ist, eine Straftat zu begehen, kann er angeklagt und zu einer Gefängnisstrafe von einem bis vier Jahren verurteilt werden.

Zusammen mit einer Gruppe von Freunden begannen wir innerhalb Cubas darüber zu informieren, unterstützt von einer enormen Solidarität (dabei lernte ich Yoani Sánchez kennen) – und lösten eine internationale Kampagne aus, die zu seiner Freilassung führte. Innerhalb eines sehr kurzen Zeitraums wurde ich von jemandem, die mit Fremden nicht über Politik spricht und immer paranoid ist, zu jemandem, der in einem Konzert ein Plakat hochhält und etwas ruft.

Für die Debütantin auf dem Gebiet der Meinungsfreiheit gab es von allem etwas: Schläge, Papierkram und Verhaftung. Ich begann meinen Blog zu schreiben, nachdem Gorki freigelassen worden war. Ich erinnere mich, dass wir sehr ernst und erschöpft waren und fast unseren Humor verloren hatten. Während des Prozesses vergaß der Verteidiger den Namen des Angeklagten und wühlte in seinen Papieren herum, also verstand ich, dass alles außerordentlich dumm und zusammenhanglos war. Ich bekam Lust, meiner Umgebung diese Dinge zu erzählen und die ganze Absurdität mit irgendjemandem zu teilen. Yoani Sánchez erklärte mir, was ein Blog ist, sie veröffentlichte in ihrem Blog Generación Y meinen ersten Text und half mir bei den technischen Dingen. Sie fotografierte sogar einige Eier für den Auftakt meines Blogs Octavo Cerco, und ohne sie hätte ich vielleicht niemals die Möglichkeit entdeckt, ein Bordbuch zu schreiben.«

Polizeigeschichten (Mai 2010)
Es gibt in meiner Stadt kleine Inseln der Katarsis für die Bürger, und ich genieße diese Momente zutiefst, auch wenn sie nicht zahlreich sind. Das kann eine Bushaltestelle sein, eine endlose Menschenschlange, die für irgendeinen absurden bürokratischen Vorgang ansteht, oder ganz einfach ein Taxi für zehn Pesos. Die Strecke Althavanna–Vedado–Playa ist berühmt für ihre Schwierigkeiten und die Verspätungen der Busse – natürlich sind sie nicht so beeindruckend wie auf der Strecke Vedado–Nuevo Vedado, wo es zermürbend ist, überhaupt irgendetwas Fahrbares zu erwischen –, weshalb die Existenz der (Kollektiv-)Taxis das Versagen des Öffentlichen Transports etwas abmildert. Wir, die wir versuchen, uns fortzubewegen, geraten seit der brutalen Ankunft des Sommers vor einigen Tagen unter der Sonne in Zorn und die

Wartezeit wird unerträglich. Wenn du es nicht mehr aushältst, hebst du die Hand und wählst den privaten Weg, der immer effizienter ist. Neulich stand ich in der glühenden Sonne auf der 23. Straße und entschied mich für ein Kollektivtaxi. Es war voll besetzt und uns allen liefen Schweißperlen über das Gesicht. Trotzdem fühlte ich, seit ich eingestiegen war, einen Hauch von Freiheit; die Unterhaltung war sehr lebhaft, das Thema: polizeiliche Übergriffe. Der Fahrer berichtete von den Abenteuern, die seine Frau über zwölf Stunden in der Gefängniszelle der Polizeiwache von Zapata und C erlitten hatte. Sie wurde von zwei Uniformierten ›gefangen‹, als sie mit zwei Litern Joghurt – die obendrein für die Dauer ihrer Verhaftung als ›Schwarzmarktware‹ konfisziert wurden – auf dem Weg nach Hause war. Die Frau auf dem Rücksitz schilderte detailliert die unmenschlichen Bedingungen ihres Aufenthalts auf der Wache Zanja, wo sie wegen unerlaubten Besitzes von vier Flaschen Bleichlauge und zwei Flaschen Salzsäure gelandet war. Mein Sitznachbar klagte, man habe ihm im Historischen Viertel von Althavanna seine Ration Zahnpasta und Zigaretten beschlagnahmt, die er vergeblich zu verkaufen versucht hatte. Ich erzählte, wie ich mit einigen Freunden in Guanabo schwimmen gewesen war und man uns alles gestohlen hatte bis auf die Badekleidung, die wir trugen. Wir gingen zu einer Polizeistation, um Anzeige zu erstatten, und da wir keine Ausweise mehr hatten, hielt man uns dort bis zehn Uhr abends fest.

Als ich an meinem Ziel ankam, fühle ich mich leicht, die Hitze quälte mich nicht mehr so sehr und ich genoss zumindest einige Minuten lang die unaussprechliche Befriedigung, die man verspürt, wenn man laut und deutlich sagt, was man denkt.

Quelle: www.octavocerco.blogspot.com

Cubas Telefone sind nicht unbedingt eine Privatangelegenheit

Geschichte

»Die Gewalt ist (nicht nur) die Geburtshelferin der Geschichte. Ich habe versucht zu beweisen, dass in Cuba die Gewalt die Mutter der Geschichte ist. Denn die Geschichte Cubas ist von der Gewalt gezeichnet, von Anfang an: Schon vor Ankunft der Spanier hatte es Gewalt zwischen den Ureinwohnern gegeben und sie hält bis heute an. Aufgehört hat sie nie.« (Guillermo Cabrera Infante, »Ansicht der Tropen im Morgengrauen«)

Die Ureinwohner

Die erste menschliche Ansiedlung auf Cuba ist nicht genau nachzuweisen, allgemein wird jedoch angenommen, dass die ersten Siedlungen um 4000 v. Chr. entstanden sind. Cubas früheste Einwohner waren **Siboneyes,** die wahrscheinlich vom lateinamerikanischen Kontinent, aus Yucatán oder dem Mississippi-Delta auf die Insel gekommen waren. Sie ernährten sich im Wesentlichen vom Fischfang und waren Meister in der Kunst des Kanubaus. Sie bewohnten Höhlen und lebten in Dorfgemeinschaften, die selten mehr als 100 Menschen zählten.

Im 3. Jh. n. Chr. kamen dann **Taínos** wahrscheinlich aus dem Amazonasbecken in die Karibik. Sie bewegten sich westwärts von Insel zu Insel und ließen sich auf Cuba nieder. Die Taíno-Indianer brachten landwirtschaftliche Kenntnisse mit, handwerkliche Fähigkeiten und umfangreiche religiöse und Beerdigungszeremonien. Um 1450 gelangte eine zweite Einwanderungswelle der Taínos auf die Insel, die sich vor allem im Ostteil Cubas niederließen. Sie waren handwerklich und kulturell weiter entwickelt als die früheren Bewohner, doch kann man sie keineswegs mit den indianischen Hochkulturen Mexikos, Guatemalas oder Perus vergleichen. Taínos und Siboneyes bauten Mais, Yucca, Boniato, Maniok und Tabak an und jagten Vögel und Schildkröten. Aus Schildpatt, Stein und Holz fertigten sie kunstvolle Waffen, Fischergeräte und Einbäume.

Taínos und Siboneyes lebten in Dorfgemeinschaften, an deren Spitze zwei gewählte Autoritäten standen: der Häuptling oder *cacique* und der Schamane, *behique* genannt.

Kolumbus entdeckt Cuba

Als **Christoph Kolumbus** Karavellen am 28. Oktober 1492 in der Bahía de Bariay an der cubanischen Nordostküste landen, leben zwischen 100 000 und 300 000 Ureinwohner auf der Insel – »die schönste, die Menschenaugen je gesehen haben«, notiert Kolumbus in sein Bordbuch. Taínos und Siboneyes glauben, die Fremden seien geradewegs vom Himmel gekommen, um sie vor den Übergriffen der kriegerischen Aruak-Indianer von den Nachbarinseln zu schützen. Sie küssen den Spaniern die Hände und die Füße und bieten ihnen Speisen an. Nach der spanischen Thronfolgerin nennt er sie Juana: Doch Cuba setzt sich durch, eine Verkürzung des indianischen Namens Cubanacán.

Einzelne Goldverzierungen am Schmuck der Häuptlinge bestätigen Kolumbus in seinem Glauben, das Eldorado gefunden zu haben. Ein Jahr später kehrt er nach Cuba zurück und segelt die Südküste entlang, immer auf der Suche nach den fantastischen Goldadern – vergeblich.

Fast 20 Jahre lang leben Taínos, Siboneyes und Guanahatabeyes unbehelligt von weiteren europäischen Besuchern. Erst 1511 kehren die Spanier zurück – mit 300 Soldaten, angeführt von **Diego Velázquez.** König Ferdinand hat von weiteren Gerüchten über Goldschätze auf Cuba gehört und dringt darauf, die gesamte Insel abzusuchen. Der spanische Pater und Chronist **Bartolomé de Las Casas** begleitet das Heer. Über das Verhalten seiner Landsleute bei diesem Eroberungsfeldzug schreibt er: »So grausame und unmenschliche Verbrechen wurden dort in meiner Gegenwart und vor meinen Augen verübt, dass kein menschliches Zeitalter Ähnliches gesehen hat.«

Die Spanier sind den Indianern kriegstechnisch weit überlegen, und sie wissen, wonach sie suchen. Trotzdem stoßen sie auf organisierten Widerstand, denn ihr Ruf als grausame Unterwerfer hat sich bereits in der Karibik verbreitet und ganze Dörfer haben kollektiven Selbstmord begangen. Viele Indianerhäuptlinge von den Nachbarinseln haben auf Cuba Schutz gesucht. Einer von ihnen ist der legendäre Kazike **Hatuey,** der mit den Seinen auf einem Kanu von Haiti geflüchtet und in den Höhlen und Wäldern Ostcubas untergetaucht ist. 1511 wird Hatuey bei Yara von den Spaniern gefangen genommen und auf dem Scheiterhaufen verbrannt. Die Legende erzählt, ein Franziskanermönch habe versucht, Hatuey vor seinem Tod zum christlichen Glauben zu bekehren, damit er wenigstens ins Paradies komme, aber Hatuey habe es vorgezogen, unchristlich zu sterben, um nach seinem Tod keine Spanier mehr sehen zu müssen. Heute erinnert die bekannteste Biermarke Cubas an den legendären Indianerhäuptling.

1514 ist die gesamte Insel zwar ›befriedet‹, aber knapp zehn Jahre später leben nur noch wenige Tausend Indianer auf Cuba. Die Fronarbeit in den Bergwerken, Massaker und europäische Krankheiten rotten die indianische Bevölkerung fast vollständig aus. Geblieben sind die traditionelle Hausbauweise auf dem Land, die palmstrohgedeckten *bohíos,* die Erinnerung an den ersten Revolutionär Cubas, Hatuey, sowie einige Begriffe wie *huracán* (Hurrikan), *guayaba* (Guave), *hamaca* (Hängematte), *maíz* (Mais), *maní* (Erdnuss), *tabaco* (Tabak) oder *yuca* (Yucca).

Die Kolonialzeit – unter spanischer Herrschaft

Cubas erster Wirtschaftsboom ist ein außerordentlich kurzer Goldrausch. Denn die Spanier stellen sehr schnell fest, dass die Goldvorkommen der Insel minimal sind und dass der Traum vom schnellen Reichtum im Falle Cubas nicht funktioniert.

Allerdings liegt die Insel strategisch günstig und eignet sich vorzüglich als Sprungbrett zur Eroberung des lateinamerikanischen Kontinents. Im Jahr 1519 bricht **Hernán Cortés** von Cuba nach Mexiko auf und die meisten Spanier folgen ihm. In Cuba selbst bleiben nur etwa 1000 Spanier, die sich im Wesentlichen der Viehzucht und der Landwirtschaft widmen. Nach der Eroberung Mexikos wird Havanna für kurze Zeit zu einer Art Sammelplatz für die spanischen Schiffe, die in der Neuen Welt unterwegs sind. Die Schiffe der Konquistadoren laufen reich beladen mit Gold, Silber und den Schätzen der Indianer aus Mexiko in den Hafen von Havanna ein. Sie machen hier Zwischenstation, bevor sie nach Sevilla zurückkehren. Cuba wird vorübergehend zum Tor zur Neuen Welt, zum Vorposten Spaniens in Lateinamerika, und Havanna zum politischen und wirtschaftlichen Mittelpunkt. Santiago dagegen, die erste Hauptstadt Cubas, verliert zunehmend an Bedeutung.

Doch dann machen die auf dem Festland gegründeten Städte Veracruz (Mexiko) und Portobello (Panama) dem Hafen von Havanna Konkurrenz und das gerade aufkeimende Wirtschaftsleben Havannas bricht wieder zusammen. Die Kunde von den riesigen Goldschätzen Perus und Mexikos tut ein Übriges, um spanische Siedler in Cuba zu veranlassen, ihr Glück auf dem Kontinent zu suchen. Im Jahr 1550 leben gerade noch 700 Europäer auf Cuba.

Piraten auf Cuba

Mitte des 16. Jh. ist Spanien beileibe nicht die einzige europäische Kolonialmacht in der Karibik. Holländische, französische und englische Schiffe kreuzen zwischen den Inseln, außerdem unzählige Piraten verschiedener Nationalitäten, die in dem verlassenen Cuba ein willkommenes Betätigungsfeld sehen. Häufig überfallen sie die nur wenig befestigten Siedlungen an der Küste, rauben sie aus und brennen sie nieder, vor allem Havanna und Santiago. Die spanische Krone lässt in Havanna und Santiago Festungen bauen und den Hafen von Havanna zum bedeutendsten Hafen der Neuen Welt vergrößern. Ganz Havanna lebt von der spanischen Flotte: von den Seilmachern bis hin zu den Prostituierten. Als die Flotte zum Hauptkäufer sämtlicher Waren wird, verwandelt sich Havanna in das Handelszentrum der Insel und wächst zur größten Stadt. 20 000 Einwohner leben dort im Jahr 1607, als Havanna zur Hauptstadt ernannt wird.

Der Rest der Insel ist nach wie vor dünn besiedelt. Santiago und die Region Oriente beklagen sich beim spanischen König darüber, dass man sie vernachlässige, kaum mit Waren versorge und so gut wie keinen militärischen Beistand gegen die andauernden Piratenattacken leiste. Da man beim spanischen Hof diese Klagen nicht ernst nimmt, greifen die Santiagueros zur Selbsthilfe: Sie werden selbst Piraten und Schmuggler und ignorieren die königlichen Handelsgesetze. Und so blüht der Schmuggel auf der ›ewig ergebenen Insel‹ – vom Bischof bis zum Sklaven profitiert jeder davon, wenn auch in unterschiedlichem Umfang.

Die ersten afrikanischen Sklaven waren schon 1522 nach Cuba gekommen, doch bis ins 17. Jh. stieg ihre Zahl nicht sehr stark an. Die meisten arbeiteten auf den Zuckerplantagen und in den weißen Herrenhäusern. Angesichts des Mangels an europäischen Frauen heirateten viele Weiße ihre Sklavinnen oder lebten mit ihnen zusammen. Die Kinder dieser Verbindungen wurden meist als Freie angesehen.

Die Spanier entdecken den Tabak

Im 17. und 18. Jh. bestimmt zunächst der Tabak die cubanische Wirtschaft. Seit die ersten Tabakblätter in Spanien angekommen sind, entdeckt die Krone dieses Genussgift, auf das sie gesalzene Steuern erhebt, als hochwillkommene Einkommensquelle. Die Suche nach guten Tabakböden führt die Siedler in die zentralen und westlichen Gegenden Cubas, vor allem nach Pinar del

Die Zuckerrohrernte ist nach wie vor mühselig – trotz ›moderner‹ Transportmittel

Río. Zigarren und Kautabak werden nun zu den beliebtesten und teuersten Waren der Schmuggler, die die diktatorische Monopolstellung Spaniens durchlöchern. Als 1717 das königliche Monopol für Tabakanbau, -verarbeitung und -verkauf drastisch verschärft wird und sich das Einkommen der Tabakbauern dadurch erheblich verringert, kommt es zur ersten Rebellion gegen die spanische Kolonialmacht: Die *vegueros* (›Tabakbauern‹) marschieren bewaffnet nach Havanna und zwingen die Kolonialbehörden, das Monopol zu lockern. Drei Jahre später jedoch wird der Aufstand der Tabakbauern durch militärische Intervention niedergeschlagen, die *vegueros* werden erschossen oder zur Abschreckung entlang der Landstraßen aufgehängt.

Das Tabakmonopol ist jedoch nur der Anfang. 1740 gründet die spanische Krone die **Real Compañía** (›Königliche Gesellschaft‹), eine Art Joint-Venture-Organisation, die den gesamten Handel zwischen Cuba und Spanien kontrolliert. Die Gesellschaft exportiert cubanische Produkte preiswert nach Spanien und verkauft den Cubanern alle notwendigen Güter und selbst Land zu exorbitanten Preisen. Dies führt zu Riesenprofiten der beteiligten Händler, während die Bevölkerung immer weniger zum Leben hat. Viele Siedler verlassen Havanna und wandern nach Oriente aus, um sich am Schmuggelhandel zu beteiligen. Cuba ist Mitte des 18. Jh. nichts als ein Vorposten Spaniens, dessen Ökonomie einzig den Interessen der Krone dient.

Englisches Zwischenspiel

1762 ist für Cuba ein ebenso bedeutendes Datum wie 1492: Spanien verliert im **Sieben-Jahre-Krieg** seine Kolonien an die feindliche englische Krone. Nach 44 Tagen Belagerung durch die Engländer ergeben sich die Kolonialbehörden Havannas und die zehnmonatige Besatzungszeit der Engländer beginnt. Das überraschende Ergebnis der Okkupation: wirtschaftlicher Aufschwung. Die ewig treue Insel atmet auf, die spanischen Handelsschranken existieren nicht mehr. Cuba ist es plötzlich erlaubt, mit den englischen Kolonien im nahen Nordamerika Handel zu treiben. Als nach knapp einem Jahr die Insel wieder an Spanien zurückgeht, sieht sich die Krone gezwungen, diesen Handel zumindest teilweise zu liberalisieren. **König Carlos II.** befürchtet außerdem, der Funke der französischen Revolution könne auch in seinem Hoheitsgebiet Feuer fangen, und er erlässt einige Reformen, um zumindest die kreolische Zuckeraristokratie auf Cuba nicht zu vergrätzen. So toleriert er beispielsweise den regen Handelsaustausch zwischen Nordamerika und Cuba: Cuba liefert Zucker und Tabak, aus den Vereinigten Staaten kommen landwirtschaftliche und industrielle Erzeugnisse. Auf diese Weise verflechten sich die Interessen der beiden Kolonien immer stärker und der Zucker entwickelt sich zur wichtigsten Quelle des Reichtums. Doch dieser Reichtum wird von Sklaven geschaffen.

Kreolisches Selbstbewusstsein

Die Kreolen, auf der Insel geborene Cubaner, beginnen in dieser Zeit des wirtschaftlichen und politischen Kontrastprogramms, sich für die Verwaltung der Insel und für ihre Geschichte zu interessieren. Der Bischof **Pedro Augustín Morell de Santa Cruz** (1694–1768) verfasst seine »Geschichte der Insel Cuba und ihrer Kirche« und der Habanero **José Martín Félix de Arrate** (1701–65) ist stolz ein *criollo* zu sein. In seinem Werk »Schlüssel zur Neuen Welt, dem Vorwerk Westindiens. Beschreibung von Havanna ...« streicht die Zensur mehrfach das Wort Criollo, das er benutzte, um die auf der Insel Geborenen von den Spaniern zu unterscheiden. Der Criollo beginnt, sich seiner bewusst zu werden. Am leichtesten fällt das dem kreolischen Großbürgertum, den Besitzern der Haciendas und Zuckerfabriken.

Neben Tabak und Zucker: Kaffee

1791 erheben sich die Sklaven auf Cubas Nachbarinsel Haiti. 1804 ruft Jean-Jacques Dessalines dort die Republik aus. Doch es ist eine blutige Republikgründung und rund 30 000 weiße Pflanzer flüchten mit ihren (ehe-

José Martí – Cubas Nationalheld

Thema

José Martí, der *héroe nacional,* geistiger Führer der Unabhängigkeitsbewegung Cubas und Dichter der »Guantanamera«, wird am 28. Januar 1853 als Sohn spanischer Eltern in Havanna geboren. Der romantische Dichter Mendive ist Direktor und Lehrer der Schule, die José Martí besucht, und bestärkt den Jungen in seinen patriotischen Überzeugungen.

Als 16-Jähriger wird José Martí wegen »aufrührerischen Inhalts« eines Briefs von den Kolonialbehörden zu sechs Jahren Zuchthaus und Zwangsarbeit verurteilt. Sein Lehrer Mendive ist bereits nach Spanien zwangsdeportiert. Martí schuftet in Fußketten, von deren Verletzungen er sich zeit seines Lebens nicht mehr richtig erholt, in einem Steinbruch bei Havanna. 1871 wird er nach Spanien deportiert. In Madrid und Zaragoza studiert er Philosophie und Literatur sowie Jura. Nach seinem glänzenden Examen reist er über Paris nach Mexiko. 1877 wird er in Guatemala Professor einer Lehrerbildungsanstalt, kehrt aber 1878 nach Cuba zurück.

Inzwischen hat er mehrere poetische Texte und ein Theaterstück geschrieben. In Cuba verurteilt er den Waffenstillstandspakt mit Spanien und wird in der Folge erneut deportiert. 1880 geht er nach New York, wo das cubanische Freiheitskomitee ins Leben gerufen wird. 1892 verfasst José Martí Programm und Statuten der cubanischen Revolutionspartei und wirbt unermüdlich publizistisch für die Freiheitsidee. Er bereist die Antillen, Mittelamerika und die USA, um die Verbindung zwischen den Exiliertentruppen herzustellen. Am 11. April 1895 landet er mit General Máximo Gómez und fünf weiteren Mitkämpfern auf Cuba, wo der Zweite Unabhängigkeitskrieg bereits begonnen hat. Der Dichter und Essayist Martí ist kein geübter Militärstratege, er kann die Freiheit besser mit der Feder verteidigen als mit der Pistole. José Martí stirbt am 19. Mai 1895 in einem Gefecht bei Dos Ríos in der Provinz Bayamo. »Wenn ich sterbe, so begrabt mich mit dem Gesicht zur Sonne«, hatte er in einem Gedicht geschrieben. Sein Mausoleum in Santiago de Cuba respektiert diesen Wunsch.

Martís Reden, Aufsätze, Vorträge, Kommentare und Gedichte aus 25 Jahren rastloser politischer und literarischer Tätigkeit sind in dem Sammelband »Nuestra América« (»Unser Amerika«) enthalten. Darin wird deutlich, dass José Martí auch einer der besten lateinamerikanischen Dichter des Modernismus war. »Wir waren eine Vision: Brust eines Athleten, Hände eines Stutzers und Stirn eines Kindes. Wir waren eine Maske: Hosen aus England, Jacke aus Paris, Weste aus Nordamerika und Mütze aus Spanien. Der Indio umkreiste uns stumm und ging in die Berge, auf den Gipfel der Berge, um seine Söhne zu taufen. Der aufmerksam belauschte Neger sang die Musik seines Herzens in die Nacht hinein, einsam und unbekannt zwischen den Wellen und den Raubtieren. Der Bauer, der Schöpfer, wandte sich, blind vor Empörung, gegen die unfreundliche Stadt, sein Geschöpf« (»Eramos«).

José Martí war einer der ersten Intellektuellen und Politiker, die erkannten, dass Lateinamerika sich politisch und wirtschaftlich vereinigen müsse, um sich erfolgreich den Expansionsbestrebungen der USA zu widersetzen. Sein Ideal vom geeinten, freien Lateinamerika ist bis heute Utopie geblieben.

maligen) Sklaven ins nahe Cuba, in die südöstliche Provinz Oriente. Die Flüchtlinge bringen Kaffeepflanzen mit und begründen die Kaffeeplantagen um die Stadt Santiago.

Die Situation der Sklaven

Der Sklavenaufstand und die Loslösung von Frankreich bringen die haitianische Zuckerproduktion fast zum Erliegen. Der cubanische Zucker füllt in den folgenden Jahrzehnten die Lücke. Anfang des 19. Jh. sagen sich Zug um Zug die spanischen Kolonien in Lateinamerika vom Mutterland los. Doch das immertreue Cuba bleibt unter spanischer Herrschaft. Hier und da flackern erfolglose Sklavenaufstände auf. Mit der Einführung der Dampfmaschine steigt die Zuckerproduktion in den Mühlen, was für die Sklaven bedeutet, dass sie einem immer erbarmungsloseren Rhythmus ausgesetzt sind. Von 100 Sklaven sterben pro Jahr 15 bis 18 an Erschöpfung. Ihre tägliche Arbeitszeit beträgt an die 19 Stunden. Der Reichtum der Zuckerbarone steigt ins Unermessliche. Zwischen 1820 und 1868 ist Cuba die reichste Kolonie der Welt.

Es leben erheblich mehr Schwarze als Weiße auf Cuba. 1760 schuften ›nur‹ 30 000 Sklaven auf den cubanischen Zuckerfeldern, 1817, auf dem Höhepunkt der Sklaverei, sind es mehr als 400 000 Afrikaner. Seit 1812 verstärkt die gescheiterte Rebellion des Mulatten **José Antonio Aponte** bei den kreolischen Grundbesitzern die Furcht, in einem sozialen Krieg wie dem in Haiti ihre Reichtümer an die schwarze Mehrheit auf der Insel zu verlieren, und sie rücken der spanischen Krone näher. Tausende Sklaven entfliehen ihrem Elend und flüchten in die Berge – ebenso viele professionelle Sklavenjäger durchkämmen das ganze Land auf der Suche nach diesen *cimarrones*. Im Jahr 1844 wird in der Zuckerstadt Matanzas eine Verschwörung zur Abschaffung der Sklaverei aufgedeckt. Die Aufständischen werden auf Leitern gebunden und gefoltert, 78 Schwarze werden hingerichtet.

Die Unverfrorenheit, mit der die Zuckerbarone ihre Sklaven ausbeuten, hat ihren Grund neben Profitgier und Menschenverachtung wohl auch in dem Wissen, dass diese paradiesischen Verhältnisse nicht bis in alle Ewigkeiten dauern würden. England hat 1808 den Sklavenhandel aufgegeben und überzeugt Spanien 1817, dasselbe zu tun. Von nun an patrouillieren englische Kriegsschiffe durch die karibische See, verhaften und hängen Sklavenhändler. Der Sklavennachschub für die Zuckerplantagen muss geschmuggelt werden. Die Sklavenhalter setzen ihre Hoffnungen auf den amerikanischen Bürgerkrieg und den Sieg der Südstaaten. Als diese jedoch 1865 unterliegen, sind die cubanischen Zuckerbarone isoliert, denn der Sklavenhandel wird auch in den USA offiziell abgeschafft.

Noch im Jahr 1860 ist die Struktur der cubanischen Gesellschaft identisch mit der 100 Jahre zuvor. Die reiche weiße Oberschicht ist in sich gespalten: Immer unversöhnlicher stehen sich die in Cuba geborenen Kreolen und die als korrupt verschrieenen *peninsulares* (geborene Spanier) gegenüber, die die anachronistische Kolonialmacht repräsentieren. Die erfolgreichen Unabhängigkeitskriege der lateinamerikanischen Länder werden in Cuba wahrgenommen. Allerdings streitet man sich hier über Ziele und Wege. Die *autonomistas* verlangen lediglich die Selbstverwaltung, denn sie haben viel zu verlieren: Vor allem die reichen Pflanzer aus Zentral- und Westcuba, aus Havanna und Matanzas plädieren für sanfte Reformen, in der Hoffnung, auf diesem Weg die Sklaverei aufrechterhalten zu können. Die *separatistas* dagegen, insbesondere Plantagenbesitzer aus Ostcuba, haben weniger zu verlieren, denn ihre Ländereien sind kleiner und sie besitzen längst nicht so viel Sklaven. Sie fordern die endgültige Trennung von Spanien. Und die *anexionistas* wünschen sogar die Eingliederung in die USA. 1845 und 1860 versuchen die USA, Cuba zu kaufen. Die Verhandlungen scheitern am Preis.

Unabhängigkeitskriege

10-jähriger Krieg

Am 10. Oktober 1868 beginnt mit dem **Grito de Yara** (›Schrei von Yara‹) der Bürgerkrieg gegen Spanien. In Manzanillo lässt der Zuckerbaron **Carlos Manuel de Céspedes** seine Sklaven frei und schlägt mit 37 Verbündeten gegen die spanische Kolonialmacht los. Dem Manifest der Revolutionären Junta der Insel Cuba an ihre Landsleute und an alle Nationen schließen sich sehr schnell Sklaven und Bürger, Viehzüchter aus Camagüey und reiche Gutsbesitzer aus Las Villas sowie unzählige landlose Bauern an. Sofort steht der gesamte Ostteil der Insel in Flammen. Bewaffnet sind die Unabhängigkeitskrieger mit Macheten – lange Messer, mit denen das Zuckerrohr geschnitten wird –, und mit dem, was sie in spanischen Kasernen erbeuten konnten. Zehn Jahre dauert dieser erste Unabhängigkeitskrieg, der paradoxerweise von den patriotischen reichen Familien des Landes finanziell unterstützt wird, sich aber auf die Taktiken des Guerillakriegs und auf das einfache Volk stützt: auf befreite Sklaven, Bauern und Handwerker. Sie bringen ihre eigenen, aus ihren Reihen stammenden Heerführer hervor. Zu ihnen gehört an herausragender Stelle **Antonio Maceo Grajales** (1845–96), der aus einer Familie freigelassener Sklaven stammt. Im Laufe des 10-jährigen Kriegs avanciert Maceo aufgrund seiner ausgezeichneten Verdienste zum Generalmajor und wird zum populären Volkshelden.

1878 sind Spanier wie Befreiungskrieger (*mambises* genannt) am Ende, ohne dass eine Seite einen klaren Sieg für sich verbuchen kann. Die Spanier kontrollieren die Städte, die *mambises* das Land. Doch als sich 1878 die Mehrheit der Großgrundbesitzer und einige wenige Führer aus dem Volk entschließen, die spanischen Bedingungen für einen Friedensvertrag anzunehmen, weigert sich Antonio Maceo.

Ein fauler Frieden

Der **Friedensvertrag von Zanjón** beendet zwar den Krieg und räumt den Cubanern eine Reihe von Reformen ein wie eine allgemeine Amnestie und eine offizielle Vertretung im Madrider Stadtparlament. Die Unabhängigkeit jedoch bringt er nicht, ebenso wenig wie die Aufhebung der Zensur und die Abschaffung der Sklaverei. Maceo protestiert in Baraguá zusammen mit den meisten Volksführern gegen diesen Friedensvertrag, doch sie müssen sich mittellos und geschlagen ins Exil begeben. Von Mittelamerika aus bereitet Maceo eine neue Invasion auf Cuba vor.

1878 geht auch General **Máximo Gómez** ins US-amerikanische Exil, wo er zusammen mit dem Dichter, Journalisten und Politiker **José Martí** (s. S. 44) den zweiten Unabhängigkeitskrieg gegen Spanien vorbereitet. Im April 1895 landen die beiden mit Truppen an der Nordostküste Cubas. Der zweite Feldzug gegen Spanien beginnt. Obwohl die Aufständischen schlecht ausgerüstet sind und es mit einem auch zahlenmäßig überlegenen Feind zu tun haben (300 000 Kolonialsoldaten), zeichnet sich ihr Sieg bereits 1898 ab. Die spanische Armee kontrolliert nur noch größere Ortschaften, der Rest des Lands und vor allem die Verbindungswege sind in der Hand der Aufständischen.

José Martí ist schon in den ersten Kriegstagen gefallen, und in den folgenden Jahren fehlt ein fähiger Staatsmann und Politiker, der dem Land eine eigenständige Rolle hätte einräumen können. Nun versuchen die USA erneut vergeblich, den Spaniern die Insel abzukaufen. Als 1898 im Hafen von Havanna der US-Kreuzer Maine explodiert, nehmen die USA das zum Anlass, Spanien auf cubanischem Territorium den Krieg zu erklären. 18 000 US-amerikanische Soldaten setzen nach Cuba über, und die ausgepowerte Kolonialarmee erklärt nach vier Monaten ihre Kapitulation.

Die USA und Cuba

An den Verhandlungen für den Friedensvertrag von Paris im Dezember 1898 ist Cuba nicht beteiligt. Spanien gibt seine Ansprüche gegenüber Cuba auf. Nebenbei tritt Spanien auch Puerto Rico an die Vereinigten Staaten ab und verkauft ihnen für 20 Mio. Dollar die Philippinen.

Am 1. Januar 1899 ziehen die Amerikaner in Havanna ein. Über der Morro-Festung wird das Sternenbanner gehisst, und der US-**Ge-**

neral Brooke teilt mit, dass seine Regierung ihn zum Gouverneur Cubas ernannt hat. Seine Aufgabe ist es, die *mambises* zu entwaffnen und die unbegrenzten amerikanischen Rechte auf Cuba vertraglich zu regeln. Erst 1901 wird eine Verfassung nach nordamerikanischem Vorbild verabschiedet. Die Souveränität der Insel wird durch das **Platt Amendment** erheblich eingeschränkt. Es räumt dem großen Bruder im Norden das Recht zur militärischen Intervention ein »zur Wahrung der cubanischen Unabhängigkeit, zur Erhaltung der Regierung, die den Schutz des Lebens, des Eigentums und der individuellen Freiheit garantiert.« Im Klartext: immer dann, wenn wirtschaftliche oder politische Interessen der USA in Cuba bedroht werden könnten. Das ist z. B. 1906, 1912, 1917 und 1920 der Fall. Das Platt Amendment überlässt den USA außerdem zwei Militärstützpunkte in Cuba: Bahía Honda bleibt bis 1912 in der Hand der USA, Guantánamo in der Provinz Oriente ist es noch heute.

Die Pseudo-Republik

Am 20. Mai 1902 schließlich wird Cuba offiziell von Spanien unabhängig. **Estrada Palma** wird erster Präsident der cubanischen Pseudo-Republik, wie die Zeit von 1902 bis 1959 von den Cubanern heute genannt wird. Denn das Präsidentenkarussell dreht sich, immer wieder wird ein Präsident durch einen US-amerikanischen Militärgouverneur ersetzt. Korruption, Vetternwirtschaft und Machtmissbrauch sind an der Tagesordnung. Es ist im Land ein offenes Geheimnis, dass der schnellste Weg, Millionär zu werden, über das Amt eines cubanischen Präsidenten führt.

Die cubanische Wirtschaft wird zunehmend von den USA kontrolliert. Bis 1933 befinden sich 40 % der cubanischen Zuckerproduktion und 90 % des Nickelbergbaus in den Händen US-amerikanischer Gesellschaften. Während des Ersten Weltkriegs steigen die Zuckerpreise in so astronomische Höhen, dass man in Cuba vom Tanz der Millionen spricht. Immer mehr Waldflächen werden gerodet, um immer mehr Zuckerrohr anzubauen. Luxuspaläste und prunkvolle Kasinos entstehen. Der Tanz findet ein Ende, als die Rübenproduktion in Europa wieder in die Gänge kommt. Die Zuckerpreise fallen in den Keller, soziale Unruhen brodeln auf der Zuckerinsel und die Amerikaner kommen: **General Crowder** unterweist die cubanischen Präsidenten **Alfredo de Zayas y Alfonso** und **Gerardo Machado,** wie sie die Aufstände niederzuschlagen haben.

1925 gründet **Julio Antonio Mella** die Kommunistische Partei Cubas. Vier Jahre später wird er im mexikanischen Exil von Agenten Machados ermordet. Präsident Machado verspricht bei seinem Amtsantritt 1924 soziale Reformen, die Bekämpfung der Korruption und er will auch nicht länger als vier Jahre im Amt bleiben. Keines dieser Versprechen hält er. Während seiner 9-jährigen Regierungszeit eifert er seinem Vorbild Mussolini nach, lässt eine Autobahn zwischen Havanna und Santiago bauen und verdient sich bei seinen Landsleuten den Beinamen ›der Schlächter‹.

Die verheerenden Folgen der Weltwirtschaftskrise von 1929 führen in Cuba zu Massenarmut, Streiks und sozialen Unruhen in nie gekanntem Ausmaß. Machado schickt seine elegant uniformierten Schläger gegen Studenten, Gewerkschafter und Oppositionelle. Mit Zensur, Folter und Armeeterror versucht er, für Ruhe und Ordnung zu sorgen, doch auch mit diesen Methoden kann er einen Bürgerkrieg nicht verhindern. 1933 wehrt sich die Bevölkerung mit einem Generalstreik, Machados Killerbanden richten Blutbäder auf den Straßen Havannas und Santiagos an. Die USA bzw. ihr frisch gebackener Präsident Franklin Roosevelt setzen alle Hebel in Bewegung, Machado zum Rücktritt zu bewegen. Durch die Intervention des US-Abgesandten Benjamin Sumner Welles sagt sich die Armee von Machado los, er tritt zurück und sucht auf den Bahamas Zuflucht.

Das Präsidentenkarussell dreht sich weiter

Als neuen Präsidenten Cubas setzt Sumner Welles den Sohn des Freiheitskämpfers Manuel de Céspedes ein. **Carlos M. de Céspe-**

des kann sich ganze 30 Tage auf dem Präsidentensessel halten. Am 4. September 1933 stürzt ihn eine Armeerevolte unter der Führung von **Fulgencio Batista.** Batista wird Oberbefehlshaber der Armee, **Grau San Martín** provisorischer Präsident, der einige verlockende Reformen verkündigt wie die Einführung des Acht-Stunden-Tags, das Frauenwahlrecht und die Abschaffung des Platt Amendment. Da er seine Ankündigungen wahr macht, schicken die USA zunächst vier Zerstörer Richtung Havanna, später ihre gesamte Atlantische Flotte. Massenproteste in Havanna verhindern eine direkte militärische Intervention der USA. Die US-Administration nimmt Verhandlungen mit Batista auf. Dieser ist in erster Linie an seiner eigenen Karriere interessiert und bewirkt den Rücktritt Grau San Martíns nach 100 Tagen Amtszeit.

Es beginnt nun eine Phase, die sich ausnimmt wie ein schlecht inszeniertes Marionettentheater. Zwischen 1934 und 1940 betreten drei cubanische Präsidenten die Bühne: **Carlos Mendieta y Montefur, Mariano Gómez** und **Lardo Bru,** allesamt recht glücklos und unpopulär. Allein Mendieta kann für sich in Anspruch nehmen, dass die USA mit seinem Regierungsantritt das Platt Amendment formal aufgehoben haben.

1940 wird Batista selbst, längst Drahtzieher der cubanisch-amerikanischen Politik, Präsident. Als er 1944 aus dem Amt scheidet, ist er einer der reichsten Männer Cubas. Nach ihm versuchen Grau San Martín und **Prío Socarrás** ihr Glück. Doch ausgerechnet unter dem reformorientierten Grau San Martín werden Korruption und Vetternwirtschaft noch schlimmer. Als Batista 1952 gegen Prío Socarrás putscht, hoffen viele Cubaner darauf, dass sich die Lage im Land endlich bessert. Und Batista hat den Zeitpunkt seines Putschs geschickt gewählt: genau zwei Monate vor den anstehenden Parlamentswahlen, bei denen eine Linkskoalition gute Chancen auf einen Wahlerfolg gehabt hätte. Batista setzt die Verfassung außer Kraft, er löst den Kongress und die Parteien auf.

Bei den Wahlen von 1954 ist er der einzige Kandidat. Mit Hilfe eines gigantischen Spitzelapparats versucht Batista, die Opposition im Zaum zu halten. Mitfinanziert wird dieser Apparat von dem Mafia-Boss **Meyer-Lanski,** der in Havanna und Varadero ein einträgliches Bordell- und Glücksspielimperium aufgebaut hat. Cuba zählt 600 000 Arbeitslose und etwa eine halbe Million Landarbeiter, die nur während der viermonatigen Zuckerernte Arbeit haben. Knapp die Hälfte der Zuckerproduktion und 90 % der Minen gehören US-amerikanischen Gesellschaften, die Eisenbahn dagegen wird zu 80 % von britischen Unternehmen kontrolliert.

Die Revolution ...

Während des Karnevals, am 26. Juli 1953, versuchen rund 100 junge Intellektuelle, Studenten und Arbeiter, die Moncada-Kaserne in Santiago de Cuba zu stürmen. Der Angriff scheitert zwar, doch die Aktion ist der Auftakt zu einer langjährigen Rebellion. Einer der Anführer ist **Fidel Castro** (s. S. 49), ein junger Rechtsanwalt aus Havanna. Er überlebt den Angriff und wird vor Gericht gestellt. Seine Verteidigungsrede (»Die Geschichte wird mich freisprechen«) wird zum Programm der oppositionellen Bewegung, die vor allem beim liberalen Bürgertum und bei jungen Intellektuellen großen Anklang findet. Fidel Castro und seine Anhänger werden auf die damalige Gefängnisinsel Isla de Pinos verbannt und 1955 amnestiert.

Die Rebellen gehen ins Exil nach Mexiko und gründen dort eine Organisation, die sich **Bewegung des 26. Juli** nennt. Der argentinische Arzt **Ernesto ›Che‹ Guevara** schließt sich ihnen an. Am 2. Dezember 1956 kehren sie auf der Jacht Granma nach Cuba zurück. Sie landen an der Küste der Provinz Oriente. Von den 80 Rebellen überleben zwölf, darunter Fidel Castro, sein Bruder Raúl und Che Guevara, die Bombardierung durch die Batista-Luftwaffe. Sie ziehen sich in die wilde Sierra Maestra zurück, und mit der Unterstützung der dort lebenden Bauern gelingt es ihnen, eine Guerrilla aufzubauen, die im Juli 1958 etwa 300 Menschen zählt. Im März

Fidel Castro

Thema

Am 13. August 1926 wird Fidel Castro als drittes uneheliches Kind des Plantagenbesitzers Ángel Castro und seiner Köchin Lina Ruz in Birán geboren. Fidel besucht mehrere Jesuitenkollegs, wo bereits der Jugendliche als glänzender Rhetoriker und guter Sportler gilt.

Ab 1945 studiert Castro Rechts- und Verwaltungswissenschaften an der Universität von Havanna und schließt sich sofort den radikalen politischen Aktivisten an. Im Sommer 1947 beteiligt er sich an einem erfolglosen Aufstand gegen die Diktatur in der benachbarten Dominikanischen Republik. Als Rechtsanwalt in Havanna macht sich der erst 23-jährige Dr. Castro einen Namen, indem er gern als »Verteidiger der Armen und Unterdrückten« (wie er selbst sagt) auftritt, denen er grundsätzlich kein Honorar abfordert.

Im Jahr 1953 organisiert Fidel Castro den Angriff auf die Moncada-Kaserne in Santiago de Cuba. Nach zwei Jahren Haft und einem Jahr Exil in Mexiko kehrt er 1956 mit 80 Rebellen – darunter auch sein Bruder Raúl sowie der Argentinier Ernesto ›Che‹ Guevara – auf der altersschwachen Jacht Granma (›Großmutter‹) nach Cuba zurück. Als die Granma in den Mangrovensümpfen von Los Cayuelos an der Südküste Cubas strandet, werden die Rebellen von der Luftwaffe Batistas beschossen.

Castros eiserner Siegeswille und sein strategisches Geschick zeigen sich in dieser Situation, als er sich mit einer Handvoll Überlebender in die Sierra Maestra zurückzieht und es ihm gelingt, innerhalb von kürzester Zeit ein gut organisiertes Rebellenheer *(ejército rebelde)* aufzubauen. Am 17. Februar 1957 gibt Fidel Castro in seinem Versteck in der Sierra Maestra dem US-amerikanischen Journalisten Herbert L. Matthews von der New York Times ein Interview – die Rebellenarmee besteht zu diesem Zeitpunkt nur aus 18 Partisanen, doch sie entfalten »wie in einer Drehtürkomödie im Hintergrund allerlei sich abwechselnde, geräuschvolle militärische Aktivitäten ...«, schreibt Volker Skierka in seiner Castro-Biografie. Fidels Interview in der New York Times ist eine Weltsensation. Seine Public-Relation-Fähigkeit vervollkommnet er noch nach dem Sieg der Revolution, indem er sich als Politiker zum Anfassen zeigt, stundenlange Reden vor begeisterten Menschenmassen hält und sich als nahezu allgegenwärtiger Staatschef noch um die kleinsten Probleme kümmert, selbstverständlich immer begleitet von Kameras.

Als erste Regierung in der Geschichte Cubas schafft Fidel Castro die Rassendiskriminierung ab und öffnet allen Bevölkerungsschichten den Zugang zu Schulen und Universitäten. Zunächst profitierte die Bevölkerung auch von der (längst nicht mehr) kostenlosen Gesundheitsversorgung. Fehlende Meinungs- und Handlungsfreiheit, die tiefe Kluft zwischen Devisencubanern und Pesocubanern sowie die Diskriminierung von Cubanern im eigenen Land haben den Mythos Fidel Castro allerdings schon vor seinem Rücktritt 2008 abbröckeln lassen. Immerhin hat Fidel Castro als Caudillo knapp fünf dramatische Jahrzehnte, den Zusammenbruch der Wirtschaft sowie diverse Massenfluchten überlebt. Ob es seinem Bruder Raúl Castro ebenso in den nächsten Jahren gelingen wird, eine relative Ruhe im Land zu erhalten, wird abzuwarten sein.

Fidel Castro und seine Rebellen ziehen siegreich in Havanna ein

1957 greifen bewaffnete Studenten den Regierungspalast von Batista in Havanna an und in Cienfuegos meutern Marineangehörige. Unzufriedenheit und Widerstand gegen Batista werden immer deutlicher. Im Frühjahr 1958 beginnt Batista mit einer militärischen Großoffensive gegen die Rebellen in der Sierra Maestra, lässt ganze Dörfer bombardieren und setzt auf Castros Kopf eine Belohnung aus. Nach 70 Tagen ist die Offensive gescheitert. Tausende Soldaten werden von den Guerrilleros gefangen genommen, aber human behandelt. Große Teile der Batista-Armee laufen zu den Rebellen über.

Batista verspricht Präsidentschaftswahlen für den 3. November 1958, die jedoch von der Mehrheit der Cubaner boykottiert werden. Zu diesem Zeitpunkt befinden sich die Aufständischen in einer erfolgreichen Gegenoffensive. Im Dezember schon sind die Städte Santa Clara und Sancti Spíritus in den Händen der Guerrilla. Am Silvesterabend setzt sich Batista mit seiner Familie und der Staatskasse in die Dominikanische Republik ab. Ein Generalstreik verhindert ab dem 1. Januar 1959, dass eine Militärjunta die Macht übernimmt. Am 2. Januar zieht die Rebellenarmee in Santiago de Cuba ein, am 8. Januar nach einem Triumphzug durch das ganze Land in Havanna.

… und ihre Folgen

Bereits mit ihren ersten politischen und wirtschaftlichen Maßnahmen bedroht die cubanische Revolutionsregierung die Vormachtstellung der USA in Cuba – denn Fidel Castro tritt an, um die sozialen und wirtschaftlichen Lebensverhältnisse der überwiegend armen Bevölkerung auf der Insel grundlegend zu verändern. Die erste Agrarreform 1959, die Enteignung des Großgrundbesitzes über 400 ha, betrifft die Ländereien und Zuckerplantagen amerikanischer Zuckerfirmen. In der Folge kündigt die USA Cuba 1960 die Zuckerquote. Doch die Revolutionsregierung lässt sich nicht aufhalten: Fidel Castro verstaatlicht Raffinerien, Elektrizitäts- und Telefongesellschaften. Im Gegenzug verhängt Präsident Eisenhower ein Handelsembargo (s. S. 52) gegen Cuba und die Zuckerinsel verstaatlicht Industriebetriebe und Bankwesen. Gleichzeitig führen 270 000 Lehrer und Schüler eine Alphabetisierungskampagne durch – 700 000 Cubaner lernen 1961 lesen und schreiben. Im selben Jahr wird Che Guevara Industrieminister und engster Berater Fidel Castros. Er entwickelt die Utopie vom ›neuen Menschen‹, der sich nicht aufgrund materieller Anreize, sondern aus moralischen Motiven für die neue Gesellschaft engagiert. Ihm folgen Hunderttausende in Freiwilligen Brigaden, die im ganzen Land Schulen und Krankenhäuser bauen, Zuckerrohr schneiden und die Ernte einbringen.

Im April 1961 landet eine Truppe von Exilcubanern in der Schweinebucht. Unterstützt werden sie von 24 Flugzeugen und 14 Kriegsschiffen der USA. Nach 72 Stunden ist der Angriff abgewehrt, 1200 Söldner geraten in cubanische Gefangenschaft. Zum ersten Mal in der Geschichte Amerikas konnte ein von den USA unterstützter militärischer Angriff niedergeschlagen werden – und die USA verhängen ein 100%iges Handelsembargo gegen Cuba. Im Oktober 1962 beschuldigen die USA die Sowjetunion zu Recht, Raketen auf Cuba stationiert zu haben. Als US-amerikanische Kriegsschiffe die Insel blockieren und sich Präsident Kennedy am 27. Oktober 1962 vor der UNO verpflichtet, in Cuba nicht militärisch zu intervenieren, zieht Moskau die Raketen ab – tagelang zittert die Welt angesichts der **Cubakrise** um den Weltfrieden.

Erst Mitte der 1960er-Jahre beginnt die Sowjetunion, sich stärker in die cubanische Innenpolitik einzumischen. Der zunehmende Einfluss der UdSSR auf Cuba bleibt nicht ohne Kritiker: 1965 gibt Che Guevara seine Posten zurück, verlässt Cuba und geht nach Bolivien, wo er 1967 im Guerrillakampf stirbt.

Ende der 1960er-Jahre werden der private Einzelhandel sowie private Dienstleistungsbetriebe verboten bzw. verstaatlicht. Das Jahr 1970 markiert die größte kollektive Anstrengung und gleichzeitig ihr schmerzhaftes Scheitern: Millionen ›freiwillige‹ Arbeitskräfte versuchen, eine Rekordernte von 10 Mio. Tonnen Zucker einzubringen – nahezu alle Ressourcen des Lands werden für die *gran zafra* eingesetzt. Aber trotz enormer Massenmobilisierung schafft man ›nur‹ 8,5 Mio. Tonnen, immerhin das höchste Ernteergebnis in der Geschichte Cubas. Fidel Castro bietet auf einer Kundgebung seinen Rücktritt an, den die trotz allem begeisterte Menge nicht annimmt. Mit der Losung »Jeder nach seinen Fähigkeiten und jedem nach seiner Leistung« werden materielle Arbeitsanreize wieder eingeführt.

1976 wird die Verfassung von 1940 durch eine sozialistische Verfassung ersetzt und das politische System umgestaltet: Von nun an werden Provinzen, Regionen und Munizipien von den Volksmachtorganen *(poder popular)* regiert. Waren kurz nach der Revolution Tausende Ärzte, Künstler, Ingenieure, Juristen usw. ins nahe Miami geflüchtet, setzt 1980 eine weitere dramatische Fluchtwelle ein. Mehrere Tausend Cubaner besetzen die peruanische Botschaft in Havanna und erreichen ihre Ausreise.

Ende der 1980er-Jahre beginnt der Prozess der *rectificación* (›Behebung von Irrtümern‹), eine äußerst zurückhaltende cubanische Variante des Gorbatschow-Modells. Immerhin können 1988 erstmalig verschiedene westliche Kommissionen politische Gefängnisse besuchen.

1991 werden durch die Auflösung des ehemaligen Ostblocks die Handelsverträge mit Cuba nicht mehr eingehalten. In der Folge bricht die cubanische Wirtschaft zusammen, offiziell wird die **Spezialperiode in Friedenszeiten** ausgerufen. Benzin und ein großer Teil der Lebensmittel sind rationiert. 1993 verschärft sich die Situation weiter, die Regierung ruft die **Opción Cero** (›Null-Option‹) aus – die Rationierungen werden immer drastischer. Im Sommer 1994 versuchen Zehntausende Cubaner, auf selbst gebauten Booten über das Meer nach Florida zu fliehen.

Im Herbst 1993 erlaubt die Regierung freie Bauernmärkte, den Cubanern den Besitz von US-Dollars sowie in begrenztem Umfang Privatinitiativen. 1994 gibt es Volksunruhen in Althavanna, mit Plünderungen und dem Einsatz der Schnellen Eingreifbrigaden. 2004 wird der Dollar als Zahlungsmittel durch den Peso Convertible ersetzt. Aus gesundheitlichen Gründen übergibt Fidel Castro 2006 zunächst provisorisch, im Februar 2008 definitiv die Macht an seinen Bruder **Raúl Castro.**

El bloqueo – das US-Embargo gegen Cuba

Die erste Blockade verhängten die USA 1960 über Cuba, nachdem die Revolutionsregierung Ländereien verstaatlicht und ausländisches Kapital beschlagnahmt hatte – ein Teil dieses Kapitals war von der Mafia unter Diktator Batista in Cuba investiert worden.

1961, nach der missglückten Invasion in die Schweinebucht, erließ US-Präsident Kennedy ein umfassendes Handelsembargo gegen die Insel. In der Folge konnte Cuba durch eine immer engere Bindung an die Sowjetunion die Auswirkungen des Embargos über 30 Jahre lang kompensieren. Als die Insel durch den Zusammenbruch des sozialistischen Lagers ökonomisch am Boden lag, zogen die USA die Daumenschrauben weiter an, indem sie 1992 mit dem Torricelli Act die Sanktionen gegen Cuba noch verschärften. Erklärtes Ziel war es, die cubanische Ökonomie derart zu destabilisieren, dass die Regierung Fidel Castros darüber stürzen würde. Da dieses Ziel nicht erreicht wurde, holten die USA 1996 mit dem Helms-Burton Act zu einem weiteren Schlag aus – mit diesem Gesetz, an dem Rechtsanwälte des Unternehmens Bacardí federführend mitarbeiteten, schwingen sich die USA zum Vormund über Cuba, sein politisches und wirtschaftliches System auf. Offiziell nannte man als Grund für das Helms-Burton-Gesetz den Abschuss zweier US-amerikanischer Zivilflugzeuge durch das cubanische Militär, nach cubanischen Angaben hatten sich die beiden Flugzeuge allerdings im cubanischen Luftraum befunden.

Kapitel I des Helms-Burton-Gesetzes bestimmt, dass ausländische Firmen von US-amerikanischen Gerichten angeklagt werden können, Handel mit enteignetem Eigentum zu betreiben. Unter Strafe stehen Kauf oder Verkauf von früherem exilcubanischem Besitz sowie dessen Renovierung. Geschäftsleute einschließlich ihrer Familien, die auf Cuba aktiv sind, dürfen nicht mehr in die USA einreisen, und Firmen, die sowohl Niederlassungen auf Cuba als auch auf amerikanischem Boden haben, müssen mit Handelssanktionen rechnen. Verboten ist auch die Einfuhr und der Handel von cubanischen Waren bzw. Waren, die durch Cuba transportiert wurden oder aus Produkten bestehen, die dort wachsen, hergestellt oder verarbeitet wurden. US-Firmen sind schon lange Geschäfte mit Cuba verboten, doch seit 1996 beanspruchen die USA, auch alle ausländischen Handelspartner Cubas auf die Embargolinie zwangszuverpflichten. Mit diesem Gesetz bricht amerikanisches Recht internationales Recht und schränkt die Souveränität anderer Länder ein. Nur der US-Präsident kann die angedrohten Strafmaßnahmen halbjährlich aussetzen, was alle Staatschefs bislang taten.

Zum ersten Mal in der Geschichte der Auseinandersetzungen zwischen den USA und Cuba folgten die internationalen Organisationen jedoch nicht widerspruchslos dem Verdikt der US-Regierung. 14 Staaten der karibischen Handelsgemeinschaft CARICOM, die Organisation Amerikanischer Staaten (OAS), die Europäische Union und die UNO verurteilten das Helms-Burton-Gesetz. Seit Jahren existiert auch in den USA eine Lobby von Firmen, die aus Eigeninteresse für die Aufhebung des Embargos plädieren. Cuba ist für sie ein interessanter Markt vor der Haustüre, an dem nicht nur die US-amerikanische Tourismusindustrie Interesse zeigt. Einfluss-

Thema

reiche US-Medien wie die Washington Post kritisieren das Embargo seit Jahren als völkerrechtswidrig und außenpolitisch unsinnig.

Im II. Kapitel diktiert das Gesetz auch die Bedingungen für einen Machtwechsel und die politischen Verhältnisse auf Cuba. Der US-Kongress darf das Gesetz erst aufheben, wenn der Präsident nachgewiesen hat, dass in Cuba eine Übergangsregierung am Ruder ist, die das Land nach amerikanischen Vorstellungen regiert. Es wird gefordert, dass sich Cuba substanziell auf ein marktwirtschaftliches System zubewegt und deutliche Fortschritte bei der Rückgabe oder Entschädigung konfiszierten Eigentums macht. Selbstverständlich darf eine Übergangsregierung weder Fidel Castro noch dessen Bruder Raúl beinhalten. Im Klartext: Selbst nach der Ära Castro wird die cubanische Regierung unter amerikanischer Vormundschaft stehen.

Die andere Seite der Medaille: Die cubanische Staatsführung benutzt das Embargo als Argument, um sämtliche politischen und wirtschaftlichen Probleme zu rechtfertigen, selbst wenn sie hausgemacht sind. Das Feindbild USA dient der Regierung, weil damit ihre durch keine demokratischen Prozesse abgesicherte Legitimität aufgewertet wird – und sei es nur mit massentauglicher Demagogie. Im Falle einer Lockerung oder Aufhebung des Embargos dürfte die Regierung Raúl Castro in erheblichen Erklärungsnotstand für die desolate Situation im Land kommen. Dies ist jedoch zumindest in naher Zukunft unwahrscheinlich. Präsident Obama hat zwar u. a. angekündigt, Reisebeschränkungen für US-Bürger und Exilcubaner aufzuheben, den Geldtransfer zwischen den *cuban americans* und ihren Familien auf Cuba zu erleichtern sowie reguläre Linienflüge zwischen Cuba und den USA einzurichten, allerdings erklärte er mehrfach, dass er das Embargo nicht aufheben werde, da es Cuba zu bedeutenden Schritten in Richtung Demokratie zwinge.

Der Joker für die Erklärung jedes Problems: das Embargo

Zeittafel

ca. 5000 v. Chr.	Erste Besiedlung Cubas, wahrscheinlich von Venezuela aus.
28. Okt. 1492	Christoph Kolumbus landet auf Cuba.
1511–15	Eroberung und Kolonisierung der Insel.
1522	Von den cubanischen Indianern sind vier Fünftel ausgerottet. Die ersten Sklavenschiffe treffen ein.
1760	30 000 Sklaven auf Cuba.
1762–63	Großbritannien besetzt Havanna und den Westteil Cubas.
seit 1789	Regelmäßiger Sklavenhandel.
1791	Haitianische Großgrundbesitzer fliehen mit ihren Sklaven nach Cuba.
1817	300 000 Sklaven auf Cuba.
1868–78	Erster Unabhängigkeitskrieg gegen Spanien.
1886	Abschaffung der Sklaverei.
1895	Zweiter Unabhängigkeitskrieg gegen Spanien.
1898	Beginn der Kriegshandlungen zwischen Spanien und den USA.
10. Dez. 1899	Friedensvertrag von Paris: Spanien verzichtet auf Cuba.
1901	USA erhalten das Interventionsrecht auf Cuba, Unterzeichnung des Platt Amendment.
1902	Cuba wird unabhängig.
1914–18	Tanz der Millionen: Zuckerboom durch günstige Zuckerpreise.
1920–23	US-General Crowder übernimmt die militärische Oberhoheit.
1924	Beginn der Diktatur Machados.
1929–33	Weltwirtschaftskrise, Rückgang der Zuckerproduktion um 50 %.

Fulgencio Batista wird Präsident, Aufhebung des Platt Amendment.	**1934**
Präsidentenkarussell: Mendieta, Mariano Gómez, Lardo Bru.	**1934–40**
Verabschiedung einer bürgerlichen Verfassung.	**1940**
Präsidentschaft Fulgencio Batistas, danach Präsidentschaften von Grau San Martín und Prío Socarrás.	**1940–44**
Militärputsch von Batista.	**10. März 1952**
Sturm auf die Moncada-Kaserne in Santiago de Cuba.	**26. Juli 1953**
Castro und 80 Rebellen landen in Cuba. Beginn des Guerrillakampfs in der Sierra Maestra.	**12. Dez. 1956**
Großoffensive Batistas gegen die Guerrilla.	**Frühjahr 1958**
Präsident Batista flieht in die Dominikanische Republik. Beginn eines 7-tägigen Generalstreiks. Einzug der Rebellenarmee in Santiago und Havanna.	**31. Dez. 1958/ 1. Jan. 1959**
Exodus von 180 000 Cubanern *(marielitos)* nach Miami.	**1980**
Wirtschaftskrise durch die Auflösung des ehemaligen Ostblocks.	**1991**
»Manifest der Intellektuellen«: Regimekritische Intellektuelle prangern Menschenrechtsverletzungen an. Zehntausende Cubaner fliehen auf Flößen nach Florida *(balseros)*. Ab Herbst Erlaubnis für freie Bauernmärkte. Legalisierung des Dollar als Zahlungsmittel für Cubaner. Das US-amerikanische Helms-Burton-Gesetz verschärft das Embargo gegen Cuba.	**1993–96**
Repressionswelle gegen Regimekritiker (Schwarzer Frühling). Der Peso Convertible ersetzt den Dollar.	**2003/04**
Der erkrankte Fidel Castro übergibt die Macht zunächst provisorisch, dann definitiv an seinen Bruder Raúl Castro.	**Juli 2006– Febr. 2008**
Der politische Gefangene Osvaldo Zapata Tamayo stirbt in Havanna an den Folgen seines Hungerstreiks.	**24. Febr. 2010**

Gesellschaft und Alltagskultur

Cuba ist ein karibischer Schmelztiegel. Auf der Insel vermischten sich nicht nur während der Kolonialzeit Europa und Afrika – bis zur Revolution im Jahr 1959 war Cuba auch ein Einwanderungsland für Asiaten, Haitianer und jüdische Emigranten. Aus Spanien kamen neben den Kolonialherren auch die einfachen Siedler, die auf der Zuckerinsel ihr Glück suchten.

Nicht nur schwarz und weiß ...

Die meisten Emigranten von den Kanarischen Inseln und aus Festland-Spanien blieben nicht in Havanna, sondern gingen aufs Land. Die qualifizierten Tabakarbeiter aus La Palma zog es natürlich in die Tabakprovinz Pinar del Río, während die ungelernten Arbeitskräfte und die Siedler Richtung Osten gingen, auf die endlosen Zuckerplantagen von Las Villas und Camagüey. Dort schufteten sie Seite an Seite mit den Sklaven, schnitten zur Erntezeit 14 Stunden am Tag Zuckerrohr und standen in der toten Zeit, also zwischen den Ernten, ebenso vor leeren Kochtöpfen wie die in Cuba geborenen *guajiros* (›Kleinbauern‹). Von der Nachbarinsel Haiti flüchteten nach 1790 ›Franzosen‹, haitianische Pflanzer und ihre Sklaven, übers Meer nach Ostcuba. Im 19. Jh. kamen Tausende Asiaten auf die Insel, angeworben als Sklavenersatz für die Zuckerrohrernte. Jüdische Einwanderer machten Havanna zu einem Zentrum der Diamantschleiferei. Abenteurer, Mafiosi und einzelne Europäer strandeten an Cubas Küsten und blieben auf der Insel. US-amerikanische Marinesoldaten, die mehrfach auf die rebellische Insel geschickt wurden, und die United Fruit Company, der eine Zeit lang die meisten Zuckerplantagen der Insel gehörten, brachten zusammen mit Dosensuppen, Haarspray und Bigbands den *american way of live* auf die Insel.

Die ›Chinesen‹

Am 29. Juli 1847 legte die Fregatte Oquendo mit 206 Menschen aus Asien an Bord im Hafen von Havanna an. Es sollte der Auftakt eines grausamen Menschenhandels werden, der allein mit der Versklavung der Afrikaner vergleichbar ist. Fast ein Drittel der menschlichen Fracht war auf der Reise von Manila nach Havanna elend an Bord gestorben. Die Überlebenden wurden in Havanna für zehn Pesos pro Kopf an die kreolischen Zuckerbarone verkauft.

Der Oquendo folgten unzählige Schiffe mit Menschen aus Asien. So hatten rund 150 000 Männer, die meisten von ihnen aus Manila, einen Vertrag unterschrieben, der sie verpflichtete, die Kosten ihrer Überfahrt für einen Hungerlohn von vier Pesos im Monat acht Jahre lang abzuarbeiten. Sie mussten cubanisches Zuckerrohr schneiden oder auf den Tabakfeldern und Kaffeeplantagen arbeiten. Nachdem die asiatischen Kulis ihre Verträge erfüllt hatten, ließen sich die meisten im traditionellen Chinesenviertel Havannas nieder. 1861 lebten allein in Havanna fast 35 000 Asiaten, darunter nur 57 Frauen; die meisten arbeiteten dort in der aufstrebenden Tabakindustrie.

1883 waren auch die Verträge für das letzte Kontingent abgelaufen, alle Asiaten waren frei. Sehr viele von ihnen hatten sich den *mambises* angeschlossen, jenem aus freigekauften oder freigelassenen Sklaven bestehenden Heer, das in Partisanentaktik gegen die spanische Kolonialmacht kämpfte. Als die Unabhängigkeitskriege in den Provinzen Tunas, Holguín und Santiago de Cuba begannen, schloss sich der größte Teil der asiatischen Kulis der Befreiungsbewegung an. Bei den *mambises* erlangten viele von ihnen militärische Ehren: Der Berühmteste von ihnen ist wohl der Teniente Tankredo, der schwer verletzt von den Spaniern gefangen genommen wurde. Als der spanische Offizier ihn als Manila-Chinesen beschimpfte, zog Tankredo sein Diplom als cubanischer Offizier aus der Uniformtasche und forderte den Spanier auf, ihn zu erschießen, denn er sei als General der cubanischen Befreiungsarmee ein ernst zu nehmender Feind und kein namenloser chinesischer Kuli.

Gegen 1860 gelangten noch weitere asiatische Siedler ins Land, diesmal aber als freie Einwanderer. Tausende Chinesen kamen aus Kalifornien über Mexiko und New Orleans nach Cuba und bauten in Havanna ein florierendes Dienstleistungsgewerbe auf. Chinesische Theater und Cabarets, Restaurants, Garküchen und Wäschereien wurden auch von der weißen Oberschicht gern in Anspruch genommen.

Heute zeugen vor allem der chinesische Friedhof in Havanna, einige Straßenzüge im ehemaligen *barrio chino* und eine kleine chinesische Trompete vom asiatischen Einfluss in Cuba – die *corneta china* ist aus dem Straßenkarneval in Santiago de Cuba seit Anfang des 20. Jh. nicht mehr wegzudenken. Die Nachkommen der asiatischen Einwanderer dagegen haben sich im cubanischen Schmelztiegel mit Nachkommen von Afrikanern und europäischen Einwanderern vermischt und weitgehend cubanisiert, d. h. sie haben eine karibische Identität entwickelt.

Oft das einzig verfügbare Transportmittel für einen Familienausflug: das Fahrrad

Die Haitianer

Nachdem auf Haiti die Sklaven 1794 endgültig gegen Frankreich rebelliert und später eine schwarze Republik ausgerufen hatten, flüchteten Zehntausende französische Plantagenbesitzer auf die Nachbarinsel Cuba. Viele von ihnen nahmen ihre Sklaven gleich mit. Hinzu kamen frankohaitianische Siedler und Händler, die ihre Geschäfte in Haiti von den blutigen Kämpfen bedroht sahen. Als sich Jean-Jacques Dessalines zum schwarzen Kaiser krönte und schließlich 1802 die systematische Ausrottung aller französischstämmigen Menschen anordnete, kam es zu einer Massenflucht von Haiti nach Cuba und Zehntausende strandeten an der Südostküste Cubas. Die französisch-kreolischen Plantagenbesitzer, Kaffee- und Baumwollpflanzer, Handwerker, Bäcker und (nicht zuletzt) Köche waren in Santiago de Cuba hoch angesehen und integrierten sich schnell.

Zwischen 1913 und 1945 wanderten in einer zweiten Immigrationswelle etwa 156 000 Menschen aus Haiti und Jamaika nach Cuba ein. Sie kamen, ähnlich wie die Asiaten, als dringend benötigte Arbeitskräfte in das nun republikanische Cuba. Die Gastarbeiter von den Antillen akzeptierten miserable Arbeitsbedingungen und verdrängten Tausende cubanischer Arbeitskräfte, die nicht bereit waren, für 20 Centavos 100 *arrobas* Zuckerrohr zu schlagen und zu säubern. Von der heftigen Wirtschaftskrise, die 1921 die cubanisch-US-amerikanische Zuckerindustrie schwer schädigte, waren die haitianischen und jamaikanischen Arbeiter besonders stark betroffen. Obwohl sich ihre Lebensbedingungen immer weiter verschlechterten, blieben die meisten von ihnen in Cuba.

In dem Dorf Caidije im Munizipium Minas leben noch heute sehr viele Haitianer und Jamaikaner zusammen. Berühmt wurde der Ort in Cuba, weil sich dort viele religiöse Voodoo-Traditionen, aber auch die Musik, die Sprache und die Familienstruktur der Haitianer erhalten haben. Sehr bekannt sind die in der Karwoche stattfindenden Feste, die mit dem Begriff Bande Rara bezeichnet werden. Wenn im Juli in Santiago de Cuba das Festival del Caribe stattfindet, reisen sehr viele Haitianer und Jamaikaner dorthin, um ihre traditionellen Tänze zu zeigen.

Jüdische Immigranten

Schon während der Kolonialzeit lebten Juden auf Cuba, allerdings nicht in einer Gemeindestruktur, da sie ihr Bekenntnis unter dem Deckmantel katholischer Religionszugehörigkeit heimlich ausüben mussten – denn auch in Cuba waren sie von der Inquisition bedroht. Erst 1898, als sich Cuba von Spanien löste und in der Verfassung die Trennung von Kirche und Staat vollzogen wurde, war auch den Juden eine freie Religionsausübung möglich. In jenem Jahr erhielten die Juden, die im Krieg zwischen den USA und Spanien gefallen waren, einen eigenen Friedhof in Havanna. Die erste Synagogengemeinde gründeten 1906 amerikanische Reformjuden, die sich nach dem Unabhängigkeitskrieg in Havanna niedergelassen hatten. Seit der Wende zum 20. Jh. waren auch sephardische Juden aus der Türkei, Nordafrika und Lateinamerika eingewandert, die eine eigene kleine Gemeinde bildeten.

Nach dem Ersten Weltkrieg vergrößerte sich die jüdische Gemeinde durch die Einwanderung von Juden aus Russland und Polen. Seit den 1920er-Jahren zählte die jüdische Gemeinde über vier Jahrzehnte hinweg mehr als 12 000 Mitglieder, die ein reges kulturelles und religiöses Leben entwickelten. Zwei Drittel aller Juden lebten in Havanna, wo es bis heute noch vier Synagogen gibt. Seit den 1930er-Jahren erschien eine jiddische Tageszeitung, die sich als Wochenzeitung bis einige Jahre nach der Revolution halten konnte. Jiddische Schriftsteller veröffentlichten eine beachtliche Anzahl von Werken, die sich auch mit der Geschichte Cubas und mit ihren Erfahrungen als Einwanderer auseinandersetzten. Jüdische Schulen, ein jüdisches Krankenhaus und zahlreiche Wohlfahrtsvereine gehörten ebenfalls zum jüdischen Leben in Havanna.

Vielen Ostjuden, die ohne Kapital nach Cuba gekommen waren, gelang nach wenigen Jahren der Aufstieg in die Mittelschicht,

Schwarzes Selbstbewusstsein

Thema

***Bola de Nieve,* ›Schneekugel‹, so nannte man den Pianisten und Sänger Ignacio Villa, der schwarz war wie die Nacht, würden wir sagen, oder schwarz wie der Tag, wie die Afrocubaner es in den 1930er-Jahren selbstbewusst ausdrückten, als sie begannen, sich dem Mythos ihrer Minderwertigkeit zu widersetzen.**

Der Boxchampion Chocolate, der Dichter Nicolás Guillén, der Komponist Ernesto Lecuona, die Sängerin Rita Montaner, der Pianist Bola de Nieve – im Havanna der 1930er- und 1940er-Jahre wurde jeder von ihnen auf seine Art ein Symbol für das entstehende Selbstbewusstsein der Afrocubaner.

Guanabacoa, eine Kleinstadt im Osten von Havanna, ist das Zentrum der afrocubanischen Kultur, der Santería und der Rumba. Rita Montaner und Bola de Nieve waren die besten Interpreten der Kompositionen ihres Freunds Ernesto Lecuona. Die drei werden heute noch als Gruppe von Guanabacoa bezeichnet, ein Name, der für künstlerische Qualität und schwarzes Selbstbewusstsein steht. Sie haben der damaligen in Cuba geltenden Doktrin von der kulturellen und historischen Überlegenheit der Weißen nicht mit einer schwarzen Idylle geantwortet. Schwarze Cubaner sind in ihren Liedern und Gedichten nicht bessere Menschen, sondern das, wozu die neokoloniale Gesellschaft sie gemacht hat: Analphabeten, Zuhälter, Hafenarbeiter, Straßenhändler, Musiker fünftklassiger Etablissements und zur Not Gigolos, die sich mit drei aufgeschnappten Brocken Englisch an vermutlich reiche Amerikanerinnen ranmachen und sich womöglich dann auch noch verlieben. »Tú no sabé inglé« – »Du kannst kein Englisch, Vitó Manué«, mit diesem Gedicht wird Nicolás Guillén berühmt, Bola de Nieve singt es in Bars und Konzertsälen.

»Und deine Großmutter, wo hast du die versteckt? Du gehst mit deiner schönen hellen Frau spazieren, bist stolz auf ihre schmalen Lippen, hoffst auf schöne helle Kinder und glaubst fast, selbst ein Weißer zu sein! Aber deine Großmutter – was hast du denn mit der gemacht? In der Küche hast du sie versteckt, denn sie ist schwarz wie die Nacht, genau wie du!« So karikiert der Afrocubaner Fortunato Vizcarrondo in einem Gedicht schwarze Aufstiegswünsche und Anpassung.

»Weiß zu sein, ist eine Karriere, Mulatte zu sein, ist ein Beruf, und schwarz zu sein – ein Kohlensack, den man an jeder Ecke verkauft«, heißt es in einem Lied, mit dem Montaner die Situation kurz und knapp schildert. 1929 tritt sie in New York und Paris auf, und zwar mit den afrocubanischen Songs von Eliseo Grenet und Ernesto Lecuona. Zu Hause in Havanna hat Montaner es gerade geschafft, das Rassenverbot zu brechen – eigentlich dürfen Mulatten nicht vor weißem Publikum spielen, doch Rita Montaner kann sich dank ihrer Popularität darüber hinwegsetzen. Dann interessiert sich die Filmindustrie für Cuba. Rita Montaner ist die Idealbesetzung für die intelligente, charmante und schöne Mulattin, ein Symbol für die armen, aber glücklichen Menschen unter Palmen, für die singenden Blumenverkäufer, Straßenhändler, Tänzerinnen. Unzählige Filme dreht Rita Montaner bis zu ihrem Tod im Jahr 1958, in denen sie Klassiker singt wie Mama Inés, El Manisero, Maria la O.

insbesondere seit den 1920er-Jahren, als amerikanisch-jüdische Hilfsorganisationen den Immigranten auf Cuba materielle Unterstützung zukommen ließen.

Die meisten Einwanderer waren gut ausgebildete Handwerker, Uhrmacher, Schlosser, Bäcker, Schneider oder Friseure. Andere hatten in Havanna als Vertreter angefangen und viele von ihnen konnten nach wenigen Jahren ein Geschäft eröffnen oder fanden Arbeit in der Textil- und der Schuhindustrie. Die cubanische Textilindustrie wurde von den jüdischen Einwanderern praktisch aufgebaut. Noch 1927 importierte das Land fast alle Stoffe und Textilien. 30 Jahre später arbeiteten allein in der Provinz Havanna etwa 90 Textilfabriken mit ca. 10 000 Arbeitern und seit 1951 führt Cuba Stoffe aus. Der Textilhandel war ebenfalls in jüdischer Hand, zumindest in Havanna.

Man fragt sich, weshalb sich nicht mehr europäische Juden vor Verfolgung und Ermordung durch die Nazis nach Cuba haben retten können, da sie auf der Karibikinsel doch durchaus über Einfluss verfügten und ohne offizielle Diskriminierung dort leben konnten. Bereits 1936 hatten amerikanisch-jüdische Organisationen in Cuba nachgefragt, ob es eine Möglichkeit zur Ansiedlung europäischer Juden auf Cuba gäbe, und dem cubanischen Präsidenten Gómez den Vorschlag unterbreitet, 100 000 verfolgte Juden aus Deutschland aufzunehmen. Als dieser Vorschlag bekannt wurde, kam es in Havanna zu heftigen antijüdischen Kommentaren in der Presse und dem Radio. Von Regierungsseite wurde gegen diese Stimmungsmache zwar vorgegangen, aber letztlich stimmte die cubanische Regierung der Immigration nicht zu und erlaubte weiterhin nur jenen Juden die Einreise, die ein Visum für ein anderes amerikanisches Land vorweisen konnten.

So kam es 1939 zu dem skandalösen und tragischen Fall des deutschen Schiffes St. Louis, das mit jüdischen Flüchtlingen den Hafen von Havanna angelaufen hatte. Die St. Louis hatte 936 Passagiere an Bord, von denen 930 gültige Landepapiere für Cuba besaßen. Sie hatten sie in Prag von einem Herrn González, damals Direktor der cubanischen Einwanderungsbehörde, für 160 Dollar das Stück erworben. Als man in Cuba Wind davon bekam, dass sich González fast 150 000 Dollar in die eigene Tasche stecken wollte, hatte die St. Louis bereits Kurs auf Cuba genommen. Die cubanische Regierung, die zwar um die dramatische Situation der Flüchtlinge wusste, erklärte diese Einreisevisa kurzerhand für ungültig. Einige Tage lang wurde verhandelt, während derer die Flüchtlinge das Schiff im Hafen nicht verlassen durften. Das amerikanisch-jüdische Komitee schaltete sich ein, um zu vermitteln, denn auch die Einreise in die Vereinigten Staaten war zu diesem Zeitpunkt nicht möglich. Cuba forderte, dass von einem auf den anderen Tag 500 000 Dollar für die Einreise der Juden bereitgestellt werden müssten. Da dies so schnell natürlich nicht gelingen konnte, musste die St. Louis den Hafen von Havanna wieder verlassen. Belgien, Holland, Frankreich und Großbritannien nahmen die Flüchtlinge schließlich auf, von denen die meisten jedoch in deutschen Konzentrationslagern umgekommen sind.

Aber auch die etwa 5000 jüdischen Flüchtlinge, denen trotz aller Verbote zwischen 1939 und 1942 die Einreise gelungen war, mussten wieder gehen, als Cuba 1942 auf Seiten der USA in den Krieg gegen Deutschland eingetreten war, da deutsche Flüchtlinge generell als feindliche Ausländer galten.

Nach der Revolution von 1959 emigrierte der größte Teil der jüdischen Gemeinde zusammen mit der cubanischen Mittel- und Oberschicht aus Angst vor Enteignung nach Miami. Andere behielten ihre kleinen Geschäfte in der Altstadt, bis sie Mitte der 1960er-Jahre enteignet wurden. Heute leben etwa 1000 Juden auf Cuba, die meisten von ihnen in Havanna. Viele sind assimiliert, wenn überhaupt, gehen sie noch zu den hohen Feiertagen in die Synagoge. Die Bestuhlung der großen Synagoge in Vedado fällt dem Taubendreck zum Opfer, das Dach ist undicht und das ganze Gebäude in einem kläglichen Zustand, weil die Gemeinde das Geld für die Instandhaltung nicht aufbringen kann.

Cubas tanzende Götter – die Santería

Was tun, wenn der Mann oder die Frau einen verlässt oder wenn man jemanden vergeblich anschwärmt? Wenn einem nichts mehr gelingen will und man nervös gegen Hindernisse anrennt, die sich zu großen Bergen auswachsen? Am besten, man konsultiert die afrocubanischen Götter, die *oríchas,* denn sie können Probleme aller Art lösen und haben ohnehin überall ihre Hände im Spiel. Der Götterhimmel über Kuba ist bunt, äußerst belebt und allgegenwärtig – nicht nur die Santería-Gottheiten sind im Alltag präsent, auch die Gottheiten der Regla Conga. Sie alle kamen mit den westafrikanischen Sklaven nach Cuba. Eine magisch-animistische Weltsicht, die Kolonialherren, Amerikaner, Diktaturen und die Revolution überdauert hat.

Ein mächtiger Heiliger

Ein 16. Dezember am Rincón, der Vorabend des Tags des **Heiligen Lazarus,** wie ihn die Katholiken nennen, oder **Babalú Ayé,** wie er im afrocubanischen Götterhimmel genannt wird. Lazarus oder Babalú Ayé ist der Herr über die Krankheiten, eine sehr mächtige Gottheit also. Heute, an seinem Feiertag, ziehen Tausende und Abertausende Menschen hierher, zu seinem Heiligtum vor den Toren Havannas, zur Basilika des San Lázaro bei San Antonio de los Baños.

Seit dem Vormittag sind alle Landstraßen und Feldwege im Umkreis von mindestens 5 km für Autos und Busse gesperrt, Polizeiposten kontrollieren an allen Knotenpunkten. Aber die Uniformierten schieben unter der drückenden Dezembersonne Dienst nach Vorschrift, sie halten sich sehr zurück und versuchen, so unsichtbar und zufällig wie möglich auf der Straße herumzustehen. Unablässig ziehen die Menschen an den Kontrollen vorbei, zu Tausenden strömen sie durch das weit geöffnete Eisentor auf den Vorplatz der Wallfahrtskirche: Viele von ihnen in Lumpen gehüllt und auf allen vieren kriechend, einige robben sogar mit dem ganzen Körper über den steinigen Boden, keuchend und stöhnend. Ihre Begleiter, meist Angehörige oder Freunde, ermuntern sie und benetzen ihre Lippen mit einem feuchten Stofftuch. Andere schlagen den oder die Kriechende mit Zweigen oder Brennesseln – nicht etwa aus Sadismus, sondern auf Wunsch des Büßers, der ein Gelübde abgelegt haben mag, zu dem das Geschlagenwerden gehört. So eine *promesa* kann irgendwann im Laufe des Jahres gemacht und muss dann am Tag des San Lázaro eingelöst werden. »Weil Babalú Ayé meine Tochter geheilt hat, krieche ich aus Dank zu ihm«, sagt eine junge Frau, die ihr gesundes und laut brüllendes Töchterchen noch mit sich auf dem Rücken schleppt. Daniel, ein Chirurg aus dem zentralen Krankenhaus in Havanna, versprach dem Babalú Ayé, sich ein Jahr lang weder zu rasieren noch sich die Haare zu schneiden und an diesem 15. Dezember die 25 km zwischen seinem Wohnort und der Kirche barfuß zurückzulegen, falls der mächtige Heilige ihm seinen Fuß heilt und vielleicht noch etwas an seinem Ausreiseantrag mitdreht.

Die Pilger schleppen sich die Kirchentreppen hoch und rutschen über den Mosaikboden auf das mit Blumen und unzähligen Kerzen sowie Opfergaben geschmückte Standbild von Babalú Ayé bzw. San Lázaro zu. Viele stecken sich, sobald sie in den Kirchenraum kommen, dicke cubanische Zigarren an, denn das afrikanische Gesicht dieses katholischen Heiligen sei ohne den magischen Rauch nicht zu sehen. Dagegen protestieren lautstark die Vertreter der katholischen Kirche: Eine Nonne befiehlt mit entnervter Geduld den Gläubigen, im Innenraum der Kirche keine Zigarren zu rauchen, dort sei das Rauchen verboten, denn es handele sich eben nicht um Babalú Ayé, also um einen afrocubanischen Gott, sondern um einen ›cleanen‹ katholischen Heiligen.

Wie Babalú Ayé ist es auch den anderen westafrikanischen Göttern auf Cuba ergangen. Während der Kolonialzeit mussten sie sich ›verkleiden‹ und in das Outfit eines katholischen Heiligen schlüpfen. Der missionarische Eifer der spanischen Kolonialherren zeigte allerdings nur äußerlich Wirkung. Denn die katholische Religion legte sich nur als hauchdünne Schicht über die afrikanischen Kulte. Die Sklaven verschmolzen Elemente des katholischen Volksglaubens, in dem wundertätige Heilige ebenso Platz hatten wie böse Geister, mit ihrer eigenen Religion. Wenn man liest, was der ehemalige Sklave Esteban Montejo über das Christentum sagt, versteht man sofort, warum: »Die Musik des Weißen ist ohne Trommeln, langweiliger. Mehr oder weniger ist es mit den Religionen genauso. Die Götter Afrikas sind anders, obwohl sie den anderen, den von den Pfarrern, ähnlich sind. Sie sind stärker und nicht so aufgeputzt. Noch heute: Man macht sich auf und geht in eine katholische Kirche, aber man sieht da keine Äpfel, keine Hahnenfedern. In einem afrikanischen Haus steht das an erster Stelle ... Bei den afrikanischen Religionen gibt es mehr Unterhaltung. Man tanzt, singt, amüsiert sich, kämpft.«

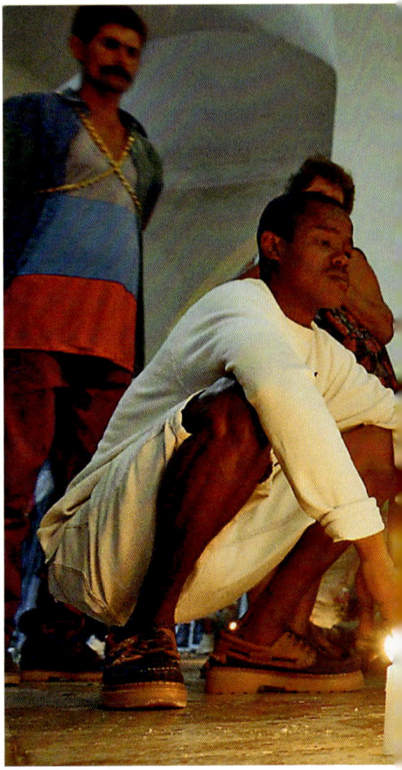

Magische Weltsicht

»Der Afrikaner aus dem Volk der Yoruba hat aus jeder Naturerscheinung einen Gott gemacht – allem hat er eine magische Bedeutung verliehen. Der Stein hat einen Gott, der Himmel hat einen, die Wolken, der Wind, die Sonne, der Mond, das Wasser des Meers, das der Flüsse und das Regenwasser. Jeder Gott repräsentiert einen Teil der Natur, der Atmosphäre oder der Vegetation. Jede Gottheit hat ihre Farben, ihre Eigenschaften und ihre Aufgaben. Das ist der Ursprung unserer afrocubanischen Götter, die wir *oríchas* nennen«, erklärt Gilberto Herrera, Santería-Priester aus Marianao. Alte Yoruba-Riten aus Nigeria und Benin verschmolzen in den Sklavenbaracken mit Elementen des Katholizismus zur **Santería.** Das spanische Wort *santo* bedeutet ›Heiliger‹ und *santería* ›Heiligenkult‹. In der Santería werden Yoruba-Gottheiten mit katholischen Heiligen gleichgesetzt und verehrt und heißen dann **Oríchas.** Der Weissagungspriester **Babalawo** kann die Oríchas sprechen lassen: Elegguá, Yemayá, Changó, Oggún, Obatalá. Die afrocubanischen Götter sind nicht stumm, sie sprechen nicht Spanisch, sondern Yoruba, sie sind keine Asketen, sondern sie haben menschliche Eigenschaften, sie lieben und streiten sich untereinander, sie sind mitunter missgünstig und eifersüchtig, immer bestechlich und polygam. Sie leben unter den Menschen, allerdings unsichtbar, doch beim Tanz kann man ihnen die Tarnkappen entreißen: Dann reiten sie auf jemandem, schlüpfen in seinen Körper und seinen Geist und sprechen durch seinen Mund. Der Besessene verwandelt sich für kurze Zeit in den Orícha. Allerdings besitzen die etwa 20 tanzenden Götter Cubas etwas mehr als die Menschen: Weisheit und Macht.

Zunächst war die Identifikation von Yoruba-Gottheiten mit katholischen Heiligen eine logische Reaktion der Sklaven, um die von

Pilger beten in der Basilika des San Lázaro bei San Antonio de los Baños vor einer Figur des Heiligen

den Kolonialbehörden verbotenen afrikanischen Kulte zu bewahren. Hinzu kam, dass es den Afrikanern nicht sonderlich schwer fiel, ihre alten Götter mit bestimmten katholischen Heiligen gleichzusetzen. Häufig ähnelten sich die Legenden oder es gab Parallelen in den jeweils zugeordneten Attributen und Farben. So bietet der Yoruba-Gott Changó, der Herr der Trommeln, des Donners und des Kriegs gleich mehrere Möglichkeiten, ihn mit der katholischen Heiligen Barbara gleichzusetzen: Beiden wird die Farbe Rot zugeordnet, sowohl der Blitz wie auch der Krieg spielen in ihren Legenden eine Rolle und selbst der Geschlechtsunterschied erscheint nur dem Außenstehenden problematisch. Tatsächlich überliefert eine Yoruba-Legende, Changó sei einmal als Frau verkleidet vor seinen Feinden geflüchtet.

Bewegter Götterhimmel

Die Santeros gehen davon aus, dass jeder Mensch eine der zahlreichen Gottheiten als Beschützer hat bzw. dass ein Orícha jeweils dem Persönlichkeitsbild eines Menschen entspricht. Es spielt dabei keine Rolle, aus welchem Kulturkreis der Mensch kommt, und es ist auch gleichgültig, ob er dies weiß oder will. In der Sprache der Santeros heißt das, jemand ist *hijo* (›Sohn‹) oder *hija* (›Tochter‹) eines Orícha, Ethnologen nennen das Adept.

Changó – der männliche Held

Changó ist aus leicht verständlichen Gründen einer der am meisten verehrten Oríchas in Cuba. Viele halten ihn für die stärkste Gottheit überhaupt, denn er ist einer der drei Kriegsgötter, Symbol der Männlichkeit und der Sexualität, Herr der Trommeln – ein ungeheuer starker und energischer Orícha, dessen erotische Potenz für den Rest des Götterhimmels sowie für Menschen- und Tierwelt unwiderstehlich ist. Changó war der vierte König von Oyó (Nigeria/Benin), ein mythischer Yoruba-König, Vater der Nation und legendärer Held. Alle Legenden bezeichnen ihn als den männlichen, kriegerischen Helden schlechthin. Ein unermüdlicher Don Juan, streitsüchtig, mutig und waghalsig, besessen von seiner männlichen Kraft und Schönheit.

Sein Refugium und Thron ist die Königspalme, das Wahrzeichen Cubas. Die Palme ist sein Aussichtsturm und sein Haus und von dort oben beschützt er die Krieger, die Jäger und Fischer. Seine Farben sind rot und weiß, seine Kette besteht aus jeweils einer roten und einer weißen Perle. Die gespaltene Axt ist sein Hauptattribut. Wenn Changó auf jemandem reitet, tanzt dieser in kriegerischen und erotischen Bewegungen, die Züge von dreister Pornografie haben können. Changó spuckt Feuer, und wenn er jemanden durch die Trance in Besitz nimmt, isst derjenige Feuer und stopft sich brennende Zigarren oder Zigaretten in den Mund. Die Legende erzählt, dass Changó eines Tages Feuer verschlang und aus seinem Mund der Blitz geboren wurde, und zwar, als er sich von seinem Volk verabschiedete. Changós Großvater ist **Aggayú** (die Wüste und das Firmament), sein Vater ist **Orungán** (der Mittag), seine Mutter **Yemayá,** seine Lieblingsbrüder sind **Dadá** und **Oggún** und seine (Haupt-) Frauen die Flüsse **Oyá,** eine sehr kriegerische Gottheit, **Obbá** (die personifizierte Treue) und **Ochún** (die fleischgewordene Verführung).

Yemayá – die Ur-Mutter

Yemayá ist die universale Mutter, Göttin des Meers und der Fruchtbarkeit, kokett, spielerisch, sanft, mächtig und im Zorn gewalttätig, unberechenbar und liebevoll. Sie kommt in ihrer erotischen Potenz dem Changó nahe und ist das weibliche Gegenstück zum Männlichkeitskult. Ihre sieben Röcke symbolisieren die Geburt des Menschen und der Götter, ihre Farbe ist das Blau der Meereswellen und das Weiß der Schaumkronen. Ihr Tanz ist sehr lebendig, er imitiert mit wiegenden Bewegungen die Meereswellen, manchmal stürmisch und wütend, manchmal sanft und sinnlich.

Yemayá ist auch die Göttin der Intelligenz und der Rationalität. Ihre Menschensöhne und -töchter zeichnen sich entweder durch ein harmonisches Gleichgewicht in ihrer Persönlichkeit aus, und wenn sie es nicht haben, streben sie es mehr als alles andere an. Yemayá ist ihren Adepten gegenüber oft verständnisvoll, sie zeigt sich und wirkt versöhnend, mit starkem Sinn für Gerechtigkeit und Sorgfalt. Die majestätische Herrscherin der Ozeane kann aber auch ziemlich eingebildet und halsstarrig sein, unbeugsam gegenüber ihren ›Kindern‹, die sie mit mütterlicher Strenge zwischen ihren sieben Röcken aufzieht.

Ihre Wahrzeichen sind der Halbmond, der Anker, Silber und helle Metalle und der Fächer mit den Kaurimuscheln – eine Anspielung auf Koketterie und Eros. Yemayá ist tiefschwarz wie Jett. Eines ihrer Wahrzeichen ist das *olokún,* das in den Tiefen des Meers an einer Kette lebt, und wenn ein Mensch es zu sehen bekommt, muss er ziemlich sicher sterben. Das Olokún darf man höchstens in Träumen sehen, wenn das Gesicht von einer Maske aus blauen und weißen Streifen verhüllt ist.

Ochún – die Liebesgöttin

Yemayás Schwester ist Ochún, die vielgesichtige afrocubanische Aphrodite. Sie ist die Göttin des Süßwassers, des Golds und des Honigs und vereinigt alle Eigenschaften, die man(n) an Frauen schätzt – so meinen jedenfalls cubanische Autoren: Ochún ist kokett, schön, schmeichlerisch, zärtlich, sanft und verführbar, fleißig, außerdem eine gute Tänzerin, sehr sinnlich, sehr musikalisch. Sie ist als Mulattin die Göttin der erotischen Liebe, und wenn sie jemanden in Trance in Besitz nimmt und tanzen lässt, verlangt sie rufend nach »*oní!, oní!*«, also »Honig! Honig!«, denn dieser ist das aphrodisiakische Symbol der Süße und alles Leckeren und gilt als Essenz der Liebe. Ochúns Farbe ist Gelb wie die Sandstrände der Flüsse, an deren Ufern sie sich kämmt, und dann verschwimmt ihre Mähne mit den Medusen und den Algen. Man ruft sie mit einem kleinen Glöckchen *(aggogó)* aus gelbem Metall, ihre Lieblingstiere sind der Pfau und der gemeine Geier *(aura tinosa)*.

Die Legenden erzählen viel von Ochúns turbulenter Liebesgeschichte mit Changó, dessen Tante sie eigentlich ist und den sie schließlich mit ihren kapriziösen Verführungskünsten erobert und unterwirft. Auch deshalb ist Ochún das Bild der kolonialen Mulattin, der sinnlichen, lustigen und zutiefst cubanischen Mulattin, stolz und flegelhaft, tiefsinnig und oberflächlich. Ochún kann auch Prostituierte sein und dann ist sie von sinnlicher Anmut und kreolischer Boshaftigkeit. Ihre Macht besteht unter anderem darin, unzählige Männer an sich zu binden, und deshalb kann sie dies auch für andere Frauen tun. Der Honig ist ihr Klebstoff, das glänzende Gold ihr Mittel und sie verführt mit erotischen Tänzen.

Elegguá – der Launische

Ein weiterer, sehr wichtiger Orícha ist Elegguá. Im Haus eines Gläubigen steht neben der Eingangstür eine kleine Schüssel mit einem rundlichen Stein – er symbolisiert den Kopf Elegguás, die aufgeklebten Kaurimuscheln seine Augen. Elegguá ist einer der drei Kriegsgötter und ein sehr unruhiger Orícha, dem es mitunter gefällt, den Menschen üble Streiche zu spielen. Als Herr über die Wege und Kreuzungen kann Elegguá den Weg öffnen oder schließen, also ein Vorhaben begünstigen oder endgültig verhindern, selbst wenn ein anderer Orícha bereits darin verwickelt ist. Er ist die metaphysische Personifizierung des Zufalls oder des Schicksals, ein janusköpfiger Geselle, der selbst eher enthaltsam lebt (eine große Ausnahme im Götterhimmel). Die Christen behaupteten fälschlicherweise, Elegguá sei gleichzusetzen mit dem Teufel, doch in der Yoruba-Mythologie existiert keine Gottheit, die so ausschließlich bösartig ist wie der Satan der Katholiken.

Elegguás Pflanze ist der Yagüey, seine Zahl die 21 und sein Tag der Montag. Er trägt eine kurze Jacke, eine an den Knien ausgefranste Hose und eine Art Kochmütze, alles in seinen Farben Rot und Schwarz. Manchmal hat jedes Hosenbein eine andere Farbe. Jacke, Hose und Mütze sind mit Kaurimuscheln geschmückt, die bei jedem seiner Schritte leise klappern. Oft tanzt Elegguá auf einem Bein und hüpft im Kreis herum; er hält einen Baumzweig in den Händen, mit dem er sich einen Weg durch das Dickicht der Tänzer bahnt. Wenn Elegguá von einem Tänzer Besitz ergreift, nimmt er vielleicht jemandem die Zigarre aus dem Mund und raucht sie selbst, reißt einem anderen den Hut vom Kopf oder springt jemandem auf den Rücken.

Santería als Hilfe im Alltag

Diese afrocubanische Kultur ist auch heute noch das beständigste Element in Cuba, unabhängig von Regierungsformen und Revolutionen. Sie ist nicht domestizierbar und nicht ›abgeschlossen‹, denn dieses genussfreudige und zutiefst irdische Weltbild, in dem Erotik und Sexualität eine fundamentale Rolle spielen, nimmt ohne Schwierigkeiten alle neuen Entwicklungen in sich auf. Undogmatisch und sehr pragmatisch versuchen die Santeros mit Hilfe der Götter ihre Alltagsprobleme zu lösen. Der Vermittler zwischen den nicht Initiierten oder den einfachen Santeros ist der Babalawo, eine Art Weissagungspriester. »Weil die Santería eine heidnische Religion ist«, sagt der Babalawo Gilberto Herrera aus Marianao, »haben wir konkrete Lösungen für die Probleme der Menschen. Wir opfern den Oríchas, damit sie uns helfen«. Je schwieriger es wird, den täglichen Überlebenskampf zu bestehen, desto vertrauensvoller strömen die Menschen zu den Zeremonien der Santeros oder sie suchen beim Babalawo Rat und Hilfe.

Wenn die Götter tanzen – eine Santería-Zeremonie

Samstagabend in einer kleinen Straße in Althavanna. Aus den vergitterten Fenstern eines alten Hauses dröhnen Trommeln. Ein *toque,* ein Trommelfest für einen afrocubanischen Orícha ist im Gange. »Komm rein«, bedeutet mir eine dicke, ziemlich grell geschminkte ältere Frau mit unzähligen bunten Ketten und klirrenden Armreifen, die Chefin des Fests.

In den beiden kleinen Räumen drängen sich schon eine ganze Menge Leute, im Patio sitzen Zigarren rauchende Schwarze und wippen in Schaukelstühlen gemächlich vor sich hin. Ich bekomme frittierte Bananen, Reis mit schwarzen Bohnen, Hühnchen und Koscreme zu essen, muss einen kräftigen Schluck aus der allgemeinen Rumflasche nehmen, und dann zieht mich die Chefin in einen weiteren kleinen Raum, in dem der Santería-Altar aufgebaut ist: Ich soll ihn gebührend bewundern, denn er ist besonders prächtig, weil die Santera ihren *día de santo* feiert, den Jahrestag ihrer Initiation. Sie ist eine stolze Tochter der Ochún, der Liebesgöttin, schon seit 32 Jahren.

Schwarze Puppen in knallbunten Gewändern – rot mit schwarz, gelb, hellblau –, die mit unzähligen bunten Ketten behängt sind, stehen auf einer Art Regal, das ebenfalls mit bunten Tüchern geschmückt ist. Auch über die Suppenschüsseln sind glänzende gebügelte Tücher gebreitet, jedes in der Farbe des Orícha, dessen Insignien in der Suppenschüssel liegen. An der Wand hängen Plastikblumen, ein mittelblond gelockter Jesuskopf, mehrere sanftäugige Madonnengesichter und das Konterfei von Che Guevara. Auf dem Bastteppich zu ihren Füßen stehen Teller und Schüsseln mit gebratenem Fleisch, Berge von Obst, Kochbananen, Rum- und Schnapsflaschen, kleine Trommeln, Kokosnüsse, Schüsselchen mit undefinierbarem Inhalt, brennende Kerzen, Wassergläser, in denen Kreuze und Rosenkränze schwimmen, und gigantische viereckige Geburtstagstorten in grellbunten Farben. Überall brennen Kerzen – Oríchas mögen keine Dunkelheit.

Ich werfe einige Münzen auf den Teppich, und die Chefin bedeutet mir, mich bäuchlings auf den Boden zu legen. Sie legt ihre Hand auf meinen Rücken und ich soll die versammelten Oríchas für meine Familie und mich um etwas bitten, stumm. Die Santera murmelt unablässig etwas vor sich hin, und ich wünsche und wünsche und denke, ich darf erst wieder aufstehen, wenn die Santera ihre Hand von meinem Rücken nimmt, während die Chefin darauf wartet, dass ich endlich meine Bitten beende und aufstehe. Es dauert und dauert. Mittlerweile stehen kichernde Menschen in der Tür und fragen mit freundlicher Verwunderung, wie viel Millionen Deutsche es wohl geben mag, für die man bitten muss. Schließlich verstehe ich endlich, rapple mich mit rotem Kopf hoch und danke innerlich den Trommeln, die meine Blamage immer lauter übertönen.

Wir gehen zurück in die beiden Räume, die sich mehr und mehr mit Menschen füllen. Die drei Batá-Trommler spielen wie entfesselt, hinzu kommen noch unzählige andere Perkussionsinstrumente, die Leute singen und tanzen, rufen einzeln jeden ihrer Oríchas und fordern ihn auf, sich zu zeigen. Ich stehe wegen Platzmangel mittlerweile auf einem Hocker an der Wand und überblicke die Tanzenden. Die Trommeln rufen nun Ochún, »Ya-

Thema

lordé orí yeyeo, alberillí moró, iyá mio«, ihr Tempo wird immer schneller. Plötzlich stößt eine hübsche junge Frau in einem gelben T-Shirt eine Kaskade von kurzen, spitzen Schreien aus. Sie verdreht die Augen, taumelt, tanzt weiter, verrenkt sich in wiegenden Bewegungen, presst sich die Hand auf die Augen und schreit. Sie zuckt und stöhnt, die Umstehenden bilden einen Kreis und die junge Frau windet sich zitternd, reckt sich dann majestätisch auf und stolziert durch die Menge. Die Santeros begrüßen Ochún, die Liebesgöttin. Sie umarmt einen nach dem anderen, Yoruba-Worte vor sich hinmurmelnd, und wird in das Nebenzimmer geführt.

Nach einiger Zeit winkt mich die Chefin in dieses Zimmer. Dort sitzt die junge Frau, sie trägt das gelbe Gewand der Ochún und einen Turban, in der Hand einen Teller mit Honig. Ihr Blick ist immer noch sehr fremd. Ich bin die Erste in der Schlange der Wartenden, denen Ochún etwas zu sagen hat. Sie hält mir einen Teller mit Honig hin, ich soll davon nehmen, und sie sagt mir auf Yoruba, das die Chefin für mich übersetzt: »Der Sturm heult über die Bäume, er knickt sie und reißt ihre Wurzeln aus. Doch sein Auge ist unbeweglich. Du musst das Auge des Hurrikans werden.« Ich danke ihr und kehre zurück in den Trommelraum, wo das Fest weitergeht. Nach einer Weile kommt auch Ochún zurück, im Kostüm. Noch mehr Leute sind in Trance gefallen, alle kehren nach einer gewissen Zeit im Kostüm und mit den Attributen ihres Orícha zurück, sodass ich mich fühle wie bei einem merkwürdigen Karneval: Nur die Hälfte der Mitwirkenden ist kostümiert, dafür umso bizarrer, und jeder für sich spielt unbeirrt eine Rolle aus einem anderen Stück, das nur den Eingeweihten bekannt ist.

Tänzer in Ekstase während eines Santería-Fests

Essende Trommeln – die Batá

Thema

Die drei unterschiedlich großen Batá-Trommeln sind das Herzstück jeder Santería-Zeremonie. Der Begriff *batá* bezeichnet dabei weniger die einzelne Trommel als vielmehr das besondere Zusammenspiel des nicht zu trennenden Trios. Nur speziell zu diesem Zweck geweihte Priester dürfen die Batá spielen, da die geschlagenen Rhythmen die Gottheiten nicht nur rufen, die Trommeln verkörpern sogar einzelne von ihnen.

Jede der drei Trommeln hat einen eigenen Namen: Die kleinste Trommel heißt Okónkolo, die mittlere nennt man Itótele und die größte ist die Lyá. *Lyá* ist ein Begriff der Yoruba-Sprache und bedeutet ›Mutter‹ – die größte Batá wird daher auch Mutter der Trommeln genannt.

Jede Batá ist an beiden Seiten fest durch Membranen geschlossen, und der auf diese Weise entstehende Klangkörper leitet die Vibration von einer Membran auf die andere und beeinflusst sie in ihrem Klang und umgekehrt, was die Virtuosität der mit der bloßen Hand schlagenden Trommler auf eine harte Probe stellt. Jede Batá hat also zwei Münder, sprich verschieden große Membranen, die meist aus Ziegen- oder Hirschleder hergestellt werden. Die hermetische Geschlossenheit der Batá rührt aus ihrer Bedeutung als Kultinstrument: Schließlich ist in ihr das Mysterium verschlossen.

Das Spiel der drei Batá ist nämlich mehr als nur ein Trommeltrio, das verschlungene rhythmische Verkettungen produziert. In den Batá verkörpern sich die Gottheiten. Man sagt, dass Okónkolo, die kleinste Trommel, für die Kriegsgötter spricht, deshalb ist sie mit glänzendem hellgrünen oder lilafarbenen Stoff bespannt, den Farben von Oggún und Ochósi. In der mittleren Trommel, Itótele, zeigen sich die weiblichen Gottheiten, also Yemayá, Ochún, Obá und Obatalá, weshalb sie mit blauem und/oder weißem Stoff angezogen ist, auf dem kleine Spiegel glänzen. Die große Lyá dagegen ist der Mund von Changó, dem Herrn der Trommeln und der Musik. Mit blutroter Seide, besetzt mit schwarzen Blitzen und Hahnenkämmen ist seine Batá bekleidet. Ihr dunkler Klang beherrscht das Zusammenspiel des Trios und markiert den immer schneller werdenden Rhythmus.

Da es sich bei den Batá um sakrale Instrumente handelt, werden sie nur aus bestimmten Hölzern und im Rahmen besonderer Riten hergestellt. Um eine Batá einzuweihen, geben die Santeros ihr zu essen, das heißt, sie opfern ihr das Blut verschiedener Opfertiere. In ihren Ruhepausen dürfen die Batá niemals den Boden berühren, sie müssen immer waagerecht in der Luft schwebend liegen, ebenso wie die Wolken, die die Donnerschläge Changós bringen. Nur, wenn sie essen, lagern sie auf einer Schilfmatte.

Es versteht sich von selbst, dass die Batá-Trommler speziell zu diesem Zweck geweihte Priester der Santería sein müssen, denn schließlich rufen die Batá die Gottheiten, und sie sind wesentlich daran beteiligt, ihnen die Tarnkappen vom Kopf zu ziehen.

Ebenso einleuchtend ist es, dass die unzähligen kleinen Nachbildungen der Batá, die in den Regalen der Devisenshops angeboten werden, weder diese rituelle Behandlung erfahren haben noch diese Wirkung besitzen können.

Die Götter sollen alle Probleme gleichzeitig lösen: Die eine braucht einen Zauber, um ihren Sohn an der Flucht zu hindern, der andere bittet die Götter um einen Job in einem internationalen Hotel. Die ersehnte Schwangerschaft, den untreuen in einen treuen Partner verwandeln, Gesundheit trotz fehlender Medikamente, Glück für ein neu eröffnetes Privatrestaurant, den ungeliebten Partner loswerden, eine neue Wohnung, innerer Frieden in aggressiven Zeiten – für all dies sind die Zauberer zuständig, gleichgültig, ob sie nun Santeros, Spiritisten oder Paleros sind.

»Für so viele Probleme sind viele Götter und mehrere Religionen nötig«, meint Gilberto Herrera. »Für uns ist die Religion so ähnlich wie das Kabelfernsehen. Je mehr Kanäle man zur Verfügung hat, desto besser ist man informiert. In den Sklavenbaracken haben sich verschiedene afrikanische Religionen vermischt, dann ist das Christentum hinzugekommen und der Spiritismus. Wir benutzen einfach alle Kanäle ...«

Die Santeros selbst schätzen vorsichtig, dass etwa die Hälfte der Cubaner in irgendeiner Form an die Santería glaubt. Genaue Zahlen gibt es zwar nicht, aber diese Schätzung scheint nicht übertrieben. Wenn man an einem Wochenende durch die verschiedenen Viertel Havannas fährt, sieht und vor allem hört man fast an jeder Ecke die Trommeln der *toques,* wie die Santería-Zeremonien heißen. Viele Künstler – Schriftsteller, Maler, Musiker, Tänzer – sind den afrocubanischen Religionen eng verbunden. Ihre Hautfarbe spielt dabei keine Rolle.

Die Regla Conga und die Paleros

»Erde – Mutter des Kongo!
Mutter!
Weiße Geister aus dem Land der Weißen!
Heiliger Thomas!
Wekeré!
Drei Personen und ein einziger Gott
Yeyaco
Erde – Mutter des Kongo!«

Mit diesen Worten beginnt die wichtigste Zeremonie der afrocubanischen Kongo-Religion. Alle Kulte und Zeremonien der Regla Conga kreisen um die *nganga,* den Zaubertopf. Mit der **Nganga** wird die Zukunft vorausgesagt, sie ist das Zentrum der umfangreichen Totenzeremonien und die Zauberer führen mit ihr bestimmte ›Arbeiten‹ *(trabajos)* aus – mit dem Begriff Arbeit sind in diesem Fall Handlungen der schwarzen Magie gemeint. Die Nganga enthält die lebendige Kraft der Gottheiten und Naturgewalten, glauben die Anhänger der Regla Conga. Konkret besteht die Nganga aus einem sehr großen eisernen Topf, der gefüllt ist mit Kräutern, Gräsern, Steinen, etwas Friedhofserde, Stücken von Tierkadavern, toten Insekten, kleinen Reptilien und Menschenknochen. Besonders fallen die zahlreichen Stöcke und Zweige verschiedener Bäume auf. ›Stock‹ heißt auf Spanisch *palo,* was der Sekte ihren Namen gab: Die Gläubigen der Regla Conga nennen sich selbst **Paleros.**

Das Geheimnis der Nganga

Die Zeremonien um die Nganga basieren auf der Vorstellung, dass alle Gegenstände, die irgendeinmal berührt wurden, die Kraft der gegenseitigen Anziehung erhalten, auch wenn sie später getrennt werden. Selbst, wenn man nur einen Teil dieses Gegenstands beherrscht, erhält man damit die Macht über das Ganze. Es reicht, wenn der Palero-Zauberer einige wenige Körperhaare eines Menschen besitzt, um diese Person zu beherrschen, denn die Haare sind Teil des Betreffenden. Die Erde, die der Zauberer in die Nganga füllt, verleiht ihm allerdings nicht die Macht über die gesamte Erde. Die magische Beeinflussung ist jeweils nur in Beziehung auf einen Mikrokosmos wirksam. Um z. B. die Savanne zu beherrschen, muss er auch ihren Staub in den magischen Topf legen, und dasselbe muss er mit den Bergen oder dem Wasser tun. Er braucht einige Tropfen von jedem einzelnen Fluss, von jedem See und jedem Bach und vom Regen oder vom Tau. Dasselbe gilt für Steine, Pflanzen und Tiere. Während der Sklaverei standen die Palero-Zauberer im Ruf, mit

Besuch beim Babalawo

Ich sitze im halb dunklen Eingangszimmer und warte auf den *babalawo.* Im offenen Nebenraum bügelt eine junge Frau zerrissene Wäsche, zwei andere sortieren an einem Tisch Reiskörner. Ein Hahn kräht, aus anderen Zimmern sind Stimmen zu hören. Es ist angenehm kühl im Raum.

Neben mir warten zwei Hausfrauen mit verknitterten Einkaufstüten. Eine dritte Frau, älter als die beiden anderen, betritt von der Straße her den Raum, setzt sich in einen anderen wackeligen Holzsessel und nickt mir kurz zu. Eigentlich ist es nicht viel anders als im Wartezimmer eines Zahnarztes.

Eine Innentür geht auf, der Babalawo bittet mich in den Raum und setzt sich wieder hinter seinen mächtigen Holzschreibtisch. Rechts neben ihm hängen sechs große, bauchige Trommeln von der Decke, auf einer Wandtafel ist mit Kreide eine ordentliche Liste mit Orten und Daten vermerkt, schwarze Puppen in bunten Kleidern hocken auf einem massiven, gedrechselten Schrank, in der Ecke lehnt eine Fahne, auf die mit rotem Garn die Worte »orún y malé« gestickt sind. Es ist der Name des Cabildo, dem der Babalawo angehört (s. S. 77). Weitere Details: ein Elegguá-Kopf auf dem Boden, eine kleine Kürbiskalebasse mit einer schwarzen Feder hängt von der Decke, und hinter der Glasscheibe eines zweiten Schranks erkenne ich mindestens zwölf von verschiedenfarbigen Tüchern bedeckte Suppenschüsseln, in denen die Insignien der Oríchas, der Götter, liegen.

Gilberto Herrera, der Babalawo, sieht aus wie ein x-beliebiger Mann hinter einem x-beliebigen Schreibtisch. Er erklärt mir unverblümt, dass mein Problem selbstverständlich gelöst werden könne, denn die Santería als ›heidnische‹ Religion sei eben dazu da.

»Unsere Arbeit ist eigentlich schwieriger als die eines Arztes«, sagt Gilberto Herrera, »denn wenn jemand zum Arzt geht, dann sagt er ihm: ›Herr Doktor, ich habe Bauchschmerzen‹, und der Arzt kann ihm dann das entsprechende Medikament verordnen. Bei uns ist das nicht so einfach. Wir müssen dem, der zu uns kommt, sagen: ›Du hast Bauchschmerzen und du musst dies oder jenes dagegen tun.‹ Das heißt, der Ratsuchende möchte, dass wir ihm sagen, was mit ihm geschieht und was er dagegen tun kann.«

Also macht sich der Babalawo daran, mein Problem zu erkennen. Dazu führt er ein *registro* durch, das heißt, er befragt die Oríchas nach meinem Zustand, indem er seine Muschelketten wirft. Er gibt mir einen schwarzen und einen weißen Stein, den ich jeweils, ohne dass er es sieht, in die rechte oder die linke Hand nehmen soll, um sie ihm dann zu zeigen. Schwarz heißt nein und weiß bedeutet ja – arithmetische Antworten auf Fragen, die er mit Hilfe der Muscheln verschiedenen Göttern stellt. Bei mir antworten meistens Changó und Yemayá. Das geht eine Weile so, dann lehnt sich der Babalawo zurück und zündet sich eine Zigarette an.

»Muchacha«, sagt er, »das größte Problem ist die Liebe.« (Ich hatte es geahnt.) Doch gleich tröstet er mich: »Aber Changó wird dir in der Liebe helfen. Ich weiß nicht, wie oft du geliebt hast, aber das Orakel sagt, dass du heiratest und wieder heiratest und wieder heiratest. Diese Liebe stirbt, eine andere wird geboren. Deshalb sagt das Orakel: ›Wo die Liebe stirbt und eine neue geboren wird, ist die Tragödie mit dabei.‹ Du darfst aber keine

Thema

Tragödie erleiden, nur weil du dich in jemanden verliebst. Du musst dich in dich selbst verlieben. Die Liebe zu dir selbst verpflichtet dich, den Menschen lieben zu lernen, der dich liebt. Dein Schicksal ist es, eine Sache loszulassen und eine andere aufzufangen, und weil das so ist, darfst nicht du diejenige sein, die liebt.

Die Liebe wird geboren und stirbt wieder. Wenn du nicht glaubst, dass das so ist, und wenn du nicht tust, was Changó dir sagt, wenn du es nämlich nicht mit den anderen tust, dann tun die anderen es mit dir! Sie benutzen dich als Instrument. Und wie stehst du dann da? Zerstört, herabgesetzt, weil du ja nicht nur die Liebe verloren hast, sondern auch deine Kraft, deine Mühe, deine Zärtlichkeit, alles, was du aufgegeben hast, um mit diesem Mann zu leben. Und schließlich hat sich alles nicht gelohnt. Aber wenn du du selbst bist, wenn du dich im Spiegel ansiehst und sagst: Ich liebe mich selbst – wenn dann jemand kommt, der dir wieder nur sagt: ›Bring mir was zu trinken!‹, dann sagst du: ›Warum sollte ich? Da ist der Brunnen!‹ «

Mit seinem *registro* hält der Babalawo mir einen Spiegel vor: »Mach dir nichts vor«, sagen die Götter, »so und nicht anders bist du, und so darfst du auch ruhig sein.« Um mich zu stärken und zu reinigen, malt mir Gilberto Herrera noch Kreidekreuze auf die Innenfläche der Hände und führt ein Büschel Minze über meinen Kopf, meine Schultern und Arme. Ich lege zwei Pesos vor die Schale mit dem Kopf des Gotts Elegguá, denn ohne ihn funktioniert ohnehin nichts, auch nicht die Liebe, und verabschiede mich vom Babalawo. Die Sprechstunde geht weiter.

Am Santería-Altar werden Früchte als Opfergaben für die Gottheiten dargebracht

Kinder vor einem Zeremonienschrein mit einem magischen Topf, der *nganga*

ihren Ngangas Unglück, Krankheit und Tod über ihre weißen Herren bringen zu können.

Das Mayombe-Spiel ist einer von vier in Cuba verbreiteten Kongo-Riten. Beim **Mayombe** arbeitet man für das Böse, für den Tod, während das **Briyumba** eher das Gute bewirken kann. Das **Kimbisa** dagegen ist gemischt – dieser Ritus hat viel von der katholischen Religion übernommen. Er arbeitet beispielsweise mit Weihwasser, mit Kreuzen und ist deutlich vom Spiritismus beeinflusst. **Palo Monte** wiederum heißen alle Riten, in denen Stöcke und Zweige aus den Bergen (dem Sitz der Magie) verwendet werden – gleichgültig, ob man nun Arbeiten für das Gute oder das Böse ausführen will.

Die Naturverehrung der Regla Conga

Da die Regla Conga in der magischen Verehrung der Natur besteht, sucht man vergeblich nach Tempeln der Paleros. Für den Palero gibt es keine unbelebte Materie: Die Gottheiten können in einem Stein wohnen, in einem Baum, in einem Fluss, einer Weggabelung oder in einem schlichten Dachziegel. Nur für die Zeremonien braucht man einen eigenen Raum, der aber durchaus in einem Schuppen oder einem kleinen, freigeräumten Plätzchen unter der Treppe bestehen kann. Hier werden die rituellen Trommeln, *ngóma,* aufbewahrt, die für die wichtigsten Zeremonien gebraucht werden, außerdem die Opfertiere. An der Wand oder einer Tür bringen die Paleros magische Zeichen an, die die einzelnen Gottheiten und Naturelemente repräsentieren. Häufig steht hier auch eine Kiste oder eine Art Vogelkäfig, in der sich eine *majá* ringelt, eine gelbliche oder schwarze dicke Schlange, die bis zu 2 m lang wird, in den cubanischen Wäldern lebt und für den Menschen völlig ungefährlich ist. Für die Paleros, die Reptilien und alle kriechenden Tiere als besonders magisch verehren, ist die Majá ein rituelles Tier. Bei den Reinigungszeremonien führt der Zauberer die Majá über den Körper des Gläubigen, um ihn von schlechten Einflüssen oder bösem Zauber zu befreien.

Auch die Vögel spielen in der Regla Conga eine besondere Rolle. Die Federn des Geiers, eines schwarzen Tagvogels, sind unentbehrlich für alle ›Arbeiten‹, die tagsüber ausgeführt werden, während die Federn der Schleiereule, dem weißen Nachtvogel, nachts benötigt werden. Beide Vögel werden durch einen Flaschenkürbis, in den in alle vier Himmelsrichtungen Federn gesteckt werden, versinnbildlicht. Dieser *güiro* hängt an einer Kordel von der Decke herab und schützt das ganze Haus, weshalb man ihn auch in den Wohnungen vieler Leute findet, die nichts mit der Regla Conga zu tun haben – sicher ist sicher.

Rituelle Trommeln

Die rituellen Trommeln der Regla Conga ›essen‹ auch, d. h., vor jeder Zeremonie wird ihnen das Blut verschiedener Tiere geopfert, ähnlich wie den Batá-Trommeln der Santería (s. S. 68). Die heiligste Trommel heißt **Kinfuti** und muss immer unsichtbar bleiben – selbst Initiierte dürfen sie nicht zu Gesicht bekommen, nicht einmal während der Zeremonien. Anders ist es mit den **Makuta**-Trommeln und den **Cencerros,** die entweder aus einem Stück Eisen oder einer Kuhglocke bestehen, auf die die Paleros mit einem metallischen Klöppel schlagen. Das Cencerro hat längst einen Stammplatz in der Rhythmussektion aller cubanischen Tanzbands. Auch andere Trommeln der Regla Conga haben den unmittelbaren religiösen Zusammenhang verlassen: zum Beispiel die **Conga**-Trommeln, ein Trio magischer Trommeln, die aus dem cubanischen Karneval nicht mehr wegzudenken sind. Wenn die Karnevalscomparsas durch die Straßen ziehen, sind allerdings nicht nur drei Conga-Trommeln im Einsatz, sondern gleich 30 oder 40.

Der Geheimbund Abakuá

Vor etwa 160 Jahren wurde im Hafen von Havanna der erste cubanische Geheimbund Abakuá gegründet – von Sklaven aus Calabar, dem Gebiet am Nigerdelta, das heute zu den Staaten Nigeria und Kamerun gehört. Auch in Afrika hatten Geheimgesellschaften von Männern, Frauen, Greisen und sogar von Kindern existiert, und so war es nur logisch, dass sich die aus Calabar nach Cuba verschleppten Sklaven ebenfalls zu Geheimbünden zusammenschlossen. Zunächst einmal, um sich gegenseitig zu unterstützen, und außerdem, um ihre religiösen Traditionen zu pflegen und sich von der übermächtigen weißen Kolonialgesellschaft abzugrenzen. Die Geheimgesellschaft Abakuá war und ist ausschließlich Männern zugänglich. Allerdings wurden bereits kurze Zeit nach der Gründung auch Angehörige anderer afrikanischer Völker und Mulatten aufgenommen und seit einigen Jahrzehnten steht sie auch Weißen offen. Wer einmal in diesen Initiationsbund aufgenommen wurde, kann ihn zeit seines Lebens nicht mehr verlassen. Er muss sich verpflichten, seine Freunde und Mitbrüder jederzeit zu unterstützen und ihnen zu helfen sowie sich in allen Situationen männlich zu verhalten, worunter eine eher aggressive Männlichkeit zu verstehen ist. Verstößt er gegen eines dieser Gebote, muss er mit empfindlichen Strafen rechnen.

Der Ausschluss der Frauen wird durch die Legende von der geschwätzigen Sikan erklärt: »Man sagt, dass eines Tages eine Frau zum Ufer eines Flusses kam, wahrscheinlich wollte sie Wasser holen. Als sie mit ihrem Gefäß das klare Wasser schöpfte, erschien plötzlich ein Fisch, der ein merkwürdiges Geräusch von sich gab. Er schwamm in ihren Krug und sie nahm ihn mit nach Hause, weil sie glaubte, es wäre Gott. Damit sie niemandem von diesem Geheimnis erzählen konnte, schnitt ihr Mann ihr die Zunge ab. Der Fisch starb nach kurzer Zeit und aus seiner Haut machten sie eine Trommel. Diese Trommel war die Stimme des Gotts, der alles erschaffen hat: *abasí*.«

Wie von fast allen mündlich überlieferten Mythen gibt es auch von dieser Legende unzählige Varianten, die sich teilweise widersprechen. In Cuba führten diese Widersprüche dazu, dass sich die Abakuá in zwei verschiedene rituelle Schulen spalteten, in die

Efí und die **Efó.** Die Efí taufen jedes neu aufgenommene Mitglied mit Weihwasser und haben in größerem Umfang Elemente des Katholizismus assimiliert. Allerdings weigern sie sich, Weiße aufzunehmen. Die Efó dagegen lassen den Initiierten auf einen menschlichen Schädel schwören, der mit Friedhofserde gefüllt ist, und sie akzeptieren Mitglieder aller Hautfarben.

Die Mitglieder des Geheimbunds nennen sich selbst *ñáñigos* – ›kleine Brüder‹. Die meisten **Ñáñigos** arbeiten im Hafen von Havanna, auf dem Bau oder auf den Märkten. Unter den Musikern finden sich ebenfalls viele Ñáñigos. Lebendig sind die Traditionen der Abakuá vor allem in den Stadtteilen um den Hafen von Havanna – und das ist kein Zufall.

Bereits während der Kolonialzeit war es den Sklaven unter bestimmten Bedingungen erlaubt sich freizukaufen. Als sogenannte freie Schwarze konnten sie aber ebenso wenig wie die Mulatten ihren Beruf frei wählen. Die meisten mussten sich im Hafen als Tagelöhner verdingen. Da ihnen die feineren Wohnviertel Havannas verschlossen blieben, siedelten sie sich um die Hafenbucht an. Die schwarzen Tagelöhner wurden von ebenfalls schwarzen Aufsehern angeheuert, und da die meisten Aufseher im Hafen Ñáñigos waren, stellten sie ausschließlich andere Ñáñigos ein. Nach der Abschaffung der Sklaverei 1886 suchten Tausende ehemaliger Sklaven Arbeit – sie fanden sie im Hafen, natürlich nur für den Fall, dass sie dem Geheimbund beitraten. So kam es, dass in diesem Jahrhundert fast jeder Tagelöhner im Hafen von Havanna Mitglied einer Abakuá-Gemeinde *(potencia)* wurde. Jeweils eine **Potencia** vergab die Arbeit an einer bestimmten Mole. Es lässt sich sogar nachweisen, welche Potencia die Arbeit für welche Reederei vergeben konnte. Suchte man Arbeit bei der US-amerikanischen Reederei Harry Brother, musste man Ñáñigo bei der Gemeinde Ekereguá momí werden, die im Stadtviertel Colón ihren Sitz hatte. Für die Ward Line dagegen war die Potencia Bakonkó im Viertel Belén zuständig, für die Weiße Flotte die Otan Efó in Regla. Es liegt auf der Hand, dass der Versuch der Ñáñigos, vom großen Kuchen eine winzige Scheibe abzuschneiden und unter Tausende von Menschen zu verteilen, zu Spannungen und Rivalitäten führte. Die Weißen verdächtigten die Ñáñigos nicht nur, Ekel erregende rituelle Praktiken auszuüben, sie hielten sie auch für gewalttätige Messerhelden und potenzielle Mörder. Vergeblich rief die feine Gesellschaft nach der Polizei, um die Stadtviertel von der schwarzen Mafia zu säubern. Die weißen Polizisten hielten sich lieber heraus, denn sie hätten ohnehin den Kürzeren gezogen.

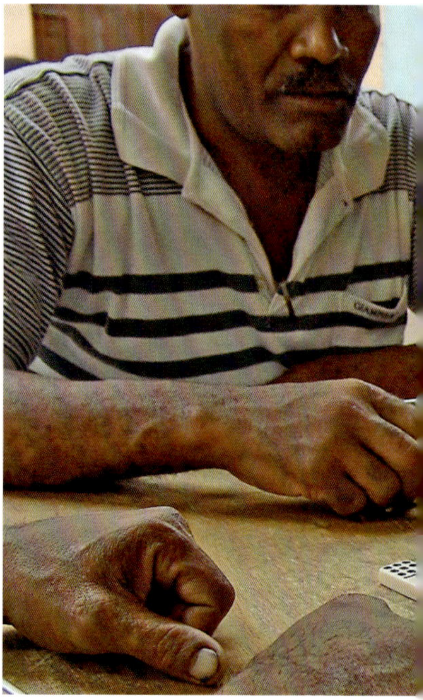

Die Tanzrituale der Abakuá

Die Abakuá sind keine religiöse Sekte im eigentlichen Sinn, obwohl sie eine Gottheit namens **Abasí** als obersten Gott verehren. Wie die Regla Conga und die Santería schreiben auch die Abakuá den Geistern der Verstorbenen magische Kräfte zu, und sie haben in

Eine der Leidenschaften der Cubaner: Domino spielen

der Musik und im Tanz ein Mittel gefunden, diesen Geistern ihre Tarnkappen zu entreißen und sie ›sichtbar‹ zu machen. So erscheinen beim »Tanz der Teufelchen« die Geister der Toten. D. h., sie erscheinen nicht nur, sondern die Teufelchen, die bei keiner Abakuá-Zeremonie fehlen, sind die Geister der Verstorbenen. Ein *diablito* oder **Íreme** trägt entweder ein Kostüm aus Jute oder eines, das aus unzähligen bunten Stoffresten besteht. Sein Kopf ist von einer spitzen Kapuze verborgen, auf die ein oder mehrere Augen gemalt sind. Niemals darf er sein Gesicht zeigen. Um die Hüften trägt er eine bunte Schärpe, an die Stoffbällchen und kleine Glocken geheftet sind, die bei jedem Schritt klingeln – schließlich soll der Íreme Angst einflößen. Und da der Íreme stumm und blind ist und nicht erkannt werden darf, muss er alles in seinem pantomimischen Tanz ausdrücken. Außerdem ist er taub – das einzige Geräusch, das er hören kann, ist die Trommel von **Morúa Yánsua,** dem Gebieter über die Teufelchen. Mit seinen Trommelschlägen lockt und leitet er den Íreme. Morúa Yánsua trägt eine Hose mit unterschiedlich langen Hosenbeinen: Eines reicht bis zum Knöchel, das andere bis zum Knie.

Der Tanz der Íreme gehört inzwischen zum Standardrepertoire des Nationalen Folkloreballetts und selbst im noblen Nachtclub Tropicana sind die Abakuá-Teufelchen Teil des Programms. Eine authentische Zeremonie dagegen bekommt man normalerweise nicht zu sehen – als der Geheimbund der Sklaven entstand, war er geheim, und er ist es auch im modernen Cuba geblieben.

Der nicht initiierte Zuschauer kann allerdings erahnen, dass die Teufelchen Teil eines komplexen Rituals sind. Jedes einzelne von ihnen übt eine genau umrissene Funktion aus, die jeweils in einem Mythos oder einer

Überlieferung begründet ist. Da gibt es beispielsweise das Zwillingspaar **Aberisún** und **Aberinán.** Die beiden töten während der Zeremonie das Opfertier, ein Zicklein. **Anamanguí** dagegen wacht über die Beerdigungszeremonien. **Efimeremo** wiederum übt Richterfunktionen aus, wenn ein Mitglied die Abakuá-Gesetze übertreten hat. **Fambaroko** ist der Tempelwächter und steht während der Zeremonien vor der Eingangstür; jeder Initiierte muss ihn um Erlaubnis bitten, eintreten zu dürfen. **Nkanima** bereitet das Essen zu, das den Geistern der Verstorbenen serviert wird, außerdem beschafft er das Holz für die heiligen Trommeln. **Nkobóro** ist als Hüter der heiligen Trommel *seseribó* die rechte Hand des Zeremonienmeisters Isué. **Isué** ist ein Geist, der, wenn er sichtbar wird, als katholischer Bischof erscheint. Jede geheiligte Seseribó vertritt übrigens genau die Trommel, welche Sikán aus der Haut des Fisches gefertigt hat.

Abakuá-Tempel

Einen Abakuá-Tempel und vor allem den heiligen Raum darin, *fambá,* dürfen nur Initiierte betreten. Der Eingangstür gegenüber steht ein Altar, auf dem die Zepter der wichtigsten spiritistischen Mächte aufgestellt sind. Jede einzelne Potencia – wie diese Mächte genannt werden – hat außerdem ein grafisches Erkennungszeichen aus geometrischen Formen, Pfeilen, Punkten und wellenförmigen Linien. Der Altar ist von diesen Zeichnungen bedeckt. In der Mitte des Altars steht die Trommel *seseribó,* von vier Hahnenfedern geschmückt, daneben drei weitere rituelle Trommeln: die *mpego* sorgt für Ruhe, Konzentration und Schweigen, die *ekueñón* kündigt die Opferzeremonien an und die *enkríkamo* lockt und führt die Teufelchen.

Jedes neu initiierte Mitglied legt seine rituellen Geschenke zu Füßen des Altars: grüne Bananen, Zuckerrohr, Salz, Erdnüsse, geräucherter Fisch, eine (essbare) Baumratte, eine

Einer der Höhepunkte in Havannas Festekalender: der Straßenkarneval Ende Juli

Flasche Zuckerrohrschnaps, ein Glas Wein, ein Stück Holzkohle, Staub und drei Steine. Die Initiationszeremonie beginnt mit einer Prozession, die aber nicht öffentlich ist, weshalb sie meist innerhalb des Hauses oder im Garten des Tempels durchgeführt wird. Der einzige Tag, an dem die Abakuá auch während der Kolonialzeiten ihren Tempel verließen und auf der Straße tanzten, war der 6. Januar, der Tag der Könige, der Karneval.

Es ist noch nicht lange üblich, dass die Musik der Ñáñigos in der Öffentlichkeit präsentiert wird. 1928 versuchte man erstmalig im Theater von Guanabacoa, das heute zu Havanna gehört, Szenen aus der Mythologie der Abakuá auf die Bühne zu bringen. Die Schauspieler und Tänzer waren alle Ñáñigos, sie entweihten weder rituelle Trommeln noch brachten sie einen geheimen Trommelcode zur Vorführung, trotzdem wurden sie sofort aus dem Geheimbund ausgeschlossen. In den 1940er-Jahren brachte der 1969 verstorbene cubanische Komponist Ernesto Lecuona den Tanz der Teufelchen in die Konzertsäle und löste einen Skandal aus.

Eine ganze Reihe von Musikern sind auch heute Mitglieder der Abakuá. Der berühmteste unter ihnen ist wohl der legendäre cubanische Perkussionist Chano Pozo, der vor 50 Jahren afrocubanische Rhythmen mit US-amerikanischem Jazz verband. Chano Pozo wurde auf einer Straße in New York erschossen – angeblich, weil er während eines öffentlichen Konzerts einen rituellen Trommelschlag in sein Solo eingebaut hatte.

Cubanischer Karneval

Der Día de los Reyes

Der 6. Januar, der Tag des christlichen Fests der Heiligen Drei Könige, wurde auch für die nach Cuba verschleppten afrikanischen Sklaven ein wichtiger Tag. Auf Zuckerrohrplantagen und in Städten hatten sie sich zu **Cabildos** zusammengeschlossen, wie man die Vereinigungen der Sklaven jeweils eines afrikanischen Volks nannte. Die Mitglieder der Cabildos wählten alle vier Jahre nach dreitägigen Zeremonien am 6. Januar ihren König und zogen gemeinsam zum Gouverneurspalast. Die spanischen Gouverneure hielten es angesichts der häufig aufflackernden Sklavenrebellionen für ratsam, die Cabildos mit großem Pomp im Palast zu empfangen und sich ihrer Loyalität zu versichern. Tanzend, singend und trommelnd zogen die Cabildos in großen Gruppen, den **Comparsas,** durch die engen Straßen Havannas, präsentierten ihre besten Tänze, ihre prächtigsten Kostüme und ihre Choreografien und kassierten von jedem Zuschauer einen Real, denn Zuschauer und Neugierige hingen in Trauben auf den Balkonen und drängelten sich an allen Straßenecken. Dieses Schauspiel der *negros bembones,* der ›dicklippigen Neger‹, wie die Spanier sie abfällig nannten, durfte man sich keinesfalls entgehen lassen. Kaum waren die Gruppen am Gouverneurspalast angekommen, eilten die schwarzen Könige die Treppen des Palasts hoch, um die Geschenke in Empfang zu nehmen: Süßigkeiten, Getränke und mindestens eine halbe Unze Gold. Die weißen Herren zeigten sich großzügig an diesem Tag, aus den Palastfenstern regnete es Zigaretten, Bonbons und Geldstücke.

Zwar wünschten die Comparsas dem Gouverneur am 6. Januar offiziell Glück und Segen, aber eine beliebte Pantomime, die man ihm zu Ehren aufführte, war der Tanz, um eine Schlange zu töten. Es war ziemlich schwierig, der starken und bedrohlichen Schlange den Kopf abzuschlagen, aber schließlich triumphierten die Tänzer doch über das grässliche Reptil. Allerdings gibt es in Cuba weder bissige noch würgende Schlangen. Mitunter geriet dem Gouverneur der Beifall daher etwas verhalten. Nebenbei sei erwähnt, dass die Geschichte der Comparsas ebenso lang ist wie die ihrer Verbote. Kein Wunder, dass die Sklaven während des Karnevals zur Tarnung maskiert durch die Straßen tanzten.

Traditionelle Karnevalsfiguren

Die Figur des **Kokoríkamo** oder **Kokorióko** eignete sich ausnehmend gut, um den Zuschauern sanfte Gruselschauer über den Rücken zu jagen und um kleine Teufeleien zu veranstalten. *Koko* bezeichnet in der Bantú-Sprache etwas Grauenerregendes, Furchteinflößendes. Der cubanische Ethnologe Fernando Ortíz beschreibt eine Comparsa von Kokoríkamos während der Kolonialzeit: »Der Kokoríkamo trägt einen Rock aus Palmfasern, Gräsern und bunten Stoffstreifen. Sein Oberkörper steckt in einem alten Stofffetzen, seinen Kopf hat er in das Skelett eines Pferdekopfes gezwängt, dessen Unterkiefer beim Hin- und Hergehüpfe dämonisch klappert. Um die Fußgelenke und um die Taille hat er sich kleine Glöckchen gehängt, die ebenfalls bei jedem Schritt klingeln. In zwei Reihen, auf jeder Straßenseite eine, zieht die Comparsa der Kokoríkamos die Straßen entlang, angeführt von einem Maskierten, der mit einem Stock einen schleppenden Rhythmus auf einer Bratpfanne schlägt. Doch alle paar Minuten klappert der Anführer frenetisch, und die Kokoríkamos laufen auseinander, springen herum, tanzen, wälzen sich auf dem Boden, vollführen schlüpfrige Pantomimen, klettern die Fenstergitter hoch und dringen sogar in die Häuser ein, um möglichst viele Señoritas und Señoras zu erschrecken …«

Ein ähnliches Spektakel veranstalteten die Comparsas der **Peludos** (›Behaarte‹). Über und über mit zottiger Putzwolle behängt und bunt bemalt, sprangen und tanzten sie mit grotesken Verrenkungen im Takt der Trommeln. Noch bizarrer waren die **Enanos,** die Zwerge, die an die Pygmäen Zentralafrikas erinnerten. Sie steckten in riesigen Mehlsäcken, die ihnen bis knapp über die Knie reichten. Oben in den Sack war ein Fassreifen eingezogen, damit der Mehlsack nicht wie ein solcher herunterhing. Fast sahen sie aus wie wandelnde Litfasssäulen, nur hatten sie mit Rötel und schwarzer Farbe auf den Stoff eine riesige Fratze gemalt und am Saum baumelten zwei mit Werg ausgestopfte Stoffärmchen. Die ganze Gestalt torkelte als riesiger Kopf mit winzigen Extremitäten herum.

Schwarz gekleidet und mit einer roten Kapuze auf dem Kopf tanzte und hüpfte die Comparsa der **Geier** durch die Straßen. Sehr praktisch, dass die Kapuze ihr Gesicht verdeckte, und noch praktischer, dass sie diese großen Trommeln bei sich trugen, wenn sie über die Straßen und Plätze und sogar bis in die Innenhöfe der Häuser sprangen. Denn vor allem während der Befreiungskriege Cubas gegen Spanien und der Guerrillakämpfe in der Sierra Maestra wurden Masken und Trommeln benutzt, um geheime Botschaften und Waffen darin zu schmuggeln.

Die Comparsas als Werbeträger

Da die jeweiligen Behörden das wohl auch wussten, verboten sie die Comparsas immer wieder – oder sie versuchten, im anderen Extrem, sie zu kaufen. Vor allem zwischen 1902 und 1958, als sich das Präsidentenkarussell in Cuba mit geradezu atemberaubender Geschwindigkeit drehte, ließen die Parteien bei den unzähligen Wahlkampagnen Comparsas für sich trommeln. Die konservative wie die liberale Partei hatten in jeder größeren Stadt Cubas eine Comparsa eingekauft und mit Instrumenten, Kostümen usw. ausgestattet. Als Gegenleistung zeigte die Comparsa die jeweiligen Parteiembleme auf Fahnen und Trikots. Den meisten Comparsas blieb gar nichts anderes übrig, als für Politiker oder Rumfabriken Reklame zu tanzen, denn sie hatten kaum Geld, um immer wieder neue Trommeln und Instrumente zu kaufen, die im Hexenkessel Karneval ständig kaputt gingen.

Nach der Revolution erhielten die Comparsas eine bescheidene finanzielle Unterstützung vom Kulturministerium, die jedoch zu Beginn der Spezialperiode eingespart wurde. Übrigens verlegte die Revolutionsregierung den Karneval kurzerhand in den Juli, um die Zuckerernte nicht zu beeinträchtigen. Nach 1991 fiel der Karneval ganz aus, erst wieder 1996 versuchte man auch von offizieller Seite den Karneval als Touristenattraktion neu zu inszenieren: Die Sitzplätze der Tribünen wurden gegen Devisen verkauft.

Andere Feste

Übers Jahr verteilt finden mehrere Musik-, Tanz-, Theater- und Sportfestivals statt, von denen das Internationale Gitarrenfestival, das

Jazzfestival Plaza, das Festival des Lateinamerikanischen Films und der Blaue-Marlin-Angelwettbewerb in Havanna, das Beny-Moré-Festival in Cienfuegos und das Festival del Caribe in Santiago die beliebtesten sind.

Hinzu kommen mit mehrtägigen Trommelfesten begangene Daten der afrocubanischen Religion Santería: Am 16. Dezember zieht eine endlose Prozession von Gläubigen zur Basilika des San Lázaro bei San Antonio de los Baños, denn Lazarus, wie die Katholiken ihn nennen, bzw. Babalú Ayé, wie er im afrocubanischen Götterhimmel heißt, ist als Herr über die Krankheiten ein wichtiger und äußerst beliebter Heiliger. Ähnliche Umzüge und Feste finden in Regla am 8. September zu Ehren der Meeresgöttin Yemayá statt und Ende Oktober für den Donner- und Trommelgott Changó. Unabhängig von diesen spektakulären Festen hört man an jedem Wochenende in Althavanna und anderen Stadtteilen die Trommeln, zu denen für die afrocubanischen Götter getanzt wird.

Klassische katholische Feiertage wie Ostern, Pfingsten etc. werden zwar offiziell nicht begangen, doch in den Privathäusern feiert man auch sie. Seit dem Papstbesuch 1998 in Cuba ist auch der 25. Dezember ein offizieller Feiertag. Die zahllosen Revolutionsfeierlichkeiten sind ebenfalls bereitwillig genutzte Anlässe für ein größeres oder kleineres Fest.

Januar: Am 28. Januar wird der Geburtstag des Nationalhelden José Martí mit Kranzniederlegungen, Aufmärschen, Reden, Schulaktionen etc. gefeiert.

Februar: Mitte des Monats findet in Havanna das Jazzfestival Plaza statt (alle zwei Jahre: 2012, …). Am 24. Februar gedenkt man des Revolutionsbeginns 1895 und zu wechselnden Terminen steigt der Karneval in Havanna und Varadero.

März: Alle drei Jahre (2012, …), meist Ende März/Anfang April, wird in Havanna die Biennale der Bildenden Künste ausgetragen.

April: Anlässlich des Siegs in der Schweinebucht 1961 finden am 19. April verschiedene Feierlichkeiten statt. Musik steht beim Festival del Pregón (Gesänge der Straßenhändler) in Santiago im Mittelpunkt.

Staatliche Feiertage

1. Jan.: Aniversario del Triunfo de la Revolución (Jahrestag der Revolution)
1. Mai: Día de los Trabajadores (Internationaler Tag der Arbeit)
1. April: Landung von General Antonio Maceo an der Playa Duaba (nur in Baracoa)
26./27. Juli: Día Nacional de la Rebeldía (Sturm auf die Moncada-Kaserne)
10. Okt.: Beginn des Unabhängigkeitskriegs gegen Spanien
25. Dez.: Navidad (Weihnachten)

Mai: In Havanna steigen das Internationale Gitarrenfestival (alle zwei Jahre: 2012, …) und der Blaue-Marlin-Angelwettbewerb, der in der Marina Hemingway ausgetragen wird.

Juni: Viel Rum und Bier fließen Ende Juni/Anfang Juli auf dem Cucalambé-Folklorefestival außerhalb von Las Tunas.

Juli: Ganz Santiago tobt Anfang Juli beim afrocubanischen Festival del Caribe. Die Karnevalsaison beginnt am 18. Juli in Havanna und am 21. Juli in Santiago. Am 30. Juli ist der Tag der Märtyrer der Revolution und am 3. Sonntag im Juli der Día de los Niños (›Tag der Kinder‹) mit vielen Festen.

August: Alle zwei Jahre (2011, …) findet in Cienfuegos das Beny-Moré-Festival für populäre Musik und in Havanna das Internationale Theaterfestival statt.

Oktober: Der Todestag von Che Guevara am 8. Oktober wird landesweit, vor allem in Santa Clara, mit Feierlichkeiten begangen. Alle zwei Jahre (2012, …) veranstaltet Havanna ein Internationales Ballettfestival.

November: Der Monat steht im Zeichen des Chorfestivals in Santiago sowie des Internationalen Musikfestivals in Varadero (alle zwei Jahre: 2012, ...).

Dezember: Am 2. Dezember gedenkt man der Landung der Granma und am 7. Dezember des Todestags von Antonio Maceo. Ebenfalls in diesen Monat fallen das Festival des Lateinamerikanischen Films in Havanna und die karnevalsähnlichen Umzüge *(parrandas)* in den Orten Remedios und Caibarién.

Musik und Kunst

Obwohl Cuba nicht zu den reichen Ländern gehört, gibt es auf der Insel ein sehr lebendiges und vielfältiges Kulturleben. Die cubanische Musik, die Literatur, die Bildende Kunst und das Ballett haben ein hohes und weltweit anerkanntes Niveau.

Die offizielle cubanische Kulturpolitik setzt einen deutlichen Akzent auf Lateinamerika. Dies spiegelt sich u. a. jährlich beim Filmfestival in Havanna wider – es ist das größte Filmfestival auf lateinamerikanischem Boden und eine Drehscheibe für lateinamerikanische Filmproduktionen. Das Gleiche gilt aber auch für die Kunstbiennale, das Ballettfestival und die cubanische Buchmesse.

Die staatlichen Reglementierungen bzw. ideologischen Einschränkungen betreffen vor allem die Presse, das Fernsehen und die Literatur. Die anderen Künste genießen größere Freiheiten. Daher verlassen am häufigsten Literaten das Land, um ins mexikanische, nordamerikanische oder europäische Exil zu gehen.

Klingender Rum – cubanische Musik

Seit Buena Vista Social Club weiß es die ganze Welt: Musik ist in Cuba ein Grundnahrungsmittel, ein Ventil, ein Konzentrat der Lebensfreude, ohne das auf der Insel absolut nichts funktioniert.

Unvorstellbar, dass nicht in irgendeinem Winkel von Havanna Musik gemacht oder gehört würde – selbst bei einem der zahllosen und dann stundenlangen Stromausfälle dröhnt noch irgendwo ein letztes Transistorradio oder intoniert jemand auf einer leeren Flasche eine Rumba. Kommentare von der Straße werden zu Refrains beliebter *sones,* und selbst die Ankündigung einer Kaltfront im Wetterbericht ist nicht davor geschützt, wenig später als satirische Anspielung in einer Rumba zitiert zu werden.

»Wann immer ich Jazz-, Pop- oder Rockmusik höre, entdecke ich darin etwas aus Cuba«, meinte der Komponist, Arrangeur und Orchesterchef Mario Bauzá einmal, zweifellos zu Recht. Wohl kaum ein anderes Land hat – gemessen an seiner Größe – so gewaltigen Einfluss auf die populäre Musik des 20. Jh. ausgeübt wie die karibische Zuckerinsel. Cuba exportiert seit Jahrzehnten Tänze, Musikmoden und Musiker in die ganze Welt.

Mambo, Rumba und Chachachá waren nicht die ersten cubanischen Tänze, die weichgespült und glatt gebügelt auf europäischen Tanzstundenparketts Furore machten. Ähnlich erging es der Habanera, einem Tanz, der Mitte des 19. Jh. in den Salons der feinen Gesellschaft beliebt war und der durch Komponisten wie Ravel, Bizet, Debussy, Faure und Saint-Säens erst die europäischen Konzertsäle eroberte und schließlich als Matrosenhymne La Paloma Weltruhm erlangte.

Ohne Cuba gäbe es weder die New Yorker Salsa-Szene noch den Latin Rock von Carlos Santana. Auch der Jazz, der schon im alten New Orleans von eingewanderten Cubanern mitkreiert wurde, wäre ganz andere Wege gegangen. Sogar die populäre Musik Westafrikas vom Senegal bis zum Kongobecken hätte auf einen ihrer prägenden Einflüsse der letzten fünf Jahrzehnte verzichten müssen. Zwar gilt die gesamte Karibik zu Recht als musikalischer Schmelztiegel, doch Cuba hat besonders begierig alle kulturellen Einflüsse wie ein Schwamm aufgesogen und über die

Jahrhunderte eine neue, eigene Mixtur daraus geformt: einen lustvollen Klangdschungel, dessen verschlungene Wege vom tropischen Menuett über synkopierte Sones, gellende Bläsersätze und schmachtende Boleros bis zu Rap, Funk, Hip-Hop und elektronischer Musik reichen. Puristische Überlegungen, wie sie die Europäer lieben, waren den cubanischen Musikern dabei immer schon herzlich gleichgültig.

Tausende Musiker schlagen sich in Cuba irgendwie durch – als Straßenverkäufer, Kellner, Schwarzmarkthändler, Taxifahrer, aber auch als Restaurant-, Straßen-, Strand-, Platz- oder Malecónmusiker. Ihre Zahl hat die spanische Plattenindustrie geschätzt: In Cuba bestehe ein Überhang von 12 000 exzellent ausgebildeten Musikern, die keine Arbeit finden, die aber so gut sind, dass sie in jedem anderen Land der Welt in Rockbands, Popgruppen und Orchestern spielen könnten.

Der Nationalrhythmus Son

Vom Son schwärmte der cubanische Nationaldichter Nicolás Guillén: »Der Son ist klingender Rum, mit den Ohren zu trinken … Der Son ist *música mulata* – Mulattenmusik, die Verschmelzung von Europa und Afrika in Cuba. In seinen synkopierten Rhythmen und hämmernden Wiederholungen spiegelt sich unsere Seele.« Nicht nur, weil er afrikanische Rhythmen und Perkussionsinstrumente mit spanischen Gitarren und Poesie verbindet, ist der Son so etwas wie die musikalische Synthese der Geschichte Cubas. Zum Markenzeichen der kreolischen Kultur wurde der Son vor allem deshalb, weil sich weiße und schwarze Cubaner mit dieser Musik identifizieren konnten, und das war neu zu Anfang des 20. Jh.

Wandernde Zuckerrohrarbeiter aus Oriente brachten den Son nach Havanna, Santiago de Cuba rühmt sich noch heute, die Wiege des Son zu sein. Das Instrumentarium war leicht und handlich: ein Tres (eine kleine Gitarre, deren Saiten in drei Paaren angeordnet sind), ein Kontrabass, Bongo-Trommeln, Maracas (Rumbakugeln) und die Claves, zwei Rhythmushölzchen, die gegeneinander geschlagen werden. Die Texte waren zwar in der spanischen Copla-Versform verfasst, doch sie kündeten von einem neuen kreolischen Selbstbewusstsein: Nicht mehr die Schönheiten Kastiliens wurden besungen, sondern die von Oriente, Camagüey oder Havanna. Mit rasanter Geschwindigkeit eroberte der Son die Hauptstadt. Die kleinen Son-Trios standen bald nur noch an Straßenecken, in Restaurants und Bodegas, während in den Tanzsälen die Sextetos die Macht übernommen hatten.

Natürlich kommt auch jener Musiker, der den Son in Havanna berühmt gemacht hat, aus Santiago.

Miguel Matamoros, der Pionier

An seinem 31. Geburtstag beschloss **Miguel Matamoros,** Gelegenheitschauffeur, Anstreicher, Zimmermann und Sänger aus Santiago de Cuba, mit seinen Freunden **Ciro Rodríguez** und **Rafael Cueto** ein Trio zu gründen. Das war am 8. Mai 1925, und das **Trio Matamoros** sollte die berühmteste Son-Formation aller Zeiten werden, bis sich die drei Musiker nach 35 Jahren Zusammenarbeit 1960 zurückzogen. Schon die erste Aufnahme des Trio Matamoros, der Bolero »Olvido« (›Vergessen‹), verkaufte sich allein in Cuba immerhin 65 000-mal, eine astronomisch hohe Zahl für die damalige Zeit. Die RCA Victor hatte das Trio entdeckt und den drei Santiagueros angeboten, in den USA eine Schellackplatte aufzunehmen. Daraufhin wurde man auch in Havanna auf die drei Soneros aufmerksam – überall hörte man ihre Musik, doch bis dahin kannte man das Trio Matamoros in Havanna nicht, man wusste nicht einmal, dass sie Cubaner waren, und hielt sie für ein mexikanisches Trio – bis schließlich ein Impresario aus Havanna seinem Freund in Santiago ein Telegramm schickte und ihn bat, die drei ausfindig zu machen und für ein Konzert zu engagieren.

Also packte das Trio seine Koffer und machte sich auf den Weg in das gut 1000 km entfernte Havanna am anderen Ende der Insel, wo gerade die Sones und Boleros des Sexteto Nacional *en vogue* waren. Das Publi-

Musik ist ein cubanisches Lebenselixier und allerorten zu hören, auch am Strand

kum in Havanna reagierte auf die drei Santiagueros geradezu enthusiastisch – das Trio Matamoros musste bis zu fünfmal täglich in einem Kino, einem Theater oder einem Zirkus auftreten und jedes Konzert war ausverkauft.

Ab 1930 gingen Miguel, Ciro und Rafael unablässig auf Tournee: nach New York, Chicago, Madrid, Barcelona und Paris sowie kreuz und quer durch den lateinamerikanischen Kontinent – der Son aus Santiago hatte den Globus erobert. 1960 gab das Trio Matamoros im cubanischen Fernsehen sein Abschiedskonzert. Und als Miguel Matamoros im Jahr 1972 in Santiago starb, folgte nahezu die ganze Stadt seinem Sarg.

Selbst wenn man sich nur einen Tag in Cuba aufhalten würde, bekäme man garantiert das berühmteste der rund 200 Lieder, die Miguel Matamoros insgesamt geschrieben hat, zu Ohren. Es ist der »Son de la Loma«, von dem es heute unzählige Versionen gibt. Jede Band, die etwas auf sich hält, aber auch jedes Restauranttrio führt ihn im Repertoire (s. S. 85).

Das Trio Infernale des Son

Wenn es einen Papst der cubanischen Musik gäbe, würde er die drei legendären Soneros **Ignacio Piñeiro, Arsenio Rodríguez** und **Beny Moré** heilig sprechen, denn selbst der weltweite Siegeszug des Buena Vista Social Club wäre ohne diese drei nicht möglich gewesen. Der großartige Sonero, Sänger und Komponist Ignacio Piñeiro lebte von 1888 bis 1969 in Havanna, schlug sich mit diversen Arbeiten durch, als Stauer im Hafen, Zigarrendreher, Schreiner, was man so macht, wenn man im schwarzen Stadtteil Pueblo Nuevo aufwächst. Schon als Kind sang Ignacio Piñeiro in Chören, trommelte und sang bei den afrocubanischen Cabildos. Dann gründete er eine erste eigene Formation, Los Roncos, ›die Heiseren‹, für die er Chormusik komponierte. 1926 spielte er unter der Leitung von Maria Teresa Vera als Bassist beim **Sexteto Occidente,** mit dem er nach New York reiste.

Spätestens ab 1927 jedoch schrieb Ignacio Piñeiro Son-Geschichte: Er begründete mit den Musikern Juan Ignacio de la Cruz Hermida, Bienvenido Leon Chacón und Alberto Villalón, die bis dahin als Trio aufgetreten waren, das **Sexteto Nacional.** Piñeiro selbst schrieb nicht nur unzählige Sones für sein Sextett, er spielte auch Bass in der neuen Formation. Tag und Nacht spielte das Sexteto Nacional bei allen Radiosendern Havannas live, gab Konzerte auf Plätzen und in Theatern, denn die Hauptstadt war verrückt nach dem neuen Sound: *son cubano,* aber nicht in der einfachen Besetzung, sondern verfeinert, mit einer Trompete und kunstvoll gesetzten mehrstimmigen Parts, stark synkopiert und absolut tanzbar, wie »Échale salsita« eben, und dieser Son gilt als Ursprung der Salsa.

1932 reiste George Gershwin nach Cuba und schaltete den Radiosender CMCJ ein, bei dem das Sexteto gerade Piñeiros Sones spielte. Gershwin suchte Piñeiro auf, die beiden wurden Freunde. Gershwin studierte die Sones von Piñeiro und zitierte »Échale salsita« in seiner »Cubanischen Ouvertüre«. Wer den CDs cubanischer Kultbands vom BVSC bis Adalberto Álvarez aufmerksam zuhört, wird feststellen, dass der große alte Meister Ignacio Piñeiro sehr viele ›aktuelle‹ Sones geschrieben hat.

Der größte Sonero aller Zeiten

Arsenio Rodríguez, legendärer Tres-Spieler, Bandleader und Komponist, revolutionierte in den 1940er-Jahren die cubanische Tanzmusik und insbesondere den Son, indem er Congas, Piano und eine gut bestückte Bläser-Section einbaute. Als er 1947 nach New York reiste, sorgte er mit seiner kraftvollen

Die Casa de la Trova – ein Haus für Troubadoure

Eine Casa de la Trova gibt es in vielen cubanischen Städten. Berühmt ist die von Santiago de Cuba. Die Ursprünge dieser Casa de la Trova gehen auf einen Tabakladen zurück. Virgilio Palais, Sänger und Zigarrendreher, hatte in den 1950er-Jahren in der Calle Heredia seinen Laden Aquí está Virgilio (›Hier ist Virgilio‹) eröffnet. Und weil die Trovadores und Soneros ihre Zigarren (und den Rum) mindestens ebenso liebten wie die Musik, trafen sie sich im Laden ihres Kollegen.

Bald war Virgilios Tabakladen in Santiago berühmt, weil man hier die besten Musiker treffen und hören konnte. Nach dem Sieg der Revolution 1959 überließ die Regierung den Musikern das größere Gebäude gleich nebenan, die heutige Casa de la Trova. Bis in die 1990er-Jahre bestand sie lediglich aus einem kleinen Raum, in dem die Zuhörer nahezu übereinander saßen. Dann riss man ein paar Wände ein, vergrößerte die Casa zu einem Saal und bezog den hübschen Patio mit ins Geschehen ein. Heute wie damals hängen im Saal die gemalten Porträts der allerersten Troubadour-Generation: Sindo Garay lächelt milde auf das bunt gemischte Publikum, ein vergilbter Manuel Corona blinzelt wissend den Musikern auf der winzigen Bühne zu, und Ñico Saquito breitet die Arme aus, als wollte er die alten Boleros, Sones und Guarachas segnen.

Der alte Ñico (er starb 1981 mit 81 Jahren) war als Meister der frechen, ironischen Guarachas einer der beliebtesten Musiker Cubas. Auch die Guaracha »Estoy hecho tierra« stammt von Benito Antonio Fernández Ortíz, wie Ñico Saquito mit bürgerlichem Namen hieß. »Ich bin am Boden zerstört (wörtl.: ich bin ein Häufchen Erde), und wenn sie jetzt auch noch Wasser auf mich kippen, dann werde ich zu Schlamm (...).« Ñico Saquito hatte mit seiner Band Los Guaracheros del Oriente großen Erfolg, doch wie die meisten anderen Musiker konnte er davon nur selten leben. 1950 gingen Ñico und seine Band nach Venezuela, wo er ebenfalls sehr populär wurde – sein Auskommen allerdings verdiente er sich in einer Autowerkstatt. Vielleicht spielte Ñico in seiner von tragikomischen Missgeschicken nur so wimmelnden Guaracha auf diese Zeiten an.

An den meisten Abenden platzt die Casa de la Trova aus allen Nähten, so viele Menschen drängeln sich im Saal. Die Einzigen, die ein Minimum an Bewegungsfreiheit haben, sind die Musiker auf der Bühne. Dabei bewegen sie sich kaum. Mit stoischen Mienen, in denen nur manchmal kurz ein charmantes Lächeln oder der Schalk in den Augen aufblitzt, singen die alten Männer ein Lied nach dem anderen: den Guaracha-Son von dem Gelähmten, der von einem Wunderdoktor kuriert wurde, seinen Rollstuhl verließ, anfing zu tanzen und fortan schneller rannte als die Straßenbahn (oder war es die unwiderstehliche Magie des Son, die den armen Kranken heilte?); dann einen herzzerreißenden Bolero, der von Wunden berichtet, die kein Arzt der Welt mehr heilen kann; und natürlich die unvermeidliche Räuberpistole von den ›Schwarzen Tränen‹ (»Lágrimas negras«): »Obwohl du mich in die Verlassenheit gestoßen hast, obwohl du all meine Illusionen zerstört hast –

Thema

statt dich richtigerweise zu verfluchen, überschütte ich dich in meinen Träumen mit Zärtlichkeit und weine schwarze Tränen ...«.

Je später der Abend, desto mehr Zuhörer schieben sich in den Raum, und spätestens wenn die Veteranen auf der Bühne von ihrer eigenen Zunft singen, ist die Magie des Son auch in die Beine der Touristen gefahren. »Mamá, sag mir: wo kommen die Sänger her? Sie kommen aus den Bergen, sie singen in der Ebene – ich finde sie galant und virtuos, wie gern würde ich ihre Kunst erlernen ...«. »Son de la loma« heißt diese in Cuba allgegenwärtige Hymne auf die Musik aus Santiago, doch in der Casa de la Trova klingt sie einfach am besten.

In der Casa de la Trova in Santiago wird seit über 50 Jahren musiziert und getanzt

Musik für eine Sensation. Viele Kompositionen von Arsenio Rodríguez sind Standards der Latin Music geworden, vor allem in der Salsa. Später verlor Arsenio sein Augenlicht, doch er spielte weiter, und sein Publikum nannte ihn liebevoll *el cieguito maravilloso,* ›den wunderbaren Blinden‹. 1972 starb Arsenio Rodríguez in Los Angeles.

Beny Moré gilt in Cuba noch immer als *sonero mayor,* als größter Sonero aller Zeiten. Dieser Titel wurde ihm in Cuba nicht erst nach seinem Tod am 19. Februar 1963 verliehen. Schon zu Lebzeiten war Beny Moré der populärste Sänger der Karibik, genial, skandalumwittert und trotzdem oder gerade deshalb vom Publikum verehrt wie eine Ikone. Nur 43 Jahre alt ist Beny Moré geworden und trotzdem hat er die populäre cubanische Musik und in der Folge die Salsa beeinflusst wie kaum ein anderer Musiker. Kaum eine Band in Cuba und der Karibik hat nicht seine klassischen Sones, Mambos und Boleros im Repertoire, Musiker wie Ibrahím Ferrer, Salseros wie Tito Puente und Celia Cruz, die Exil-Diva der cubanischen Musik, spielen seine Kompositionen und haben Beny Moré mit mehreren Plattenaufnahmen ein musikalisches Denkmal gesetzt (s. S. 281).

Mambo und Mafia …

1949 schwappte der Mambo von Cuba nach Amerika und begeisterte dort vier, fünf Jahre lang die Yankees. Ihm folgten viele cubanische Musiker, um in den Tanzpalästen New Yorks zu Ruhm und Reichtum zu gelangen. In Cuba hatten viele Musiker durch das Aufkommen des Tonfilms und den damit verbundenen Niedergang des Stummfilms ihren Job im Orchestergraben verloren. Auch sonst waren es wüste Zeiten in Havanna. Die Korruption herrschte bis in die Regierungskreise hinauf, Vetternwirtschaft und das Lotteriespiel blühten. Letzteres wurde sogar von der Polizei organisiert. Die amerikanische Mafia kontrollierte nicht nur Prostitution, Glücksspiel, den Alkohol- und den Devisenhandel, sie hatte auch die gesamte Vergnügungsindustrie in der Hand – und dazu gehörten auch die Music Halls und Tanzorchester. Sie bestimmte, welche Band in welchem Club auftreten konnte, wie viel die Musiker verdienten und ob und wohin Tourneen gemacht wurden.

Der beliebteste Gesellschaftstanz jener Zeit war der **Danzón.** Gespielt wurde er von Bands wie dem **Orquesta Aragón, La Ideal** oder **Arcaño y sus Maravillas** in den mondänen Jachtclubs für die *happy few,* aber ebenso in den leicht heruntergekommenen Belle-Epoque-Tanzsälen Althavannas für das einfache Volk. Hervorgegangen war der Danzón Ende des 19. Jh. aus der französisch-spanischen *contradanza,* und gespielt wurde er von traditionellen Orchestern, den *charangas.* Ihr Sound wurde vor allem von Violinen und Querflöten geprägt. Heute mögen die Danzones harmlos bis merkwürdig, vor allem aber eher europäisch als karibisch klingen. In der Tat stammt der Danzón aus dem europäisch beeinflussten Teil der cubanischen Musik, aber vornehm oder gar steril waren die Danzones in den 1930er- und 1940er-Jahren keineswegs. Im Gegenteil.

Viele der Danzones hatte **Orestes López** geschrieben, Bassist im Orchester von Arcaño. Er hatte sich darüber geärgert, dass bei den traditionellen Danzones sowohl Musiker wie auch Tänzer zu kurz kamen, weil immer dann, wenn sie so richtig in Fahrt gekommen waren, die Musik schon wieder zu Ende war. Also zog Orestes López den Schlussteil der Danzones ein bisschen in die Länge, synkopierte ihn stärker und arrangierte die Danzones so um, dass Querflöte, Piano und Perkussion Zeit für vernünftige Soli bekamen. Wenn Orestes López kurz vor dem Schlussteil *mil veces mambo* (›tausendmal Mambo‹) sagte, konnte der Flötist mit seiner Improvisation beginnen. Wenn er das nicht tun sollte, sagte López: *vamos a mambear* (›lasst uns einen draufmachen‹) und die ganze Band zog das Tempo an. 1939 kam Orestes López auf die Idee, einen derart ›mamboisierten‹ Danzón auch Mambo zu nennen. Einer seiner Hits war übrigens ein Mambo-Danzón mit dem Titel »Buena Vista Social Club«, denn so hieß der Gesellschaftsclub im gleichnamigen Viertel, in dem Arcaño y sus Maravillas häufig am Wochenende spielten.

Allerdings erntete nicht Orestes López die Lorbeeren für diesen neuen Tanz. Ruhm und Ehre, den Mambo erfunden zu haben, fielen auf den cubanischen Pianisten und Sänger **Dámaso Pérez Prado,** der seit 1949 in Mexiko lebte. Heute haben die cubanischen Musiker auf die Frage »Wer erfand den Mambo?« eine salomonische Antwort gefunden. Orestes López aus Arcaños Orchester hat ihn aus dem Danzón entwickelt, aber er war weder aus den Salons noch über die Grenzen Cubas herausgekommen. Pérez Prado hat den Mambo nicht erfunden, aber er hat den Mambo vom Danzón getrennt, ihn aus den Salons geholt und weltweit berühmt gemacht. Und die US-amerikanische Musik- und Filmindustrie hat dabei vielleicht ein wenig nachgeholfen.

... CIA und Chachachá

Enrique Jorrín, damals 24-jähriger Violinist und Bandleader des **Orquesta América,** hatte festgestellt, dass die Leute zu seinen Mambo-Danzones völlig anders tanzten als zu der Musik anderer Charangas. Aus einfachem Grund: Jorrín hatte den Schlussteil seiner Danzones abgetrennt und sie mit einer sechs bis acht Takte langen Einleitung versehen, auf die das Tanzpublikum ganz bestimmte Schritte erfand. Wenn dann an die 400 Füße über das Parkett schoben, entstand dabei ein Geräusch, das sich anhörte wie ›scha-scha-schá‹. Der Tanz war längst in Mode gekommen, hatte aber immer noch keinen Namen. Warum soll man ihn nicht nach dem Schlurfgeräusch nennen, dachte sich Jorrín. Er verkündete seine Idee allerdings erst, nachdem er 1953 den Hit »La Engañadora« aufgenommen hatte, der als erster Chachachá in die Musikgeschichte eingegangen ist. Auf dem Original-Plattencover hatte Jorrín diesen Song noch als Mambo-Rumba bezeichnet, was ihm einigen Ärger einbringen sollte, denn ab 1953 gab es dann plötzlich viele Väter des Chachachá.

Die Geschichte, wie dieser erste Chachachá »La Engañadora« entstanden ist, kolportiert die cubanische Journalistin Erena Hernández: »Eines Tages lief ich durch die Straße Infanta in Havanna, erzählte Jorrín, und da kam eine Frau mit unglaublichen Kurven vorbei, also schon sehr provozierend. (...) Und natürlich blieben alle Männer auf der Straße stehen, denn diese Frau war wirklich außergewöhnlich. Ein Mann fiel sogar vor ihr auf die Knie und betete sie an, als wäre sie die Jungfrau Maria. Aber die Frau ging an ihm vorbei und warf ihm nur einen verächtlichen Blick zu. Daraufhin knurrte der Mann ärgerlich: So ein Aufstand und nachher ist alles aus Gummi. Das war an einem Samstag und wie jeden Samstagabend spielten wir im Tanzsaal am Prado. Dort war mir ein bildschönes junges Mädchen aufgefallen, das immer in weißes Leinen gekleidet war. Nun waren ihre Körperteile sehr merkwürdig proportioniert, denn die, die man wegen der Kleidung nicht sehen konnte, waren viel voluminöser als ihre Arme und Beine. (...) An jenem Abend kam das Mädchen in den Saal und hatte sich noch nicht präpariert. Sie verschwand kurz in der Toilette und kam kurvig wieder heraus. Da meinte ich, es sei vielleicht an der Zeit, mal ein Lied über eine Hochstaplerin zu machen«, die *engañadora* also.

Trotz Rock'n Roll und anderer amerikanischer Musik entdeckte das cubanische Publikum mit dem Chachachá die eigene Musik wieder. Die Leute gewöhnten sich daran, die Zeit in vor dem Chachachá und nach dem Chachachá einzuteilen. Vor dem Chachachá hatten die typischen Charangas kaum die Butter aufs Brot verdienen können – maximal 200 Pesos gab es 1953 für einen Silvesterball, und da standen immerhin etwa 15 Musiker auf der Bühne. Nach dem Chachachá wurden cubanische Charangas ins Fernsehen gebeten, in die luxuriösesten Cabarets und in die besten Clubs. Das Orchester von Enrique Jorrín, an dessen Piano ein gewisser **Rubén González** saß, wurde gar auf Staatsempfänge gebeten und brachte auf diese Weise selbst den Prinzen von Wales dazu, Chachachá zu tanzen – »auf seine Art zwar«, bemerkt Jorrín, »aber immerhin, er hat Chachachá getanzt.« Das rhythmische Schlurfgeräusch war bis in den letzten Winkel der Erde vorgedrungen.

Die Rumba ist die schärfste Sorte cubanischer Tanzmusik

Rumba: Aus den Sklavenhütten in die Salons

Die hochprozentigste akustische Rumsorte dürfte die cubanische Rumba sein: Musik zum Feiern und zum Tanzen, musikalische Unterhaltung aus Sklavenbaracken, Mietskasernen und Vorstädten. Schwarze Musik, entstanden aus dem Überlebenswillen der nach Cuba verschleppten afrikanischen Sklaven und ihrer Nachfahren, die mit Witz und virtuosen Trommelschlägen ihren Alltag auf der Zuckerinsel kommentierten.

Rumba ist in Cuba der Oberbegriff für drei sehr verschiedene Rhythmen: **Yambú, Columbia** und **Guaguancó.** Der Yambú ist ein heute ziemlich aus der Mode gekommener Paartanz, die Columbia dagegen gibt als reiner Männertanz Raum für akrobatische Choreografien, und das, was in Europa als Salon-Rumba bekannt ist, ist nichts anderes als eine schwer gebleichte und weichgespülte Version des cubanischen Guaguancó.

Die alten schwarzen Musiker in Cuba bestehen auf der Feststellung, dass der Guaguancó ursprünglich überhaupt kein Tanz war, sondern vor allem Gesang, so etwas wie eine klingende Zeitung. Der Guaguancó-Sänger unterhielt sein Publikum mit gesungenen Geschichten und Anekdoten, er kommentierte mit deftigem Humor politische Ereignisse und Skandale, er karikierte Aufseher, weiße Herren und Politiker oder kolportierte Klatsch und Tratsch aus dem Stadtviertel, dem *barrio*. Erst seit Anfang des letzten Jahrhunderts wurde dem gesungenen Teil des Guaguancó ein getanzter Teil angehängt, weshalb der Guaguancó auch immer mal wieder verboten wurde. Denn die Choreografie des Guaguancó ist recht anzüglich, um nicht zu sagen pornografisch: Tänzerin und Tänzer spielen das alte Spiel von der hinausgezögerten Eroberung, der Hahn umkreist die Henne. Die Zuschauer stehen im Kreis um die tanzenden Paare und kommentieren mit rhythmischem Klatschen, mit Pfiffen, Rufen und Gelächter den getanzten Geschlechterkampf, der traditionell mit der neckischen Ergebenheitsgeste der Frau endet: Sie erlaubt, dass der Mann ihr Becken ›impft‹ – *vacunao* nennt man das auf Cubanisch.

Die Verbindung von protestantischem Christentum und der Sklaverei, wie sie im Süden der Vereinigten Staaten existierte, hat einen Schmerz hervorgebracht, der sich im Blues äußert. Im Gegensatz dazu hat die katholische Religion in Cuba der Doppelmoral einen sehr viel größeren Spielraum gelassen. Die afrikanischen Sklaven wurden zwangsmissioniert, doch ihre Götter lebten unter dem Deckmantel katholischer Heiliger weiter. Die weißen Herren quälten ihre Sklaven und bestraften sie mit Peitschenhieben, doch andererseits lebten sie, wenn auch illegal, mit schwarzen Frauen zusammen. Dadurch entstanden andere Spielregeln als in einer calvinistischen Kultur, und vielleicht schwingt deshalb anders als im Blues im cubanischen Guaguancó fast immer ein witzelnder oder ironischer Unterton mit. Nur ganz selten wird im Guaguancó die Traurigkeit als endgültig akzeptiert. Zwar hat der Guaguancó diese Traurigkeit auch in sich aufgenommen, doch er setzt ihr Vitalität entgegen, er gibt sich nicht so leicht geschlagen. Der cubanische Schriftsteller Jesús Díaz formuliert es so: »Soweit mir bekannt ist, gibt es nur in Cuba ein Lied, in dem sogar der Tod einen Rückzieher macht: ›Mama, der Tod kam, um mich zu holen‹, heißt es darin, ›aber als er mich so ernst sah, sagte er mir, es sei nur ein Spiel, und ging wieder‹.«

Der Bolero und die romantischen Lieder

Canción romántica, ›Romantisches Lied‹ – in den Ohren eines Mitteleuropäers mag so etwas eher wie eine Warnung vor einer Schnulze klingen, aber in Lateinamerika und im karibischen Cuba ist es durchaus als selbstbewusste Definition gemeint. *Canciones románticas* hört man in Havanna von den alten Sängern an der Straßenecke und von den unvermeidlichen Restauranttrios. »*Bésame* – Küss mich!«, seufzt es aus Transistorradios, »Du bist mein Delirium«, flüstern die Lautsprecher am Swimmingpool. »Wenn du mich doch verstehen würdest«, flehen penibel gekämmte Herren im Fernsehen gleich nach den Abendnachrichten. Bolero – das sind sanfte Dissonanzen, bittersüßes Glück, ein traurig-glücklicher Rausch. Man sollte seine Gefühle verstecken, zurückhalten oder gar analysieren? Eine wahrhaft kranke Idee. Gefühle und der Wunsch nach schönen, angenehmen Gefühlen sind allgegenwärtig wie die brennende Sonne und das smaragdgrüne Meer, wie ein beständiges Flirren in der feuchtwarmen Luft. Kitsch? Nicht kitschiger als die weißen oder bonbonfarbenen Häuser und die Palmenlandschaft, von der schon Alejo Carpentier sagte, man könne sie einfach nicht malen, es würden unweigerlich Postkartenidyllen daraus entstehen.

Worum es im Bolero geht? Um Liebe, Taumel, Leidenschaft, Eifersucht und Wahnsinn, um Schicksal, Glück, Verführung, Verlassen. Das Bolero-Alphabet endet mit A wie Abschied oder Abgrund und beginnt mit V wie Verführung oder Verrat. Zwischen A und V ist ein sehr dünnes Seil gespannt, auf dem die Bolero-Akrobaten herzzerreißende und psychoanalytisch hochinteressante Sprünge und Pirouetten vollführen. Das allein aber vermag ein Millionenpublikum noch nicht zu fesseln, zumindest nicht über Jahrzehnte. Der Schlüssel des Erfolgs: Die Pierrots auf dem Seil besingen ihre Gefühle mit einer unverblümten Sinnlichkeit, die einen Übersetzer verzweifeln lässt. In anderen Worten: Eine Verführung findet statt. Das gilt für den allerersten Bolero der Musikgeschichte – »Tristezas« von **Pepe Sánchez,** einem Trovador aus Santiago de Cuba (1883) – und für alle folgenden, von den Boleros des Trio Matamoros, Beny Morés und Célia Cruz bis zu den hinreißenden Boleros des gesamten Buena Vista Social Club.

Der Buena Vista Social Club

1996 stellte **Juan de Marcos González** für den amerikanischen Gitarristen **Ry Cooder** eine All Star Group mit den besten Son-Musikern Cubas zusammen, um eine CD einzuspielen. Für das Projekt Buena Vista Social Club war ein Club namengebend, der in den 1940er- und 50er-Jahren sehr beliebt war. Das 1997 eingespielte Album der Musiker, die alle älter als 70 Jahre waren, wurde mit einem Grammy ausgezeichnet. Der von Wim Wenders 1998 gedrehte Musikdokumentarfilm löste den weltweiten Erfolg des Buena Vista Social Club aus.

Es hätte nicht viel gefehlt, und **Rubén González** (1919–2003), der im April 1919 in einem kleinen Dorf in der Nähe von Santa Clara geboren wurde, wäre Landarzt geworden. Er studierte sechs Semester Medizin, bis er das Studium an den Nagel hing, um sich ganz auf sein Klavier zu konzentrieren. In den 1940er- und 50er-Jahren spielte Rubén mit den besten cubanischen Bands: In Arsenio Rodríguez' Orchester war Rubén González dabei, mit Mongo Santamaría hat er gespielt und mit dem Orchester Los Hermanos Castro im legendären Nachtclub Tropicana in Havanna. Im eleganten Tropicana sah man schwarze Musiker nicht so gern, doch sie waren auch damals schon die besten und Rubén González nahm böse Sätze über seine Hautfarbe mit stoischer Gelassenheit hin. Zwischenzeitlich hatte er auch eine eigene Band, mit der er in Panama auf Tournee ging, und weil sie besonders gut war und viele schwarze Musiker mitspielten, nannte er sie als Revanche auf die Diskriminierung Las Estrellas Negras (›Die schwarzen Sterne‹). Als Enrique Jorríns Orchester mit dem Chachachá weltweit Furore machte, saß Don Rubén am Piano. Jorrín und Rubén González arbeiteten lange Jahre zusammen, bis zum Tod von Enrique Jorrín. Da klappte auch Don Rubén sein Klavier zu und fühlte sich fortan als Rentner. Immerhin war er damals 67 Jahre alt und die Arthritis quälte ihn. Doch es sollte anders kommen: 1996 begann mit der Produktion des Buena Vista Social Club die Weltkarriere von Rubén González.

Als im Erdgeschoss des EGREM-Studios in Centro Habana die Buena-Vista-CDs aufgenommen wurden, war **Omara Portuondo** in der ersten Etage gerade dabei, eine kleine Aufnahme zu machen. Ein glücklicher Zufall, denn die cubanischen Musiker schlugen den World-Circuit-Leuten gleich vor, Omara mitsingen zu lassen – der Grundstein für eine ziemlich späte Weltkarriere war gelegt.

Omara Portuondo wurde 1930 in Havanna geboren und war in den 1950er-Jahren in Havanna die Königin des Filin, einer jazzig und leicht ironischen Färbung der allseits beliebten Boleros. Omara sang im ersten Frauenorchester der Karibik, Anacaona, und gründete 1952 mit Elena Burke, Moraima Secasa und ihrer Schwester Haydée Portuondo das Quartett Los d'Aida. Dieses Quartett unter der Leitung von Aida Diestro wurde sofort zum Publikumsliebling der Filin- und Bolerofans aus Havanna – vier gut aussehende junge schwarze Frauen mit hoch aufgetürmten und festgesprayten Haaren sangen meist a cappella schmelzende Filin-Hits. Bis 1967 blieb Omara beim Quartett Los d'Aida. Dann war die Ära des Filin in Cuba vorübergehend vorbei (endgültig vorbei ist sie nie), und Omara sang mal hier, mal da, probierte alles Mögliche aus und geriet beim großen Publikum in Vergessenheit. Als Omara im Zuge der zweiten Entdeckung Cubas, wie der von der Buena-Vista-Produktion ausgelöste Boom cubanischer Musik scherzhaft genannt wurde, ebenfalls wiederentdeckt wurde, konnte plötzlich niemand mehr verstehen, wie man so lange eine so herausragende Sängerin nahezu ignorieren konnte. In den bittersüßen Boleros, die sanft über dem Abgrund schweben, ist Omara die unumstrittene Meisterin.

»Für mich bedeutet die Musik einfach alles«, sagte der cubanische Sonero **Ibrahím Ferrer** (1927–2005). »Ob es mir gut, mittelmäßig oder schlecht ging: Immer war die Musik dabei. Und das konnte eigentlich auch gar nicht anders sein, denn ich wurde schließlich während einer Tanzveranstaltung geboren.«

Das war 1927 in Santiago de Cuba, der heimlichen Hauptstadt der Insel. Ibrahím wuchs im musik- und karnevalbesessenen Viertel Los Hoyos auf, sein Großvater war Präsident mehrerer bekannter Kulturvereine und organisierte unablässig Konzerte, Jamsessions und große Tanzveranstaltungen – sogar in seinem eigenen Wohnzimmer. Die Musiker aus Santiago gaben sich im Haus der Familie Ferrer die Klinke in die Hand und Ibrahím lernte von jedem etwas. In den 1950er-Jahren allerdings veränderte sich das Klima in Santiago. Diktator Batista verschärfte sein repressives System und die entstehende Guerillabewegung setzte die Regierung im Gegenzug kräftig unter Druck. Santiago, eine sehr revolutionäre Stadt, war besonders von der Repression betroffen. Selbst die Biografie so unpolitischer Musiker wie Ibrahím Ferrer wurde von den politischen Verhältnissen beeinflusst. Ibrahim musste von Santiago nach Havanna flüchten. Dort komponierte er unzählige Lieder, vor allem Boleros, und sang in Beny Morés legendärer Banda Gigante. In den 1970er-Jahren regierte die Nueva Trova jedoch die Musikwelt Cubas, die jungen Singer-Songwriter wie Silvio Rodríguez und Pablo Milanés wurden wie Ikonen verehrt und prägten nicht nur musikalisch junge Musikergenerationen. Die Boleros der Troubadoure, ihre Sones, Mambos und Chachachás waren aus der Mode gekommen und wie viele Musiker seiner Generation wurde auch Ibrahím Ferrer nahezu arbeitslos. Er schlug sich mit diversen Jobs durch und lebte von einer kümmerlichen Rente, als er für das Buena-Vista-Projekt geholt wurde. Nachdem Ibrahím Ferrer mit den unzähligen Liedern, die er in 50 Jahren geschrieben hatte, in Cuba ganze 28 Pesos an Tantiemen verdient und 36 Jahre lang ebenso geduldig wie vergeblich auf einen Telefonanschluss gewartet hatte, nahm er mit 72 Jahren – nach dem BVSC-Boom – sein erstes Soloalbum auf und erhielt dafür einen Grammy als bester Nachwuchskünstler.

Musik hat er gemacht, seit er denken kann, denn schließlich wurde er in Santiago geboren – als Kind lernte **Compay Segundo** (1907–2003) in Santiago Gitarre und Tres und spielte als 14-Jähriger bereits als Profimusiker Klarinette in der städtischen Banda Municipal. Doch am liebsten saß Compay Segundo in den Musikkneipen neben den legendären Troubadouren der Stadt und begleitete sie mit Läufen von synkopierten Tonfolgen auf der Gitarre. Er lernte von ihnen die hohe Kunst der Improvisation, erfand unzählige Sones und bastelte sich 1924 eine besondere Gitarre, das Armónico: Die Stimmung der sieben (statt sechs) Saiten eröffnete ihm einen sehr individuellen Sound, der die anderen Musiker und das Publikum faszinierte. Mit dem Son zog auch Compay Segundo von

Ibrahím Ferrer und Omara Portuondo live

Musiktipps

Thema

In Cuba spielt Musik die Hauptrolle. Musik ist Grundnahrungsmittel, Lebenselixier, Ventil und Ausdruck der Lebensfreude zugleich. Ohne Musik, live oder aus der Konserve, geht auf der Insel absolut nichts.

Klassiker

Orquesta Aragón: Quien sabe, sabe, Lusafrica 262.61. Band aus den 1940er-Jahren, berühmtestes Charanga-Orchester Cubas.

Arcaño y sus Maravillas: Danzón Mambo, Tumbao CD TCD 029. Enthält den ersten Mambo der Weltgeschichte.

Cachao: Master Sessions Vol. I und II, Crescent Moon/Epic 64320. Der Erfinder des Mambo, wahrhaft ein Meisterstück.

Celia Cruz: La Guarachera De Oriente, Tumbao TCD 091. Aufnahmen der 1950er-Jahre.

Conjunto Chappottín y sus Estrellas: Tres Señores del Son, EGREM CD 0012. Drei Virtuosen der 1950er-Jahre: Miguelito Cuní, Félix Chappottín, ›Lilí‹ Martínez.

Estrellas de Areito: Los Héroes, 2 CDs, World Circuit WCD 052. Die besten Virtuosen aus 40 Jahren Musikgeschichte.

Trio Matamoros: Son de la Loma, EGREM 0105. Einer der größten Komponisten Cubas, hier hört man Klassiker in alten Aufnahmen.

Beny Moré & Perez Prado Orchestra: El Bárbaro del Ritmo, Tumbao TCD 010. Beny singt Mambo. **Ders.:** De Verdad, EGREM CD 0008. Sehr gut zusammengestellte Kompilation des legendären Sängers, Originalaufn.

Ignacio Piñeiro and his Septeto Nacional: Septeto Nacional, Tumbao TCD 019. Frühe Aufnahmen von 1928–30.

Sexteto Habanero: Las Raíces del Son, Tumbao TCD 009. Wunderbar nostalgischer Son, Aufnahmen aus den 1920er-Jahren.

Aktuelle Bands, Salsa und Timba

José Luís Cortés Y NG La Banda: Échale Limón, ARTEX CD 076.

Cubanísmo: Reencarnación, Hannibal Records HNCD 1429. Bandleader Jesús Alemañy ist einer der besten Trompeter Cubas.

Los Van Van: De Cuba Los Van Van, EGREM-ARTEX CD 005. Juan Formell revolutionierte die Charanga mit elektronischen Instrumenten, seit über 30 Jahren an der Spitze.

Manolín: Una Aventura Loca, Besame Mucho Records CD 9442. Der singende Salsa-Arzt.

Maraca: Sonando, Ahi Nama Music 1018. Flötenvirtuose Orlando ›Maraca‹ Valle mit BVSC-Stars.

Sämtliche Aufnahmen des **Buena Vista Social Club** sowie Solo-CDs der verschiedenen Interpreten sind erschienen bei World Circuit.

Sin Palabras: House of Drums (1998, Piranha), Orisha Dreams (1999, Globe Music).

Sampler

Cuba – I am time: Exil Music/Blue Jackel BJ AC 5010-2. 4 CDs, von Klassikern bis zu modernen Timba-Bands.

Gilles Peterson presents Havana Cultura: New Cuba Sound. Ein Querschnitt der Hip-Hop-Szene, mit Mayra Caridad Valdés, Vince Vella & Julio Padrón, Ogguere, Roberto Fonseca, Danay & Obsesión, Gente de Zona, Yusa, Kumar, Doble Filo, Cubanito, Francis del Río, Descemer Bueno & Kelvis Ochoa, Telmary & Kumor, Haroldo López-Nussa. Doppelalbum, 2009, Brownswood Recordings.

The Revolution presents Revolution. Sechs int. Produzenten nahmen mit jungen cubanischen Musikern, darunter viele Hip-Hopper, dieses Album auf, u. a. mit dem Duo Anónimo Consejo, Ariday Vega Martin und dem Vokalquartett Sexto Sentido. Rapster Rec., 2009.

Santiago nach Havanna, wo er in den 1930er-Jahren mit allen berühmten Soneros spielte und die jeweiligen Hauptsänger virtuos als ›zweite Stimme‹ begleitete. 1949 gründete er mit Lorenzo Hierrezuelo das Duo Los Compadres. Zunächst spielten die beiden Reklamesongs für eine Seifenfirma in einem Radiosender, doch schnell avancierten sie mit ihren pikanten und poetisch-augenzwinkernden Sones zu Lieblingen der musikbegeisterten Habaneros. Damals übernahm Compay Segundo seinen Spitznamen ›zweite Stimme‹ endgültig als Künstlernamen. Nach sechs Jahren trennte sich das Duo und Compay Segundo machte mit eigener Formation weiter, doch große Erfolge konnte er nicht mehr feiern – Havanna taumelte im Mambo- und Chachachá-Fieber und dank Diktator Batistas repressivem und korruptem System verteilte die Musikmafia die besten Gigs in der Hauptstadt. Nach der Revolution 1959 arbeitete Compay Segundo jahrelang in einer Tabakfabrik und rollte Tag für Tag seine Lieblingszigarren Montecristo. Erst in den 1980er-Jahren hatte er wieder eine eigene Band: Compay Segundo y sus Muchachos, doch in Havanna hatten die traditionellen Boleros und Sones das Etikett Musik für Großväter und bis auf eine Handvoll eingefleischter Son-Fans interessierte sich kaum jemand für Compay Segundo. Das Desinteresse an seiner Musik kommentiert Compay Segundo jedoch ebenso stoisch wie seine fulminante Wiederentdeckung und seinen Riesenerfolg in Europa, den USA und Japan: »Sieben Ellen unter der Erde liegt ein Diamant, und wer ihn herausholt, hat ihn entdeckt. Genau das ist mir passiert.«

Der Sound des 21. Jahrhunderts

An einem Samstagabend im Frühling auf dem Malecón, Havannas Uferpromenade, unterhalb des Hotel Nacional findet so etwas wie ein Openair-Event auf cubanische Art statt: Gruppen von Jugendlichen sitzen auf der Mauer, ihre Fahrräder neben sich geparkt, andere schlendern mit ihren Ghettoblastern über das Trottoir, übertönt von synkopierten Bläsersätzen aus Autoradios – zwischen ihnen einige Touristen. Plötzlich legt sich ein unwiderstehliches Bass-Riff, gefolgt von klirrenden Bläsersätzen über den verwirrenden Klangdschungel am Malecón – die Cafetería beschallt mit Riesenlautsprechern die abendliche Szenerie. Discostimmung kommt auf, umsonst und draußen, fast jeder tanzt nun, allerdings ganz anders, als man es in europäischen Salsakursen lernt: Oberkörper und Beine der Kids bewegen sich in gegenläufigen Rhythmen, zusammengehalten durch kreisende Hüften und akzentuierende Armbewegungen. **Timba** ist das, eine modernisierte Version des Son, sozusagen der Son des 21. Jh. Jeder hier kennt die Songs der aktuellen Bands auswendig, ob von **Manolín,** dem Salsa-Arzt, von der **Charanga Habanera,** von **Paulito y su Élite,** von **Isaác Delgado, José Luís Cortés, Los Van Van, Bamboleo** oder von **Adalberto Álvarez,** der als Erster den Rap adaptierte und sich als praktizierender Weissagungspriester der Santería outete. Für Live-Konzerte der Kultbands reicht das Geld normalerweise nicht, auch kann sich kaum jemand CDs oder einen CD-Player leisten, und wie nahezu alle hochwertigen Lebensmittel auf Cuba gibt es auch die Musik nur gegen Devisen. Den alten und jungen Fans bleiben der Malecón, die Autoradios oder die Cafetería-Lautsprecher auf der Straße. Oder aber, sie fangen an zu rappen.«

Hip-Hop, Rap und Punk

Der geballte Alltagsärger der jüngeren Cubaner bricht sich Bahn in bissigen Raps. Mit Sprachwitz und vielen Doppeldeutigkeiten kommentieren zahllose Rappergruppen in Cuba die Währungsapartheid, die Allgegenwart der Polizei und das, was sie als Verlogenheiten des Systems verstehen. Doch wenn sie bekannt und in Cuba verbreitet werden, und vor allem, wenn sie ins Ausland wollen, haben die Rapper sich an enge Spielregeln zu halten: Ihre Texte müssen »gesunde Inhalte« haben und sich im Rahmen der Revolution bewegen und die Musiker müssen von der UNEAC (Cubanischer Schriftsteller- und Künstlerverband) als Künstler anerkannt sein. In diesem Fall werden sie sogar kulturpolitisch gefördert: Die Asociación Hermanos Saínz (AHS, Kulturorganisation des Kommunistischen Jugendverbands) hilft ihnen mit Studios, Kontakten, Videoclips und Auftritten. Und die Bands haben eventuell eine Chance, beim Label der 2002 gegründeten Agencia Cubana de Rap zu veröffentlichen oder über das agentureigene Hip-Hop-Magazin, über Radio- und Fernsehshows bekannter zu werden. Doch in den letzten Jahren unterstützt die Agentur fast ausschließlich den etwas kommerzielleren und in ganz Lateinamerika außerordentlich beliebten **Reggaeton,** den Bands wie **Kadima** oder **Bases Llenas** spielen – obwohl Reggaeton beispielsweise bei Radio Cadena Habana nicht aufgelegt werden darf.

Der östlich von Havanna gelegene Stadtteil Alamar, ein heruntergekommenes Plattenbauviertel, gilt als Keimzelle des **Hip-Hop** auf Cuba. Hier lebt und arbeitet die Künstlergemeinschaft **Grupo Uno,** die 1996 mit Hilfe der AHS zunächst ein kleines Hip-Hop-Festival durchführte, das mittlerweile alljährlich im August stattfindet und mit internationaler Beteiligung rechnet. Zu den wichtigsten Bands aus dem cubanischen Underground, die auch internationale Kontakte aufgebaut haben, gehören **Doble Filo** (›Zweischneidig‹), **Obsesión** (›Besessenheit‹), **Triángulo Oscuro** (›Dunkles Dreieck‹), **Sin Palabras** (›Ohne Worte‹), **Gente de Zona** (›Leute aus der Zone‹), **Madera Limpia** (›Sauberes Holz‹) aus Guantánamo, **Kelvis Ochoa, Yusi** und **Los Aldeanos.** Letztere haben – wie auch viele andere alternative Hip-Hopper in Cuba – auf eine offizielle Karriere verzichtet, um ihre Meinungsfreiheit zu erhalten. Ihre Underground-Existenz lässt den MusikerInnen einen größeren Freiraum und sie müssen sich nicht nach der Schere im Kopf richten.

Die meisten Gruppen nehmen ihre Songs in provisorischen unabhängigen Studios auf, stellen sie auf verschlungenen Wegen als MP3-Downloads ins Netz oder brennen sie auf CDs. Die im Ausland bekanntesten cubanischen Rapper sind die Musiker der Band **Orishas,** die seit Ende der 1990er-Jahre im Exil in Paris leben.

Ähnlich arbeitet auch die **Punk**-Musikszene, deren bekanntester Frontmann der Musiker und Bildende Künstler **Gorki Águila** ist. Für die Band **Porno Para Ricardo** schrieb er drastische Songs, in denen er z. B. Fidel Castro als »fortwährendes Koma« tituliert und keinen Zweifel darüber lässt, was er vom politischen System Cubas hält. Als Águila 2008 verhaftet wurde, setzten sich die cubanische Bloggerszene (s. S. 37 u. 38) sowie diverse exilcubanische Autoren wie Zóe Valdés und Raúl Rivero im Ausland über die internationale Presse für seine Freilassung ein, die schließlich auch erfolgte – ein erster Sieg der alternativen Szene, wie viele Blogger finden.

Literatur im 20. und 21. Jahrhundert

José Lezama Lima

Die Bezeichnung Dichter ist bei **José Lezama Lima** (1910–76) treffend, obwohl er Theoretiker, Philosoph, Essayist, Journalist und Romancier war, denn alle Genres sind bei ihm in Form, Inhalt und Substanz poetisch und metaphorisch geprägt.

Durch häufige Asthmaanfälle an seinen Lehnstuhl gefesselt, verließ er nur zweimal seine Heimat Cuba. »Ich bin ein Einzelgänger gewesen, der mit Leidenschaft den Dialog pflegt«, sagte Lezama Lima von sich selbst. Sein einziger, 1966 erschienener Roman »Paradiso« wurde hinsichtlich seiner literarischen Wirkung mit Marcel Prousts »Auf der Suche nach der verlorenen Zeit« verglichen. Lezama Lima hat mit »Paradiso« ein dichterisches und essayistisches Meisterwerk geschaffen, dessen Beigeschmack des Skandalösen – u. a. wegen des berühmten erotischen 8. Kapitels, das deutlich homosexuelle Züge trägt – den Enthusiasmus der Literaturkritik und Stirnrunzeln bei den cubanischen Kulturbürokraten hervorrief. Letzteren gelang es, selbst einen Lezama Lima vorübergehend totzuschweigen und zu behindern. Erst in den 1980er-Jahren wurde Lima wie z. B. auch Virgilio Piñera, ein weiterer eigenwilliger Kopf der cubanischen Literatur, rehabilitiert.

Virgilio Piñera

Der Autor von absurden Theaterstücken, Kurzgeschichten, Gedichten und drei Romanen verbrachte sein Leben weitgehend außerhalb des Kulturbetriebs. Mitte der 1940er-Jahre ging **Virgilio Piñera** (1912–79) nach Buenos Aires, kurz vor dem Sieg der Rebellen kehrte er nach Cuba zurück. Aufgrund seiner Homosexualität wurde er politisch verfolgt und als Autor weitgehend ignoriert. Nur die mutige Casa de las Américas verlieh ihm 1968 einen Literaturpreis, die meisten seiner Werke wurden erst einige Jahre nach seinem Tod veröffentlicht. Trotzdem beeinflusste Virgilio Piñera vor allem die jüngeren schreibenden Generationen, darunter auch Reinaldo Arenas (s. S. 96). Bislang ist nur sein Roman »Kleine Manöver« ins Deutsche übersetzt worden. Sebastian, der Held oder vielmehr der entschiedene Antiheld des Romans, trachtet danach, klein zu werden, in der Menge unterzutauchen, übersehen zu werden. Er flieht die Priester aus Scheu vor der Beichte, entzieht sich den panisch gefürchteten Behörden, sogar noch der Braut vor dem Altar. So steigt er hinab, ist zunächst Lehrer, wird dann Straßenfotograf, Dienstbote, fliegender Händler und endet als Nachtwächter in einem Spiritistenhaus: Die Geister, endlich, wollen und fordern nichts von ihm.

Alejo Carpentier

Zu jenen lateinamerikanischen Schriftstellern, die den Weltruf der Literatur dieses Kontinents begründet haben, gehört **Alejo Carpentier** (1904–80). Carpentier war ein kosmopolitischer Intellektueller, der in mehreren Kulturen und Ländern zu Hause war. 1904 in Havanna als Sohn eines französischen Architekten und einer russischen Tänzerin geboren, erhielt er in der karibischen Metropole eine europäische Erziehung. Dennoch beschäftigt er sich mit der kolonialen Architektur, der kreolischen Musik, den afrocubanischen Traditionen und studierte Architektur, Ethnologie und Musik in Havanna. Als er unter der Diktatur Machados in den 1930er-Jahren zu mehreren Monaten Gefängnis verurteilt wurde, schrieb er seinen ersten (afrocubanischen) Roman »Ecué Yamba-O«. Nach seiner Freilassung ging Carpentier nach Paris, wo er in den 1930er-Jahren in engen Kontakt mit den Surrealisten kam. Nach einigen Jahren in Cuba entsandte ihn die Revolutionsregierung 1966 als Kulturattaché nach Frankreich, wo er bis zu seinem Tod arbeitete.

Der Doppelcharakter seiner Biografie, Lateinamerikaner und Europäer zu sein, drückt sich in allen seinen Werken aus. Carpentier beschreibt die afrocubanischen Traditionen, die wunderbare Wirklichkeit des lateinamerikanischen Kontinents, die Pervertierung ursprünglich fortschrittlicher Ideen und Utopien, Architektur und Musik. So auch in seinem 1953 veröffentlichten autobiografischen Roman »Die verlorenen Spuren«. Der Ich-Erzähler ist ein von den Segnungen der Zivilisation übersättigter Musikwissenschaftler, den eine halbherzig angetretene Reise in den venezolanischen Urwald führt. Er gelangt in immer kleinere Siedlungen und damit immer weiter zurück durch die Epochen der Vergangenheit bis in die vorgeschichtliche Frühzeit des Menschen, wie sie für ihn in einer verborgenen Siedlung im Urwald lebendig wird.

Nicolás Guillén

Der erste moderne cubanische Dichter, der afrocubanische Elemente in seiner Lyrik verarbeitete, war **Nicolás Guillén** (1902–85). Und er war einer der ersten Afrocubaner, der literarische Anerkennung errang. Vor ihm hatte es niemand gewagt, etwa in der Sprache der ›dicklippigen Neger‹, der *negros bembónes* (so der Titel eines seiner Gedichte) zu schreiben. Guillén war jahrelang Präsident des Cubanischen Schriftstellerverbands und gilt als Nationaldichter. Die Anknüpfung an die verachteten Formen der Lieder, Tänze, Sprache und Dichtung der Afrocubaner war für ihn ein Akt der Befreiung. Viele seiner Gedichte wurden anonymes Volksgut, was er als die größte Ehre empfand, die ihm zuteil werden konnte.

Miguel Barnet

Einer der international bekanntesten zeitgenössischen Autoren ist der 1940 in Havanna geborene Ethnologe, Essayist und Schriftsteller **Miguel Barnet** (*1940). Sein erstes, bahnbrechendes Buch, »Der Cimarrón«, erzählt die Lebensgeschichte von Esteban Montejo, einem 104-jährigen ehemaligen Sklaven, der als junger Mann in die Berge geflohen war und sich den Unabhängigkeitskämpfern gegen Spanien angeschlossen hatte. Diese Erzählung ist nach den wörtlichen Aussagen Montejos montiert, den Barnet über einen längeren Zeitraum hinweg mehrmals interviewte. 1971 vertonte Hans Werner Henze die Romanvorlage zu seiner Oper Der Cimarrón.

Mit diesem Buch eröffnete Barnet einen Zyklus über die cubanische Identität. Basierend auf umfangreichen Recherchen und Tonbandprotokollen folgten drei weitere Lebensgeschichten: »Das Lied der Rachel« über die Mulattin Rachel, die einst Bühnenstar des Alhambra-Theaters im vorrevolutionären Havanna war, »Ein Cubaner in New York« und »Alle träumten von Cuba«, die Geschichte des Galiciers Manuel, der sich in Havanna als Kohlenträger, Schreiner und Cafébesitzer durchschlug. Miguel Barnet ist heute Abgeordneter der Nationalversammlung und Präsident des Künstler- und Schriftstellerverbandes UNEAC.

Reinaldo Arenas

Derselben Generation gehört auch **Reinaldo Arenas** (1943–90) an. Sein letzter, posthum erschienener Roman »Bevor es Nacht wird« ist ein fiebriger Lebensbericht, ein Schelmenroman, *éducation sexuelle* und politisches Manifest zugleich. Arenas schrieb dieses Buch gegen die Schrecken der Nacht, der Repression und Ignoranz, gegen die Krankheit Aids, deren Schrecken er sich schließlich 1990 in New York durch Freitod entzog. Bittere Seiten der Verfolgung und Umerziehung von Homosexuellen sowie der politischen Überwachung und Repression stehen neben Hardcorefantasien und satirisch-amüsanten Seiten.

Guillermo Cabrera Infante

40 Jahre lebte **Guillermo Cabrera Infante** (1929–2005) in London. Direkt nach der Revolution 1959 gab der kritische Revolutionär das Literaturmagazin Lunes de Revolución heraus, anschließend arbeitete er als Kulturattaché der cubanischen Botschaft in Brüssel, bis er 1965 sein Amt niederlegte und ins Londoner Exil ging. In London hatte er sich eine kleine cubanische Intellektuelleninsel geschaffen. Die schwierige Liebe zu seinem Land bestimmte bis zuletzt sein literarisches Schaffen und sein politisches Engagement gegen die Regierung Fidel Castro. »Es ist viel schwieriger, sich mit seinem Land zu überwerfen als mit einer Partei, selbst wenn das Land zu einer einzigen Partei geworden ist«, sagt Cabrera Infante.

Dem verschwundenen Havanna der 1950er-Jahre setzte Cabrera Infante mit seinem Roman »Drei traurige Tiger« ein literarisches Denkmal – sprachartistisch, komisch, traurig, erotisch. In einer endlosen Nacht streifen ›drei traurige Tiger‹ durch den großstädtischen Dschungel der glitzernden und lärmenden Karibikmetropole und treiben ihr zungenbrecherisches Unwesen. Stilistisch völlig gegensätzlich ist etwa sein Buch »Ansicht der Tropen im Morgengrauen«. In 117 scharf umrissenen Bildern schildert er darin die leidvolle Geschichte der Zuckerinsel von der Verbrennung des legendären Indianerhäuptlings Hatuey durch die Spanier bis in die Gegenwart. Blitzlichtartig erhellt, tritt das tragische Gesicht hinter der bunten Maske des karibischen Lebens zum Vorschein.

Jesús Díaz

Ein Autor, der die menschliche Seite der jüngsten revolutionären Vergangenheit Cubas rekonstruiert, ist **Jesús Díaz** (1941–2002), der seit 1992 im Exil in Deutschland und Spanien gelebt hatte. Sein erster ins Deutsche übertragener Roman »Die Initialen der Erde« ist jedoch alles andere als ein erbauliches Revolutionsepos. Seine Helden sind keine heroischen Alleskönner, sondern Menschen, deren persönliche Widersprüche durch den Sog der Revolution zu politischen Widersprüchen wurden. In seinem Exil-Roman »Erzähl' mir von Cuba« schildert Díaz die Geschichte des cubanischen Zahnarztes Stalin Martínez, der einen selbstzerstörerischen Weg einschlägt, um eine Aufenthaltsgenehmigung für die USA zu erhalten: Sechs Tage lang sitzt er ohne Verpflegung in der sengenden Sonne auf der Dachterrasse des Hauses seines Bruders in Miami, um wie ein Bootsflüchtling auszusehen. Jesús Díaz begründete in Madrid die Exilzeitschrift Encuentro.

Zoé Valdés

Trotzige Liebe zu Cuba spricht auch aus dem literarischen Werk der cubanischen Dichterin und Autorin **Zoé Valdés** (*1959), die seit 1995 im Pariser Exil lebt. Großes Aufsehen erregte sie mit ihrem poetischen und provokativen Alltagsroman »Das tägliche Nichts« – diese wehmütige, bissige, witzige Abrechnung mit den hehren Idealen der Revolution ist einer ihrer besten Romane und traf bei den Behörden auf wenig Gegenliebe. Erotisch und weise, geschrieben aus der Sicht der Heldin Yocandra, aufrichtig bis an die Grenzen der Schamlosigkeit und radikal in seiner Kritik, gleicht »Das tägliche Nichts« einem Befreiungsschlag oder einer nicht erwiderten Liebeserklärung. Die heimliche Hauptfigur ist Havanna, eine geschundene Stadt, deren Bewohner sich in den letzten Jahren an absurde Regeln des täglichen Überlebens gewöhnen mussten. Trotzdem oder gerade deshalb sagt Zóe Valdés: »Havanna ist der Ort meiner Kindheit, es ist meine Stadt. Es ist mein Alles, und gleichzeitig war es mein Nichts, mein tägliches Nichts.«

Leonardo Padura

Die Krimis von **Leonardo Padura** (*1955) geben einen lebendigen und detaillierten Einblick in das Alltagsleben von Cuba, sein melancholischer Held bzw. Anti-Held Mario Conde ist längst eine Kultfigur. Angefangen hat Padura als Journalist für verschiedene cubanische Zeitschriften, seine Reportagen gehörten zu den meistgelesenen auf der Insel. International bekannt wurde er durch seinen vielfach preisgekrönten Romanzyklus »Das Havanna-Quartett«, mit dessen Figuren und Plots Padura seismografisch die Veränderungen der letzten 20 Jahre skizziert – großartig und äußerst unterhaltsam. In Spanien erhielt Leonardo Padura, der in Havanna lebt, gleich dreimal den Premio Hammet, in Italien den Premio Raymond Chandler.

Abilio Estévez

Der Erzähler, Dramaturg und Essayist **Abilio Estévez** (*1954) gehört zur Avantgarde der cubanischen Literaturszene und lebt seit einigen Jahren in Spanien. Mit seiner Romantrilogie »Dein ist das Reich«, »Die fernen Paläste« und »El navegante dormido« (›Der schlafende Seefahrer‹) hat er ein magisches Werk von großer Suggestionskraft geschaffen, das halb realistisch, halb mythisch einen Bogen vom Untergang des vorrevolutionären Cuba bis in die sozialistische Gesellschaft Ende der 1970er-Jahre spannt.

Kunst im 20. Jahrhundert

Anders als in den Ostblockländern gab es in Cuba zu keiner Zeit das Verdikt vom sozialistischen Realismus in den Bildenden Künsten. Die berühmt gewordene Aussage Fidel Castros, »Unsere Feinde sind Kapitalismus und Imperialismus, nicht abstrakte Malerei« (1963), zollte u. a. der Tatsache Respekt, dass die cubanischen Maler des 20. Jh. intensiven Kontakt mit europäischen Kulturströmungen hatten. **Wifredo Lam** (1902–82) etwa, der wohl berühmteste Maler Cubas, verband in seinen Werken afrocubanische Traditionen mit Einflüssen Picassos.

Das afrocubanische Erbe

Einer der originellsten Maler, die Ende der 1960er-Jahre die Kunsthochschule Havannas verließen, ist **Manuel Mendive** (*1944). In seinem Werk lässt er die religiösen und kulturellen Traditionen des reichen afrocubanischen Erbes aufleben. Mendives Bedeutung wurzelt vor allem darin, die bis heute in Cuba lebendigen Reste mythischen Denkens dazu benutzt zu haben, ein Bild von der Welt insgesamt zu entwerfen. Man könnte Manuel Mendives Werk vergleichen mit jenem Bereich des lateinamerikanischen Romans, der als magischer Realismus bezeichnet wird, da er auf der natürlichen und alltäglichen Präsenz des Fantastischen basiert und mündliche Erzähltraditionen beerbt. Manuel Mendives frühe Werke aus der Periode von 1962–68 konzentrieren sich ausschließlich auf die von ihrem Ursprung her nigerianische Yoruba-Mythologie, die heute noch in der cubanischen Santería lebendig ist. In seinen Bildern und Skulpturen dieser frühen Phase hat Mendive nicht nur vereinzelte Elemente der Yoruba-Mythologie reproduziert, sondern den komplexen Mythos dargestellt – seine Skulpturen, in die er Münzen, kleine Anhänger, Zierringe, Stoffstücke und menschliches Haar einarbeitete, nahmen den Ausdruck realer magischer Gegenstände an. Auch die Punktierung zur Flächenausfüllung ist bei Mendive typisch – es ist ein Gestaltungsmittel, das bei vielen sogenannten primitiven Völkern auftaucht. Selbst die verwendeten Farben haben symbolische Bedeutung; sie beruhen auf den *fifi okán,* den rituellen Verzierungen der Yoruba.

Manuel Mendive bereiste Nigeria, Benin und andere westafrikanische Länder. Dieser Kontakt mit den Wurzeln der afrocubanischen Kultur eröffnete ab 1968 eine neue Phase seines Schaffens. Der narrative Charakter seiner Malerei trat jetzt noch stärker hervor. In den letzten Jahren ist Manuel Mendive dazu übergegangen, szenische Darstellungen mit seiner Malerei zu verbinden. Er arbeitet eng mit Tänzern und Tänzerinnen zusammen, deren Körper er bemalt und die er in »sich bewegende und tönende Skulpturen« (Mendive) verwandelt. Eine Ausstellung Mendives wird heute zu einem Ritual, zu einem Spektakel, das ebenso an die traditionellen Comparsas des cubanischen Karnevals erinnert wie an die afrocubanischen Prozessionen. Mendive ist einer der wenigen bildenden Künstler, die auch heute noch in Cuba leben.

Die Helden des Kitsch Cubano

In den 1970er-Jahren entstand, von offizieller Seite gefördert, eine die Ikonen der Revolution heroisierende Pop-Art. Der Zigarre rauchende Che beim Schachspiel, Fidel auf einem Panzer beim Einzug in Havanna oder namenlose Zuckerrohrschneider erschienen in bunter Überlebensgröße auf großen Plakatwänden und Siebdrucken. Das Paradebeispiel für diese Art des **Pop Cubano** ist **Raúl Martínez,** dessen Originalität zur Sonnenseite des offiziellen Kunstbetriebs gehört.

Zwischen Pop Cubano und **Kitsch Cubano** liegt ein zwar kleiner, aber entscheidender Schritt: Kitsch war und ist eine andauernde Realität in Cuba, ein Affekt, mit dem kulturelle Brücken geschlagen werden, eine fast kannibalistische Aneignung fremder Motive und Inhalte. »Kitsch ist unsere Art, uns aller Kulturen, aller Strömungen zu bemächtigen, unsere Abhängigkeit parodistisch zu verkehren. Immer zum Ende des Banketts geladen, stellen wir unser Menü aus Bruchwerk, aus Resten und Brocken zusammen«, schreibt der cubanische Kunstkritiker Gerardo Mosquera.

Dieses Interesse am Kitsch, wie es die neuere Kunst kennzeichnet, hat **Flavio Garciandía** aufgebracht. In der ersten Phase seiner Kitschperiode setzte Garciandía scheinbar naiv illustrierte cubanische Sprichwörter in dekorative Wandobjekte um. Sein Sinn für beißenden Humor und Parodie verschärfte sich in der schwarzen Serie zu Sarkasmus – bösartige oder augenzwinkernde Kommentare zum gesellschaftlichen und politischen Geschehen mischen sich in einem unbekümmerten Zitieren aller Kitschfiguren und Trivialsymbole, die dem Cubaner lieb, unlieb und unendlich vertraut sind: Schwäne, Palmen, Hammer und Sichel, Plüsch und Revolutionskitsch. Auf den ersten Blick wirken diese Bilder wie dekorative Tafeln, die eine dekadent postmoderne Bar ausschmücken sollen. Graziöse Umrissfiguren aus Goldstrass bewegen sich in einer imaginären Landschaft, deren Hauptelemente silbrig leuchtende Palmen und Schwäne sind. Inmitten dieser persiflierten Traumlandschaft lümmelt sich der wilde Indianer zwischen Fabrikanlagen und das Hammer-und-Sichel-Machomännchen koitiert hemmlungslos dralle Frauen von hinten.

Zum ersten Mal zeigte Flavio Garciandía diese Bilder und Installationen auf der heute legendären Ausstellung **Volumen Uno,** die er zusammen mit anderen jungen Künstlern 1980 in Havanna initiierte. Volumen Uno läutete die Dekade des Umbruchs in der Kunst-

Manuel Mendive: »Der Uferdamm« (1975) – von der Yoruba-Mythologie inspiriert

szene Cubas ein. Sie war die erste nicht offizielle Ausstellung und zeigte alles, was nicht als orthodoxe, revolutionäre oder klassische Kunst bezeichnet werden kann. Dieser provisorische und kurzlebige Zusammenschluss sehr unterschiedlicher künstlerischer Temperamente führte zum Bruch mit den erstarrten Ritualen der Revolution. Zu den Pionieren gehören außer Flavio Garciandía auch Künstler wie **Ricardo Brey, José Bedia** und **Rubén Torres Llorca.** »An der Bewegung der bildenden Kunst Cubas in den 1980er-Jahren überrascht, dass sie ein kritisches Bewusstsein einleitet und anführt, das sich im Land nie öffentlich ausgesprochen hatte«, schreibt Gerardo Mosquera. Allerdings leben die meisten Künstler der Volumen-Uno-Generation heute im Exil, in Miami, Mexiko, Paris, New York.

Carlos Cardenas, Lázaro Saavedra, Tomás Esson, Segundo Planes und **Aldito Menéndez** sind Exponenten der jüngsten Künstlergeneration, die mit teils aggressiver, teils traurig-ironischer Bildkritik und irritierenden Aktionen die respektvolle Verneigung vor den Errungenschaften der Revolution verweigert. **Glexis Novoa** (»Ich bin der beste Bad Painter Cubas!«) etwa veranstaltete 1988 am Kunstinstitut ISA in Havanna eine Performance, die zumindest für cubanische Verhältnisse geradezu skandalös war. Als Amateur-Rock-Punker verkleidet, stürmte er auf das Publikum zu, stach sich mit einem Messer ›in den Bauch‹ und entleerte die in einem Plastiksack versteckten Rinderinnereien in die Menge.

Künstler für Meinungsfreiheit

Um die Jahrtausendwende gründeten in Alamar bei Havanna chronisch respektlose Bildhauer, Dichter, Maler und Hip-Hopper das Künstlerkollektiv **Omni Zona Franca.** Basis ihrer ›Freizone‹ war das Kulturzentrum von Alamar, bis das Kulturministerium ihnen im Dezember 2009 die Unterstützung bzw. Tolerierung entzog und die Gruppe hinauswarf. Nun finden die provokativen Performances und Lesungen von Omni Zona Franca in privaten Wohnzimmern statt, ebenso ihr subkulturelles Festival **Poesía sin Fín** (›Poesie ohne Ende‹). Immer wieder gehen die Künstler auf die Straßen von Havanna und Alamar, wo sie die Bewohner mit originellen Performances überraschen, etwa, wenn sie aus den tagelang nicht abgeräumten Müllbergen kriechen, um darauf hinzuweisen, dass der sie umgebende Müll jeglicher Art sie ersticke. Omni Zona Franca ist international gut vernetzt und nutzt alle Möglichkeiten des Internets, um ihre Aktionen zu dokumentieren.

Ähnlich arbeitet die international renommierte cubanische Künstlerin **Tania Bruguera** (*1968), die abwechselnd in Chicago und Havanna lebt und deren Hauptthema die Selbstzensur und das Schweigen als Mittel der Machtausübung sind. Sie inszenierte zur Kunstbiennale 2009 auf dem Platz der Kathedrale in Havanna eine auch auf Youtube dokumentierte Performance, bei der Menschen aus dem Publikum genau eine Minute Zeit hatten, um völlig frei ihre Meinung ins Mikrofon zu sprechen – rechts und links flankiert von einem Soldaten und einer Soldatin. Viele nutzten die Gelegenheit, um mehr Freiheit und Demokratie zu fordern. Die Bloggerin Claudia Cadelo sagte, sie wünsche sich, dass Meinungsfreiheit in Cuba nicht nur eine Performance sei. Die cubanische Regierung verurteilte die Performance als »antikulturellen Akt eines beschämenden Opportunismus, der cubanische und ausländische Künstler beleidigt, die gekommen waren, um ihr Werk und ihre Solidarität zu zeigen«.

Das Bild »Immer Che« von Raúl Martínez (1970) ist in Havanna im Museo Nacional de Bellas Artes zu sehen

Cubanischer Film

An den Wochenenden sieht man vor den Kinos in Havanna endlose Menschenschlangen – gleichgültig, ob ein internationaler oder ein cubanischer Film neu in die Kinos kommt: Die Cubaner sind begeisterte Cineasten.

Bedeutende cubanische Regisseure wie Tomás Gutiérrez Alea, Julio García Espinosa und Santiago Álvarez haben teilweise schon vor der Revolution die cubanische Filmkunst begründet. Nach 1959 erlebte die cubanische Filmproduktion einen deutlichen Aufschwung. Die Regisseure orientierten sich dabei weniger an Hollywoodklischees, sondern versuchten, Geschichte, Kultur und spezifische Probleme der cubanischen und lateinamerikanischen Bevölkerung in den Mittelpunkt ihrer Arbeit zu stellen. Gute Beispiele hierfür sind die Filme »Lucía« (1968), »Retrato de Teresa« (1979) und »El brigadista« (1977).

Der Regisseur **Santiago Álvarez** begründete einen neuen einzigartigen Stil im Dokumentarfilm auch durch eine eigenwillige Montagetechnik, die weit über Cuba hinaus berühmt geworden ist. Zwei seiner bekanntesten Filme sind der Kurzfilm »Now« (1965) sowie »Hasta la victoria siempre« über Che Guevara. Für diesen Film hatte Álvarez nur exakt 48 Stunden Zeit – genau die Spanne, die zwischen der Nachricht von der Ermordung Che Guevaras und den Trauerfeierlichkeiten auf dem Platz der Revolution in Havanna lag.

In den 1980er-Jahren ließ die Qualität der Filmproduktion etwas nach, es war von Selbstzensur die Rede, von inhaltlichem Dogmatismus und formalen Unzulänglichkeiten. Eine Antwort darauf war 1986 die Einrichtung der internationalen Film- und Fernsehakademie in San Antonio de los Baños bei Havanna. Diese Akademie ist autonom und nicht dem Erziehungsministerium unterstellt.

Einige cubanische Filmproduktionen der 1990er-Jahre waren auch in Europa sehr erfolgreich – allen voran »Fresa y Chocolate« (»Erdbeer und Schokolade«) von **Tomás Gutiérrez Alea** und **Juan Carlos Tabio,** der im Februar 1994 bei der Berlinale mit einem Spezialpreis der Jury ausgezeichnet wurde. Die locker-ernste Komödie des anfangs noch orthodoxen Revolutionsanhängers David und des nonkonformistischen Schwulen Diego sowie seiner Nachbarin Nancy, die sich auf ihre Weise durch den Alltag zwischen Linientreue und Schwarzmarkt mogeln, ist mehr als eine mitreißende Dreiecksgeschichte. Sie ist, voller kritischer Anspielungen auf das heutige Cuba, ein auch auf der Insel selbst begeistert aufgenommenes, vergnügliches Spiel mit den Träumen einer neuen Gesellschaft.

Der cubanische Alltag und seine Mühen, insbesondere das Transportproblem, ist ein beliebtes Thema der Filmkünstler. Da sitzen Menschen in einem Busbahnhof irgendwo in der Provinz und warten tagelang auf einen Bus, der niemals kommen wird. Höflich fragen sie: »Wer war der Letzte?« und lassen sich häuslich im Bahnhof nieder, durchkämpfen Eheprobleme, verlieben sich, treiben etwas zu essen auf, versuchen, den zusammengebrochenen Bus selbst zu reparieren – und haben plötzlich Zeit, Dinge zu tun, von denen sie bisher nur geträumt haben: »Lista de espera« (»Kubanisch reisen«) von **Juan Carlos Tabío.** Oder die makabre Geschichte vom Transport einer Leiche, die von einem Ende der Insel zum anderen gebracht werden muss – eine abenteuerliche Reise fast ohne Benzin, dafür mit unzähligen bürokratischen Hemmnissen und Verwicklungen: Davon handelt »Guantanamera«, der letzte Film von Tomás Gutiérrez Alea.

Von der Suche nach dem Glück erzählt **Fernando Pérez** in seinem vielfach preisgekrönten Film »Das Leben, ein Pfeifen«. Die junge Bébé erzählt drei Geschichten von drei Protagonisten: von der Tänzerin Mariana, die unbedingt Primaballerina werden will und sich gegen die Liebe zu ihrem Tanzpartner wehrt; von der Altenpflegerin Julia, die jedes Mal, wenn sie das Wort Sex hört, in Ohnmacht fällt und deshalb einen Therapeuten aufsucht; und von dem Musiker Elpidio, der sich als Schwarzmarkthändler und Gauner durchs Leben schlägt und dessen Leben sich schlagartig verändert, als er eine kanadische Meeresbiologin kennenlernt, die ihm mit einem Heißluftballon quasi vor die Füße fällt.

Essen und Trinken

Eine Szene im privaten Restaurant El Chino Habanero. Die Frau am Nachbartisch zerschneidet sorgfältig ihr schuhsohlendünnes Schweinesteak in kleine, mundgerechte Häppchen, zerrupft das Spiegelei, mischt alles unter den Reis mit schwarzen Bohnen, hebt eine zerteilte Süßkartoffel, frittierte Scheiben Kochbananen und den grünen Blattsalat darunter, krönt das Ganze mit einem dicken Klacks Ketschup *(catchú)* und rührt noch einmal sorgfältig um.

Keinem der zufrieden kauenden Gäste entrutscht auch nur ein Stirnrunzeln ob dieser eigenwilligen Kreation, denn jeder veranstaltet ein ähnlich buntes Massaker auf seinem Teller. Die Frau mag eben alles, was sie bestellt hat, und zwar alles gleichzeitig. Immerhin hat sie die sämigsüße Käsecreme als Vorsuppe getrennt vom Rest gegessen und nicht über das dunkelrote Guavengelee gekippt, mit dem sie ihr Festmahl – das etwa ein halbes Monatsgehalt kostet – zufrieden abschloss. Man ahnt, dass die cubanische Küche ein Mischprodukt ist, ebenso wie die Musik.

Kreolische Küche

Ob Spanien, Afrika, China oder Nordamerika: Alle Kulturen, die hierher kamen, haben ihre Spuren in den Kochtöpfen hinterlassen. Alle Ingredienzen wurden in einem einzigen gigantischen karibischen Kochtopf zusammengerührt und auf kleinem Feuer geköchelt, bis von jedem Gericht nur noch die Lieblingseigenschaft übrig war.

Die allgemein anerkannte kulinarische Hauptlieblingseigenschaft fast aller Dinge ist ›weich‹. Brot muss weiß und watteartig sein, Spaghetti gehören schlabberweich gekocht, und Pizza ist in Wirklichkeit eine weichgummiartige Teigscheibe, auf die etwas breiiger Käse und viel Ketchup appliziert werden. Chinesisches Essen, also Gemüsestreifen in Soße mit Reis, muss so weich sein, dass man es zahnlos schlucken kann, und keinesfalls darf es nach Gewürzen schmecken. Sogar das rosafarbene Würstchen im normalerweise kalten ›heißen Hund‹ *(perro caliente)* schmeckt erst, wie es soll, wenn es Puddingkonsistenz hat. Ein traditionelles cubanisches Menü ist ziemlich salzlos, sehr stärkehaltig, verrührfreundlich, frittierwütig, ketschupverträglich und gegen Ende hin immer quietschsüß. Und so schwer, als müsse man sich für eine 15-Stunden-Schicht Schneeschippen am Nordpol vorbereiten.

Historisch gesehen hat diese Küche allen Grund, schwer zu sein. Mit den Indianern war auch die Fischereikultur und die Gewohnheit, Fisch zu essen, zunächst einmal ausgerottet. Sie wurde durch die gehaltvolle spanische Küche des 16. und 17. Jh. ersetzt: Man züchtete Rinder und Schweine für die weiße Oberschicht, und Brot, Wein, Käse, Oliven und Öl hielten ihren Einzug auf Cuba.

Die afrikanischen Sklaven wurden so ernährt, dass sie die vielstündige Schufterei auf den Zuckerplantagen so eben überlebten, also mit Reis und stärkehaltigen Knollen wie Kartoffeln, Yucca und Malanga. Schwarze Bohnen, rote Bohnen, gefleckte Bohnen und Fleischabfälle lieferten zusätzliche Kalorien. Später wurde den Frauen der Sklaven erlaubt, kleine Gärten für den Eigenbedarf anzulegen und in bescheidenem Umfang Schweine und Hühner zu züchten. So kamen das gegrillte Spanferkel, die marinierten und gegrillten Schweinekoteletts, die Hühnerschmortöpfe mit Kräutern und viel Knoblauch auf den sonntäglichen Speiseplan. Ein richtiges Essen bietet eine Fleischration, die über den Teller hängt – dieser Grundsatz hat sich seit der Zeit der Sklaverei auf der ganzen Insel gehalten.

Erst nach der Revolution baute man die Fischfangflotte aus, um der Bevölkerung die Segnungen des Fischessens nahezubringen. Doch das dauerte, bis schließlich Fidel Castro höchstpersönlich kauend im cubanischen Fernsehen bewies, dass man Fisch essen kann, dass er schmeckt und satt macht. Die Revolution hat die Kochkunst wenig gefördert, sondern sie als dekadent, bourgeois etc. bekämpft. Ihr ging es darum, die gesamte Bevölkerung mit Lebensmitteln zu versorgen, die tägliche Kalorienzufuhr zu erhöhen, niemanden hungrig ins Bett zu schicken. Ein äußerst populärer Witz machte die Runde: »Frage: Was sind die drei größten Probleme der Revolution? Antwort: Das Frühstück, das Mittagessen und das Abendessen.« In den 1980er-Jahren verbesserte sich zwar die Versorgung mit Lebensmitteln, doch spätestens seit den Zeiten des Período Especial (s. S. 27 u. 51) Anfang der 1990er-Jahre ist die Frage nach Frühstück und wenigstens einer warmen Mahlzeit am Tag für die meisten Cubaner brennender als je zuvor. Auch die populäre Kochsendung von Nitza Villapol, die jeden Samstag Millionen Hausfrauen sahen, wurde eingestellt. Ohne Schwarzmarkt und freie Bauernmärkte blieben die cubanischen Kochtöpfe gähnend leer, allerdings sind dort die Preise gesalzen. Und von einem traditionellen Menü mit allem, was dazugehört, also mit gegrilltem Spanferkel oder in Orangensaft gedünstetem Hühnchen, frittierten Kochbananen, gedünsteter Yucca mit süßen Zwiebeln und Butter, Reis mit schwarzen Bohnen, süßem Milchpudding beispielsweise und starkem süßem Kaffee als Abschluss können die meisten Cubaner nur träumen.

Ein schnelles Mittagessen? Im Angebot: Frittiertes

ERMANOS

Hauptgerichte

Doch was essen Sie in Cuba? – In cubanischen Restaurants oder den privat geführten Paladares am besten die bereits beschriebene kreolische Küche. Viele Paladares (*paladar* heißt ›Geschmackssinn‹) machen ihrem Namen wirklich Ehre und kochen solide nach kreolischen Rezepten. Ein gelungenes gegrilltes Spanferkel oder mit süßen Zwiebeln gebratenes Schweinefleisch mit *moros y cristianos* (›Mohren und Christen‹, das ist Reis mit schwarzen Bohnen, auch *congrí* genannt und in Santiago meist mit roten Bohnen serviert), begleitet von frittierten süßen Gemüsebananen *(plátano maduro)* kann köstlich sein.

Auch das *picadillo habanero,* Rindergehacktes mit Tomaten und Oliven geschmort, und der bereits erwähnte Hähnchenschmortopf schmecken gut.

Und warum nicht *fritura de malanga* (frittierte Malanga) probieren, wenn man sie auf der Speisekarte entdeckt? Oder *tamales,* mit Fleisch und Gemüse gefüllter Maisbrei, der in Maisblättern eingeschlagen gebacken wird. Und wenn Ihnen je *ochinchin* begegnen sollte, bestellen Sie es: Diese Lieblingsspeise von Ochún, der afrocubanischen Aphrodite, besteht aus Kresse, Mangold, Mandeln und gekochten Langusten. Zu allen Gerichten trinkt man am besten eine der guten cubanischen Biersorten.

In den internationalen Hotels und Restaurants spielt die kreolische Küche eher eine Nebenrolle. Man hat sich auf den Geschmack der ausländischen Touristen eingestellt und bietet in erster Linie internationale Gerichte an, mit einem leichten cubanischen Touch versehen. Hier findet man normalerweise außerdem hervorragenden Fisch und Langusten – meist gegrillt. Auch die Palette der Früchte ist, je nach Jahreszeit, bemerkenswert: Apfelsinen, Mangos, Ananas, Pampelmusen, Mamey, seltener Kokosnüsse und häufig *fruta bomba,* wie in Cuba die Papaya genannt wird.

Hier entstehen Mojitos, die Klassiker unter den cubanischen Cocktails, in der Bar Los Hermanos in Habana Vieja

Nachspeisen

Götter wie Menschen lieben die unzähligen kreolischen Nachspeisen, die auf der Zuckerinsel noch süßer sind als anderswo – schließlich muss der Alltag irgendwie versüßt werden. Gezuckerte und frittierte Bällchen aus Maniok oder Malanga *(buñuelos)* sowie extrem süßes Guavengelee mit Frischkäse gehören in Cuba an das Ende eines Banketts. Ob Reispudding *(arroz con leche),* Karamellpudding *(flan),* kandierte Früchte, sahnige Eiskugeln, schrillbunte Torten *(cake)* oder das berühmte *cucurucho* aus Baracoa, eine Köstlichkeit aus Kokosraspeln, Früchten und Honig – auf der Zuckerinsel bedeutet süß immer süß bis zur Schmerzgrenze.

Ein (ebenfalls gezuckerter) starker Kaffee und ein Verdauungsrum, der ruhig älter als fünf Jahre sein darf, wecken die Lebensgeister wieder – oder erleichtern die Entscheidung, eine kleine Siesta zu halten, denn am Ende des kreolischen Banketts tritt delirierende Mattigkeit ein.

Cocktails

In Cuba können Sie problemlos zum Cocktail-Spezialisten werden. Gelegenheit zum Üben ist reichlich vorhanden, denn die Cubaner behaupten stolz, Hunderte von verschiedenen Rum-Mixgetränken erfunden zu haben, und in jeder beliebigen (Hotel-)Bar werden mindestens zehn davon angeboten.

Berühmtestes Ergebnis der cubanischen Cocktailkunst ist der Mojito, bestehend aus Limonensaft, Sodawasser, reichlich Zucker, einem frischen Minzezweig, Eiswürfeln und einem Schnapsgläschen Rum (Carta-Blanca, höchstens 3-jähriger Rum). Dasselbe ohne Minze heißt Ron Collins.

Ernest Hemingway war der Meinung, den besten Mojito trinke man in der Bodeguita del Medio in Havanna, während der beste Daiquirí in der Bar Floridita zu haben sei. Daiquirí wiederum besteht aus kräftig mit Rum alkoholisiertem Eisschnee mit Limonensaft und Zucker. Nicht zu vergessen ist der Cuba libre: Coca-Cola, Eiswürfel und weißer Rum.

Kulinarisches Lexikon

Im Restaurant

Ich möchte einen Tisch reservieren.	Quisiera reservar una mesa.
Ist hier frei?	¿Está libre?
Bitte die Speisekarte!	¡El menú, por favor!
Guten Appetit!	¡Qué aproveche!
Prost!	¡Salud!
Bezahlen, bitte!	¡La cuenta, por favor!
Frühstück	desayuno
Mittagessen	almuerzo
Abendessen	cena
Hauptgericht	plato principal
Tagesgericht	plato del día
Nachspeise	postre
Messer	cuchillo
Gabel	tenedor
Löffel	cuchara
Flasche	botella
Glas	vaso
Getränke	bebidas
Salz/Pfeffer	sal/pimienta
Essig/Öl	vinagre/aceite

Zubereitung

ahumado/-a	geräuchert
al ajillo	in Knoblauchsoße
a la plancha	gegrillt
asado/-a	gebraten
brocheta	Spieß
crudo/-a	roh
empanado/-a	paniert
frito/-a	frittiert
guisado/-a	geschmort
hervido/-a	gekocht

Snacks und Suppen

aceitunas	Oliven
bocadito	kleines Sandwich
… con cerdo	… mit gebratenem oder frittiertem Schweinefleisch
caldo de pollo	Hühnersuppe
crema de queso	Käsesuppe
huevos fritos	Spiegeleier
pan con lechón	Brot mit Fleisch vom Spanferkel
pan tostado	Toast
pancake	Pfannkuchen
panecillo	Brötchen
perro caliente	Hot Dog
queso	Käse
revoltillo	Rührei
sande con jamón y queso	Schinken-Käse-Sandwich
sopa de chícharo	Kichererbsensuppe
tortilla	Omelette

Fisch und Meeresfrüchte

atún	Thunfisch
camarones	Krabben/Shrimps
cangrejo	Krebs
croquetas de pescado	Fischkroketten
gambas al ajillo	Krevetten in Knoblauchöl
langosta	Languste
mariscos	Meeresfrüchte
pescado	Fisch
trucha	Forelle

Fleisch und Geflügel

albóndiga	Frikadelle
aves	Geflügel
cabrito/chivo	Zicklein
carne	Fleisch
carne en salsa	Fleischstücke in Soße
cerdo	Schwein
chuleta	Schweinekotelett
conejo	Kaninchen
cordero	Lamm
escalope	Schnitzel
jamón	Schinken (gekocht)
pato	Ente
pavo	Truthahn
pechuga de pollo	Hähnchenbrust
picadillo	Hackfleisch
picadillo habanero	Rindergehacktes, mit Tomaten und Oliven geschmort

pierna de puerco asado	Schweinshaxe
pollo	Hühnchen
rés	Rind
salchicha	Würstchen
solomillo	Filet
ternera	Kalb

Gemüse und Beilagen

aguacuate	Avocado
alcachofa	Artischocke
arroz blanco	weißer Reis
arroz congrí	weißer Reis mit schwarzen Bohnen
berenjena	Aubergine
boniato	Süßkartoffel (meist gekocht)
calabaza	Kürbis
cebolla	Zwiebel
col	(Weiß-)Kohl (gilt als Salat)
ensalada	Salat
espinaca	Spinat
fideos	Nudeln
frijoles negros	schwarze Bohnen
garbanzo	Kichererbse
guisante	Erbse
judías verdes	grüne Bohnen
lechuga	grüner Blattsalat
lenteja	Linse
malanga	stärkehaltige, kartoffelähnliche Knolle
moros y cristianos (in Santiago: congrí)	weißer Reis mit schwarzen/roten Bohnen
papa	Kartoffel
papas fritas	Pommes frites
pepino	Gurke
pimiento	Paprikaschote
plátanos fritos	frittierte süße Bananen
puré de papas	Kartoffelbrei
remolacha	rote Bete
tostones	frittierte Kochbananen
verdura	Gemüse
yuca	Yucca (Maniokwurzel)
zanahoria	Möhre

Nachspeisen und Obst

arroz con leche	süßer Milchreis mit Zimt und Zucker
cake	Torte
coco	Kokosnuss
dulce de guayaba	Guavencreme oder -marmelade
flan	Eierpudding
fruta bomba	Papaya (gilt in Cuba als obszönes Wort)
galleta	Keks
guanábana	Stachelanemone
guayaba	Guave
helado	Eiscreme
mamey	Mamey
melocotón	Wassermelone
melón	(Honig-)Melone
naranja	Apfelsine
natillas	Cremespeise
pastel	Kuchen
piña	Ananas
plátano	Banane
toronja	Grapefruit
uvas	Weintrauben

Getränke

agua mineral	Mineralwasser
con/sin gas	mit/ohne Kohlensäure
añejo	mindestens 6 Jahre alter brauner Rum
batido	Milchmixgetränk
café con azúcar	Kaffee mit Zucker
café con leche	heller Milchkaffee
café cubano	gezuckerter Espresso
café mezclado	schwarzer Kaffee, stark gesüßt
cerveza	Bier
hielo	Eis
jugo	Saft
rón	Rum
vino tinto/blanco	Rot-/Weißwein

Gewusst wo: der Callejón de Hamel in Havanna

Wissenswertes für die Reise

Infos im Internet

Allgemeine Infos

www.cubainfo.de Webseite des Fremdenverkehrsamts. Sehr gute und umfassende Informationen (dt.).

www.cubatravel.cu Homepage des Tourismusministeriums mit kompakten Informationen zu Landeskunde, Aktivitäten und Reisezielen inkl. Auskünfte zu Hotels, Mietwagen und Flügen (dt.).

www.cubaweb.cu Offizielles Tourismus-Directory mit aktuellen Nachrichten, Suchmaschine und sehr vielen Links, u. a. zu allen cubanischen Tourismusunternehmen und zu vielen Seiten über Wirtschaft, Politik, Kultur, Frauen in Cuba etc. (engl.).

www.1click2cuba.com Allgemeine Infos zu Cuba sowie über Hotels, Restaurants, Nachtleben, Wassersport, Golf, Musik etc. (engl.).

www.cuba-junky.com Auf dieser privaten Seite bleibt kaum eine Frage unbeantwortet: umfassende und aktuelle Infos rund um Land und Leute, Buchungsmöglichkeit von Inlandsflügen, Adressen von Hotels und Privatquartieren etc. (engl.).

www.canalcubano.com Ebenfalls sehr informative Webseite mit kommentierten Listen von Sehenswürdigkeiten, Hotels, Restaurants, Nachtclubs etc. und aktuellen Veranstaltungstipps (sp., engl.).

www.cuba-individual.com Private Seite mit Informationen über alles, was Individualreisende interessiert: Unterkunft, Transport etc. (dt., engl., sp.).

www.dumontreise.de Überblick über Land & Leute, Regionen und Wissenswertes für die Reise (dt.).

Urlaubsbuchung im Internet

www.expedia.de Online-Reisebüro mit dem üblichen Angebot, via E-Mail werden auch individuelle Anfragen beantwortet. Zum Service der Website gehören u. a. Landkarten, Reisetipps und Wetterinfos.

www.tui.de Pauschalreisen, aber auch Urlaub nach Maß mit dem Baukastensystem, d. h. Einzelbuchung von Flügen, Mietwagen und Hotels.

www.dtcuba.com Website des staatlichen Tourismusdirektoriums, Online-Buchung von Hotels, Mietwagen, Inlandsflügen (engl., sp.).

www.cubanacan.de Umfangreiche Website des halbstaatlichen Touristikunternehmens mit vielen praktischen Infos und Buchungsmöglichkeiten für Hotels, Rundreisen, Exkursionen etc. (dt.).

www.casecuba.com Online-Reservierung von Privatunterkünften in ganz Cuba, bezahlt wird vor Ort (engl., sp., it.).

Landeskunde, Politik, Kultur

www.min.cult.cu Website des Kulturministeriums mit Informationen über alle kulturellen Bereiche, mit vielen Links und aktuellem Veranstaltungskalender (sp.).

www.cubarte.cu Führer durch alle Sparten cubanischer Kultur, u. a. mit Infos zu kulturellen Institutionen, Veranstaltungen und wichtigen Persönlichkeiten, auch viele Links (engl.).

Musik

www.timba.com Umfassende Infos über aktuelle Bands (engl.).

www.descarga.com CD-Shop (engl.).

www.discuba.com Online-Musikgeschäft mit hervorragendem Angebot; CDs aller Musiksparten (engl.).

www.afrocubaweb.com Infos über Bands, CDs, Afro-Szene (engl.).

Dissidenten/Exilcubaner

www.desdecuba.com/generaciony Yoani Sánchez' berühmter Blog (auch dt.) sowie Links zu vielen anderen cubanischen BloggerInnen (mehrheitlich sp., s. S. 37).

www.octavocerco.blogspot.com Der Blog von Claudia Cadelo (sp., engl., frz., s. S. 38).

www.damasdeblanco.org Website der ›Weißen Damen‹ (sp., s. S. 36).

www.cubaencuentro.com Online-Version der Madrider Exilzeitschrift Encuentro (sp.).

Business

www.opciones.cubaweb.cu Website der Wochenzeitung Juventud Rebelde mit aktuellen Infos zur wirtschaftlichen und touristischen Entwicklung Cubas (sp.).

Literatur

www.cubaliteraria.cu Die Seite vermittelt Einblicke in den cubanischen Literaturbetrieb, mit Leseproben (sp.).

Film

www.cubacine.cu Alles Wissenswerte über die Szene der cubanischen Filmschaffenden, u. a. Filmografie ab 1897, Infos zu Schauspielern etc. (sp.).

Touristenbüros

... in Deutschland

Cubanisches Fremdenverkehrsamt
Kaiserstr. 8
60311 Frankfurt
Tel. 069 28 83 22
www.cubainfo.de
(auch zuständig für Anfragen aus Österreich und der Schweiz)

... in Cuba

Vor Ort sind hilfreiche Auskünfte nur schwer zu bekommen. Die offizielle cubanische Touristeninformation **Infotur** (www.infotur.cu) hat beileibe nicht überall eine Niederlassung und erteilt ohnehin nur Auskünfte über staatliche Institutionen. Infos erhält man teilweise auch in den Büros staatlicher Reiseagenturen wie

Gepflegte Oldtimer – und fröhliche Mitfahrer – gehören zum Straßenbild Havannas

Cubanacán, Havanatur oder Cubatur (s. S. 116), die in fast allen größeren Orten und Hotels vertreten sind.

Diplomatische Vertretungen

… in Deutschland

Botschaft der Republik Cuba
Stavangerstr. 20
10439 Berlin
Tel. 030 91 61 18 11
http://emba.cubaminrex.cu/alemania

Konsulat der Republik Cuba
Kennedyallee 22–24
53175 Bonn
Tel. 0228 30 90
kons-od-bonn@botschaft-kuba.de

… in Österreich

Botschaft der Republik Cuba
Kaiserstraße 84/1/1
1070 Wien
Tel. 01 877 81 98
http://emba.cubaminrex.cu/austria

… in der Schweiz

Botschaft der Republik Cuba
Gesellschaftsstr. 8
3012 Bern
Tel. 031 302 21 11
http://emba.cubaminrex.cu/suiza

… in Cuba

Deutsche Botschaft
Calle 13 No. 652, Ecke B
Vedado, Havanna
Tel. 07 833 25 69, 833 24 60
www.havanna.diplo.de

Österreichische Botschaft
5ta Avenida No. 6617, Ecke 70
Miramar, Havanna
Tel. 07 204 28 25
havanna-ob@bmeia.gv.at

Schweizer Botschaft
5ta Avenida No. 2005, zwischen 20 und 22
Miramar, Havanna
Tel. 07 204 26 11
http://www.eda.admin.ch/havana

Landkarten

Sehr empfehlenswert ist die Nelles Map Cuba (1:775 000), herausgegeben vom Nelles Verlag in München und weltweit im Buchhandel erhältlich. Auch die Marco Polo Kontinentalkarte Cuba (1:1 000 000) leistet gute Dienste. In den Buch- und Souvenirläden der Hotels sowie in manchen Buchhandlungen vor Ort (z. B. El Navegante in Havanna, s. S. 194) findet man mit etwas Glück die Mapa de Carreteras, einen Autoatlas, der regelmäßig überarbeitet wird.

Lesetipps

Cubanische Literatur

Arenas, Reinaldo: Bevor es Nacht wird. Ein Leben in Havanna, München 2002. Arenas' Autobiografie, die Julien Schnabel mit Javier Bardem und Johnny Depp verfilmte (Großer Preis der Jury bei der Biennale Venedig 2000, s. auch S. 96).
ders.: Engelsberg, Zürich 2006. Roman über das Havanna des 19. Jh.
Baquero, Joaquín: Chachachá der Götter, Heilbronn 1992. Alltag und Mythen aus Cuba.
Barnet, Miguel: Der Cimarrón: Die Lebensgeschichte eines entflohenen Negersklaven aus Cuba, von ihm selbst erzählt, Frankfurt 1999.
ders.: In drei weiteren Doku-Romanen schildert Barnet das Leben der ›Leute ohne Geschichte‹: Das Lied der Rachel, Frankfurt

1990; Ein Kubaner in New York, Frankfurt 1990; Alle träumten von Cuba, Frankfurt 2001 (s. auch S. 95).

Cabrera Infante, Guillermo: Drei traurige Tiger, Frankfurt 1998. Monumentaler Roman über das vorrevolutionäre Havanna.

ders.: Ansicht der Tropen im Morgengrauen, Frankfurt 1992. Kurzprosa über die Geschichte der Insel.

ders.: Rauchzeichen, Frankfurt 1990. Unterhaltsame Abhandlung über das Rauchen (s. auch S. 96).

Carpentier, Alejo: Die Harfe und der Schatten, Frankfurt 1984. Ironischer Roman über Kolumbus als Glücksritter.

ders.: Das Reich von dieser Welt, Frankfurt 2004. Der Roman erzählt von den Sklavenaufständen in der Karibik zur Zeit der Französischen Revolution.

ders.: Die verlorenen Spuren, Frankfurt 2001 (s. auch S. 95).

ders.: Le Sacre du printemps, Frankfurt 1995. Die Russin Vera und der Cubaner Enrique lernen sich im spanischen Bürgerkrieg kennen und gehen nach Cuba (s. auch S. 95).

Díaz, Jesús: Die Initialen der Erde, München 2000 (s. auch S. 96).

ders.: Die verlorenen Worte, München 1998. Roman aus dem Havanna der 1960er-Jahre – drei junge Autoren versuchen, sich schreibend mit der cubanischen Revolution auseinanderzusetzen.

ders.: Die Haut und die Maske, München 1997. Roman über Entwurzelung und Zerrissenheit.

ders.: Erzähl mir von Kuba, München 2008 (s. auch S. 96).

Estévez, Abilio: Dein ist das Reich, München 1999 (s. auch S. 97).

ders.: Ferne Paläste, München 2004. Der Vagabund Victorio findet Zuflucht in einem kleinen Theater – eine Revolution der Poesie.

García, Cristina: Die Schwestern Agüero, Frankfurt 1997. Roman über eine vom Exil zerrissene Familie.

Guillén, Nicolás: Gedichte, Frankfurt 1982. (s. auch S. 95).

Lezama Lima, José: Paradiso, Frankfurt 1997 (s. auch S. 94).

ders.: Inferno. Oppiano Licario, Zürich 2004. Fortführung des Romans Paradiso.

Mejídes, Miguel: Rumba Palace, Erzählungen aus Cuba, Bremen 1998. Geschichten des Alltags, verwoben mit Träumen, voller Ironie und Mystik.

Padura, Leonardo: Das Havanna-Quartett – Ein perfektes Leben; Handel der Gefühle; Labyrinth der Masken; Das Meer der Illusionen. Vier Romane in einem Band, Zürich 2008 (s. auch S. 97).

ders.: Adiós Hemingway, Zürich 2008. Die Krimihandlung rankt sich um Hemingways Finca Vigía.

ders.: Der Nebel von gestern, Zürich 2008. Melancholischer Krimi um wertvolle Bücher und eine Bolero-Sängerin.

Piñera, Virgilio: Kleine Fluchten, Frankfurt 1990 (s. auch S. 95).

Ponte, Antonio José: Der Ruinenwächter von Havanna, München 2008. Eine Mischung aus Roman, politischem Brevier und Tragikkomödie.

Valdes, Zóe: Das tägliche Nichts, Zürich 1996 (s. auch S. 97).

dies.: Dir gehört mein Leben, München 1999. Geschichte einer großen Liebe, die durch die cubanische Revolution getrennt wird.

Politik, Geschichte, Alltag, Dokumentation

Ette, Otmar/Franzbach, Martin (Hg.): Kuba heute. Politik. Wirtschaft. Kultur, Frankfurt 2001. Umfassender, exzellenter Überblick.

Herzka, Alfred: Abschied vom Kommandanten? Frankfurt 1998. Politische Reisereportagen, sehr anschaulich geschrieben.

Sánchez, Yoani: Cuba Libre. Von der Kunst, Fidel Castro zu überleben, München 2009. Alltagsbeobachtungen von Cubas bekanntester Bloggerin.

Saur, Michael/Schuler, Thomas: Das Leben war ein Pfeifen – Cubanische Fluchten, Wien 2000. Lebendige Reportagen aus dem Alltag in Cuba.

Skierka, Volker: Fidel Castro. Eine Biografie, Berlin 2001. Exzellent recherchiert.

Von Schelling, Cornelia/Wöhrl, Ann-Christin: Die Frauen von Havanna, München 2001. Lebensberichte von sehr unterschiedlichen Frauen aus Havanna, mit Fotos.

Voss, Ursula: Die Bacardis. Der Kuba-Clan zwischen Rum und Revolution, Frankfurt 2005. Unterhaltsame und gut recherchierte Geschichte des Barcadi-Clans, der seit 150 Jahren die Geschichte Cubas mitbestimmt.

Wulffen, Bernd: Kuba im Umbruch. Von Fidel zu Raúl Castro, Berlin 2008. Der frühere deutsche Botschafter in Havanna analysiert die Politik Raúl Castros und die Vorstellungen der Opposition.

ders.: Eiszeit in den Tropen. Botschafter bei Fidel Castro, Berlin 2006. Brilliante Analyse der internen Machtverhältnisse Cubas.

Zum Thema Piraten

Müller, Bodo: Gold und Galeonen. Segelabenteuer zu den Schatzinseln der Piraten, Hamburg 1996. Der Autor folgt den Spuren der Piraten in Pinar del Río und auf der Isla de la Juventud – ein abenteuerlicher, sehr spannender Bericht.

Über cubanische Musik

Mießgang, Thomas: Der Gesang der Sehnsucht. Die Geschichte des Buena Vista Social Club und der cubanischen Musik, Köln 2000.

Esser, Thorsten/Fröhlicher, Patrick: Alles an meinem Dasein ist Musik. Kubanische Musik von Rumba bis Techno, Frankfurt 2004.

Wie ein Cowboy auf einsamen Straßen wandern – hier bei Holguín

Cuba als Reiseziel

Sonne, Strand und Palmen, Zigarren und Rum, chromblitzende Oldtimer und heiße Salsa-Rhythmen, das ist es, was die meisten mit der Karibikinsel Cuba assoziieren. Als typische All-inclusive-Destination schürt das Land schon seit vielen Jahren die Träume und Sehnsüchte von Pauschalreisenden, dabei ist Cuba viel zu schade, um sich dort nur an den Strand zu legen.

Cuba ist anders als die restlichen karibischen Inseln, und dieses Anderssein lässt sich nur erfahren, wenn man den Touristenghettos einmal den Rücken kehrt und mitten ins cubanische Leben springt – das sollte man möglichst tun, solange die Insel noch nicht völlig kommerzialisiert ist und kostenlosen Anschauungsunterricht im praktischen Sozialismus und dessen wundersamen Blüten bietet. Denn neben besagten Traumstränden, kolonialen Bilderbuchstädten und bizarren bis wilden Landschaften gewinnt Cuba insbesondere durch seine Bewohner und den ganz normalen Alltag, der einen mehrmals täglich abwechselnd zum Weinen und zum Lachen bringt: Man freut sich über die herzliche Gastfreundschaft und poetische Komplimente, lässt sich mitreißen von der ungemeinen Lebensfreude und den cubanischen Rhythmen, erduldet Stromausfälle, Warteschlangen, schlechten Service und häufig auch schlechtes Essen, blickt erschüttert auf die marode Bausubstanz und wundert sich über so manche behördliche Bestimmung und in Anbetracht der prekären wirtschaftlichen Lage über die allgegenwärtigen Revolutionsparolen.

Cuba ist ein äußerst widersprüchliches Land und polarisiert – am besten, man geht ohne konkrete Erwartungen dorthin, genießt, was sich einem bietet, und lässt sich ansonsten überraschen. Dabei hilft es ungemein, europäische Normvorstellungen zuhause zu lassen ...

Tipp für Reisende mit Mietwagen
Ein guter Ausgangspunkt für Rundreisen mit dem Mietwagen ist Varadero. In der ländlichen Region fällt die Orientierung leicht und man kann sich langsam an die cubanischen Verkehrsgepflogenheiten gewöhnen, während man in Havanna sogleich mitten ins Chaos geworfen wird – nach einem langen Flug nicht wirklich erstrebenswert. Warum also nicht den Wagen in Varadero anmieten und am Ende der Reise in Havanna zurückgeben? Die Hauptstadt lässt sich gut mit öffentlichen Verkehrsmitteln erkunden und den Rückweg zum Flughafen in Varadero kann man mit dem Bus antreten (4 x tgl. direkt mit Víazul).

Vorschläge für Rundreisen

Die meisten Rundreisen beginnen und enden in Cubas Hauptstadt **Havanna** (s. S. 154). Auf der üblichen 14-tägigen Tour besucht man die Tabakprovinz **Pinar del Río** im Inselwesten (s. S. 218) und wendet sich dann Richtung Osten, wobei typische Stationen die Sumpfhalbinsel **Zapata,** die **Sierra del Escambray** mit den **Topes de Collantes** und dem **Lago Hanabanilla,** die Städte **Cienfuegos, Trinidad** und **Santa Clara** sowie die Strände von **Cayo Santa María** und/oder **Varadero** sind (s. S. 250).

Ebenfalls für zwei Urlaubswochen bietet sich eine Reise im Inselosten an (s. S. 348) mit Start- und Endpunkt **Holguín,** das einige Airlines direkt anfliegen. Mietwagenbesitzer können einmal den Ostzipfel umrunden und dabei alle sehenswerten Orte besuchen, darunter die **Nationalparks Turquino** und **Desembarco del Granma,** Cubas schönste Panoramastraße von Pilón in die heimliche Inselhauptstadt **Santiago de Cuba** sowie das verträumte **Baracoa.** Für anschließende Erholung sorgen die weißen Strände rund um **Guardalavaca** bei Holguín.

Wer die ganze Insel bereisen möchte und nur begrenzt Zeit zur Verfügung hat, sollte eine Strecke per Flugzeug von Santiago de Cuba nach Havanna (oder umgekehrt) zurücklegen, was für Mietwagenfahrer allerdings mit zusätzlichen Kosten für die Einwegmiete verbunden ist. Auf einer solchen Tour von West nach Ost lohnen überdies Stopps in der paradiesischen Strandregion der **Cayos Coco** und **Guillermo** (s. S. 326) sowie in der hübschen Provinzhauptstadt **Camagüey** (s. S. 330).

Spezialreisen

Tanzen, Trommeln und Spanisch lernen

Vor allem in Havanna und Santiago werden Sprachkurse sowie Tanzkurse mit hochkarätigen Lehrern für Salsa, Mambo, Chachachá, Rumba und afrocubanische Tänze angeboten. Wer lieber selbst Musik macht, kann z. B. einen Trommelkurs besuchen.

Der Hamburger Veranstalter **Danza y Movimiento,** Kleine Rainstr. 3, 22765 Hamburg, Tel. 0049 (0)40 34 03 28, www.dym-reisen.de, legt seine Schwerpunkte auf Salsa-, Trommel- und Spanischunterricht. Außerdem im Angebot sind Workshops zu Perkussion, afrocubanischen und Santería-Tänzen sowie verschiedene Sonderprogramme zu Karneval und zum Jahreswechsel.

Rein auf Salsa-Tanzreisen ausgerichtet ist das Programm von **víaDanza,** Mettinger Str. 26, 73728 Esslingen, Tel. 0049 (0)711 48 90 70 03, www.viadanza.de.

Eine große Auswahl an Sprachreisen bietet **Sprachcaffe Reisen GmbH,** Gartenstr. 6, 60594 Frankfurt/a. M., Tel. 0049 (0)69 610 91 20, www.sprachcaffe-kuba.com.

Rundreisen

Auf Begegnungen mit CubanerInnen und Einblicke in gesellschaftspolitische Realitäten setzt das Reisebüro **SoliArenas.** Im Angebot sind verschiedene Rundreisen, die nicht nur interessante Sehenswürdigkeiten, sondern auch zahlreiche Besuche in Fabriken, Schulen, Kliniken und staatlichen Organisationen beinhalten. Darüber hinaus werden Sprach- und Tanzkurse organisiert und natürlich Flug-, Mietwagen- und Hotelbuchungen übernommen (Uferstr. 20, 52249 Eschweiler, Tel. 0049 (0)2403 555 22 36, www.cubareisen.info). Ganz ähnlich gestaltet sich das Programm von **Mundo Libre Reisen,** Alt-Astheim 73, 65468 Trebur-Astheim, Tel. 0049 (0)6147 20 15 20, www.mundo-libre-reisen.de.

Ebenfalls auf Cuba spezialisiert haben sich u. a. die Reiseagenturen **www.cubastartravel.com, www.cuba4travel.com, www.kuba-tours.de, www.kuba-reisen.de, www.islands-and-more.de, www.palmisol-reisen.de** sowie **www.aventoura.de,** alle mit einem vielfältigen Programm.

Radtouren und Reiterferien

Anbieter siehe Kapitel ›Sport und Aktivurlaub‹ auf S. 131 u. 132.

Organisierte Touren vor Ort

Die vier größten cubanischen Reiseagenturen sind Cubanacán, Cubatur, Havanatur und Gaviota Tours. In fast jedem größeren Hotel oder Ort ist einer dieser Veranstalter vertreten, die sich preislich kaum unterscheiden. Das Angebot reicht von Tagesausflügen zu touristisch interessanten Zielen, normalerweise inklusive Mittagessen in einem typischen Restaurant, bis zu mehrtägigen Rundtouren über die Insel (nähere Infos s. Reiseteil). Fast alle Unternehmen nehmen auch Reservierungen für Hotels, Mietwagen und Flüge vor.

Cubamar: www.cubamarviajes.cu. Kleinere Agentur mit Schwerpunkt Öko- und Jugendtourismus, u. a. Vogelbeobachtung, Wande-

rungen, Rad- und Höhlentouren etc. Außerdem kann man hier Reservierungen für die internationalen Campismos (s. S. 129) tätigen.
Cubanacán: www.cubanacan.cu bzw. www.cubanacan.de (Vertretung in Deutschland). Eines der beiden größten Tourismusunternehmen auf Cuba mit entsprechendem Angebot; Besonderheit: stark im nautischen Bereich, z. B. bei Tauchreisen, sowie im Gesundheits- und Wellnesstourismus.
Cubatur: www.cubatur.cu. Großes Angebot an Rundreisen.
Gaviota Tours: www.gaviota-grupo.com. Bietet u. a. kürzere Exkursionen an und unterhält einige Jachthäfen.
Havanatur: www.havanatur.cu bzw. www.tropicana-touristik.de (Vertretung in Deutschland). Ähnliches Angebot wie Cubatur, aber auch geführte Fahrradtouren, Tauch- und sozialpolitische Reisen sowie Sprach- und Tanzkurse.

Strandurlaub

Gleichgültig, wo man sich auf Cuba befindet – der Weg zum nächsten Strand ist nie sehr weit. Mit 5800 km Küstenlinie, etwa 1000 vorgelagerten Inselchen und rund 280 Stränden besitzt die Insel ideale Voraussetzungen für ein Urlaubsland.

Die Traumstrände mit korallenweißem Puderzuckersand, sanften türkisblauen Meereswellen mit Badewassertemperaturen (zwischen 25 und 28 °C) und paradiesischem Karibikfeeling liegen größtenteils an der Nordküste: die Playas del Este nahe Havanna, die Superstrände von Varadero, die Cayos Santa María, Coco und Guillermo, Playa Santa Lucía nördlich von Camagüey und der paradiesische Strand von Guardalavaca bieten Badefreuden pur. Da sie sehr sanft und flach abfallen, sind sie auch für Kinder hervorragend geeignet. Im Osten überrascht Baracoa mit zwar feinsandigen, aber dunkleren Stränden in kleinen Buchten, und an der Südküste warten die schmaleren, ebenfalls nicht so hellsandigen Strände bei Santiago (Parque Baconao), Marea del Portillo (fast schwarzer Sand), Trinidad (Playa Ancón, der schönste, fast weiße Südküstenstrand) und Cienfuegos (Playa Rancho Luna) mit ebenfalls sehr guten Bade- und Wassersportmöglichkeiten auf. Allerdings ist an der Südküste das Wasser manchmal etwas naturtrüb, und man muss stellenweise mit Seeigeln rechnen. Auch die Playa María La Gorda in der Bahía de Corrientes am äußersten Westzipfel Cubas wird bei Tauchern und Schwimmern, die die Einsamkeit schätzen, immer beliebter. Nicht zu vergessen die Bilderbuchstrände von Cayo Largo und die einzigartigen Tauchgründe der Isla de la Juventud, wo man das ganze Jahr über jede nur denkbare Art von Wassersport betreiben kann.

FKK am Strand ist außer auf Cayo Largo verboten. Allerdings lassen in Varadero, Guardalavaca etc. immer mehr sonnenhungrige Touristinnen das Bikinioberteil weg und an den kilometerlangen Stränden der Cayos Santa María, Coco und Guillermo findet man ausreichend verschwiegene Plätzchen für ein hüllenloses (Sonnen-)Bad.

Grundsätzlich gilt für alle cubanischen Strände: Weht die rote Flagge, darf man auf keinen Fall ins Wasser gehen, bei der orangefarbenen ist große Vorsicht geboten, bei der grünen besteht keine Gefahr. Übrigens verirren sich nur äußerst selten die gefürchteten Haie in die flachen cubanischen Gewässer.

Natur und Abenteuer

Cuba bietet jede Menge Natur und jede Menge Nationalparks, schlechter sieht es mit dem Angebot an Abenteuersport aus. Im westlichen Viñales gibt es zwar Möglichkeiten zum **Sportklettern** (s. S. 243), in Varadero kann man **Fallschirmspringen** (s. S. 263) und in der Sierra del Escambray **Canyoning** machen und **Mountainbiken** (s. S. 293), doch richtig adrenalinfördernde Attraktionen wie Bungee-Jumping oder Rafting sucht man bislang noch vergebens. Stattdessen darf man die Naturschönheiten des Lands in aller Stille genießen: In den National- und Naturparks werden geführte **Wanderungen** angeboten (s. S. 132, 221, 294, 380 etc.); es gibt zahlreiche Möglichkeiten zur **Vogelbeobachtung** (s. S. 225, 270 etc.); **Bootsausflüge** führen durch nahezu unberührte Landschaften (s. S. 425); die Korallenriffe vor der Küste laden ein zum **Schnorcheln** und **Tauchen** (s. S. 132) und fast überall kann man **Ausritte** (s. S. 132) unternehmen – genügend Angebote also, um alle Facetten der Insel kennenzulernen.

Wie rumkommen?

Cuba lässt sich nicht nur im Rahmen einer organisierten Tour, sondern auch hervorragend auf eigene Faust erkunden. Individualtouristen können sich frei auf der Insel bewegen und werden selten Probleme haben, eine geeignete Unterkunft oder ein Transportmittel zu finden.

Während Züge nur bedingt empfohlen werden können, da sie notorisch verspätet sind bzw. allzuoft gar nicht fahren, verbinden zwei Busgesellschaften (s. S. 122) die wichtigsten Zentren der Insel. In etwas abgelegenere Regionen gelangt man per Taxi oder Mietwagen, der vor allem im wilden Inselosten die beste Wahl ist. Für längere Distanzen empfehlen sich die relativ kostengünstigen Inlandsflüge und für kleine Tagesausflüge Motorroller, die man in vielen größeren Hotels mieten kann.

Sportliche Naturen sollten eine Fahrradtour in Erwägung ziehen, denn aufgrund des geringen Verkehrsaufkommens und der verhältnismäßig guten Straßen ist Cuba wie geschaffen zum Radeln (s. S. 131).

Reisen mit Kindern

Cuba ist ein ausgesprochen kinderfreundliches Land, was allerdings nicht bedeutet, dass es besonders viele kindgerechte Einrichtungen gibt. Die Spielplätze sind nach mitteleuropäischem Standard eher kläglich, dafür können sich die Kleinen nach Herzenslust an den flach abfallenden Stränden tummeln. Am besten geeignet für Kinder sind die Playas del Este, Varadero, Santa Lucía, Guardalavaca und die Cayos, da das Wasser dort nicht tief ist und es, anders als vielerorts an der Südküste, keine Seeigel gibt. Sehr wichtig ist, vor allem am Strand, der Sonnenschutz: Sonnenschutzmilch mit dem höchsten Lichtschutzfaktor, Kopfbedeckung und beim Planschen ein T-Shirt. Die sonnenintensive Mittagszeit verbringen die Kleinen am besten im Schatten oder in Gebäuden.

Viele All-inclusive-Hotels bieten spezielle Animation und Betreuung für Kinder an. Doch auch außerhalb werden die kleinen Besucher auf viel Sympathie und Verständnis treffen. Es ist üblich, Kinder auch noch spätabends in Restaurants mitzunehmen und von cubanischer Seite wird man nur selten Beschwerden über Lärm oder Belästigungen zu hören bekommen. Vor allem in den Paladares, aber auch in den staatlichen Restaurants trifft man auf viele freundliche Menschen, die Fläschchen warm machen oder spezielle Kindernahrung zubereiten helfen.

Das Wasser für Brei oder Milch muss immer gründlich (mind. 5 Min. sprudelnd) abgekocht werden, am besten man benutzt gleich abgepacktes stilles Wasser. Auch die Zähne sollten Kinder sich mit gekauftem Wasser putzen. Bei Reisen mit Kleinkindern gehören ausreichend Wegwerfwindeln und Milchpulver ins Gepäck – beides ist nur schwierig und zu astronomischen Preisen zu bekommen. Dasselbe gilt für Feuchttücher und Gläschennahrung sowie Schnuller, die nur mühsam ersetzt werden können.

Der Flug nach Cuba kann mit Kindern recht beschwerlich werden, weswegen man unbedingt eine Direktverbindung wählen sollte (z. B. mit Condor Frankfurt–Varadero). Ein Kleinkind braucht pro Stunde Zeitunterschied einen Tag Umgewöhnung, was bedeutet, dass es nach sechs Tagen den Zeitunterschied überwunden hat und im Tag-Nacht-Rhythmus Cubas angekommen ist.

Reisen mit Handicap

Nur wenige Touristenhotels haben sich auf die Bedürfnisse körperbehinderter Menschen eingestellt, und die wenigen, die es gibt, gehören meist zur Luxusklasse. Vor allem die neueren Hotels verfügen dann über ein oder zwei Zimmer, die für Rollstuhlfahrer geeignet sind. Ansonsten wird man auf viel Hilfsbereitschaft seitens der Bevölkerung treffen.

Eintrittsgelder

Der Eintritt zu den meisten Sehenswürdigkeiten, in Museen etc. kostet zwischen 1 und 2 CUC. Fürs Fotografieren zahlt man mindestens noch mal dasselbe, fürs Filmen gar bis zu 15 oder 20 CUC. In den meisten Museen werden Führungen angeboten (häufig auf Spanisch, manchmal auch auf Englisch, Deutsch oder Französisch), die zwischen 1 und 2 CUC Aufpreis kosten.

Öffnungszeiten

Museen haben keine einheitlichen Öffnungszeiten, viele sind jedoch montags geschlossen. In **Büros** wird üblicherweise montags bis freitags von 8.30 bis 17 bzw. 18 Uhr gearbeitet, meist mit einer Stunde Mittagspause zwischen 12 und 14 Uhr.

Durch die Mangroven zur Schatzlagune von Guamá

Ein- und Ausreiseformalitäten

Reisende aus Deutschland, Österreich und der Schweiz benötigen einen noch mindestens sechs Monate gültigen Reisepass, ein Rückflugticket sowie eine **Touristenkarte** *(tarjeta de turista)*, die für etwa 25 Euro direkt im Reisebüro oder für 22 Euro über die cubanische Botschaft (s. S. 112, frankierten Rückumschlag beilegen) erhältlich ist. Die Touristenkarte hat 30 Tage Gültigkeit und kann vor Ort gegen eine Gebühr von 25 CUC bei den Einwanderungsbehörden *(oficina de inmigración)* in fast allen größeren Orten des Lands um weitere 30 Tage verlängert werden; hierfür benötigt man Wertmarken, die im Banco Financiero Internacional oder Banco de Comercio erhältlich sind – in der Einwanderungsbehörde selbst muss nichts mehr bezahlt werden. Bei der Einreise verbleibt eine Kopie der Touristenkarte bei der Einwanderungsbehörde, das Original bekommt man ausgehändigt. Man sollte die *tarjeta* zusammen mit dem Pass immer bei sich tragen und nicht verlieren, da man sie bei der Ausreise wieder abgeben muss. Längere Aufenthalte sowie Arbeitsvisa sind direkt bei der cubanischen Botschaft zu beantragen. Journalisten wird nur in Ausnahmefällen ein Visum erteilt.

Seit 1. Mai 2010 müssen Cubareisende auch die Police einer im Heimatland abgeschlossenen **Auslandskrankenversicherung** vorweisen, die evtl. anfallende Behandlungskosten abdeckt. Zur Not kann man bei der Einreise am (Flug-)Hafen einen Vertrag mit einer cubanischen Versicherung abschließen.

Individualreisende benötigen für die ersten drei Nächte eine Hotelreservierung *(voucher)*, aber dies wird nur noch selten überprüft. In der Regel geben sich die Beamten mit der Unterkunftsadresse zufrieden, die in der Touristenkarte eingetragen werden muss, wobei der Name eines Hotels bessere Erfolgsaussichten verspricht als eine Casa Particular.

Bei der Ausreise wird eine Flughafensteuer von derzeit 25 CUC fällig, die bei manchen Pauschalreisen allerdings bereits im Preis enthalten ist.

Zollbestimmungen

Folgende Artikel dürfen zollfrei eingeführt werden: persönliche Gegenstände und Artikel, die im Zusammenhang mit dem Urlaubsaufenthalt stehen wie Radio, CD-Player, Sportgeräte, Videokamera, Fotoapparat und Filme sowie Medikamente (bis 10 kg). Pro Erwachsenem dürfen außerdem 3 l alkoholische Getränke und 200 Zigaretten mitgebracht werden. Geschenkartikel sind einmal pro Jahr bis 50 CUC zollfrei; einmal pro Jahr dürfen außerdem Geschenke im Wert bis zu 250 CUC zollpflichtig eingeführt werden (der Zolltarif beträgt 100 %). Die Einfuhr elektrischer Geräte ist beschränkt, verboten ist die Einfuhr von frischen Lebensmitteln, tierischen Produkten (Fleisch), Drogen, pornografischen Produkten und Publikationen sowie natürlich Waffen und Explosionsstoffen.

Für die Rückreise gelten folgende Bestimmungen: Ausgeführt werden dürfen pro Erwachsenem 1 l Spirituosen über 22 %, 2 l Spirituosen unter 22 %, 200 Zigaretten oder 50 Zigarren oder 100 Zigarillos oder 250 g Tabak sowie 500 g Kaffee. Bei der Ausreise wird stichprobenartig das Gepäck auf illegal gekaufte Zigarren kontrolliert (s. S. 133).

Aktuelle Informationen über sämtliche Vorschriften erhält man im Internet unter **www.cubainfo.de** und **www.aduana.co.cu.**

Anreise

... mit dem Flugzeug

Ein Non-Stop-Flug von Mitteleuropa nach Havanna dauert durchschnittlich 10 Stunden. Die meisten Cubareisenden landen auf Havannas Flughafen José Martí oder dem Aeropuerto Juan G. Gómez in Varadero. Einige Airlines fliegen auch direkt nach Holguín im Osten der Insel.

Die Winter- und Sommerflugpläne weichen sehr voneinander ab, desgleichen die Preise, die zu den europäischen Hauptferienzeiten im Juli/August und Dezember/Januar erheblich steigen. Hin und zurück zahlt man je nach Saison zwischen 500 und 1000 Euro, mit etwas Glück ergattert man bei **Condor** (www.condor.com) einen Platz zum ›Fliegenpreis‹ von 99 Euro für die einfache Strecke (zzgl. Kerosinzuschlag, Servicecharge und Steuern).

Weitere Flugmöglichkeiten bestehen u. a. mit **Air Berlin** (www.airberlin.com), **Edelweiss Air** (www.edelweissair.ch), **Cubana de Aviación** (www.cubana.cu), **Air France** via Paris (www.airfrance.com), **Iberia** via Madrid (www.iberia.com), **Air Europa** via Madrid (www.aireuropa.com), **Martinair** via Amsterdam (www.martinair.com) sowie **Virgin Atlantic** via London (www.virgin-atlantic.com).

... mit dem Schiff

Mit einer offiziellen Passagierfähre ist Cuba nicht zu erreichen, aber es besteht die Möglichkeit, mit einem Frachtschiff anzureisen, z. B. mit der M/S Melfi Iberia, die regelmäßig zwischen Europa, Kanada und der Karibik verkehrt (Genua – Barcelona – Valencia – Montreal – Havanna – Neapel – Livorno – Genua). Infos: **Hamburg Süd Reiseagentur GmbH,** Domstr. 21, 20095 Hamburg, Tel. 0049 (0)40 37 05 24 91, 37 05 25 93, www.hamburgsued-frachtschiffreisen.de.

Außerdem gibt es zahlreiche internationale Jachthäfen *(marinas),* die man mit dem eigenen Schiff anlaufen kann, z. B. Cayo Coco, Cayo Largo, Isla de la Juventud, Havanna, María La Gorda, Varadero, Cienfuegos, Trinidad, Guardalavaca und Santiago de Cuba (Adressen s. Reiseteil). Weitere Infos: **www.dtcuba.com/CubaMarinas.aspx** (unter Stichwort ›marinas‹ suchen, hier findet man eine Liste aller Jachthäfen), **www.nauticamarlin.com** und **www.noonsite.com.**

Um die cubanische Zwölfmeilenzone zu befahren, nimmt man über folgende Kanäle Funkkontakt mit den cubanischen Behörden auf: über VHF Kanal 68 bei den Hafenbehörden *(Autoridades Portuarias);* über HF (SSB) 2760 bei der Red Costera Nacional; über 2790 bei der Red Turística oder über Canal 19 Turismo.

Der Hafen von Havanna mit seinem Terminal 1 Sierra Maestra ist auch Anlaufziel diverser internationaler Kreuzfahrtlinien.

Unterwegs im Land

... mit dem Flugzeug

Alle Provinzhauptstädte und Touristenzentren verfügen über einen Flughafen, allerdings haben viele Flugzeuge antiquarischen Wert. Für die Strecke Havanna–Santiago benötigt man rund 90 Minuten und zahlt ca. 100 CUC einfach. Die nationalen Airlines Cubana de Aviación und Aerocaribbean sind häufig überbucht; Reservierung, Rückbestätigung und pünktliches Einchecken werden daher wärmstens empfohlen. Flugtickets können in fast allen Reiseagenturen, z. B. bei Havanatur, erworben werden. Hauptbüros in Havanna:

Cubana, Calle 23 No. 64, Ecke P, Vedado, Tel. 07 834 49 49, 834 44 46, www.cubana.cu. Linienflüge zwischen großen Städten.

Aerocaribbean, Calle 23 No. 64, Ecke P, Vedado, Tel. 07 879 75 24, 832 75 84, http://www.cubajet.com/airlines/aerocaribbean.asp. Chartergesellschaft von Cubana.

... mit der Bahn

Alle größeren cubanischen Städte sind mit einer Eisenbahnlinie verbunden. Die Hauptstrecke führt von Havanna nach Santiago de Cuba bzw. Holguín oder Bayamo und ist eine gute Möglichkeit, das Land von Westen nach Osten kennenzulernen – man sollte es aber nicht eilig haben und nicht zu viel Komfort erwarten. Die Zugverbindungen zu Orten, die nicht an dieser Hauptstrecke liegen, sind sehr langsam und unzuverlässig, Fahrpläne im Allgemeinen eher Makulatur.

Für bestimmte Züge können Touristen gegen Pesos Convertibles eine Fahrkarte (etwa 5 CUC/100 km) kaufen. Da teilweise jedoch nur ein begrenztes Ticketkontingent an Ausländer abgegeben wird, sollte man sich so früh wie möglich um eine Platzreservierung bemühen. Beim Fahrkartenkauf muss der Reisepass vorgelegt werden.

Es gibt drei Zugarten: den Servicio Especial – Schnellzug, mehrmals wöchentl. Havanna–Santiago mit Haltestellen in Matanzas, Santa Clara, Guayos (22 km nördl. von Sancti Spíritus), Ciego de Ávila, Camagüey, Las Tunas sowie Cacocum (mit Verbindungen ins ca. 18 km nördl. gelegene Holguín); den Servicio Regular – tgl. Havanna–Santiago mit den gleichen Haltestellen wie der Servicio Especial, aber ohne Klimaanlage und langsamer; den Bummelzug Lechero (›Milchzug‹) – tgl. Havanna–Pinar del Río.

Selbst der klimatisierte Servicio Especial ist nicht im Entferntesten mit ICs vergleichbar, doch bietet er im Vergleich zu den anderen Zugarten mehr Komfort. Man sollte aber unbedingt warme Kleidung mitnehmen, denn die Waggons sind tiefgekühlt, außerdem Proviant, Wasser, Besteck und einen Trinkbecher. Nur auf der Strecke Havanna–Santiago gibt es ein Zugrestaurant, wo einfache Gerichte in Pappschachteln *(cajitas)* verkauft werden, ohne Besteck. Der Vorrat ist schnell ausverkauft. An einigen Haltestellen bieten ambulante Händler Snacks und Getränke an. Ins Gepäck gehören auch eine Taschenlampe, weil die Beleuchtung in der Toilette häufig defekt ist, und eine Rolle Klopapier. Infos: **Estación Central,** Calle Egido, Ecke Arsenal, Habana Vieja, Tel. 07 862 19 12; **Estación La Coubre,** Calle Desamparados, neben Estación Central, Tel. 07 860 31 64, 07 860 31 61; außerdem im Internet unter **www.cuba-individual.com.**

Von Casablanca/Havanna nach Matanzas verkehrt überdies die elektrische Hershey-Bahn. Nähere Infos hierzu bei Havanna (s. S. 201) und Matanzas (s. S. 258).

... mit dem Bus

In den letzten Jahren hat sich der Überlandbusverkehr erheblich verbessert. Langstrecken werden in Cuba von zwei Unternehmen bedient: **Víazul,** Ave. 26, Ecke Zoológico, Nuevo Vedado, Havanna, Tel. 07 881 14 13, www.viazul.com, und **Astro,** Ave. Independencia 101, Ecke 19 de Mayo, Vedado, Havanna, Tel. 07 870 94 01.

Für Touristen von Interesse ist nurmehr Víazul, da Astro seit Februar 2010 keine Tickets mehr an Ausländer verkauft und offiziell nur noch Cubaner befördern darf. Sie können bei Astro mit Pesos Cubanos zahlen, d. h. für einen Großteil der Bevölkerung sind nur diese Busse erschwinglich. Wochen, teilweise Monate vor der geplanten Reise müssen sie sich um einen der begehrten Plätze bemühen – und landen selbst dann meist auf einer der endlosen Wartelisten.

Devisen, sprich Pesos Convertibles, ermöglichen den Transport mit der Busgesellschaft Víazul, die über moderne, klimatisierte Fahrzeuge (warme Jacke einpacken!) verfügt, aber ein wesentlich kleineres Streckennetz als Astro hat und nur große Städte bzw. touristisch interessante Orte ansteuert. Die wichtigste Linie verbindet Havanna mit Santiago und kostet 55 CUC (15,5 Std.); gehalten wird unterwegs in Jagüey Grande, Santa Clara, Sancti Spíritus, Ciego de Ávila, Camagüey, Las Tunas, Holguín und Bayamo. Weiterhin pendelt Víazul auf folgenden Strecken: von Havanna über Pinar del Río nach Viñales, über die Playas del Este und Matanzas nach Varadero, über Cienfuegos nach Trinidad; von Varadero nach Santiago, von Trinidad nach Santiago und von Santiago nach Baracoa.

Viele der größeren Städte haben zwei Busbahnhöfe: Liegt das Reiseziel in einer anderen Provinz, geht die Fahrt vom Terminal de Ómnibus Interprovincial oder Nacional ab; fährt man zu einem Ort innerhalb der Provinz, starten die Busse vom Terminal de Ómnibus Intermunicipal.

Auf bestimmten Strecken gibt es darüber hinaus schnelle Minibus- und Taxitransfers, die von Reiseagenturen angeboten werden, preislich allerdings meist über den Víazul-Tarifen liegen, z. B. Havanna–Viñales. Interessanter sind die Transferverbindungen in Orte, die von Víazul nicht angefahren werden, z. B. Soroa und María La Gorda ab Viñales.

... mit der Fähre

Die einzige große Auto- und Passagierfähre Cubas verkehrt zwischen Surgidero de Batabanó an der Südküste und Nueva Gerona auf der Isla de la Juventud. Darüber hinaus gibt es mehrere kleine Personenfähren, z. B. zwischen Palma Rubia und Cayo Levisa in der Provinz Viñales, zwischen Habana Vieja und Casablanca/Regla oder zwischen Cienfuegos und dem Castillo de Jagua.

... mit dem Leihwagen

Mietwagen sind mit Abstand die bequemste, allerdings auch die teuerste Möglichkeit, die Insel zu erkunden. Voraussetzung sind ein gültiger Führerschein, der Reisepass und ein Mindestalter von 21 Jahren. Über die ganze Insel verteilt gibt es zahlreiche Verleihstationen, meist in den großen Hotels sowie natürlich an Flughäfen. Internationale Unternehmen wie Avis dürfen auf Cuba nicht operieren. Die drei staatlichen Firmen **Transtur/Cubacar, Havanautos** sowie **Vía Rent a Car** (Adressen s. S. 202) machen sich preislich kaum Konkurrenz. Um einiges teurer sind die Limousinen von **Rex,** Calle Línea, Ecke Malecón, Vedado, Havanna, Tel. 07 836 77 88, Fax 07 836 77 89, www.rex-rentacar.com, die auch mit Chauffeur gemietet werden können.

Der günstigste Kleinwagen (z. B. Hyundai Atos) kostet ab ca. 45 CUC/Tag, ein Jeep Suzuki Gran Vitara liegt bei etwa 80 CUC. Hinzu kommt die obligatorische Versicherung von 10–30 CUC pro Tag. Wenn man nicht mit der Kreditkarte bezahlt, wird eine Kaution von 150–800 CUC fällig. Bei einem selbst verschuldeten Unfall werden je nach Wagentyp pauschal mindestens 350 CUC einbehalten.

Da die Verleiher nur über eine begrenzte Wagenflotte verfügen, ist eine rechtzeitige Reservierung in der Hauptsaison unbedingt notwendig. Viele Reiseveranstalter, z. B. www.kuba-mietwagen.de und www.cubastartravel.com, bieten Mietwagen und Hotelgutscheine im Paket an (Flexi-Fly & Drive), was wesentlich günstiger ist als die Buchung vor Ort.

Jede Verleihfirma hat ihre speziellen Notrufnummern, die rund um die Uhr besetzt sind. Mittlerweile ist die Benzinversorgung an den Devisentankstellen (Servi-Cupet oder Oro Negro) weitgehend gesichert, allerdings empfiehlt sich frühzeitiges Auftanken, da Tankstellen abseits der Ballungszentren rar gesät sind. 1 l Super *(especial)* kostet derzeit ca. 1,10 CUC, 1 l Normalbenzin *(regular)* bzw. Diesel *(petróleo)* ca. 1 CUC.

... mit dem Daumen

Für die Überlandverbindungen gilt in Cuba die eiserne Grundregel: Alles, was mit Pesos Convertibles bezahlt wird, funktioniert einigermaßen, während in Pesos Cubanos bezahlte Transportmittel mühselige Angelegenheiten sind – was erklärt, weshalb die cubanische Bevölkerung größtenteils auf den Ladeflächen der Lkws reist oder aufs Trampen angewiesen ist. An fast jeder Ausfallstraße regeln Aufsichtsbeamte in gelben Uniformen *(amarillos)* die Verteilung der am Straßenrand wartenden Reisenden auf Lkws oder Busse, manchmal auch Privatautos. Hier zahlt man in Pesos Cubanos, muss sich aber auf sehr lange Wartezeiten einstellen und wird in Regionen mit ausreichend anderen Transportmöglichkeiten verständlicherweise in die ewig letzte Reihe komplimentiert, weil man den Einheimischen die raren Plätze wegnimmt.

Öffentlicher Nahverkehr

... mit dem Bus

Die Stadtbusse (je nach Größe *guagua* oder *camello* genannt) sind nicht empfehlenswert, da sie chronisch überfüllt und unzuverlässig sind. Wer es trotzdem versuchen möchte, reiht sich an der Haltestelle *(parada)* in die Warteschlange ein und fragt nach dem letzten Wartenden *(¿Quién es el último?)*. Im Bus sollte man gut auf seine Wertsachen achten und sich möglichst frühzeitig vor der Ausstiegshaltestelle zur Tür durchkämpfen.

... mit dem Taxi

Die modernen staatlichen **Touristentaxis** (*turistaxis,* mit gelbem Schild und Taxameter) von Cubataxi stehen an zentralen Plätzen und vor den größeren Hotels und werden in Pesos Convertibles bezahlt. Der Tarif ist abhängig vom Wagentyp, d. h. je größer und moderner das Auto, desto teurer. In der Regel liegt der Grundpreis für 2 km bei 1 CUC, jeder weitere Kilometer kostet ca. 0,60 CUC bzw. 0,85 CUC in Havanna. Wenn man eine längere Distanz überbrücken möchte und sich mit mehreren zusammentut, kann ein Taxi eine gute Alternative zu Überlandbussen oder organisierten Ausflügen sein. Allerdings sollte man sich vorher auf einen Pauschalpreis einigen und ausmachen, ob das Benzin im Preis enthalten ist oder extra gezahlt werden muss.

Das antiquierte Pendant zum Touristentaxi sind die **Privattaxis** *(particulares),* meist Oldtimer oder klapprige Ladas, die man an einem handgemalten Pappschild in der Windschutzscheibe erkennt. Der verhandelbare Fahrpreis wird von Cubanern in Pesos Cubanos und von Ausländern in Pesos Convertibles bezahlt, allerdings haben nur die wenigsten Fahrer eine Lizenz zur Beförderung von Touristen und lassen sich den ›Gefahrentransport‹ häufig (zu) teuer bezahlen.

Die wesentlich günstigeren **Sammeltaxis** *(colectivos)* befahren bestimmte Strecken, in Havanna z. B. entlang der Calle 23, dürfen aber keine Ausländer mitnehmen, wobei auf dem Land manchmal Ausnahmen gemacht werden. Die Fahrer beginnen ihre Tour erst, wenn auch der letzte Platz besetzt ist.

Fast in allen Städten findet man dreirädrige **Fahrradrikschas** *(bicitaxis)* oder **Pferdekutschen** *(coches),* die für kurze Distanzen ideal und preiswert sind. Auch hier bezahlen Cubaner in Pesos Cubanos und Ausländer üblicherweise in Pesos Convertibles. In manchen Orten sind die Bicitaxis und Kutschen das einzige öffentliche Verkehrsmittel und dürfen ›eigentlich‹ keine Touristen mitnehmen ... Schließlich gibt es noch die **Cocotaxis,** überdachte, dreirädrige Motorroller mit Platz für zwei Fahrgäste, die man aber nur an touristischen Orten zu sehen bekommt.

Verkehrsregeln

Prinzipiell gelten in Cuba die allgemein üblichen Verkehrszeichen und -regeln, allerdings muss man mit einigen Abweichungen rechnen. So hängt selbst an großen Straßenkreuzungen nur eine winzige Verkehrsampel meist in der Mitte über der Kreuzung – sofern man die Ampel überhaupt erspäht, kommt man spätestens bei der Entzifferung an seine Grenzen; prekärerweise sind die Polizisten mit Vorliebe an ebensolchen Ampelkreuzungen stationiert und schicken Verkehrsrowdys gellende Töne aus ihren Trillerpfeifen hinterher, die man tunlichst beachten sollte, sonst wird es bei der Mietwagenrückgabe um einiges teurer als die 35 CUC, die beispielsweise das Überfahren einer roten Ampel kostet.

Die Geschwindigkeitsbegrenzungen betragen auf der Autopista 100 km/h, auf der

Carretera Central 80 km/h und in Ortschaften 50 km/h. Für alle Straßen gilt: Man sollte auf teils sehr tiefe Schlaglöcher achten, in den Städten auf nur andeutungsweise gekennzeichnete Baustellen. Rechnen Sie bei Dunkelheit immer mit unbeleuchteten Fahrzeugen und vor allem mit den anarchistisch fahrenden Radfahrern, die nur selten mit einer Lampe ausgerüstet sind und die Einbahnstraßen (gekennzeichnet durch einen weißen Pfeil auf blauem Hintergrund) niemals respektieren. Vor ihnen warnen Schilder mit der Aufschrift: *Atención – ciclos en la vía* (›Achtung, Radfahrer‹). Bei vielen großen Hauptstraßen ist die rechte Spur, mit gelben Markierungen versehen, für Radfahrer reserviert.

Die meisten Städte, auch Havanna, sind nachts größtenteils unbeleuchtet. Fußgänger tappen im Dunkeln über die Straße, die swimmingpoolgroßen Schlaglöcher erweisen sich als Auto- und Reifenkiller. Fahren Sie lieber extrem vorsichtig. Auf dem Land, sogar schon auf den Ausfallstraßen Havannas, sind umherlaufende Tiere sowie unbeleuchtete Autos, Lastwagen, Traktoren und Pferdekutschen die größte Gefahr.

Der wichtigste Teil eines Fahrzeugs ist in Cuba die Hupe. Die cubanischen Autos, meist ältere Ladas oder von der Farbe zusammengehaltene Oldtimer, haben oft defekte Blinker und fast niemals Seitenspiegel. Deshalb verständigt man sich mit Gesten; die meisten Fahrer lassen den linken Arm aus dem Seitenfenster hängen. Winkt man mit der Handfläche am ausgestreckten Arm nach unten, bedeutet das: Achtung, ich fahre jetzt langsamer oder halte an. Deutet der Zeigefinger nach links: Bei der nächsten Möglichkeit werde ich links abbiegen. Zeigt der Finger in Richtung Wagendach: Wahrscheinlich biege ich gleich rechts ab ... Diese Zeichensprache wird jedoch von den durch die Städte donnernden Bussen in der Regel nicht akzeptiert. Es ist sicherer, ihnen prinzipiell Vorfahrt einzuräumen.

Wichtigster Ausrüstungsgegenstand für Autofahrer in Cuba ist eine gute Landkarte, optimalerweise gepaart mit einem fantastischen Orientierungssinn und Spanischkenntnissen. Während das Autofahren selbst auf den zumeist leeren Autobahnen und Landstraßen kein Problem darstellt, können einen die fehlenden Straßenschilder zur Verzweiflung treiben. Besonders schlimm ist die Autopista rund um Havanna, auf der kaum eine Ausfahrt ausgeschildert ist.

Abschließend noch eine Bemerkung zum Thema Parken: Gleichgültig, wo Sie Ihren Wagen abstellen, es wird jemand auftauchen, der Ihnen einen Peso Convertible dafür abknöpft. Man sollte dieses ›Schutzgeld‹ auch bei selbst ernannten Parkwächtern ohne Murren bezahlen, denn Beschädigungen am Mietauto können viel Geld und Nerven kosten.

Tipps für Mietwagenbesitzer

Beschädigungen am Leihauto

In dem von alten Vehikeln und Pferdekutschen geprägten Straßenverkehr stechen die modernen Leihwagen richtiggehend heraus. Ein Übriges tut das rote Nummernschild, das unmissverständlich darauf hinweist, dass hier ein betuchter Fahrer hinter dem Steuer sitzt. Da wundert es kaum, dass Mietwagen gerne das Zielobjekt kleinerer Diebstahlsdelikte (z. B. Außenspiegel oder Autoeinbrüche wegen einer Sonnenbrille) und – immer häufiger – auch mutwilliger Zerstörung sind. Die Regel Nr. 1 lautet daher: Nichts im Wagen liegen lassen bzw. das Auto immer an bewachten Parkplätzen abstellen. Sollte dennoch etwas passieren, hat dies für Mietwagenbesitzer lediglich zeitliche und nervliche, doch keine finanziellen Folgen, sofern sie den Schaden von der Polizei aufnehmen und sich schriftlich bestätigen lassen, dass kein Selbstverschulden vorliegt – sonst muss man bei der Autorückgabe die volle Selbstbeteiligung zahlen! Das gleiche Prozedere gilt natürlich auch bei nicht verschuldeten Unfällen.

Tatort Autobahn Pinar del Río–Havanna

Von Westen kommend hört die Autopista am Stadtrand von Havanna abrupt auf, und weit und breit ist kein Schild in Sicht, das über den weiteren Straßenverlauf informieren würde. Diese Situation machen sich Straßenpiraten zunutze, die mit hektischem Winken die Fahrzeuge zum Anhalten bewegen. Ehe man sich versieht, sitzen ein paar Burschen im Wagen und dienen sich als Lotsen an. Während einer Fahrer und Beifahrer ablenkt, durchsuchen die anderen die Rückbank nach Wertsachen. Zu Diebstählen im Auto, oft genug nur eine Kekspackung, kommt es auch manchmal, wenn man Tramper mitnimmt. Die Einheimischen sind auf diese Mitfahrgelegenheiten angewiesen, deswegen bitte nicht hermetisch abgeriegelt durch Cuba fahren, sondern seine Wertsachen sicher verstauen.

Geldgierige Straßenpolizisten

Besonders allein reisende AutofahrerInnen werden von Straßenpolizisten gerne mit unzutreffenden Verkehrsdelikten konfrontiert und maßlos zur Kasse gebeten (typischerweise an den *postos de control,* den Straßenkontrollposten; hier zur Sicherheit weit unter der angegebenen Geschwindigkeitsbegrenzung bleiben). Einige Verhaltensregeln: Ruhig bleiben, nie den Pass aus der Hand geben und immer darauf achten, dass ein Zeuge in der Nähe ist (die Kontrollposten sind immer von zwei Polizisten besetzt); es wirkt Wunder, wenn man sich bereit erklärt, die geforderte Summe zu bezahlen – allerdings nur dem Chef persönlich …

Autopannen

Leider mehren sich provozierte Reifenpannen (z. B. Nägel auf der Straße), die für Überfälle genutzt werden. In einem solchen Fall sollte man – wenn möglich – bis zum nächsten bewohnten Gebiet weiterrollen und den Schaden in sicherer Umgebung beheben.

Typisch für Havanna, Varadero und Trinidad: die knallgelben Cocotaxis

In Cuba gibt es drei verschiedene Unterkunftsarten: **Hotels** und **Hostales** (alle staatlich oder zumindest mit staatlicher Beteiligung), **Casas Particulares** (Privatquartiere) sowie **Villas** und **Campismos** (einfachste bis sehr komfortable Bungalowanlagen, natürlich auch in staatlicher Hand).

Bei den Hoteladressen im Reiseteil dieses Buchs werden die *rack rates* genannt, d. h. die höchsten **Preise,** die für ein Zimmer verlangt werden können und die mit Ausnahme der absoluten Hochsaison zwischen Weihnachten und Neujahr keinen jahreszeitlichen Schwankungen unterliegen. Vor allem in Hotels der gehobenen Klasse fällt der Zimmerpreis bei Buchung vor Ort meist wesentlich höher aus, als wenn man die Reservierung online oder über ein heimisches Reisebüro vornimmt. Am günstigsten sind in der Regel Pauschalarrangements großer Tourismusunternehmen, zumindest wenn man einem Strandurlaub den Vorzug gibt. Für Individualreisende bieten einige Reiseveranstalter eine Kombination aus Flug, Mietwagen und Hotelgutscheinen an (Flexi-Fly & Drive), was preislich durchaus lohnenswert ist.

Hotels und Hostales

Auch in Cuba werden die Hotels mit Sternen kategorisiert. Ein Stern, die niedrigste Kategorie, bietet nicht mehr als ein Dach über dem Kopf. Bei zwei Sternen kann man ebenfalls keinen Komfort erwarten, drei Sterne bedeuten ein schlichtes Mittelklassehotel. In den 4- bis 5-Sterne-Hotels ist die Ausstattung und Versorgung recht gut; selbst wenn man mit der Sternchenvergabe um einiges großzügiger verfährt als in Europa, bieten diese Unterkünfte ein für cubanische Verhältnisse überdurchschnittliches Service- und Freizeitangebot (u. a. Geschäfte, Reiseagenturen, Autovermietung, ärztliche Betreuung). Je einfacher die Unterkunft, desto sicherer muss man mit Stromausfällen und eintönigem Büfett rechnen. Insgesamt lassen sich Service und Qualität keinesfalls mit vergleichbaren Unterkünften in anderen Ländern messen, das betrifft erstaunlicherweise auch die All-inclusive-Resorts in Orten wie Varadero, Cayo Coco/Guillermo, Playa Santa Lucía, Guardalavaca, Trinidad, Cayo Largo etc. sowie die 5-Sterne-Hotels in Havanna, deren Preis-Leistungs-Verhältnis nicht immer überzeugend ist.

Im Reiseteil wird hinter den Hotelnamen das cubanische (Joint-Venture-)Unternehmen angegeben, das das Hotel führt. Als Faustregel für die cubanischen Hotelketten gilt: **Cubanacán, Gran Caribe** und **Habaguanex** bieten höherklassige Hotels an, **Gaviota** und **Islazúl** eher schlichtere. Stilvolle, kleinere Hotels sind rar gesät, weniger in Havanna als im übrigen Land, wo man allzu oft in architektonischen Alpträumen sozialistischer Bauart nächtigt, die häufig einige Kilometer außerhalb des Zentrums liegen.

In vielen Hotels bekommt man eine Gästekarte *(tarjeta de huésped),* die je nach Buchung auch als Voucher für Mahlzeiten im hoteleigenen Restaurant gilt. Normalerweise müssen die Zimmer bis 12 Uhr (manche bis 14 Uhr) geräumt sein, bei Überziehung ist eine recht hohe Gebühr fällig. Selbst einfache Hotels bieten gegen einen geringen Aufpreis Zimmersafes *(caja fuerte)* an, die man für seine Wertsachen unbedingt in Anspruch nehmen sollte.

Hotelbuchung im Internet
www.cubatravelhotels.com
www.cubahotelbookings.com
www.cubanacan.cu
www.gran-caribe.com
www.habaguanexhotels.com
www.islazul.cu
www.gaviota-grupo.com

Offizielle Saisondaten
Spitzensaison: 22. Dez.–2. Jan.
Hochsaison: 3. Jan.–31. März, Ostern, 1. Juli–24. Aug., 16.–21. Dez.
Nebensaison: 1. April–30. Juni (außer Ostern), 25. Aug.–15. Dez.

Casas Particulares

Fast überall in Cuba wohnt man in Privatquartieren *(casas particulares)* günstiger als in Hotels, auf jeden Fall aber persönlicher. Die meisten Vermieter sind sehr hilfsbereit und geben Tipps für Ausflüge, gute Privatrestaurants *(paladares)* und preiswerte Transportmöglichkeiten. Außerdem lernt man hier den cubanischen Alltag kennen, hat meist Familienanschluss und wohnt im Gegensatz zu vielen Hotels sehr zentral.

Ein Vermieter *(arrendador)* muss eine Lizenz besitzen und sehr hohe Steuern zahlen. Dann bekommt er einen dreieckigen, weiß-blauen Aufkleber, wenn er an Ausländer vermieten darf. Gilt seine Lizenz nur für Cubaner, ist der amtliche Aufkleber weiß-grün. Allerdings ist die Palette behördlicher Vorschriften für Privatvermieter eher dazu geeignet, diese Privatinitiative zu unterbinden als sie zu ermöglichen: So müssen die Steuern – je nach Region bis zu 350 CUC monatlich plus einkommensabhängiger Betrag am Jahresende – auch gezahlt werden, wenn keine Gäste kommen; wer sich von der Zahlung befreien will, weil er keinen Umsatz hat, wartet mindestens zwei, manchmal auch drei Monate, bis er eine neue Lizenz bekommt, für die wiederum eine hohe Gebühr in Pesos Convertibles fällig ist. Seit mehreren Jahren dürfen die Besitzer der Casas Particulares nur noch maximal zwei Zimmer pro Haus vermieten und pro Zimmer nur zwei Personen beherbergen (Ausnahme Kinder bis 16 J.). Außerdem wird eine Gastronomiesteuer verlangt (auch wenn dieser Service nicht angeboten wird) und die Vermieter müssen jeden von Touristen potenziell genutzten Quadratmeter abrechnen. Werbeschilder vor dem Haus kosten bis zu 75 CUC monatlich extra.

Es lässt sich leicht vorstellen, dass angesichts dieser absurden Bestimmungen viele Privatvermieter ihre Lizenz abgeben müssen. Aus Sicherheits- und Fairnessgründen sollte man darauf achten, nur bei legalen Vermietern zu wohnen (Hinweise darauf sind der amtliche Aufkleber an der Außentür und das offizielle Gästebuch, in das man sich gleich nach Ankunft mit Passnummer und Unterschrift eintragen muss). Falls man durch einen Schlepper (s. S. 136) in eine Casa Particular gekommen ist, erhöht sich der Zimmerpreis um bis zu 5 CUC pro Nacht, denn die Kommission für die Vermittlung zahlt der Gast. Je nach Region, Lage und Saison kosten die Privatquartiere zwischen 12 und 45 CUC für zwei Personen. Die meisten Zimmer haben ein eigenes Bad und eine Klimaanlage, viele sind mit TV, Radio und Kühlschrank ausgestattet. Für 3 bis 4 CUC kann man sich ein opulentes Frühstück auftischen lassen, in der Regel wird auch Voll- oder Halbpension angeboten, was meist eine sehr gute Lösung ist: Nur in wenigen staatlichen Restaurants bekommt man so gutes und so üppiges kreolisches Essen zu so fairen Preisen (ab 6 CUC pro Mahlzeit inkl. Suppe, Salat, Nachtisch und oft auch noch einen Saft).

Falls man eine Reise durchs Land plant, sollte man sich von Privatpension zu Privatpension weiterreichen lassen, das ist der zuverlässigste Weg, gute Casas zu finden. In Touristenzentren wie Varadero und auf den Cayos ist es übrigens verboten, Zimmer zu vermieten. Sollte die Casa Particular keinen eigenen Stellplatz für den Mietwagen haben, so kümmern sich die Vermieter um sichere Parkplätze oder -wächter, was mit zusätzlichen 1 bis 2 CUC pro Tag zu Buche schlägt.

Die Touristenhotels an den Küsten bucht man am günstigsten von zu Hause aus

Webseiten mit Adressen und Buchungsmöglichkeiten von Privatquartieren:
www.cubaradiso.com
www.casaparticular.org
www.casaparticularcuba.org
www.cubaparticular.com
www.cuba-casas-particulares.com
www.casecuba.com
www.privatpensionen.de

Campismos

Wenn man in Cuba von *campismo* spricht, meint man keine Zeltplätze, sondern kleine, oft sehr rustikale Bungalowanlagen, die in landschaftlich reizvollen Gegenden liegen. Die Übernachtungspreise hier sind so billig, dass die Campismos für viele Cubaner die einzige Möglichkeit darstellen, einmal für ein paar Tage Urlaub zu machen. Vor allem aus diesem Grund ist ein Großteil der Campismos offiziell für Ausländer geschlossen. Reservierungen sind nur noch in einer Handvoll meist neuerer (und teurerer) Anlagen möglich, wer jedoch unter der Woche bzw. außerhalb der Ferienzeiten spontan auf einem der anderen Campismos auftaucht, wird selten abgewiesen. Im Buch sind die offiziell für den ausländischen Tourismus zugelassenen Campismos als solche gekennzeichnet.

Die Preise für Ausländer variieren je nach Ausstattung zwischen 10 und 40 CUC pro Häuschen *(cabaña)* bzw. für zwei Personen. In allen Provinzhauptstädten gibt es Reservierungsbüros, in denen man Reservierungen für die jeweilige Region tätigen kann (s. im Reiseteil unter den jeweiligen Orten). Zentrale Infostelle in Havanna: **Cubamar Viajes,** Calle 3ra No. 652, zwischen Calle 12 und Malecón, Vedado, Tel. 07 832 11 16, 831 28 91, www.cubamarviajes.cu.

Angeln und Jagen

Eine Fischereierlaubnis für den gesamten Inselarchipel kostet für sechs Monate 50 CUC und gilt für Salz- und Süßwasserfische gleichermaßen. In allen *marinas* (Jachthäfen) und an vielen Stränden und Küstenorten werden Exkursionen zum Hochseefischen angeboten, halb-, ein- oder mehrtägig, mit der entsprechenden Ausrüstung an Bord. Die beste Zeit fürs Hochseeangeln ist Mai bis Dezember, die besten Reviere liegen vor der Nordküste sowie im Archipiélago Jardines de la Reina vor der Südküste. Fliegenfischer finden ihr Eldorado auf der Península de Zapata, interessant sind aber auch die Fischgründe des Hanabanilla-Stausees in der Provinz Villa Clara, des Zaza-Stausees bei Sancti Spíritus sowie der Laguna Redonda und der Laguna de la Leche bei Morón in der Provinz Ciego de Ávila. Hier bestehen ganzjährig gute Erfolgsaussichten, allerdings muss man das Angelverbot im Juni wegen der Schonzeit beachten. Nähere Auskünfte bekommt man z. B. in den Jachthäfen, in Reiseagenturen vor Ort sowie unter **www.cubanacan.cu, www.abenteuer-angeln.de, www.cubanfishingcenters.com** (spezialisiert auf den Archipel Jardines de la Reina), **www.cuba-marinas.com** (mit Infos über Wettkämpfe) sowie **www.dtcuba.com/CubaMarinas.aspx** (Stichwort ›marinas‹, hier Liste aller Jachthäfen).

Gelegenheit zum Jagen findet man in Camagüey, Cienfuegos, Topes de Collantes und im Parque Baconao bei Santiago. Infos unter **www.cubafutour.de.**

Golf

Die Insel verfügt über zwei Golfplätze. Ein sehr schön gelegener 18-Loch-Golfplatz befindet sich in Varadero: **Varadero Golf Club,** Crta. Las Américas km 8,5, Autopista Sur, Tel. 045 66 84 82, Fax 045 66 84 81, www.varaderogolfclub.com. In Havanna gibt es einen kleineren 9-Loch-Golfplatz: **Club de Golf de La Habana,** Crta. de Vento km 8, Reparto Capdevila, Boyeros, Tel. 07 649 89 18.

Höhlenerkundung

Cuba ist von großen Höhlensystemen durchzogen, vor allem in folgenden Provinzen: Pinar del Río (Cueva Santo Tomás, Cueva del

Cubas Küsten bieten Schnorchelreviere vom Feinsten

Indio etc.), Matanzas (350 Höhlen, davon 20 zu besichtigen, u. a. die Cuevas de Bellamar und die Unterwasserhöhlen auf der Zapata-Halbinsel), Cienfuegos (Cueva Martín Infierno), Camagüey (Cueva de los Generales, Cueva de las Mercedes, Cueva del Indio, Cueva Pichardo), Holguín (Unterwasserhöhle Tanques Azules bei Gibara) und auf der Isla de la Juventud (Cueva Punta del Este). Infos vor Ort und im Internet unter **www.sec1940.galeon.com** sowie **www.dtcuba.com/cubaattractions.aspx** (unter Stichwort ›cuevas‹ suchen).

Radfahren

Cuba ist ein gigantisches Land für Radtouren: Es sind nur wenige Autos unterwegs, stattdessen teilt man sich die Straßen überwiegend mit Pferdekutschen, Ochsenkarren und vielen einheimischen Radlern, mit denen sich immer wieder nette Gespräche ergeben. Für gelegentliche Fahrradausflüge kann man in den Hotels der großen Touristenzentren Fahrräder ausleihen. Will man mit dem Fahrrad ganz Cuba bereisen, sollte man unbedingt seinen eigenen Drahtesel mitnehmen und ein sehr gutes Schloss sowie alle wichtigen Ersatzteile einpacken, denn vor Ort ist kaum etwas zu bekommen. Abstellen sollte man das Rad, wenn möglich, auf einem *parqueo bici* (bewachter Fahrradparkplatz). Tipp: Da der Wind meist aus östlicher oder nordöstlicher Richtung bläst, wählt man für längere Touren am besten eine Strecke von Santiago Richtung Havanna.

In cubanischen Zügen und Flugzeugen darf man das Rad meist mitnehmen, muss es jedoch rechtzeitig aufgeben bzw. anmelden und zahlt meist eine ordentliche Extragebühr. Die neuen Víazul-Busse nehmen nur noch in Ausnahmefällen Räder mit. Wer sein eigenes Fahrrad von Europa nach Cuba transportieren möchte, sollte dies spätestens eine Woche vor Abflug seiner Airline mitteilen, besser schon bei der Buchung. Günstige Tarife bietet z. B. Condor, bei der Räder als Sportgepäck aufgegeben werden können.

Diverse Reiseveranstalter bieten geführte Fahrradtouren an. In Cuba ist dies z. B. **Havanatur,** Edificio Sierra Maestra, Calle 1ra, zwischen 0 und 2, Miramar, Havanna, Tel. 07 203 98 15, Fax 07 204 28 77, www.havanatur.cu, im deutschsprachigen Raum u. a. **www.velociped.de, www.velotravel.de, www.profil-cuba-reisen.de** sowie **www.wikinger.de.**

Eine der schönsten Radtouren

... die man in Cuba unternehmen kann, führt (fast) immer entlang der Küste einmal um die Ostspitze und ist bequem in zwei bis drei Wochen zu machen. Von Holguín geht es über Gibara (Tipp: weiter per Boot nach El Caliche), Guardalavaca, Banes, Mayarí und Moa nach Baracoa (ca. 360 km), dann durchs Gebirge an die Südküste nach Guantánamo und Santiago (ca. 250 km) und schließlich auf Cubas schönster Panoramastraße über Marea del Portillo nach Manzanillo und Bayamo (ca. 330 km). Perfekte Planung ermöglichen die Wegbeschreibungen und Streckenprofile im englischsprachigen Radführer Cycling Cuba, Lonely Planet Publications, 1. Aufl. 2002.

Eine der besten Adressen

... für Radler in ganz Cuba ist der Club de Cicloturismo La Farola in Imías zwischen der Passstraße La Farola und Guantánamo. Josué Gaínza Matos, der Präsident des kleinen Fahrradclubs, gibt viele hilfreiche Tipps, verfügt über die wichtigsten Ersatzteile und versorgt müde Radler mit Essen und bei Bedarf mit einem Dach über dem Kopf. Offiziell darf er für seine Dienste nichts verlangen, aber man sollte auf jeden Fall eine angemessene Summe und (gebrauchte) Fahrradausrüstung dalassen. Adresse: Calle B No. 233, zwischen 7 und 8, Imías, Tel. (von Nachbarn) 021 88 02 21, 88 03 54, tatiana@infosol.gtm.sld.cu.

Allgemeine Infos bieten u. a. **www.rad-forum.de, www.rad-reise-service.de** und **www.fahrradreisen.de.**

Reiten

In vielen touristischen Zentren und in der Provinz (häufig bei Campismos) kann man Pferde mieten, um am Strand entlang oder durch die Berge zu reiten (2–5 CUC/Std.). Eine besonders schöne Gegend für Ausritte ist das ländliche Viñales. Spezielle Reiturlaube bietet z. B. **Cuba Startravel,** www.cubastartravel.com.

Segeln, Surfen, Wasserski

Günstige Passatwinde erlauben ungetrübten Segel- und Surfspaß an den cubanischen Küsten. In fast allen großen Ferienresorts kann man Surfbretter, Katamarane oder Segelboote ausleihen und Wasserski fahren.

Sportklettern

Im Westen von Cuba entwickelt sich Viñales allmählich zu einem Mini-Eldorado für Sportkletterer. Die hiesigen Kalksteinfelsen werden gar mit den Kletterrevieren in Thailand verglichen. Bislang gibt es rund 140 Routen unterschiedlicher Schwierigkeitsgrade, alle mitten im UNESCO-Welterbe gelegen. Nähere Infos unter **www.cubaclimbing.com.**

Tauchen

Was jeden Kapitän zur Verzweiflung bringt, freut die Taucher und Schnorchler: Die cubanischen Gewässer sind gespickt mit großen und kleinen Korallenriffen, das größte befindet sich im Archipel Jardines del Rey an der Nordküste. Diese Tauchreviere gelten weltweit als äußerst attraktiv, weil man hier eine weitgehend intakte Unterwasserwelt vorfindet. Außerdem kann man gesunkene Piratenschiffe und Frachter inspizieren. Die schönsten Tauchreviere liegen bei der Isla de la Juventud, Cayo Largo, Cayo Coco und Cayo Guillermo, Playa Santa Lucía, Playa Larga und Playa María La Gorda. An allen Stränden bieten qualifizierte Tauchzentren (der CMAS angeschlossen) Kurse für Anfänger und Fortgeschrittene an und vermieten durchweg gut gepflegtes Tauchgerät. Zum Schnorcheln sollte man sich seine Ausrüstung selbst mitbringen. Ausführliche Infos unter **www.cuba-diving.de, www.taucher.net, www.acuc.es** (Beschreibung vieler Tauchspots), **www.dtcuba.com/CubaMarinas.aspx** (unter Stichwort ›Centros de Buceo‹ Liste der Tauchbasen).

Wandern

Markierte Wanderwege gibt es auf Cuba nicht und angesichts der großen Hitze ist das Wandern auch nicht gerade ein Volkssport (es sei denn, unfreiwillig wegen fehlender Transportmittel). In den Natur- bzw. Nationalparks Las Terrazas, Valle de Viñales, Península de Guanahacabibes, Topes de Collantes, Turquino, Desembarco del Granma, Gran Piedra und Alejandro de Humboldt etc. werden geführte Wanderungen und Exkursionen unterschiedlicher Länge und Schwierigkeit angeboten. Aus Sicherheitsgründen sollte man immer nur mit einem Wanderführer losgehen, in vielen Parks ist dies ohnehin vorgeschrieben. Festes und bequemes Schuhwerk sowie leichte Regenbekleidung und in Höhenlagen ein warmer Fleece sind ebenso angeraten wie Trekkingstöcke, ausreichend Wasservorräte und Sonnenschutz. Die beste Zeit für Wanderungen ist zwischen Dezember und April, dann fällt weniger Regen und auch die Temperaturen sind erträglicher. Spezielle Trekkingreisen bietet z. B. **www.wandern.de.**

Einkaufen

Cuba ist zwar kein Einkaufsparadies, doch in den letzten Jahren haben vor allem in Havanna zahlreiche Ladengalerien eröffnet und viele traditionelle Geschäfte und Boutiquen in Habana Vieja wurden renoviert. Auch unterwegs in der Provinz trifft man auf Devisenläden, die ein Basisangebot an Souvenirs und Kleidung haben. Auf den Kunsthandwerksmärkten in Havanna, Varadero, Trinidad, Guardalavaca etc. und in den Shops wird man schnell fündig: bunte Santería-Püppchen, die die afrocubanischen Gottheiten darstellen, kleine Trommeln, Maracas (Rumbakugeln), Ketten und Armbänder aus Samen und Muscheln, bunte Schächtelchen und Fischmobiles aus Pappmaschee, Leder- und Basttaschen, Strohhüte, Hängematten ... Obligatorische Mitbringsel sind Zigarren, Rum und Kaffee. Andere Souvenirs wie Schmuck aus schwarzen Korallen, Krokodiltaschen oder gar ausgestopfte Krokodile unterliegen dem Washingtoner Artenschutzabkommen und dürfen nicht nach Europa eingeführt werden.

Wer nach der Rückkehr cubanische Produkte kaufen möchte, kann dies über die Internetadresse **www.tiendacubana.de** tun. Auf cubanische Zigarren spezialisiert sind u. a. die beiden Online-Shops **www.cigarweb.ch** und **www.zigarrenschachtel.de.**

Achtung: Zigarren vom Schwarzmarkt
Überall in Cuba bieten Schwarzmarkthändler diverse Zigarrenmarken für einen Bruchteil des Preises der offiziellen Läden an. Bei Geschäften auf der Straße ist allerdings prinzipiell Vorsicht geboten: Häufig besteht nur die erste Lage in der Zigarrenkiste aus hochwertigem Tabak, während die unteren Lagen von schlechter Qualität sind. Außerdem sollte man bedenken, dass sich diese Art von Deals nicht in größerem Umfang lohnt, denn bei der Ausreise kontrolliert der cubanische Zoll stichprobenartig das Gepäck – ab 51 Zigarren muss die Quittung einer lizensierten Verkaufsstelle vorgelegt werden und die Zigarren müssen originalverpackt (mit offiziellen Siegeln und Hologramm) sein. Im Falle einer Zuwiderhandlung gegen diese Bestimmung wird die Ware durch den cubanischen Zoll konfisziert.

Öffnungszeiten

Devisenläden haben in der Regel montags bis samstags von 9 bis 18 bzw. 19 Uhr und sonntags von 9 bis 12 bzw. 13 Uhr geöffnet; mittags wird häufig für eine Stunde geschlossen. Viele der größeren Kaufhäuser in Havanna schließen erst um 20 Uhr.

In den staatlichen Läden Cubas ist das Angebot überschaubar

Kulturinfos in Havanna
Über Veranstaltungen in der Hauptstadt informieren die Websites **http://www.lajiribilla.cu/cartelera_cultural.html, www.canalcubano.com** und **www.paradiso.cu.**

Nach Sonnenuntergang sitzt halb Cuba erschöpft vor der abendlichen Telenovela, und wenn die vorbei ist, brezeln sich die Ausgehwilligen allmählich für den interessanteren Teil des Abends auf – selbst, wenn man nur ein bisschen mit dem Ghettoblaster den Malecón entlang oder über irgendeinen Dorfplatz flaniert, um gesehen zu werden, zu flirten, ein Schwätzchen zu halten oder ein Viertelstündchen zu tanzen. Eine Nacht ohne Musik und Tanz ist eine verlorene Nacht, heißt es in Cuba, und das gilt auch für das Nachtleben in Clubs, Cabarets und den Casas de la Trova – die meisten Veranstaltungen sind Konzerte, bei denen nur der kleinere Teil des Publikums sitzen bleibt.

Wer sich in Havanna ins Nachtleben stürzt, hat die Qual der Wahl. Fans der traditionellen Sones und Boleros werden zur **Casa de la Trova** ziehen, wo hin und wieder einige der alten Troubadoure zu Gitarre und Tres greifen. In den **Casas de Cultura** dagegen stehen eher aktuelle Bands auf dem Programm, denn die ›Kulturhäuser‹ richten sich vor allem an das jüngere cubanische Publikum, das aufgrund fehlender Devisen ansonsten kaum Möglichkeiten hat, die angesagten Bands zu hören. Auch Ausländer sind in den Casas de Cultura gern gesehen.

Die cubanischen Superbands treten ansonsten in Clubs auf – in Havanna zum Beispiel in den **Openair-Clubs** in Miramar oder in den (für Cubaner meist zu) teuren Hoteldiscos. Dem cubanischen Lebensrhythmus entsprechend beginnen die meisten Konzerte ab 22 Uhr, außer in den Casas de la Trova, wo meist schon gegen 20 Uhr gestartet wird.

Nicht mehr wegzudenken aus der cubanischen Kulturszene sind die **Cabarets,** sie gehören zum Nachtleben wie Rum und Rumba. In jedem größeren Ort bzw. besseren Hotel bietet ein Cabaret allabendlich eine Show an, danach wird auf Disco umgeschaltet und abgetanzt. Diese höchst seriösen Etablissements sind plüschig, cool oder im Stil der *roaring fifties* aufgemacht (ein Erbe der Mafia-Ära) und durchweg gut gekühlt, weshalb man eine Jacke nicht vergessen sollte. Überhaupt gelten hier strenge Bekleidungsvorschriften, insbesondere für Herren: Sie haben nur im möglichst langärmligen Hemd und in langen Hosen (keine Sandalen!) Zutritt, weibliche Besucherinnen dagegen dürfen mehr Haut zeigen. Das berühmteste Cabaret des Lands ist das Tropicana (s. S. 200), ein Openair-Nachtclub, ein Paradies unterm Sternenhimmel. Die Tanzshow beginnt um 20.30 Uhr und bietet ein atemberaubendes Kaleidoskop cubanischer Tänze wie Mambo, Rumba, Chachachá usw., präsentiert von einer 160-köpfigen Tanztruppe. Alle anderen Cabarets der Insel eifern diesem Vorbild nach, was mit Ausnahme des Tropicana-Ablegers in Matanzas (s. S. 257) eigentlich keinem gelingt.

Noch eine typisch cubanische Einrichtung sind die **Straßenfeste,** die vielerorts an jedem Wochenende stattfinden. Dann werden ganze Straßenabschnitte gesperrt, Essensstände aufgebaut, Bier und Rum herangekarrt, Musik plärrt aus Ghettoblastern, ab und zu spielt sogar eine Band – all das unter freiem Himmel und mit garantiert ausgelassener Stimmung.

Über die Grenzen hinaus bekannt ist das **Cubanische Nationalballett.** Das Ensemble der *Primadonna assoluta* Alicia Alonso im Gran Teatro de la Habana (s. S. 198) genießt Weltruf, ebenso dasjenige von Camagüey (s. S. 336). Ballettfans sollten es sich auf keinen Fall entgehen lassen, eine dieser Vorstellungen zu besuchen.

Adressen und Orientierung

Adressen werden in Cuba so angegeben: *Calle 5 # 548 e/ 21 y 23.* Übersetzt bedeutet das: Calle (›Straße‹) 5 No. 548, zwischen Calle 21 und Calle 23. Die Information ›zwischen Straßen A und B‹ bezeichnet den Block, in dem das Haus liegt, und ist nur auf den ersten Blick verwirrend. Tatsächlich findet man auf einer längeren Straße mit dieser Angabe sehr viel schneller die gewünschte Adresse. Liegt das Haus an einer Ecke, gibt man die entsprechende Querstraße an, z. B. *Avenida del Puerto # 88 esq. Sol,* was bedeutet: Avenida del Puerto No. 88, Ecke Calle Sol. Man gewöhnt sich auch schnell daran, dass das Wort *calle* meistens weggelassen wird. *Ave./ avenida* bedeutet ›(Pracht-)Straße‹, *crtra./carretera* ›Haupt- oder Landstraße‹, *autopista* ›Autobahn‹ und *callejón* ›Sackgasse‹.

Fast alle cubanischen Städte sind im Schachbrettmuster angelegt, daher gibt es kaum Probleme mit der Orientierung. Für die Straßeneinteilung gilt generell, dass man in Blocks *(cuadras)* zählt. Eine solche *cuadra* umfasst rund 100 m. Fragt man also nach dem Weg, erhält man etwa die Antwort: drei *cuadras* geradeaus, dann zwei *cuadras* links.

Und noch ein Stolperstein zum Schluss: In vielen Städten Cubas wurden die Straßennamen nach der Revolution geändert. Während auf den (rar vorhandenen bzw. schlecht lesbaren) Straßenschildern meist der neue Name steht, bleiben die Einheimischen häufig dem alten Namen treu. In diesem Buch wird dem neuen Namen der Vorzug gegeben, in den Stadtplänen der alte Name in Klammern aufgeführt.

Drogen

Die Einfuhr und der Konsum von Drogen sind in Cuba verboten und werden mit drakonischen Gefängnisstrafen geahndet.

Fotografieren

In allen größeren Tourismuszentren kann man Fotomaterial kaufen, wenngleich meist zu wesentlich höheren Preisen als im Heimatland. Wer bestimmte Marken bevorzugt, sollte diese mitbringen. Militärische Anlagen, Flughäfen und Häfen dürfen – wie überall sonst – nicht fotografiert werden. Polizisten und Soldaten ebenfalls nicht, doch wie immer gilt auch hier: Freundliche Fragen werden selten negativ beantwortet.

Frauen allein

Als allein reisende Frau wird man in Cuba zwar häufig angesprochen und die Anmache kann auch sehr lästig werden, doch ernste Gefahr besteht normalerweise nicht. Man sollte allerdings die üblichen Vorsichtsmaßnahmen treffen: dunkle Viertel meiden, nachts nicht allein an den Strand gehen etc. In Gesprächen kann es nützlich sein, einen cubanischen Gatten zu erfinden, was unter Umständen abschreckend wirkt.

Auf der Straße bekommt frau häufig im Vorbeigehen schmatzende Küsse zugeworfen, Komplimente zu hören (*belleza* – ›Schönheit‹, *ojos lindos* – ›schöne Augen‹, *reina mía* – ›meine Königin‹ ...) oder wird von Wildfremden eingeladen, den Rest des Lebens in seiner Begleitung zu verbringen, selbstredend auf Rosen gebettet usw. Diese *piropos,* wie die Kunst der Anmache auf Cuba genannt wird, können provozierend oder poetisch sein, mitunter auch kitschig oder komisch. Niemals jedoch erwartet der wortgewaltige Verehrer weiblicher Schönheit eine praxisorientierte Antwort, will sagen: Auf keinen Fall stehen bleiben und interessiert ein Gespräch beginnen oder die gemurmelten Komplimente empört als Beleidigung zurückweisen – mit beiden Reaktionen würde man den armen Mann in schreckliche Verlegenheit bringen und die wichtigste Spielregel der *piropos* verletzen, die da lautet: Es handelt sich um ein Spiel mit schwebenden Möglichkeiten. Zu diesem allgemein üblichen, blumigen Umgangston gehört übrigens auch, dass man von Bankangestellten, Telefonistinnen, Barkeepern oder Putzfrauen ohne Weiteres mit mein Himmelchen, mein Schätzchen oder meine Liebste angesprochen wird, ohne dass dies respektlos gemeint ist.

Kondome

Kondome sind auf Cuba sowohl knapp als auch von schlechter Qualität, weshalb man und frau sie im Gepäck haben sollte.

Prostitution

Seit Beginn der Dauerkrise 1991 hat es Cuba als Ziel von Sextourismus leider zu trauriger Berühmtheit gebracht. Die männliche *(jinetero)* und weibliche *(jinetera)* Überlebens-Prostitution war zwischenzeitlich erheblich angestiegen und wurde ab 1999 mit drakonischen Maßnahmen eingedämmt. Verstärkte Polizeipräsenz und häufig demütigende Kontrollen, wenn CubanerInnen mit AusländerInnen gemeinsam unterwegs sind, gehören mittlerweile zum Alltag. Da die sozialen Ursachen der Prostitution aber keineswegs verschwunden sind, findet die Prostitution nun eher im Verborgenen statt. Schlepper sprechen Ausländer und Ausländerinnen an, um ihnen einen Kontakt zu vermitteln oder hartnäckig aufzudrängen. Private Zimmervermieter dürfen unverheiratete cubanisch-ausländische Paare zwar bei sich übernachten lassen, müssen jedoch auch die cubanischen Gäste der Behörde melden, was auf viele von vornherein abschreckend wirkt. In staatliche Hotels kommen *jineteros* oder *jineteras* nur gegen Bestechung.

Richtiges Verhalten

Wie in vielen anderen Ländern der Dritten Welt besteht auch in Cuba ein krasser Gegensatz zwischen dem Einkommen bzw. Lebensstandard der Bevölkerung und dem der ausländischen Reisenden. Vielleicht denken Sie daran, wenn Sie sich über allzu aggressive oder trickreiche Versuche ärgern, an Ihr Geld zu kommen. Was aber nicht bedeutet, dass man sich alles gefallen lassen muss: Freundlich-hartnäckige Ablehnung oder höflicher Protest können Wunder wirken. Generell bieten sich Touristen wesentlich mehr Möglichkeiten als dem Gros der einheimischen Bevölkerung. Zwar dürfen Cubaner seit 2008 Mobiltelefone und Computer besitzen sowie in Hotels übernachten, die zuvor ausländischen Gästen vorbehalten waren, doch kaum einer kann sich das leisten. Auch diese Diskriminierung im eigenen Land kann zu unterschwelligen Aggressionen führen – man wundert sich vielleicht darüber, dass man damit nicht häufiger konfrontiert wird. Mit Kritik am System sollte man äußerst zurückhaltend sein, denn Kritik von außen verletzt den Stolz vieler Cubaner, auch wenn sie selbst ihrem Regime distanziert gegenüberstehen.

Schlepper

Wenn Sie von einem der allgegenwärtigen Schlepper zu einem Privatrestaurant gelotst werden, kostet Ihr Essen automatisch 2 CUC mehr, denn Sie zahlen die Kommission für den Schlepper. Wer auf eigene Faust in einen Paladar gefunden hat, sollte dies dem Kellner gleich bei der Bestellung mitteilen. Dasselbe gilt für Privatquartiere: Werden Sie von jemandem hingebracht, zahlen Sie bis zu 5 CUC mehr – täglich, wohlgemerkt.

Die Schlepper *(jineteros/as)* gehen mit zum Teil höchst cleveren Methoden ans Werk und können die Zimmer- oder Paladarsuche mancherorts zum Spießrutenlauf werden lassen. Hier einige Tipps: Privatquartiere am besten vor der Anreise telefonisch oder per Mail arrangieren und sich die Lage und das Aussehen des Hauses genau erklären lassen (selbst Taxifahrer steuern manchmal bewusst falsche Adressen an und behaupten, es handele sich um die gewählte Unterkunft); bei Fragen nach dem Weg sicherheitshalber nur ältere Menschen, Frauen mit Kindern etc. ansprechen und nie konkret nach der Unterkunft, sondern immer nur nach der Straße fragen (dies verhindert eine teure telefonische Anmeldung seitens der Schlepper); keinen Gerüchten Glauben schenken, die etwa besagen, die gesuchte Unterkunft sei geschlossen oder ausgebucht.

Schwule und Lesben

Homosexuellen wird auf der Insel nur wenig Verständnis entgegengebracht, doch glücklicherweise sind die Zeiten vorbei, in denen Schwule nachhaltig verfolgt wurden (nachzulesen in Reinaldo Arenas' Autobiografie »Bevor es Nacht wird«, s. S. 112). Um keinen Ärger zu provozieren, sollte man gegenseitige Gefühlsbekundungen in der Öffentlichkeit besser unterlassen.

Sicherheit im Reiseland

Cuba gilt im Vergleich zu anderen Dritte-Welt-Ländern als relativ sicheres Reiseland, wenngleich vor allem Havanna in den letzten Jahren immer schlechter von sich reden macht. Offizielle Statistiken gibt es nicht, doch die Kleinkriminalität, v. a. Handtaschendiebstahl, scheint spürbar zuzunehmen, selbst vor bewaffneten Raubüberfällen schrecken die Diebesbanden nicht mehr zurück. Ganz besonders heiße Pflaster sind Centro Habana und das Barrio Chino (›Chinesisches Viertel‹), doch auch in anderen Vierteln sollte man auf der Hut sein. Das klingt vermutlich schlimmer, als es ist, denn sofern man den normalen Menschenverstand walten lässt und mit offenen Augen herumspaziert, dürfte Havanna nicht gefährlicher sein als einige einschlägig bekannte europäische Großstädte. Hier einige Grundregeln: Vermeiden Sie es, Ihre Tasche oder Kamera locker über die Schulter zu hängen, Wertsachen zur Schau zu stellen und in düsteren Stadtvierteln nächtliche Spaziergänge zu unternehmen, so kurz sie auch sein mögen; wer keinen Hotelsafe *(caja fuerte)* zur Verfügung hat, sollte seine Finanzmittel und wichtigen Dokumente in einem Geldgürtel verstauen und nur geringe Bargeldmengen in der Hosentasche mit sich führen; Mietwagenbesitzer sollten nichts sichtbar im Auto liegen lassen – schon Sonnenbrillen oder Jacken können magische Anziehungskraft entwickeln; und zu guter Letzt: Wichtige persönliche Dinge sowie Wertsachen bei der An- und Abreise unbedingt ins Handgepäck nehmen, da in den Flughäfen gelegentlich Koffer aufgebrochen werden.

Wenn Ihnen etwas gestohlen wird, melden Sie es der Hotelrezeption oder der Touristmuspolizei *(policía de turismo),* eine eigens zu diesem Zweck gegründete Einheit, die z. B. in Habana Vieja an fast jeder zweiten Straßenecke Präsenz zeigt – und die meisten Diebstähle doch nicht zu verhindern vermag; immerhin halten sie Schwarzmarkthändler, Schlepper und Zuhälter davon ab, allzu aggressiv in Erscheinung zu treten.

Für Notfälle aller Art, auch bei unvorhergesehenen Krankenhausaufenthalten, eine sehr hilfreiche Adresse ist **Asistur,** Prado 208, zwischen Colón und Trocadero, Centro Habana, Tel. 07 866 44 99 bzw. 866 85 27 sowie 866 83 39 und 866 85 21 (24 Std.), www.asistur.cu. Die Agentur hilft mit rechtlicher Beratung und kümmert sich beispielsweise um Versicherungsansprüche und Geldüberweisungen.

Geld und Banken

Währungen

Am 8. November 2004 wurde der US-Dollar als bislang wichtigste Währung abgeschafft und durch den bereits zuvor existierenden **Peso Convertible,** kurz CUC, ersetzt. Dieser sollte eigentlich wertmäßig dem US-Dollar gleichgestellt sein, wurde jedoch im April 2005 um 8 % aufgewertet und hat seitdem den festen Wechselkurs von 1,08 US-$. Alle anderen Währungen werden entsprechend dem aktuellen Dollarkurs umgetauscht, d. h. derzeit entspricht 1 CUC = ca. 0,85 € = ca. 1,13 CHF (Stand: August 2010). Aktuelle Informationen hält z. B. der Währungsrechner auf folgender Webseite bereit: www.oanda.com/lang/de/currency/converter/.

Als zweite offizielle Währung in Cuba existiert der **Peso Cubano,** kurz CUP (1 CUC = ca. 24 CUP, Stand: Mai 2010), auch dies eine reine Binnenwährung, für die man jedoch kaum etwas bekommt. Braucht man trotzdem ein paar Pesos für einen Straßensnack, den Einkauf auf dem Bauernmarkt, ein Stadtbusticket oder zum Telefonieren, kann man entweder kleine Geldmengen in den staatlichen Wechselstuben (*casas de cambio,* kurz Cadeca) tauschen oder, wenn man etwas in Pesos Convertibles bezahlt, darum bitten, als Wechselgeld Pesos Cubanos zu bekommen.

Achtung: Sowohl der Peso Convertible als auch der Peso Cubano werden mit dem Dollarsymbol ($) gekennzeichnet, einziger Unterschied: Der Peso Convertible hat – zumindest theoretisch – zwei Längsstriche! Zur besseren gegenseitigen Abgrenzung der beiden Währungen wird der Peso Convertible häufig noch als *dólar* oder *divisa* bezeichnet bzw. der Peso Cubano auch *moneda nacional* genannt. Beide Währungen sollten vor der Ausreise wieder in Euro oder Schweizer Franken umgetauscht werden, da sie nicht ausgeführt werden dürfen und außerhalb Cubas ohnehin wertlos sind.

Geldwechsel

An den internationalen Flughäfen kann Geld gewechselt werden, desgleichen natürlich in den meisten Banken (z. B. Banco Financiero Internacional oder Banco de Crédito y Comercio), in Cadeca-Wechselstuben und in vielen großen Hotels. Achtung: Die Wechselkurse in den Hotels sind zumeist erheblich schlechter als die von Banken. Euro und Schweizer Franken werden zum internationalen Kurs gewechselt.

Zahlungsmittel

In Touristenhochburgen wie Varadero, Cayo Largo, Cayo Coco, Guardalavaca und Santa Lucía kann man bereits direkt mit **Euro** bezahlen – akzeptiert werden allerdings nur Scheine, keine Münzen, als Wechselgeld erhält man Pesos Convertibles. Von der Mitnahme von US-Dollar ist dringend abzuraten, da diese mit einer Umtauschgebühr von mindestens 10 % belegt wurden.

Mit **EC-Karten** kann man in Cuba kein Geld abheben. Auch **Reiseschecks** sind keine Alternative, da es diese inzwischen nur noch von American Express gibt, in Cuba aber infolge des US-Embargos keine Zahlungsmittel amerikanischer Banken (bzw. deutscher Banken, die Tochtergesellschaften amerikanischer Institute sind) anerkannt werden.

Für die Bezahlung in internationalen Hotels und Lokalen, nicht jedoch in Privatunterkünften und -restaurants, eignet sich die **Kreditkarte** als Zahlungsmittel. Allerdings werden auch hier nur Karten nicht amerikanischer Banken akzeptiert, also z. B. Master und Visa. In fast allen Provinzstädten gibt es Geldautomaten, an denen man mit Kreditkarte und PIN Bargeld abheben kann. Dabei fallen je nach Kreditkarteninstitut Bankgebühren in Höhe von etwa 3 % für Barabhebung plus ca. 1 % für Auslandseinsatz an. Die Verrechnungswährung für den Peso Convertible ist der US-Dollar, der dann auch auf der Kreditkartenabrechnung zuhause erscheint und zum jeweiligen Kurs in Euro oder Schweizer Franken umgerechnet wird.

Öffnungszeiten von Banken

Banken und Cadeca-Wechselstuben sind in der Regel montags bis freitags von 8.30 bis 15 bzw. 16 Uhr, teilweise samstags von 8 bis 10 Uhr geöffnet. Auch viele der größeren Hotels bieten einen Wechselservice, wo man rund um die Uhr Geld tauschen kann.

Sperrung von EC-und Kreditkarten bei Verlust oder Diebstahl*:

11949 116 116

oder 11949 30 40 50 40 50
(* Gilt nur, wenn das ausstellende Geldinstitut angeschlossen ist, Übersicht: www.sperr-notruf.de)
Weitere Sperrnummern:
- MasterCard: 11949 69 79 33 19 10
- VISA: 11949 69 79 33 19 10
- American Express: 11949 69 97 97 20 00
- Diners Club: 11949 69 66 16 61 23

Bitte halten Sie Ihre Kreditkartennummer, Kontonummer und Bankleitzahl bereit!

Preisniveau

Cuba ist kein Billigreiseland, es sei denn, man hat ein Schnäppchen beim All-inclusive-Hotel gemacht und verlässt das Resort für die Dauer des Urlaubs nicht. Selbst bei diesen Angeboten sollte man allerdings auch das Kleingedruckte lesen, da häufig beispielsweise nur nichtmotorisierter Wassersport im Paket enthalten ist. Generell gilt, dass die Zimmerpreise für fast alle guten Hotels erheblich billiger sind, wenn man sie von Europa aus oder vor Ort über Reiseagenturen bucht. Überhaupt sind die auf Cuba vertretenen internationalen Hotelketten eher hochpreisig als preiswert und bei den halbstaatlichen cubanischen Hotelketten wie Cubanacán, Gran Caribe oder Habaguanex fällt die Preisgestaltung im Verhältnis zum Gebotenen mitunter drastisch aus.

Wer auf eigene Faust reist und gern etwas Komfort hat, sollte für einen Tag mindestens 25 CUC pro Person für Verpflegung und Getränke rechnen sowie 20–30 CUC für ein Privatquartier und mindestens 50 CUC für ein Hotelzimmer, zuzüglich Taxi oder womöglich 60 CUC täglich für den Mietwagen … Man kommt schnell auf 50 CUC pro Tag, ohne besonders komfortabel zu wohnen oder großartig zu essen (ohne Mietwagen). Im Pesocuba ist alles zwar erheblich billiger, doch dafür ungleich zeitaufwändiger oder gar nicht vorhanden bzw. nur in sehr schlechter Qualität. Das gilt für Restaurants ebenso wie für die Verkehrsmittel. Die wenigen passablen Pesounterkünfte auf der Insel haben meist nur ein oder zwei Zimmer, die sie an ausländische Touristen vermieten dürfen – zahlbar natürlich in Pesos Convertibles.

Ein Liter Superbenzin *(gasolina especial)* kostet 1,10 CUC, ein Bier 1–2 CUC, eine Flasche Mineralwasser ab 0,75 CUC, ein Mojito ab 2 CUC, ein Essen in einem Paladar durchschnittlich 6–12 CUC.

Spartipps

Die günstigste Art, Urlaub auf Cuba zu machen, ist entweder ein Pauschalpaket oder der Aufenthalt in Privatquartieren. Viele Vermieter bieten sehr komfortable Zimmer an, auf Wunsch mit Frühstück oder Halbpension. Selbst wenn man für ein Frühstück 3–4 CUC und für eine Mahlzeit 6–10 CUC zahlt, ist dieses Arrangement preiswerter als tägliche Restaurant- oder Paladarbesuche.

Wer eine Mahlzeit ausfallen lassen und sich stattdessen mit Obst stärken möchte, sollte unbedingt die Bauernmärkte *(mercados agropecuarios)* aufsuchen. Deren Angebot hängt von der Saison und der gerade herrschenden Versorgungslage ab, dafür zahlt man in Pesos Cubanos.

Reisende mit etwas robusteren Mägen können sich auch sehr billig auf der Straße ernähren. Im Angebot sind die allgegenwärtigen kleinen Pizzas mit Tomaten und Käse, aber auch Frikadellen, Sandwiches mit gegrilltem Spanferkel *(lechón),* Frittiertes oder Kuchen etc. Typisch cubanisch sind *cajitas,* komplette Mahlzeiten in kleinen Pappboxen, die oft zur Mittagszeit durchs Fenster verkauft werden. Und schließlich gibt es (fast) überall auch sogenannte Pesorestaurants, in denen man mit *moneda nacional* bezahlt, keine kulinarischen Höhenflüge erwarten darf, aber für rund 25 CUP rundum satt wird.

Trinkgeld

Die meisten Angestellten im Dienstleistungsbereich leben vom Trinkgeld, da sie ihre Gehälter in Pesos Cubanos ausgezahlt bekommen – ein Durchschnittsgehalt von 200 CUP ist nur etwa acht Euro wert. In Restaurants oder Taxis sollte man mindestens 10 % Trinkgeld geben, bei besonderer Zufriedenheit auch 20 %. Auch Kofferträger am Flughafen oder im Hotel bekommen 1–2 CUC, je nach Umfang des Gepäcks. Das Zimmerpersonal freut sich über etwa 3 CUC Trinkgeld pro Woche, bei nur einer Übernachtung sollte man 1 CUC rechnen – wobei es der Fantasie überlassen bleibt, zusätzlich eine entsprechende Sachspende in Form von Zigaretten, Seife oder Ähnlichem zu hinterlassen.

Wandern in der Sierra del Escambray? Am besten in der trockenen Winterzeit

Reisezeit und Reiseausrüstung

Klima und Reisezeit

Cuba hat eine mittlere Jahrestemperatur von 24,6 °C und lediglich zwei Jahreszeiten, die unterschieden werden: Die Monate von Mai bis Oktober sind regenreich, also heiß und feucht-schwül (Durchschnittstemperaturen in Havanna: tagsüber 31 °C, nachts 23,5 °C). Etwas kühler wird es in der Trockenzeit, also von November bis April (Durchschnittstemperaturen in Havanna: tagsüber 26–27 °C bzw. nachts 18,5–20,5 °C). Im Dezember und Januar fallen die Temperaturen manchmal bis auf 15–18 °C ab. Die Sonnensicherheit ist mit 80 % im Januar am höchsten, die Luftfeuchtigkeit bewegt sich zwischen 70 % im Winter und 82 % im Sommer. Allerdings steigt sie unmittelbar vor und nach den Regengüssen erheblich an. Zwischen Juli und November können gefährliche Hurrikane über die Insel fegen. Aktuelle Wetterberichte sind zu finden unter **www.cubaweather.org** und **www.wetteronline.de.**

Das subtropische Klima macht die Insel ganzjährig für sonnenhungrige Touristen attraktiv. Wanderenthusiasten sollten ihre Reisezeit in die Wintermonate legen, da in Cubas regenreichem Sommer viele Wege nicht begehbar sind. Auch wer das Land per Fahrrad bereist, tut gut daran, die feucht-schwüle Periode zu meiden – selbst der sonst so angenehme Fahrtwind hat dann nämlich nurmehr die erfrischende Wirkung eines Heißluftföhns.

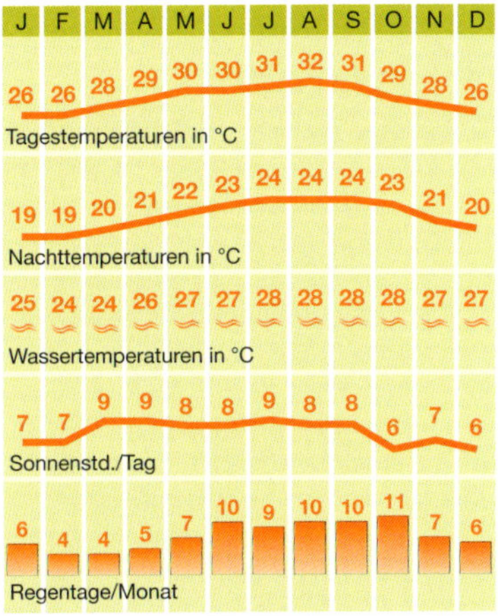

Klimadiagramm Havanna

Wer auf eigene Faust reist und überwiegend in Privatquartieren absteigt, sollte wegen der häufigen Stromausfälle eine Taschenlampe mit Ersatzbatterien dabeihaben. Auch ein Moskitonetz leistet gute Dienste, wenn der Ventilator wieder mal nicht funktioniert. Unbedingt einpacken sollte man einen hoch dosierten Insektenschutz, denn vor allem an den Stränden der Halbinsel Zapata und der nördlichen Cayos beißen die *jejenes,* eine besonders quälende Art der cubanischen Moskitovarianten.

Was sollte in den Koffer?

Aufgrund des ganzjährig warmen Klimas empfehlen sich Sandalen und leichte Kleidung aus Naturfasern. Wegen der hohen Luftfeuchtigkeit sind weite Kleidungsstücke angenehmer als enge. Ein dünner Pulli oder eine Sommerjacke gehören in den Koffer, weil viele Restaurants, Bars und Cabarets auf 15–18 °C tiefgekühlt sind.

Elektrizität

Die Stromspannung beträgt 110/120 Volt, 60 Hertz. In vielen Luxushotels gibt es einige Steckdosen mit 110 Volt und andere mit 220 Volt – fragen Sie sicherheitshalber nach, bevor Sie ein Gerät anschließen. Als Adapter benötigt man einen amerikanischen Flachstecker. In Cuba kommt es fast jeden Tag zu stundenlangen Stromausfällen, wobei die gehobenen Touristenunterkünfte meist über eigene Generatoren *(plantas)* verfügen.

Vorsorge und Reiseapotheke

Für Reisende, die nicht aus Gelbfiebergebieten kommen, ist keine Impfung vorgeschrieben. Wer auf Nummer sicher gehen will, kann sich mit den empfohlenen Impfungen Tetanus, Hepatitis A und B, Diphtherie und Typhus schützen, doch generell bestehen keine ungewöhnlichen Risiken für die Gesundheit – einmal abgesehen von der auch auf Cuba massiv vorhandenen Aidsgefahr. Seit Anfang 2002 traten auch vermehrt Fälle von Denguefieber auf, das von der Mücke *Aedis aegyptis* übertragen wird. In Havanna und Umgebung versucht man zwar, mit der Chemiekeule gegen die Erregerherde vorzugehen, doch ob dies gelingt, ist zweifelhaft, da die Ursachen bislang nicht berührt wurden: Die Mücke vermehrt sich in sauberen, stehenden Gewässern wie beispielsweise offenen Regentonnen und solche Wasserbehälter stehen auf fast jedem Dach in Cuba. Aktuelle Infos über Dengue und andere Krankheiten unter **www.fit-for-travel.de.**

Generell ist Vorsicht auch beim Wasser angeraten: Das Leitungswasser gilt zwar als trinkbar, läuft jedoch in vielen Regionen und Stadtteilen Havannas durch alte Bleirohre, weshalb man lieber auf gekauftes Wasser zurückgreifen sollte. Auf den Boden gefallenes Obst darf auf keinen Fall gegessen werden. Die Reiseapotheke sollte folgende Basisausstattung umfassen: Verbandzeug, evtl. Einwegspritzen und -nadeln, Schmerztabletten, Mückenschutz-, Durchfall- und Desinfektionsmittel, eine Brand- oder Wundheilsalbe sowie natürlich eine Sonnencreme mit hohem Lichtschutzfaktor.

Ärztliche Versorgung

Beinahe jedes 4- bis 5-Sterne-Hotel hat einen *posto médico* (›medizinische Beratungsstelle‹), der Gästen zur Verfügung steht. In Havanna und in verschiedenen Tourismuszentren der Insel gibt es besonders gut ausgestattete Kliniken für Ausländer, sogenannte *clínicas internacionales,* die Konsultationen werden in Pesos Convertibles bezahlt. Das gilt auch für die kleineren Polikliniken und die ›normalen‹ cubanischen Krankenhäuser. Letztere sind jedoch, sofern sie keine Deviseneinnahmen haben, durchweg schlechter ausgestattet.

Europäische Krankenscheine werden nicht anerkannt, man sollte sich aber unbedingt eine Quittung ausstellen lassen, damit die Auslandskrankenversicherung (seit Mai 2010 Pflicht für alle Cubareisenden, s. S. 120) die Kosten übernimmt. Bei der Victoria Versicherung beispielsweise kann man sich schon für 8,50 Euro jährlich versichern lassen, weitere Auskünfte zu diesem Thema erteilt die Webseite **www.reiseversicherung.com.**

Krankenhäuser in Havanna: **Hospital Clínico Quirúrgico Hermanos Ameijeiras,** Calle San Lázaro 701, Parque Varela, Centro Habana, Tel. 07 877 60 53, 877 60 77, Mo–Sa 8–16, Sa 8–12 Uhr (Kosten pro Konsultation ca. 25 CUC); **Clínica Internacional Cira García,** Calle 20 No. 4101, Playa, Tel. 07 204 28 11, www.cirag.cu (auch Zahnklinik). Weitere Adressen internationaler Kliniken und Apotheken sowie Optiker auf Cuba sind im Internet gelistet unter http://www.cubanacan.cu/ESPANOL/TURISMO/SALUD/webs/servicios_smi.htm (spanisch).

Gesundheitstourismus

Die zu Cubanacán gehörende Firma Cubanacán Turismo y Salud unterhält einige Hotels und (Kur-)Kliniken, die chronisch kranken Menschen wichtige Dienste anbieten, z. B. Dialyse und Physiotherapie, und spezielle Behandlungen durchführen, beispielsweise zur Heilung von Nachtblindheit, Parkinson, Rheumatismus oder Hautkrankheiten. Cubas Ärzte genießen einen hervorragenden Ruf und der Gesundheitstourismus hat sich zu einem bedeutenden Wirtschaftszweig entwickelt. Ausführlichere Infos unter **www.cubanacan.cu** (Link ›Tourism and Health‹) sowie **www.servimedcuba.com.**

Apotheken

Persönliche Medikamente sollten in ausreichender Menge mitgenommen werden. In Havanna, Varadero, Santiago sowie den größeren Touristenzentren gibt es Internationale Apotheken *(farmacias internacionales),* in denen man sich im akuten Fall versorgen kann, bezahlt wird in Pesos Convertibles. Die Ausstattung der normalen Apotheken, in denen mit Pesos Cubanos bezahlt wird, ist durchweg beklagenswert. Eine Ausnahme sind die auf Hömoopathie und Heilpflanzen spezialisierten Apotheken, von denen es zunehmend mehr gibt.

Internationale Apotheken in Havanna: u. a. in der Clínica Internacional Cira García (s. S. 142), im Hotel Sevilla (s. S. 189) und im Hotel Nacional (s. S. 191).

Notruf

Die nationalen Notrufnummern lauten **106 für Polizei** und **105 für Feuerwehr.** Auch auf den ersten Seiten der Telefonbücher findet man eine Liste von Nummern, die man im Notfall *(urgencia)* anrufen kann, z. B. *emergencia médica* (Notarzt) und *toxicología* (Vergiftungen).

Apotheke anno dazumal im Museo Farmacéutico in Matanzas

Billige Urlaubsgrüße
Einheimische zahlen Briefmarken in Pesos Cubanos – und zwar die gleiche Summe, die Touristen in Pesos Convertibles bezahlen. Vor allem in ländlichen Gebieten sollte man versuchen, es den Cubanern gleichzutun.

Fernsehen und Radio

In den Hotels kann man über Satellit internationale, vor allem US-amerikanische **TV-Programme** sowie exilcubanische Sender aus Miami empfangen. Das cubanische Staatsfernsehen hat vier Programme und sendet u. a. täglich mehrere Telenovelas aus cubanischer, mexikanischer oder brasilianischer Produktion sowie erstaunlicherweise viele, teils brandaktuelle Hollywoodstreifen dubioser Herkunft ...

Von den sechs cubanischen **Radiosendern** sind flächendeckend verbreitet: Radio Taíno (speziell für Touristen), Radio Rebelde (Nachrichten, Sport, Musik) und Radio Reloj (›Radio-Uhr‹) – Letzteres ist ein Kuriosum, da die Sprecher jede Minute die Zeit ansagen und zwischendurch Nachrichten verlesen.

Internet

In fast allen Touristen- und Provinzzentren gibt es Etecsa-Filialen namens **Telepunto** mit E-Mail-Service. Für 6 CUC ersteht man eine Guthabenkarte, die an allen Etecsa-Computern im Land den Zugang ins Internet ermöglicht (1 Std.). Den gleichen Service, aber oft um einiges teurer, bieten viele große Hotels.

Zwar haben immer mehr cubanische Einrichtungen eine Webseite, doch sind sowohl die Internet- als auch die E-Mail-Adressen ständigen Veränderungen unterworfen.

Post

Briefmarken bekommt man in der Post *(correo),* an den Rezeptionen internationaler Hotels sowie in vielen Geschäften, die Postkar-

Etwas guter Glaube ist angebracht, damit ein Brief wirklich zu Hause ankommt

ten führen. Eine Postkarte *(tarjeta postal)* per Luftpost nach Europa zu schicken, kostet 0,45 CUC, ein Brief *(carta)* wird mit 0,75 CUC frankiert. In der Regel kommt die Post vier bis sechs Wochen später in Europa an, viele Sendungen erreichen ihren Bestimmungsort allerdings nie. Für eilige und/oder wichtige Sendungen empfiehlt sich deshalb der **DHL-Service** mit Zweigstellen in fast allen Touristenorten und Provinzhauptstädten (www.dhl.com). Ähnlich funktioniert **EMS Cubapost,** ein staatlicher Expresszusteller mit Filialen (Telecorreo) in vielen Postämtern und Hotels (Calle P No. 108, zwischen Humboldt und Infanta, Vedado, Havanna, Tel. 07 836 97 90/91).

Telefonieren

Telefongespräche nach Deutschland, Österreich und in die Schweiz kosten über das Festnetz 1,50 US-$ pro Minute, von Hotels meist etwas mehr. Für Auslandsgespräche besorgt man sich am besten eine Etecsa-Telefonkarte (ab 5 CUC) und kann dann von einem Kartentelefon (blau) direkt nach Hause anrufen. Inlandsgespräche sind viel billiger, wenn man sich eine Telefonkarte in Pesos Cubanos besorgt (auch bei Etecsa erhältlich) und eines der grauen Peso-Kartentelefone oder gleich ein Peso-Münztelefon benutzt.

Ein Großteil der europäischen Netzbetreiber hat ein Roaming-Abkommen mit einer der beiden cubanischen Telefongesellschaften (Cubacel und C-Com), sodass Besitzer von **Handys** mit Tri- oder Quadband ihr Mobiltelefon auch in Cuba einsetzen können, allerdings zu hohen Tarifen. Bei Cubacel kann man Handys mieten: Calle 28 No. 510, zwischen Ave. 5ta und Calle 7, Miramar, Havanna, Tel. 07 880 22 22, www.cubacel.com.

Faxe können von Hotels, Postämtern, Etecsa, DHL oder EMS gesendet werden. Auch für eingehende Faxe wird eine Gebühr pro Seite erhoben.

Zeitungen

Cubas wichtigste Zeitung ist die **Granma,** das offizielle Sprachrohr der Kommunistischen Partei, die es in zwei Versionen gibt: einmal die nationale Tagesausgabe (www.granma.cubaweb.cu) und einmal die internationale Wochenausgabe (www.granma.cu).

Überregional vertreten sind auch die Wochenzeitungen **Juventud Rebelde** (www.juventudrebelde.cu), eine Granma-Version für die cubanische Jugend, sowie **Trabajadores** (www.trabajadores.cu), die sich an die Arbeiterschaft wendet. Nur auf Havanna zugeschnitten ist die Tageszeitung **Tribuna de La Habana** (www.tribuna.co.cu). Internationale Presse bekommt man – wenn überhaupt – nur in den großen internationalen Hotelketten und mit meist lange abgelaufenem Verfallsdatum.

Telefonieren

... von Cuba ins Ausland: 11949 (Deutschland), 11943 (Österreich), 11941 (Schweiz), dann die Ortskennzahl ohne die 0 und die Teilnehmernummer.

... nach Cuba: 0053, dann die Ortsvorwahl ohne die 0 und die Teilnehmernummer.

... innerhalb Cubas: Bei Anrufen von Havanna in andere Provinzen wählt man die Ortsvorwahl mit der 0 plus die Teilnehmernummer; zwischen allen anderen Provinzen muss man die 01 vorwählen (Ausnahme Havanna, hier nur die Ortsvorwahl 07). Achtung: Das cubanische Telefonnetz wird ausgebaut und digitalisiert, sodass sich im Buch angegebene Telefonnummern schnell ändern können. Falls Sie bei Telefonnummern in Havanna Probleme bekommen, versuchen Sie es mit einer 8 vor der angegebenen Nummer; in Santiago und Baracoa kann eine 6 vor der Teilnehmernummer zum Erfolg führen, in Trinidad eine 9. Spanisch sprechende Reisende können unter 113 die *operadora* um Hilfe bitten.

Sprachführer

Ausspracheregeln

In der Regel wird das Spanische so ausgesprochen, wie man es schreibt. Das cubanische Spanisch wird jedoch etwas nachlässiger ausgesprochen als das spanische Spanisch: Endsilben werden verschluckt, **s** wird häufig nicht gesprochen, **b** und **v** werden nur angedeutet.

Die **Betonung** liegt bei Wörtern, die auf Vokal, n oder s enden, auf der vorletzten Silbe, bei allen anderen auf der letzten Silbe. Liegt sie woanders, wird ein Akzent gesetzt (z. B. teléfono).

Treffen zwei **Vokale** aufeinander, so werden beide einzeln gesprochen (z. B. E-uropa).

Konsonanten:

b, v	unterscheiden sich nicht in der Aussprache, z. B. bueno, viejo
c	vor a, o, u wie deutsches k, z. B. casa vor e, i als stimmloser Lispellaut, z. B. gracias
ch	wie tsch, z. B. chico
g	vor e, i wie deutsches ch, z. B. gente
h	wird nicht gesprochen
j	wie deutsches ch, z. B. jefe
ll, y	wie das deutsche j, z. B. yo llamo
y	allein (= ›und‹) oder am Wortende: wie das deutsche i, z. B. hay
ñ	wie gn bei Champagner, z. B. niña
qu	wie das deutsche k, z. B. porque
z	wie deutsches s, z. B. azúcar

Allgemeines

guten Morgen/Tag	buenos días
guten Tag (ab 12 Uhr)	buenas tardes
gute(n) Abend/Nacht	buenas noches
auf Wiedersehen	adiós
tschüs	chau
Hallo, grüß Dich!	¿Hóla, qué tal?
bitte	por favor
danke	gracias
keine Ursache	de nada
ja/nein	si/no
Wie bitte?	¿Perdón?

Unterwegs

Haltestelle	parada
Bus	ómnibus/guagua/ camello
Auto	carro
Ausfahrt/-gang	salida
rechts	a la derecha
links	a la izquierda
geradeaus	todo recto
Auskunft	información
Telefon	teléfono
Postamt	correo
Bahnhof	estación
Flughafen	aeropuerto
Stadtplan	mapa (de la ciudad)
Eingang	entrada
geöffnet	abierto/-a
geschlossen	cerrado/-a
Kirche	iglesia
Strand	playa
Brücke	puente
Platz	plaza/parque

Zeit

Stunde	hora
Tag	día
Woche	semana
Monat	mes
Jahr	año
heute/gestern	hoy/ayer
früh/spät	temprano/tarde
Montag	lunes
Dienstag	martes
Mittwoch	miércoles
Donnerstag	jueves
Freitag	viernes
Samstag	sábado
Sonntag	domingo

Notfall

Hilfe!	¡Socorro!
Polizei	policía
Arzt/Zahnarzt	médico/dentista
Apotheke	farmacia
Krankenhaus	hospital

Unfall	accidente
Panne	avería

Übernachten

Einzelzimmer	habitación individual
Doppelzimmer	habitación doble
mit/ohne Bad	con/sin baño
Toilette	servicio
Dusche	ducha
mit Frühstück	con desayuno
Halbpension	media pensión
Vollpension	pensión completa
Gepäck	equipaje
Rechnung	cuenta

Einkaufen

Geschäft/Markt	tienda/mercado
Geld	dinero/plata
Kreditkarte	tarjeta de crédito
Geldautomat	cajero (automático)
teuer/billig	caro(-a)/barato(-a)
Größe	talla

Zahlen

1	uno	17	diecisiete
2	dos	18	dieciocho
3	tres	19	diecinueve
4	cuatro	20	veinte
5	cinco	25	veinticinco
6	seis	30	treinta
7	siete	40	cuarenta
8	ocho	50	cincuenta
9	nueve	60	sesenta
10	diez	70	setenta
11	once	80	ochenta
12	doce	90	noventa
13	trece	100	cien
14	catorce	150	ciento cincuenta
15	quince	200	doscientos
16	dieciséis	1000	mil

Die wichtigsten Sätze

Allgemeines

Entschuldigen Sie!	¡Disculpe!/¡Perdón!
Sprechen Sie Deutsch/Englisch?	¿Habla Usted alemán/inglés?
Ich verstehe nicht.	No entiendo.
Ich spreche kein Spanisch.	No hablo español.
Ich heiße …	Me llamo …
Wie heißen Sie?	¿Cómo se llama?
Sehr angenehm.	Encantado/-a.
Wie geht es Ihnen?	¿Cómo está Usted?
Danke, sehr gut.	Muy bien, gracias.

Unterwegs

Wie komme ich zu/nach …?	¿Cómo se llega a …?
Wo ist …?	¿Dónde está …?
Könnten Sie mir bitte … zeigen?	¿Me podría enseñar …, por favor?
Welcher Bus geht nach …?	Qué ómnibus va a …?

Notfall

Können Sie mir bitte helfen?	¿Me podría ayudar, por favor?
Ich brauche einen Arzt.	Necesito un médico.
Hier tut es mir weh.	Me duele aqui.

Übernachten

Haben Sie ein freies Zimmer?	¿Hay una habitación libre?
Wie viel kostet das Zimmer pro Nacht?	¿Cuánto vale la habitación por día?
Ich habe ein Zimmer bestellt.	He reservado una habitación.
Wo sind die Toiletten?	¿Dónde están los servicios?

Einkaufen

Wie viel kostet …?	¿Cuánto vale …?
Ich brauche …	Necesito …
Wann öffnet …?	¿Cuándo abre …?

Größter Reichtum des ›wilden Westens‹ ist der cubanische Tabak, der in den grünen Tälern zwischen eigentümlichen Felsformationen, den *mogotes*, wächst

Unterwegs in Cuba

Alle Habaneros lieben ihre Uferpromenade, den Malecón

Kapitel 1

Havanna und Achipiélago de los Canarreos

Ein Besuch in Cubas Hauptstadt Havanna gleicht einem Spagat zwischen zwei Welten. Das koloniale Altstadtensemble wurde liebevoll herausgeputzt und versetzt in lang vergangene Zeiten. Nur wenige Schritte entfernt scheinen die verfallenen Gebäude gerade einen Bombenangriff überstanden zu haben, Straßen und Gehwege sind von Schlaglöchern übersät, Müllberge türmen sich ... Diese Gegensätze machen Havanna zu einer ebenso widersprüchlichen wie faszinierenden Stadt und tauchen Besucher in ein Wechselbad der Gefühle. Die karibische Metropole lässt niemanden kalt.

Cubaner und Touristen gleichermaßen flanieren auf dem Malecón, Havannas kilometerlanger Uferpromenade, die sich vom nördlichen Rand der Altstadt gen Westen zieht und sehr ungleiche Stadtviertel miteinander verbindet: das marode Centro Habana, das ›moderne‹ Stadtzentrum Vedado und das Nobelviertel Miramar. Einen ersten Überblick über die karibische Metropole verschafft man sich am besten von der Festung El Morro aus, die gegenüber der Altstadt oberhalb der Hafeneinfahrt thront. In diese Richtung geht es auch zur ›Badewanne‹ Havannas, den Playas del Este. An Wochenenden und zu Ferienzeiten tummelt sich hier die halbe Stadt, zusammengeflickte Straßenkreuzer aus den 1950er-Jahren, das Radio voll aufgedreht, säumen die Straße am Meer – Strandleben auf Cubanisch. Einen Vorgeschmack auf die gemächlichere ländliche Gangart bekommt man in den Vororten Regla und Guanabacoa, während der riesige Parque Lenin und der Botanische Garten im Süden des Zentrums Erholung vom hektischen Stadtleben versprechen.

An einem halben Tag kann man sich bereits einen flüchtigen Eindruck von Habana Vieja verschaffen. Wer die zahlreichen Sehenswürdigkeiten und Museen näher erkunden möchte, sollte mindestens drei bis vier Tage einplanen.

Auf einen Blick

Havanna und Archipiélago de los Canarreos

Sehenswert

1 **Habana Vieja:** In Havannas Altstadt, seit 1982 auf der Liste des UNESCO-Weltkulturerbes, wurden ganze Straßenzüge liebevoll restauriert (s. S. 163).

2 **Malecón:** Kilometerlang zieht sich die Uferpromenade Havannas vom Altstadtrand bis fast nach Miramar – eine architektonische Zeitreise von der kolonialen Ära bis in die Moderne (s. S. 182).

3 **Isla de la Juventud:** Die Gewässer um die Insel gelten nicht nur als bestes Tauchrevier Cubas, sondern auch als einer der Topspots in der ganzen Karibik (s. S. 210).

Unsere Tipps

Museo de la Ciudad: Unter einem Dach vereint und noch dazu in einem der prächtigsten Paläste von Habana Vieja findet man eine Sammlung, die mit der ganzen Bandbreite der Wohnkultur, Kunst und Geschichte der Kolonie Cuba vertraut macht (s. S. 164).

Auf den Spuren von Ernest Hemingway: Mehrere Stätten in und um Havanna erinnern an den Schriftsteller – in Habana Vieja hat das Hotel Ambos Mundos sein ehemaliges Zimmer in ein Museum verwandelt (s. S. 176), aus seiner Finca im Vorort San Francisco de Paula wurde das Museo Ernest Hemingway (s. S. 203), mit den Fischern fachsimpelte er im Restaurant La Terraza in der Bucht von Cojímar (s. S. 205) und seine Drinks nahm er in den Altstadtbars El Floridita (s. S. 195) und Bodeguita del Medio (s. S. 171).

Heladería Coppelia: Das Flaggschiff der cubanischen Eissalonkette wurde berühmt durch

den Film »Erdbeer und Schokolade«, der hier begann und später sein versöhnliches Ende fand (s. S. 186).

Himmlische Unterkünfte: Übernachten mit Stil lautet die Devise zahlreicher kleiner Hotels in Habana Vieja, die in prächtig renovierten Stadtpalästen eingerichtet wurden. Kaum eine dieser Unterkünfte besitzt mehr als 25 Zimmer, alle liegen mitten im Geschehen und jede für sich hat das ganz besondere Etwas (s. S. 189).

Ausflug per Fähre: Aus einem ganz anderen Blickwinkel präsentiert sich Havanna, wenn man mit der Fähre nach Regla hinübertuckert. Die Vorstadt auf der anderen Seite der Bahía de La Habana ist ein Zentrum afrocubanischer Religionen, was nicht nur in der dortigen Kirche, sondern auch im Museo Municipal und am Tag der Virgen de Regla am 8. September zum Ausdruck kommt (s. S. 204).

aktiv unterwegs

Barhopping in Habana Vieja: Kneipe an Kneipe reiht sich in Havannas Altstadt und aus beinahe jedem Lokal dringen verlockende Live-Klänge nach draußen. Ein abendlicher Bummel durch die kolonialen Gassen kann süchtig machen nach dieser Atmosphäre und zwei der beiden cubanischen Lebenselixiere: Musik und Rum (s. S. 195).

Mit der Hershey-Bahn von Havanna nach Matanzas: Ziemlich rustikal geht es zu in Cubas einzigem elektrifiziertem Zug, der zu Beginn des 20. Jh. eine der größten Zuckerrohrplantagen der Insel bediente – eine Fahrt mit dieser Oldtimerbahn bedarf vielleicht etwas Widerstandsfähigkeit, ist jedoch ein unvergessliches Erlebnis (s. S. 201).

Havanna ▸ E/F 2

Sorgsam restaurierte Kolonialpaläste in der Altstadt, ruinenhafte Mietskasernen in Centro Habana, Geschäftshäuser und Hotels aus den *roaring fifties* in Vedado, prächtige Villen in Miramar und nicht zuletzt der von verwaschen pastellfarbenen Häusern gesäumte Malecón, Havannas weltberühmte Uferpromenade – widersprüchlicher kann sich eine Stadt kaum präsentieren und genau das macht den einzigartigen Reiz dieser karibischen Metropole aus.

Rund 2,4 Mio. Einwohner zählt die steinerne Schnecke Havanna, die sich um die Bahía de La Habana zusammenrollt und sich kreisförmig nach Westen ausdehnt. Das Herz schlägt in Habana Vieja, der Altstadt am westlichen Ufer der Bucht, auferstanden aus Ruinen, als nach mehreren Plünderungen und Bränden im 17. Jh. die Lehmbauten durch die ersten prächtigen Kolonialpaläste ersetzt wurden. Über die Jahrhunderte mauserte sich die Stadt zu einer der malerischsten Metropolen in ganz Lateinamerika, bis in den 1950er-Jahren der stetige Verfall begann – zunächst galt die Moderne mehr als die Historie und nach der Revolution war für die Stadtsanierung kein Geld mehr da. Erst gegen Ende der 1960er-Jahre stellte man einen Inventarplan der schutzwürdigsten Gebäude auf.

Die erste Stufe des Sanierungsprogramms wird im Jahr 2010 abgeschlossen sein – allein an der Zeitdauer mag man den Umfang dieses Unternehmens ablesen. Für den Erhalt der kolonialen Altstadt kämpft unermüdlich und mit medienwirksamen Mitteln der Oberhistoriker von Havanna, ›Don‹ Eusebio Leal Spengler. Er verfolgt die Strategie, als Erstes lukrative Gebäude wie Unterkünfte, Restaurants und Bars zu restaurieren und mit den Einnahmen der eigens hierfür gegründeten Firma Habaguanex die restliche Bausubstanz zu retten.

Inzwischen wurde eine Vielzahl von Straßenzügen sehr aufwendig saniert und ein Teil der Altstadt erstrahlt wieder in altem Glanz. Mit ihren traditionellen Geschäften, den kolonialen Prachtbauten und den vielen Museen ist Habana Vieja ein Touristenmagnet. Das Schöne daran: Man kann einfach ziellos und ohne Angst, etwas zu verpassen, durch die Kopfsteinpflastergassen bummeln.

Dann taucht man ein in das ganz alltägliche Leben der Habaneros. Menschen aller Hautfarben drängen sich in den klassischen Einkaufsstraßen Obispo, San Rafael und Avenida de Italia, kurz berockte Schönheiten stolzieren übers Pflaster, vor Pizza- und Eisständen bilden sich lange Schlangen. Vergeblich sucht man Laden- und Restaurantketten wie McDonald's oder Galeries Lafayette, stattdessen reihen sich antiquierte Schaufenster mit ebensolchem Inhalt aneinander.

Rund um das Capitolio ein wildes Verkehrschaos, Fahrradbimmeln im Wettstreit mit Autohupen, dazwischen ein Kutscher, der sein Pferd mit stoischer Ruhe mitten durch das hektische Treiben lenkt. Etwas ruhiger wird es erst wieder am Malecón, dem öffentlichen Wohnzimmer Havannas mit seinem kilometerlangen Sofa, der breiten Mauer, auf der es sich die ganze Stadt gemütlich macht. So viel wird am Malecón geküsst, lästern die Habaneros, dass man mit dieser Energie ganze Stadtviertel erleuchten könnte.

Geschichte

Der spanische Konquistador Pánfilo de Narváez hatte mit seinen Truppen den Westen Cubas erobert und im Auftrag von Diego Velázquez die erste Ansiedlung, San Cristóbal de La Habana, gegründet – allerdings weiß heute niemand so genau, wo und wann, denn es existiert kein Dokument darüber. Wahrscheinlich stand die erste Siedlung um 1514 nicht an der Nordküste, sondern an der für die Spanier aus strategischen Gründen interessanteren Südküste am Golf von Batabanó; von dort aus schickten sie ihre Schiffe auf den lateinamerikanischen Kontinent.

Die Lebensbedingungen erweisen sich jedoch als äußerst ungünstig: Sümpfe, Moskitoplagen und Krankheiten zwingen die Spanier dazu, dreimal ›umzuziehen‹, bis sie sich schließlich 1519 auf der Westseite der Bahía de La Habana niederlassen. Am 17. Dezember jenes Jahres wird unter einem enormen Ceiba-Baum, auf der heutigen Plaza de Armas, die Gründungsmesse für San Cristóbal de La Habana gelesen. Um diesen Platz herum wächst die Siedlung, zunächst rund um die Straßen Oficios und Mercaderes.

Die natürliche Hafenbucht wird schnell zum Ausgangspunkt für weitere spanische Expeditionen in die Neue Welt; von hier aus treibt die spanische Krone die Eroberung Mexikos voran und kolonialisiert Honduras, die Bahamas und Florida. Bereits 1532 gilt Havanna als Tor zur Neuen Welt, was das Stadtwappen mit drei Türmen und einem Schlüssel zeigt.

Umschlagplatz für Sklaven

Schon in dieser Zeit ist Havanna ein Umschlagplatz für schwarze Sklaven. 1544 be-

Die koloniale Vergangenheit in fantasievollen Kostümen nachgestellt

steht die Bevölkerung aus 40 spanischen Familien, 120 freien Indianern und 200 schwarzen und indianischen Sklaven. Da die Ureinwohner bis auf wenige Hundert ausgerottet sind, fehlen dringend Arbeitskräfte. 1580 beschließt der Rat der Stadt, mindestens 1000 Sklaven aus Afrika einzuführen, die in den Bergwerken von Baracoa arbeiten sollen, und 1595 unterzeichnet Spanien mit dem Sklavenhändler Pedro Gómez Reynol ein Abkommen, das Cuba etwa 4000 Sklaven zukommen lässt.

In seiner »Beschreibung der Insel Cuba« zeichnet der spanische Chronist Nicolás de Ribera ein detailliertes Bild der Inselbevölkerung: »Von den ursprünglichen Herren der Insel blieben nur wenige Indianer (…) Die Bewohner der Insel lassen sich aufgrund ihrer Hautfarbe in drei Klassen unterteilen: Es gibt Weiße, Mulatten und Schwarze. Die Weißen sind entweder Europäer oder stammen von Europäern ab. Die Schwarzen kommen direkt aus Afrika oder sind Nachfahren von Afrikanern und die Mulatten sind eine Mischung aus beiden: Schwarzen und Weißen. In der Bevölkerung gibt es entweder Freie oder Sklaven. Die Freien sind alle Weißen und jene Mulatten und Schwarzen, die sich aufgrund ihrer Arbeit freigekauft haben oder deren Herren ihnen die Freiheit gegeben haben. Sklaven sind all jene (…), die in Afrika gekauft und auf jene Insel gebracht wurden, oder auch diejenigen, deren Mütter Sklavinnen waren. Die Weißen teilen die politischen und zivilen Posten unter sich auf. Doch niedere militärische Grade (…) stehen auch freien Schwarzen und Mulatten offen, die ihre eigenen Bataillone haben. Sie kleiden sich wie die Weißen, allerdings tragen sie keine Perücken. Die Sklaven erleiden ein schlimmes Joch, das je nach Nationalität ihrer Herren noch drückender ist. Sie bearbeiten das Land und verrichten alle schweren Arbeiten. Auch die Schwarzen unterscheidet man: Es gibt kreolische Schwarze, die auf der Insel geboren wurden, und Schwarze aus Afrika. Letztere nennt man auch *bozales* (›radebrechend‹). Die kreolischen Schwarzen sprechen Spanisch wie die Spanier, bei den anderen kommt es darauf an, wie lange sie schon auf Cuba sind und wie leicht sie eine Sprache lernen.«

Schwierige Anfangsjahre

Havannas wachsender Wohlstand zieht außer feindlichen Flotten auch zahllose Korsaren und Seeräuber an, die in jener Zeit die Meere unsicher machen und immer wieder Teile der Stadt in Schutt und Asche legen. Die Freibeuter segeln unter englischer, französischer oder holländischer Flagge, denn diese Länder versuchen, Spanien die Vorherrschaft in der Karibik streitig zu machen.

1553 verlegt der Gouverneur seinen Sitz von Santiago de Cuba nach Havanna und ein königliches Dekret erklärt den Hafen zum Treffpunkt der Silber- und Gewürzschiffe aus den neuen Kolonien. Umso schmerzhafter ist es, als 1555 der französische Freibeuter Jacques de Sores Havanna überfällt und völlig ausplündert.

Endlich beginnen die Spanier mit dem Bau einiger Festungsanlagen: Das Castillo de la Real Fuerza (1558–77) im Osten der Plaza de Armas ersetzt die durch Jacques de Sores zerstörte Befestigungsanlage. Nachdem der englische Pirat Sir Francis Drake 1586 ebenfalls versucht, sich im Auftrag ihrer Majestät Havannas zu bemächtigen, kommen die Festung San Salvador de la Punta und, auf der gegenüberliegenden Seite, die Zwillingsbastion Los Tres Reyes del Morro hinzu.

Die neue Hauptstadt

1589 zählt Havanna rund 4000 Einwohner und avanciert 1607 zur Hauptstadt der jungen Kolonie. Im Palast des Gouverneurs werden Gesetze und Steuererlasse für die gesamte Insel erlassen und in die Schatullen der Stadt strömen die Einnahmen. Der Hafen bzw. die spanische Flotte bildet die Grundlage für das Geschäftsleben der Stadt. Quartiermacher, Zimmermänner, Seilmacher und Bootsbauer haben alle Hände voll zu tun; Prostituierte, Spieler und Gaukler finden reichlich Kundschaft bei den vielen Seeleuten. Spanier, afrikanische Sklaven, einige wenige überlebende Indianer sowie ein buntes Völkchen gestrandeter Europäer – der Historiker Hugh Thomas bezeichnet diese Stadtgesellschaft als »halb kriminell, maritim und kosmopolitisch«.

Doch eine Metropole ist Havanna zu Anfang des 17. Jh. noch nicht. Hinter den Plätzen führen ungepflasterte, schlammige und schmutzige Straßen durch die Stadt – nicht nur nachts eine gefährliche Angelegenheit. Krankheiten und Epidemien sind an der Tagesordnung und das periodisch auftretende Gelbfieber rafft immer wieder Teile der Bevölkerung dahin.

Die ersten Jahrzehnte des 17. Jh. verlaufen einigermaßen ruhig, obwohl die Engländer mehrmals versuchen, Havanna zu erobern – das geschieht 1622, 1623 und 1638. Nach dem ersten großen Brand 1622 ändert sich das Gesicht der Stadt: Die Hütten und Häuser aus Lehm weichen Neubauten aus Stein, und man errichtet die erste Wasserleitung, die vom Río Almendares zur Plaza de la Catedral führt. Die Kolonialbehörden beschließen, Havanna selbst als Festung auszubauen, und beginnen 1633 mit der Errichtung einer bis zu 10 m hohen Stadtmauer.

Innerhalb kurzer Zeit entstehen an den vielen Plätzen der Stadt elegante Stadtpaläste im Mudéjar-Stil, getreue Kopien aus der Heimat Sevilla. Die spanischen Aristokraten importieren alle erdenklichen Luxusgüter und kleiden sich nach der neuesten Mode aus Madrid. Viele sind mit Landgütern irgendwo im Hinterland reich geworden, die sie kaum jemals besuchen. Havannas größte Bauwerke sind die Klöster, in denen reiche junge Damen von der bösen Welt und dem Pöbel auf den Straßen ferngehalten werden. Die spanischstämmige Bevölkerung wird hier ausgebildet, doch Schwarzen, Mulatten und Juden ist dieses Privileg verwehrt.

Im frühen 18. Jh. ist Havanna zu einem reichen Handelszentrum und zur nach Lima und Ciudad de México drittgrößten Stadt der Neuen Welt geworden. 1723 werden Werften im Hafen eingerichtet, die in der Lage sind, Fregatten für die spanische Handels- und Kriegsflotte zu bauen. Allmählich entwickelt sich auch ein kulturelles Leben: 1728 gründen die Dominikaner die erste Universität, 1735 wird Don Francisco de Paula die Genehmigung erteilt, die erste Buchpresse Havannas aufzubauen. Vor allem wissenschaftliche Abhandlungen über Flora und Fauna der Insel sowie militärische Werke werden im 18. Jh. gedruckt.

In den Händen der Engländer

Schon seit einiger Zeit haben die Engländer ein Auge auf die ›immer treue Insel‹ der spanischen Krone geworfen und das Jahr 1762 sorgt für eine dramatische Veränderung. England erklärt Spanien den Krieg und im Juni landen englische Truppen in Cojímar östlich von Havanna. Am 30. Juli nehmen die Engländer die Morro-Festung ein und haben die Stadt in der Hand. Mangels Munition ergeben sich am 11. August die spanischen Verteidigungstruppen und unterzeichnen angesichts der englischen Übermacht von 44 Schiffen und 10 000 Soldaten die Kapitulation.

In ihrer 16-monatigen Regierungszeit annullieren die Engländer das spanische Handelsmonopol und heben die repressiven Steuern auf, was zu einer enormen Blüte der Stadt führt. Unzählige Kaufleute reisen nach Havanna, ein reger Warenaustausch zwischen Cuba und den englischen Kolonien in Nordamerika entsteht. Am meisten profitieren die reichen kreolischen Pflanzer und die Händler von dieser Situation, aber auch für die Habaneros ist diese Zeit von großer Bedeutung: In der kurzen Trennungsphase Cubas von Festlandspanien beginnen sie, sich selbst als Kreolen und nicht als Untertanen des spanischen Königshauses wahrzunehmen. Als Folge dieses neuen Selbstbewusstseins veröffentlichen cubanische Intellektuelle 1764 eine erste Zeitung: die Gaceta de Cuba.

Nach einem Jahr tauschen die Engländer Havanna gegen Florida ein und die Spanier kehren zurück auf die Insel. Sofort lassen sie eine weitere Festung errichten: San Carlos de la Cabaña, wie El Morro ebenfalls auf der der Altstadt gegenüberliegenden Seite der Hafeneinfahrt. Für den Neubau und die Wiedererrichtung der von den Engländern zerstörten Festungen El Morro und La Fuerza importiert Cuba 2000 Sklaven.

Havanna literarisch

»Der Anblick Havannas, wenn man in seinen Hafen einfährt«, schrieb Alexander von Humboldt Anfang des 19. Jh., »ist heiter und malerisch wie kein anderer an den Küsten des äquinoktionalen Amerika nördlich des Äquators. (…) Hier mischt sich eine Anmut, wie wir sie von den Kulturlandschaften unserer Klimata kennen, mit der für die heißen Zonen charakteristischen organischen Kraft …«

Der cubanische Schriftsteller Alejo Carpentier charakterisiert Havanna als eine Stadt, die einen »Stil des Stillosen« hervorgebracht habe, der sie von allen anderen Städten des Kontinents unterscheide. Unverwechselbar sei vor allem eine seltsame Konstante im Stadtbild Havannas: »Die unglaubliche Fülle von Säulen in einer Stadt, die ein wahrer Säulenstapelplatz, ein Säulenurwald, eine endlose Kolonnade geworden ist, die letzte Stadt, die Säulen in solcher Überfülle besitzt (…) Es muss nicht eigens daran erinnert werden, dass ein Fußgänger in Havanna von der Hafenfestung bis in die Außenbezirke der Stadt wandern, dass er das ganze Zentrum, die alten Pflasterstraßen Monte oder Reina durchwandern (…) könnte und sich dabei immer in ein und derselben, sich stets erneuernden Kolonnade befände.«

Der »steinerne Traum« Havanna wurde literarisch verewigt. Havanna spielt in vielen Romanen cubanischer Autoren eine heimliche Hauptrolle und erweist sich als Chamäleon – die Stadt besteht aus so vielen Widersprüchen, Schönheiten und Abgründen, dass sie unzählige Perspektiven eröffnet, von denen eine so wahr ist wie die andere. In Lezama Limas berühmtem Roman »Paradiso« spazieren Cemí, Foción, Fronesís und ihr Schöpfer Lezama durch die Straßen der Altstadt wie durch den Bauch eines Wals.

Lezama Lima durchzieht mit seinen Figuren den Stadtkern *intra muros,* das Havanna der Cafés und Buchhandlungen, der Antiquariate und Geschenkläden. Alles, was jenseits dieser engen Grenzen liegt, das moderne Stadtzentrum Vedado, empfindet er als »außerhalb der Stadt«, als fremdes Territorium, nebelhaft und gefährlich.

Lezama Limas Havanna hat Mauern aus Zeit, aus den Stunden, die es begrenzen. Es ähnelt einer Provinzstadt, die sich abends früh verschließt. In »Paradiso« erscheint Havanna als die geordnete Stadt eines Lesesüchtigen, die des Nachts fast verschwindet, bis von ihr nur noch ein Lichtschein auf einer Buchseite übrig bleibt.

Damit ist das Havanna von Lezama Lima der Gegenpol zu dem anderen berühmten Roman über die Stadt, »Drei traurige Tiger« von Guillermo Cabrera Infante. Viele Szenen des Romans spielen im modernen Vedado mit seinen Bars und Cabarets, den unzähligen Radiostationen und Fernsehstudios. Cabrera Infantes Figuren sind Nachtschwärmer, die von der Rampa aus in die glitzernden (vorrevolutionären) Abgründe der Stadt rutschen, auf der Jagd nach einer schnellen Liebesnacht, getrieben von der Verzweiflung, nicht an allen Orten gleichzeitig sein zu können. Die herzzerreißenden Boleros der Saison sind ihre Wegweiser: »Ich fahre in die Stadt zurück und erkenne durch die frische Nachtluft die Straßen wieder und erreiche die Rampa und fahre weiter und biege in die Infanta ein und parke beim Las Vegas, das ge-

Thema

schlossen ist (...) und gehe weiter, zu Fuß die Infanta und dann die Humboldt hinunter, und lande in einer dunklen Ecke, wo ein paar Mülltonnen herumstehen, und höre, dass aus den Mülltonnen ein Lied ertönt, und gehe um sie herum, um herauszufinden, welche Tonne denn singt, damit ich sie ihrem auserlesenen Publikum vorstellen kann, und ich gehe um die eine Tonne herum und um die andere und um die nächste, und da merke ich, dass die lieblichen Worte aus dem Boden heraufsteigen, zwischen den Speiseresten und schmutzigen Papierfetzen und alten Zeitungen, die dem hygienischen Anspruch der Mülltonnen hohnsprechen, und sehe, dass sich unter den Zeitungen ein trockengelegter Abwasserkanal befindet, ein Gitterrost auf dem Bürgersteig, der Entlüftungsschacht eines Lokals, das da unten sein muss, unter der Straße oder im Keller, oder vielleicht ist es der Schornstein des musikalischen Kreises der Hölle (...) und ich biege um die Ecke und gehe die rote Treppe hinunter: rot gestrichene Wände, mit rotem Teppichboden ausgelegte Stufen, mit rotem Samt bezogener Handlauf, und tauche in die Musik und in das Geklirr der Gläser und in den Geruch nach Alkohol und Rauch und Schweiß und in die bunten Lichter und in die Leute und höre den Schluss des berühmten Boleros, in dem es heißt, Lichter, Trunkenheit und Küsse, vorbei ist unsere Liebesnacht, adios, adios, adios, und der Cuba Venegas' Erkennungsmelodie ist, und ich sehe, dass sie sich elegant und schön und von oben bis unten in Himmelblau verbeugt und sich noch einmal verbeugt und dabei die großen, runden halben Brüste zeigt, wie die Deckel zweier Wundertöpfe, in denen Ambrosexia kocht, die einzige Nahrung, die aus Männern Götter macht, und ich freue mich, dass sie sich verbeugt, lächelt, ihren unglaublichen Körper bewegt und ihren schönen Kopf zurückwirft und dass sie nicht singt, weil es schöner, viel schöner ist, Cuba zu sehen, als sie zu hören, denn wer sie sieht, liebt sie, aber wer sie hört und ihr genau zuhört und sie kennt, kann sie nicht mehr lieben, nie mehr.«

Havanna – ein steinerner Traum

Aufstieg …

Nach dem Abzug der Briten sieht sich die spanische Krone gezwungen, ihrer Kolonie nach und nach den Freihandel zu erlauben. In der Folge erlebt Havanna einen bis dahin nicht gekannten Aufschwung: Breite Prachtstraßen wie der Prado, baumbestandene Avenidas, prunkvolle Herrenhäuser, Cafés und das erste Theater werden gebaut; es entstehen Kleinode barocker Kolonialarchitektur wie die Plaza de Armas (›Waffenplatz‹) in ihrer heutigen Form, die Plaza de la Catedral und der Palacio de los Capitanes Generales (›Palast der Generalkapitäne‹). 1776 öffnen sich die Pforten des Coliseo, 1791 wird die erste Straßenbeleuchtung eingeführt, 1818 entsteht die Kunst- und Zeichenschule San Alejandro und in derselben Zeit wird der Botanische Garten fertiggestellt. 1830 dann weihen die Habaneros die erste Eisenbahnlinie Cubas ein.

Die Stadtbevölkerung wächst unaufhörlich. 1860 zählt man 160 000 Einwohner, sodass der Ring der Stadtmauer 1863 niedergerissen werden muss, um neue Wohnviertel entstehen zu lassen. Als 1893 sogar ein Wasserversorgungsnetz angelegt wird, gilt Havanna endgültig als modernste Hauptstadt Lateinamerikas. In jener zweiten Hälfte des 19. Jh. glitzert Havanna wie kein anderes Juwel der spanischen Krone – so beschreibt es ein Zeitgenosse. Die reichen Habaneros sind keineswegs geneigt, ihr luxuriöses Leben durch die Unannehmlichkeiten eines Bürgerkriegs stören zu lassen. Also ist Havanna während des zehnjährigen Unabhängigkeitskriegs (1868–78) eine prospanische Bastion.

… und Niedergang

Das luxuriöse Leben der reichen Oberschicht ändert sich erst 1880, als die Zuckerpreise in den Keller rutschen und viele Pflanzer gezwungen sind, ihre Ländereien an Nordamerikaner zu verkaufen. Es dauert eine Weile, bis sich dieser Umschwung auch im städtischen Leben bemerkbar macht; die Elite der Stadt sitzt in den Kaffeehäusern rund um das Gran Teatro bei Eiscreme und Champagner. Ausländische Besucher bewundern das benachbarte Hotel Inglaterra, in dieser Zeit der In-

Die Mischung macht's: Jugendstil und Revolution in einer alten Villa

begriff an Eleganz und das erste Hotel, das Einzelzimmer und Bäder anbieten kann. Doch die Riesengewinne aus dem Zuckerrohr werden allmählich nicht mehr in Havanna ausgegeben, sondern in New York. Dafür wachsen die Rotlichtbezirke der Stadt: 1885 zählt Havanna mehr als 200 Bordelle, nicht gerechnet die Spielhöllen in den verrufenen Vierteln San Isidro und Jesús Maria. Als 1895 der zweite Unabhängigkeitskrieg beginnt, grenzt sich Havanna wieder vom übrigen Cuba ab. Bis auf vereinzelte Aktionen können die Unabhängigkeitskämpfer nicht auf Unterstützung aus der Hauptstadt rechnen – Havanna bleibt der Rest der ›ewig treuen Insel‹, obwohl der berühmteste Sohn der Stadt, der Revolutionär José Martí, hier 1853 geboren wurde.

1898 explodiert im Hafen von Havanna der US-Kreuzer Maine mit 288 Matrosen an Bord. Für die USA ein willkommener Anlass, Spanien den Krieg zu erklären, aufseiten der ohnehin siegenden cubanischen Befreiungstruppen einzugreifen und bei den Friedensverhandlungen Cuba auszuschließen. Als die Amerikaner 1898 nach Havanna kommen, finden sie eine heruntergewirtschaftete Stadt vor, der es jedoch ungleich besser geht als dem Rest der Insel: Das Land ist von den beiden Kriegen völlig verwüstet, die Plantagen niedergebrannt, die Dörfer menschenleer. 200 000 Cubaner sind für die Unabhängigkeit gefallen – mehr als in allen ehemaligen spanischen Kolonien Lateinamerikas zusammen.

Leben nach amerikanischem Vorbild

Nach dem Unabhängigkeitskrieg gegen Spanien wird Cuba 1902 de facto zu einer Kolonie der Vereinigten Staaten und Havanna zum Zentrum des *american way of life.* Die Neureichen bauen ihre Villen in Vedado, auf dem grünen Hügel, am liebsten im Stil des Art nouveau. In dem Viertel zwischen Habana Vieja und Vedado, dem heutigen Centro Habana, schießen Bordelle, Kaufhäuser und riesige Mietskasernen, die sogenannten *solares,* aus dem Boden. Hier leben vor allem schwarze Cubaner, viele davon Mitglieder der afrocubanischen Geheimgesellschaft Abakuá (s. S. 73), die den Ruf haben, notorische Messerhelden und brutale Kriminelle zu sein.

Auch die Elite verlässt Habana Vieja. Sie bezieht Luxusvillen in Richtung Miramar, mit Blick aufs Meer und eindeutig besserer Luft. In den zurückgelassenen kolonialen Stadthäusern richten sich Schulen, Zigarrenmanufakturen und Hotels ein. Amerikanische Bankhäuser ziehen in der Calle Obispo neoklassizistische Bauten hoch, während die Touristen die Gegend um den Parque Central für den Nabel Havannas halten: Hier stehen die luxuriösen Hotels Biltmore-Sevilla, Plaza und Inglaterra. Die ersten Countryclubs entlang der Küste von Miramar ziehen Glücksspieler aus der ganzen Welt an. Seit 1926 kommt man auch ganz schnell dorthin: über den Malecón, die nach 25-jähriger Bauzeit fertiggestellte Uferpromenade. Überall in Havanna, vor allem in den vornehmen ›weißen‹ Stadtvierteln Vedado, Miramar und Playa, entstehen feudale Dancehalls, darunter das superelegante Tropicana, und marmorgetäfelte Spielsalons.

Blutige Wege zur Revolution

Als sich 1920 das cubanische Präsidentenkarussell zu drehen beginnt, mutieren die Straßen Havannas zum Schauplatz eines blutigen Polittheaters. Bis 1959 werden die Reichen immer reicher. Der *american way of life* setzt sich sogar bei den rebellischen Studenten der 1940er-Jahre durch: Sie protestieren in feinen Tuchanzügen und fahren in großen Buicks durch die Stadt. Streikende Arbeiter, arbeitslose Schwarze und das Heer des städtischen Subproletariats allerdings schlagen sich mit dem allgegenwärtigen Hunger, ungesunden Lebensbedingungen und der ebenso allgegenwärtigen Polizei herum.

In den 1950er-Jahren ist Havanna fast vollständig in den Händen der Mafia, die auch architektonisch ihre Zeichen setzt. Das Hotel Habana Riviera am Malecón ist mit seiner luxuriösen Spielbank der Lieblingstreff von Meyer-Lanski & Co. Wolkenkratzer wie das Hilton (heute Habana Libre) und das FOCSA-Gebäude markieren den Zeitgeschmack. Der Diktator Batista zieht mit seinen Ministern vom Capitolio um zur (heutigen) Plaza de la Revolución: Dort hat er für jedes Ministerium einen scheußlichen Turm bauen lassen und an der Westseite des Platzes einen gigantischen Obelisken und ein Denkmal für den Revolutionär José Martí, als sei dieser sein geistiger Vater. Doch bei diesem Rückgriff auf die cubanische Geschichte bleibt es: In den 1950er-Jahren zählt auf Cuba nur, was neu, modern und clean ist, und die Altstadt darf getrost in sich zusammenfallen. Das tut sie auch, denn in die alten Kolonialhäuser mit den fast 5 m hohen Decken hat man auf der Hälfte Zwischendecken eingezogen und auf diese Weise unzählige Miniwohnungen geschaffen. In diesen sogenannten *barbacoas* leben vielköpfige Familien, meist mittellose Schwarze. Durch die Überbelastung der Wände beginnen schon in den 1950er-Jahren viele Häuser einzustürzen.

Die High Society nimmt es gelassen hin, als Rebellen 1956 den Nachtclub Tropicana bombardieren – innercubanische Querelen. Im darauffolgenden Jahr überfällt eine linksgerichtete Gruppe namens Directorio Nacional den Präsidentenpalast. Allerdings ist Batista vorgewarnt, sodass 35 Rebellen direkt vor Ort umgebracht werden und die meisten anderen kurz danach. Ab 1958 gehören Bomben und Schießereien zum Alltag Havannas – zunächst nur eine intellektuelle Elite, dann auch die Mittelschichten und das Proletariat kämpfen mit allen Mitteln gegen Batistas Diktatur. Polizei und Militär schlagen erbarmungslos zurück und richten Blutbäder an. Die amerikanischen Touristen ziehen sich allmählich zurück. Die Gewerkschaften rufen zum Generalstreik auf, um die Rebellen in der Sierra Maestra zu unterstützen.

Der Wolkenkratzer des (damals) modernsten Hotels Cubas, des Havanna Hilton, ist gerade zwei Monate fertig, da zieht die Rebellenarmee in Havanna ein, tauft das Hotel um in Habana Libre und bezieht dort ihren ersten Regierungssitz.

Die Ära Castro

Nach der Revolution wird zunächst in die kleineren Städte auf dem Land investiert – nach Havanna fließt nur wenig Geld. Dahinter steht die Absicht, die Stadt, in der 1959 ungefähr 1,6 Mio. Menschen leben, nicht wie einen Wasserkopf weiterwachsen zu lassen. Allerdings bewirkt diese Strategie, dass selbst die notwendigsten Maßnahmen zum Erhalt der Bausubstanz Havannas unterbleiben. Die Revolutionsregierung macht sich zunächst daran, die Prostitution einzudämmen, indem sie den Frauen berufliche Alternativen als Lehrerinnen etc. anbietet, die Spielbanken zu schließen und die Slumbewohner in menschenwürdigere Wohnungen umzusiedeln – dabei entstanden solch architektonische Scheußlichkeiten wie Habana del Este und Alamar, beide im Osten Havannas. Der Präsidentenpalast und das Capitolio werden in ein Revolutionsmuseum respektive eine Bibliothek umgewandelt. Die Villen in Vedado, Miramar und Playa werden nach und nach verstaatlicht und zu Behörden, Schulen und Kindergärten umfunktioniert.

Spätestens ab Ende der 1980er-Jahre ändert sich das Bild erneut. Ausländische Firmen erhalten die Möglichkeit, sich in Cuba zu engagieren, viele staatliche Einrichtungen werden wieder geschlossen und die Gebäude dienen als Dependancen internationaler Unternehmen, als Läden oder Restaurants.

Doch seit der 1990 über die Insel hereingebrochenen Dauerwirtschaftskrise fehlt es an Baumaterialien und an Geld, um die Gebäude zu pflegen, zu sanieren und zu restaurieren. Die Stadt verfällt zunehmend, einige Viertel haben sich in Slums verwandelt und wegen des Benzin- und Devisenmangels sind selbst so lebenswichtige Dinge wie Müllab-

Tipp: Vorsicht!

Mit der in Metropolen üblichen **Kleinkriminalität** ist auch in Havanna zu rechnen. Man sollte immer auf Taschen und Portemonnaies achten, keine Wertsachen zur Schau stellen und schon gar keine Kameras sorglos über der Schulter tragen. Gestohlen wird übrigens meist tagsüber an belebten Orten sowie in Bussen.

Havanna Übersichtskarte

fuhr, Wasser- und Stromversorgung problematisch. Viele Straßen sind in einem beklagenswerten Zustand, riesige Schlaglöcher *(guaches)* behindern den Verkehr und verschlingen des Nachts Fußgänger. Ein satirisches Lied behauptet, jeder der 2,4 Mio. Habaneros dürfe ein mindestens badewannengroßes Schlagloch sein Eigen nennen.

1 Habana Vieja

Cityplan: S. 166

Das engmaschige Straßennetz der Altstadt lernt man am besten zu Fuß kennen. Einige Straßen sind ohnehin nur Fußgängern vorbehalten, außerdem versperren häufig Baustellen oder Stützkonstruktionen für marode Gebäude den Weg. Das Alltagsleben spielt sich weitgehend auf der Straße ab und insbesondere Mietwagen sind deutliche Fremdkörper. Verbringt man nur wenige Tage in Havanna, verschaffen die von den Agenturbüros in den Hotels angebotenen Stadtrundfahrten einen ersten Eindruck. Doch es lohnt sich, ohne Zeitdruck durch Habana Vieja zu spazieren, auch von den hier vorgeschlagenen Wegen abzuweichen und in die Seitenstraßen einzutauchen. Ein großer Teil der Altstadt strahlt zwar im Glanz frischer Renovierungen, doch besonders hier und in Centro Habana sind die Ruinen zusammengestürzter Häuser noch zahlreich. Ein Rundgang sollte dort beginnen, wo alles angefangen hat: an der Plaza de Armas.

Plaza de Armas

Das Herz von Habana Vieja schlägt auf der **Plaza de Armas.** In fast allen spanischen Städten gibt es einen solchen ›Waffenplatz‹: Hier paradierten und exerzierten die Truppen des spanischen Königs. Vor allem im 18. und 19. Jh. war die Plaza de Armas ein Zentrum des städtischen Lebens und der eleganteste Treffpunkt der Stadt. Auch heute ist die Plaza de Armas mit der Statue des Unabhängigkeitskämpfers Carlos Manuel de Céspedes in der Mitte einer der belebtesten und schönsten kolonialen Plätze Havannas.

Prächtigster Kolonialpalast an der Plaza de Armas ist der **Palacio de los Capitanes Generales** 1 (›Palast der Generalkapitäne‹), mit dessen Bau 1776 begonnen wurde. Vorher stand hier die Iglesia Parroquial Mayor. Die Reste der Beerdigungsstätten im Hof des Palasts weisen noch auf die frühere Vergangen-

Kostenloses Oldtimermuseum: die Straßen der Altstadt

heit hin. Der Palast war über 100 Jahre Amtssitz der spanischen Gouverneure auf Cuba. Man sagt, dass der Straßenbelag unmittelbar vor dem Palast aus Holzplanken besteht, weil die Gouverneure sich im Schlaf nicht vom Rattern der Kutschen stören lassen wollten. Hierher zogen die Cabildos, die Vereinigungen von Sklaven jeweils eines afrikanischen Volks, am Dreikönigstag, um den Gouverneuren Glück und Segen zu wünschen. Aus den Palastfenstern regnete es dann Goldmünzen, Schokolade und andere Süßigkeiten. Nach der Unabhängigkeit richtete sich die US-amerikanische Besatzungsmacht hier ein, der bis 1920 diverse cubanische Präsidenten folgten. Anschließend beherbergte der Palast das Rathaus von Havanna und nach 1959 die Stadtverwaltung. 1967 wurde der Palast renoviert und seitdem ist hier das höchst sehenswerte **Museo de la Ciudad** untergebracht.

Das Stadtmuseum gibt einen guten Einblick in die Kunst und Geschichte der reichen Kolonie Cuba und die Lebensart ihrer Gouverneure. Im schattigen Patio erinnert eine Statue an den Entdecker Christoph Kolumbus und in einer Ecke des Innenhofs steht ein großer Tonbehälter *(tinajón),* in dem das Regenwasser gesammelt wurde. Neben einer umfangreichen Sammlung religiöser Kunst aus dem 18. Jh. im Erdgeschoss sind in der

ersten Etage einige Räume zu besichtigen: ein elegantes Speisezimmer mit kostbarem Porzellan und Möbeln aus Edelhölzern, das Thronzimmer für den spanischen König, der es allerdings niemals benutzte, ein Ballraum (genannt Spiegelsaal), ein Musikzimmer und eine Kapelle. Außerdem beherbergt das Museum eine Reihe von Reliquien der cubanischen Geschichte: Porträts und persönliche Gegenstände der wichtigsten Unabhängigkeitskämpfer, die erste cubanische Flagge von 1850, die Totenmaske von General Máximo Gómez, das Boot des Volkshelden Antonio Maceo, Uniformen aufständischer Generäle und Offiziere sowie viele Waffen aus dem 19. Jh., darunter eine Kanone, die einfallsreiche Rebellen aus Leder fabriziert haben. Die Glocken vor dem Eingang des Palasts stammen übrigens von großen Zuckerplantagen im ganzen Land; sie riefen die Sklaven zur Arbeit auf den Feldern.

An den Wochenenden finden im Patio des Palasts häufig Dichterlesungen oder kleine Konzerte statt (Tel. 07 861 50 01, Di–So 9.30–16.30, 3 CUC).

Der ziemlich düstere **Palacio del Segundo Cabo** 2 schräg gegenüber wurde im Jahr 1772 für die höheren Verwaltungsoffiziere der Kolonie gebaut. Heute hat hier das Cubanische Buchinstitut seinen Sitz und im Erdgeschoss befindet sich eine sehr gut sortierte Buchhandlung.

Bücher und alte Zeitschriften kann man aber auch direkt auf dem Platz kaufen, wo von Mittwoch bis Samstag ein großer **Büchermarkt** stattfindet. Straßenhändler bieten cubanische und lateinamerikanische Literatur, ethnologische und geografische Werke zu verhandelbaren Preisen an. Auch seltene Erstausgaben finden sich darunter.

Neben dem Palacio del Segundo Cabo steht eine der ältesten Befestigungsanlagen Lateinamerikas und die älteste Havannas: das königliche Fort **Castillo de la Real Fuerza** 3**,** kurz La Fuerza. Es ersetzte die von dem französischen Korsaren Sores zerstörte kleinere Festung und wurde zwischen 1558 und 1577 gebaut. La Fuerza sollte die Zufahrt zum Hafen von Havanna schützen, doch der Schwachpunkt ihrer strategischen Lage stellte sich schnell heraus: Von den Hügeln auf der gegenüberliegenden Seite der Hafeneinfahrt konnte das Fort leicht angegriffen werden. Da die Festung zunächst als sicher galt, diente sie den spanischen Gouverneuren als Hofsitz. Erst nach der Eroberung Havannas durch die Engländer 1762 zogen die Gouverneure an den Waffenplatz um. Später verwandelte man La Fuerza in eine Kaserne, dann in ein Archiv. Heute ist hier das **Museo Naval** (›Marinemuseum‹) untergebracht, das über die Seefahrt seit Kolonialzeiten informiert. Einer der Festungstürme trägt eine 2 m hohe Figur, die **Giraldilla.** Gouverneur Her-

Canal de Entrada
Avenida del Puerto
San Pedro
Baratillo
Jústiz
Obrapía
Plaza de San Francisco
Oficios
Brasil
Muralla
Plaza de Armas
O'Reilly
Obispo
Plaza de Simón Bolívar
Mercaderes
Amargura
Lamparilla
Plaza Vieja
Parque Luz Caballero
San Ignacio
Plaza de la Catedral
Cuba
Brasil (Teniente Rey)
Aguiar
Habana
Anfiteatro de La Habana
Tacón
Empedrado
Tejadillo
Iglesia y Convento de Santa Teresa
Parque Cervantes
San Juan de Dios
Compostela
Cuarteles
Chacón
Plaza del Cristo
Aguacate
Iglesia Santo Cristo del Buen Viaje
Villegas
Cristo
Bernaza
Avenida de las Misiones
Colón
Emedrado
Fábrica de Tabacos la Corona
Agramonte (Zulueta)
Neptuno
San Rafael
San Martín
Agramonte
(Teniente Rey)
Teatro Fausto
Trocadero
Animas
Parque Central
T3
T1
Paseo de Martí (Prado)
Asistur
Refugio
Consulado
Industria

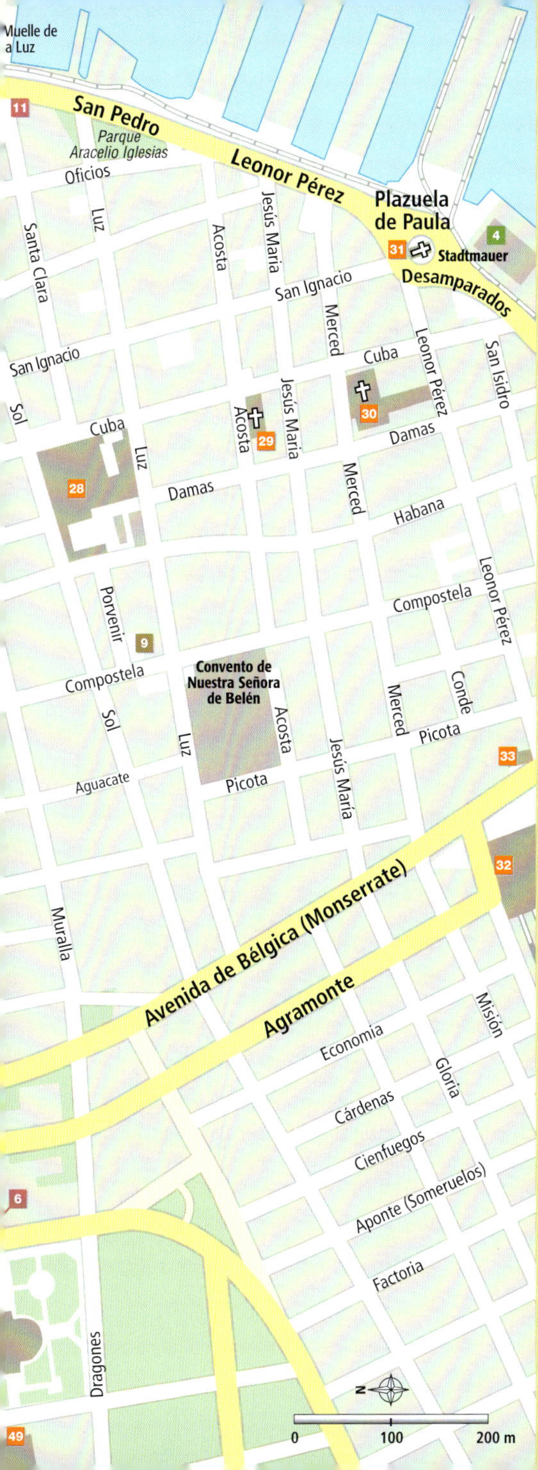

Habana Vieja

Sehenswert

1 Palacio de los Capitanes Generales
2 Palacio del Segundo Cabo
3 Castillo de la Real Fuerza
4 El Templete
5 Gabinete de Arqueología
6 Catedral
7 Palacio de los Condes de Lombillo
8 Palacio de los Condes de Bayona
9 Casa de Baños
10 Taller Experimental de Gráfica de La Habana
11 Palacio del Marqués de Aguas Claras
12 Casa del Conde de la Reunión
13 La Bodeguita del Medio
14 Gemeinschaftspraxis Aspiazo-Castro-Resende
15 s. Karte S. 178/179
16 Seminario de San Carlos y San Ambrosio
17 Casa del Obispo
18 Casa de los Árabes
19 Museo del Automóvil
20 Lonja del Comercio
21 Basílica de San Francisco de Asís
22 Museo del Ron
23 Cuervo y Sobrinos
24 Palacio del Conde de Jaruco
25 Palacio de los Condes de Lombillo
26 Fototeca de Cuba
27 Casa de los Marqueses de la Real Proclamación
28 Convento de Santa Clara
29 Iglesia del Espíritu Santo
30 Iglesia de Nuestra Señora de la Merced
31 Iglesia de San Francisco de Paula
32 Estación Central (Bahnhof)
33 Casa Natal de José Martí

Fortsetzung s. S. 168

Habana Vieja

Sehenswert

34 Iglesia y Convento San Agustín
35 Museo del Chocolate
36 Museo de la Cerámica
37 Casa de Simón Bolívar
38 Casa Benito Juárez
39 Perfumería Habana 1791
40 Casa de África
41 Casa de la Obra Pía
42 Museo del Tabaco
43 Maqueta del Centro Histórico
44 Farmacia Taquechel
45 Droguería Johnson
46 Hotel Inglaterra
47 Gran Teatro de La Habana
48 Capitolio
49 Fábrica de Tabacos Partagás
50 Manzana de Gómez
51 Centro Asturiano
52 Palacio de Bellas Artes
53 Memorial Granma
54 Museo de la Revolución
55 – 56 s. Karte S. 178
57 – 62 s. Karte S. 184
63 s. Karte S. 178
64 – 67 s. Karte S. 184
68 – 69 s. Karte S. 178

Übernachten

1 Santa Isabel
2 Sevilla
3 Florida
4 Ambos Mundos
5 Conde de Villanueva
6 Los Frailes
7 Hostales Valencia und Comendador
8 El Mesón de la Flota
9 Casa Humberto
10 Casa Eduardo
11 s. Karte S. 178
12 – 16 s. Karte S. 184

Essen & Trinken

1 Café del Oriente
2 El Templete
3 Café Taberna
4 Al Medina
5 La Zaragozana
6 Los Nardos
7 Europa
8 Ruinas del Parque
9 Torre de la Vega
10 La Barrita
11 Los Marinos
12 Café Santo Domingo
13 A Prado y Neptuno
14 Doña Blanquita
15 – 16 s. Karte S. 178
17 – 21 s. Karte S. 184

Einkaufen

1 Librería Ateneo Cervantes
2 El Navegante
3 Foto Obispo
4 Almacenes San José
5 Palacio de la Artesanía
6 Estudio Villanueva
7 Asociación Cubana de Artesanatos
8 Longina Música
9 Casa del Café Mamá Inés
10 Casa del Ron
11 Artehabana Plaza Cultural
12 – 17 s. Karte S. 184

Abends & Nachts

1 Taberna de la Muralla
2 Café Paris
3 Lluvia de Oro
4 El Bosque Bologna
5 El Floridita
6 Castillo de Farnés
7 Monserrate
8 Casa de la Cultura de La Habana Vieja
9 s. Karte S. 178
10 – 15 s. Karte S. 184

Aktiv

1 Viajes San Cristóbal
2 Escuela Danzamor
3 s. Karte S. 184

nando de Soto setzte seiner Ehefrau damit ein Denkmal. Die Giraldilla begegnet einem auf dem Etikett des bewährten Havana-Club-Rums wieder und sogar auf den Rührstäbchen aus Plastik, die man zu den meisten Cocktails reicht, denn sie ist eines der Wahrzeichen von Havanna. Allerdings ist die Figur auf dem Turm ein Duplikat; das Original wird in Havannas Museo de la Ciudad (s. S. 164) aufbewahrt (Ave. del Puerto, Di–So 9.30–17 Uhr, 1 CUC).

Gegenüber der Festung befindet sich ein alter Ceiba-Baum und, in seinem Schatten, **El Templete** 4. ›Das Tempelchen‹ im neogriechischen Stil wurde 1828 an der Stelle erbaut, wo am 25. Juli 1519 mit der ersten Katholischen Messe die Stadtgründung Havannas gefeiert worden war. Der 17. Dezember ist in Cuba übrigens Ceiba-Tag: Die Habaneros stehen dann Schlange, um den Stamm zu tätscheln und dreimal um den Baum zu laufen, während sie sich etwas wünschen. Im Innern des Templete ist die Stadtgründung noch einmal bildlich festgehalten auf zwei Gemälden des französischen Malers Juan Batista Vermay, der lange auf Cuba lebte (Di–So 9.30–17 Uhr, 1 CUC).

Der **Palacio del Conde de Santovenia** neben dem Templete vom Ende des 18. Jh. wurde im Zuge der Altstadtsanierung ebenfalls restauriert und beherbergt heute das wunderschöne **Luxushotel Santa Isabel** 1 (s. S. 189) mit dazugehörendem Restaurant, wo man in herrschaftlichem Ambiente speisen kann. Anspruchsvoll sind auch die Preise im Café und in der Bar auf der Dachterrasse, die jedoch einen herrlichen Blick über die Altstadt und die Plaza de Armas bietet.

Von der Plaza de Armas zur Plaza de la Catedral

Der direkteste Weg von der Plaza de Armas zur Plaza de la Catedral führt über die **Calle Tacón,** die am Palacio del Segundo Cabo vom Waffenplatz abzweigt.

Archäologisch Interessierte können in der Tacón 12 einen Zwischenstopp einlegen, wo das **Gabinete de Arqueología** 5 u. a. Funde aus den Indianerkulturen Cubas und Lateinamerikas, darunter viele Objekte aus Peru, zeigt (Tel. 07 861 44 69, Di–Sa 9.30–17, So 9.30–13 Uhr, 1 CUC).

Dort, wo sich heute die **Plaza de la Catedral,** Havannas schönster Platz, erstreckt, war ursprünglich ein Sumpf. Nachdem er trockengelegt war, baute man den Chorro-Aquädukt, die erste Wasserversorgung der Neuen Welt. Bis ins 18. Jh. jedoch waren der Platz am Rand der damaligen Siedlung und seine Umgebung ziemlich verrufen. Das änderte sich erst, als die Jesuiten hier im Jahr 1704 eine kleine Missionskirche errichteten. Die Seitenschiffe und die Barockfassade kamen später hinzu – erst 1789 wurde der Bau beendet und die Hauptkirche Havannas zog von der Plaza de Armas in die **Catedral** 6 um. 1767 wurden die Jesuiten aus Cuba vertrieben und die Kathedrale erhielt unter der Oberherrschaft des Königs von Spanien ihren letzten Schliff.

Heute sieht die kleine Kathedrale älter aus, als sie ist. Eigentlich wirkt sie wie ein verwittertes, von den Wellen abgeschliffenes Fundstück aus dem Meer, in das sich Muscheln und Meerschnecken eingenistet haben. Das liegt an dem weichen Kalksandstein, an dem das aggressive subtropische Seeklima während zweier Jahrhunderte geknabbert hat. Trotzdem kann man noch gut erkennen, was cubanische Dichter meinten, als sie behaupteten, die spiralförmig verschlungenen Verzierungen der Säulenkapitelle erinnerten sie an den kräuselnden Rauch von Havanna-Zigarren oder an die Wellen des Meers.

Die beiden Türme der Kathedrale sind unterschiedlich hoch: Im rechten, höheren Turm hängen die sieben Tonnen schwere San-Pedro-Glocke aus Spanien und die kleine San Miguel aus Matanzas. Doch hören kann man die Glocken nicht, der Glockenturm ist stumm.

Zwei Reihen gewaltiger Säulen trennen im Innern die Seitenschiffe vom Hauptschiff. Der italienische Künstler Bianchini schuf den Hauptaltar und das Tabernakel. Auch die Fresken am Hauptaltar ließ man von einem Italiener, Peruvani, malen. Sie gehören zu den frühesten Malereien in Cuba. Von 1796 bis 1898 ruhten im Hauptschiff die Gebeine von Christoph Kolumbus. Am Ende ihrer Herrschaft nahmen die Spanier sie mit nach Sevilla, wo erst 2006 mithilfe genetischer Tests bewiesen wurde, dass es sich tatsächlich um die sterblichen Überreste des berühmten Entdeckers handelt (tgl. 10–15 Uhr, Messe So um 10.30 Uhr, Eintritt frei).

Der lange Arkadengang östlich der Kathedrale gehört zum 1740 errichteten **Palacio de los Condes de Lombillo** 7**,** in dem Anfang des 20. Jh. die Post eingezogen war – ein in die Wand eingelassener Briefkasten in Form einer griechischen Theatermaske erinnert noch daran.

Der Kathedrale gegenüber erhebt sich der **Palacio de los Condes de Bayona** 8**,** in dem einst die Rumfabrik Havana Club ihren Sitz hatte. 1720 im Auftrag des Militärgouverneurs Luís Chacón errichtet, ist der Palast das älteste Bauwerk am Platz. Heute zeigt hier das **Museo de Arte Colonial** in sieben Räumen ein Panorama der kreolischen Lebenskunst – kostbare Möbel, Spiegel, Porzellan. Ein Saal ist der besonderen Architektur Cubas gewidmet; hier sind Details des kolonialen Baustils ausgestellt, wie sie der Schriftsteller Alejo Carpentier in seinem Essay »Die Stadt der Säulen« beschrieben hat: kunstvoll geschmiedete Fenstergitter, bunte

Glasfenster und die halbhohen Schwingtüren, die in keinem Kolonialhaus fehlten. Sie erlaubten der ersehnten Nachmittagsbrise, frei durch alle Zimmer des Hauses zu streichen, und boten trotzdem die Intimität eines geschlossenen Raums (Tel. 07 862 64 40, Di–So 9.30–17 Uhr, 2 CUC).

Das Eckgebäude links vom Kolonialmuseum ist das frühere ›Badehaus‹, die **Casa de Baños** 9. Im 16. Jh. stand hier eine Zisterne, im 19. Jh. wurde dann das Badehaus gebaut. Die Fassade im neobarocken Stil fügte man erst 1931 hinzu. Heute sind hier eine Kunstgalerie und ein Laden für Kunsthandwerk eingerichtet.

Noch mehr Kunst gibt es am Ende der kurzen Sackgasse Callejón del Chorro, die an der Casa de Baños abzweigt. In der Lithografiewerkstatt **Taller Experimental de Gráfica de La Habana** 10 kann man den Künstlern bei ihrer Arbeit zusehen und die Werke auch gleich kaufen (Mo–Fr 9–17 Uhr).

Im ehemaligen **Palacio del Marqués de Aguas Claras** 11 standen Anfang des 20. Jh.

Die Plaza de la Catedral ist das Schmuckstück unter den Plätzen der Altstadt

die Tische des berühmten Restaurants Paris, dann wieder stellte die Industriebank in den hohen Hallen ihre Schalter auf, und 1963 eröffnete schließlich das **Restaurant El Patio,** das bis heute geblieben ist: Auf der überdachten Terrasse spielt häufig ein Son-Ensemble, an den Tischen bleibt man nur allein, wenn man es unbedingt will. Nebenbei bekommt man allerlei vom Schwarzmarkt angeboten, meistens Zigarren oder Rum.

Die **Casa del Conde de la Reunión** 12 an der gegenüberliegenden Straßenecke beheimatet das **Centro de Arte Contemporáneo Wifredo Lam** und hat einen kühlen Patio, der von einer wunderschönen Galerie gerahmt wird. In den Ausstellungsräumen sind Wechselausstellungen cubanischer Künstler zu sehen, doch leider nur wenige Werke des berühmten cubanischen Malers, nach dem das Zentrum benannt wurde (Calle San Ignacio 22, Tel. 07 861 34 19, 861 20 96, Mo–Sa 10–17 Uhr, 2 CUC).

La Bodeguita del Medio 13

Wenige Schritte von der Kathedrale zweigt die **Calle Empedrado** (›Pflasterstraße‹) ab – sie heißt so, weil sie als eine der ersten Straßen Havannas ein Kopfsteinpflaster hatte. Hier liegt das wohl berühmteste Etablissement der Insel: **La Bodeguita del Medio.** Ursprünglich nahmen in diesem Lokal die Arbeiter aus den umliegenden Druckereien ihr Mittagessen ein, doch bald zog die Bodeguita auch Dichter und Intellektuelle magisch an. Ernest Hemingway war in Sachen Cocktails Experte und der Mojito aus der Bodeguita war sein Lieblingsdrink (doch den Daiquirí aus der Bar Floridita verachtete ›Papa‹ Hemingway auch nicht). Heute würde er die Bodeguita wohl meiden, da das Essen zur industriellen Massenabfertigung verkommen ist und sich in der winzigen Bar die Touristen auf die Füße treten (Calle Empedrado 207, Tel. 07 867 13 74, tgl. 12–23 Uhr).

Die nördliche Calle Cuba

Spaziert man die Calle Empedrado weiter hinauf, gelangt man zur Calle Cuba und nach einem Block in nördlicher Richtung zur **Calle Tejadillo.** Ihr Name erinnert daran, dass sie zu einer Zeit entstand, als es noch ungewöhnlich war, die Häuser mit Ziegeln *(tejas)* zu decken. Die Gebäude Nr. 9 und Nr. 15, heute eine Schule, weisen mit wunderschönen Gittern und gut erhaltenen farbigen Fenstern interessante Architekturdetails der Kolonialzeit auf. Geht man die Calle Tejadillo links hinunter, kommt man zum Haus Nr. 57–59, in dessen drittem Stock die 1950 gegründete **Gemeinschaftspraxis der Rechtsanwälte Aspiazo-Castro-Resende** 14 ihre Räume hatte. Fidel Castros ehemaliges Büro ist samt Originaleinrichtung erhalten und kann nach Absprache besichtigt werden (Anmeldung bei Habaguanex, Calle Oficios 110, neben Lonja del Comercio).

Wieder auf der Calle Cuba, wird im kolonialen **Palacio Pedroso,** heute **Palacio de Artesanía** 5**,** so ziemlich alles angeboten, was man als Souvenir aus Cuba mitbringen möchte: von Zigarren, Rum und Kaffee über *guayaberas* (typisch cubanische Männerhemden, die in der tropischen Schwüle die Anzugjacke ersetzen) bis zu bunt bedruckten T-Shirts. Außerdem verkauft ein Café im hübschen Patio Erfrischungen und Snacks (Calle Cuba 64, Ecke Tacón, tgl. 10–19 Uhr).

Rechts vom Palacio Pedroso sieht man Reste der alten Stadtmauer und dahinter ein kleines Amphitheater. Gleich um die Ecke zeigt das **Museo Nacional de la Música** 15 eine bunte Palette an Musikinstrumenten, darunter afrocubanische Trommeln, Fonografen und Musikdosen. Im dazugehörigen Geschäft werden CDs, Partituren sowie Instrumente verkauft (Calle Cárcel 1, zwischen Habana und Aguiar, Tel. 07 861 98 46, wegen Renovierung auf unbestimmte Zeit geschlossen, Information und Bibliothek Mo–Fr 9–17 Uhr).

Für den Weg zurück zur Plaza de Armas kann man nun die Calle Tacón wählen, vorbei an der Vorderfront des 1774 erbauten **Seminario de San Carlos y San Ambrosio** 16 und um die Rückseite des Castillo de la Real Fuerza herum.

Tipp: Musik im Museo del Ron

Montags bis donnerstags ab etwa 21.45 Uhr findet im Patio des Museo del Ron das Konzert **Una Noche Cubana en los 50** statt, bei dem Formationen aus den 1950er-Jahren wie Buenavista Social Club, Tony Jiménez mit María Victoria Gil, Oriadine, Ela Calvo und das Conjunto Roberto Faz auftreten (Eintritt 30 CUC/Pers. inkl. Welcome-Cocktail, zweier Gläser Rum und etwas zum Knabbern bzw. 50 CUC/Pers. inkl. Abendessen; Reservierung bei Infotur, s. S. 188, oder direkt unter Tel. 07 861 19 00, 861 50 51).

Über die Calle Oficios zur Plaza de San Francisco

An der südlichen Seite der Plaza de Armas beginnt die **Calle Oficios,** Havannas älteste Straße und ein weiteres Aushängeschild der renovierten Altstadt. In der Nr. 8, der **Casa del Obispo** 17 aus dem 17. Jh., residierte einst der Bischof von Havanna. Das nächste große Gebäude, die **Casa de los Árabes** 18 in der Nr. 16, beherbergt ein Museum für arabische Kunst und Kultur sowie eine kleine Moschee, den einzigen Gebetsraum für Muslime auf Cuba. Im 18. Jh. wurde das Haus für das Colegio de San Ambrosio, ein religiöses Seminar, gebaut (Tel. 07 861 58 68, Di–Sa 9–16.30, So 9–12.30 Uhr, Eintritt frei, Spende erbeten).

In der Nr. 13 auf der anderen Straßenseite zeigt das **Museo del Automóvil** 19 einige hinreißende Oldtimer, wie man sie aber sowieso auf den Straßen von Havanna herumfahren sieht. Zu den aus dem Verkehr gezogenen Gefährten gehört allerdings auch der Chevrolet von Che Guevara (Di–Sa 9.15–17.15, So 9.15–13 Uhr, 1 CUC, Kinder bis 12 Jahre frei).

Besonders schön ist die bis ins letzte Detail restaurierte **Plaza de San Francisco** mit der **Fuente de Leones** (›Löwenbrunnen‹), den Cafés und den wartenden Kutschen. Das prächtige Gebäude der **Lonja del Comercio** 20 (›Handelskammer‹, errichtet 1909) an der Nordseite wird von verschiedenen Firmen als Büro genutzt; im Parterre kann man im angenehmen **Café El Mercurio** ausruhen. Das beherrschende Bauwerk des Platzes ist jedoch die **Basílica de San Francisco de Asís** 21 von 1739, die an der Südseite gen Himmel ragt. Im angeschlossenen, liebevoll restaurierten Franziskanerkloster befindet sich heute ein kleines Museum für sakrale Kunst. Auch der Kreuzgang ist sehenswert. Vom 46 m hohen Glockenturm bietet sich ein Panoramablick über die Hafenbucht und Teile von Habana Vieja. Ein besonderes Erlebnis sind die fast abendlich stattfindenden Konzerte – meist Kammermusik – in der Kirche, die eine hervorragende Akustik besitzt (Kloster und Museum: Mo–Fr 9–17, Sa 11.30–18 Uhr, 2 CUC; Konzerte: 18 Uhr, 10 CUC).

Museo del Ron 22

Ein Spaziergang über die Avenida del Puerto, vorbei am Kreuzfahrtterminal, führt zum **Museo del Ron,** einem modernen, teils interaktiven Museum, das sich mit dem Rum beschäftigt. Hier wird man in alle Produktionsschritte eingeweiht und bekommt als besondere Attraktion den Nachbau einer Zuckermühle zu sehen. In der Bar Sloopy Joe, die originalgetreu nach dem Vorbild aus den 1930er-Jahren restauriert wurde, kann man einen Schluck probieren und in der Rumhandlung einkaufen. Angeschlossen an das Museum ist die Bar Havana Club, die täglich bis 24 Uhr exzellente Cocktails ausschenkt (Calle San Pedro 262, Ecke Sol, www.havanaclubfoundation.com, Mo–Do 9–17, Fr–So 9–16 Uhr, 7 CUC, Führungen und Filme auch auf Deutsch und Englisch).

Cuervo y Sobrinos 23

An der Ecke der Calles Oficios und Muralla ist eine Institution in der Geschäftswelt von Havanna wieder auferstanden: das Uhrengeschäft **Cuervo y Sobrinos.** 1882 gegründet, wurde die Firma schon bald in einem Atemzug mit den bekanntesten Uhrenfabrikanten der Welt genannt und eröffnete Filialen in Paris, in der Schweizer Uhrenstadt La Chaux-de-Fonds und im baden-württembergischen Pforzheim. Das Geschäft in Havanna zählte Berühmtheiten wie Albert Einstein, Winston Churchill, Clark Gable, Pablo Neruda und Ernest Hemingway zu seinen Kunden. Nach der Revolution wurde der Firmensitz in die Schweiz verlegt, aus der noch heute alle Uhrwerke stammen. Ein findiger Italiener ließ die Legende nun an ihren Stammsitz zurückkehren, wo man in eleganter Jugendstilumgebung die extravaganten Zeitmesser sowie Schreibutensilien der gehobenen Preisklasse erwerben kann. Weiterhin werden Zigarren angeboten. Zu den Räumlichkeiten gehört außerdem ein begrünter Innenhof sowie ein gemütliches Café, das einen hervorragenden Espresso serviert (www.editorialc.com/cuervo/, Mo–Mi, Fr/Sa 9–18, Do 10–1 Uhr).

Plaza Vieja

Bummelt man auf der Calle Muralla noch einen Block weiter in westliche Richtung, öffnet sich rechter Hand die großzügige **Plaza Vieja.** Nach jahrelangen Bauarbeiten ist der ›Alte Platz‹ heute wieder ein besonders attraktives architektonisches Highlight Althavannas, das man wegen des schönen Lichts am besten spätnachmittags besuchen sollte.

Mit der Anlage der Plaza Vieja hatte man im 16. Jh. versucht, die zu eng gewordene Stadt auszuweiten, doch erst ab dem 17. Jh. entwickelte sich hier städtisches Leben. 1835 errichtete man einen überdachten Markt, den Mercado de Cristina. Statt seiner ließen die Stadtväter 1952 an dieselbe Stelle ein scheußliches Parkhaus bauen, das nun endlich für alle Zeiten verschwunden ist. Die alten Stadtpaläste rund um die Plaza sind mit viel Aufwand vor dem Verfall gerettet worden. Bei einigen Wohnhäusern steht dagegen die Renovierung noch aus, was der Plaza inmitten des herausgeputzten Habana Vieja ein ganz eigenes Flair verleiht. Auf den Balkonen flattert Wäsche zum Trocknen und am Rand des Platzes sitzen wie eh und je die Dominospieler und knallen ihre Steinchen auf wacklige Holztische.

Die meisten Paläste sind nach der Revolution in Kultureinrichtungen verwandelt worden: Im **Palacio del Conde de Jaruco** 24 befindet sich der staatliche Kunstfond mit dem **Centro de Arte La Casona** und einem Laden im wunderschönen Patio (s. S. 197). Im Hof des **Palacio de los Condes de Lombillo** 25 aus dem 18. Jh. finden häufig Konzerte statt. Die Familie Lombillo besaß in Havanna mehrere Stadtpaläste, ein anderer steht an der Plaza de la Catedral.

Gegenüber, in der Calle Mercaderes 307, ist die **Fototeca de Cuba** 26 in das Stadthaus eines Zuckerbarons eingezogen, das dieser 1752 im Mudéjar-Stil ausstatten ließ. Hier werden sehr empfehlenswerte Ausstellungen cubanischer und lateinamerikanischer Fotowerke gezeigt und natürlich auch verkauft (Mo–Sa 10–15 Uhr, Eintritt frei).

An der Ecke Calle Mercaderes und Calle Muralla wurde jüngst die Renovierung der **Casa de los Marqueses de la Real Proclamación** 27 abgeschlossen. Das Gebäude aus dem 17. Jh. erfuhr im Laufe der Zeit mehrere Umbauten, beherbergte unter seinem späteren Eigentümer Ramón Gutiérrez ab 1913 ein Café-Restaurant und wurde dann in viele Wohnungen unterteilt. Heute trägt es wieder seinen alten Namen **Café El Escorial.** Sowohl in dem mit Kaffeemaschinen und -mühlen dekorierten Innenraum als auch draußen unter Arkaden kann man eine der vielen Kaffeevariationen genießen und dazu ein Stück Kuchen naschen (s. S. 193).

Die Atmosphäre der Plaza lässt sich auch an einem der Tische unter freiem Himmel vor der **Taberna de la Muralla** 1**,** genießen, wo frisch gebrautes Bier und Shrimpsspieße serviert werden (s. S. 195). Im Eckhaus auf der dem Hafen zugewandten Seite logiert das **Café Taberna** 3**,** das dem Musiker Beny Moré gewidmet ist, dem größten Sonero aller Zeiten (s. S. 191 u. 281).

Convento de Santa Clara 28

Über die Calles Muralla und Cuba gelangt man von der Plaza Vieja zum **Convento de Santa Clara,** Havannas ältestem Nonnenkloster. Das 1644 fertiggestellte Gebäude diente jahrhundertelang als luxuriöse Verwahranstalt für unverheiratete Mädchen und Frauen. 1919 verkauften die Nonnen das Kloster, danach wurde es zuerst als Schlachthof und später als Verwaltungsgebäude zweckentfremdet. Heute befindet sich im Convento de Santa Clara der Sitz des Nationalen Zentrums für Konservierung, Restaurierung und Museumswissenschaften sowie ein schlichtes Hostal, das derzeit jedoch renoviert wird und keine Gäste aufnimmt. Offiziell zu besichtigen ist nur ein kleiner Teil der Anlage, was sich eigentlich kaum lohnt. Eine Vorstellung von dem ausgedehnten Bauwerk gewinnt man bereits in dem Innenhof, der an die ehemalige Lobby des Hostals angrenzt und kostenlos betreten werden darf (Calle Cuba 610, zwischen Sol und Luz, Mo–Fr 9.30–16.30, Sa 12–16.30 Uhr, 2 CUC).

Die südliche Altstadt

Einen Block weiter erhebt sich an einem kleinen Platz die **Iglesia del Espíritu Santo** 29**,** eine der ältesten Kirchen Havannas. Sie wurde 1674 von schwarzen Sklaven gebaut, die sich freigekauft hatten. Daher ist diese Kirche nicht ganz so, wie man sich eine katholische Kirche vorstellt. Links vom Eingang steht eine Figur der Heiligen Barbara, unter deren Gewand sich die Santería-Gottheit Changó versteckt, Gott des Blitzes, der Trommeln und der Erotik (s. S. 64). Beider Festtag ist der 4. Dezember, und wer an diesem Tag zufällig in Havanna weilt, sollte Kirche und Fest unbedingt besuchen (Calle Cuba, Ecke Acosta).

Wiederum zwei Blocks südlich kommt man zu einer weiteren Kirche, die deutlich erkennen lässt, wie sich die afrocubanischen Religionen mit dem Katholizismus der Spanier vermischt haben. Die **Iglesia de Nuestra Señora de la Merced** 30 wurde im Wesentlichen mit den Spenden von afrocubanischen Cabildos errichtet und ist der Gnadenreichen Jungfrau gewidmet, hinter der sich aber niemand anderes verbirgt als die afrocubanische Gottheit Obatalá. Dieser Gott des Friedens ist in der cubanischen Santería (s. S. 61) weiß gekleidet, ebenso wie seine Adepten, und deshalb sieht man hier vor allem an seinem Feiertag, dem 24. September, Tausende weiß gekleideter Menschen.

In diesem Teil von Habana Vieja lebten schon immer besonders viele Schwarze, denn die meisten anderen Stadtviertel waren ihnen verwehrt und viele von ihnen arbeiteten im nahe gelegenen Hafen. Die Straßen Jesús María und San Isidro galten als besonders verrufen, weil ihre Bewohner arm waren. Der zweifelhafte Ruf der Geheimgesellschaft Abakuá (s. S. 73) und die kriminelle Halbwelt der Hafenbordelle und Spielhöllen tat ein Übriges. Ein Großteil der Straßenzüge in diesem Teil des Viertels wurde (noch) nicht wieder aufgebaut, Müllprobleme und Stromausfälle sind an der Tagesordnung.

Tipp: HabanaBusTour

Zur Erkundung von Havannas Sehenswürdigkeiten stehen drei Buslinien (T1, T2, T3) zur Verfügung, die eigens für Touristen eingerichtet wurden und in die wichtigsten Stadtviertel bzw. Vororte pendeln. 3 bzw. 1 CUC kostet ein Tagesticket, das beim Fahrer erhältlich ist und auf der jeweiligen Route zum beliebig häufigen Zusteigen ermächtigt. Üblicherweise verkehren die Busse zwischen 9 und 21 Uhr (zur Sicherheit nach dem letzten Bus zurück ins Zentrum fragen), die durchschnittliche Fahrtzeit jeder Linie vom Anfang bis zum Ende der Route beträgt 35–45 Minuten. Nähere Infos erteilt die Webseite www.transtur.cu (Link ›HabanaBusTour‹).

T 1 (oben offener Doppeldeckerbus, alle 30 Min., 3 CUC): Ave. del Puerto (auf Höhe der Plaza de la Catedral) – Parque Central (geg. Hotel Inglaterra) – Hotel Riviera – Hotel Meliá Cohiba – Hotel Presidente (Ave. de los Presidentes) – Plaza de la Revolución – Hotel Habana Libre – Calle 23, Ecke Calzada de Infanta – Hotel Deauville – Prado 56 – Capitolio Nacional – Restaurante El Floridita – Bar Cabaña – Kreuzfahrtterminal – Ave. del Puerto

T 2 (klimatisierter Reisebus, ca. alle 2 Std., 1 CUC): Plaza de la Revolución – Cementerio de Colón – Brücke über den Río Almendares – Clínica Internacional Cira García (Calle 20, Playa) – Restaurant Don Cangrejo – Maqueta de La Habana – Acuario Nacional – Miramar Trade Center – Restaurante La Cecilia – Centro Comercial Náutico – Restaurante La Ferminia – Marina Hemingway

T 3 (klimatisierter Reisebus an die Playas del Este, alle 30 Min., letzter Bus ab Stadtzentrum 18 Uhr, 3 CUC): Parque Central (geg. Hotel Inglaterra) – Parque Histórico Morro-Cabaña – Habana del Este, Hospital Naval – Villa Panamericana – Alamar – Villa Bacuranao – Villa Tarará – El Mégano – Hotel Tropicoco – Club Atlántico – Club Blau Arenal

Eine Ausnahme bildet die Stahlkonstruktion an der Ecke Calle Desamparados und Calle Cuba: Die 1885 errichteten Lagerhallen wurden in jahrelanger Arbeit detailgetreu restauriert und beherbergen nun die **Almacenes San José** 4, einen riesigen Kunsthandwerkermarkt. Täglich zwischen 10 und 18 Uhr kann man hier zwischen Hunderten kleiner Stände umherschlendern, die die ganze Palette typisch cubanischer Souvenirs bieten. Zu den Einrichtungen gehören auch ein Casa de Cambio (CADECA), ein Telefonladen und ein Imbiss mit günstigen Snacks. Die Hallen liegen direkt am Hafenbecken und bieten einen herrlichen Blick bis hinüber zum Stadtteil Regla (s. S. 204).

In Hafennähe, auf der Plazuela de Paula mit der kleinen **Iglesia de San Francisco de Paula** 31, sieht man Überreste der ehemaligen Stadtmauer, wie man sie auch neben der **Estación Central** 32 (1912) entdecken kann, die sieben Blocks westlich die Grenze von Habana Vieja markiert. Im Wartesaal ist eine Lokomotive von 1843 ausgestellt.

Unmittelbar gegenüber dem Bahnhof, in der Calle Leonor Pérez 314, wurde am 28. Januar 1853 Cubas berühmtester Freiheitskämpfer, José Martí, geboren. Die **Casa Natal de José Martí** 33 ist heute ein kleines Museum, das einen Überblick über sein Leben und den Kampf für die Befreiung Cubas gibt (Tel. 07 861 37 78, Di–Sa 9.30–17, So 9.30–12.45 Uhr, 1 CUC).

Über die Calle Picota, vorbei am trutzigen **Convento de Nuestra Señora de Belén,** und die Calle Aguacate geht es nun bis zur Calle Amargura (›Straße der Bitterkeit‹), benannt nach der Kreuzwegprozession, die durch diese Straße zur Iglesia Santo Cristo del Buen Viaje führte. Drei Blocks weiter östlich stehen die **Iglesia y Convento San Agustín** 34 mit ihren barocken Fassaden. Das Kloster beherbergte nach seiner Säkularisierung zunächst die Akademie der Wissenschaften und wurde später in ein Naturhistorisches Museum umgewandelt, das zu Ehren des Entdeckers der Gelbfiebermücke **Museo Histórico de las Ciencias Carlos J. Finlay** heißt (Calle Cuba, zwischen Amargura und Brasil, Tel. 07 863 48 24, derzeit wegen Renovierung geschlossen).

Calle Mercaderes und Umgebung

Eine weitere der Prachtstraßen von Habana Vieja verläuft zwischen Plaza Vieja und Parque Luz Caballero, wobei die meisten Sehenswürdigkeiten dicht gedrängt in dem Abschnitt zwischen Calle Amargura und Calle Obispo liegen.

An der Ecke Mercaderes und Amargura wurde das **Museo del Chocolate** 35 eingerichtet, das allerdings weniger ein Museum als ein hübsch aufgemachtes Café ist, in dem man köstliche dickflüssige Schokolade schlürfen und leckere Pralinen kaufen kann (Tel. 07 866 44 31, tgl. 9–21 Uhr).

Gegenüber befindet sich das **Museo de la Cerámica** 36 (›Keramikmuseum‹), in dem bekannte cubanische Künstler ihre Objekte zur Schau stellen (Di–Sa 9.30–17, So 9.30–13 Uhr, Eintritt frei).

Rund um die **Plaza de Simón Bolívar** haben sich mehrere Museen und Geschäfte angesiedelt. Direkt am Platz informiert die **Casa de Simón Bolívar** 37 über den gleichnamigen venezolanischen Freiheitshelden, der Anfang des 19. Jh. die Schlüsselrolle im Unabhängigkeitskampf des nördlichen Südamerikas gegen die spanische Herrschaft spielte (Calle Mercaderes 156, Di–Sa 9.30–17, So 9–13 Uhr, Eintritt frei). Wer sich eher für mexikanische Kunst interessiert, wird schräg gegenüber in der **Casa Benito Juárez** 38 fündig (Di–Sa 9.30–17, So 9–13 Uhr, Eintritt frei).

In einem Gebäude aus dem 18. Jh. bietet die **Perfumería Habana 1791** 39 eine interessante Auswahl selbst kreierter Duftstoffe an, die teilweise bereits zu Kolonialzeiten begehrt gewesen sein sollen. Kunden haben die Wahl zwischen unterschiedlichen Flakons, die aus den Werkstätten cubanischer Keramiker stammen und vor Ort auf althergebrachte Weise mit Korken und Wachs versiegelt werden (Calle Mercaderes, Ecke Obrapía, Mo–Sa 9–18, So 9–13 Uhr).

Nur wenige Meter entfernt liegt die **Casa de África** 40**,** ein Studienzentrum für afrocubanische Kultur. Äußerst lohnend ist ein Besuch der umfangreichen Sammlung von Masken und Kunstgegenständen aus 26 afrikanischen Nationen, Kultobjekten und Attributen sämtlicher afrocubanischer Religionen, darunter ›Köpfe‹ des Schicksalsgotts Eleggua und alle afrocubanischen Gottheiten im Festtagsgewand. Jeden 2. Samstag und jeden 3. Freitag im Monat kann man kostenlos bei Aufführungen von Tanz- und Perkussiongruppen zusehen, gelegentlich werden Workshops für afrocubanische Musik und afrocubanischen Tanz veranstaltet (Calle Obrapía 157, Tel. 07 861 57 98, Di–Sa 9.30–17, So 9–13 Uhr, Eintritt frei).

Schräg gegenüber richtete ein spanischer Offizier 1659 in der **Casa de la Obra Pía** 41 ein ›frommes Werk‹ *(obra pía)* ein, nämlich ein kleines Waisenhaus. Heute werden hier wechselnde Ausstellungen gezeigt. Zwei der Räume sind dem cubanischen Schriftsteller Alejo Carpentier gewidmet (wegen Renovierung derzeit geschlossen).

Allerlei interessante Requisiten rund ums Zigarrenrauchen sind im **Museo del Tabaco** 42 ausgestellt (Calle Mercaderes 120, Mo–Sa 10–17 Uhr, Eintritt frei). Einen Überblick über die historische Altstadt verschafft man sich im Gebäude nebenan, wo die **Maqueta del Centro Histórico** 43 zu besichtigen ist, ein detailgetreues Modell von Habana Vieja im Maßstab 1:500 (Calle Mercaderes 114, tgl. 8.30–20.30 Uhr, 1 CUC). Kurz darauf kreuzt die Calle Obispo den Weg.

Calle Obispo

An der Westseite der Plaza de Armas beginnt die zur Fußgängerzone umfunktionierte **Calle Obispo,** die ›Straße des Bischofs‹. Sie führt quer durch die Altstadt zum Parque Central. Mit ihren Cafés, Restaurants und vielen wiederhergestellten traditionsreichen Geschäften gehört sie zu den schönsten Flanierstraßen Havannas und ist ein gelungenes Beispiel für die Altstadtsanierung.

Das **Hotel Ambos Mundos** 4 (›Hotel Beide Welten‹) an der Ecke Mercaderes, ursprünglich das Stadthaus eines Grafen aus dem 18. Jh., diente Ernest Hemingway eine

Auf einen Mojito ins älteste Hotel Cubas, das Inglaterra

Zeit lang als Unterkunft. In einem düsteren Zimmer in der fünften Etage schrieb er 1939 an »Wem die Stunde schlägt«, seinem Roman über den Spanischen Bürgerkrieg. Als der damalige Zimmerkellner Marcelino Piñeiro mehr als 20 Jahre später von Hemingways Tod erfuhr, legte er ›Papas‹ zerfledderte Ausgabe des »Don Quixote« wieder an ihren Stammplatz in dem Zimmer, wischte den kleinen Schreibtisch sauber und zog die Bettlaken glatt – das Zimmer Nr. 511 wurde fortan nicht mehr vermietet und später in ein Mini-Museum verwandelt (tgl. 9–17 Uhr, 2 CUC).

Ein paar Häuser weiter liegt links die 1898 gegründete **Farmacia Taquechel** 44, eine Museumsapotheke, die nach wie vor in Betrieb ist (tgl. 9–17 Uhr). Das war bis 2006 auch die aus den 1950er-Jahren stammende **Droguería Johnson** 45 in der Calle Obispo 257, bevor sie einem Feuer zum Opfer fiel und seitdem in mühevoller Kleinarbeit rekonstruiert wird.

Zu einer Erholungspause zwischendurch und abseits der Calle Obispo laden das aussichtsreiche Dachrestaurant oder das Café des **Hotels Sevilla** 2 ein (s. S. 189). Wie geschaffen für einen Drink ist die Piano-Bar des Hotels Inglaterra (s. S. 180): In edlem Ambiente mit sehenswerten spanischen Kacheln an den Wänden wird einer der besten – und günstigsten – Mojitos von Havanna serviert (Prado, Ecke San Rafael, tgl. 10–24 Uhr).

Rund um den Prado

Citypläne: S. 166 und 178

Parque Central und Umgebung

Die Grenze zwischen Habana Vieja und Centro Habana markieren die ehemalige Prachtstraße **Paseo de Martí,** kurz **Prado** genannt, und der **Parque Central,** ein schattiger Park mit Palmen, Bänken und einer Statue des Na-

Havanna

US-amerikanische Interessenvertretung
Miramar, Playa, Marina Hemingway
Calzada
Malecón
Caleta de
Anschluss siehe Cityplan Vedado
Línea
Edificio FOCSA
Hotel Nacional
Museo de la Danza
VEDADO
Cine Yara
Coppelia
23 (La Rampa)
Humboldt
Malecón
Hornos
Príncipe
Vapor
27 de Noviembre (Jovellar)
San Lázaro
Hamel
Parque Maceo
Hospital Hermanos Ameijeiras
Virtudes
Concordia
Neptuno
San Miguel
San Rafael
Julio A. Mella
Universidad de La Habana
Hospital General Calixto García
Calzada de Infanta
San Francisco
Espada
Hospital
Oquendo
Marqués González
Lucena
Padre Varela (Belascoaín)
Gervasio
Mazón
Basarrate
Estadio Juan Abrahantes
José M. Gómez
Avenida de los Presidentes
San Martín (San José)
Valle
Zanja
Salud
Jesús Peregrino
Zapata
CENTRO HABANA
Santiago
Pocito
Castillo del Príncipe
Avenida Salvador Allende (Carlos III)
Iglesia del Sagrado Cora
Xifré
E. Barnet (Estrella)
Lugareña
Feria de la Juventud
Bruzón
Maloja
Subirana
Franco
Peñalver
Retiro
Oquendo
Marquéz González
San Carlos
Padre Varela (Belascoaín)
Escobar
Figuras
Astro-Busterminal
Desagüe
Pozos Dulces
Vìazul-Busterminal
Ministerio del Interior
Ministerio de Comunicaciones
Ave. Rancho Boyeros
19 de Mayo
Aranguren
Calzada de Infanta
Desagüe
Benjumeda
Kinderkrankenhaus
Amezaga
Calzada de Ayestarán
Factor
P. Lacoste
Santo Tomás
Arbol Seco
Clavel
Estadio José M. Pérez
Pereira
Santa Marta
Biblioteca Nacional José Martí
Monumento José Martí
Territorial
20 de Mayo
Panchito Gómez
Massó
Viluendas
Zaldo
Lindero
Arroyo (Av. Manglar)
San Martín
San Joaquín
San Gregorio
Flores
Bot. Garten, Parque Lenin, EXPO Cuba

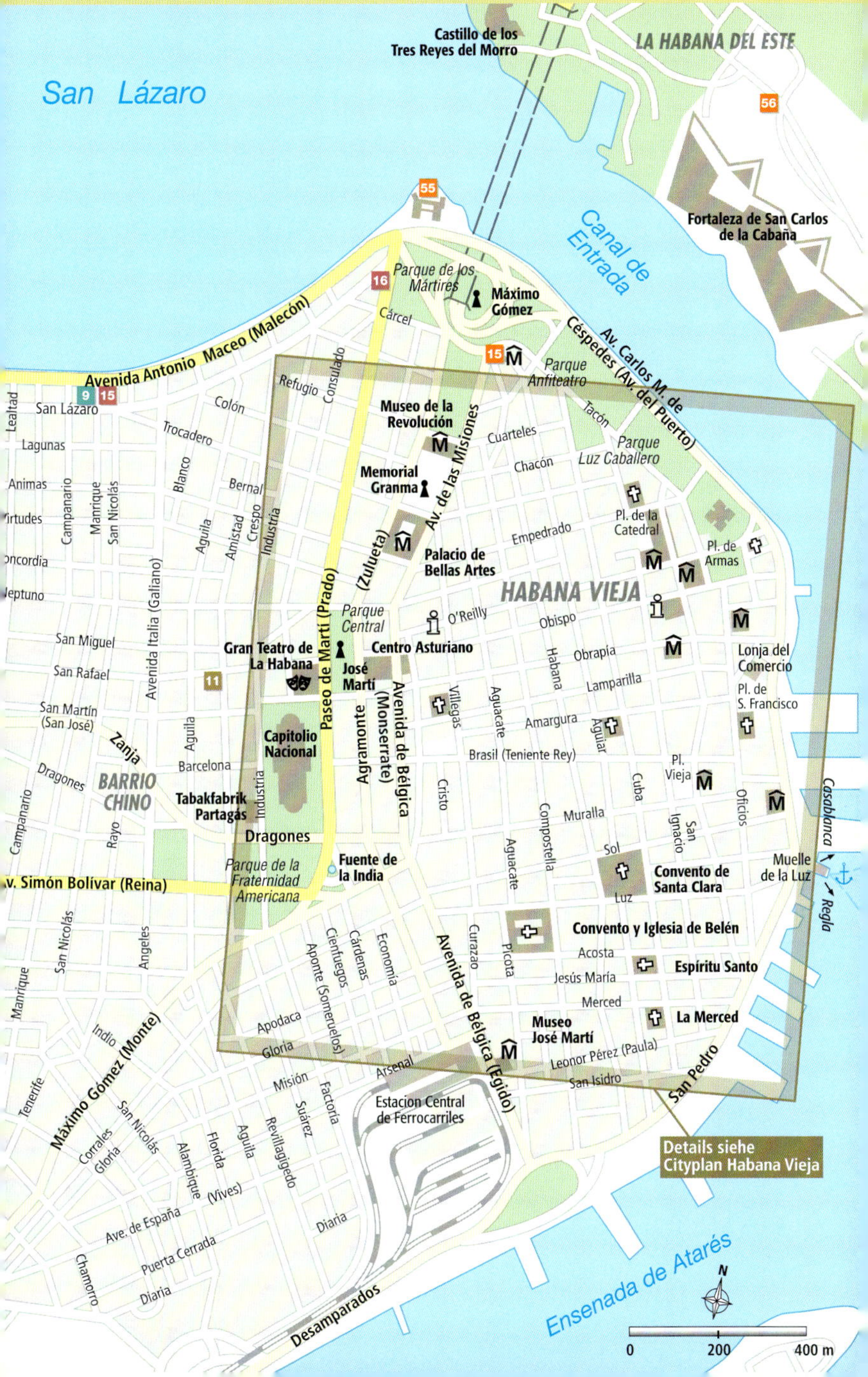

Castillo de los Tres Reyes del Morro
LA HABANA DEL ESTE
San Lázaro
56
55
Fortaleza de San Carlos de la Cabaña
Canal de Entrada
16
Parque de los Mártires
Máximo Gómez
Cárcel
Avenida Antonio Maceo (Malecón)
15
Parque Anfiteatro
Av. Carlos M. de Céspedes (Av. del Puerto)
Tacón
9
15
San Lázaro
Lealtad
Refugio
Consulado
Colón
Trocadero
Museo de la Revolución
Cuarteles
Chacón
Parque Luz Caballero
Lagunas
Animas
Virtudes
Concordia
Neptuno
Campanario
Manrique
San Nicolás
Blanco
Bernal
Aguila
Amistad
Crespo
Industria
Memorial Granma
Av. de las Misiones
(Zulueta)
Palacio de Bellas Artes
Empedrado
Pl. de la Catedral
Pl. de Armas
HABANA VIEJA
Avenida Italia (Galiano)
Paseo de Martí (Prado)
Parque Central
O'Reilly
Obispo
San Miguel
San Rafael
Gran Teatro de La Habana
Centro Asturiano
José Martí
Habana
Obrapía
Lonja del Comercio
11
Lamparilla
San Martín (San José)
Villegas
Aguacate
Amargura
Aguiar
Pl. de S. Francisco
Zanja
Capitolio Nacional
Agramonte
Avenida de Bélgica (Monserrate)
Brasil (Teniente Rey)
Dragones
BARRIO CHINO
Aguila
Barcelona
Cristo
Pl. Vieja
Cuba
Tabakfabrik Partagás
Industria
Compostela
Muralla
Oficios
Casablanca
Campanario
Rayo
Dragones
San Ignacio
Sol
Muelle de la Luz
Parque de la Fraternidad Americana
Fuente de la India
Aguacate
Convento de Santa Clara
Av. Simón Bolívar (Reina)
Luz
Regla
Convento y Iglesia de Belén
San Nicolás
Angeles
Cienfuegos
Cárdenas
Economía
Curazao
Picota
Acosta
Espíritu Santo
Aponte (Someruelos)
Jesús María
Manrique
Avenida de Bélgica (Egido)
Merced
Apodaca
La Merced
Indio
Museo José Martí
Gloria
Leonor Pérez (Paula)
Máximo Gómez (Monte)
Arsenal
Misión
San Isidro
San Pedro
Tenerife
Factoría
Estacion Central de Ferrocarriles
San Nicolás
Suárez
Corrales
Gloria
Revillagigedo
Aguila
Florida
Alambique
(Vives)
Details siehe Cityplan Habana Vieja
Ave. de España
Diaria
Puerta Cerrada
Chamorro
Diaria
Ensenada de Atarés
Desamparados
N
0
200
400 m

tionalhelden José Martí. Im 19. Jh. flanierte alles, was Rang und Namen hatte, unter den Bäumen des Prado. Elegante Hotels wie das Biltmore-Sevilla (heute Sevilla) lockten mit Tanzveranstaltungen und Soireen.

Auch am Parque Central liegen vier prächtig renovierte Luxusherbergen, darunter das altehrwürdige **Inglaterra** 46, Cubas ältestes Hotel mit Foyer im neomaurischen Stil. Der **Boulevard San Rafael,** eine Fußgängerzone mit zahlreichen Geschäften, geht direkt neben dem Inglaterra vom Parque Central ab.

An der Straßenecke liegt das **Gran Teatro de La Habana** 47 (auch Teatro García Lorca), ein prunkvoll dekorierter, von überkuppelten Türmchen bekrönter Prachtbau, den Gouverneur Tacón 1838 errichten ließ. Hier hat das Nationalballett seinen Sitz und mit 2000 Plätzen ist es eines der größten Schauspielhäuser Lateinamerikas (Besichtigung Mo–Sa 9–17, So 9–13 Uhr, 2 CUC, s. auch S. 198).

Das **Capitolio** 48 am Prado oberhalb des Parque Central, eine treue Kopie seines Washingtoner Vorbilds, diente ab 1929 als Sitz des Senats und des Repräsentantenhauses. Seit der Revolution sind hier die Akademie der Wissenschaften und ein geologisches Museum untergebracht. Die von der Kuppel bedeckte Eingangshalle ist 91 m hoch. Exakt in der Mitte des Raums markiert ein 24-karätiger Diamant den Kilometer 0 der Autobahn von Havanna nach Santiago – Diktator Machado ließ sich diesen Spaß einfallen (tgl. 9–17 Uhr, 3 CUC).

Direkt hinter dem Capitolio in der Calle Industria 520 befindet sich die **Fábrica de Tabacos Partagás** 49**,** eine der traditionsreichsten Cubas. Man kann die Fabrik besichtigen und die Zigarrenherstellung vom gerollten Blatt bis zur Verpackung in die Kistchen beobachten. Der zur Fabrik gehörende Tabakladen ist ein wahrer Tempel der Kunst des Rauchens und führt die wohl größte Auswahl in Havanna (Tel. 07 866 80 60, Fabrik: Mo–Sa 9–11, 12–14 Uhr, 10 CUC; Laden: Mo–Sa 9–19 Uhr).

Wieder zurück am Parque Central, steht an der Ostseite die **Manzana de Gómez** 50**,** ein 1910 eröffnetes Kaufhaus, das einen ganzen Block einnimmt. Von seinem einstigen Glanz ist nicht mehr viel zu sehen, nur im Erdgeschoss bieten einige Devisenläden Kleidung, Schuhe, Handtaschen und Souvenirs an.

Gegenüber liegt das **Centro Asturiano** 51**,** das zusammen mit dem Palacio de Bellas Artes (s. unten) das **Museo Nacional de Bellas Artes** bildet, eines der spektakulärsten Museen Cubas. Das 1928 nach dem Vorbild der Pariser Oper erbaute Centro Asturiano ist außen und innen ein Schmuckstück. Von den Korridoren und Balkonen im Obergeschoss kann man die beeindruckende Buntglasdecke betrachten, dort sollte man den Rundgang auch beginnen. Hier befindet sich die italienische Sammlung; in der vierten Etage sind Werke aus Deutschland, Holland und Flandern zu sehen sowie Kunst des Altertums und die französische Sammlung. Sehr umfassend ist die spanische Sammlung in der dritten Etage. Außerdem zeigt das Museum Kunst aus Asien, Lateinamerika und den USA (Tel. 07 862 01 40, www.museonacional.cult.cu, Di–Sa 10–18, So 10–14 Uhr, 5 CUC bzw. 8 CUC inkl. Palacio de Bellas Artes).

Tipp: Fotoshooting mit Straßenkreuzer

Auf dem Mittelstreifen des Prado zwischen dem Parque Central und dem Capitolio befindet sich ein Taxistand der besonderen Art: Hier reiht sich ein Straßenkreuzer an den anderen und alle laden entweder zu einer stilvollen Stadtrundfahrt oder auch nur zum Ablichten ein. Die stolzen Besitzer polieren ihre bunten Schlitten in jeder freien Minute auf Hochglanz, stecken gemeinsam ihre Köpfe unter die Motorhauben und diskutieren lautstark die neuesten Mucken ihrer Gefährte – meist sind sie nur allzu gerne bereit, vor ihrem Allerheiligsten für ein Foto in Pose zu gehen.

Palacio de Bellas Artes 52

Hinter der schlichten Fassade des **Palacio de Bellas Artes** bzw. **Edificio de Arte Cubano** wird auf drei Stockwerken ein umfas-

Havanna

Sehenswert

- 1 – 14 s. Karte S. 166
- 15 Museo Nacional de la Música
- 16 – 54 s. Karte S. 166
- 55 Castillo de San Salvador de La Punta
- 56 Parque Histórico Morro-Cabaña
- 57 – 62 s. Karte S. 184
- 63 Callejón de Hamel
- 64 – 67 s. Karte S. 184
- 68 Cementerio Cristóbal Colón (s. auch Karte S. 163)
- 69 Plaza de la Revolución

Übernachten

- 1 – 10 s. Karte S. 166
- 11 Raudelina Rodríguez
- 12 – 16 s. Karte S. 184

Essen & Trinken

- 1 – 14 s. Karte S. 166
- 15 Café Neruda
- 16 Prado 12
- 17 – 21 s. Karte S. 184

Einkaufen

- 1 – 11 s. Karte S. 166
- 12 – 17 s. Karte S. 184

Abends & Nachts

- 1 – 8 s. Karte S. 166
- 9 La Abadia
- 10 – 15 s. Karte S. 184

Aktiv

- 1 – 2 s. Karte S. 166
- 3 s. Karte S. 184

sendes Spektrum cubanischer Kunst präsentiert. Tipp: Da die Sammlung chronologisch geordnet ist, sollte man mit der dritten Etage beginnen: koloniale Kunst und 20. Jh., u. a. Víctor Patricio Landaluze, García Menocal, Dominique Serres, Víctor Manuel García, Ponce de León und Wifredo Lam. Die zweite Etage hat die Themenschwerpunkte Pop-Art und Kunst der Revolution. Im Parterre gibt es ein Café und im Patio sind moderne Skulpturen ausgestellt. Zum Museum gehört auch ein Theater, in dem häufig Kulturveranstaltungen stattfinden (Calle Trocadero, zwischen Agramonte und Avenida de las Misiones, www.museonacional.cult.cu, Di–Sa 10–18, So 10–14 Uhr, 5 CUC bzw. 8 CUC inkl. Centro Asturiano).

Memorial Granma und Museo de la Revolución

Direkt gegenüber dem Palacio de Bellas Artes sieht man das **Memorial Granma** 53**, **Bestandteil des **Museo de la Revolución** 54**.** In einer Art gläsernem Schneewittchensarg, bewacht von Paradesoldaten, ist hier die Jacht Granma ausgestellt, mit der Fidel Castro und seine Verbündeten 1956 aus Mexiko kamen und auf Cuba landeten. Daneben steht ein Bus, mit dem Studenten aus Havanna 1957 den Präsidentenpalast stürmen wollten.

Vermutlich nicht ganz ohne Ironie wurde das Revolutionsmuseum im ehemaligen Präsidentenpalast von Diktator Batista untergebracht, berichtet es doch in ausführlichster Weise über dessen Sturz durch Fidel Castro und seine Rebellenarmee (Calle Refugio 1, zwischen Ave. de las Misiones und Agramonte, Tel. 07 862 40 93, Revolutionsmuseum: tgl. 10–18.20 Uhr, Memorial Granma: tgl. 10–17 Uhr, zusammen 5 CUC).

Havannas Hafenfestungen

Am nördlichen Ende des von steinernen Löwen gesäumten Prado liegt das **Castillo de San Salvador de La Punta** 55 vom Ende des 16. Jh. Zusammen mit dem Castillo de los Tres Reyes del Morro auf der anderen Seite der Bucht schützte es die Hafeneinfahrt, die zu Kolonialzeiten nachts mit einer Kette versperrt wurde (Tel. 07 860 31 96, tgl. 9.30–16.30 Uhr, Eintritt frei).

Zum gegenüberliegenden **Parque Histórico Morro-Cabaña** 56 gelangt man, wenn man durch den Tunnel fährt oder die Fähre nach Casablanca nimmt. Die riesige Anlage, wie die Altstadt auf der Liste des UNESCO-Weltkulturerbes, besteht aus dem **Castillo de los Tres Reyes del Morro** (tgl. 9.30–20.30 Uhr, 6 CUC, Kinder bis 12 Jahre frei) und der **Fortaleza San Carlos de la Cabaña** (tgl. 10–22 Uhr, bis 18 Uhr 6 CUC, danach 8 CUC). In den alten Gemäuern aus dem 16. bis 18 Jh. befinden sich ein Waffenmuseum, Souvenirläden und Restaurants, darunter La Divina

Der Malecón ist so etwas wie das Open-Air-Wohnzimmer der Habaneros

Pastora, von dem aus man den besten Blick auf die Skyline von Havanna genießt. Täglich von 20.30 bis 21 Uhr werden in der Fortaleza San Carlos de la Cabaña traditionell Böllerschüsse abgefeuert *(cañonazo de las nueve)*, dazu gibt es Live-Musik, Cocktails und Tanz. Zu Kolonialzeiten waren die Böllerschüsse das Signal, die Stadttore zu schließen.

2 Der Malecón

Cityplan: S. 178

Kurz vor Sonnenuntergang ist die beste Zeit für einen Spaziergang über den **Malecón,** die 1926 fertiggestellte Uferpromenade Havannas, die Habana Vieja, Centro Habana, Vedado und das ehemalige Millionärsviertel Miramar miteinander verbindet. Der Malecón ist das heimliche Herz der Stadt: Hier treffen sich die Liebespaare, hier wird Musik gemacht, der Meeresgöttin Yemayá geopfert, hier werden Schwarzmarktgeschäfte abgeschlossen, hier wird geangelt und gehandelt.

Zunächst ist der Malecón eine Meile verwaschener Häuser mit gewaltigen Kolonnaden, von Salpeter zerfressenen Fensterläden und Türen. Vorbei am Wolkenkratzer-Krankenhaus Hermanos Ameijeiras geht die Reise, die Türme des schlossartigen Hotels Nacional auf dem in den Malecón ragenden Felshügel tauchen auf, das FOCSA-Gebäude

sieht aus wie ein aufrecht stehendes Buch. Die Fensterfront der US-amerikanischen Interessenvertretung, vergittert und weiträumig abgesperrt, davor der Platz des kämpferischen Volkes, etwas weiter dahinter der Turm der Casa de las Américas, ein liberales lateinamerikanisches Kulturzentrum.

Unmittelbar am Kreisverkehr markiert die Halbruine des ehemaligen Tourismusministeriums den Anfang des moderneren Teils des Malecón, mit hochstelzigen Mietskasernen aus den 1950er-Jahren, dem Wolkenkratzer des Hotels Meliá Cohiba, neben dem das prachtvolle Ex-Mafia-Hotel Riviera von außen geradezu bescheiden wirkt, gefolgt von einem kleinen Sportstadion. Kurz bevor es in den Tunnel geht, der von Vedado nach Miramar führt, erhascht man noch einen kurzen Blick auf die Festung La Chorrera, dann wird es kurz dunkel. Wenn man wieder herauskommt, ist wie von Zauberhand das Meer verschwunden, der Malecón ist keine Uferpromenade mehr, heißt jetzt ›Fifth Avenue‹, Quinta Avenida, und führt durch das Villenviertel Miramar.

Vedado

Cityplan: S. 184
Dieses Viertel ist etwa seit dem Ende des 19. Jh. das moderne Stadtzentrum Havannas (und nicht der Stadtteil mit dem Namen Centro Habana!). Ursprünglich war der lang gestreckte Hügel, auf dem Vedado heute liegt, von Wäldern überzogen, die eigentlich nicht abgeholzt werden durften – *vedado* heißt ›verboten‹. Doch zu Anfang des 20. Jh. kamen immer mehr reiche Cubaner und Amerikaner auf die Idee, dass es sich in etwas erhöhter Lage mit Meerblick und frischer Brise sehr viel angenehmer wohnen ließ als im stickigen, engen Habana Vieja. Die Bäume fielen und machten eleganten Villen und Stadthäusern Platz, großzügig angelegten Straßen und Parks. Statt kolonialer Kirchen und Festungen wie in der Altstadt entstanden im ›republikanischen‹ Vedado Geschäfte und öffentliche Bauten. Vedado bietet eine bunte Mischung der verschiedensten Baustile, vom

Tipp: Träumend auf dem Malecón

Es gibt kaum einen schöneren Ort in Havanna als die breite Mauer des Malecón, um im warmen Licht der Abendsonne vor sich hin zu träumen. Seite an Seite mit cubanischen Familien, mit Liebespärchen sowie dem einen oder anderen Musiker, der sich hier einfindet, blickt man übers Meer und schaut den Anglern oder badenden Kindern zu, während die letzten Sonnenstrahlen die Häuserkulisse der Uferpromenade beleuchten.

Neoklassizismus über die Neugotik bis zu Jugendstil und Art déco.

Treffpunkte der Mafia

In den 1950er-Jahren erlebte Vedado einen weiteren Entwicklungsschub: Die Mafia ließ Hotels bauen, die in den Himmel wuchsen, mit feudalen Spielkasinos, versteht sich. Das **Capri** 57 in der Calle 21, Ecke N zum Beispiel ist noch eine eher bescheidene Ausgabe eines Wolkenkratzers; es gehörte dem US-amerikanischen Mafioso Santo Traficante Jr.

Meyer-Lanski dagegen wollte wohl lieber direkt am Meer wohnen und ließ sich das blau schimmernde **Hotel Riviera** 14 direkt an den Malecón bauen, ein bisschen höher als das Capri ist es außerdem. Im Jahr 1957 eröffnete er hier das hoteleigene Spielkasino, damals das größte außerhalb von Las Vegas. Das Kasino wurde nach der Revolution zwar geschlossen, doch die umwerfend elegante Inneneinrichtung hat man originalgetreu renoviert. Heute drängelt sich im glitzernden Marmorfoyer vor dem ehemaligen Mafia-Nightclub an den Wochenenden eine edel bis provozierend gekleidete Menschenmenge, um im Copa Room eines der besten Cabarets Cubas (unter dem gleichen Direktor wie das berühmte Tropicana) zu sehen und die populärsten Bands Cubas zu hören.

In den *roaring fifties* entstand auch das damals eleganteste Hotel Havannas: das ehemalige Hilton. Es wurde gerade pünktlich zur Revolution fertiggestellt, prompt enteignet, in **Habana Libre** 58 umgetauft und zum Regierungssitz der Rebellen umfunktioniert. Später gammelte das Habana Libre vor sich hin, bis es 1980 wieder als Hotel in Betrieb genommen wurde (Calle L, Ecke 23).

Doch noch mehr als das Habana Libre prägen zwei andere Bauten die Skyline Vedados: das Edificio FOCSA (s. S. 185) und das 1930 im italienischen Stil gebaute Prunkhotel **Nacional** 13**,** das 1955 von Meyer-Lanski teilweise aufgekauft wurde, der es in ein Kasino verwandelte. Die Crème de la Crème der amerikanischen und cubanischen Society verjuxte hier Millionen – an den Spieltischen unter den Kronleuchtern der eleganten Salons rollten die Roulettekugeln und draußen, rund um den Pool, widmete man sich dem Poker (Calle 21, Ecke O).

Vedado

Sehenswert
1 – 14 s. Karte S. 166
15 s. Karte S. 178
16 – 54 s. Karte S. 166
55 – 56 s. Karte S. 178
57 Hotel Capri
58 Habana Libre
59 Edificio FOCSA
60 Cine Charles Chaplin
61 Stiftung Fernando Ortíz
62 Universidad de La Habana
63 Callejón de Hamel (s. auch Karte S. 178)
64 Heladería Coppelia
65 Cine Yara
66 Museo de la Danza
67 Casa de las Américas
68 s. Karten S. 163 u. 178
69 s. Karte S. 178

Übernachten
1 – 10 s. Karte S. 166
11 s. Karte S. 178
12 Meliá Cohiba
13 Nacional
14 Riviera
15 Victoria
16 Mercedes Gonzáles

Essen & Trinken
1 – 14 s. Karte S. 166
15 – 16 s. Karte S. 178
17 La Casona del 17
18 Monseigneur
19 El Hurón Azul
20 Gringo Viejo
21 Decamerón

Einkaufen
1 – 11 s. Karte S. 166
12 Flohmarkt
13 Souvenirmarkt
14 Arte Malecón Plaza Cultural
15 Centro de Arte 23 y 12
16 Galerías de Paseo
17 La Habana Sí

Abends & Nachts
1 – 8 s. Karte S. 166
9 s. Karte S. 178
10 El Hurón Azul
11 Casa de la Cultura de Plaza
12 Conjunto Folclórico Nacional
13 La Zorra y El Cuervo
14 El Gato Tuerto
15 Piano-Bar Delirio Habanero/ Café Cantante Mi Habana

Aktiv
1 – 2 s. Karte S. 166
3 Paradiso

Edificio FOCSA

Selbst vom Altstadtende des Malecón sieht man schon das andere Bauwerk, das die Silhouette Vedados bestimmt: Das **Edificio FOCSA** 59 ist das größte Gebäude Cubas und 1950, als es gebaut wurde, war es auch das höchste. Das eleganteste ist es auf keinen Fall, auch wenn allein die Einweihungsfeier im FOCSA rund eine Million Dollar gekostet haben soll. Wer es sich leisten konnte, kaufte eines der Apartments und hatte eine feine Adresse.

Nach der Revolution war das FOCSA ein Studentenwohnheim, dann wohnten hier vor allem sowjetische Fachleute und Berater und heute ist es ein zugiger, ziemlich heruntergekommener Bau mit endlosen Fluren und steckengebliebenen Aufzügen. Einzig das Restaurant La Torre im obersten Stockwerk (der Aufzug funktioniert!) lohnt einen Besuch: Von hier aus kann man bei recht gutem und entsprechend teurem Essen oder auch nur bei einem Drink die Aussicht auf Havanna und das Meer genießen (Calle 17, zwischen M und N, Restaurant und Bar: Tel. 07 832 73 06, tgl. 12–23.30 Uhr).

La Rampa und Umgebung

Die Hauptschlagader Vedados ist **La Rampa,** wie die kilometerlange **Calle 23** im Volksmund (und auf den Hinweisschildern) heißt. Sie beginnt an der Brücke über den Río Almendares hinter dem Vedado-Hügel, knickt leicht nach links und führt dann schnurgerade hügelabwärts bis zur Mauer des Malecón – der letzte Abschnitt scheint geradewegs ins Wasser zu stürzen. An ihrem oberen Teil liegen Wohnviertel, ein Kirmespark für Kinder, der **Parque Jalisco,** einige Pesogeschäfte und Restaurants sowie das Filminstitut Instituto Cubano de Arte e Industria Cinematográfica (ICAIC) mit dem **Cine Charles Chaplin** 60**,** einem der großen Kinos in Vedado. Die schachbrettartig angelegten Querstraßen werden übrigens mit Buchstaben bezeichnet, die Parallelstraßen der Rampa dagegen mit Ziffern, allerdings nicht auf Straßenschildern, sondern auf einem kleinen verwitterten Stein an der Straßenecke, den man selbst im Hellen kaum erkennt und bei Nacht verzweifelt zu entziffern sucht. Als Faustregel gilt: Je näher man dem Malecón kommt, desto weiter schreitet das Straßenalphabet fort.

Tipp: Heladería Coppelia 64

An der Rampa in Vedado, zwischen den Calles K und L, winden sich nachmittags und abends Menschenschlangen durch einen grünen Park, in dessen Mitte eine gläserne fliegende Untertasse gelandet zu sein scheint. Die **Heladería Coppelia** ist ein subtropischer Eispalast unter freiem Himmel, in dem zu besseren Zeiten bis zu 50 Eissorten angeboten wurden. Heutzutage ist die Auswahl geringer, doch die vorhandenen Sorten schmecken durchweg köstlich; am beliebtesten sind die Eisbecher Tres Gracias (›Drei Grazien‹, also drei dicke Kugeln) und Ensalada, acht bis zehn Kugeln – wer so lange anstehen musste, möchte im süßen Eis geradezu baden. Es ist durchaus üblich, sich in der Schlange der Coppelia zu verabreden, die Wartezeit zu verplaudern, ein bisschen nach rechts und links zu flirten, den Ghettoblaster aufzudrehen. Ausländer dürfen an den Warteschlangen vorbeimarschieren und direkt in die erste Etage der gläsernen Untertasse hochsteigen, wo ein Bereich extra für sie reserviert ist (das zum Eis servierte Glas Wasser sollte man nicht trinken). Berühmt wurde Coppelia übrigens durch den Film »Erdbeer und Schokolade« von Tomás Gutiérrez Alea (Di–So 11–23 Uhr).

Auch die baumbestandenen Nebenstraßen der Rampa lohnen einen Spaziergang. In einträchtiger Nachbarschaft stehen hier ehemals prächtige Villen und Wohnhäuser, die deutlich von der Zeit und vom Mangel geschädigt sind, verwaschene pastellfarbene Häuschen im Kolonialstil und skurrile Architektenträume aus den 1950er-Jahren. Nach Feierabend werden Holztische unter einen Baum auf den Bürgersteig gerückt und die Dominosteine ausgepackt – das Dominospiel ist eine nationale Leidenschaft.

Etwa auf Höhe der Querstraße J hat man einem altmodischen Helden ein liebevolles Denkmal gesetzt: Ein spindeldürrer Don Quijote, aus Eisendraht geflochten, kämpft hartnäckig gegen imaginäre Windmühlen. Von ganz anderer Art ist der Kampf, den man als Tourist an der Straßenkreuzung Rampa und Calle K zu bestehen hat. Unentwegt wird man hier am Ärmel gezupft und bekommt alles Mögliche angeboten: illegale Taxen, angeblich echte Zigarren, sichere und bequeme Privatquartiere etc. Bis auf die Taxen sollte man auf die Angebote nicht eingehen. Das gilt auch für die Händlerszene direkt vor dem Hotel Habana Libre in der Calle L.

Wenn man die Calle L am Hotel Habana Libre vorbei einige Hundert Meter hinaufgeht, kommt man linker Hand zu einer hübschen Kolonialvilla, in der die von dem Schriftsteller Miguel Barnet geleitete **Stiftung Fernando Ortíz** 61 afrocubanische Konzerte und Veranstaltungen organisiert. Von hier ist es nicht weit zur Freitreppe der **Universidad de La Habana** 62, wo an Wochenenden manchmal Bands unter freiem Himmel spielen.

Ein weiterer Spaziergang führt in den berühmten **Callejón de Hamel** 63, eine Gasse parallel zur Calle San Lázaro, die der Künstler Salvador González mit Wandgemälden und dekorativen Götterschreinen in ein buntes Open-Air-Museum der afrocubanischen Kultur verwandelt hat – etwas rummelig zwar, doch sonntags von etwa 12 bis 15 Uhr kann man dort Trommelsessions hören und Tänze für die Götter ansehen.

Zurück auf die Rampa. Gegenüber von der Heladería Coppelia (s. oben) laufen die Kinoneuheiten Havannas im **Cine Yara** 65, einem Lichtspielhaus aus den 1950er-Jahren. Unmittelbar hinter der Kreuzung macht La Rampa ihrem Namen alle Ehre und verwandelt sich in eine vierspurige Rutsche, die steil zum Malecón abfällt. Die Bürgersteige dieses Abschnitts sind in einem schwarz-weißen Mosaik gestaltet, entworfen von cubanischen Künstlern wie Wifredo Lam und René Portocarrero, die sich dabei abstrakter geometrischer Zeichen aus der afrocubanischen Regla Conga (s. S. 69) und der Geheimgesellschaft Abakuá (s. S. 73) bedient haben. In diesem unteren Teil der Rampa brodelt es vor Geschäftigkeit. Hier haben fast alle Fluggesellschaften ihre Büros, es gibt einen kleinen Kunsthandwerksmarkt, ein internationales Pressezentrum, einige Restaurants, Souvenirgeschäfte etc. Auf einer Hauswand verkünden verwaschene Lettern »Ich lebe in einem freien Land«, eine Zeile aus einem berühmten Lied von Silvio Rodríguez, dann öffnet sich die Rampa dem Malecón und dem Meer.

Museo de la Danza und Casa de las Américas

Ein Muss für alle Fans des klassischen Balletts ist das **Museo de la Danza** 66, sechs Blocks nordwestlich der Rampa. Das ganze Museum widmet sich berühmten Tänzern und Tänzerinnen aus aller Welt, wobei Cubas Legende Alicia Alonso natürlich besonders gewürdigt wird (Línea, Ecke G, Tel. 07 831 21 98, Di–Sa 10–18, So 9–13 Uhr, 2 CUC).

Nach noch einmal vier Häuserblocks in die gleiche Richtung folgt die **Casa de las Américas** 67, ein Studienzentrum für lateinamerikanische Kultur, in dem regelmäßig Literaturlesungen, Theater, Podiumsdiskussionen etc. stattfinden. Die hier beheimatete **Galería Latinoamericana** zeigt in wechselnden Ausstellungen zeitgenössische Kunst aus Lateinamerika (Calle 3, Ecke Ave. de los Presidentes, Tel. 07 838 27 06, Galerie: Mo–Fr 10–16.20 Uhr, 2 CUC).

Um die Ecke liegen die beiden dazugehörenden Galerien **Colección Arte de Nuestra América** und **Galería Haydée Santamaría,** beide mit Ausstellungen zeitgenössischer Kunst aus ganz Lateinamerika (Ave. de los Presidentes, Ecke 5, derzeit wegen Renovierung geschlossen).

Cementerio Cristóbal Colón 68

Cityplan: S. 178

Auf der Grenze zwischen den beiden Stadtteilen Vedado und Plaza de la Revolución befindet sich an der Ecke Calzada de Zapata und Calle 12 der **Cementerio Cristóbal Colón,** benannt nach Christoph Kolumbus. (Es gehört zu den Hintersinnigkeiten des cubanischen Humors, die Totenstadt und das ehemalige Rotlichtviertel mit dem Namen des Entdeckers zu schmücken.) Mit etwa 800 000 Gräbern und fast 100 000 Grabdenkmalen ist er einer der größten Friedhöfe in ganz Lateinamerika. Reiche Familien aus den Zuckerdynastien, die Helden der Unabhängigkeitskriege und der Revolution, kirchliche Würdenträger, berühmte Dichter und Intellektuelle (Alejo Carpentier, Nicolás Guillén, José Lezama Lima) sowie legendäre Musiker (Ibrahim Ferrer) haben hier ihre letzte Ruhestätte gefunden. Das monumentale Eingangsportal stammt von dem Bildhauer Villalta de Saavedra und stellt Glaube, Hoffnung und Barmherzigkeit dar.

Links neben dem Eingang liegt das Grabmal der Grafen de Mortera, eines der ältesten auf dem gesamten Friedhof. Daneben erinnert der Panteón de los Emigrados an Cubaner, die das Land vor der Revolution 1959 aus politischen Gründen verließen. Weiter auf der Hauptstraße, ebenfalls links, wird mit einem Denkmal der Studenten gedacht, die 1871 unter falscher Anschuldigung hingerichtet wurden, und im nächsten Block rechts erinnert eine Gedenkstätte an alle Revolutionäre, die bei der Landung der Jacht Granma 1956 im Oriente ums Leben kamen. Daneben liegt die Gedenkstätte für die Generäle der Unabhängigkeitskriege.

Rund um die Hauptstraße kann man besonders viele Grabstätten sehen, deren Erbauer sich zumindest architektonisch durch Originalität verewigen wollten. Minipaläste im Art-déco-Stil und ein den ägyptischen Pyramiden nachempfundenes Privatmonument konkurrieren mit Tausenden steinerner sahneweißer Engel, die in Seligkeit erstarrt scheinen (tgl. 9–17 Uhr, 5 CUC).

Plaza de la Revolución 69

Cityplan: S. 178

Nicht weit vom Cementerio Colón erstreckt sich die riesige Betonfläche der **Plaza de la**

Revolución, weithin erkennbar an dem in den Himmel ragenden Obelisken und dem 105 m hohen **Monumento José Martí,** Havannas höchstem Aussichtsturm und gleichzeitig das größte Museum über José Martí in Havanna, die beide aus vorrevolutionärer Zeit stammen. Um den Platz herum liegen das Teatro Nacional (›Nationaltheater‹), die Biblioteca Nacional José Martí (›Nationalbibliothek‹) sowie diverse Ministerien und das Zentralkomitee der Kommunistischen Partei Cubas (Museum: Mo–Sa 9–16.30 Uhr, 5 CUC inkl. Aussichtsturm).

Im Erdgeschoss des Ministeriums für Kommunikation zeigt das **Museo Postal Cubano** u. a. Briefmarken aus aller Welt (Ave. Rancho Boyeros, Mo–Do 8–17.30, Fr 8–16.30 Uhr, 1 CUC).

Miramar, Playa und Marina Hemingway

Übersichtskarte: S. 163

Die Verlängerung des Malecón gen Westen ist die karibische Variante der ›Fifth Avenue‹ – die **Quinta Avenida,** nicht ganz so belebt, aber mindestens so elegant wie ihr New Yorker Vorbild. An dieser baumbestandenen Prachtstraße in der Nähe der Küste ziehen sich das ehemalige Nobelviertel **Miramar** und das angrenzende **Playa** entlang. Hier befinden sich die meisten ausländischen Botschaften, der Diplomercado, das Theater Carlos Marx, einige sehr gute Restaurants sowie ein paar wenige Sehenswürdigkeiten.

Maqueta de La Habana

Unbedingt einen Besuch wert ist die **Maqueta de La Habana:** Havanna als 22 x 8 m großes Modell, nach dem von New York das zweitgrößte Stadtmodell der Welt (Calle 28 No. 113, zwischen 1ra und 3ra, Tel. 07 206 12 88, Mo–Sa 9.30–16.30 Uhr, 3 CUC).

Acuario Nacional

Im riesigen **Acuario Nacional** können sich Nicht-Taucher mit der karibischen Meeresfauna und -flora vertraut machen. Für Kinder gibt es Unterhaltungsangebote wie Delfinshows (Ave. 3ra, Ecke 62, Tel. 07 203 64 01, Di–So 10–17 Uhr, Erw. 7 CUC, Kinder bis 12 Jahre 5 CUC, Delfinshows 11, 15, 17 Uhr).

Marina Hemingway

Noch weiter nach Westen, immer die Quinta Avenida und ihre Fortsetzung entlang, liegt das Tourismuszentrum **Marina Hemingway,** ein Freihafen mit vier je 1 km langen Kanälen. Hier finden die alljährlichen Angelwettbewerbe (einer davon zu Ehren Hemingways) statt. Die Anlage entstand nach der Revolution und hat mit Hemingway nur den Namen gemein, doch findet man hier Tennisplätze, einige Geschäfte und Boutiquen, Bars und Nachtclubs sowie mehrere gute Restaurants. Die Seeluft hat die meisten Gebäude ziemlich angegriffen, sodass sie keinen besonders anheimelnden Eindruck machen. Ausländer, die im Jachthafen anlegen, dürfen sich ohne Visum 72 Stunden in Cuba aufhalten. Jachten können auch gemietet werden; außerdem werden verschiedene Wassersportarten angeboten und man kann zum Hochseeangeln aufs Meer fahren (s. S. 200). Von der Marina Hemingway aus führen Bootstrips entlang der Nordküste zu den Playas del Este, nach Varadero und zum Cayo Paraíso im Westen, Hemingways Lieblingsort zum Fischen und ein Paradies für Schnorchler.

Infos

Infotur: Hauptbüro in der Calle Obispo, zwischen Villegas und Bernaza, Habana Vieja, Tel. 07 866 33 33, tgl. 9–17.15 Uhr, www.infotur.cu; kleinere Infokioske in der Calle Obispo, Ecke San Ignacio, Habana Vieja, tgl. 9.30–17.15 Uhr, Tel. 07 863 68 84, und im Flughafen, Tel. 07 266 40 94, tgl. 24 Std.

Banco Financiero Internacional: Calle Oficios, Ecke Brasil, Habana Vieja; im Hotel Habana Libre, Calle L, Ecke 23, Vedado, beide Mo–Fr 8.30–15 Uhr. U. a. Bargeldabhebung mit Kreditkarte.

Cadeca: Calle Obispo 257, zwischen Cuba und Aguiar, tgl. 8–21 Uhr. Mit Geldautomat.

Internet: Telepunto, Calle Obispo 360, zwischen Habana und Compostela, Habana Vie-

ja, tgl. 8–19.30 Uhr (6 CUC/Std.); Cibercafé Capitolio, im Capitolio Nacional, Centro Habana, tgl. 9–18 Uhr (5 CUC/Std., langsame Computer); Internetcafés bzw. WiFi auch in fast allen größeren Hotels (8–10 CUC/Std.).
Notfälle: Asistur, Prado 208, zwischen Colón und Trocadero, Centro Habana, Tel. 07 866 44 99, asistur@asistur.get.tur.cu. Hilfe bei Geldüberweisungen, in Versicherungsfällen und, wenn man Opfer eines Delikts wurde, rechtliche Beratung.

Übernachten

... in Habana Vieja:

Luxus pur ▶ **Santa Isabel** 1 (Habaguanex): Calle Baratillo 9, Plaza de Armas, Tel. 07 860 82 01, Fax 07 860 83 91, www.habaguanexhotels.com. Im ehemaligen Palast der Grafen von Santovenia lässt es sich luxuriös leben; mit charmantem Patio, antiken Möbeln aus Edelhölzern und Blick auf die historische Plaza de Armas. Besonders schönes und originelles Hotel mit vielen liebevollen Details. 17 Zi., auch 10 Suiten mit Jacuzzi, EZ ab 150 CUC, DZ ab 240 CUC inkl. Frühstück.

Gute Infrastruktur ▶ **Sevilla** 2 (Gran Caribe): Calle Trocadero 55, zwischen Prado und Agramonte, Tel. 07 860 85 60, Fax 07 860 85 75, reserva@sevilla.gca.tur.cu. Das ehemalige Biltmore-Sevilla wurde hervorragend renoviert und verfügt über ein wunderschönes Dachrestaurant, das fantasievolle Gerichte serviert (tgl. 10–24 Uhr, ab 10 CUC). Alle wichtigen Einrichtungen im Haus. 178 Zi., EZ 151 CUC, DZ 201 CUC inkl. Frühstück.

Stilvoll und zentral ▶ **Florida** 3 (Habaguanex): Calle Obispo 252, Ecke Cuba, Tel. 07 862 41 27, Fax 07 862 41 17, www.habaguanexhotels.com. Auch dieses Hotel wurde in einem prächtigen Stadtpalast von 1836 eingerichtet: imposanter Patio mit gemütlichen Korbmöbeln, stilvoll eingerichtete Zimmer mit allem Komfort und Marmorbädern, elegantes Restaurant, Piano-Bar, gut besuchte Disco (tgl. bis 2 Uhr, Eintritt 5 CUC) – und all das nur wenige Schritte von der Plaza de Armas ent-

Von einstiger Noblesse kann man sich in Miramar noch heute beeindrucken lassen

fernt. 21 Zi., 4 Suiten, EZ ab 100 CUC, DZ ab 160 CUC inkl. Frühstück.

Wo Hemingway nächtigte ▶ Ambos Mundos 4 (Habaguanex): Calle Obispo 153, Ecke Mercaderes, Tel. 07 860 95 30, Fax 07 860 95 32, www.hotelambosmundos-cuba.com. Im traditionsreichen ›Hotel Beider Welten‹ stieg schon Ernest Hemingway ab (s. S. 176). Die günstige Lage in der Altstadt, die zur Straße hin offene Hotelbar und die tolle Dachterrasse mit Blick bis zur Festung El Morro sind weitere Attraktionen. Dafür sind die Zimmer ziemlich dunkel und die 5. Etage sehr laut. 52 Zi., EZ 100 CUC, DZ 160 CUC inkl. Frühstück.

Für Zigarrenfans ▶ Conde de Villanueva 5 (Habaguanex): Calle Mercaderes 202, Ecke Lamparilla, Tel. 07 862 92 93/94, Fax 07 862 96 82, www.habaguanexhotels.com. In diesem Hotel kann man nicht nur elegant schlafen, sondern auch ganz viel rauchen, denn neben einem exzellenten Zigarrengeschäft bietet es auch einen Zigarrenclub sowie passende Aufbewahrungsmöglichkeiten für die kostbaren Glimmstängel. 9 Zi., EZ ab 100 CUC, DZ ab 160 CUC inkl. Frühstück.

Kuriose Atmosphäre ▶ Los Frailes 6 (Habaguanex): Calle Brasil 8, zwischen Oficios und Mercaderes, Tel. 07 862 93 83, Fax 07 862 97 18, www.habaguanexhotels.com. Man wohnt in einem Palast aus dem 18. Jh., das Personal trägt Mönchskutten; ein ruhiges Plätzchen im quirligen Althavanna. 22 Zi., EZ ab 80 CUC, DZ ab 130 CUC inkl. Frühstück.

Verwinkelt und gemütlich ▶ Valencia und Comendador 7 (Habaguanex): Calle Oficios 53, Ecke Obrapía, Tel. 07 867 10 37, Fax 07 860 56 28, www.habaguanexhotels.com. Die beiden benachbarten Pensionen bieten koloniale Atmosphäre in prächtigen Stadthäusern. Im Hostal Valencia verwunschener Patio und das gute spanische Restaurant La Paella (tgl. 12–23 Uhr, Paella je nach Zutaten 8–15 CUC p. P.). 28 Zi. insgesamt, EZ ab 80 CUC, DZ ab 130 CUC inkl. Frühstück.

Der charmante Winzling ▶ El Mesón de la Flota 8 (Habaguanex): Calle Mercaderes, zwischen Amargura und Brasil, Tel. 07 863 38 38, www.habaguanexhotels.com. Über dem gleichnamigen spanischen Lokal (s. S. 195) werden 5 Zimmer vermietet. EZ 55 CUC, DZ 86 CUC inkl. Frühstück.

Schlafen im Kloster ▶ Residencia Académica Convento de Santa Clara 28 (staatl.): Calle Cuba 610, zwischen Luz und Sol, Tel. 07 861 33 35, 866 93 27, Fax 07 833 56 96. Ein angenehmer und beliebter Ort, daher unbedingt reservieren. Zimmer mit Ventilator und Warmwasser, Parkplatz. Wegen Renovierung auf unbestimmte Zeit geschlossen. 9 Zi., ca. 25 CUC/Pers. inkl. Frühstück.

Tolle Dachterrasse ▶ Casa Humberto 9 (privat): Calle Compostela 611 (2. Stock), zwischen Luz und Porvenir, Tel. 07 860 32 64, http://casahumberto.freewebpage.org. Nicht von außen abschrecken lassen! Zwei große, freundliche Zimmer im Apartment eines jungen Ehepaars; professionell geführt, kleiner Balkon und riesige Dachterrasse mit Liegestühlen. 25–30 CUC.

... in Centro Habana:

Bezaubernder Gastgeber ▶ Casa Eduardo 10 (privat): Calle Refugio 103, zwischen Prado und Consulado, Tel. 07 863 05 23, www.winpict.com/cuba/eduardo/eduardo_canciano.htm. Ein riesiges Zimmer mit riesigem Bett und extravagantem schwarz-gelbem Bad; kleiner Patio. 25–30 CUC.

Wie bei Muttern ▶ Raudelina Rodríguez 11 (privat): Calle Amistad 302, Ecke San Rafael, Tel. 07 862 61 81, raudelinaleyva@yahoo.es. Bei Raudelina wird man herzlich aufgenommen und bekommt (fast) jeden Wunsch erfüllt; saubere Zimmer – etwas laut, aber dafür sehr zentral. 20–25 CUC.

... in Vedado:

Modern und elegant ▶ Meliá Cohiba 12 (Cubanacán): Paseo, zwischen 1ra und 3ra, Tel. 07 833 36 36, Fax 07 834 45 55, www.solmeliacuba.com. Eine der modernsten Unterkünfte im Stadtteil Vedado, direkt am Malecón. Zum Hotel gehören das beliebte Habana Café und das italienische Restaurant La Piazza mit schnellem, aufmerksamem Service und wunderbar knusprigen Pizzas (ab 9 CUC). 462 Zi., darunter 64 Suiten mit Blick auf Meer oder Garten. Kostenloser Shuttle ins Zentrum. EZ ab 150 CUC, DZ ab 200 CUC inkl. Frühstück.

Historisches Gemäuer ▶ Nacional 13 (Gran Caribe): Calle 21, Ecke O, Tel. 07 838 02 94, 836 51 71, www.hotelnacionaldecuba.com. Auf einem Felsen über dem Malecón dominiert der wuchtige neoklassizistische Bau aus den 1930er-Jahren die Skyline von Havanna. In den 1950er-Jahren war das Nacional ein beliebter Treffpunkt der High Society aus Hollywood und Miami. Selbst wenn man hier nicht nächtigt, zumindest einen Mojito sollte man sich in der Kolonnadenbar genehmigen, die in den prächtigen Garten führt. 461 Zi., 17 Suiten, EZ ab 120 CUC, DZ ab 170 CUC inkl. Frühstück.

Im Stil der 1950er-Jahre ▶ Riviera 14 (Gran Caribe): Malecón, Ecke Paseo, Tel. 07 836 40 51, Fax 07 834 37 39, www.habanarivierahotel.cu. Das ehemalige Meyer-Lanski-Hotel strahlt immer noch seine elegante 1950er-Jahre-Atmosphäre aus, wenngleich an einigen Möbeln und Teppichen der Zahn der Zeit nagt – ein großer Teil der Einrichtung stammt aus Mafia-Zeiten. Im Hotel befinden sich das Café Mar, ein schönes Beispiel für die Kitsch-Architektur jener Zeit, sowie der Copa Room, in dem Do–So 22–23 Uhr eine eher mittelklassige Cabaret-Show stattfindet (20 CUC/Pers.) und anschließend bis 2 Uhr getanzt wird (Eintritt 5 CUC). 352 Zi., davon 156 mit Balkon und Meerblick, 17 Suiten, EZ ab 81 CUC, DZ ab 130 CUC inkl. Frühstück.

Überschaubar ▶ Victoria 15 (Gran Caribe): Calle 19, Ecke M, Tel. 07 833 35 10, Fax 07 833 31 09, www.hotelvictoriacuba.com. Hübsches kleines Hotel im Herzen von Vedado – eine gute Alternative zu den Hoteltürmen. 31 Zi., EZ 80 CUC, DZ 100 CUC inkl. Frühstück.

Wohnen mit Cubanern ▶ Mercedes Gonzáles 16 (privat): Calle 21 No. 360 (Apto. 2-A), zwischen G und H, Tel. 07 832 58 46, mercylupe@hotmail.com. Schickes Apartment mit zwei relativ unabhängigen Gästezimmern, Balkon und hilfsbereiten professionellen Vermietern. 25–30 CUC.

... in Miramar/Playa:

Moderner Hotelkomplex ▶ Oasis Panorama (Gaviota): Calle 3ra, Ecke 70, Tel. 07 204 01 00, Fax 07 204 49 69, www.hotelesoasis.com. Mit Pool, Sauna, deutschem Spezialitätenrestaurant etc. Ein Stockwerk ist nur für Nichtraucher reserviert. 317 Zi., EZ 100 CUC, DZ 130 CUC.

Eigenes Häuslein mit Garten ▶ Villa Alicia (privat): Ave. 33 No. 3407, zwischen 34 und 36, Tel. 07 203 82 53. Schlichtweg *die* Privatunterkunft für Havanna-Besucher mit Hang zum Luxus und eigenem Auto: 2 Zimmer mit Kochgelegenheit in einem Nebengebäude, das durch einen sehr schönen Garten vom Haupthaus getrennt liegt. Vermieterin ist eine weltoffene Professorin für Angewandte Mathematik. 35 CUC.

Essen & Trinken

... in Habana Vieja:

Die Restaurants 1 – 13 sind staatlich geführt:

Gourmet-Tempel ▶ Café del Oriente 1: Plaza de San Francisco, Tel. 07 860 66 86, Restaurant tgl. 12–24, Café/Bar tgl. 9–24 Uhr. Im Erdgeschoss eine edle Café-Bar im Stil der Jahrhundertwende und in der ersten Etage ein hervorragendes Restaurant mit großer Weinkarte (Hauptgerichte ab 12 CUC). Um die Ecke liegt der dazugehörige Jardín del Oriente (tgl. 10–22 Uhr), eine ruhige, grüne Oase inmitten des hektischen Havanna und prima geeignet für einen Snack zwischendurch.

Mediterran ▶ El Templete 2: Ave. del Puerto 12–24, hinter Hotel Santa Isabel, Tel. 07 866 88 07, tgl. 12–24 Uhr. Eines der besten Restaurants der Stadt. Man sitzt im stilvoll restaurierten Innenraum oder draußen unter einem Zeltdach und genießt die Spezialitäten des Hauses: Fisch und Meeresfrüchte, köstlich zubereitet von einem spanischen Chefkoch. Hauptgerichte ab 10 CUC.

In Gedenken an Beny Moré ▶ Café Taberna 3: Calle Mercaderes, Ecke Brasil, Tel. 07 861 16 37, tgl. 11–24 Uhr. Direkt an der schönen Plaza Vieja gelegen, ist die Taberna eine Hommage an den legendären cubanischen Sänger und Sonero Beny Moré. Seine Musik klingt von CDs und wird live von mitreißenden Bands gespielt. Alte Holztheke, freundliche Bedienung, kreolische Küche mit internationalen Akzenten. Hauptgerichte ab 7 CUC.

Arabische Küche ▶ Al Medina 4: Calle Oficios 14, zwischen Obispo und Obrapía, Tel.

07 867 10 41, tgl. 12–24 Uhr. In einem Kolonialhaus mit sehr schönem Patio werden ausgefallene, wohlschmeckende Gerichte serviert. Ein beliebter Künstlertreff, zivile Preise. Hauptgerichte ab 6 CUC.

Havannas ältestes Lokal ▶ La Zaragozana 5: Ave. de Bélgica 352, zwischen Obispo und Obrapía, Tel. 07 867 10 40, tgl. 12–24 Uhr. Seit 1830 gibt es dieses Restaurant, in dem heute u. a. Paella sowie Gerichte der internationalen Küche serviert werden. Hauptspeisen ab 5 CUC.

Gut und günstig ▶ Los Nardos 6: Paseo 563, zwischen Dragones und Brasil, geg. Capitolio, Tel. 07 863 29 85, tgl. 12–24 Uhr. Etwas düsteres und vor allem sehr heruntergekühltes Restaurant, dafür aber extrem flotter Service und – ausnahmsweise nicht nur für cubanische Verhältnisse – extrem gutes Essen, das in riesigen Portionen serviert wird. Sehr beliebt bei Einheimischen. Fast alle Hauptspeisen unter 10 CUC.

Kreative Speisen ▶ Europa 7: Calle Obispo 301, Ecke Aguiar, Tel. 07 864 44 84, tgl. 12–24 Uhr. In den Räumen einer ehemaligen Confiserie eingerichtet und dekoriert mit alten Fotos, bietet das Europa cubanische Nouvelle Cuisine, z. B. als Vorspeise *frituras de malangas en mermeladas de cebollas* (frittierte Malangas mit Zwiebelmarmelade). Süßkartoffeln und gedünstetes Gemüse begleiten die üppigen Hauptspeisen, z. B. *brochetas de pollo, mariscos y frutas, caramelizadas con miel y aderezadas con vinagre balsamico* (Spieße mit Huhn, Meeresgetier und Früchten, karamelisiert und mit Balsamessig zubereitet). Tgl. Live-Musik. Hauptgerichte ab 3 CUC, Tagesgericht 6 CUC.

Open-Air-Restaurant ▶ Ruinas del Parque 8: Calle Obispo, Ecke Aguacate, tgl. 9–24 Uhr. Nettes kleines Lokal an der Hauptschlagader der Altstadt, in dem man auch sehr gut frühstücken kann. Tgl. Live-Musik. Hauptgerichte ab 3 CUC.

Günstig im Grünen essen ▶ Torre de la Vega 9: Calle Obrapía, zwischen Mercaderes und Oficios, tgl. 9–21 Uhr. In dieser ruhigen Oase mitten in der Altstadt gibt es extrem billiges Essen, frische Fruchtsäfte und Cocktails. Hauptspeisen ab 1 CUC.

Der Mythos lebt: Hemingways geliebte Daiquirís im El Floridita

Snacken bei Bacardí ▶ La Barrita 10: im Edificio Bacardí, Ave. de Bélgica 261, zwischen Calle Empedrado und San Juan de Dios, tgl. 9–18 Uhr. Im Austellungsraum des alten Stammsitzes der Rumfirma Bacardí verbirgt sich diese holzverkleidete Bar, die seinerzeit nur geladenen Gästen vorbehalten war. Das Angebot umfasst Kaffee, Sandwiches und ein paar kleine Gerichte – nichts Weltbewegendes, aber günstig und in angenehmer Art-déco-Atmosphäre.

Hafenblick ▶ Los Marinos 11: Calle San Pedro, Ecke Santa Clara, geg. Muelle de la Luz, tgl. 9–21 Uhr. Tee, Kaffee, Eis und Sandwiches. Von den Tischen im Freien schöner Blick auf die Bahía de La Habana.

Für Kaffeeliebhaber ▶ Café El Escorial: in der Casa de los Marqueses de la Real Proclamación 27, Calle Mercaderes, Ecke Calle Muralla, tgl. 9–21 Uhr. Hier duftet es herrlich nach frisch gemahlenem Kaffee, den man in vielen Variationen, bis hin zum Daiquirí de Café, serviert bekommt. Dazu gibt's Kuchen.

... in Centro Habana:

Abwechslung in den kreolischen Speisealltag bringen die Lokale im **Barrio Chino,** dem Chinatown von Havanna. Nur wenige Schritte westlich vom Capitolio beginnt an der Straßenecke Zanja und Rayo eine Gasse mit günstigen Chinarestaurants, in denen man zum Teil mit Pesos Cubanos zahlen kann.

Italienisch speisen ▶ A Prado y Neptuno 13: Prado, Ecke Neptuno, Tel. 07 860 96 36, tgl. 12–17, 18.30–23.30 Uhr. Das elegant-modern eingerichtete Restaurant ist vollkommen der Ära des Chachachá gewidmet – und heißt nach dem ersten Chachachá der Weltgeschichte. Hier gibt es Nudeln *al dente* (um 7 CUC) und echte italienische Küche, jedenfalls meistens.

Kitsch as Kitsch can ▶ Doña Blanquita 14 (privat): Prado No. 158 (1. Stock), zwischen Colón und Refugio, Tel. 07 867 49 58, tgl. 12–24 Uhr. Plastikblumen und Porzellanhunde zieren diesen Paladar, zum Essen gibt's Huhn, Schwein und Fisch in verschiedenen Zubereitungsarten, sehr schön sind die Tische auf dem Balkon mit Blick über den Prado. Hauptspeisen 6–12 CUC.

Tipp: Café Santo Domingo

Rund um die Uhr ▶ Café Santo Domingo 12: Calle Obispo 161, 1. Stock, zwischen San Ignacio und Mercaderes. Rund um die Uhr ist dieses nette und günstige Café im Herzen von Habana Vieja geöffnet – ein idealer Ort zum Frühstücken, für einen kleinen Snack zwischendurch oder auf ein billiges Bier am Abend. Zum Nachmittagskaffee kann man sich Kuchen oder süße Teilchen aus der Bäckerei (tgl. 8–21 Uhr) im Erdgeschoss nach oben bringen lassen.

Grüße aus Chile ▶ Café Neruda 15 (staatl.): Malecón No. 455, zwischen Manrique und San Nicolás, tgl. 12–24 Uhr. Direkt am Malecón liegt dieses Café-Restaurant, das mit Fotos des bekannten chilenischen Dichters geschmückt ist. Von der Terrasse und dem Innenhof hat man einen Blick aufs Meer, serviert werden in erster Linie chilenische Gerichte auf der Basis von Meeresfrüchten und Rindfleisch. Hauptspeisen ab 6 CUC.

Sehen und gesehen werden ▶ Prado 12 16 (staatl.): Prado, Ecke San Lázaro, tgl. 9–24 Uhr. Ein origineller Ort zum Frühstücken oder Mittagessen nahe dem Malecón. Mit Blick auf die Festungsanlagen El Morro und La Punta kann man das städtische Treiben beobachten und um 21 Uhr den Bollerschüssen lauschen, die einst das Schließen der Stadttore verkündeten.

... in Vedado:

Koloniales Ambiente ▶ La Casona del 17 17 (staatl.): Calle 17 No. 60, zwischen M und N, Tel. 07 834 45 29, tgl. 12–24 Uhr. Man speist in einer hübsch renovierten Villa, die Spezialität des Kochs ist Hühnchen in Orangensoße. Hauptspeisen ab 4,50 CUC.

Plüschig ▶ Monseigneur 18 (staatl.): Calle O, Ecke 21, Restaurant tgl. 12–1 Uhr. Direkt gegenüber vom Hotel Nacional liegt dieses Souterrainrestaurant, in dem der schwarze Pianist und Sänger Bola de Nieve zu Hause war. Die kreolische Küche ist nicht fein, aber solide. Hauptgerichte ab 6 CUC.

Warten lohnt sich ▶ El Hurón Azul 19 (privat): Calle Humboldt 153, Ecke P, Tel. 07 833 31 76/78, www.huronazul.com, Di–So 12–24 Uhr. Eines der ältesten und bekanntesten Privatrestaurants mit beständig guter Küche und sehr angenehmer, künstlerischer Atmosphäre. Hauptgerichte 8–12 CUC.

Gemütlich ▶ Gringo Viejo 20 (privat): Calle 21 No. 454, zwischen E und F, Tel. 07 831 19 46, Mo–Sa 12–23 Uhr. Professioneller Paladar mit umfangreichem Speiseangebot, z. B. Hühnerfrikassee oder gefülltes Lamm. Hauptgerichte um 10 CUC.

Viel gelobt ▶ Decamerón 21 (privat): Línea No. 753, zwischen Paseo und 2, Tel. 07 832 24 44, tgl. 12–23 Uhr. Paladar mit italienischer und internationaler Küche, freundlichem Service und sehr fairen Preisen: riesige Pizzas ab 3 CUC, Fischgerichte um 10 CUC.

... in Miramar/Playa:

Genießen im Garten ▶ La Cocina de Lilliam (privat): Calle 48 No. 1311, zwischen 13 und 15, Tel. 07 209 65 14, So–Fr 12–15, 19–23 Uhr. Sehr teuer, aber sehr schön. Hervorragend zubereitete Speisen, professioneller Service und ein herrlicher Garten zum Sitzen. Unbedingt reservieren. Menü ohne Getränke 20–25 CUC.

Offene Küche ▶ La Fontana (privat): Ave. 3ra-A No. 305, Ecke 46, Tel. 07 202 83 37, tgl. 12–24 Uhr. Kein Geheimtipp mehr, aber mit vielen ›geheimen‹ Ecken, die es zu entdecken lohnt. Exzellente Speisen (z. B. Kaninchen mit einer Soße aus Dijon-Senf, Honig und Orangen), die im Patio unter den Augen der Gäste zubereitet werden. Hauptgerichte ab 15 CUC.

Meeresfrüchte satt ▶ Don Cangrejo (staatl.): Ave. 1ra No. 1606, zwischen 16 und 18, Tel. 07 204 41 69, 204 50 02, tgl. 12–24 Uhr. Nettes Restaurant am Wasser. Opulenter Weinkeller, exzellenter Fisch und köstliche Meeresfrüchte, z. B. mit Rum flambiertes Krebsfleisch (15 CUC).

Gehoben ▶ El Tocororo (staatl.): Calle 18, Ecke 3ra, Tel. 07 204 22 09, Restaurant: Mo–Sa 12–24, Bar: Mo–Sa 18–2 Uhr. Herausragendes Essen (Meeresfrüchte, Sushi), gemütliche Atmosphäre, Treffpunkt von berühmten Künstlern sowie politischen Spitzenleuten und ihren Nachkommen. In der Bar regelmäßig Live-Trova und Jazz. Reservierung unerlässlich. Hauptgerichte 10–30 CUC.

Unbedingt reservieren ▶ El Palio (privat): Ave. 1a No. 2402, zwischen 22 und 24, Tel. 07 202 98 67, tgl. 12–24 Uhr. Einer der besten Paladare Havannas: Man sitzt im Freien und labt sich an Gerichten wie Fisch in Orangensoße oder Huhn mit Früchten. Hauptspeisen ab 7 CUC.

Zuerst essen, dann rauchen ▶ La Casa de Quinta y 16 (staatl.): Ave. 5ta, Ecke 16, Tel. 07 206 95 09, tgl. 11–23 Uhr. Stilvoller, moderner Komplex mit zwei Restaurants, erstklassigem Zigarrenladen, Billardzimmer und Rauchersalon. Tagesmenü 6 CUC.

Viel Auswahl ▶ Complejo Turístico Cultural Dos Gardenias (staatl.): Ave. 7ma, Ecke 26, Tel. 07 204 81 88, tgl. 12–24 Uhr. Komplex mit drei Lokalen: **Ciao Amigo** (italienische Küche, Selbstbedienung), **Shanghai** (asiatisch) und **El Bolero** (kreolisch). Hauptspeisen ab 4 CUC.

Einkaufen

Viele Geschäfte findet man in den Straßen **Obispo** (Habana Vieja), **San Rafael** und **Italia** (Centro Habana) sowie entlang der **Rampa** (Vedado). Die riesigen *supermercados* oder *diplotiendas* im Villenviertel Miramar bieten gegen Pesos Convertibles alles, was es in Cuba eigentlich nicht gibt.

... in Habana Vieja:

Bücher ▶ Antiquarische Bücher, darunter seltene Erstausgaben und historische Bücher, werden an Ständen auf der **Plaza de Armas** verkauft (Mi–Sa 10–18 Uhr). **Librería Grijalbo Mondadori:** im Palacio del Segundo Cabo 2, Plaza de Armas, Mo–Sa 10–17.30, So 10–12 Uhr. Extrem gut sortierte Buchhandlung; viele Bücher über Cuba, auch fremdsprachige Romane. **Librería Ateneo Cervantes** 1: Obispo 528, Mo–Sa 9–18 Uhr. Cubanische Literatur, zu bezahlen in Pesos Cubanos.

Landkarten ▶ El Navegante 2: Mercaderes 115, zwischen Obispo und Obrapía, Mo–Sa 9–18, So 9–12 Uhr. Das beste Sortiment an Land- und Seekarten. Sehr zu empfehlen ist die Karte »La Habana Mapa Turístico«, in

aktiv unterwegs

Barhopping in Habana Vieja

Tour-Infos

Start: Hotel Conde de Villanueva
Ende: Bar Monserrate
Dauer: *open end …*
Wichtige Hinweise: Wertsachen möglichst im Hotelsafe deponieren

Den Kneipenbummel durch Havannas Altstadt beginnt man stilvollsten schon nachmittags mit einer herzhaften Zigarre. Verborgen im **Hostal Conde de Villanueva** 5 (s. S. 190) befindet sich im Zwischenstock ein kleiner uriger Salon mit einer breiten Palette an den kostbaren Glimmstängeln. Zwischen dicht gefüllten Glasvitrinen und Zedernholzschränken sitzt ein *torcedor,* der für jeden Kunden Zigarren in der gewünschten Größe und Stärke herstellt. Eine mit Ledersesseln eingerichtete Bar lädt dazu ein, seine *puro* gleich vor Ort in Begleitung eines Aperitifs oder Kaffees zu genießen (Mo–Sa 10–19, So 10–14 Uhr).

Dann geht es eine Querstraße weiter Richtung Süden zum **Mesón de la Flota** 8**,** einer Taverne, die an das Ambiente der Seeleute des 18. und 19. Jh. erinnert – die maritime Einrichtung besteht u. a. aus Repliken von alten Schiffen. Hier kann man sich mit Tapas und kleinen spanischen Gerichten stärken, dazu ein gutes Glas Wein von der Iberischen Halbinsel trinken und Flamenco-Klängen lauschen (s. S. 190, tgl. 12–24 Uhr).

Wiederum nur wenige Schritte später steht man auf der Plaza Vieja (s. S. 173), die ein zauberhaftes Ambiente für ein Open-Air-Bierchen bietet. An der Ecke Calle San Ignacio und Calle Muralla befindet sich in einem Gebäude aus dem 18. Jh. die **Taberna de la Muralla** 1**,** eine Mini-Brauerei, die mit Zutaten aus Österreich drei verschiedene Sorten Gerstensaft herstellt. Unter Arkaden und draußen auf dem Platz kann man bei Live-Musik sein frisch gebrautes Bier zu leichten Speisen und Gegrilltem trinken. Das Lokal ist stets gut gefüllt und die angenehme Atmosphäre lässt so manchen Besucher länger verweilen, als eigentlich geplant war.

Zum Fitwerden für die Nacht dient ein kurzer Spaziergang über die Calle San Ignacio. Nach nur vier Blocks steht man in der Fußgängerzone Calle Obispo, wo gleich mehrere stimmungsvolle, legere Bars bei Live-Musik zum Verweilen einladen. Den Anfang macht das **Café Paris** 2 an der Ecke San Ignacio, das Touristen und Einheimische gleichermaßen anzieht (bis 24 Uhr). Das Gleiche gilt für die Bar **Lluvia de Oro** 3 drei Querstraßen weiter an der Ecke Habana (9–24 Uhr). Auf dem Gelände eines Abbruchhauses liegt in einem Innenhof der Calle Obispo No. 460 die Bar **El Bosque Bologna** 4**,** ebenfalls Treffpunkt eines bunten Völkchens, das sich hier allabendlich zum Trinken und Feiern versammelt (12–24 Uhr).

Havannas besten Daiquirí soll es in der Bar des eleganten Restaurants **El Floridita** 5 geben, das zumindest meinte Ernest Hemingway, der in den 1950er-Jahren hier die zweite Station bei seinen Cocktailtouren einlegte – bestimmt eingemummt in einen Seemannspullover, denn Bar und Restaurant sind elegant tiefgekühlt (Calle Obispo 557, Ecke Ave. de Bélgica, Tel. 07 867 13 01, www.floriditacuba.com, tgl. 11–24 Uhr).

Nur wenige Schritte südlich liegt in der Avenida de Bélgica das **Castillo de Farnés** 6**,** das besonders bei der jüngeren Fraktion europäischer Touristen sehr beliebt ist. Die Cocktails hier sind gut und preiswert, die Stimmung ausgelassen, im hinteren Bereich befindet sich ein kleines Restaurant.

Gegenüber dringt aus den hohen, offenen Fenstern der Bar **Monserrate** 7 bis spät nachts Musik auf die Straße, die einen magisch zu einem Abschlussdrink hierher zieht – zumindest wer dazu noch in der Lage ist.

CAPITOLIO

der sämtliche Ausfallstraßen und Autobahnen rund um Havanna eingezeichnet sind.

Fotozubehör ▶ **Foto Obispo** 3: Calle Obispo 307, Mo–Sa 10–19, So 10–13 Uhr. Führt alles rund ums Fotografieren und Filmen.

Kunst und Kunsthandwerk ▶ Sehr viel Auswahl an Kunsthandwerk hat man in der **Calle San Ignacio** zwischen der Plaza de la Catedral und der Calle O'Reilly, wo in vielen Hauseingängen Verkaufsstände aufgebaut sind. **Almacenes San José** 4: s. S. 175. **Palacio de la Artesanía** 5: s. S. 172. **Taller Experimental de Gráfica** 10: s. S. 170. **Estudio Villanueva** 6: Calle Obispo, Ecke Aguacate, tgl. 10–20 Uhr. Moderne, meist abstrakte Malerei des gleichnamigen Künstlers. **Centro de Arte La Casona:** im Palacio del Conde de Jaruco 24, Plaza Vieja, Tel. 07 862 26 33, 863 47 03, Mo–Sa 9–17 Uhr. Gemäldegalerie mit Arbeiten bekannter zeitgenössischer cubanischer Maler (Verkauf mit Ausfuhrbescheinigung) sowie höherpreisiges Kunsthandwerk. **Asociación Cubana de Artesanatos (ACAA)** 7: Calle Obispo 411, Do–Di 10–18 Uhr. Einzelstücke mit Gütesiegel von der Vereinigung cubanischer Kunsthandwerker.

Musik/Instrumente ▶ **Longina Música** 8: Calle Obispo 360, zwischen Habana und Compostela, Mo–Sa 10–18, So 10–13 Uhr. Schöne Musikalienhandlung im Jugendstil, die neben CDs auch Noten und Instrumente verkauft.

Kaffee ▶ **Casa del Café Mamá Inés** 9: Calle Baratillo, Ecke Obispo, Tel. 07 866 80 61, Mo–Sa 9–17, So 9–13 Uhr. Cubanischer Kaffee – gleich im hübsch aufgemachten Geschäft trinken oder mitnehmen.

Rum ▶ **Casa del Ron** 10: Calle Obispo, Ecke Bernaza, Mo–Sa 10–19, So 10–18 Uhr. Weißer, bernsteinfarbener und brauner Rum aller Alters- und Preisklassen.

Zigarren ▶ **La Casa del Habano:** in der Fábrica de Tabacos Partagás 49, Calle Industria 520, hinter dem Capitolio, Mo–Sa 10–18, So 10–13 Uhr.

In den Ladenarkaden gegenüber vom Capitolio ist das Angebot mager, aber die Aussicht umso besser

... in Centro Habana:

Souvenirs und mehr ▶ **Artehabana Plaza Cultural** 11: Calle San Rafael, Ecke Industria, www.plazaartehabana.com, Mo–Sa 10–18, So 10–14 Uhr. Im Erdgeschoss findet man u. a. Bücher, CDs, Kunsthandwerk, Gemälde und Siebdrucke cubanischer Künstler, im Untergeschoss eine Cafetería, in der Mo–Fr – meist nachmittags – kostenlose Kulturveranstaltungen mit Musikern, Schriftstellern, Malern und Schauspielern stattfinden, die ein interessantes Publikum anziehen.

... in Vedado:

Märkte ▶ Am Malecón, Ecke D gibt es eine Art **Flohmarkt** 12 – manchmal findet man hier erstaunlich hübsche oder nützliche Dinge (Do–Di 10.30–18 Uhr). Kunsthandwerk und ziemlich viel Kitsch wird auf einem kleinen **Souvenirmarkt** 13 an der Rampa, zwischen den Calles M und N, verkauft (Mo–Sa 9–17, teilweise auch So 9–15 Uhr).

Kunst und Kunsthandwerk ▶ **Arte Malecón Plaza Cultural** 14: Calle D, zwischen 1ra und 3ra, Tel. 07 830 99 50, Mo–Sa 11–18, So 10–14 Uhr. Im Sommer Mi–Sa 17–24 Uhr Live-Musik auf der Terrasse. **Centro de Arte 23 y 12** 15: Calle 23, Ecke 12, Do–Sa 10–17 Uhr. Zeitgenössische cubanische Kunst.

Einkaufszentrum ▶ **Galerías de Paseo** 16: Paseo, Ecke 1ra, geg. Hotel Meliá Cohiba, Mo–So 9–20 Uhr. U. a. mehrere Boutiquen und ein Supermarkt.

Musik/Film ▶ **La Habana Sí** 17: Calle L No. 301, Ecke 23, geg. Hotel Habana Libre, Mo–Sa 10–21, So 10–19 Uhr. Artex-Filiale mit großer CD-Auswahl, auch Souvenirs. **ICAIC:** beim Cine Charly Chaplin 60, Calle 23, zwischen 10 und 12. Filmplakate.

... in Miramar:

Kleidung/Schmuck ▶ **La Maison:** Calle 16 No. 701, zwischen 7 und 9, tgl. 9–18 Uhr. Elegantes Einkaufszentrum in einem hübschen alten Herrenhaus, mit kleinem Pool, Café und Bar, Friseur, Boutiquen, Juwelier und regelmäßig Modeschauen (10 CUC).

Musik/Bücher ▶ **EGREM Tienda de Música:** Calle 18 No. 103, Ecke 1ra, Mo–So 9–21 Uhr.

Nahrungsmittel ▶ **Supermercado 70:** Ave. 3ra, Ecke 70, Mo–So 10–20 Uhr. Einer der

Tipp: Gran Teatro de La Habana

Im **Gran Teatro de La Habana** 47 haben das Nationalballett und die Oper ihren Sitz. Vor allem die Vorstellungen des Balletts sind bei der cubanischen Bevölkerung ungemein beliebt – der Run auf die (kontingentierten) Eintrittskarten für Pesos Cubanos ist groß, auch hier öffnet der Peso Convertible Tür und Tor. Der Grund für die große Popularität des Nationalballetts liegt in der Person der *Primadonna assoluta* und Begründerin der Kompagnie, Alicia Alonso, einer Art lebender Legende. Die mittlerweile völlig erblindete Alicia Alonso hat eine sehr eigene Art des cubanischen Balletts entwickelt, das in der Fachwelt größte Anerkennung genießt; sie choreografiert auch heute noch Inszenierungen ihrer Kompagnie und lässt sich manchmal nach der Vorstellung am Eingang blicken, weshalb dort Hunderte Fans zu warten pflegen.

Obwohl auch das Gran Teatro unter der allgemeinen Knappheit schwer zu leiden hat, sollte man sich eine Aufführung nicht entgehen lassen. Ob im klassischen Repertoire mit Giselle und Schwanensee oder in modernen, afrocubanisch beeinflussten Inszenierungen: Das Nationalballett von Cuba ist Spitzenklasse (Prado 458, Ecke San Rafael, Tel. 07 861 30 77, Vorstellungen: Fr/Sa 20.30, So 17 Uhr, Ticketschalter: 9–17 Uhr sowie 1 Std. vor Vorstellungsbeginn, Eintritt 10–20 CUC).

größten Supermärkte Cubas. Taschen müssen abgegeben werden, beim Ausgang werden die Einkäufe mit dem Kassenbon verglichen (mal mehr, mal weniger streng). Zum Einkaufszentrum gehören Spezialgeschäfte für Elektronik, Getränke und Bekleidung.

Zigarren ▶ **Casa del Habano:** Ave. 5ta, Ecke 16, Tel. 07 204 79 74, Mo–Sa 9–18, So 9–13 Uhr. Hervorragende Auswahl an edlen Zigarren, außerdem Rauchersalon und Bar – für Zigarrenraucher obligatorisch. Dazu gehört das Restaurant La Casa de Quinta y 16 (s. S. 194).

Abends & Nachts

Veranstaltungs- und Konzerthinweise sowie Spielpläne der Theater findet man im Internet unter http://www.lajiribilla.cu/cartelera_cultural.html, www.canalcubano.com und in der Cartelera Cultural, die meist ab Donnerstag kostenlos in vielen Hotels ausliegt oder unter www.paradiso.cu eingesehen werden kann. Ein großer Teil des Nachtlebens spielt sich in Vedado ab. Über Habana Vieja verteilt liegen zahlreiche Cafés und Restaurants, in denen jeden Abend Live-Musik geboten wird (s. S. 195) – am besten spaziert man einfach durch die Gassen und folgt den vielversprechendsten Klängen. Die wichtigsten Nightlife-Adressen in Havanna:

... in Habana Vieja:

Kostenlose Kultur ▶ **Casa de la Cultura de La Habana Vieja** 8: Calle Aguiar 509, zwischen Amargura und Brasil, Tel. 07 863 48 60. Wechselndes Programm. Häufig Konzerte, Rumba oder afrocubanische Gruppen um 19 und 21 Uhr.

Tolle Akustik ▶ **Basílica de San Francisco de Asís** 21: Plaza de San Francisco. Fast tgl. ab 18 Uhr Klassikkonzerte (Eintritt 10 CUC).

Rum und Musik ▶ **Museo del Ron** 22: s. S. 172.

... in Centro Habana:

Drink am Malecón ▶ **La Abadia** 9: Malecón No. 455, zwischen Manrique und Campanario, tgl. 12–24 Uhr. Durch ihr Planendach in Form mehrerer Kuppeln fällt diese Bar schon von Weitem ins Auge. Geboten wird eine große Auswahl an Softdrinks, Weinen und Cocktails, dazu werden leichte Speisen wie spanische Tapas (ab 1,50 CUC) serviert.

... in Vedado:

Künstlerszene ▶ **El Hurón Azul** 10: Calle 17, Ecke H, Tel. 07 832 45 51. Im Hof der prächtigen Villa des cubanischen Schriftsteller- und Künstlerverbandes (UNEAC) finden regelmäßig Veranstaltungen mit interessantem Publikum statt, z. B. Sa um 22 Uhr die Noche de Bolero (Eintritt 5 CUC).

Oft kopiert, aber unerreicht: das Cabaret Tropicana

Jazz und mehr ▶ **Casa de la Cultura de Plaza** 11: Calle Calzada 909, Ecke 8, Tel. 07 831 20 23. Austragungsort des jährlichen Internationalen Festivals Jazz Plaza (s. S. 201), sonst viele Konzerte.

Buntes Programm ▶ **Conjunto Folclórico Nacional (CFN)** 12: Calle 4 No. 103, zwischen Calzada und 5ta, Tel. 07 830 39 39, 833 45 60, www.folkcuba.cult.cu. Im Sitz des Nationalen Folkloreensembles finden diverse Festivals, Kurse und Workshops statt, z. B. das Festival FolkCuba (s. S. 201) mit Tanz- und Perkussionsunterricht, Fiestas, Tanzvorführungen etc. Unregelmäßig samstagnachmittags auch Auftritte des CFN im Patio (Eintritt 5 CUC).

Tanzshow ▶ **Cabaret Parisién:** im Hotel Nacional 13, Calle 21, Ecke O, Tel. 07 836 36 63, tgl. ab 21 Uhr, Eintritt 35 CUC bzw. 60 CUC inkl. Dinner. Neben dem legendären Tropicana die beste Show. Tgl. gegen Mitternacht Tanzunterricht mit den Tänzern der Show.

Junge Gäste, originelles Ambiente ▶ **Habana Café:** im Hotel Meliá Cohiba 12, Paseo, zwischen 1ra und 3ra, Tel. 07 833 36 36 ext. 2710, tgl. 21–2.30 Uhr, 11 CUC Mindestverzehr/Pers. bzw. bei Konzerten ca. 20 CUC Eintritt. Eine Basisadresse des Nachtlebens. Show, oft sehr gute Live-Musik, Dekoration aus alten Radios, Autos und einem echten Uraltflugzeug.

In-Disco ▶ **El Turquino:** im Hotel Habana Libre 58, Calle L, Ecke 23, Tel. 07 834 61 00, tgl. 22.30–3 Uhr, Eintritt 10 CUC. In der 25. Etage mit fantastischem Blick über die Stadt verbirgt sich eine der angesagtesten Discos Havannas. Mit einstündiger Show.

Englischer Pub-Stil ▶ **La Zorra y El Cuervo** 13: Calle 23 No. 155, zwischen N und O, Tel. 07 833 24 02, tgl. 22–2 Uhr, Eintritt 10 CUC inkl. 2 Cocktails (Getränkebon). Empfehlenswerter Musikclub an der Rampa mit künstlerisch angehauchtem Publikum. Latin Jazz live, angenehme Atmosphäre, zivile Preise.

Schickes Publikum ▶ **El Gato Tuerto** 14: Calle O, zwischen 17 und 19, Tel. 07 838 26 96, www.gatotuerto.com, Mo–Do 20–4, Fr–So 20–6 Uhr, Eintritt 5 CUC. Im Erdgeschoss der renovierten Villa hat sich die angenehm gestaltete Bar eingerichtet – hier sitzen die Fans des ›schielenden Katers‹, den ein Gedicht von Virgilio Piñeiro berühmt machte, und schlürfen interessante Cocktails, z. B. ›Orgasmus des Katers‹, bestehend aus Amaretto, Bailey's,

Whisky und Kaffee. Dazu spielen international bekannte Künstler. Im 1. Stock außerdem ein empfehlenswertes Restaurant mit Blick aufs Meer.

Cool ▶ **Jazz Café:** in den Galerías de Paseo 16, Tel. 07 838 33 02, tgl. 12–2 Uhr, ab 20.30 Uhr 10 CUC Mindestkonsum. In der 1. Etage des Einkaufszentrums treten im gestylten Jazz Café ab 23.30 Uhr die besten Musiker Cubas auf – wenn sie nicht gerade auf Tournee sind.

Zwei unter einem Dach ▶ **Piano-Bar Delirio Habanero** und **Café Cantante Mi Habana 15:** im Teatro Nacional, Plaza de la Revolución, Tel. 07 878 42 75, tgl. Matinee 17–21, Abendshow 23–3 Uhr, Eintritt 5–15 CUC. Zur Piano-Bar geht es vier Etagen nach oben: Durch Panoramafenster schaut man auf das nächtliche Havanna und kann den z. T. großartigen Bolerosängern lauschen (Achtung: Die Klimaanlage kühlt eiskalt herunter); ein wichtiger Künstlertreffpunkt. Das Café Cantante im Keller ist eine Disco mit Live-Musik.

… in Miramar, Playa und anderen Vororten:

Konzert-Theater ▶ **Teatro Carlos Marx:** Ave. 1ra, Ecke 10, Miramar, Tel. 07 203 08 01–05. Großes Theater, in dem viele Konzerte cubanischer und internationaler Künstler stattfinden.

Musiktreffs in Miramar ▶ **Casa de la Música** und **El Diablo Tun Tun:** Calle 20 No. 3308, Ecke 35, Miramar, Tel. 07 204 04 47, 202 61 47, Casa: tgl. Matinee 17–21, Abendshow 23–5 Uhr, El Diablo: Do–So 17–21, 23–5 Uhr, Eintritt abends jeweils 5–15 CUC. Fast täglich Live-Konzerte sehr guter Bands.

Breite Musikpalette ▶ **Complejo Turístico Cultural Dos Gardenias:** Ave. 7ma, Ecke 26, Miramar, Tel. 07 204 81 88. Eintritt ab 5 CUC. Tgl. ab 22 Uhr Shows und Live-Musik unterschiedlicher Genres, u. a. Bolero.

Weltberühmtes Cabaret ▶ **Tropicana:** Calle 72 No. 4504, Marianao, Tel. 07 267 01 10, 267 17 17 ext. 51, tgl. 20.30–1 Uhr, Eintritt ab 70 CUC pro Person inkl. 1/4 Flasche Rum, Erfrischungsgetränk und Salat. Der berühmteste Open-Air-Nachtclub Havannas, bei Regen finden die Shows drinnen statt. Reservierung empfohlen.

Open-Air-Disco ▶ **La Macumba:** im Complejo Turístico La Giraldilla, Calle 222, zwischen 37 und Autopista, La Lisa, Tel. 07 273 05 68, Do u. Sa 17–23, So 17–24 Uhr, Eintritt ab 5 CUC. Nachtclub auf elegantem Landsitz – hier treffen sich die Schönen und Reichen (viel Live-Salsa).

Für die Jugend ▶ **El Sauce:** Ave. 9na, zwischen 120 und 130, Playa, Tel. 07 204 70 61, Di–Do 20.30–24, Fr/Sa 20.30–1, So 16–21 Uhr, Eintritt 5 CUC. Live-Musik, v. a. Trova und Gesangsgruppen, aber auch Tanzmusik, in angenehmer Umgebung. Wird gern von jugendlichen Cubanern besucht. Reservieren!

Aktiv

Die Reisebüros Cubatur, Cubanacán und Havanatur, vertreten in den Hotels, bieten Exkursionen an, z. B. nach Pinar del Río, Trinidad und Santiago, an die Strände von Cayo Largo, Cayo Coco/Cayo Guillermo und Cayo Levisa sowie zu stadtnahen Zielen wie in den Botanischen Garten, den Parque Lenin und ins Museo Ernest Hemingway. Auch Tickets fürs Tropicana können dort reserviert werden.

… in Habana Vieja und Vedado:

Stadttouren ▶ **Viajes San Cristóbal 1:** Calle Oficios 110, zwischen Lamparilla und Amargura, Habana Vieja, Tel. 07 861 91 71, www.viajessancristobal.cu, Mo–Fr 8.30–17.30, Sa/So 8.30–14 Uhr. Kleine Agentur, die Stadtführungen mit den Schwerpunkten Architektur und Geschichte unternimmt.

Tanzen ▶ **Escuela Danzamor 2:** Calle San Ignacio 62, zwischen Plaza de la Catedral und O'Reilly, Habana Vieja, Tel. 07 863 88 35, danzamor@googlemail.com, tgl. 10–20 Uhr. **Paradiso 3:** Calle 19 No. 560, Ecke C, Vedado, Tel. 07 832 69 28, 832 95 38, contacto@paradiso.artex.cu.

… in Miramar, Playa und anderen Vororten:

Golf ▶ **Club de Golf de La Habana:** Crta. de Vento km 8, Reparto Capdevila, Boyeros, Tel. 07 649 89 18, tgl. 9–20 Uhr.

Hochseeangeln ▶ **Marlin Náutica y Marinas:** Marina Hemingway, Ave. 5ta, Ecke 248, Santa Fe, Playa, Tel. 07 204 68 48/49. Ein 4-stündiger Angelausflug kostet ab 300 CUC für bis zu 4 Pers.

aktiv unterwegs

Mit der Hershey-Bahn von Havanna nach Matanzas

Tour-Infos

Start: Abfahrt 3 x tgl. am Bahnhof in Havannas Vorort Casablanca (s. S. 202)
Länge: knapp 140 km
Dauer: 3–4 Std.
Infos: Durchführung der Bahnreise entweder auf eigene Faust (Rückfahrt von Matanzas nach Havanna möglich mit Víazul-Bussen, s. S. 258) oder pauschal mit einem gecharterten Zug inkl. Rahmenprogramm und Rücktransport nach Havanna, zu buchen bei Cuba Real Tours, Edificio Bacardí, of. 404, Calle Monserrate 261, Habana Vieja, Tel. 07 866 42 51, www.transhershey.com (nur So, ca. 7 Std., 105 US-$).
Wichtige Hinweise: Da es auf einigen Streckenabschnitten zu Stromausfällen kommen kann, sollte man nicht auf die Minute genau planen, sondern immer auch längere Fahrtzeiten einkalkulieren.

Wie könnte man das ländliche Cuba besser verstehen lernen als in einem antiquierten Beförderungsmittel? Schon seit 1922 tuckert die einzige elektrifizierte Eisenbahn der Insel von Havanna nach Matanzas, mit unzähligen Stopps an kaum erkennbaren Bahnhöfen in beinahe vergessenen Dörfern, durch endlose Zuckerrohrfelder und gegen Ende der Reise auch durch das zauberhafte Valle de Yumurí mit seinen Kreidefelsen.

Der Zug geht auf den US-Amerikaner Milton Hershey zurück, einen der weltgrößten Schokoladenhersteller. Um den Zuckernachschub für seine Fabriken in Pennsylvania zu garantieren, kaufte er 1916 die ersten Zuckerrohrplantagen und -raffinerien auf Cuba. Das Flaggschiff seiner Besitzungen auf der Insel wurde die 1918 fertiggestellte Central Hershey (*central* = cubanisch für Zuckermühle und die dazugehörigen Wohngebäude und Einrichtungen für die Arbeiter) bei Santa Cruz del Norte. Zum Transport von Gütern und Personal entstand dann in wenigen Jahren eine Bahnlinie zu den nächstgelegenen Häfen in Matanzas und Havanna: die Hershey-Bahn.

Zwar reist man heutzutage in Zügen aus den 1950er-Jahren, die secondhand aus Spanien importiert wurden, aber das tut dem Erlebnis keinen Abbruch, denn rustikal ist die Reise allemal. Man macht es sich – so gut es geht – auf den Holz- und Plastiksitzen bequem, als Klimaanlage fungieren die offenen Fenster. Parallel zur Nordküste geht es dann fernab aller touristischen Zentren durchs Hinterland. Man streift Guanabo an den Playas del Este, etwa nach der Hälfte der Strecke wird Hershey passiert, wie der Ort um die zu Camilo Cienfuegos umbenannte Zuckermühle heute heißt – überwältigende Highlights sind auf dem Ausflug nicht zu erwarten, dafür aber eine gehörige Portion Authentizität.

Tauchen ▶ Centro de Buceo La Aguja: Marina Hemingway, Ave. 5ta, Ecke 248, Santa Fe, Playa, Tel. 07 204 50 88, comercial@marlin.cha.cyt.cu (zwei Tauchgänge ca. 50 CUC).
Strände ▶ s. S. 205

Termine

Festival FolkCuba: Ende Jan. und Anfang Juli. Festival mit vielen Konzerten und Workshops (www.folkcuba.cult.cu).
Internationales Jazzfestival Plaza: Mitte Febr. alle zwei Jahre: 2012, ... (www.festivaljazzplaza.icm.cu).
Biennale der Bildenden Künste: Ende März/Anfang April alle drei Jahre: 2012, ... (www.bienalhabana.cult.cu).
Blauer-Marlin-Angelwettbewerb: Mai. In der Marina Hemingway (s. S. 188).
Festival de Raíces Africanas Wemilere: in der letzten Maiwoche in Guanabacoa.

Internationales Gitarrenfestival: Mai alle zwei Jahre: 2012, ...
Karneval: Juli.
Internationales Theaterfestival: Ende Aug./ Anfang Sept. alle zwei Jahre: 2011, ...
Internationales Ballettfestival: Ende Okt. alle zwei Jahre: 2012, ...
Marabana-Marathon: 3. So im Nov. (Infos unter www.cubadeportes.cu).
Festival des Lateinamerikanischen Films: Anfang Dez. (www.habanafilmfestival.com).

Verkehr

Flüge: Flughafen Aeropuerto Internacional José Martí, ca. 15 km südl. in Rancho Boyeros, internationale Flüge ab Terminal 3, Tel. 07 266 41 33. Ein Taxi zum Flughafen kostet ca. 15 CUC.
Fluggesellschaften: Aerotaxi, Calle 27 No. 102, Ecke M, Vedado, Tel. 07 836 40 64; die meisten anderen Airlines haben ihre Büros in der Calle 23 No. 64, Ecke P, Vedado, u. a. Aerocaribbean, Tel. 07 879 75 24; Cubana, Tel. 07 834 49 49, www.cubana.cu; LTU und Condor, Tel. 07 833 35 24/25; Iberia, Tel. 07 204 34 45; Air France, Tel. 07 833 20 05.
Züge: Estación Central, Calle Egido, Ecke Arsenal, Habana Vieja, Tel. 07 862 19 20, 860 31 61; Züge in alle Landesteile, nähere Infos s. S. 121.
Terminal Casablanca, am Fährterminal im Vorort Casablanca auf der anderen Seite der Hafenbucht (s. rechts), Tel. 07 862 48 88. 3 x tgl. um 6.11, 12.27 und 16.54 Uhr fährt die elektrische Hershey-Bahn nach Matanzas (4 Std., 2,80 CUC) – ein sehr lohnendes Erlebnis (s. S. 201).

Tipp: Busfahren in La Habana

Wer nicht an Klaustrophobie leidet, kann versuchen, einen Platz in den notorisch überfüllten Stadtbussen, *guaguas* genannt, zu ergattern. Ordentliches Schlangestehen gehört in Cuba zum guten Ton, daher immer fragen, wer der Letzte in der Reihe ist *(¿Quién es el último?).*

Busse: s. auch S. 122. **Víazul,** Ave. 26, Ecke Zoológico, Nuevo Vedado, Havanna, Tel. 07 881 14 13, www.viazul.com, bietet Verbindungen von Havanna über Jagüey Grande, Santa Clara, Sancti Spíritus, Ciego de Ávila, Camagüey, Las Tunas, Holguín und Bayamo nach Santiago de Cuba, über Pinar del Río nach Viñales, über die Playas del Este und Matanzas nach Varadero sowie über Cienfuegos nach Trinidad. Für ankommende Reisende stehen Minibusse bereit, die für den Transfer ins Hotel sorgen (2 CUC p. P.).
Mietwagen: Transtur/Cubacar, Ave. 5ta-B, Ecke 84, Miramar, Tel. 07 204 21 04, www.transtur.cu, www.cubacar.info; Havanautos, Ave. 1ra, Ecke O, Playa, Tel. 07 207 95 12, www.havanautos.com; Vía Rent a Car, Calle 98, zwischen 9 und 11, Playa, Tel. 07 206 99 35, www.gaviota-grupo.com; Rex, Calle Línea, Ecke Malecón, Vedado, Tel. 07 836 77 88, www.rex-rentacar.com. Alle Mietwagenverleiher haben außerdem Zweigstellen im Flughafen sowie in vielen großen Hotels. Selbstfahrer sollten am Rand der Altstadt parken, z. B. in der Avenida del Puerto parallel zum Parque Anfiteatro oder am Castillo de la Real Fuerza.
Fähren: Muelle de la Luz, Calle San Pedro, Ecke Santa Clara. 6–22 Uhr alle 30 Min. Fähren nach Regla und Casablanca.

Fortbewegung in der Stadt

Die Gassen von Habana Vieja lassen sich am besten zu Fuß erkunden. Um in andere Stadtviertel zu gelangen, bedient man sich der **Stadtbusse** (Streckennetz unter http://www.cuba-si.de/reisen/stadtplan/stadtplan.html, s. auch links), der **Bicitaxis** (Fahrradrikschas; 5 CUC/Std.), der knallgelben **Cocotaxis** (Motorroller mit Platz für zwei Passagiere; 0,50 CUC/km, Vedado–Althavanna ca. 5 CUC) oder der normalen **Autotaxis** (ca. 0,85 CUC/km): Taxi-OK, Tel. 07 877 66 66; Panataxi, Tel. 07 855 55 55; Fénix-Taxi, Tel. 07 866 66 66. Am geruhsamsten sind Stadtrundfahrten mit der **Pferdekutsche;** für eine 45-minütige Tour zahlt man ca. 10 CUC/Pers. Haltestellen u. a. am Castillo de la Real Fuerza, auf der Plaza San Francisco, am Parque Central und vor dem Capitolio.

Die Umgebung von Havanna

Abwechslung zum hektischen Stadtleben bieten zahlreiche Ziele im Umland von Havanna – fast alle mit öffentlichen Verkehrsmitteln zu erreichen: Ins Grüne führt der Ausflug zum Botanischen Garten und in den Parque Lenin, schon beinahe ländliche Geruhsamkeit herrscht in Regla und Guanabacoa auf der anderen Seite der Hafenbucht, auf den Spuren von Ernest Hemingway wandelt man in San Francisco de Paula und Cojímar oder man besucht Havannas ›Badewanne‹, die Playas del Este.

Südlich vom Zentrum

▶ E/F 2

Rund 15 km südlich vom Zentrum Havannas in Richtung Flughafen liegen auf engstem Raum gleich drei Sehenswürdigkeiten, die sich im Rahmen eines abwechslungsreichen Tagesausflugs miteinander kombinieren lassen – allerdings nur mit eigenem Fahrzeug.

Parque Lenin

Der 754 ha große **Parque Lenin** macht einen Teil des grünen Gürtels von Havanna aus. Die reiche subtropische Vegetation ist größtenteils naturbelassen. Man kann hier Boote mieten, Reitausflüge machen, in zwei Pools schwimmen, eine Keramikwerkstatt und eine Kunstgalerie besichtigen; außerdem gibt es einen großen Spielplatz und mehrere Restaurants. Der Park ist jederzeit zugänglich, die touristischen Einrichtungen sind in der Regel Mi bis So von 9 bis 17 Uhr geöffnet. Wegen der großen Entfernungen im Park ist ein Ausflug nur mit eigenem Fahrzeug zu empfehlen.

Jardín Botánico

Etwa 3 km südlich des Parque Lenin liegt an der Carretera del Rocío der **Jardín Botánico.** Das riesige Areal ist in 18 Zonen eingeteilt, durch die man sich auch gemütlich fahren lassen kann: Ein Traktor zieht offene Wagen. Die botanische Weltreise führt kreuz und quer über den afrikanischen Kontinent bis Australien, Ozeanien, Asien und Südamerika. Sehr empfehlenswert ist das Mittagsbüfett im ökologisch-vegetarischen Restaurant El Bambú, das mit ebenso köstlichen wie fantasievollen Kreationen überrascht (Tel. 07 697 91 59/60, www.uh.cu/centros/jbn, tgl. 9–16 Uhr, 4 CUC inkl. Führung, Reservierung für Restaurant angeraten).

EXPO Cuba

Gegenüber dem Botanischen Garten hat die **EXPO Cuba** ihren Sitz, ein riesiges Ausstellungsgelände, auf dem man sich in mehreren Gebäuden über Cubas wirtschaftliche und wissenschaftliche Errungenschaften in der Zeit nach der Revolution informieren kann – nicht ohne eine ordentliche Portion Selbstbeweihräucherung. Zu den verschiedenen Themen zählen u. a. Landwirtschaft, Zuckerindustrie, Verteidigungswesen und die sportlichen Erfolge Cubas (Tel. 07 697 93 04, Mi–So 9–17 Uhr, 1 CUC).

Finca La Vigía

Das Hotel Ambos Mundos, die Bodeguita del Medio und die Bar Floridita in Habana Vieja sind nicht die einzigen Erinnerungsstätten an Ernest Hemingway. Der amerikanische Schriftsteller lebte 22 Jahre auf der Insel und war hier sehr beliebt. Berühmte Romane entstanden auf seinem Landsitz, der **Finca La Vigía** in **San Francisco de Paula,** 15 km südöstlich des Zentrums. Hier verfasste Hemingway u. a. die mit dem Nobelpreis ausgezeichnete Novelle »Der alte Mann und das Meer«. So weit ging seine Identifikation mit der neuen Heimat, dass er im Jahr nach der Revolution in einem Interview sagte: »Wir werden siegen. Wir Cubaner werden siegen!« Fidel Castro und viele Cubaner fühlen sich mit der Person Hemingways eng verbunden.

Die Finca beherbergt heute das **Museo Ernest Hemingway,** das gepflegt und bewacht wird wie ein nationales Heiligtum. Jedes Detail wurde sorgfältig bewahrt, als wäre ›Papa‹ Hemingway nur mal gerade für einen Drink ausgegangen. Auch der Katzenturm, den Hemingway für seine zahlreichen Katzen und Kater bauen ließ, ist noch erhalten. Leider dürfen die Zimmer des Hauses nicht betreten werden, doch durch die geöffneten Fenster sieht man alles recht gut (Tel. 07 691 08 09, Mo–Sa 10–17, So 10–13 Uhr, an Regentagen geschl., 3 CUC).

Die östliche Seite der Bahía de La Habana ▸ F 2

Regla

Regla auf der anderen Hafenseite war lange eine selbstständige Stadt, doch heute gehört es zu Havanna.

Regla ist ein lebendiges Zentrum der afrocubanischen Religionen. Gleich gegenüber der Anlegestelle, am Ende einer niedrigen Häuserzeile, erhebt sich die **Iglesia de Nuestra Señora de Regla,** eine 1810 erbaute, recht einfache Kirche, die der Virgen de Regla geweiht ist, der Schutzpatronin Havannas. Diese schwarze Madonna im blauen Umhang kommt zwar aus Spanien, doch in Cuba wird sie als Yemayá verehrt, als Göttin des Meeres und Beschützerin der Seeleute. Alljährlich findet in Regla am 8. September eine Prozession statt, bei der das Standbild der schwarzen Madonna durch die Straßen getragen wird. Der Kult um die Virgen de Regla reicht bis ins Museum: In der Calle Martí 158, zwischen Facciolo und La Piedra, hat das **Museo Municipal** viele Objekte rund um die schwarze Madonna gesammelt (Tel. 07 794 59 20, Di, Do–Sa 9–17.45, Mi 13–18, So 9–13 Uhr, 2 CUC).

Die Stadt selbst besteht aus meist einstöckigen einfachen Holzhäusern, deren bunter Anstrich längst verblasst ist. Regla war eben eine eher reizlose Schlafstadt für die schwarzen Hafenarbeiter und ihre Familien, die aber auch unter industriekapitalistischen und später unter sozialistischen Bedingungen an ihren Traditionen festhielten. Beinahe in jedem Straßenzug gibt es ein Santería-Haus, viele Menschen tragen die bunten Ketten der afrocubanischen Götter oder weiße Turbane und an den Wochenenden dröhnen die Trommeln der Santería-Feste (s. S. 66).

Verkehr

Am besten kommt man nach Regla mit der Fähre von der Muelle de la Luz in der Calle San Pedro (s. S. 202), sonst muss man durch Industriegelände hindurch einen großen Bogen um die Hafenbucht fahren.

Guanabacoa

Das wenige Kilometer östlich von Regla gelegene **Guanabacoa** ist ziemlich heruntergekommen, auf jeden Fall aber freundlich und vor allem sehr geschäftig. Nur 5 km von Havanna entfernt hat man hier die Möglichkeit, eine völlig unverfälschte cubanische Kleinstadt kennenzulernen und sich mit dem Alltagsleben der Cubaner vertraut zu machen, bevor man sich an die Erkundung der restlichen Insel macht.

Sehr interessant ist ein Besuch im **Museo Municipal de Guanabacoa,** das äußerst detailliert in alle Aspekte der verschiedenen afrocubanischen Kulte einführt (s. S. 61). Die großen Zaubertöpfe der Regla Conga kann man dort ebenso aus der Nähe betrachten wie die Festtagskleidung der Yoruba-Götter, die Alltagsgegenstände der Gläubigen oder schwere Fuß- und Halseisen, die die Sklaven tragen mussten, Peitschen, mit denen sie gequält wurden, und Darstellungen von gefangenen *cimarrones* (›entlaufene Sklaven‹) etc. (Calle Martí 108, Ecke Versalles, Tel. 07 797

91 17, Di–Sa 10–18, So 9–13 Uhr, 2 CUC, auch Führungen auf Englisch).

Essen & Trinken

In Guanabacoas Calle Martí bekommt man viele Snacks, die an Essensständen oder einfach durchs Fenster verkauft werden, z. B. leckere frittierte Teilchen. Bezahlt wird in Pesos Cubanos.

Essen im Kulturzentrum ▶ **Los Orishas:** Calle Martí 59, Ecke Damas, Guanabacoa, Tel. 07 794 78 78, Mo–Mi 10–24, Do–So 12–2 Uhr. Typische kreolische Gerichte (8–10 CUC), die im begrünten Innenhof serviert werden.

Einkaufen

Afrocubanische Kunst ▶ **Galería de Arte Concha Ferrant:** Calle Martí 8-A, Guanabacoa, Tel. 07 797 98 04, Di–Sa 10–18, So 9–13 Uhr. Wechselausstellungen.

Abends & Nachts

Rumba- und Folkloreaufführungen ▶ **Los Orishas:** s. oben. Regelmäßig Live-Auftritte.

Kulturhaus ▶ **Casa de la Cultura:** Calle Máximo Gómez 59, Ecke Nazareno, Guanabacoa, Tel. 07 797 92 44, tgl. 8–20 Uhr. Wechselnde afrocubanische Ausstellungen, Konzerte, Infos über Trommelfeste *(toques de santos).*

Verkehr

Nach Guanabacoa kommt man am besten mit dem Mietwagen oder Taxi. Nervenstarke Naturen können auch versuchen, in einem der chronisch überfüllten Busse ein Plätzchen zu ergattern, entweder von Regla oder direkt von Havanna.

Von Havanna an die Playas del Este ▶ F 2

Über den Malecón Richtung Morro-Festung durch den Tunnel kommt man auf die Vía Blanca, eine relativ gut ausgebaute Schnellstraße, die meistens in der Nähe der Küste zu den 17 km entfernten Playas del Este führt. Auf dem Weg liegen die Neubauviertel Habana del Este, Alamar, die Sportanlagen der Panamerikanischen Spiele, eine Abzweigung nach Cojímar und ein Autobahnzubringer.

Cojímar

Die Bucht von **Cojímar** (2000 Einwohner) ist Schauplatz des Romans »Der alte Mann und das Meer«. Hier lag Hemingways Jacht Pilar und in dem früher sehr einfachen Fischerlokal **La Terraza** direkt am Wasser war Hemingway Stammgast und fachsimpelte mit den Fischern. Heute ist La Terraza ein elegantes Restaurant (s. S. 206), doch der schöne alte Bartresen blieb erhalten und der Blick aufs Meer ist immer noch so faszinierend wie zu Hemingways Zeiten: Wenn man einen Tisch am Fenster bekommt, hat man fast den Eindruck, auf einem Schiff zu sitzen.

Nach Hemingways Tod am 2. Juli 1961 beschlossen die Fischer von Cojímar, ihrem Freund ein **Denkmal** zu setzen: Die Statue des ›alten Mannes‹ sollte in Bronze gegossen werden, doch weil Bronze wegen der US-Blockade knapp war, schleppten die Fischer ihre Schiffsschrauben zum Einschmelzen an, was den Bildhauer so rührte, dass er die Statue kostenlos anfertigte. Am 2. Juli 1962, genau ein Jahr nach Hemingways Tod, weihten die Leute aus Cojímar gegenüber den Docks die Plaza Hemingway mit dem Denkmal ein.

In seinem Roman »Inseln unter dem Strom« zeichnet Hemingway auch ein Bild der Fischer von Cojímar: »In der Bar (›La Terraza‹) war ein halbes Dutzend Fischer, auch auf der Terrasse hatten sie zwei Tische besetzt. Es waren Fischer, die am Tag zuvor einen guten Fang gehabt hatten oder sich darauf verließen, dass das gute Wetter und die Strömung anhalten würden. Sie ließen es darauf ankommen und blieben über Weihnachten an Land. Der Mann, dessen Name Thomas Hudson war, kannte sie, und er wusste, dass keiner von ihnen zu Weihnachten in die Kirche ging, und keiner machte sich als Fischer zurecht, absichtlich nicht. Sie kamen einem ganz und gar nicht wie Fischer vor, und dabei gehörten sie zu den allerbesten. (…) Das einzige, woran man Fischer wirklich erkannte, waren ihre Hände. Die Hände der

Tipp: Achtung!

An den Playas del Este sollte man etwas auf seine Sachen achten und die bewachten Parkplätze in Anspruch nehmen, die es an allen Strandabschnitten gibt (1 CUC pro Tag).

Alten waren braun und knotig, voller Sonnenflecke, und ihre Finger und Handflächen waren narbig und von den Angelleinen tief eingekerbt.« Einer der besten Fischer von Cojímar war Gregorio Fuentes, Hemingways Bootsmann und Modell für die berühmt gewordene Hauptfigur des Romans »Der alte Mann und das Meer«.

Essen & Trinken

Wo Hemingway Stammgast war ▶ **La Terraza:** Calle Real 161, Ecke Candelaria, Cojímar, Tel. 07 766 51 51, tgl. 10.30–23 Uhr. Fotos von Hemingway erinnern daran, dass das Restaurant direkt über der Bucht ein beliebter Aufenthaltsort des Autors war. Fisch und Meeresfrüchte sind (meistens) frisch, die Preise etwas überteuert und die Mojitos können je nach Tagesform des Mixers recht kräftig ausfallen. Hauptspeisen ab 7,50 CUC.

Playas del Este

Das Playas del Este genannte Strandgebiet besteht von West nach Ost aus den Örtchen **El Mégano, Santa María del Mar, Boca Ciega** und **Guanabo** (insgesamt rund 5000 Einwohner), die fast nahtlos ineinander übergehen. Kristallklares Wasser und feinen weißen Sandstrand gibt es überall an den Playas del Este, mal ist der Sandstreifen breiter, mal schmaler. Den schönsten Strand besitzt Santa María del Mar, weshalb sich hier die großen, qualitativ allerdings nur mäßigen Urlaubsresorts angesiedelt haben. Boca Ciega und Guanabo sind klassisch cubanische Ferienziele mit vielen kleinen Hotels, die bis auf wenige Ausnahmen ausschließlich Einheimische aufnehmen. Keiner der Orte wird den Besucher zu Begeisterungsstürmen hinreißen, wenngleich die verwitterten, windschiefen Holzhäuschen in Guanabo einen gewissen Charme haben. Hier findet man auch die meisten Restaurants, Bars und Geschäfte. Alle Strände der Playas del Este sind ein beliebtes Naherholungsgebiet von Havanna und können an Wochenenden oder während der cubanischen Ferien im Juli/August und Dezember etwas belebter werden – dafür badet man nicht in einem cubafernen Ghetto.

Infos

Infotur: Ave. Las Terrazas, Edificio Los Corales, Santa María del Mar, Tel. 07 797 12 61, 796 11 11; Ave. 5ta, zwischen 468 und 470,

Guanabo, Tel. 07 796 41 39, 796 68 68, beide tgl. 8.15–16.15 Uhr. Allgemeine Infos, Buchung organisierter Ausflüge, Hotelreservierungen, Internetservice.

Übernachten

... in El Mégano:

Das eigene Haus ▶ Villa Los Pinos (Gran Caribe): Ave. Las Terrazas 21, Tel. 07 797 13 61, Fax 07 797 15 24, www.gran-caribe.com. Häuser mit 2–3 Schlafzimmern, nur wenige Meter vom Strand entfernt, mit Restaurant, Bar, Pool, Fitnessraum, Auto- und Mofaverleih. Haus mit 2 Schlafzimmern ab 167 CUC.

... in Santa María del Mar:

Sozialistischer Charme ▶ Tropicoco (Cubanacán): zwischen Ave. del Sur und Ave. Las Terrazas, Tel. 07 797 13 71, Fax 07 797 13 89, recepcion@htropicoco.hor.tur.cu. Ein hässlicher blauer Betonkasten, nicht für einen längeren Urlaub zu empfehlen. Post, Friseur, Geschäfte, Reisebüros, Mietwagenverleiher etc. im Haus. 188 Zi., DZ ab 95 CUC (all inclusive).

Prima für Familien ▶ Complejo Turístico Terrazas Atlántico (Cubanacán): zwischen Ave. del Sur und Ave. Las Terrazas, Tel. 07 797 13 44, jefrecep@terrazas.hor.tur.cu. Über 100 Apartments unterschiedlicher Größe, alle

Die Playas del Este sind ein beliebtes Wochenendziel der Habaneros

mit Kochnische und Kühlschrank. Schlichter Komfort; je nach Zimmerlage recht laut wegen Discomusik. Mit Bank, Infotur-Büro, Disco, Pool. Apartment für 2 Pers. ab 30 CUC, für 3 Pers. ab 35 CUC, für 4 Pers. ab 45 CUC.

All inclusive direkt am Strand ▶ **Club Atlántico** (Gran Caribe): Ave. Las Terrazas, Tel. 07 797 10 85, www.gran-caribe.com. Das einzige Hotel direkt am Strand, am schönsten sind die Zimmer Nr. 101–120 mit Blick aufs Meer. Zwei Restaurants, Pool mit Bar, großes Wassersportangebot. 92 Zi., DZ ab 150 CUC (all inclusive).

... in Boca Ciega:

An ruhigem Strandabschnitt ▶ **Club Blau Arenal** (Cubanacán): Laguna de Itabo, Tel. 07 797 12 72, www.blau-hotels.com. Die wohl schönste Anlage an den Playas del Este mit 169 Zimmern, leider derzeit wegen Renovierung geschlossen, doch anfragen lohnt sich.

... in Guanabo:

In Guanabo gibt es nur ein Hotel, das nicht ausschließlich an Cubaner vermietet. Dafür hat man die Wahl zwischen mehreren Privatquartieren, die jedoch selbst in der Nebensaison unbedingt vorab reserviert werden sollten.

Schlicht und sauber ▶ **Gran Vía** (Islazúl): Ave. 5ta, Ecke 462, Tel. 07 796 22 71. Einfaches (nur Kaltwasser), aber sauberes Hotel. Die Gäste dürfen kostenlos das Schwimmbad und die Abendshow in der Villa Playa Hermosa besuchen. Unbedingt reservieren. 10 Zi., EZ ab 14 CUC, DZ ab 24 CUC.

Tipp: Mirador de Belomonte

Eine gigantische Aussicht nach zwei Seiten – aufs Meer und ins Hinterland – bietet sich vom Mirador oberhalb von Guanabo. Wer ein wenig länger verweilen will, kann sich in der dortigen Cafetería mit Drinks und günstigen Snacks versorgen. Auch gut für einen Zwischenstopp auf der Fahrt von Havanna nach Matanzas oder Varadero (Vía Blanca Km 21,5, Tel. 07 796 34 31, tgl. 12–22 Uhr).

Mit Meerblick ▶ **Rosa Machado und Iriana Suárez** (privat): Calle 1ra No. 50017, zwischen 500 und 504, Tel. 07 796 39 59, raisasur@infomed.sld.cu. Schönes Quartier direkt an einem kleinen Strand. 2 Zimmer im 1. Stock mit separatem Eingang, Küche und Balkon mit Blick aufs Meer und Palmen – mehr, als die meisten Hotels zu bieten haben. DZ 40 CUC.

Großzügiges Apartment ▶ **Casa de Magdalena:** Calle 468 No. 508, zwischen 5 und 7, Tel. 07 796 41 92. Apartment mit 1 Schlaf-, Wohn- und Esszimmer sowie Küche und Bad, der Garten und die Terrasse dürfen mitbenutzt werden. DZ 25–30 CUC.

Essen und Trinken

Entlang der Avenida Las Terrazas in Santa María del Mar findet man kleine Restaurants und Imbisse, die schlichte und durchweg preiswerte Kost bieten. Dasselbe gilt für die Hauptstraße von Guanabo. Kulinarische Highlights sollte man eher nicht erwarten.

... in Santa María del Mar:

Fisch im Korallenhäuschen ▶ **Mi Casita de Coral:** Ave. del Sur, Ecke Las Banderas, Tel. 07 797 16 02, tgl. 9.45–21.45 Uhr. Winziges Restaurant, das gut zubereiteten Fisch (um 6 CUC) und leckere Pizzas (um 3 CUC) serviert.

... in Boca Ciega:

Fast am Strand ▶ **El Cubano:** Ave. 5ta, zwischen 454 und 456, Tel. 07 796 40 61, tgl. 12–23 Uhr, Cafetería 24 Std. Schöne Terrasse zum Sitzen, nur durch die Straße vom Strand getrennt. Spezialität ist Guajirito, eine Grillplatte mit *moros y cristianos* (›Reis und Bohnen‹) und *tostones* (frittierte Kochbananen), die inkl. Nachtisch 8,95 CUC kostet.

... in Guanabo:

Speisen in tropischem Ambiente ▶ **Maeda** (privat): Calle Quebec 115, zwischen 476 und 478, Tel. 07 796 26 15, Mo–Sa 18–23, So 12–23 Uhr. Man sitzt in einem mit vielen Pflanzen dekorierten Innenhof, lauscht dem Krächzen des Hauspapageis und labt sich an vorzüglichen Gerichten. Hauptgerichte ab 5 CUC.

Einkaufen

Souvenirs und Waren des täglichen Bedarfs bekommt man in den Hotelgeschäften.

Aktiv

Surfen, Wasserski, Tauchen, Fahrradfahren und Reiten sowie Exkursionen zu den Korallenriffen sind überall möglich. Wassersportgerät kann man in den größeren Hotels entleihen.

Verkehr

Busse: 1 x tgl. Verbindungen mit Víazul von Guanabo nach Havanna. Alle 30 Min. fahren Guaguas von Guanabo über Santa María del Mar zum Parque Central nach Havanna (ca. 40 Min., 0,40 CUP).
Mietwagen: Cubacar, Ave. 5ta, Ecke 464, Guanabo, Tel. 07 796 41 61; weitere Verleiher in den großen Hotels.
Motorroller: Renta de Motos, Ave. 5ta, Ecke 476, Guanabo, Tel. 07 796 41 91, tgl. 10–17.30 Uhr (20 CUC/24 Std.).
Taxis: Die Fahrt von/nach Havanna kostet ca. 12 CUC.

Weiter Richtung Matanzas

▶ G 2

Wem weniger an einem klassischen Touristenzentrum als an einer Übernachtung in ruhiger, natürlicher Umgebung gelegen ist, der findet rund 35 km östlich von Guanabo an der **Playa Jibacoa** oder der **Playa Arroyo Bermejo** drei weitere Unterkünfte (s. rechts), die alle auch einen mehr oder weniger schönen Strand vor der Türe haben.

Obligatorischer Pausenstopp für Tourbusse von Havanna auf dem Weg in die Provinzhauptstadt Matanzas ist der Aussichtspunkt (mit Cafetería) oberhalb Cubas höchster Brücke, der **Puente Bacunayagua,** von der man tatsächlich einen fantastischen Blick über die Küste und das Hinterland genießt. Etwa 3 km danach zweigt rechts eine schmale Teerstraße ab (dem verblichenen Schild zum Hotel Casa del Valle folgen), die eine Verbindung zum idyllischen Flusstal **Valle de Yumurí** herstellt und eine wesentlich schönere Annäherung an Matanzas bietet als die Vía Blanca. Das Sträßchen windet sich zunächst durch dschungelartigen Wald und dann durch eine hügelige, sattgrüne Weidelandschaft mit vereinzelten palmblattgedeckten Holzhütten; über den windschiefen Zäunen hängt Wäsche zum Trocknen und die Bauern grüßen freundlich von ihren Pferden herab – hier taucht man ein in eine ländliche Idylle, die einem Bilderbuch entsprungen sein könnte. Nach etwa 7 km kommt rechter Hand die Casa del Valle in Sicht, ein um eine Kolonialvilla herum erbautes modernes Hotel, das allerdings ausschließlich an Cubaner vermietet. Kurz darauf hat man die Hauptstraße durch das Valle de Yumurí erreicht und wiederum wenig später den Stadtrand von Matanzas (s. auch S. 253 u. 201).

Übernachten

… an der Playa Jibacoa:

Bunte Bungalows ▶ **Campismo Los Cocos:** Tel. 047 29 52 31/32. 90 knallbunt angemalte, sehr gut ausgestattete Bungalows (Küche, Kühlschrank, ac, Warmwasser), davon 20 für ausländische Touristen. Der Strand ist steinig, aber es gibt einen Pool, eine Bar und ein Restaurant in einer gepflegten Gartenanlage. Reservierung direkt oder über Cubamar, s. S. 116. EZ 19 CUC, DZ 28 CUC.

Familienanschluss inklusive ▶ **Villa Loma** (Islazúl): Tel. 047 29 53 16. 14 einfache Bungalows (davon zwei für Ausländer) auf einem Hügel, von dem aus man die Mündung des Río Jibacoa überblickt. Die persönliche Atmosphäre und der große Spielplatz mit Pool machen diese Anlage zu einem perfekten Aufenthaltsort für Familien, die sich gerne unter die Einheimischen mischen. Mit Restaurant. DZ ab 24 CUC.

… an der Playa Arroyo Bermejo:

Luxus hinter Mauern ▶ **Superclub Breezes Jibacoa:** Vía Blanca Km 60, Tel. 047 29 51 22, Fax 047 29 51 50, www.superclubscuba.com. Das Gegenteil zu den beiden anderen Unterkünften: eine von Sicherheitsleuten abgeschirmte Festung – Nicht-Gäste haben keinen Zutritt und Menschen unter 14 Jahren dürfen hier nicht wohnen. Mit Tauchbasis und allen anderen wichtigen Einrichtungen. 248 Zi. (2 behindertengerecht), EZ ab 160 CUC, DZ 290 CUC (all inclusive).

Archipiélago de los Canarreos

Etwa 300 Inseln und Inselchen umfasst der Archipiélago de los Canarreos, der sich vor der Südküste der Provinz La Habana bis nach Matanzas hinein erstreckt. Während Cayo Largo ganz im Osten eines der wichtigsten Pauschalreiseziele Cubas ist, liegt die Isla de la Juventud nach wie vor im touristischen Dornröschenschlaf und wird bislang vor allem von Individualreisenden und Tauchern besucht.

3 Isla de la Juventud

▶ D/E 5/6

Seit ihrer Entdeckung 1494 war die **Isla de la Juventud** (heute 87 000 Einwohner) ein Refugium für Piraten und entlaufene Sklaven, die sich in den undurchdringlichen Pinienwäldern rund 70 km vor der cubanischen Südküste sicher fühlten. Der berühmte Pirat Henry Morgan hatte auf der größten Insel des Canarreos-Archipels sein Hauptlager und plante von hier aus seine Überfälle auf die Hafenstädte der cubanischen Südküste. Literarisch wurde das Eiland von Robert Louis Stevenson verewigt – sie ist die berühmte »Schatzinsel«. Die spanischen Kolonialbehörden benutzten sie als Verbannungsinsel und cubanische Diktatoren ließen hier ein großes Gefängnis bauen. Im berühmten Presidio Modelo, dem ›Modellgefängnis‹, saß nach dem Sturm auf die Moncada-Kaserne 1953 der Gefangene Fidel Castro ein, bis er 1955 amnestiert wurde.

Nach der Revolution ließ Fidel Castro unzählige Schulen bauen und unter Mitwirkung Tausender von Jugendlichen Zitrusplantagen anlegen (während der Blüte duftet die ganze Insel nach Zitronen und Orangen). Den Arbeitsbrigaden zu Ehren taufte er die frühere Pinieninsel in Jugendinsel um.

Heute verschlägt es vor allem Individualtouristen auf die beschauliche Isla de la Juventud. Besonders für Taucher ist die Insel ein Paradies: Die Unterwasserwelt des Archipels gilt als eines der besten Tauchreviere in der Karibik – und ist erheblich spannender als beispielsweise die Inselhauptstadt. Wer es vor lauter Tauchexkursionen nicht nach Nueva Gerona schafft, hat nichts verpasst.

Nueva Gerona

Etwa die Hälfte der Inselbewohner lebt in Nueva Gerona, mit 47 000 Einwohnern die größte Ansiedlung, die sich am Westufer des Río Las Casas erstreckt. Nur drei Blocks vom Flussufer entfernt liegt der **Parque Central,** Dreh- und Angelpunkt des städtischen Lebens und Standort des **Museo Municipal.** Im ehemaligen Rathaus, dem ältesten Gebäude von Nueva Gerona, informiert eine sehr umfangreiche Sammlung über die Geschichte der Insel, angefangen von den ersten Bewohnern, den Siboneyes, über die Zeit der Piratenherrschaft bis ins 20. Jh. (Calle 30, Tel. 046 32 37 91, Di–Fr 8.30–16.45, Sa 8.30–15.45, So 8–11.45 Uhr, 1 CUC).

Natürlich darf auf der Isla de la Juventud auch ein Museum des Untergrundkampfes gegen Batista nicht fehlen. Diese Aufgabe erfüllt das **Museo de Jesús Montané Oropesa** in der Calle 24, Ecke 45 (Tel. 046 32 45 82, wegen Renovierung derzeit geschlossen).

Etwa 500 m südlich des Zentrums liegt das **Museo de Historia Natural,** das Exponate aus der Naturgeschichte der Insel, u. a. eine Nachbildung der berühmten Höhlenzeichnungen der Cueva Punta del Este, beherbergt (Calle 41, zwischen 52 und 54, Tel. 046 32 31 43, Mo–Sa 9–12, 13–17, So 9–12 Uhr, 1 CUC).

Sierra de las Casas

Aus der größtenteils flachen Isla de la Juventud ragen nur wenige Berge empor, keiner davon höher als 300 m. Umso erstaunlicher ist es, dass die Insel Cubas größte Marmorvorkommen besitzt, die vor allem in der südwestlich von Nueva Gerona gelegenen **Sierra de las Casas** abgebaut werden (erreichbar über die Calle 22). Per Pferd oder zu Fuß lassen sich hier wunderschöne Touren unternehmen, auf denen man die Steinbrüche und viele Höhlen zu sehen bekommt, außerdem bietet sich von oben ein toller Blick über die Hauptstadt und das Meer.

Östlich der Hauptstadt

Auf dem Weg zu den beiden Hausstränden der Bewohner von Nueva Gerona, den palmenbestandenen **Playas Paraíso** und **Bibijagua** (›Riesenameise‹), liegt eine der meistbesuchten Sehenswürdigkeiten der Insel, das **Museo Presidio Modelo.** Schon aus der Ferne machen die vier mächtigen, nun dem Verfall anheim gegebenen Rundbauten einen beklemmenden Eindruck. In einem davon war von Oktober 1953 bis Mai 1955 der berühmteste Insasse des ›Modellgefängnisses‹ untergebracht, kein Geringerer als Fidel Castro, der hier nach dem gescheiterten Angriff auf die Moncada-Kaserne in Santiago de Cuba seine Strafe verbüßte. Ein Museum informiert über den Bau der Anlage und die Haftbedingungen. Den abgesonderten Trakt, der für die Revolutionäre bestimmt war, kann man besichtigen (Tel. 046 32 51 12, Mo–Sa 8–16, So 8–12 Uhr, 2 CUC).

In den Südwesten zur Ensenada de Siguanea

Durch Obstplantagen und vorbei an vielen Stauseen führt der Weg von Nueva Gerona in die Touristenhochburg der Insel, die Ensenada de Siguanea mit dem Taucherhotel El Colony. Eine kurze Fahrtunterbrechung lohnt sich bereits 2 km hinter der Stadt bei der **Finca El Abra.** Cubas Nationalheld José

Wer nicht abtaucht, verpasst was: Tauchrevier vor der Isla de la Juventud

Martí (s. S. 44) verbrachte 1870 zwangsweise einige Zeit auf diesem Anwesen, aus dem man ein Museum mit Dokumenten und persönlichen Gegenständen Martís gemacht hat (Crta. de Siguanea Km 0,5, Tel. 046 32 62 06, wegen Renovierung derzeit geschlossen).

Auf Betreiben von Batista wurde Ende der 1950er-Jahre in der **Ensenada de Siguanea** das **Hotel El Colony** (s. S. 213) errichtet, seinerzeit ein beliebter Treffpunkt der nordamerikanischen Mafia. Heute steigen in der altersschwachen Unterkunft – immerhin an einem schönen Strand mit seichtem Wasser gelegen – vor allem Taucher ab, die täglich aufs Neue die faszinierende Unterwasserwelt erkunden. Aber auch Landratten finden ihr Revier. Im nördlich angrenzenden Naturreservat gedeihen zahlreiche endemische Pflanzen, umschwärmt von etwa 150 Vogelarten, darunter sogar Cubas Nationalvogel, der Tocororo, und seltene Papageien. Auch Riesenkammeidechsen, Baumratten *(jutías),* Wildschweine und Rotwild sind hier beheimatet. Geführte Touren in das geschützte Gebiet werden vom Hotel aus organisiert.

Der Inselsüden

Gut 20 km südlich von Nueva Gerona und ganz flott über die einzige Inselautobahn erreichbar liegt **La Fé,** der zweitgrößte Ort der Isla de la Juventud, der getrost links liegen gelassen werden kann. Weitaus mehr Spaß macht der Streifzug durch den botanischen Garten **La Jungla de Jones** ca. 6 km westlich von La Fé. 1902 von dem amerikanischen Botanikerehepaar Helen und Harris Jones angelegt, kann man hier heute mehr als 80 verschiedene Pflanzenarten aus aller Welt kennenlernen und auf schattigen Wegen durch diese wahrlich dschungelartige Anlage spazieren (Di–So 9–18 Uhr, 6 CUC inkl. Führung).

Hinter La Fé beginnt nahezu unbewohntes Niemandsland, eine ausgedehnte Busch- und Sumpflandschaft, die nur noch von holprigen Pisten durchzogen wird. Das gesamte Gebiet ab **Cayo Piedra** wurde dem Militär unterstellt und darf nur mit Führer und einer Sondergenehmigung betreten werden, die in Nueva Gerona beispielsweise bei Ecotur (s. rechts) erhältlich ist. Der Einfachheit halber sollte man evtl. einen organisierten Ausflug buchen.

Kurz vor der Militärzone, etwa 12 km hinter La Fé, zweigt links ein Sträßchen zum **Criadero de Cocodrilo** ab, einer Krokodilfarm mit über 500 Tieren, die in Becken und natürlichen Teichen gehalten werden. Ein Besuch empfiehlt sich vor allem zwischen 9 und 10 Uhr morgens, wenn die urzeitlichen Monster ihre Frühstückshäppchen bekommen (tgl. 8–17 Uhr, 6 CUC).

Der größte Anziehungspunkt ist die **Cueva Punta del Este** an der äußersten Südostspitze der Insel. Das 1910 entdeckte Höhlensystem birgt rund 235 Piktogramme und Zeichnungen der indianischen Ureinwohner und gilt als das größte seiner Art in der Karibik. Hier wie überall an der Südküste findet man einsame weiße Sandstrände, allesamt touristisch unerschlossen. Nur im Südwesten, am herrlichen Strand der **Punta Francés,** gibt es ein Restaurant, das auf Stelzen über dem Wasser erbaut wurde (unbedingt Mückenschutzmittel mitnehmen). Einfacher als mit dem Auto ist die Punta Francés per Boot von der Marina Siguanea aus zu erreichen, das die Taucher jeden Morgen zu den Tauchgründen vor der Küste bringt.

Infos

Ecotur: Calle 24, zwischen 31 und 33, Nueva Gerona, Tel. 046 32 71 01, ecoturij@enet.cu, Mo–Sa 8.30–17 Uhr. Allgemeine Infos, Genehmigung für die Militärzone *(Permiso para Areas Protegidas),* organisierte Ausflüge, z. B. zur Cueva Punta del Este.

Banco de Crédito y Comercio: Calle 39, zwischen 18 und 20, Nueva Gerona.

Cadeca: Calle 39 No. 2022, Ecke 20, Nueva Gerona.

Internet: Etecsa, Calle 41 No. 2802, zwischen 28 und 30, Nueva Gerona, Tel. 046 32 34 44, tgl. 8.30–19.30 Uhr.

Übernachten

Mit Ausnahme des Hotels El Colony im Südwesten der Insel liegen alle Unterkünfte in bzw. nahe Nueva Gerona. Hier sollte man Privatquartieren den Vorzug geben.

Taucherhotel ▶ El Colony (Gran Caribe): Crta. de Siguanea Km 42, Tel. 046 39 81 81, www.gran-caribe.com u. www.hotelelcolony.com. Hübsch-hässliches, jedoch funktionales Hotel an einem flachen Sandstrand der Südwestküste. Tauchbasis, Reiten, Tennis, Surfen. 77 Zi., 8 Suiten, EZ 56, DZ 84 CUC.
Schön gelegen ▶ Villa Isla de la Juventud (Gran Caribe): Autopista La Fé Km 1,5, nahe Flughafen, Tel. 046 32 32 90, www.gran-caribe.com. Das einzige passable Hotel in der Nähe von Nueva Gerona – schlicht, aber freundlich und mit Pool (laute Musikbeschallung). Mit Autoverleih und Reiseagentur. 20 Zi., EZ 22 CUC, DZ 35 CUC inkl. Frühstück.
Übernachten unter Einheimischen ▶ Campismo Arenas Negras: Crta. de Bibijagua Km 8,5, Tel. 046 32 52 66. 28 Hütten, die eigentlich Cubanern vorbehalten sind, aber manchmal werden für ausländische Touristen Ausnahmen gemacht. 6 CUC/Pers.
Mit schöner Dachterrasse ▶ Villa Más (privat): Calle 41 No. 4108, zwischen 8 und 10, Nueva Gerona, Tel. 046 32 35 44. Nördlich vom Zentrum nahe Krankenhaus. 2 gut ausgestattete Zimmer, feines Essen. 15–20 CUC.
Nette Gastgeber ▶ Iraida und Rafael (privat): Calle 32 No. 4701, zwischen 47 und 49, Nueva Gerona, Tel. 046 32 19 22, 0152 24 08 92 (mobil). 2 Zimmer mit eigenem Bad in freundlichem Haus. 15–20 CUC.

Essen & Trinken

Am besten isst man in den Privatquartieren.
Alles vom Schwein ▶ El Cochinito: Calle 39, Ecke 24, Nueva Gerona, Tel. 046 32 28 09, tgl. 12–24 Uhr. Im ›Kleinen Schweinchen‹ gibt es natürlich Schweinefleisch: gegrillt und gebraten. Hauptgerichte ab 9 CUC.
Die üblichen Verdächtigen ▶ La Insula: Calle 39, zwischen 20 und 22, Nueva Gerona, Tel. 046 32 18 25, tgl. 12–23 Uhr. Selbst das beste Restaurant der Stadt serviert nur die gewohnten kreolischen Speisen (ab 4 CUC).
Sehr billig ▶ Casa de los Vinos: Calle 20, Ecke 41, Nueva Gerona, Tel. 046 32 48 89, tgl. 12–22 Uhr. Snacks und kleine Speisen in einfachem Ambiente, bezahlt wird in Pesos Cubanos (ab 3 CUC).

Einkaufen

Die Hauptgeschäftsstraße von Nueva Gerona ist die **Calle 39** (Martí).
Kunst und Kunsthandwerk ▶ Galería de Arte Nueva Gerona: Calle 39, Ecke 26, Nueva Gerona, Tel. 046 32 37 70, tgl. 13–19 Uhr. Ausstellung und Verkauf von Gemälden, Keramik und Skulpturen. **Fondo Cubano de Bienes Culturales:** Calle 37, Ecke 24, Nueva Gerona, Tel. 046 32 26 34, tgl. 8–21 Uhr.

Abends & Nachts

Disco ▶ Villa Isla de la Juventud: im gleichnamigen Hotel (s. links). **Café Nuevo:** Calle 39, zwischen 22 und 24, Nueva Gerona, Tel. 046 32 13 10, Di–So 23–2 Uhr, Eintritt 1 CUC. Beliebter Treffpunkt von Einheimischen.
Kultur und Musik ▶ Casa de la Cultura: Calle 24, zwischen 37 und 39, Nueva Gerona, Tel. 046 32 35 91. Mit Cafetería (tgl. 9–2 Uhr) und Pizzeria (tgl. 10–20 Uhr); Fr–So ab 20.30 Uhr Veranstaltungen – mit etwas Glück erlebt man ein Konzert mit Mongo Rives, der die lokale Variante des Son spielt (Sucu-Sucu).

Aktiv

Paragliding ▶ Club de Parapente: Reynaldo Prendes Montes, Calle 16 No. 4304, Apto. 4, zwischen 43 und 45, Nueva Gerona, Tel. 046 32 36 33, 32 35 52. Für 1 CUC/Min. kann man die Hügel rings um Nueva Gerona hinabgleiten.
Tauchen ▶ In der Bahía de Siguanea, einem Tauchrevier von Weltruf, liegen 56 Tauchspots mit Unterwasserhöhlen und -grotten, Tunneln, Wracks sowie riesigen Wänden aus schwarzer Koralle. Tauchguides sind obligatorisch, da die Gewässer zur Marine gehören. **Colony International Diving Center:** im Hotel El Colony (s. links). **Puertosol International Diving Center:** Marina Siguanea, 1,5 km südlich vom Hotel El Colony, Tel. 046 39 82 82, 32 46 57. Unterdruckkammer, Übungspool und Geschäft für Tauchzubehör.

Termine

Fiesta de las Toronjas: Febr./März. Fest anlässlich der Grapefruiternte, bei dem viel *guachi* (Grapefruitschnaps) fließt.

Verkehr

Flüge: Aeropuerto Rafael Cabrera Mustelier, ca. 10 km südlich von Nueva Gerona, Tel. 046 32 23 00. Ein Taxi ins Zentrum kostet etwa 5 CUC. Cubana, Calle 39 No. 1415, zwischen 16 und 18, Nueva Gerona, Tel. 046 32 42 59, fliegt 2 x tgl. von/nach Havanna (45 Min.).
Busse: Regelmäßige Verbindungen von Nueva Gerona nach Chacón (Playa Bibijagua), La Fé und zum Hotel El Colony.
Fähren: Ab Surgidero de Batabanó, ca. 50 km südlich von Havanna. Um ganz sicher einen Platz auf den häufig ausgebuchten Schiffen zu bekommen, sollte man ein *ticket combinado* für Bus und Fähre bzw. Schnellboot (ca. 6 bzw. 3 Std., beide um 50 CUC plus 2,50 CUC für Busticket) kaufen, erhältlich in der Oficina Naviera Cubana Caribeña, Tel. 07 878 18 41, tgl. 7–12 Uhr, im Astro-Busbahnhof in Havanna (s. S. 122). Abfahrt der Schnellboote in Batabanó tgl. 12, Fr und So zusätzlich um 17 Uhr. Die langsameren Fähren, die auch Autos transportieren, fahren zumeist abends gegen 19 Uhr ab. Infos in Batabanó: Oficina Naviera Cubana Caribeña, Calle 31, Ecke 24, Tel. 047 58 85 35. Abfahrt der Schnellboote von Nueva Gerona tgl. 8, Fr u. So auch 12.30 Uhr vom Terminal am Río Las Casas, Calle 31, Ecke 22, Tel. 046 32 44 06, 32 23 40.
Mietwagen: Cubacar, Calle Martí, Ecke 32, Nueva Gerona, Tel. 046 32 44 32.

Cayo Largo ►G 5

Nur 40 Flugminuten sind es von Havanna nach **Cayo Largo,** etwa 140 km östlich der Isla de la Juventud gelegen und ebenfalls Teil des Archipiélago de los Canarreos. Die paradiesische Inselgruppe ist eines der spektakulärsten Erholungsgebiete Cubas und außerdem zollfreies Gebiet.

Praktisch besteht Cayo Largo ausschließlich aus Strand: insgesamt 25 km lang und 13 km breit. Der Ordnung halber seien die sieben verschiedenen Strandnamen genannt, mit denen man Cayo Largo unterteilt: **Playa Sirena** (mit Langusten-Grillrestaurant im Freien), **Playa Paraíso, Playa Lindamar, Playa Blanca, Playa Los Cocos** (mit Kokospalmen), **Playa Tortuga** (meist ohne Schildkröten) und **Playa Luna.** Eine kleine Nachbarinsel ist ein Vogelreservat, auf einer anderen leben nicht, wie man vermuten könnte, verzweifelte Schiffbrüchige, sondern muntere Leguane. Eine weitere Tierart lässt die Einwohnerzahl von Cayo Largo zwischen April und September kurzzeitig sprunghaft ansteigen, dann nämlich krabbeln drei verschiedene Schildkrötenarten an Land, um im Sand ihre Eier abzulegen: Echte und Unechte Karettschildkröten sowie Pazifische Suppenschildkröten, die hier allerdings nicht in den Kochtöpfen landen, sondern von den Mitarbeitern der **Granja de las Tortugas** (›Schildkrötenfarm‹) beim Jachthafen sorgsam bewacht werden. Mehr Attraktionen hat Cayo Largo nicht zu bieten und auch mit dem cubanischen Alltag wird man auf der Insel nicht konfrontiert: Es gibt kein gewachsenes Dorf und Cubaner treten meist nur als Arbeitskräfte in Erscheinung.

Infos

In den Hotels findet man Vertretungen diverser **Reiseagenturen.** Informative Website: www.cayolargo.net.

Übernachten

Alle Hotelresorts befinden sich an der Südseite des Inselchens, bieten sehr viel Komfort und arbeiten nach dem All-inclusive-System. Billige Unterkünfte gibt es nicht.
Das größte Resort ► Sol Pelícano (Gran Caribe): Tel. 045 24 83 33, Fax 045 24 82 43, www.solmeliacuba.com. Die 307 Zimmer verteilen sich auf mehrere zwei- und dreistöckige Gebäude in einem Palmenhain. Umfangreiches Unterhaltungsprogramm, auch für Kinder. Ideal für Wassersportler und Familien. EZ ab 120 CUC, DZ ab 200 CUC.
Am einsamsten gelegen ► Playa Blanca (Gran Caribe): Tel. 045 24 80 80, www.grancaribe.com, www.playablanca.cu. Der jüngste Neuzugang auf Cayo Largo bietet alle Einrichtungen, die man von einer Anlage dieses Stils erwarten darf. Die Unterbringung in den Bungalows ist schöner als im Haupthaus. 3 x

Bronzefarbene Schönheit am Strand einer Nachbarinsel von Cayo Largo

tgl. kostenlose Transfers zu den Playas Sirena und Paraíso. 306 Zi. (eines behindertengerecht), EZ ab 102 CUC, DZ ab 170 CUC.
Persönlich ▸ **Villa Lindamar** (Gran Caribe): Tel. 045 24 81 11/18, Fax 045 24 81 60, www.gran-caribe.com. Man wohnt sehr idyllisch in strohgedeckten Bungalows, alle mit Meerblick und Hängematte auf der Veranda. 55 Zi., EZ ab 60, DZ ab 100 CUC.

Abends & Nachts

An der Plaza im Ort gibt es das gemütliche Restaurant **El Torreón** mit Bar (Hauptgerichte ab 6 CUC), die **Taberna del Pirata** sowie die Bar **La Movida** mit Musik und Tanz, in der sich auch viele Cubaner einfinden, die auf Cayo Largo arbeiten. Für Unterhaltung mit Billard, Karaoke, Bowling etc. sorgt das **Centro Recreativo Iguana** neben dem Hotel Isla del Sur, ansonsten spielt sich das Nachtleben in den Hotels ab.

Aktiv

Wem der Strand vor dem Hotel nicht reicht, der fährt vom Hafen, Tel. 045 24 82 14, per Boot für 4 CUC/Pers. zur 2 km langen Playa Sirena (kein Schatten, Sandbank) mit Restaurant und Wassersportangeboten. Gleich daneben liegt die Playa Paraíso, ein Nacktbadestrand (der einzige in Cuba).
Bootsausflüge ▸ Im Angebot sind Touren zu den Cayos Rosario und Rico (zwischen Cayo Largo und der Isla de la Juventud) sowie zum benachbarten Cayo Iguana, einem Inselchen voller Leguane.
Wassersport ▸ **Marina Cayo Largo del Sur:** Tel. 045 24 82 13, Fax 045 24 82 12. Zwei Tauchbasen, Schnorchel- und Bootsausflüge, Hochseeangeln etc.

Verkehr

Flüge: Aeropuerto Internacional Vilo Acuña, Tel. 045 24 81 41. Aerogaviota, Tel. 045 24 83 83, und Aerocaribbean, Tel. 045 24 83 64, 24 81 41 ext. 118, fliegen nach Havanna (ab 57 CUC) und Varadero (ab 52 CUC). Einige internationale Linien fliegen die Insel direkt an.
Vor Ort: Zwischen den Hotels und Stränden pendeln **Minibusse.** Außerdem gibt es Verleihstationen für **Mietwagen** und **Motorroller.**

Tabakbauer im Valle de Viñales

Kapitel 2

Cubas Westen

»Wenn der Reisende Havanna hinter sich lässt und die Provinz in westlicher Richtung durchquert, kommt er schließlich aus der Provinz Havanna nach Pinar del Río. Kräftig Gas geben und man ist auf der Tabakstraße: nach Westen, auf nach Westen. (…) Für jeden Reisenden des In- und Auslands ist hier das Land, wo das Gold wächst. Nirgendwo in Cuba sieht man den Tabak so üppig und reich wachsen wie in Pinar del Río«, formulierte Guillermo Cabrera Infante in »Rauchzeichen«.

Cubas westlichste Provinz Pinar del Río ist eine landschaftlich ungemein reizvolle Gegend, ein Paradies für Naturliebhaber. Der Länge nach durch die Region zieht sich die Cordillera de Guaniguanico, die sich in zwei Gebirgszüge unterteilt und gleich mehrere Höhepunkte einer Cubareise vereint: In der wildromantischen Sierra del Rosario im östlichen Abschnitt liegen Cubas wichtigstes Ökotourismuszentrum, Las Terrazas, sowie der berühmte Orchideengarten von Soroa und in der etwas raueren Sierra de los Órganos nördlich der Provinzhauptstadt Pinar del Río das bizarre Valle de Viñales – Produkt einer vor Urzeiten eingestürzten Höhle, deren Säulenreste, *mogotes* genannt, heute eine von Cubas zauberhaftesten Landschaften charakterisieren. Unterirdische Flüsse haben große Höhlen in das Karstgestein gegraben, unverbaute weiße Puderzucker-Traumstrände säumen die Küste, zahlreiche wilde (aber ungefährliche) Tierarten leben in den Wäldern der Península de Guanahacabibes, dem westlichsten Punkt Cubas, der von der UNESCO zum Welterbe deklariert wurde.

Der größte Reichtum des Westens jedoch sind Boden und Klima, denn sie bringen den weltberühmten cubanischen Tabak hervor, der in grünen Tälern zwischen den eigentümlichen *mogotes* wächst. Die gesamte Region, vor allem aber das idyllische Tal von Viñales, ist vom Tabak geprägt.

Auf einen Blick

Cubas Westen

Sehenswert

4 **Complejo Turístico Las Terrazas:** Der Naturpark Las Terrazas, das erste Ökotourismusprojekt Cubas, bietet etwas für jeden Geschmack und Geldbeutel – zwei zauberhafte Unterkünfte, Ruinen von Kaffeeplantagen, viele Ausflugsangebote und ganz viel wilde Natur (s. S. 220).

5 **Valle de Viñales:** Diese Bilderbuchlandschaft mit ihren Kalksteinkegeln, den *mogotes,* die aus dem flachen Tabaktal aufragen, gehört landschaftlich zum Schönsten, was Cuba zu bieten hat (s. S. 234).

6 **María La Gorda:** Im äußersten Westen der Insel liegt dieser kleine, palmenbestandene Traumstrand und nur wenige Meter davor ein farbenprächtiges natürliches Meeresaquarium (s. S. 245).

Schöne Routen

Von Havanna auf der Landstraße nach Pinar del Río: Zwischen Havanna und der rund 180 km entfernten Provinzhauptstadt Pinar del Río verläuft eine gut ausgebaute Autobahn (s. S. 220). Passender – und landschaftlich wesentlich reizvoller – ist die Annäherung an die beschauliche Tabakmetropole auf dem Landsträßchen, das bei Mariel am westlichen Ende der vierspurigen Küstenstraße von Havanna beginnt und parallel zur Nordküste durch viele kleine Ortschaften führt – einfach der Karte (▶ C–E 3) folgen, dann kann nichts schiefgehen.

Von San Diego de los Baños nach Viñales: Ein empfehlenswerter Schleichweg führt auf kleinsten Nebenstraßen von San Diego de los Baños nach Viñales (s. S. 225).

Von Viñales nach María La Gorda: Der paradiesische Strand am Westzipfel Cubas lässt sich auch ohne Umweg über Pinar del Río erreichen – etwas zeitraubender zwar, aber dafür auf einer fantastischen Panoramastraße (s. S. 243).

Unsere Tipps

Orchideengarten von Soroa: Blumenfreunde sollten sich diesen botanischen Garten keinesfalls entgehen lassen, der zwischen Dezember und März seine größte Blütenpracht entfaltet (s. S. 224).

Cueva Santo Tomás: Für Höhlenfreaks ein Muss – Cubas größtes Höhlensystem und touristisch bei Weitem nicht so erschlossen und überlaufen wie die anderen Höhlen in der Umgebung (s. S. 237).

Abendunterhaltung in Viñales: Im Centro Cultural Polo Montañez wird beinahe jeden Abend Live-Musik geboten, ein Anziehungspunkt für Einheimische und Touristen gleichermaßen. Wer sich den Eintritt sparen möchte, mischt sich einfach unter die feiernde Menge auf der Plaza davor (s. S. 242).

Schlafen am Ende der Insel: Zum Entspannen wie geschaffen ist die Bungalowanlage Villa Cabo de San Antonio an Cubas westlichstem Punkt im Parque Nacional Península de Guanahacabibes (s. S. 246).

aktiv unterwegs

Wanderungen im Naturpark Las Terrazas: Zwischen 3 und 20 km lang, von erholsam bis anstrengend reicht die Palette der Pfade, auf denen man das Schutzgebiet durchstreifen kann. Zum Pausieren unterwegs verlocken herrliche Badestellen an Wasserfällen oder Flüssen (s. S. 221).

Fahrradtour durch Tabakland: Die Gegend rund um Viñales ist von unzähligen Feldwegen durchzogen, die einen Einblick in das ländliche Leben ermöglichen und sich hervorragend zum entspannten Radeln anbieten – verlieren kann man sich nicht, denn alle Wege führen früher oder später zurück in den Ort (s. S. 242).

Von Havanna nach Pinar del Río

Da hat man eigentlich die Provinzhauptstadt Pinar del Río und das Tabaktal von Viñales zum Ziel – und kommt einfach nicht vom Fleck. Zu viele landschaftliche Schönheiten liegen auf dem Weg: allen voran der Naturpark Las Terrazas, dann der Orchideengarten von Soroa und schließlich San Diego de los Baños mit seinen Heilquellen und dem wilden Parque La Güira.

4 Complejo Turístico Las Terrazas ▶ D/E 3

Die Autopista Nacional führt in westlicher Richtung von Havanna in die Provinz Pinar del Río. Nach etwa 50 km folgt man der Ausschilderung in Richtung Gebirge nach **Las Terrazas.** Der Tourismuskomplex gehört zum UNESCO-Biosphärenreservat **Sierra del Rosario.** Auf 5000 ha unberührter Natur liegen die Ruinen von rund 20 französischen Kaffeeplantagen aus dem 19. Jh., eine Künstlerkolonie, ein Hotel sowie mehrere Restaurants. Seen und Flüsse verlocken zum Baden, die herrliche unberührte Landschaft zur Erkundung per pedes oder hoch zu Ross.

Alle wichtigen Einrichtungen konzentrieren sich rund um das Örtchen Las Terrazas (850 Einwohner), das erst 1971 gegründet wurde. Die Modellsiedlung war Teil einer Wiederaufforstungsmaßnahme, aus der später Cubas erstes Ökotourismusprojekt hervorging.

Spartipp

Der **Eintritt** in den Complejo Turístico Las Terrazas kostet 4 CUC pro Person und ist an den Mautstellen der beiden Zufahrtsstraßen zu entrichten, wo man bereits ausführlich über die Einrichtungen und Preise im Park informiert wird. Es lässt sich Geld sparen, wenn man sich gleich hier für ein Kombipaket, bestehend aus Eintrittsticket und Mittagessen in einem der Restaurants, entscheidet.

Kaffeeplantagen

Mehrere Sehenswürdigkeiten liegen über den riesigen Naturpark verteilt. Besonders empfehlenswert ist ein Besuch im **Cafetal Buena Vista,** der einzigen der alten Kaffeeplantagen, die bereits zu großen Teilen wiederaufgebaut wurde. Hier kann man erfahren, wie Sklaven und ihre Herren lebten und arbeiteten. Gegründet wurden die Kaffeeplantagen von französisch-haitianischen Einwanderern, die 1798 vor der Revolution nach Cuba geflüchtet waren. Das ehemalige Herrenhaus mit seiner schönen Balkendecke fungiert heute als kleines Museum wie auch als angenehmes Restaurant (tgl. 9–17 Uhr, Eintritt frei).

Auch bei der **Hacienda Unión,** etwa 4 km westlich von Las Terrazas, hat man schon mit Restaurierungsarbeiten begonnen. In unmittelbarer Nachbarschaft befindet sich die **Casa del Campesino,** ein idyllisch gelegener Bauernhof mit Restaurant.

Badeplätze

Im Naturpark gibt es zwei Badeplätze, die für Besucher erschlossen sind. Für Familien mit Kindern empfiehlt sich der **Lago del Palmar** mit Wassertrampolin und Bootsverleih. Fantastische Badepools in einem Fluss, der sich über unzählige kleine Stufen durchs Tal windet, findet man in den **Baños de San Juan**

aktiv unterwegs

Wanderungen im Naturpark Las Terrazas

Tour-Infos

Start: am Infozentrum Rancho Curujey, wo man die obligatorischen Führer anheuern kann (s. S. 223)
Länge und Dauer: 3–20 km, 2–6 Std.
Schwierigkeitsgrade: leicht bis mittelschwer

Am besten lässt sich der Naturpark auf einem der Wanderwege erkunden, die fast alle an den Ruinen einer oder mehrerer alter Kaffeeplantagen vorbeiführen. Unterwegs bestehen gute Möglichkeiten zur Beobachtung seltener Vögel: In der Sierra del Rosario sind ca. 50 % aller endemischen Arten Cubas zu finden.

Sendero El Contento (7 km, ca. 3 Std.)
Vom Lago del Palmar wandert man durch üppige tropische Vegetation am Campismo El Taburete vorbei in Richtung des 452 m hohen Hügels Loma El Taburete, den man auf seiner nördlichen Seite passiert. Als Erstes werden die Ruinen der Kaffeeplantage San Idelfonso sichtbar, später El Contento. Nach ca. 3 Std. ist das Ziel erreicht: der herrliche Badeplatz Baños de San Juan (s. S. 220).

Sendero La Serafina (6,5 km, ca. 2,5 Std.)
Auf Waldpfaden geht es vom Lago del Palmar in nordwestliche Richtung, immer entlang dem Ufer des Río San Juan bis zur Kaffeeplantage Santa Serafina am Flussufer. Anschließend quert man das Gewässer und geht geradewegs nach Süden zur Straße zurück, die durch den Park führt.

Zu den weiteren Wanderwegen gehören der anstrengende **Sendero Cascadas del San Claudio** (20 km) zu einem 20 m hohen Wasserfall mit Bademöglichkeit im Tal des Río San Claudio, die **Ruta Cañada del Infierno** (5 km) entlang dem Río Bayate zu den Kaffeeplantagen San Pedro und Santa Catalina sowie der **Sendero Las Delicias** (3 km), der auf den gleichnamigen Hügel zu einem Aussichtspunkt mit Blick über das Tal des Río San Juan führt und an der Kaffeeplantage Buena Vista endet (s. S. 220).

(tgl. 9–19 Uhr). An den schattigen Tischen am Flussufer lässt es sich wunderbar picknicken oder man nimmt in dem rustikalen Restaurant ein kreolisches Mahl zu sich.

Infos

Rancho Curujey: Lago del Palmar, Tel. 048 57 87 00, tgl. 8–17 Uhr, www.lasterrazas.cu. (Schlechtes) Kartenmaterial, Vermittlung von Führern (je nach Länge der Tour ca. 12 CUC für max. 6 Pers., jede weitere Person zahlt 1 CUC extra), Bootsverleih, Reittouren etc.

Übernachten

Mitten im Wald ▶ **Moka:** am Ortsrand von Las Terrazas, Tel. 048 57 86 01/02, reservas@commoka.get.tur.cu, www.hotelmoka-lasterrazas.com. Ein idyllisch gelegenes Haus, das architektonisch ebenso angenehm ist wie seine Umgebung. Schöne Zimmer, familiäre Atmosphäre und viel Ruhe, nur die Gastronomie lässt etwas zu wünschen übrig. Nach vorheriger Anmeldung vermittelt das Hotel auch Zimmer bei Familien im Ort. 27 Zi., EZ ab 50 CUC, DZ ab 64 CUC inkl. Frühstück.
Viel Romantik für wenig Geld ▶ **Baños de San Juan:** an der gleichnamigen Badestelle, Tel. 048 54 85 55. Auf einer Wiese stehen fünf einfache, aber nette Hütten auf Stelzen – eine prima Alternative zum hochpreisigen Hotel Moka. Verpflegung bietet das dazugehörige Restaurant (tgl. 8–22 Uhr) am Flussufer. EZ 15 CUC, DZ 25 CUC inkl. Frühstück.
Ausweichunterkunft ▶ **Campismo El Taburete:** ca. 2 km östlich vom Hotel Moka am Río San Juan, Tel. 048 57 86 60. 27 völlig heruntergekommene Cabañas, nur im äußersten Notfall zu empfehlen und eigentlich nur für Cubaner. 5 CUC/Pers.

Essen & Trinken

In historischem Gemäuer ▶ **Cafetal Buena Vista:** auf der gleichnamigen Plantage (s. S. 220), tgl. 12–17 Uhr. Die Spezialität des Hauses ist Pollo Asado (7,80 CUC).

In Las Terrazas, Cubas erstem Ökotourismusprojekt, findet man herrliche Badeplätze und Natur im Überfluss

Am Wasser ▶ **Rancho Curujey:** am Lago del Palmar, tgl. 9–22 Uhr. Kleine Gerichte und kühle Getränke mit Blick über den See.
Auf dem Wasser ▶ **Casa de Botes:** am Ortsrand von Las Terrazas, tgl. 9–24 Uhr. Das auf Stelzen über dem Lago San Juan errichtete Restaurant bietet typisch kreolische Küche und Fischgerichte (um 8 CUC).
Unter Tieren ▶ **Casa del Campesino:** s. S. 220, tgl. 9–21 Uhr. Rustikales Bauernhofambiente inklusive frei laufenden Guinea-Hühnern, Truthähnen und Pfauen. Tipp: Kaninchenfrikassee für 8,50 CUC.
Vegetarisch ▶ **El Romero:** in Las Terrazas, nahe Hotel Moka, tgl. 9–22 Uhr. Preiswerte und leckere fleischlose Küche, die meisten Gerichte gibt es in drei Portionsgrößen.
Garantiert authentisch ▶ **Fonda de Mercedes** (privat): in Las Terrazas, nahe Hotel Moka, tgl. 9–21 Uhr. Kreolische Küche.

Abends & Nachts

Disco im Gemeindehaus ▶ **Casa Club Comunitaria:** in Las Terrazas, Mi, Fr–So ab 21.30 Uhr, Eintritt frei. Ein toller Ort, um mit den Einheimischen ins Gespräch zu kommen.

Aktiv

Reiten ▶ Ausritte werden z. B. im Hotel Moka und auf dem nahen Campismo El Taburete angeboten (ab 5 CUC/Std.).
Vogelbeobachtung ▶ Kundige Führer vermittelt das Hotel Moka (s. links) und das Infozentrum Rancho Curujey (s. links).

Verkehr

Am besten sind Las Terrazas und Soroa mit dem Mietwagen oder im Rahmen eines organisierten Ausflugs zu erreichen. Vor Ort gibt es keine öffentlichen Transportmittel.

Soroa ▶ D 3

Nach 18 km Fahrt von Las Terrazas durch die Berge der Sierra del Rosario kommt man in das Tal von **Soroa,** benannt nach dem wohlhabenden Kanarier Don Ignacio Soroa, der hier eine der größten Kaffeeplantagen besaß.

Orquideario

Hauptattraktion ist zweifellos der berühmte **Orquideario,** mit 3,5 ha einer der größten Orchideengärten der Welt, in dem über 700 Arten wachsen. Begründet wurde er von dem Spanier Tomás Felipe Camacho, der das Orchidarium 1943 für seine Tochter anlegte und die außergewöhnliche Sammlung – insgesamt mehr als 6000 verschiedene Zierpflanzen – auf Reisen in der ganzen Welt zusammentrug. Am schönsten ist der Besuch zur Hauptblütezeit zwischen Dezember und März, allerdings finden sich das ganze Jahr über bunte Farbtupfer im dichten Grün. Die äußerst informativen Führungen (spanisch und englisch) durch die Anlage werden von Experten der Universität in Pinar del Río geleitet, die den Garten verwaltet (tgl. 8.30–17 Uhr, 3 CUC).

Weitere Sehenswürdigkeiten

Oberhalb des Orchideengartens bietet sich vom halb verfallenen **Castillo de las Nubes** (›Wolkenschloss‹) ein fantastischer Blick bis hinunter in die Küstenebene. Unterhalb des Gartens entspringt ein Wasserfall, schlicht **El Salto** genannt. Der Weg dorthin ist recht schmal und manchmal glitschig. 20 bis 30 m tief stürzt das Wasser in ein natürliches Bassin, in dem man auch baden kann (tgl. 9–17 Uhr, 3 CUC).

Der Aufstieg zu einem weiteren Aussichtspunkt, dem 375 m hohen **Mirador de Venus,** beginnt gleich neben dem Parkplatz vom Wasserfall. 2 km geht es steil bergauf, zum Schluss über 158 Treppenstufen. Die Aussicht ist keinesfalls besser als vom Castillo de las Nubes, das per Auto erreicht werden kann. Müde Wanderer sollten danach in den **Baños Romanos** am Fuß des Hügels einen Stopp einlegen, wo ein kleiner Pool mit schwefelhaltigem Wasser Erholung verspricht. Im Angebot sind auch Massagen (ab 5 CUC) und Fangopackungen (ab 15 CUC).

Übernachten

Bungalowanlage ▶ **Villa Soroa** (Cubanacán): Crta. Soroa Km 9, Tel. 048 52 35 34, Fax 048 38 61, www.cubanacan.cu. Im herrlichen Tal von Soroa. Pool, Ausritte, geführte Wanderungen. 49 Zi., EZ ab 59 CUC, DZ ab 74 CUC inkl. Frühstück.

Urlaub auf dem Bauernhof ▶ **Hospedaje El Alto** (privat): Crta. Soroa Km 5,5, Tel. 0152 25 26 63 (mobil). Eine der schönsten Unterkünfte entlang der Straße von der Autopista Richtung Soroa, 3 km hinter Candelaria und ca. 150 m rechts oberhalb der Straße gelegen. Ein ordentliches Zimmer mit Bad auf ländlichem Anwesen mit vielen Tieren. 20–25 CUC.

Verkehr

Wie Las Terrazas ist auch Soroa nur per Mietwagen, Taxi oder im Rahmen einer organisierten Tour zu erreichen.

San Diego de los Baños und Umgebung ▶ C/D 3

San Diego de los Baños

Die ganze Gegend ist von Heilquellen durchzogen, am bekanntesten sind diejenigen von **San Diego de los Baños** (500 Einwohner) ca. 50 km westlich von Soroa. Einer Überlieferung zufolge wurde ein nach San Diego verbannter lepröser Negersklave nach dem Bad in den Quellen geheilt. Alsbald war San Diego Anziehungspunkt für viele Heilung suchende Cubaner. Um dem immensen Ansturm Rechnung zu tragen, ließen die Spanier eine Siedlung um die Quellen errichten und fügten gegen Ende des 19. Jh. ein Bäderhaus hinzu. Später entdeckten auch die Amerikaner den Ort. Das heutige **Balneario San Diego** entstand erst nach der Revolution und bietet in seinen mittlerweile ziemlich altersschwachen Räumlichkeiten eine große Palette von Heilbehandlungen, darunter Duftbäder, Massagen, Fango und Akupunktur (s. S. 225).

Parque La Güira

4 km westlich von San Diego de los Baños gedeiht im **Parque La Güira** eine große Vielfalt subtropischer Pflanzen und Bäume. Ein trutziges Steintor mit der Aufschrift ›Hacienda Cortina‹ markiert den Eingang zu der völlig vernachlässigten Anlage, die in den 1920er-

Jahren von dem wohlhabenden Rechtsanwalt José Manuel Cortina angelegt wurde. Peu à peu erobert die Natur das Gelände zurück – unter Kletterranken lugen Statuen und Mauerreste hervor, gewundene, teils heftig überwucherte Wege führen mitten durch einen dschungelähnlichen Wald, und verrostete Schaukeln künden von Zeiten, in denen der Park ein beliebtes Ausflugsziel war. Zwar bestehen Pläne zur Instandsetzung, doch mangels finanzieller Mittel ist damit wohl erst in einigen Jahren zu rechnen, zumal die letzten Hurrikane weiteren Schaden angerichtet haben (jederzeit zugänglich, Eintritt frei).

Cueva de los Portales

Ein etwas holpriges, aber gut befahrbares Sträßchen führt vom Parque La Güira in nordwestlicher Richtung durch das Gebirge ins zauberhafte **Valle El Abra.** Der Río Caiguanabo hat hier einige Höhlen ausgewaschen, von denen die **Cueva de los Portales** die bemerkenswerteste ist: Sie soll Che Guevara 1962 während der Cubakrise 30 Tage lang als Kommandostützpunkt gedient haben – ein perfekt gewählter Ort, denn die große, helle Höhle besitzt zwei Eingänge und damit Fluchtwege, verfügt über Wasser und liegt nahe den schützenden Bergen.

Vom gleichnamigen ausgeschilderten Campismo (s. rechts) werden halbstündige Touren in die Höhle angeboten, in der noch einige Relikte aus dieser Zeit zu bestaunen sind (tgl. 9–17 Uhr, Eintritt 1 CUC, mit Führer 2 CUC).

Weiter nach Viñales

Wer ohnehin auf dem Weg nach Viñales und im Besitz eines Mietwagens ist, sollte seine Reise durch das Valle El Abra fortsetzen und über die Orte **San Andrés, Arroyo Naranjo** und **La Palma** ins berühmte Tabaktal fahren. Zu Füßen steiler Kalksteinwände erstreckt sich fruchtbarstes Ackerland, malerische kleine Gehöfte liegen verstreut in der Landschaft und man begegnet vermutlich mehr Ochsengespannen als Autos. Die reizvolle Strecke braucht zwar ein wenig mehr Zeit als die Autopista, lohnt den Aufwand aber allemal.

Übernachten

... in San Diego de los Baños:

Ideal zum Ausspannen ▶ Mirador de San Diego (Islazúl): Calle 23 Final, Tel. 048 54 88 66, Tel./Fax 048 77 83 38, www.islazul.cu. Einfacher Komfort und sehr nette Atmosphäre, Heilbehandlungen im gegenüberliegenden Balneario können vereinbart werden. Mit Pool, drei Restaurants und Bar. 30 Zi., EZ 23 CUC, DZ 37 CUC.

Gegenüber vom Balneario ▶ Cary y Julio (privat): Calle 29 No. 4009, Tel. 048 378 13. Privatquartier mit 2 schlichten, sauberen Zimmern und großem Patio. 20–25 CUC.

... im Valle El Abra:

Mitten im Dschungel ▶ Campismo Cueva de los Portales: Finca El Abra, San Andrés, Tel. 048 63 67 49. 12 schlichte Cabañas für jeweils vier Personen auf großer Lichtung. Zu Ferienzeiten (Juli–Sept. und Dez.) nur für Cubaner, in der übrigen Zeit werden Ausnahmen gemacht. 5 CUC/Pers.

Essen & Trinken

Gegrilltes ▶ Sehr gut wird man im halb offenen Restaurant des **Hotels Mirador de San Diego** versorgt – für ca. 6 CUC gibt es große Portionen Schweinefleisch oder Huhn mit Reis und Bohnen, alles schmackhaft zubereitet; auch sitzt es sich im Garten sehr schön (tgl. 12–24 Uhr).

Aktiv

Heilbad ▶ Balneario San Diego: San Diego de los Baños, Tel. 048 54 88 80, 54 88 12, Mo–Fr 8–16, Sa 8–12 Uhr. Im Angebot sind verschiedene Heilbehandlungen, auf Wunsch mit ärztlicher Betreuung. Preise: ab 5 CUC für die Benutzung der Bäder, Massagen um 20 CUC, Fango 25 CUC.

Vogelbeobachtung ▶ Julio César vom Hotel Mirador de San Diego leitet Ausflüge unterschiedlicher Länge, die klassische Tour ist knapp 14 km lang und dauert 4 Std. (5 CUC/Pers.). In der Gegend sind rund 100 verschiedene Vogelarten beheimatet, drei davon endemisch: Cubaklarino *(Myadestes elisabeth)*, Cubawaldsänger *(Dendroica pityophila)* und Fornswaldsänger *(Teretistris fornsi)*.

Szenen aus der Provinz

Holprige Straßen im Schachbrettmuster, teilweise ungeteert, niedrige Häuser aus Stein oder verwittertem Holz, manche bunt gestrichen, andere verwaschen und halb vermodert, eine Kirche mit einem Platz, auf dessen Bänken sich abends die Leute zum Schwatz treffen, eine Bank und eine Hauptstraße – das ist Güira de Melena.

Ach ja, und die Rumfabrik, eine LPG, ein winziger Bauernmarkt und ein großer Supermarkt mit dem verheißungsvollen Namen ›Glaspalast‹, *palacio de cristal,* wo man zwischen Fernsehern, Ventilatoren, Speiseöl und Tütensuppen alles an Klatsch und Neuigkeiten erfährt, was man wissen muss. Wann wieder eine Lieferung Käse kommt, warum der Mann von Cenaira weg ist, dass am Samstag eine Riesenfiesta bei Juanito stattfindet und er dafür gigantische Lautsprecher herbeigezaubert hat, dass nächste Woche die Kochtöpfe billiger werden und dass Marilú nächsten Monat nach Miami fliegt.

Die Nachbarn haben Juanito um ein wenig Zement gebeten, den er noch von der Renovierung übrig hatte. Damit wollen sie einen Schweinestall bauen. Eine glückliche Idee, alle sind erleichtert, denn das dicke schwarze Schwein grunzt und quäkt im Nachbarhof, der nur durch verrostetes Wellblech und mürbe Holzpfeiler, zusammengebunden mit Draht und Wäscheleinen, von unserem Hof getrennt ist. Das Schwein zieht unablässig Fliegen, Moskitos und Cucarachas an, und Teresa versucht verzweifelt, durch ständiges Putzen und Wischen diese Plage von Haus und Hof zu vertreiben – vergeblich. Mit einem sauberen Schweinestall wäre die Situation vielleicht etwas erträglicher.

Auf dem flachen Dach hängen Leinen voller Wäsche, die Teresa mit einer urzeitlichen russischen Waschmaschine im Hof gewaschen hat. Die Waschtrommel hat keinen Deckel, und für die Kinder ist es ein Spaß, wenn die kalte Lauge aus der Maschine spritzt, die dabei röhrt und gurgelt wie ein Geysir. Aber immerhin, Teresa hat eine Waschmaschine. Vom Dach aus filme ich die umliegenden Höfe, natürlich auch das Schwein im Nachbarhof rechts. Im linken Hof fegt gerade Marilú. Sie trägt einen alten Kittel und um den Kopf hat sie ein Handtuch geschlungen. Als sie die Kamera sieht, trippelt sie mit dem Besen über einen imaginären Laufsteg und vollführt elegante Drehungen.

Marilú ist über 70, auch wenn man es ihr nicht ansieht. Sie ist Witwe und bekommt monatlich 104 Pesos Rente. Das sind knapp fünf Euro. Jetzt fliegt sie für vier Wochen nach Miami, wo ihre gesamte Familie lebt. Ihre beiden Brüder konnten vor einigen Jahren nach Miami ausreisen, weil sie in Cuba im Gefängnis saßen und über eine Menschenrechtsorganisation ein Visum für die USA erhalten hatten. Marilús Kusinen, die ebenfalls in Miami leben, konnten über die alljährliche Visumlotterie hinaus: *el bómbo*. Mit den paar Devisen, die ihr die Familie aus Miami schickt, kann Marilú in Cuba überleben.

Mit Teresa mache ich mich auf den Weg: Wir wollen die Hände maniküren und die Augenbrauen zupfen lassen, etwas Schönheitspflege muss einfach sein. Der Versuch schlägt fehl, weil die Kosmetikerin schon auf dem Sprung ist: Ihr Mann sitzt im Gefängnis und heute ist ab 15 Uhr Besuchszeit. Er ist zu zwei Jahren Haft verurteilt worden, weil er

Thema

illegal Eier in Havanna verkaufen wollte. Ein Dutzend oder vielleicht zwei Dutzend Eier. Teresa versichert, dass dieses Delikt das Einzige ist, das dieser Mann verbrochen hat.

Als wir zu Hause ankommen, liegt ein pestilenzartiger Gestank über dem Hof, in dem mindestens drei Millionen Fliegen genüsslich baden. Wir flüchten zu Liset, einer ehemaligen Lehrerin, die in den letzten Jahren akribisch Tagebuch geführt hat. Liset beschrieb vor allem die Auswirkungen der Spezialperiode in Friedenszeiten und die Null-Option, also die Jahre zwischen 1990 und 1996. Jetzt ist die Situation etwas erträglicher geworden, doch allen sind diese Jahre noch gut im Gedächtnis. Liset lässt mich in ihrem Tagebuch lesen: »Es ist fatal, wenn auch tagsüber der Strom ausfällt. Das Stromproblem verschärft das Ernährungsproblem, das zweifellos das größte aller Probleme ist. Und für die Lösung dieses größten Problems ist die Frau zuständig: Neben all unseren anderen Tätigkeiten dürfen wir uns Tag und Nacht den Kopf darüber zerbrechen, *was* wir unserer Familie zu essen geben und *wie* wir es zubereiten könnten ... Ich glaube, die meisten von uns denken sogar darüber nach, wenn sie schlafen. In diesem Land haben wir so gut wie alles Essbare gegessen. Wir haben sogar Gerichte erfunden, die andere Völker womöglich für nicht genießbar halten.«

Zu Hause die Überraschung: Das Schwein ist weg. Die Fliegen hat es mitgenommen, den Gestank auch. Ein Wunder ist geschehen. Wir setzen uns auf den Hof, um zu feiern. Es duftet nach reifen Mangos, die demnächst vom Baum fallen werden, und die frisch gewaschene Wäsche auf der Leine verbreitet einen erlösenden Duft nach Seifenpulver. Silvester kann kommen, wir werden im Hof feiern, großzügig Rum für sämtliche Götter verschütten und vielleicht geschmuggelte Langusten essen. Musik gibt es ohnehin an jeder Ecke.

Maniküre – dieser Service wird an vielen Straßenecken angeboten

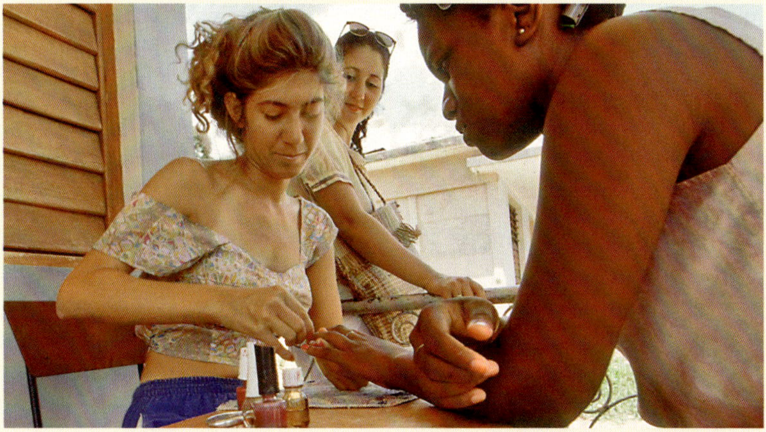

Pinar del Río ►C4

In der geschäftigen, aber nicht hektischen Provinzhauptstadt dreht sich alles rund um das ›braune Gold‹ – sie ist das Herz des weltbesten Tabakanbaugebiets im gar nicht so wilden Westen der Insel.

Die Autopista Nacional endet 180 km westlich von Havanna am Ostrand von **Pinar del Río.** In der rund 128 000 Einwohner zählenden Stadt leben Menschen, die im Rhythmus von gemächlich gerauchten Zigarren denken, die eher feinsinnige Verse und poetische Lieder schätzen als aufwühlende Rumba-Rhythmen und die am liebsten von ihren blauen Holzveranden aus das Treiben auf der Straße begutachten und in ihren ebenfalls blauen Schaukelstühlen wippen.

Geschichte

In den dichten Pinienwäldern an den Ufern des Río Guamá lebten einst die Guanahatabeyes, Jäger und Sammler und das älteste Indianervolk Cubas. Sie benutzten die unzähligen Höhlen, die die Flussarme in das Felsgestein gegraben hatten, als Zufluchtsorte. Die größte dieser Höhlen, die Cueva Santo Tomás, zieht sich über 46 km hin.

Schnell merkte die spanische Krone, dass in Vuelta Abajo – so heißt die Gegend südlich von Pinar del Río – der beste Tabak wächst, und nachdem sie die Guanahatabeyes fast ausgerottet hatte, schickte sie spanische Siedler in die Gegend, um das braune Gold anzubauen. 1571 gründeten diese die Stadt Nueva Filipina, erst später wurde sie nach den Pinienwäldern umbenannt in Pinar del Río. Schnell erwies sich der Tabakhandel für die spanische Krone als ebenso lukrativ wie der Zuckeranbau, sodass Pinar del Río im 18. und 19. Jh. eine wohlhabende Stadt wurde. Das lag natürlich an den Rauchern in Europa, aber die Cubaner konsumierten ihr kostbares Produkt ebenfalls.

Wer so viel Reichtum erwirtschaftet, möchte nicht mit einem Almosen abgespeist werden. Im 18. Jh. litten die stolzen Tabakbauern aus Pinar del Río unter dem spanischen Handelsmonopol, das sie zwang, ihre Erzeugnisse zu den von der spanischen Krone festgelegten Preisen ausschließlich an Spanien zu verkaufen. Also probten die *vegueros,* wie sich die Tabakbauern nennen, den Aufstand. Zu Tausenden zogen sie von Pinar del Río nach Havanna vor den Gouverneurspalast, um zu protestieren. Der Aufstand wurde erstickt, die meisten Tabakbauern füsiliert und entlang der Straße nach Santiago de las Vegas zur Abschreckung aufgehängt. Weiterhin wurde die beste Havanna jeder Ernte zuerst dem Bourbonenkönig in Madrid gesandt – eine koloniale Angewohnheit.

Das Tabakbürgertum in Pinar del Río zeigte sich selbstbewusst – trotz oder vielleicht auch wegen seiner spanischen Traditionen: 1845 baute man sich in der Provinzstadt einen luxuriösen Kulturpalast, das Teatro Milanés, das einzige prunkvolle Gebäude in der Stadt. Kostbarste Hölzer wurden für die Inneneinrichtung herbeigeschafft, die besten Theaterkompanien und Opernensembles für Gastspiele verpflichtet.

Sehenswertes

Cityplan: S. 230

Die lebendige Hauptstraße von Pinar del Río, die **Calle Martí,** ist eigentlich nichts anderes als eine besonders lang gestreckte Ansammlung überdachter Veranden (ausnahmsweise ohne friedlich wippende Menschen in Schaukelstühlen) und der wichtigsten Geschäfte. Drumherum gibt es zwar auch noch ein paar Straßen, auch einen Friedhof, ein Sanatorium (übrigens nicht für Lungenkranke), ein Musikkonservatorium, eine Tabak- und eine Likörfabrik, doch verlaufen kann man sich dort auch als Fremder nicht – dafür ist die Stadt zu klein.

Palacio Guasch 1

Zwei Blocks hinter dem Ortseingang und dem ehemaligen Sowjethotel Pinar del Río ist in der Calle Martí 202 der **Palacio Guasch** eine hinreißende Kuriosität. Sein Erbauer, ein Doktor Francisco Guasch, setzte seinen Ehrgeiz darein, sämtliche Baustile und Mitbringsel aus der ganzen Welt in einem einzigen Gebäude zu vereinen und auf diese Weise eine Art Harmonie des Chaos zu schaffen. So findet man hier ein Potpourri aus griechischen Säulen, ägyptischen Hieroglyphen und mittelalterlichen Wasserspeiern neben surrealistischen oder Art-déco-Fragmenten. Heute ist in dem 1914 erbauten Haus das **Museo de Ciencias Naturales Tranquilino Sandalio de Noda** untergebracht, das die Fauna der Provinz in Form von Fossilien zur Schau stellt, z. B. einen Plesiosaurier, der vor Millionen von Jahren an der Küste lebte. Die Attraktion des Museums ist im Hof zu bewundern: zwei lebensechte Dinosaurier und archaische Korkpalmen aus den Zeiten von Jurassic Park (Tel. 048 77 94 83, Mo–Sa 9–16.45, So 9–12.45 Uhr, 1 CUC).

Teatro Milanés 2

An der Ecke Calle Martí und Colón erinnert das **Teatro Milanés** an den romantischen Dichter José Jacinto Milanés, der 1863 im Alter von 30 Jahren in geistiger Umnachtung starb. Feinste cubanische Edelhölzer schmücken das Innere des Theaters, das nach seiner Renovierung wieder in altem Glanz erstrahlt und in dem nahezu jeden Abend eine Veranstaltung stattfindet (Tel. 048 75 38 71, s. S. 231).

Museo Provincial de Historia 3

Im **Museo Provincial de Historia** sind neben interessanten Exponaten der indianischen Kulturen und archäologischen Funden auch einige persönliche Gegenstände und Noten von Enríque Jorrín ausgestellt, dem Erfinder des Chachachá (Calle Martí 58, Tel. 048 75 43 00, Mo 12.30–16.30, Di–Sa 8–22, So 9–13 Uhr, 1 CUC).

Fábrica de Bebidas Casa Garay 4

Wie flüssiger Bernstein sieht der Guavenlikör oder *Guayabita del Pinar* aus, wie er in der **Fábrica de Bebidas Casa Garay** in der Calle Isabel Rubio Sur 189 hergestellt wird. Auf kurzen Führungen kann man den Prozess verfolgen und den nach 200 Jahre alten Rezepten gebrauten herben *(seco)* oder süßen *(dulce)* Likör probieren und natürlich auch kaufen (Tel. 048 75 29 66, Fabrik: Mo–Fr 10–16 Uhr, Laden: Mo–Sa 9–17 Uhr, Führung 1 CUC).

Fábrica de Tabacos Francisco Donatién 5

Der Likör verlangt nach Zigarren, die man in der **Fábrica de Tabacos Francisco Donatién** findet. Diese kleine, aber sehenswerte Zigarrenfabrik ist im ehemaligen Gefängnis der Stadt untergebracht und ein Paradies für Raucher und Zigarrenfans: Hier werden die kostbaren kleinen Skulpturen mit so klangvollen Namen wie Cohiba, H. Upman, Partagás, Romeo y Julieta usw. gefertigt. Nach der (äußerst kurzen) Führung kann man im dazugehörigen Geschäft Zigarren kaufen (Calle Maceo 157, Tel. 048 77 30 69, Mo–Fr 9–12, 13–16, Sa 9–12 Uhr, 5 CUC).

Infos

Havanatur: Calle Osmani Arenado 2, zwischen Martí und Máximo Gómez, Tel. 048 77 84 94, tgl. 8–20 Uhr. Hotelreservierungen, Ausflüge zu den Highlights der Provinz, Flugtickets etc.

Cubanacán: Calle Martí 109, Tel. 048 75 01 78, tgl. 8–12, 13–17 Uhr. Gleiches Angebot.

Oficina de Reservaciones de Campismo: Calle Isabel Rubio Norte 20, Tel. 048 75 53

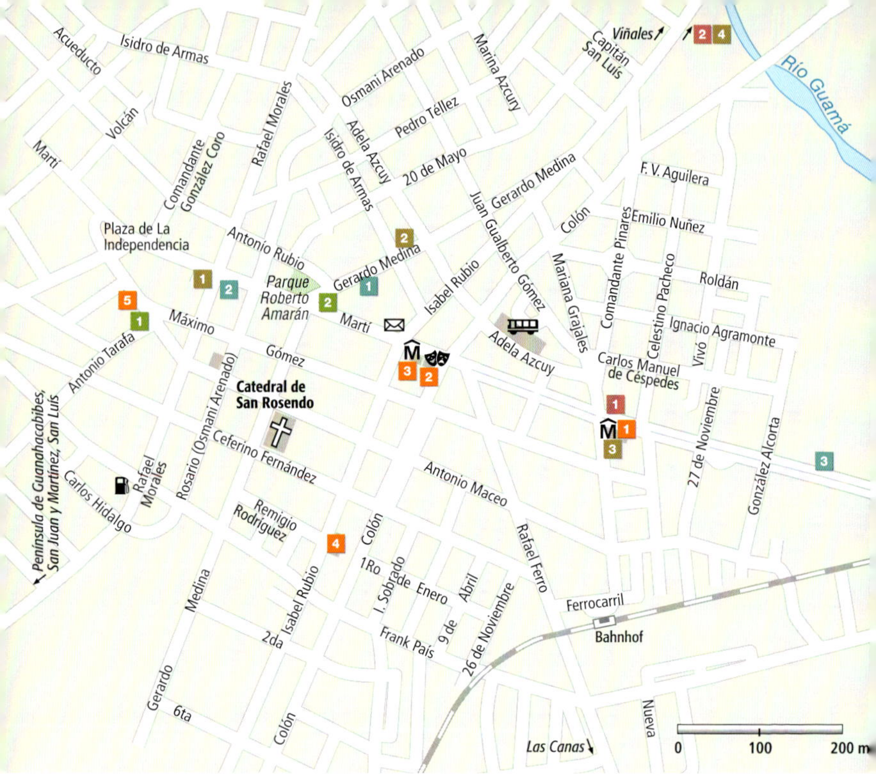

16, Mo–Fr 8–12, 13–17, Sa 8–12 Uhr. Reservierungen für die Campismos Dos Hermanas und Villa Aguas Claras.

Banco Financiero Internacional: Calle Gerardo Medina 44, zwischen Isidro de Armas und Martí.

Cadeca: Calle Martí 46, zwischen Isabel Rubio und Gerardo Medina.

Internet: Etecsa, Calle Gerardo Medina 127, Ecke Juan Gualberto Gómez, tgl. 8.30–19 Uhr.

Übernachten

... in Pinar del Río:

Knallrosa und nicht zu verfehlen ▶ **Vueltabajo 1** (Islazúl): Calle Martí 103, Ecke Rafael Morales, Tel. 048 75 53 63, www.islazul.cu. Von den beiden Devisenhotels ist nur dieses Kolonialhotel passabel. 39 Zimmer, die lauten zur Straße hin meiden. EZ ab 34 CUC, DZ ab 55 CUC inkl. Frühstück.

Jacuzzi im Garten ▶ **Una Casa Colonial 2** (privat): José Antonio Mesa González, Calle Gerardo Medina 67, zwischen Isidro de Armas und Adela Azcuy, Tel. 048 75 31 73. 2 Zimmer (ac, Bad, Kühlschrank) in geräumigem, blau-weiß gestrichenem Kolonialhaus mit originalen Dachbalken und Buntglasfenstern, der Clou ist der riesige Innenhof mit Jacuzzi und Bar. 20–25 CUC.

Herzliche Gastgeberin ▶ **Casa Gladys 3** (privat): Calle Comandante Pinares 15, zwischen Martí und Máximo Gómez, Tel. 048 77 96 98. 1 DZ mit ac, Bad und Kühlschrank im Haus einer netten älteren Dame. Mit schönem, begrüntem Patio und Garage. 15–20 CUC.

... außerhalb:

Zwischen Pinar und Viñales ▶ **Campismo Villa Aguas Claras 4:** Crta. de Viñales Km 7, Tel. 048 77 84 27, Fax 048 77 84 26. Für internationalen Tourismus zugelassener Campismo. Hübsche Bungalowanlage mitten in der Landschaft, mit Pool und großem Aktivitätenangebot (z. B. Reiten). 50 Zi., EZ ab 24 CUC, DZ ab 40 CUC inkl. Frühstück.

Pinar del Río

Sehenswert
1 Palacio Guasch
2 Teatro Milanés
3 Museo Provincial de Historia
4 Fábrica de Bebidas Casa Garay
5 Fábrica de Tabacos Francisco Donatién

Übernachten
1 Vueltabajo
2 Una Casa Colonial
3 Casa Gladys
4 Campismo Villa Aguas Claras

Essen & Trinken
1 El Mesón
2 Rumayor

Einkaufen
1 Casa del Ron
2 Fondo Cubano de Bienes Culturales

Abends & Nachts
1 Café Pinar
2 Casa de la Cultura Pedro Junco
3 Sala de Fiesta

Essen & Trinken

Große Auswahl ▶ **El Mesón** 1 (privat): Calle Martí 205, gegenüber Museo de Ciencias Naturales, Tel. 048 75 28 67, Mo–Sa 12–22 Uhr. Hier wird kreolische Küche in großen Portionen serviert. Hauptspeisen 4–5 CUC.

Geräuchertes Huhn ▶ **Rumayor** 2 (staatl.): Carretera de Viñales Km 1,5, Tel. 048 76 30 07, tgl. 10–23 Uhr. Spezialität: *pollo ahumado*, 5 Std. über dem Holzkohlengrill geröstet und dabei immer wieder mit einer Soße aus Salz und Zucker übergossen. Hauptgerichte ab 2 CUC.

Einkaufen

Spirituosen ▶ **Casa Garay** 4: s. S. 229. Guavenlikör direkt vom Produzenten. **Casa del Ron** 1: Calle Maceo 151, Mo–Fr 9–17, Sa 9–12 Uhr. Außer Rum gibt's hier auch andere Souvenirs wie T-Shirts und CDs.

Zigarren ▶ **Fábrica de Tabacos Francisco Donatién** 5: s. S. 229.

Kunsthandwerk ▶ **Fondo Cubano de Bienes Culturales** 2: Calle Martí, Ecke Gerardo Medina, Mo–Sa 9–18 Uhr. Schöne Auswahl an typisch cubanischem Kunsthandwerk.

Abends & Nachts

In-Treff ▶ **Café Pinar** 1: Calle Gerardo Medina 34, zwischen Martí und Isidro de Armas, Tel. 048 77 81 99, tgl. 12–1 Uhr, Eintritt 3 CUC, davon 2 CUC zum Verzehr. Tgl. ab 23 Uhr Live-Musik.

Kultur satt ▶ **Casa de la Cultura Pedro Junco** 2: Calle Martí 65, Tel. 048 77 22 22, tgl. 7–22 Uhr. Abends regelmäßig Veranstaltungen, u. a. Konzerte, Lesungen etc.

Disco ▶ **Sala de Fiesta** 3: im Hotel Pinar del Río am östl. Ende der Calle Martí, Tel. 048 75 50 74, Mi–So 22–1 Uhr, Eintritt 3 CUC, davon 2 CUC zum Verzehr. Ziemlich schickes Ambiente im gesichtslosen größten Hotel der Stadt.

Theater ▶ **Teatro Milanés** 2: s. S. 229, Di–Sa ab 20, So ab 17 Uhr, Eintritt 5–10 CUP. Fast jeden Abend Vorstellungen, u. a. Konzerte, Theater, Shows.

Shows ▶ **Cabaret Rumayor** 2: Crta. de Viñales Km 1,5, Tel. 048 76 30 07, Fr–So ab 21 Uhr, Eintritt 5 CUC, davon 3 CUC zum Verzehr. Symphatisch provinzielle, aber liebevoll gemachte Show, vor allem sehr beliebt bei Einheimischen.

Aktiv

Ausflüge ▶ Obligatorisch ist ein Besuch im berühmten Tabaktal von Viñales (s. S. 234). Einen der schönsten Strände Cubas findet man in María La Gorda (s. S. 245).

Verkehr

Züge: Estación de Ferrocarril, Calle Ferrocarril, Ecke Comandante Pinares Sur, Tel. 048 75 22 72. 3–4 x wöchentl. Züge um 9 Uhr nach Havanna (6,5 Std., 6,50 CUC), die Verbindungen sind sehr unzuverlässig.

Busse: Terminal de Ómnibus, Calle Adela Azcuy, 2 Blocks vom Zentrum, Tel. 048 75 25 72. Víazul-Busse tgl. je 2 x nach Viñales und Havanna (11 CUC).

Mietwagen: Cubacar und Havanautos im Hotel Pinar del Río am östl. Ende der Calle Martí, Tel. 048 75 50 70–74.

Taxis: Cubataxi, Tel. 048 72 82 90.

Tabak – historisch

Der Tabak ist neben der Tomate, der Kartoffel, dem Mais, dem Kakao und der Syphilis ein Geschenk Amerikas an die Eroberer. Die Legende will, dass die cubanischen Indianer den weißen Ankömmlingen zum Zeichen ihrer Freundschaft Tabakblätter überreichten. Die Spanier wussten zunächst nicht, was sie mit diesen getrockneten Blättern anstellen sollten, und beobachteten misstrauisch die Taínos und Siboneyes, wie sie diese Blätter rollten, sie anzündeten und den Rauch »tranken«.

Den Engländern und den Portugiesen ging es ähnlich wie den Spaniern: Überall auf dem amerikanischen Kontinent wunderten sich die Europäer über die merkwürdige Sitte der Indianer, sich einzunebeln.

Im 16. Jh. gab es kaum einen europäischen Reisenden oder Chronisten, der nicht begeistert über die wundersamen Wirkungen dieser Pflanze schrieb. So notierte der Jesuitenpater Bernabé Cobo in seiner »Historia del Nuevo Mundo«: »Der Tabakstrauch ist eine Medizin, die unzählige Krankheiten zu heilen in der Lage ist, gleich, ob man seine grünen oder getrockneten Blätter verwendet, oder ob man ihn in Form von Pulver, in Rauch, gekocht oder auf andere Weise zu sich nimmt. Hängt man ein Säckchen mit Tabak gefüllt über den Kopf oder legt es unter das Kopfkissen, so schläft man tief und fest. Der Tabak hat auch eine große Macht über wilde Tiere und giftiges Gewürm: weshalb die Indios des Nachts, wenn sie schlafen, dieses Kraut um sich herum verstreuen, damit kein giftiges Tier sie töte (...) Zu Anfang der Entdeckung dieser Neuen Welt übernahmen einige wenige Spanier von den Indianern diese Sitte, die sich so schnell ausbreitete, dass es heute in Westindien keinen Fleck gibt, wo nicht zahlreiche Personen den Tabak rauchen, und es macht ihnen so viel Genuss, dass viele Männer, sobald sie wach sind, keine Viertelstunde ohne Tabakrauch bleiben und darüber Essen und Trinken vergessen (...) Sicher ist, dass der Tabak jenen, die ihn ohne Maß genießen, viel Übel verursacht, wie Entzündungen der Leber, der Nieren und sehr schweren Typhus. Doch gelegentlich genossen, besiegt der Tabak jegliche Magenverstimmung, er zerlegt die schwer verdaulichen Speisen und hilft der Verdauung.«

Die Indianer Amerikas haben den Tabak allerdings nicht nur aus medizinischen Gründen angepflanzt. Selbst wenn sie ihn als Heilpflanze verwendeten, war der Tabak immer Bestandteil ihrer religiösen Vorstellungen und Riten. Bei den Taínos, die den Tabakstrauch *cohoba* nannten, war der Tabakkonsum den Männern vorbehalten, Frauen durften nicht mit ihm in Berührung kommen. Der Tabakanbau lag in den Händen der Priester *(behiques)* – eine logische Vorsichtsmaßnahme, denn wenn der Anbau einer Pflanze, die Trancezustände und Besitzergreifung durch die Geister bewirkt, nicht von den Priestern kontrolliert wird, droht das Chaos. Die mystische Exstase, in der ein übermenschliches Wesen spricht, ist immer ein gefürchtetes und kontrolliertes Phänomen gewesen. Kein Wunder, dass die europäischen Eroberer den Tabak und seine vielfältigen Verwendungsformen zunächst für ein Machwerk des Teufels und pure Hexerei hielten. Die indianischen Pries-

Thema

ter waren in ihren Augen infame Zauberer – wie umgekehrt sie selbst den Indianern ebenfalls als Hexer vorkamen, die das Papier sprechen lassen konnten und es irgendwie schafften, trotz ihrer zahllosen Gräueltaten von keiner Gottheit bestraft zu werden. Allerdings hat bisher noch alles, was im Dunstkreis des Teufels steht, eine heftige Faszination ausgeübt, und beim Tabak war es nicht anders. Die spanischen Soldaten waren einfach neugierig, und wenn die wenigen bekannten christlichen Heilmittel versagten, fragten sie die indianischen Priester um Rat. Das konnten sie allerdings nur so lange tun, wie es noch indianische Priester gab.

Als die karibischen Indianer ausgerottet waren, geriet auch der religiöse Charakter des Tabaks allmählich in Vergessenheit. Übrig blieb das Genussrauchen, eine sinnliche Lust, die in vielen karibischen Liedern besungen wird. Etwa von den zehn betagten Herren des Orquesta Super Colosal, die auf einer verwitterten Holzveranda sitzen, auf ihren Schaukelstühlen wippen, zufrieden an ihren Zigarren saugen und ohne Eile auf eine schöne Frau warten, während sie gleichzeitig Musik machen und vor sich hinsingen:

»Rauchend warte ich auf die Frau, die ich liebe (…) und während ich rauche, bleibt mein Leben stehen, denn wenn ich den Rauch betrachte, schlummere ich vor mich hin. Ausgestreckt auf meinem Sofa träume ich von meiner Liebsten (…) Gib mir den Rauch aus deinem Mund, den trunken machenden Rauch, der die Flamme der Liebe entfacht.« (Aus dem Lied »Fumando espero«)

Von Heil bringender Medizin zum gefährlichen Genussmittel: der Tabak

5 Valle de Viñales und Umgebung

Von Pinar del Río führt eine kleine Landstraße über Aguas Claras in das 27 km entfernte Valle de Viñales. Hier wächst der legendäre grün-silbrig schimmernde Tabak auf flachen Feldern zwischen steil aufragenden, schroffen Kegelfelsen, den *mogotes.* Die Gegend um das Dörfchen Viñales ist eine von Cubas schönsten Landschaften und gehört in jedes Reiseprogramm aufgenommen.

Mit ihrem Alter von rund 150 Mio. Jahren gelten die *mogotes* als älteste geologische Formation Cubas. Bei trübem Wetter oder bei einem heftigen Regenguss kann man ein natürliches Schauspiel beobachten: Dann sieht es so aus, als hätten die *mogotes,* die jetzt verstreuten Fingern gleichen, sich die Wolken gekrallt und zu sich heruntergezogen, um sich darin einzuhüllen. Nach dem Regen, wenn die Sonne wieder unerbittlich auf das Tabaktal brennt, dampfen die kleinen, palmgedeckten Holzhäuser der Bauern, als hätte man sie gerade aus einer Waschmaschine gezogen.

Die Tabakpflanzen bekommt man jedoch nur zwischen der Aussaat etwa Ende Oktober (die Regenzeit muss zu Ende sein) und der Ernte zu sehen, die zwischen Januar und März durchgeführt wird. Während der Sommermonate werden auf den rot schimmernden Feldern Boniato, Malanga, Mais oder Bananen angepflanzt.

Je näher man dem Tal von Viñales kommt, desto häufiger sieht man kleine, fensterlose Schuppen mit einem Dach aus Palmstroh oder aus Blech. Das sind die *casas de tabaco,* die Trockenschuppen für den Tabak. Die Tabakballen kochen tagsüber in ihrem eigenen Hitzedunst, sie schwitzen ihre Feuchtigkeit aus, und dafür kann es in der *casa de tabaco* gar nicht heiß genug sein. Genau in dem Maß, wie sie ihre Feuchtigkeit verlieren, müssen sie immer höher unter das Dach gehängt werden. Später befeuchtet man die Blätter und fermentiert sie dreimal, um eine gleichmäßige Qualität und Färbung zu erzielen. Allein die erste Fermentation, bei der die Tabakblätter mit Palmblättern abgedeckt werden, dauert zwei Monate. Insgesamt kann die Fermentation bei einigen Tabaksorten bis zu drei Jahren dauern.

Viñales ►C 3

In **Viñales** (6000 Einwohner), einem verträumten liebenswürdigen Dörfchen, scheint den ganzen Tag lang Feierabendstimmung zu herrschen. Vielleicht liegt es einfach an den Zigarren: Sie hastig zu rauchen wäre ein Verbrechen, das in Viñales niemand begeht, denn jeder weiß, wie viel Mühe es kostet, diese kleinen Kunstwerke herzustellen. Zigarrenrauchen ist eine Kunst, die Konzentration, Ruhe und Geduld erfordert, und die Tabakbauern aus Viñales sind alle Künstler. Sie sind nicht nur Virtuosen im Tabakanbau, sie können sogar mit einer Zigarre im Mund charmant lächeln, außerdem sprechen, essen und singen, ohne sich zu verhaspeln.

Niedrige Holzhäuser mit Veranden ziehen sich entlang der Hauptstraße, an der auch die schlichte **Kirche** 1 aus dem 19. Jh. sowie ein Denkmal für José Martí stehen. Im ältesten Gebäude von Viñales, der 1822 erbauten **Casa de Don Tomás** 1, befindet sich heute ein Restaurant (s. S. 239),

Durch einen Märchenwald aus exotischen Pflanzen spaziert man in dem privat geführten **Jardín de Caridad** 2. Der botanische Garten im Miniaturformat wurde vor über 100 Jahren mit den einfachsten Mitteln angelegt und hat sich zu einem wahren Juwel entwickelt, das man sich keinesfalls entgehen lassen sollte (tgl. 9–19 Uhr, Eintritt frei, aber Spenden sind gerne gesehen).

Die Umgebung von Viñales

▶ C 3

Von Viñales aus kann man mit dem Auto, teilweise sogar per Rad oder zu Fuß, einige interessante Täler und Höhlen erreichen: den Mogote Dos Hermanas im Valle de las Dos Hermanas, auf dessen Felsen Leovigildo González Morillo in 180 m Länge die Evolutionsgeschichte dargestellt hat (Mural de la Prehistoria), die Cueva de San Miguel und die Cueva del Indio im Valle de San Vicente sowie die Cueva Santo Tomás im Valle de Santo Tomás. Am schönsten ist es jedoch, einfach ziellos durch die Gegend zu streifen, mal den einen, mal den anderen Feldweg zu testen und die bizarre Landschaft in aller Stille auf sich wirken zu lassen. Wen es zur Abwechslung nach Meer gelüstet, der findet an der Nordküste die Inselchen Jutías und Levisa, beide mit schneeweißen Stränden und in allen Türkistönen schimmerndem Wasser.

Mural de la Prehistoria 3

Im **Valle de las Dos Hermanas** (›Tal der zwei Schwestern‹) ca. 2 km westlich von Viñales schuf Leovigildo González Morillo eine gigantische Wandmalerei. Der Cubaner war ein Schüler des mexikanischen Muralisten Diego Rivera und malte zwischen 1959 und 1966 auf einen Felsen die Evolutionsgeschichte, von der Schnecke über den Dinosaurier bis zum Homo sapiens. Über ein Megafon dirigierte der Künstler die mit ihm arbeitenden Bauern aus der Umgebung, die an Seilen vor der Felswand baumelten und die riesigen Farbflächen ausmalten.

Der ästhetische Wert dieser **Mural de la Prehistoria** mag zweifelhaft sein, doch zu Füßen der Evolutionsgeschichte lässt es sich wunderbar tafeln und zu den Klängen einer altertümlichen Drehorgel tanzen. In dem nur mit einem Palmdach gedeckten Freiluftrestaurant duftet es verführerisch nach Spanferkel vom Grill, und die Küche hält, was der Duft verspricht. Das liebevoll gepflegte und bemalte Ungetüm von Drehorgel kommt aus Europa – seit Mitte des 19. Jh. sind in Pinar del Río aus Frankreich und Holland importierte Drehorgeln im Einsatz. Auf ihnen kann man fast alles spielen – europäische Kirmesschlager, italienische Opernarien, cubanische Danzones und einen Son aus dem fernen Santiago (Tel. 048 79 62 60, tgl. 9–19 Uhr, 1 CUC).

Informationen über die Geschichte und Entstehung des Wandgemäldes liefert das

Tipp: Eldorado für Outdoor-Fans

Die spektakulären Landschaften der relativ dünn besiedelten Provinz Pinar del Río lassen sich am besten unmotorisiert, also zu Fuß, auf dem Pferd oder dem Rad erkunden. Ein optimaler Ausgangspunkt für die diversen Exkursionen ist der Ort **Viñales** (s. S. 234). Nur ein paar Hundert Meter sind es vom Ortszentrum bis ›aufs Land‹, wo man auf Feldwegen und vorbei an windschiefen Holzhütten durch die bizarre Kalksteinlandschaft marschieren oder radeln kann (s. S. 242). Ein Führer ist unnötig, denn letztendlich führen alle Wege irgendwann zurück in die Zivilisation. Etwas bequemere Naturen können sich auf einen Pferderücken schwingen – vielerorts werden Ausritte angeboten.

Auf Sportkletterer warten die berühmten **Kalksteinkegel** (s. S. 243) und mit der entsprechenden Ausrüstung im Gepäck kann man eine romantische Zeltnacht am blendend weißen Sandstrand von **Cayo Jutías** (s. S. 238) verbringen, in sicherer Obhut der Dienst habenden Aufseher, die nachts das Eiland bewachen.

Valle de Viñales

Sehenswert
1 Kirche
2 Jardín de Caridad
3 Mural de la Prehistoria
4 Comunidad Los Aquáticos
5 Cueva de San Miguel
6 Cueva del Indio
7 Cueva Santo Tomás
8 Cayo Levisa
9 Cayo Jutías

Übernachten
1 Boris & Cusita
2 Brunilda Hidalgo Pelaez
3 Casa El Cafetal
4 Villa Cayo Levisa
5 Los Jazmines
6 La Ermita
7 Rancho San Vicente
8 Campismo Dos Hermanas

Essen & Trinken
1 Casa de Don Tomás
2 Finca San Vicente
3 Palenque de los Cimarrones
4 Casa del Verguero

Einkaufen
1 Escultor Noel Díaz Gala

Abends & Nachts
1 Centro Cultural Polo Montañez
2 Patio del Decimista
3 El Viñalero

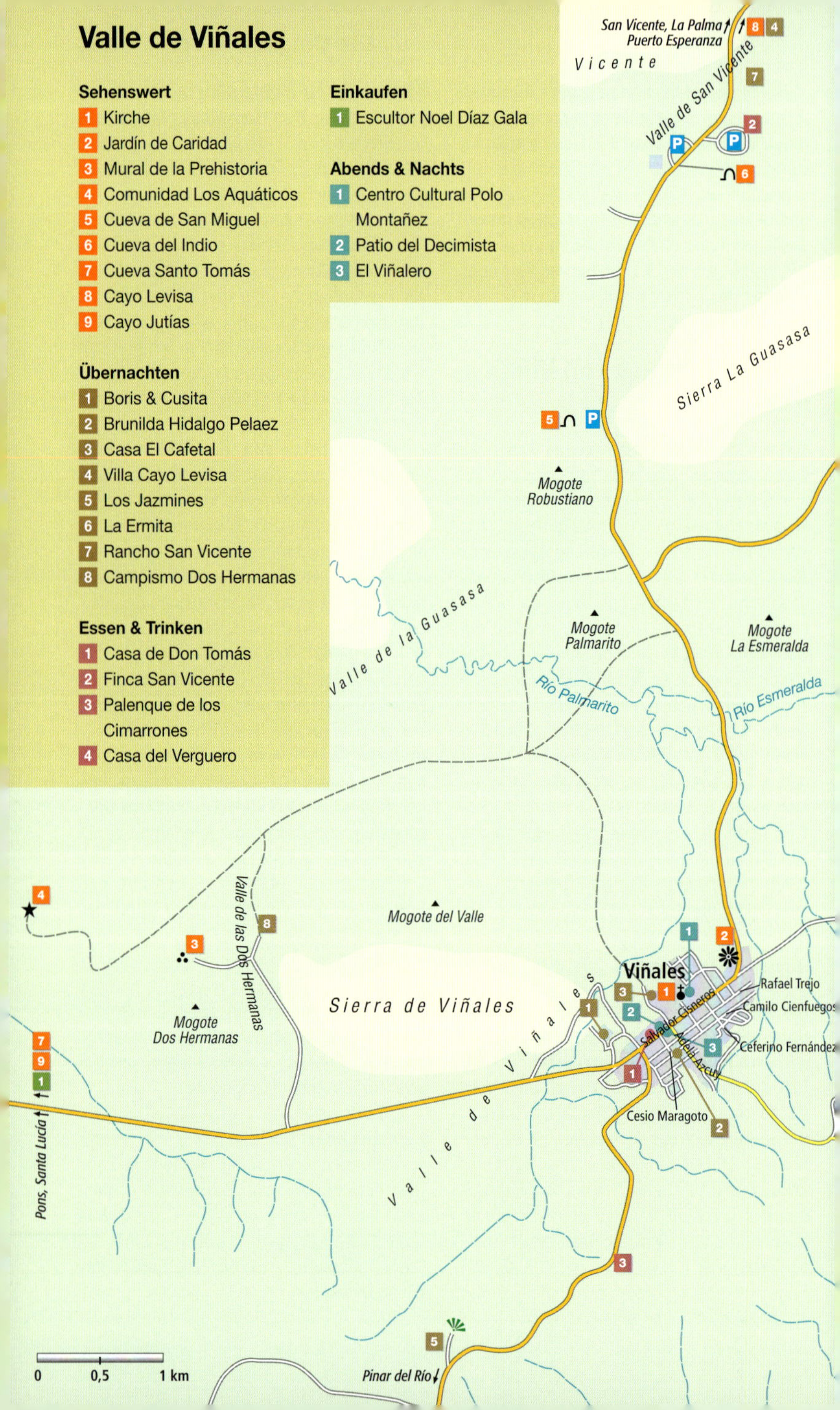

kleine **Museum** auf dem benachbarten **Campismo Dos Hermanas** 8. Auch viele in der Gegend gefundene Versteinerungen sind hier zu betrachten (tgl. 9–17 Uhr, 1 CUC).

Comunidad Los Aquáticos 4

In der unwegsamen Landschaft oberhalb der Mural de la Prehistoria hat sich die **Comunidad Los Acuáticos** niedergelassen, eine bäuerliche Gemeinde, die vom Glauben an die heilenden Kräfte des Wasser zusammengehalten wird. Die Begründerin dieser Bewegung in den 1930er-Jahren war Antoñica Izquierdo. In Zeiten, in denen medizinische Versorgung nicht für jeden zugänglich war, bot sie für viele arme Bauern die wichtigste – und teilweise einzige – Chance auf Heilung. Als ihr Einfluss zu groß zu werden drohte, wurde sie unter der Regierung Batista verhaftet und in Havanna in eine Irrenanstalt gesteckt, wo sie letztlich auch starb.

Ihr Erbe wird von ein paar wenigen Familien hochgehalten, die nach wie vor in dieser Abgeschiedenheit leben. Es sind Selbstversorger, die sich der modernen Medizin auch weiterhin verweigern (den vom Staat verordneten Impfungen können sie jedoch nicht entgehen) und ihre Kinder immer noch nicht zur Schule gehen lassen (allerdings akzeptieren sie, dass dreimal pro Woche ein Lehrer zu ihnen kommt). Die Moderne hat in Form von Solarzellen Einzug gehalten und natürlich ist allen klar: Nicht das Wasser heilt, sondern der Glaube daran.

Viele Führer in Viñales bauen die Gemeinde in ihre Wander- bzw. Reitausflüge ein.

Cueva de San Miguel und Palenque de los Cimarrones 5

Nördlich von Viñales führt eine Landstraße durch die Täler Richtung San Vicente und zur Küste. Hinter dem **Mogote Robustiano** öffnet sich linker Hand die 140 m² große **Cueva de San Miguel,** in der sich während der Kolonialzeit entflohene Sklaven *(cimarrones)* versteckten.

Durch einen Tunnel gelangt man auf die andere Bergseite zum **Palenque de los Cimarrones,** einem Restaurant, dessen Dekor einem Wehrdorf *(palenque)* entlaufener Sklaven nachempfunden wurde. Hier kann man mittags etwas essen und vielleicht eine afrocubanische Show erleben. In der Bar am Höhleneingang findet jeden Samstagabend eine Cabaretshow mit anschließender Disco statt (tgl. 9–17 Uhr, Eintritt Höhle: 1 CUC).

Tipp: Viñales BusTour

Die bequemste Art, alle wichtigen Sehenswürdigkeiten kennenzulernen, ist mit dem Shuttlebus von Transtur. Für 5 CUC pro Tag kann man beliebig oft zusteigen, u. a. am Hauptplatz in Viñales, am Hotel La Ermita, bei der Casa del Verguero, am Hotel Los Jazmines, am Mural de la Prehistoria, an der Cueva de San Miguel, an der Cueva del Indio und am Rancho San Vicente.

Cueva del Indio 6

Noch ein Stückchen weiter nördlich, ca. 6 km hinter Viñales, liegt die **Cueva del Indio** (›Indianerhöhle‹), die 1920 entdeckt wurde. Sie besteht aus mehreren Sälen, in denen zahlreiche präkolumbische Kunstgegenstände sowie Knochen gefunden wurden, anhand derer man schätzen kann, dass die Gegend schon um 4000 v. Chr. besiedelt war. Von dem insgesamt rund 1600 m langen Höhlensystem ist nur ein kleiner Teil für Besucher erschlossen. Ein 200 m langer Gang führt zu einem unterirdischen Fluss, der auf einer kurzen Bootstour erkundet wird (tgl. 9–17.30 Uhr, 5 CUC inkl. Bootsfahrt).

Auch vor der Cueva del Indio gibt es ein Restaurant mit typisch kreolischer Küche (Tel. 048 79 62 80, tgl. 11–16 Uhr).

Cueva Santo Tomás 7

18 km westlich von Viñales liegt versteckt die **Cueva Santo Tomás,** mit 46 km Länge das größte erschlossene Höhlensystem Cubas und das drittgrößte Lateinamerikas. Die über mehrere Ebenen verteilte Höhle mit Stalagmiten, Stalaktiten, kleinen unterirdischen Seen und vielen Fledermäusen wurde 1954 von

Antonio Nuñez Jiménez erkundet, nach dem auch die hiesige Ausbildungsstätte für Speläologen benannt ist. Auf der rund 2-stündigen Besichtigung wird man von Experten begleitet, die kaum eine Antwort schuldig bleiben – und noch ist die Höhle beinahe völlig naturbelassen (tgl. 9–16 Uhr, 10 CUC inkl. Führung).

Cayo Levisa und Cayo Jutías

Auch Strandfans finden in der Provinz Pinar del Río ihr Revier. Ungefähr 45 km östlich von San Vicente kann man von Palma Rubia per Boot (s. S. 243) zum winzigen **Cayo Levisa** 8 im **Archipiélago Los Colorados** übersetzen, wo sich sehr gute Wassersport- und Tauchmöglichkeiten (über 20 Reviere) bieten. Die von diversen Reiseagenturen durchgeführten Tagesausflüge nach Cayo Levisa und zum nördlich gelegenen **Cayo Paraíso** bieten sehr wenig Zeit zum Baden, weshalb sich eine Übernachtung in der Villa Cayo Levisa (s. S. 239) empfiehlt.

Einen traumhaften weißen Puderzuckerstrand gibt es auch auf **Cayo Jutías** 9. Das Eiland ist durch einen 4 km langen Damm mit dem Festland verbunden, der wenig westlich von **Santa Lucía** beginnt. Gleich zu Beginn müssen an einem Kontrollposten 5 CUC pro Person bezahlt werden, doch die herrliche türkisfarbene Bucht lohnt die Ausgabe allemal. Fürs leibliche Wohl sorgen Essensstände.

Infos

Cubanacán: Calle Salvador Cisneros 63-C, Tel. 048 79 63 93, tgl. 8–20 Uhr. Bus- und Flugtickets, Autoverleih, geführte Radtouren, Transfers zur Playa María La Gorda (s. S. 245), zum Cayo Levisa (29 CUC) und zum Cayo Jutías (22 CUC) etc.
Havanatur: neben Cubanacán, Tel. 048 79 62 62, tgl. 8–20 Uhr. Ähnliches Angebot.
Banco de Crédito y Comercio: Calle Salvador Cisneros 58
Cadeca: Calle Salvador Cisneros 92.
Internet: Etecsa, Calle C. Fernández 3, zwischen Rafael Trejo und Salvador Cisneros, tgl. 8.30–18 Uhr.

Übernachten

Alle staatlichen Hotels liegen einige Kilometer außerhalb des Orts. Wer lieber im Zentrum des Geschehens wohnt, kann auf eines von über 300 Privatquartieren zurückgreifen.

Tipp: Kampf der Hähne

Sonntag ist Hahnenkampftag. Das ist zwar verboten, macht aber keinem etwas aus. Dann stellt man eben ausreichend Späher auf, die drohende Gefahr, sprich die Polizei, rechtzeitig melden – ohnehin nur eine Formsache, denn natürlich weiß jeder, wo die ›verborgenen‹ Hahnenkampfarenen liegen.

Besonders viele davon gibt es in der Provinz Pinar del Río, eine in Viñales. Wo genau, darf hier natürlich nicht verraten werden, aber wer sich sonntagvormittags auf einen Spaziergang durch die Gegend nordöstlich des Campismo Dos Hermanas begibt und ein ungewohnt hohes Verkehrsaufkommen an einheimischen Radlern und Reitern bemerkt, bleibt diesen einfach auf den Fersen.

Jeden Sonntag finden solche Kämpfe an einem anderen Ort statt, Treffpunkt wettlustiger Zuschauer und stolzer Besitzer der nicht minder stolzen Hähne, die für cubanische Verhältnisse ein kleines Vermögen wert sind.

Wie ein Rennpferd werden sie trainiert und gehätschelt, vor dem Kampf imposant zurechtgemacht. Natürlich treten immer nur die Besten gegen die Besten an, aber bei jedem Aufeinandertreffen besteht das Risiko, sein Tier zu verlieren. Ein solches Spektakel ist sicherlich nichts für jeden, wenn jedoch die Zaungäste lautstark mitfiebern und sich ebenso in Rage bringen (schließlich geht es bei vielen um mehr als einen Monatslohn) wie die beiden Hähne, kann man davon eigentlich nur mitgerissen werden. Fremde Besucher sind übrigens meist gerne gesehene Gäste.

... in Viñales:

Viel Privatsphäre ▶ Boris & Cusita 1 (privat): Calle Sergio Dopico 19-A, Tel. 048 79 31 08, kusysa@yahoo.es. Eines der wenigen 2-stöckigen Häuser in Viñales, in ruhiger Lage ca. 300 m vom Zentrum entfernt. Unabhängiges Zimmer im 1. Stock mit Bad, Essraum und großer Terrasse – für 20 CUC ein wahres Schnäppchen.

Sehr zentral ▶ Brunilda Hidalgo Pelaez 2 (privat): Calle Rafael Trejo 107-A, Tel. 048 79 60 31, 79 60 44. Bei Brunilda und ihrem Mann sind herzliche Aufnahme und hervorragendes Essen garantiert. Vermietet wird ein Zimmer mit Vorraum, Bad und Möglichkeit zum Draußensitzen. 15–20 CUC.

... außerhalb:

Übernachten wie Robinson Crusoe ▶ Villa Cayo Levisa 4 (Cubanacán): Cayo Levisa, Tel. 048 75 65 01–07, Fax 048 75 65 06, www.cubanacan.cu. 33 schlichte Bungalows – der weiße Strand mit dem kristallklaren, türkisfarbenen Wasser ist der größte Pluspunkt. Das Restaurant wird oft von Pauschalgruppen besucht, die einen Tagestrip gebucht haben. Großes Wassersportangebot, Tauchbasis. Reservierungen sind nur ganz kurzfristig und nur für wenige Tage möglich. EZ 101 CUC, DZ 126 CUC inkl. HP, Bus- und Bootstransfer.

Traumhafter Ausblick ▶ Los Jazmines 5 (Cubanacán): Crta. de Viñales Km 25, Tel. 048 79 62 05, Fax 048 79 62 15, www.cubanacan.cu. Ca. 4 km außerhalb von Viñales auf einen Hügel gebaut – ein Drink in der Abenddämmerung auf der Poolterrasse mit Blick über das Tabaktal und die *mogotes* ist ein unvergessliches Erlebnis und auch für Nicht-Gäste ein Muss. Leider sind die Einrichtungen inzwischen ein bisschen in die Jahre gekommen. 78 Zi., EZ 70 CUC, DZ 90 CUC inkl. Frühstück.

In Gehdistanz zum Ort ▶ La Ermita 6 (Cubanacán): Crta. de La Ermita Km 1,5, Tel. 048 79 60 71, www.cubanacan.cu. Auch dieses Hotel besticht durch seine herrliche Aussicht auf das Tal von Viñales, allerdings lassen der Service und das Essen etwas zu wünschen übrig. 62 Zi., EZ 59 CUC, DZ 74 CUC inkl. Frühstück.

Auf einer Lichtung am Río San Vicente ▶ Rancho San Vicente 7 (Cubanacán): Crta. de Puerto Esperanza Km 33, ca. 6,5 km nördl. von Viñales, Tel. 048 79 62 01, Fax 048 79 62 65, www.cubanacan.cu. Ruhige, angenehme Anlage mit schönen Holzbungalows. Zum Hotel gehören Thermalquellen, die gegen Hautkrankheiten, Arthritis und Rheuma helfen sollen (Mineralbäder, Fangotherapie, Massagen). Kleiner Pool, Ausritte. 53 Zi., EZ ab 45 CUC, DZ ab 66 CUC inkl. Frühstück.

Gegenüber der Mural de la Prehistoria ▶ Campismo Dos Hermanas 8: Tel. 048 79 32 23. 54 Cabañas, die eigentlich nur an Cubaner vermietet werden, doch Ausnahmen sind möglich. DZ um 15 CUC.

Essen & Trinken

... in Viñales:

Im schönsten Gebäude des Orts ▶ Casa de Don Tomás 1: Calle Salvador Cisneros 140, Tel. 048 79 63 00, tgl. 10–22 Uhr. Das älteste Restaurant von Viñales wurde 1889 gegründet und bietet interessante Spezialitäten an: als Einstieg vielleicht ein *Coctél de Trapiche,* bestehend aus Ananassaft, Honig, gestoßenem Eis und Rum, und anschließend die *Delicias de Don Tomás:* Reis mit Schinken, Schweinefleisch, Hühnchen, Langusten, Fisch und kreolischer Soße. Man speist drinnen oder draußen. Hauptspeisen ab 5 CUC.

... außerhalb:

Spanferkel ▶ Finca San Vicente 2: hinter Bäumen versteckt neben der Cueva del Indio, tgl. 12–17 Uhr. Mitten im Grünen liegt dieser Rancho, in dem es nur ein Gericht gibt: Spanferkel, serviert mit *moros y cristianos* (weißer Reis mit schwarzen Bohnen), Salat, Kaffee und Früchte zum Nachtisch (11 CUC).

Wo entlaufene Sklaven lebten ▶ Palenque de los Cimarrones 5: in der Cueva de San Miguel, Tel. 048 79 62 90, tgl. 12–16 Uhr. Wie fast überall in dieser Gegend ist auch hier die Spezialität Schweinefleisch vom Holzkohlengrill (ab 5,80 CUC). In der rund um die Uhr geöffneten Snackbar am Höhleneingang gibt's kleine Gerichte.

Gemütliches Ranchorestaurant ▶ Casa del Verguero 3: Crta. de Viñales Km 27, 1 km

Eine der schönsten Landschaften Cubas: das Valle de Viñales

aktiv unterwegs

Fahrradtour durch Tabakland

Tour-Infos

Start: Radverleihstation beim Restaurant Casa de Don Tomás (s. S. 239), Tel. 048 79 63 00
Dauer: 4–5 Std.
Schwierigkeitsgrad: einfach
Karte: s. S. 236

Auch ohne sportliche Veranlagung lässt sich diese Rundtour per Fahrrad durchführen, auf der man die Highlights der Region kennenlernt und obendrein eine ordentliche Portion Natur und Landleben zu Gesicht bekommt.

Von der Verleihstation radelt man zunächst auf der Hauptstraße in westliche Richtung bis zur Abzweigung nach Pinar del Río. Hier hält man sich rechts und verlässt das Dorf auf der breiten Landstraße, die durch das Tal zur Cueva de Santo Tomás und nach Pons führt. Gleich links am Ortsrand lebt in einem etwa 50 m von der Straße zurückgesetzten Häuschen der Tabakbauer Benito, der gegen ein kleines Trinkgeld gerne bereit ist, seine Anbauflächen und seine Trockenscheune zu zeigen, und vielleicht auch vorführt, wie man eine Zigarre dreht. Wenn der Kaffee gerade frisch aufgebrüht ist, gibt es auch hiervon eine Tasse. Weiter geht es, vorbei an windschiefen bunten Bauernhäuschen, auf der wenig befahrenen Straße durchs Tal. Knapp 3 km hinter Viñales zweigt man an einer kleinen Kreuzung rechts ab und strampelt zwischen zwei *mogotes* hindurch in Richtung Mural de la Prehistoria, die man schon aus einiger Entfernung zur Linken erkennt. Kurz darauf passiert man den Campismo Dos Hermanas. Hier endet das Asphaltsträßchen und geht in einen unbefestigten Weg über, der jedoch außer nach Regenfällen problemlos zu befahren ist. Fernab der Touristenströme wähnt man sich plötzlich in einer anderen Welt. Vereinzelte Hütten lehnen sich an die *mogotes*, auf den Feldern ziehen Ochsengespanne ihre Furchen. Nach 30 bis 40 Minuten auf diesem Feldweg erreicht man wieder eine Asphaltstraße – rechts geht es direkt zurück nach Viñales, links erreicht man wenig später die Cueva de San Miguel und vorbei an der Cueva del Indio die Finca San Vicente, wo man sich mit knusprigem Spanferkel für die knapp 7 km lange Rückfahrt nach Viñales stärken kann.

südl. von Viñales, tgl. 10–18 Uhr. Auf Touristen zugeschnittenes Lokal mit sehr kleiner Speisenauswahl. Hauptgerichte um 5 CUC.

Einkaufen

Kunsthandwerk ▶ Verkauf an Ständen auf der kleinen Plaza vor der Kirche.
Holzskulpturen ▶ **Escultor Noel Díaz Gala** **1**: Crta. al Moncada, ca. 5 km von Viñales Richtung Cueva Santo Tomás. Holzskulpturen in allen Größen und Formen.

Abends & Nachts

Die abendliche Unterhaltung beschränkt sich auf drei Einrichtungen, alle im Umkreis weniger Meter an der Hauptstraße gelegen.

Täglich Live-Musik ▶ **Centro Cultural Polo Montañez** **1**: neben der Kirche, Tel. 048 79 61 64, Mo–Fr 9–1, Sa 9–3, So 9–1 Uhr, Eintritt Mo–Fr 1 CUC, Sa/So 3 CUC. Das Kulturzentrum ist ein wunderbar entspannter Ort, um cubanischer Musik jeglichen Stils zu lauschen, tgl. ab 21.30 Uhr spielen Live-Bands.
Patio del Decimista **2**: Calle Salvador Cisneros 118, Tel. 048 79 60 14, tgl. 9–1 Uhr, Eintritt frei. Auch hier tgl. ab 21 Uhr Live-Musik.
In der ersten Reihe ▶ **El Viñalero** **3**: gegenüber, tgl. 24 Std. Von den Tischen auf der Veranda hat man die ganze Hauptstraße ›im Griff‹ – *der* Treffpunkt für ein kaltes Bier oder einen Mojito am Abend, meist ergeben sich lebhafte Gespräche mit Einheimischen. Von

12 bis 18 Uhr bekommt man hier auch Kleinigkeiten zu essen (um 4 CUC).

Show und Disco ▶ **Palenque de los Cimarrones:** in der Cueva de San Miguel 5, Eintritt 3 CUC, davon 2 CUC zum Verzehr. In der Bar am Höhleneingang wird samstagabends um 22 Uhr eine Show aufgeführt, anschließend Disco bis 2 Uhr.

Aktiv

Fahrrad- und Motorrollerverleih ▶ **Casa de Don Tomás 1:** s. S. 239 u. 242, Tel. 048 79 63 00. 6 bzw. 23 CUC pro Tag.

Vogelbeobachtung ▶ **Finca San Vicente 2:** neben der Cueva del Indio, Tel. 048 79 61 10. Geführte Touren auf einem 2 km langen Pfad (6 CUC/Pers.). Um hier beheimatete Vögel wie den Vielfarbentody *(cartacuba),* den Kubatrogon *(tocororo)* oder das Kubapfäffchen *(tomeguín del Pinar)* zu sehen, sollte man möglichst früh am Morgen starten.

Reiten ▶ An Reitmöglichkeiten besteht in der Gegend wahrlich kein Mangel. Pferde werden z. B. vermietet am Campismo Dos Hermanas und neben der Cueva del Indio (Preis je nach Ziel ab 3 CUC/Std.).

Tauchen ▶ **Centro de Buceo Diving World:** Cayo Levisa, Tel. 048 75 65 01–07. Vor der Küste liegen etwa 15 Tauchgründe in 15 bis 35 m Tiefe mit spektakulären Unterwasserlandschaften, darunter Bäume aus schwarzer Koralle und einige Wracks (Tauchgang je 40 CUC inkl. Ausrüstung).

Verkehr

Busse: 2 x tgl. mit Víazul via Pinar del Río nach Havanna (13 CUC). Tickets gibt es bei Cubanacán (s. S. 238), die auch Transferbusse zu bestimmten Zielen anbieten, u. a. nach María La Gorda (20 CUC bzw. 25 CUC für Hin- und Rückfahrt am gleichen Tag) und zur Fähre nach Palma Rubia (10 CUC).

Fähren: Die Boote nach Cayo Levisa legen östlich von Puerto Esperanza in Palma Rubia ab (2 x tgl. 10 und 18 Uhr, Rückfahrt um 9 und 17 Uhr, 30 Min., 20 CUC hin und zurück inkl. Sandwich). Ein Tagesausflug von Viñales inkl. Mittagessen ist vergleichsweise günstig und kostet ab 25 CUC.

Mietwagen: Cubacar, im Büro von Cubanacán (s. S. 238), Tel. 048 79 60 60.

Von Viñales nach María La Gorda ▶ C 3–B 5

Ein holpriges, aber landschaftlich reizendes Sträßchen schlängelt sich durch dünn besiedeltes Gebiet von Viñales über Pons, Santa Lucía, Ojo de Agua (hier wird die Straße richtig schlecht), Mantua (hier wird sie wieder besser) und Guane nach Isabel Rubio, wo man auf die Hauptstraße zur Península de Guanahacabibes bzw. nach Pinar del Río trifft. Alternativ zu dieser Strecke parallel der Küste kann man auch über Pons, Cabeza und Sumidero durchs hügelige Landesinnere fahren. Beide Routen treffen in Guane wieder aufeinander und eignen sich auch gut für Gepäcktouren mit dem Fahrrad.

Tipp: Sportklettern

Von Kennern werden die Kalksteinfelsen von Viñales gar mit den berühmten Kletterrevieren in Thailand verglichen. Auf engstem Raum gibt es um die 150 Routen verschiedener Schwierigkeitsgrade, alle mitten im UNESCO-Welterbe gelegen. Die meisten Routen befinden sich bei der **Cueva La Cabeza de la Vaca,** etwa 1,5 km von Viñales entfernt.

Mangels detaillierter Routenbeschreibungen sollten sich Interessierte an einheimische Sportkletterer wenden, die die Gegend wie ihre Westentasche kennen und gerne als Führer bereitstehen – statt über Geld freuen sie sich über Ausrüstung, die es in Cuba nicht zu kaufen gibt. Ein möglicher Ansprechpartner ist Edgar Rivery Ricardo, Calle Adela Azcuy Norte Final, Tel. 048 79 33 14. Die Eltern von Edgar betreiben unter dieser Adresse auch ein paradiesisch inmitten von Kaffeepflanzen, Bananenstauden und Mangobäumen gelegenes Privatquartier namens **Casa El Cafetal** 3 (Tel. 05 223 91 75, 15 CUC). Nähere Kletterinfos unter www.cubaclimbing.com.

Vuelta Abajo und Península de Guanahacabibes

Die Region südwestlich von Pinar del Río heißt Vuelta Abajo. In dem weltberühmten Tabakanbaugebiet mit den beiden Städtchen San Luís und San Juan y Martínez breitet man während der Sommermonate weiße Gazetücher über die Felder, um die Tabakpflanzen vor dem Sonnenlicht zu schützen. Ganz und gar naturbelassen ist der südwestlichste Zipfel der Insel: das UNESCO-Biosphärenreservat Península de Guanahacabibes.

Vuelta Abajo ▸ C 4

Nur rund 20 km sind es von der Provinzhauptstadt Pinar del Río in die **Vuelta Abajo,** wo der vermutlich beste Tabak der Welt gedeiht. Das Geheimnis liegt in der einzigartigen Kombination von Lage, Mikroklima und Bodenbeschaffenheit: durchschnittliche Temperaturen von 27 °C, durch Wolken abgeschirmte Sonneneinstrahlung, ausreichend Regen, hohe Luftfeuchtigkeit und besonders stickstoffreicher, sandhaltiger Boden. Doch selbst in dieser herausragenden Region dürfen nur ganz wenige Pflanzer Tabakblätter für die berühmten Habanos produzieren – jeder hütet seine Methode wie seinen Augapfel.

Die beiden Zentren des kubanischen Tabakanbaus sind die Landstädtchen **San Luís** und **San Juan y Martínez,** in deren Umgebung man die Crème de la Crème der cubanischen Tabakpflanzer findet. Einige davon kann man besuchen, die beste Zeit hierfür ist während der Tabaksaison zwischen Oktober und Februar.

Einen interessanten und überdies unterhaltsamen Einblick in den gesamten Prozess von der Aussaat bis zur fertigen Zigarre erhält man bei einer der Führungen auf der **Tabakplantage von Alejandro Robaina.** Don Alejandro, der am 17. April 2010 im Alter von 91 Jahren starb, war der wohl bekannteste Tabakbauer Cubas – ganz sicher aber der einzige cubanische Erzeuger, nach dem eine Zigarrenmarke benannt wurde: die Vegas Robaina. Diese Meriten verdiente er sich durch seine Tabakblätter von unvergleichlicher Qualität und die von ihm kreierten Tabakmischungen, die in Fachkreisen weltweit höchste Anerkennung genießen. Bereits seit Anfang 2004 leitet Robainas Enkel Hiroshi den Tabakanbau auf der 1895 gegründeten Plantage (nach 8 km von der Hauptstraße in Richtung San Luís ausgeschildert, Mo–Sa 10–17 Uhr, 5 CUC).

In den südwestlichen Zipfel Cubas ▸ B/C 4

Knapp 140 km sind es noch von Vuelta Abajo in den äußersten Südwesten der Insel, aber selbst wenn die Strecke gegen Ende hin immer eintöniger wird, lohnt sich die Anfahrt auf alle Fälle.

Hinter San Juan y Martínez passiert man zunächst die Abzweigungen zur **Playa Boca de Galafre** und zur **Playa Belén,** zwei Badeorte, an denen man getrost vorbeifahren kann. Die dortigen Strände sind grau und schmutzig, die wenigen Unterkünfte stehen dem in nichts nach. Unter Karibik stellt man sich definitiv etwas anderes vor.

In **Isabel Rubio** zweigt ein Sträßchen Richtung Norden nach **Guane** ab, dem einzigen größeren Ort in dieser Gegend. Zwei wunderschöne Strecken, die sich als Alternative für die Hin- oder Rückfahrt anbieten, führen von hier nach Viñales.

Je weiter man nun nach Westen fährt, desto flacher wird die Landschaft. Als letztmöglicher Zwischenstopp vor dem Ziel bietet sich **Sandino** an, wo es einige wenige Casas Particulares gibt.

Übernachten

Für einen Stopp unterwegs ▶ Casa Carmen Cordero (privat): Zona L 33, Sandino, ein Block östlich der Hauptstraße, Tel. 048 42 32 82 (Nachbarin), 42 35 57 (Sohn). 1 großes Zimmer mit eigenem Eingang und Bad. 20 CUC.

Península de Guanahacabibes ▶ A/B 4/5

Etwa 95 km südwestlich von Pinar del Río markiert der kleine Ort **La Fé** das Ende der Carretera Central und den Beginn der fast menschenleeren **Península de Guanahacabibes.** Die Abgeschiedenheit der Halbinsel kam bereits Cubas Ureinwohnern, den Guanahatabeyes, zugute, die hier vor den spanischen Konquistadoren Zuflucht suchten. Später diente die Gegend vielen Piraten als Unterschlupf (über deren gesunkene Karavellen freuen sich heute die Taucher). Nicht zuletzt aber ist die Halbinsel eines der letzten vom Tourismus beinahe unberührten Paradiese Cubas, das es dank seines immensen Artenreichtums zum Nationalpark und 1987 auf die Liste der UNESCO-Biosphärenreservate gebracht hat.

Parque Nacional Península de Guanahacabibes

Mit 101 500 ha ist der **Parque Nacional Península de Guanahacabibes** heute eines der größten Schutzgebiete in Cuba. Die Wälder und Mangroven der Halbinsel liegen selbst an ihrer höchsten Stelle nie mehr als 25 m über dem Meeresspiegel und sind nicht nur eine wichtige Station für viele Zugvögel, sondern beheimaten auch seltene Vogelarten wie die Rosenschultertaube *(Patagioenas inornata)* und den Zwergkolibri bzw. Zunzuncito *(Mellisuga minima),* außerdem Wildschweine, Leguane und große Baumratten *(jutías)* sowie 600 verschiedene Baumarten, 14 davon endemisch. An die Strände der Halbinsel kommen die vom Aussterben bedrohten Meeresschildkröten zur Eiablage.

Die Schutzzone beginnt eigentlich bereits in La Fé, doch der Kontrollpunkt befindet sich 40 km weiter westlich im Weiler **La Bajada.** Ab diesem Punkt ist die Erkundung des Parks nur mit einem Führer möglich, den man in der Estación Ecológica Guanahacabibes anheuern kann (s. S. 246). Ab La Bajada lassen sich kürzere Wanderungen unternehmen. Für Touren, die weiter in das Schutzgebiet hineinführen, z. B. zum **Faro Roncali** am **Cabo de San Antonio,** dem westlichsten Punkt der Insel, wird ein eigenes Auto benötigt. Beim Fahren sollte man etwas aufpassen, da die Pisten abschnittsweise aus scharfkantigem Korallenuntergrund und/oder Sand bestehen.

Tipp: Höhlentour

Fragen Sie in der Estación Ecológica Guanahacabibes (s. S. 246), ob man eine Exkursion zur **Piratenhöhle Guanahacabibes** organisieren kann, einem 700 m langen, unterirdischen Labyrinth, das versteckt im Urwald liegt und 1993 wiederentdeckt wurde. Hier lebten zu Kolonialzeiten verfolgte Indianer und Piraten zusammen – nachzulesen in »Gold und Galeonen« von Bodo Müller (s. S. 114).

6 María La Gorda

Auf ihrer östlichen Seite wird die Bahía de Corrientes (›Bucht der Strömungen‹) vom **Cabo Corrientes** begrenzt. Kurz davor, am Ende der Teerstraße, erstreckt sich ein paradiesischer weißer Palmenstrand, ganz sicher einer der schönsten, die Cuba zu bieten hat. Die **Playa María La Gorda** liegt auf dem Gelände des kleinen gleichnamigen Hotels, von dem aus man Tauchtrips zu Korallenriffen und gestrandeten Schiffen unternehmen kann. Man erzählt, dass María La Gorda (›die dicke

Maria‹) eine Venezolanerin war, die von Piraten zuerst gefangen genommen und nach einem Schiffsunglück verlassen wurde, woraufhin sie mit großem Erfolg Trinkwasser und ihren umfangreichen Körper an Seeleute zu verkaufen begann, bis sie zufrieden und wohlhabend starb.

Infos

Estación Ecológica Guanahacabibes: La Bajada, gegenüber der Wetterstation, Tel. 048 75 03 66, tgl. 9–16 Uhr. Von Fachleuten geführte Touren in den Nationalpark, z. B. zum Cabo de San Antonio (ca. 5 Std., 10 CUC p. P., nur mit eigenem Auto möglich), in die ›Piratenhöhle‹ (s. S. 245,10 CUC) oder Wanderungen unterschiedlicher Länge.

Übernachten

Taucherhotel an Traumstrand ▶ **Villa María La Gorda** (Gaviota): Playa María La Gorda, Tel. 048 77 81 31, 77 30 72, Fax 048 77 80 77, www.gaviota-grupo.com, www.villamarialagorda.com. Funktionale Unterkunft mit recht komfortablen Zimmern und Bungalows direkt am Strand; entspannte Atmosphäre, sehr ruhig. Etwas günstiger bei Buchung über Cubanacán oder Havanatur, z. B. in Viñales (s. S. 238). 55 Zi., EZ ab 44 CUC, DZ ab 63 CUC inkl. HP.

Mehr Natur geht nicht ▶ **Villa Cabo de San Antonio:** an der Playa Las Tumbas, 61 km westlich von La Bajada, Tel. 048 75 76 55, Fax 048 77 80 77, www.gaviota-grupo.com, www.villacabosanantonio.com. Völlig abgeschiedene Anlage, ideal für Ruhe suchende Menschen, Taucher und Schnorchler. 16 Holzbungalows, teils mit Meerblick, Restaurant, Snackbar. EZ ab 51 CUC, DZ ab 132 CUC.

Essen & Trinken

Zur **Villa María La Gorda** gehören die beiden einzigen Restaurants der Region, daher nimmt man auch die etwas überzogenen Preise in Kauf (Büfett: Frühstück 5 CUC, Mittag- bzw. Abendessen 15 CUC; Restaurant El Carajuelo: Hauptspeisen ab 6 CUC). Noch etwas höher liegen die Preise im Restaurant der **Villa Cabo de San Antonio.**

In La Bajada ▶ **Cafetería des Radar Meteorológico:** Schlichtes Essen, aber reichliche Portionen für 2–3 CUC.

Aktiv

Hochseeangeln ▶ **Marina Puertosol:** bei der Villa María La Gorda. Halber Tag ab 200 CUC für 4 Pers.

Tauchen und Schnorcheln ▶ **Centro Internacional de Buceo María La Gorda:** im Hotel María La Gorda, Tel. 048 77 81 31, tgl. 8.30–17.30 Uhr. Die Bahía de Corrientes gilt

als eines der besten Tauchreviere Cubas und zählt über 50 Tauchspots, darunter El Valle del Coral Negro, die größte Population schwarzer Korallen im cubanischen Archipel, und El Salón de María, eine Höhle in 18 m Tiefe mit unzähligen Fächerkorallen. Auch für Schnorchler ist hier das Paradies: Schon wenige Meter vom Strand entfernt bewegt man sich in einem farbenprächtigen Meeresaquarium (Tauchgang 42 CUC inkl. Equipment; Schnorchelausrüstung 7 CUC/Tag, Ausflug zum Schnorcheln mit Boot 12 CUC/1,5 Std.).

Marina Cabo de San Antonio: 4 km entfernt von der Villa Cabo de San Antonio, Tel. 048 75 01 23. Auch Bootsausflüge.

Verkehr

Busse: Es gibt keine öffentlichen Verkehrsmittel hierher, aber Cubanacán bietet Transfers von Pinar del Río (7.30 Uhr, 15 CUC) und Viñales (7 Uhr, 20 CUC) nach María La Gorda.
Mietwagen: Verleih in der Villa María La Gorda. Selbstfahrer sollten mit Tausenden von Krabben auf den Straßen rechnen.

Paradiesische Ruhe am äußersten Westzipfel Cubas: die Playa María La Gorda

Herzliches Willkommen in Trinidad

Kapitel 3

Zentralcuba

Östlich der Provinz La Habana beginnt das Land des grünen Goldes, wie die Spanier das Zuckerrohr nannten, das sie in Monokultur anbauen ließen. In Cubas zentralen Regionen wurde zu Kolonialzeiten auf riesigen Plantagen der sagenhafte Reichtum der Zuckerbarone erwirtschaftet. Kulturell und von ihrer gesamten Infrastruktur her waren diese Provinzen wenig entwickelt, denn die Herren der Latifundien lebten meistens in den Städten, und Verkehrswege wie Eisenbahnlinien und Straßen entstanden vor allem, um die Zuckermühlen miteinander zu verbinden. Die Monokultur des Zuckers schuf die schier endlos wirkenden grünen Felder, deren sanfte Monotonie in Ciego de Ávila oder Camagüey durch die flache Landschaft verstärkt und nur durch ebenfalls grüne Viehweiden unterbrochen wird.

Mit nur einer Woche Zeit zur Verfügung sollte man in Zentralcuba unbedingt folgenden Zielen einen Besuch abstatten: der UNESCO-Stadt Cienfuegos, dem kolonialen Schmuckstück Trinidad mit dem nahen Valle de los Ingenios, einem der Postkartenstrände in Varadero oder auf den nördlichen Cayos und natürlich dem Gassengewirr von Camagüey. Längere Aufenthalte lassen sich mit dem Besuch einiger netter, aber weniger frequentierter Orte wie Cárdenas, Remedios, Santa Clara oder Sancti Spíritus füllen, nicht zu reden von den zahlreichen Naturschönheiten dieser Region, allen voran die Península de Zapata und die Sierra del Escambray.

Wer ›mal eben‹ von Havanna nach Santiago de Cuba düsen will, durchquert die Insel auf der gut ausgebauten Autopista Nacional. In die größeren Orte links und rechts der Strecke kommt man mit Bussen, die tiefe Provinz ist nur per Taxi oder Mietwagen zu erreichen.

Auf einen Blick

Zentralcuba

Sehenswert

7 Varadero: Weißer Puderzuckerstrand und türkisblaues Wasser – Varadero ist Cubas All-inclusive-Paradies schlechthin (s. S. 258).

8 Trinidad: Cubas schönste Kleinstadt zehrt von Pracht und Pomp der Zuckeraristokratie (s. S. 284).

9 Sierra del Escambray: Nebelverhangene Gipfel, tiefgrüne Berghänge, tosende Wasserfälle und stille Seen laden ein zur Erkundung per pedes (s. S. 293).

10 Cayo Coco und Cayo Guillermo: Winzige Inselchen mit spektakulären Sandstränden (s. S. 326).

11 Camagüey: Durch verwinkelte Gassen spazieren, auf beschaulichen Kolonialplätzen verweilen, über Cubas größten Bauernmarkt bummeln (s. S. 330).

Schöne Routen

Anreise nach Trinidad: Egal aus welcher Richtung man die Stadt ansteuert, allein die Anfahrt ist ein Erlebnis – sei es auf der Küstenstraße aus Cienfuegos (s. S. 273), mitten durch die wilde Sierra del Escambray (s. S. 293) oder von Sancti Spíritus durch das ›Tal der Zuckermühlen‹ (s. S. 297).

Fahrt übers Wasser: 56 km durchs Meer führt der Damm, der Caibarién an der Nordküste mit dem Cayo Santa María verbindet – schlichtweg traumhaft (s. S. 317).

Unsere Tipps

Jardín Botánico Soledad: Cubas ältester botanischer Garten bei Cienfuegos zählt zu den bedeutendsten Lateinamerikas mit allein über 300 Palmenarten (s. S. 282).

Hacienda de Guaimaro: Auto- und Radfahrer oder konditionsstarke Wanderer sollten im Valle de los Ingenios unbedingt dieses etwas abgelegene Gebäude besuchen, das mit fantastischen Wandmalereien überrascht (s. S. 297).

Remedios: Nicht nur am 24. Dezember zu den karnevalesken Parrandas Remedianas lohnt sich der Besuch in diesem vergessenen kolonialen Schmuckstück – fast könnte man sagen: Trinidad *en miniature* (s. S. 313).

Playa Los Cocos: Karibikfeeling pur genießt man an diesem 7 km westlich von Playa Santa Lucía gelegenen Palmenstrand mit pastellfarbenen Holzhütten, einer Bar direkt am Wasser und einem lauwarmen, türkisfarbenen Badepool direkt davor (s. S. 341).

aktiv unterwegs

Vogelbeobachtung auf der Península de Zapata: Fast 200 Vogelarten sind auf der Halbinsel beheimatet, deren unzugängliche Sumpfgebiete einen perfekten Rückzugsort für bedrohte Arten bilden (s. S. 270).

Trinidads Musikszene – eine abendliche Kneipentour: Wer einmal auf der Freitreppe der Casa de la Música saß und cubanischen Live-Rhythmen gelauscht hat, wird diesen Augenblick nie vergessen (s. S. 291).

Wanderungen im Schutzgebiet Topes de Collantes: Die Wasserfälle, Wälder und Höhlen des Bergzugs lassen sich auf zahlreichen Wegen erkunden (s. S. 294).

Auf den Spuren des Che: Von einem der wichtigsten Siege über das Batista-Regime zeugen das Monumento a la Toma del Tren Blindado und das Che-Guevara-Mausoleum in Santa Clara (s. S. 308).

Die Provinz Matanzas

Mit Cubas größtem Tourismusmagneten, Varadero und seinen weißen Puderzuckerstränden, dürfte Matanzas die meistbesuchte Provinz des Landes sein. Ausflüge ins Hinterland führen mitten in den cubanischen Alltag: in die unscheinbare Provinzhauptstadt Matanzas, nach Cárdenas mit seinem maroden Charme oder auf die Sumpfhalbinsel Zapata am karibischen Meer, wo eine Schatzlagune, eine Krokodilfarm und die berühmte Schweinebucht auf Besucher warten.

In Cubas zweitgrößter Provinz regieren die Gegensätze. Während die Halbinsel Hicacos an der Nordküste das berühmteste und meistbesuchte All-inclusive-Resort des Landes ist, widmet sich die restliche Provinz fast gänzlich dem Zucker – das war schon im 18. Jh. so und daran hat sich bis heute kaum etwas geändert. An den Bilderbuchstränden im Norden aalen sich die Touristen auf Liegestühlen in der Sonne, in den kleinen Dörfern weiter südlich wippen müde Bauern in verwaschenblauen Schaukelstühlen auf abgeblätterten Säulenterrassen. Dazwischen liegen Welten, die doch nur wenige Kilometer voneinander entfernt sind.

Wer neugierig genug ist, um dem Touristenghetto einmal den Rücken zu kehren, schnappt sich einen Mietwagen und fährt auf wenig befahrenen Landstraßen durch die winzigen Dörfer – mal mit Eisenbahnlinie und mal ohne. Wenn eine noch funktionierende Zuckermühle in der Nähe ist, muss man mit schnaubenden uralten Lokmonstern rechnen, die scheinbar aus dem Nichts auftauchen und, unzählige mit Zuckerrohr beladene Waggons hinter sich herziehend, die Dorfstraße kreuzen. Die Orte mit ihren einstöckigen Holzhäusern gleichen sich wie ein Ei dem anderen. Früher gab es hier mehr Flöhe als Menschen. In der toten Zeit zwischen den Zuckerrohrernten, in den drei Monaten, in denen man nichts verdiente, litten die Zuckerschneider Hunger. Eigentlich überflüssig in einer Region, deren Boden so fruchtbar war, dass man nur auf die Erde spucken musste, damit die Bananenstauden wuchsen. Doch die Felder gehörten der United Fruit Company und die wollte Zucker.

Auch heute ist die Armut auf dem Land wieder unübersehbar, doch die *guajiros,* die freien cubanischen Kleinbauern, bewahren ihren Stolz und halten sich mit ein paar Hühnern, Schweinen und Gemüse aus dem Garten über Wasser. Einige wenige sind sogar verhältnismäßig wohlhabend geworden, denn seit einigen Jahren dürfen sie ihre Produkte auch auf den freien Märkten verkaufen. Allerdings sind auch in der Provinz Matanzas viele brachliegende Felder unter dem Marabú verschwunden, einem Dornenstrauch, der mittlerweile zu einer der schlimmsten Plagen der cubanischen Landwirtschaft geworden ist.

Auf einer der Zuckerplantagen bei Jovellanos arbeitete Esteban Montejo, der wohl berühmteste (entlaufene) Sklave Cubas, dem Miguel Barnet mit seinem Roman »Der Cimarrón« (s. S. 298) ein Denkmal gesetzt hat. In Unión de Reyes lebte der legendäre Rumbatrommler Malanga, der im weißen Anzug und Knopfstiefeln und mit 20 Stockfischkisten in der Kutsche zum Konzert vorfuhr. Malanga machte die Stockfischkistenrumba berühmt, denn er trommelte virtuos auf den *cajones,* und als er starb, herrschte auf den

Feierlaune in Matanzas ...

umliegenden Plantagen eine Woche lang tiefste Trauer – mit endlosen Rumbagelagen ihm zu Ehren, versteht sich.

Matanzas ▶ G 2

Cityplan: S. 254
Die Hauptstadt der gleichnamigen Provinz ist ein liebenswerter Ort, keine ausgesprochene Schönheit zwar, aber ausgestattet mit vielen alten Kolonialgebäuden und einer ganz unverfälschten Atmosphäre, die vom Tourismus (bislang) kaum beeinträchtigt wurde. Das Zentrum von **Matanzas** (120 000 Einwohner) liegt zwischen den Ufern der beiden Flüsse Yumurí und San Juan, die an der weiten Hafenbucht ins Meer münden. Von diesen beiden Flüssen und von den zahlreichen Brücken, die die Ufer miteinander verbinden, ist das Stadtbild geprägt – nicht von ungefähr wird Matanzas auch Stadt der Brücken genannt.

Von Legenden umrankt ist der weniger charmante Name Matanzas, was übersetzt so viel wie ›Schlächterei‹ bedeutet. Wahrscheinlich rührt die Bezeichnung vom Fleischbedarf der spanischen Flotte her. Das Weideland rund um die 1693 entstandene Siedlung wurde zur Viehzucht genutzt, ein großer Schlachthof eingerichtet und das Fleisch im nahen Hafen verschifft, eingepökelt mit dem Salz, das man in den Salinen auf der Halbinsel Hicacos gewann – da, wo heute Varadero liegt. Im 17. Jh. kam der Tabakanbau hinzu; mit dem Handel von Schnupftabak entwickelte sich weiterer Wohlstand.

Doch zum Hauptausfuhrhafen für Zucker und Tabak sowie zum Athen Cubas wurde Matanzas erst gegen Ende des 18. Jh. Reiche Zuckerpflanzer aus Haiti ließen sich hier nieder und mit der Besetzung Havannas durch die Engländer 1762 begann der Zuckerboom. Matanzas wurde zu einem herausragenden Sklavendepot. Hunderttausende Sklaven ar-

beiteten auf den Plantagen der Provinz. Die Stadt avancierte zum blühenden Handelszentrum und machte Havanna Konkurrenz. Immer wieder kam es zu Sklavenaufständen.

1862 produzierten in der Provinz Matanzas 456 Zuckermühlen unablässig Rohzucker – fast die Hälfte der gesamten cubanischen Zuckerproduktion, die zu diesem Zeitpunkt ein Viertel der Weltproduktion ausmachte. Der Zuckerreichtum verwandelte die Stadt in ein Zentrum der Künste. In dem von den Zuckermagnaten erbauten Teatro Sauto traten Ensembles aus der ganzen Welt auf, sogar die berühmte französische Schauspielerin Sarah Bernhardt gab hier ein Gastspiel. Stadtpaläste und luxuriöse Häuser entstanden, der Zeitgeist ahmte architektonisch die griechische Klassik nach.

Am Anfang des 20. Jh. erlebte Matanzas zu Zeiten des großen Zuckerbooms, dem Tanz der Millionen, noch einmal eine große Blüte, doch in der folgenden Depression (1920) wurde es still um die Stadt und den Hafen. Matanzas wird heute ›die schlafende Stadt‹ genannt, *ciudad dormida.* Seit die nahe Halbinsel Varadero dem internationalen Tourismus geöffnet wurde, versucht man, Matanzas aus seinem Dornröschenschlaf zu erwecken. Der Charme dieses Hafenstädtchens besteht jedoch gerade in seiner ruhigen Lebensart und der abgeblätterten Grandezza – zumindest für den durchreisenden Besucher.

Parque René Fraga und Ermita de Monserrate

Für einen ersten Überblick über die Stadt empfiehlt sich der **Parque René Fraga 1,** ca. 1 km westlich des Zentrums am Ende der Calle 83 (Milanés) auf einer Anhöhe gelegen. Noch viel schöner ist die Aussicht von der **Ermita de Monserrate 2,** zu der man vom Parque René Fraga in etwa 15 Minuten über die Calle Buena Vista hinaufspazieren kann. Hier bietet sich nicht nur eine fantastische Aussicht über Stadt und Bucht, sondern auch über das verwunschene Flusstal **Valle de Yumurí** mit seinen bis zu 150 m hohen Kalksteinfelsen, die ein klein wenig an die *mogotes* im Valle de Viñales erinnern.

Rund um den Parque Libertad

Ein Stückchen von der ehemaligen kolonialen Pracht ist am **Parque Libertad 3** erhalten, dem Mittelpunkt von Matanzas mit dem Rathaus und den nostalgischen Hotels Louvre (bald verfallen) und Velazco (verfallen). Im benachbarten Stadtpalast, einst das Casino

Matanzas

Sehenswert
1 Parque René Fraga
2 Ermita de Monserrate
3 Parque Libertad
4 Museo Farmacéutico
5 Catedral de San Carlos Borromeo
6 Plaza de la Vigía
7 Teatro Sauto
8 Palacio Junco
9 Museo de Arte
10 Teatro Papalote
11 Cuevas de Bellamar

Übernachten
1 La Villa Soñada
2 Hostal Alma
3 Canimao
4 Campismo Popular Faro de Maya

Essen & Trinken
1 Café Atenas
2 Ruinas de Matasiete
3 Salón Velazco
4 Hamburguesería

Einkaufen
1 Artex
2 Ediciones Vigía

Abends & Nachts
1 Casa de la Cultura Bonifacio Byrne
2 Cabaret Tropicana

Aktiv
1 Bar Cubamar

Español, führte der Komponist Miguel Failde 1871, mitten im Unabhängigkeitskrieg gegen Spanien, den allerersten Danzón auf. »Die Höhen von Simpson« hieß dieser erste von zahlreichen Geigen, einem Klavier und der großen Paila-Trommel begleitete Salontanz, aus dem gut 70 Jahre später Mambo und Chachachá entstehen sollten. Simpson ist das traditionelle Schwarzenviertel von Matanzas, dessen Ruf nicht gerade der beste war. Doch Failde wollte mit diesem Titel den immer noch nicht befreiten Sklaven ein trotzig-tanzbares Denkmal setzen. 1844 waren nur wenige Meter vom Casino entfernt auf der Plaza die Aufständischen der Escalera-Verschwörung (s. S. 45) öffentlich gefoltert und hingerichtet worden.

1882 richtete das aus Haiti stammende Ehepaar Triolet am Parque Libertad eine luxuriöse Apotheke ein. Die Triolets – Frau Triolet hatte als erste Cubanerin promoviert – waren begeisterte Pharmazeuten, entwickelten über 50 eigene Rezepte und stellten eine umfangreiche Fachbibliothek zusammen. Ihre Apotheke, die **Botica Francesa** mit ihren Zedernholzregalen, dem französischen Porzellan, den Schröpfmessern, Waagen und Mörsern, blieb fast genauso erhalten, wie sie 1964 aufgegeben wurde, und bildet heute die Kulisse für das sehenswerte **Museo Farmacéutico** 4**,** das nach einer Komplettrenovierung wieder in altem Glanz erstrahlt (Calle Milanés 4951, Tel. 045 24 31 79, Mo–Sa 10–17, So 10–14 Uhr, 2 CUC inkl. Führung).

Vor der renovierungsbedürftigen **Catedral de San Carlos Borromeo** 5 zwei Blocks hinter der Plaza erinnert ein Denkmal an den romantischen Dichter José Jacinto Milanés, und auf einem kleinen Platz dahinter kann man das riesige Zahnrad einer Zuckermühle aus der Nähe betrachten.

Einen Block südlich davon verläuft die Straße mit den ältesten Gebäuden (18. Jh.) der Stadt, die **Calle 91** (auch Calle del Río), und wiederum einen Block südlich steht man am Ufer des **Río San Juan,** dessen Atmosphäre einem Roman von García Márquez entnommen zu sein scheint: verfallene und von Kletterpflanzen überwucherte Lagerhäuser, fragile Pfahlbauten aus Holz, vor denen sich bunt-verwaschene Fischerboote drängeln, zum Trocknen aufgespannte Netze. Die Fischer haben nichts dagegen, Besucher für ein paar Pesos ein Stück den San Juan hochzufahren (wenn es Benzin gibt).

Rund um die Plaza de la Vigía

Unmittelbar vor der Brücke über den Río San Juan erstreckt sich die **Plaza de la Vigía** 6**,** ein schönes Ambiente, um sich an einem der Tische der **Hamburguesería** 4 niederzulassen. An jedem zweiten Samstag, dem Sábado de la Rumba, wird auf dem Platz getrommelt und getanzt. In Matanzas sind zwei berühmte Rumba-Ensembles zu Hause: Die Muñequitos de Matanzas und die Columbia del Puerto treten hier manchmal auf, sofern sie nicht gerade auf Tournee sind.

Tipp: Unterhaltung für Kinder

Ein buntes Spektakel nicht nur für die Kleinen bietet sich jeden Samstag und Sonntag um 10 Uhr im **Teatro Papalote** 10. Hier treten die Schauspieler ausnahmsweise in den Hintergrund, stattdessen haben fantasievolle, selbst gemachte Marionetten das Sagen (Calle 75 No. 83, zwischen Santa Teresa und Ayuntamiento, Tel. 045 24 46 72).

Das imposante Gebäude schräg gegenüber der Casa de la Trova ist das **Teatro Sauto** 7. Der reiche Geldgeber Sauto soll viel von Kräutern verstanden (einiges mag er sich von den heilkundigen afrocubanischen Babalawos abgeguckt haben, s. S. 70) und mit einem Sud aus Sarsaparillakraut den Herpes der spanischen Königin Isabella geheilt haben. Das 1863 im neoklassizistischen Stil errichtete Theater war lange Zeit glanzvoller kultureller Mittelpunkt der Stadt, ehe es im 20. Jh. zunehmend verfiel und schließlich nur noch als Kino fungierte. 1969 begannen intensive Restaurationsarbeiten, sodass die Bühne heute wieder bespielbar ist.

Auf der anderen Straßenseite, nördlich vom Theater, steht der **Palacio Junco** 8 mit dem **Museo Histórico Provincial,** das mit der Geschichte von Matanzas vertraut macht. Samstagnachmittags gegen 16 Uhr finden hier außerdem kleine Konzerte statt (Calle 83, Ecke 272, Tel. 045 24 31 95, Di–Sa 9.30–12, 13–17, So 9–12 Uhr, 2 CUC).

Ein weiteres Museum kann man auf dem Rückweg zum Parque Libertad besuchen. Die fünf Ausstellungsräume des **Museo de Arte** 9 präsentieren cubanische Kunst aus allen Epochen und koloniales Mobiliar (Calle Contreras 28007, zwischen Jovellanos und Matanzas, Tel. 045 29 07 35, Di–Sa 9.30–17, So 8–12 Uhr, 2 CUC).

Cuevas de Bellamar

Matanzas größte Touristenattraktion, die **Cuevas de Bellamar** 11 ca. 8 km südöstlich der Stadt (auf der Vía Blanca Richtung Varadero ausgeschildert), wurden 1861 per Zufall von chinesischen Steinbrucharbeitern entdeckt. Weil man sich in dieser Gegend aber heftig vor Dämonen fürchtete, blieb der aus mehreren Sälen bestehende Höhlenkomplex fast 100 Jahre lang unberührt. Erst 1948 wagte sich eine Expedition von Wissenschaftlern hinein. Heute kann man gut 3 km des insgesamt rund 23 km langen Höhlensystems auf Führungen besichtigen und natürlich fehlen weder das obligatorische Restaurant noch der Souvenirladen (Tel. 045 25 35 38, tgl. 9.30–16.15 Uhr, Führungen stdl. zwischen 9.30 und 11.30 sowie zwischen 13.15 und 16.15 Uhr, 5 CUC).

Infos

Havanatur: Calle Jovellanos, zwischen 85 und Calle del Río, Tel. 045 25 38 56, Mo–Fr 8–17, Sa 8–15 Uhr.
Banco Financiero Internacional: Calle 85, Ecke 298, Mo–Fr 8.30–15 Uhr.
Cadeca: Calle 286, hinter der Kathedrale.
Internet: Telepunto, Calle Jovellanos, Ecke Milanés, tgl. 8.30–19.30 Uhr.

Übernachten

... in Matanzas:
Das einzige staatliche Hotel im Zentrum, das El Louvre am Parque Libertad, ist in einem so beklagenswerten Zustand, dass es nicht für eine Übernachtung empfohlen werden kann. Man weicht besser auf eines der folgenden Privatquartiere aus:

Hilfsbereiter und freundlicher Vermieter ▶ **La Villa Soñada** 1: Armando Machado Vega, Calle Santa Teresa 6701, Ecke Santa Isabel, Tel. 045 24 27 61, mandy_rent_habitaciones @yahoo.com. 1 Zimmer mit Mezzanin, ac und Kühlschrank, aber leider ohne Fenster. Die Küche darf mitbenutzt werden, hübsche begrünte Dachterrasse, gute Parkmöglichkeiten. 25 CUC.

Kolonialhaus im Zentrum ▶ **Hostal Alma** 2: Mayra Rodríguez, Calle Milanés 29008 (1. Stock), zwischen 290 und 292, Tel. 045 24 24 49, 052 83 14 79, hostalalma@gmail.com. Schöne Unterkunft mit 2 Zimmern und großer Dachterrasse mit Liegestühlen und Blick über Matanzas. Sehr sauber und professionell. 20–25 CUC.

… außerhalb:

Ordentliches Preis-Leistungs-Verhältnis ▶ **Canimao 3:** (Islazúl): Carretera a Varadero Km 4,5, vor der Hochbrücke über den Río Canímar und neben dem Cabaret Tropicana, Tel. 045 25 34 29, 26 10 14, www.islazul.cu. Vor allem an den Wochenenden übernachten hier viele Cubaner. Bootsausflüge auf dem idyllischen Río Canímar. 120 Zi., EZ 15 CUC, DZ 28 CUC.

Cabañas am Meer ▶ **Campismo Popular Faro de Maya 4:** auf einer Halbinsel in der Bucht von Matanzas, 17 km Richtung Varadero, Tel. 045 26 31 29. Sehr großzügige Anlage, 23 Häuschen unterschiedlicher Größe und Ausstattung, fast alle mit Meerblick. Mit Restaurant, Laden und schmalem Sandstrand mit Palmen. Eigentlich nur für Cubaner, aber manchmal werden Ausnahmen gemacht. DZ ab 23 CUC.

Essen & Trinken

Kulinarisch hat Matanzas gar nichts zu bieten, auch keine Paladares. Wie anderswo wird man am besten in den Privatquartieren versorgt.

Gegenüber Teatro Sauto ▶ **Café Atenas 1:** Calle 83, Ecke Calle 272, Tel. 045 25 34 93, tgl. 9–22 Uhr. Hübsch aufgemachte Cafetería und Restaurant mit mäßigem Essen. Hauptgerichte 2,50–6 CUC.

Vor allem Gegrilltes ▶ **Ruinas de Matasiete 2:** an der Schnellstraße Richtung Varadero, nach der Brücke über den Río San Juan, Tel. 045 25 33 87, tgl. 10–22 Uhr. Die nach einem siebenfachen Mörder benannte Ruine beherbergt ein belebtes Restaurant, in dem allerdings mehr getrunken als gegessen wird (Tagesgerichte um 4 CUC). Im angeschlossenen Nachtclub (Do–Di 22–3 Uhr) finden regelmäßig Karaoke- und Discoabende statt.

In beeindruckendem Kolonialpalast ▶ **Salón Velazco 3:** Calle Contreras, Parque Libertad, tgl. 7–24 Uhr. Schlichte Cafetería und Bar in ehemaligem Hotel, derzeit wegen Renovierung geschlossen. Snacks um 2 CUC.

Im Freien sitzen ▶ **Hamburguesería 4:** Plaza de la Vigía, tgl. ab 9 Uhr. Angenehmes Lokal mit großen Fenstern, Holzfußboden und Säulen, Tische auch draußen auf dem Platz. Angenehmer Ort für einen Café oder ein Bier, auch sehr leckerer Espresso für 0,25 CUC.

Einkaufen

Hauptgeschäftsstraße ist die **Calle 85.**

Musik, Souvenirs und Postkarten ▶ **Artex 1:** Calle 85, zwischen 288 und 290.

Handgefertigte Bücher ▶ **Ediciones Vigía 2:** Plaza de la Vigía, Mo–Fr 8.30–17 Uhr.

Abends & Nachts

Theater, Ballett, Konzerte ▶ **Teatro Sauto 7:** Calle 272, Plaza de la Vigía, Tel. 045 24 27 21. Eine der Top-Bühnen Cubas, fast jeden Abend ab 20 Uhr Veranstaltungen, außerdem Matineen am Sonntag um 16 Uhr (Eintritt 5–10 CUC).

Konzerte regionaler Musiker ▶ **Casa de la Cultura Bonifacio Byrne 1:** Calle 272 No. 11916, zwischen 119 und 121, Pueblo Nuevo, Tel. 045 29 27 09. Häufig gegen 21 Uhr Live-Musik, viele afrocubanische Gruppen.

Aktiv

Bootsfahrten auf dem Río Canímar ▶ **Bar Cubamar 1:** 8 km östlich von Matanzas unterhalb der Brücke über den Fluss (nach Brücke links abbiegen), Tel. 045 26 15 16, tgl. 9–17 Uhr. Die Flussufer sind dschungelüber-

Tipp: Fulminante Show

Wer es nicht ins legendäre Tropicana von Havanna schafft, der findet im **Cabaret Tropicana 2** von Matanzas einen guten Ersatz: Die Show steht derjenigen in der Hauptstadt kaum nach, gleichzeitig sind die Eintrittskarten um einiges erschwinglicher. Eine Reservierung ist angeraten, da das riesige Open-air-Theater fast immer ausverkauft ist (Crta. a Varadero Km 4,5, neben dem Hotel Canimao, Tel. 045 26 55 55, comercial@tropicana.var.palmares.cu, Di–So 21–2.30 Uhr, Showbeginn 22 Uhr, Eintritt 35 CUC).

zogene Steilwände, auf der Fahrt fühlt man sich wie im Urwald. Touren je nach Länge zwischen 5 und 25 CUC, die Abfahrtszeiten variieren. Man kann hier auch Ruderboote mieten (3 CUC/Std.).

Termine

Karneval: Ende Aug. (über genaues Datum vor Ort informieren).
Festival de la Rumba: Okt. (über genaues Datum vor Ort informieren). Zahlreiche Aufführungen im Teatro Sauto.

Verkehr

Flüge: Der nächste Flughafen befindet sich zwischen Matanzas und Varadero (s. S. 264).
Züge: Estación de Ferrocarril, Calle 181, ca. 3 km südlich vom Zentrum, Tel. 045 29 92 44. In Matanzas halten fast alle Züge zwischen Havanna und Santiago, allerdings muss man mit erheblichen Verspätungen rechnen, manche Züge fallen auch ganz aus. Verbindungen nach Colón, Havanna, Holguín, Jovellanos, Sancti Spíritus und Santiago de Cuba.
Sehr zu empfehlen ist die Fahrt mit der elektrifizierten Hershey-Bahn (s. S. 201) nach Havanna, die an einem kleinen Bahnhof ca. 1 km nördlich des Zentrums im Vorort Versalles startet (Tel. 045 24 48 05, 3 x tgl. um 4.16, 11.30, 16.54 Uhr, 3–4 Std., 2,80 CUC einfach).
Busse: Estación de Ómnibus, Calle 272, Ecke 171, Pueblo Nuevo, Tel. 045 29 14 73. Víazul-Busse 3 x tgl. nach Varadero (6 CUC) und 4 x tgl. nach Havanna (7 CUC).
Taxis: Innerhalb der Stadt lässt sich alles zu Fuß erledigen. Wer ein Taxi zum Bahnhof oder zum Flughafen benötigt, wird unter Tel. 045 61 34 15, 61 21 33 oder 61 30 66 fündig.

2 Varadero ▶ G/H 2

Varadero auf der **Península de Hicacos** besitzt den bei Weitem schönsten und mit 20 km längsten Traumstrand auf Cuba, mit weißem Sand und hellblauem bis smaragdgrünem Meer. Das Wasser hat fast immer Badewannentemperatur. Obwohl Varadero der größte zusammenhängende Tourismuskomplex des Landes ist, findet man doch noch einsame Strandabschnitte. Etwa 10 000 Cubaner leben hier, mindestens 20-mal so viele Touristen zieht es pro Jahr hierher.

Um Lokalkolorit und Sehenswürdigkeiten ist es in Varadero eher schlecht bestellt, dafür gibt es zahllose Restaurants, Bars, Clubs und Einkaufsmöglichkeiten. Der Strand ist gesäumt von Cafés, palmstrohgedeckten Bars und Grillrestaurants, die auch Leckereien wie Garnelenspieße, Hummer oder Huhn anbieten. Auch nachts muss sich niemand langweilen: Abgesehen von den vielen Hotelshows und -discos kann man sich in unzähligen Cabarets, Tanzbars oder z. B. in einer zur Tanzpiste umgebauten Piratenbar (Cueva del Pirata) amüsieren.

Geschichte

Die Halbinsel Hicacos war schon früh von Indianern bewohnt, die von den reichen Fischgründen lebten; in Höhlen an der Nordküste fand man Felszeichnungen, Muscheln und Keramik. Zu dieser Zeit war Hicacos von einem dichten Wald überzogen, der von den Spaniern abgeholzt wurde, denn sie brauchten Holz für den Schiffsbau. Auch die Piraten interessierten sich sehr für die Halbinsel, deren Höhlen sicheren Unterschlupf boten, und auf Hicacos wurde das zur Konservierung von Fleisch benötigte Salz gewonnen.

Gegen Ende des 19. Jh. entdeckten reiche Haciendabesitzer aus Matanzas und Cárdenas die Freizeitqualitäten des Strands und begannen mit dem Bau einiger Sommerhäuser. In den 1920er-Jahren folgte ihnen eine Handvoll amerikanischer Millionäre auf die idyllische Halbinsel zum Überwintern. Angefangen hatte es mit dem Chemie- und Waffenfabrikanten DuPont, der sich hier einen prächtigen Sommersitz mit Golfplatz, Flughafen und Privatpark bauen ließ. Heute ist die Mansión Xanadú dort eingezogen, ein exklusives kleines Hotel mit einem ebensolchen Restaurant. Nebenbei kaufte DuPont zum Spottpreis das umliegende Land auf und verkaufte es mit erheblichem Gewinn an seine Millionärsfreunde. DuPont gehörte auch der Boden, auf dem in den 1950er-Jahren das

Zehntausende Urlauber zieht es jedes Jahr an die Traumstrände von Varadero

US-amerikanische Hotel Varadero Internacional gebaut wurde.

Die Hautevolee der cubanischen Politik und Gesellschaft folgte den Amerikanern nach Varadero. Diktator Batista baute sich eine Villa am Privatstrand, der Mafiaboss Al Capone ebenfalls. Schließlich wurde Varadero das Mallorca der Amerikaner, Ströme von Touristen zogen jeden Sommer hierher und die Millionäre zogen sich etwas zurück.

Nach der Revolution 1959 wurden sehr viele Strandvillen und Hotels enteignet und der endlose Sandstrand für Cubaner aus dem Volk geöffnet. Als Cubas schwarzer Nationaldichter Nicolás Guillén in den 1960er-Jahren voller Stolz sein berühmtes Gedicht »Ich habe« schrieb, hatte er auch Varadero im Sinn: »Ich habe / schaun wir uns das an / erreicht, dass mich, den Neger / keiner zurückhalten kann / an der Tür eines Dancing oder einer Bar / oder auf dem Teppich eines Hotels / mich anschreien kann, es gäbe kein Zimmer / weder ein winziges noch ein sehr großes / ein kleines Zimmer, wo ich mich ausruhen kann. / Ich habe, wie ich das Land habe, auch das Meer / kein country / kein highlife / kein Tennis und keine Jacht / sondern von Strand zu Strand und von Welle zu Welle / gigantisches Blau, demokratisch geöffnet / endlich, das Meer.«

Seit Varadero Ende der 1980er-Jahre zum boomenden Tourismuszentrum mit internationalem Flughafen und immer mehr Luxushotels ausgebaut wurde, war es Cubanern – abgesehen von wenigen Ausnahmen – de facto nicht möglich, hier etwa ihre Ferien zu verbringen. Dieses Verbot wurde 2008 aufgehoben, doch die hohen Preise sorgen dafür, dass die Ausländer mehr oder weniger unter sich bleiben.

Orientierung

Auf der lang gestreckten Halbinsel fällt die Orientierung leicht. Der Ort Varadero selbst erstreckt sich über das untere Ende der Halbinsel und wird der Länge nach von der Hauptstraße **Avenida Primera** (Ave. 1ra) durchkreuzt. In ihrer Verlängerung, der **Avenida Las**

Américas, liegen die ersten großen Hotels. Parallel dazu führt die **Autopista del Sur** am südlichen Rand der Halbinsel entlang bis an die Spitze. Als Faustregel gilt, dass die besseren Hotels im Norden der Halbinsel stehen und die preiswerteren und weniger renommierten im Süden.

Parque Josone und Museo Municipal

Erholung von einem Stadtbummel verspricht der **Parque Josone,** ein Vergnügungs- und Freizeitpark im ehemaligen Anwesen Batistas. Auf dem künstlichen See kann man rudern, im Pool schwimmen, diverse Restaurants bieten abwechslungsreiche Küche an, außerdem gibt es eine Freilichtbühne mit afrocubanischen Shows (Ave. 1ra, zwischen 56 und 59, tgl. 9–23 Uhr, Eintritt frei).

Das kleine **Museo Municipal** in der Calle 57 dokumentiert die kurze, aber spannende Stadtgeschichte. Die Exponate reichen von einer indianischen Begräbnisstätte bis zu Fotos von Fidel Castro und Che Guevara, die es sich in Varadero gut gehen ließen (Tel. 045 61 31 89, tgl. 10–17 Uhr, 1 CUC).

Mansión Xanadú

Um die ehemalige Villa des milliardenschweren Waffenproduzenten DuPont, die **Mansión Xanadú,** zu besichtigen, muss man entweder Hotelgast sein, im exklusiven Restaurant Las Américas dinieren oder sich einen Drink in der Bar auf dem Dach genehmigen. Selbst eine Stippvisite in dem beeindruckenden Gebäude lässt den Luxus erahnen, in dem die Amerikaner und die Hautevolee der cubanischen Gesellschaft in den Jahren vor der Revolution schwelgten (Ave. de las Américas, Öffnungszeiten s. Übernachten und Essen & Trinken S. 261 u. 262).

Delfinario

Vor allem für Familien mit Kindern empfiehlt sich ein Besuch im **Delfinario.** Die Delfine schwimmen in einer natürlichen Lagune, müssen aber pünktlich um 11 und 15.30 Uhr zur Show antreten. Zahlungskräftige Besucher haben viermal am Tag (9.30, 11.30, 14.30 und 16 Uhr) die Gelegenheit, auf Tuchfühlung mit den Tieren zu gehen und mit ihnen zu planschen. Ein Spaß, der mit 93 CUC für Erwachsene und 73 CUC für Kinder zu Buche schlägt (Autopista del Sur, Nähe Marina Chapelín, Tel. 045 66 80 31, tgl. 9–17 Uhr, nur Eintritt 15 CUC bzw. Kinder bis 5 Jahre 5 CUC).

Reserva Ecológica Varahicacos

Kurz vor der nördlichen Spitze der Halbinsel konnten 2 km^2 Strand- und Waldgebiet vor den Investoren und Planierraupen gerettet werden. Das winzige Schutzgebiet **Reserva Ecológica Varahicacos** vermittelt einen ungefähren Eindruck davon, wie die Halbinsel vor ihrer Erschließung ausgesehen haben mag. In Begleitung eines Führers (nach dem freundlichen und sehr gut informierten Rolando Rodríguez fragen, der außerdem prima Englisch spricht) können zwei kurze Naturpfade begangen werden, auf denen man mit der hiesigen Flora und Fauna bekannt gemacht wird und neben einem Riesenkaktus (*Cactus gigante* oder *Aguacate cimarrón*) auch einige Grotten zu sehen bekommt, in denen sich früher Schmuggler versteckten.

Der am meisten besuchte Ort im Naturreservat ist die **Cueva de Ambrosio.** In der Höhle hat man 72 geometrische Zeichnungen, bearbeitete Muscheln und Gegenstände aus Keramik entdeckt, die von den indianischen Ureinwohnern stammen könnten, vielleicht aber auch von entflohenen Sklaven (Autopista del Sur km 2, Tel. 045 61 35 94, Wanderungen tgl. 9–16 Uhr, Cueva del Ambrosio tgl. 9–17 Uhr, je 3 CUC).

Infos

Infotur: Ave. 1ra, Ecke 13, Tel. 045 66 29 66/61; Centro Comercial Hicacos, Ave. 1ra., zwischen 44 und 46, Tel. 045 66 70 44, www.infotur.cu.

Havanatur: Ave. 3ra, zwischen 33 und 34, Tel. 045 61 43 85, tgl. 8–18 Uhr. U. a. Transfer nach Havanna (20–25 CUC) und zum Flughafen Havanna (25 CUC), Exkursionen, Hotelreservierungen.

Cubatur: Ave. 1ra, Ecke 23, Tel. 045 66 76 30, 66 72 17, tgl. 9–20 Uhr. Ähnliches Angebot.

Gaviota Tours: Calle 56, Ecke Ave. de la Playa, Tel. 045 61 34 65. Ausflüge z. B. per Hubschrauber in die Topes de Collantes (Erw. 149 CUC, Kinder 127 CUC).
Banco Financiero Internacional: Ave. 1ra, Ecke 32.
Cadeca: Ave. de la Playa, zwischen 41 und 42.
Internet: Etecsa, Ave. 1ra, Ecke 30, tgl. 8.30–19.30 Uhr.
Notfälle: Asistur, Calle 31 No. 101, Tel. 045 66 72 77, Mo–Fr 9–16.30 Uhr. Hilfe bei Unfällen, Krankheit oder rechtlichen Problemen.

Übernachten

Da Varadero einer der wichtigsten Touristenorte Cubas ist, bekommen Privatleute hier keine Lizenz zur Zimmervermietung. Das Angebot an Hotels ist sehr reichhaltig, bewegt sich aber größtenteils auf gehobenerem Niveau. Jährlich entstehen neue Luxusanlagen verschiedener internationaler Ketten (um die 50 sind es bereits), die im Grunde alle ähnliche Leistungen bieten. Zu den großen Hotels, die sich vor allem an der Nordspitze der Halbinsel angesiedelt haben, gehören das **Iberostar Taíno,** das **Meliá Paradisus Varadero** sowie das **Tryp Península Varadero.** Man sollte auf jeden Fall vermeiden, in diesen Resorts individuell ein Zimmer zu buchen, da Pauschalarrangements von Europa aus sehr viel günstiger sind.
Luxushotel nur für Erwachsene ▶ Meliá Las Américas: Autopista del Sur Km 7, Tel. 045 66 76 00, Fax 045 66 76 25, www.solmeliacuba.com. Unmittelbar neben der Mansión Xanadú und dem Golfplatz (spezielle Angebote) mit allen wünschenswerten Einrichtungen. 340 Zi., EZ ab 150 CUC, DZ ab 240 CUC all inclusive.
Eines der schönsten All-inclusive-Hotels von Varadero ▶ Tryp Península Varadero: Parque Natural Hicacos, Tel. 045 66 88 00, Fax 045 66 88 05, www.solmeliacuba.com. 20 zwei- und dreistöckige, pastellfarbene Gebäude im karibischen Stil an einem traumhaften, ruhigen Strandabschnitt im Norden der Halbinsel. Gute und gepflegte Einrichtungen, u. a. großer Bereich für Kinder mit eigener Poollandschaft, viele Ausflugsangebote. 586 Zi., EZ ab 145 CUC, DZ ab 230 CUC all inclusive.

Tipp: Golfers Traum

Eine Fluchtburg im All-inclusive-Einerlei von Varadero ist die **Mansión Xanadú,** ein exklusives Hotel mit gerade einmal acht Zimmern, das in der ehemaligen Villa des amerikanischen Chemie-Milliardärs DuPont residiert und direkt an den Golfplatz angrenzt – für Reisende mit Anspruch (und dicker Brieftasche) wärmstens zu empfehlen (Ave. de las Américas Km 8,5, Tel. 045 66 84 82, Fax 045 66 84 81, www.varaderogolfclub.com. EZ ab 120 CUC, DZ ab 150 CUC inkl. Frühstück und Greenfee für den Golfplatz).

Gut für Familien oder größere Gruppen ▶ Mar del Sur (Islazúl): Ave. 3ra, Ecke 30, Tel. 045 61 22 46, Fax 045 61 18 22, www.islazul.cu. 366 Zimmer auf mehrere Häuser verteilt, 48 Apartments mit je zwei Zimmern, 42 Studios. Etwa 5 Min. Fußweg zum Strand. EZ ab 50 CUC, DZ ab 76 CUC all inclusive.
Einfach, aber gut geführt ▶ Pullman Dos Mares (Islazúl): Ave. 1ra, Ecke 53, Tel. 045 61 27 02, Fax 045 66 74 99, www.islazul.cu. Die Zimmer mit den Endziffern 1, 9 und 11 liegen zum Strand hin und sind ruhig. Sehr nettes Restaurant (tgl. 19–21.30 Uhr) mit gutem Angebot, das auch für Nicht-Gäste interessant ist. Die Unterkunft gehört zu dem schräg gegenüberliegenden Hotel Pullman, Ave. 1ra, zwischen 49 und 50, dessen muffelige Zimmer jedoch weniger zu empfehlen sind. Insgesamt 50 Zi., EZ ab 45 CUC, DZ ab 62 CUC all inclusive.
All-inclusive-Schnäppchen ▶ Villa La Mar (Islazúl): Ave. 3ra, zwischen 28 und 29, Tel. 045 61 39 10, 61 45 17, Fax 045 61 25 08, www.islazul.cu. 264 Zimmer, davon 80 für Ausländer. Mit Pool, Restaurants, Disco, Internetcafé, Auto- und Fahrradverleih. EZ ab 42 CUC, DZ ab 68 CUC all inclusive.
Das einzige Hotel dieser Kategorie direkt am Meer ▶ Herradura (Islazúl): Ave. de la Playa, zwischen 35 und 36, Tel. 045 61 37 03,

Fax 045 66 74 96, www.islazul.cu. Ein einfaches, freundliches Hotel direkt am Meer; die meisten Zimmer mit eingerichteter Küche. 75 Zi., EZ ab 32 CUC, DZ ab 46 CUC inkl. Frühstück.

Essen & Trinken

Privatrestaurants sind in Varadero nicht zugelassen, aber in fast allen Hotels findet man hervorragende Büfetts – die meist auch Nicht-Gästen offenstehen (um 15 CUC) – und überall gibt es Grills und Lokale unterschiedlicher Qualität.

Im Parque Josone ▶ **El Retiro:** Ave. 1ra, zwischen 56 und 59, Tel. 045 66 73 16, tgl. 9–23 Uhr. Internationale Küche und frische Meeresfrüchte. Hauptgerichte 6–30 CUC.

Das gewisse Etwas ▶ **Las Américas:** in der Mansión Xanadú, Ave. de las Américas Km 8,5, Tel. 045 66 84 82, tgl. 12–22 Uhr (Restaurant), 10–24 Uhr (Bar). Wer sich etwas Besonderes gönnen möchte, liegt hier richtig. In dem exquisiten Restaurant mit Terrasse und Blick aufs Meer werden internationale Speisen mit französischem Einschlag serviert. Um nur einen Blick auf das edle Ambiente zu werfen, genügt ein Cocktail in der Bar auf dem Dach. Reservierung für das Abendessen erforderlich. Gerichte 3,50–15 CUC.

Gemütlich ▶ **El Bodegón Criollo:** Ave. de la Playa, Ecke 40, Tel. 045 66 77 84, tgl. 13–21 Uhr. Kreolische Küche im Ambiente eines alten Steinhauses mit überdachter Veranda; die Wände sind über und über mit Unterschriften und Bildern bedeckt. Hauptgerichte 3–15 CUC.

Fleisch, Fleisch, Fleisch ▶ **Steak House Barbacoa:** Ave. 1ra, Ecke 64, tgl. 12–23 Uhr. Man sitzt im Freien unter Arkaden und kann das Leben auf der Avenida Primera im Auge behalten. Die Speisekarte listet natürlich v. a. Fleischgerichte (ab 8 CUC) auf.

Französisch-schweizerische Spezialitäten ▶ **La Fondue:** Ave. 1ra, Ecke 61, Tel. 045 66 77 47, tgl. 12–23 Uhr. Hier gibt's z. B. Käsefondue (um 7 CUC) und dazu die passenden Weine.

Antikes Ambiente ▶ **Antigüedades:** Ave. 1ra, zwischen 56 und 59, Tel. 045 66 73 29, tgl. 12–22.30 Uhr. Steaks, Meeresfrüchte und Fisch in sehr stilvoller Umgebung mit vielen Antiquitäten. Kreolische Gerichte ab 5,90 CUC, internationale Küche ab 10 CUC.

Auf einer Terrasse mit Blick aufs Meer ▶ **Albacora:** Calle 60, Tel. 045 61 36 50, tgl. 9–19 Uhr. Im Schatten von Bäumen genießt man hier v. a. Meeresfrüchte und sehr guten gegrillten Fisch. Hauptspeisen ab 5 CUC.

Einkaufen

Einkaufszentrum ▶ **Centro de Convenciones Plaza América:** am gleichnamigen Platz, tgl. 9–20 Uhr. Hier findet man von Badezeug über Mode, Schmuck, Kunsthandwerk, Kosmetik und Zigarren nahezu alles in mehr oder weniger exklusiven Boutiquen. Auch ein Optikergeschäft, eine Arztpraxis, eine Apotheke, Zeitungskioske, eine Pizzeria, eine Reiseagentur und ein Internetcafé gibt es.

Kunsthandwerk ▶ Wird an allen Ecken in Varadero verkauft, größere **Märkte** gibt es u. a. in der Ave. 1ra, Ecke 51 und in der Ave. 1ra, Ecke 15. **Bazar Cuba:** Calle 64, Ecke 1ra, tgl. 9–21 Uhr. Eher hochwertige Produkte.

Keramik ▶ **Taller de Cerámica:** Ave. 1ra, Ecke 59, Mo–Sa 10–17 Uhr. Die kleine Künstlergalerie bietet hochwertige Keramikarbeiten zum Verkauf an – eine wohltuende Abwechslung im Souvenirdschungel.

Zigarren ▶ **Casa del Habano:** Ave. 1ra, Ecke 63, Tel. 045 66 78 43, tgl. 9–20 Uhr. Große Auswahl an Zigarren aller bekannten Marken.

Abends & Nachts

Ein Großteil des Nachtlebens spielt sich in den Hotelresorts ab, die fast alle abendliche Shows veranstalten und eigene Discos betreiben. Aber auch sonst wird nachts wenig geschlafen in Varadero.

Ein Dauerbrenner ▶ **Club Mambo:** Crta. Las Morlas Km 14, neben dem Hotel Club Amigo Varadero, Tel. 045 66 85 65, Mi–Mo 23–3 Uhr, Eintritt 10 CUC. Angesagter Club, manchmal Live-Musik.

Die größte und originellste Diskothek Varaderos ▶ **Palacio de la Rumba:** Ave. de las Américas Km 4, Tel. 045 66 82 10, Di–So

23–3 Uhr, Eintritt: Di, Do, Sa u. So Männer 5 CUC, Frauen 3 CUC; Mi, Fr 10 CUC. Regelmäßig Live-Konzerte bekannter cubanischer Bands.

Hier geht die Post ab ▶ **La Bamba:** im Hotel Tuxpán, Ave. de las Américas, Tel. 045 66 75 60, Mo–Sa 22–3 Uhr, Eintritt 10 CUC für Nicht-Gäste. Nachtschwärmer kommen hier garantiert auf ihre Kosten – exzellente Disco, manchmal Live-Auftritte.

Tanzen bis zum Umfallen ▶ **Havana Club:** Ave. 3ra, Ecke Calle 62, Tel. 045 61 18 07, tgl. ab 22 Uhr, Eintritt 5 CUC. Auch bei Einheimischen beliebte Disco, gut zum Anbahnen zwischenmenschlicher Beziehungen …

Buntes Programm ▶ **La Comparsita:** Centro Cultural Artex, Calle 60, zwischen 2da und 3ra, Mi–Mo 22.30–3 Uhr, Eintritt ab 3 CUC. Cabaret, Live-Musik, Tanz etc.

Traditionelle Musik ▶ **Casa de la Cultura Los Corales:** Ave. 1ra, Ecke 34, Tel. 045 61 25 63. Café Cantante mit alter und neuer Trova jeden Do ab 22 Uhr (Eintritt 5 CUC), Fr ab 21.30 Uhr Noche del Danzón (Eintritt frei).

In der Piratenhöhle ▶ **Cabaret Cueva del Pirata:** Autopista del Sur, nahe Marina Chapelín, Tel. 045 66 77 51, Mo–Sa 23–3, Fr auch 14–19 Uhr, Eintritt 10 CUC, Matinee 2 CUC. Show mit anschließender Disco in einer natürlichen Höhle.

Varaderos beste Show ▶ **Cabaret Continental:** im Hotel Internacional, Ave. de las Américas, Tel. 045 66 70 38, Di–So ab 22 Uhr, Eintritt 25 CUC. Schon Hemingway war in diesem 1950 gegründeten Cabaret zu Gast, das stark an das Tropicana in Havanna angelehnt ist – exzellente TänzerInnen, gute Musikeinlagen.

Havannas Zwilling ▶ **Cabaret Tropicana:** an der Schnellstraße Richtung Matanzas (s. S. 257).

Aktiv

Ausflüge ▶ Mit dem Auto ist man von Varadero aus schnell in Matanzas (s. S. 253) oder Cárdenas (s. S. 264). Viele Agenturen bieten auch Jeepsafaris in die Topes de Collantes oder Touren z. B. nach Havanna, Guamá und Trinidad an.

Bootstouren ▶ Das Angebot ist riesig. Fündig wird man z. B. in den Reiseagenturen (s. S. 260) oder auch direkt in den Jachthäfen (s. unten). **Boat Adventure Varadero:** Crta. Las Morlas Km 12 (Autopista del Sur), neben Marina Chapelín, Tel. 045 66 84 40/41, 8–17 Uhr. Für wasserresistente Naturen gibt es Ausflüge mit **Aqua Rays,** einer Art Jet-Ski, die man in Begleitung eines Führers über das Meer und die Wasserstraßen in den Mangrovenwäldern steuert; außerdem Touren im Motorboot und Aqua-Scooter.

Jachthäfen ▶ **Marina Chapelín:** Crta. Las Morlas Km 12,5 (Autopista del Sur), Tel. 045 66 75 50, u. a. Exkursionen zum Cayo Blanco (75 CUC). **Marina Dársena de Varadero:** Vía Blanca Km 31, Tel. 045 66 80 60, Fax 045 66 74 56; u. a. Seafaris, Tauchen und Schnorcheln, Austragungsort des Internationalen Fischereiwettbewerbs Gregorio Fuentes. **Marina Varadero:** Crta. Las Morlas Km 21 (Autopista del Sur), Tel. 045 66 77 55, Fax 045 66 77 56; u. a. Exkursionen, Unterwasserfotosafari, Wassersport.

Hochseeangeln ▶ Wird in den Jachthäfen angeboten (s. oben), pro halben Tag kostet ein Boot ab 260 CUC für bis zu 4 Pers.

Tauchen ▶ **Scuba Cuba Barracuda:** Ave. 1ra, zwischen 58 und 59, Tel. 045 61 34 81, Fax 045 66 70 72. Eine von mehreren internationalen Tauchschulen in Varadero, weitere Adressen unter www.dtcuba.com (Stichwörter ›Náuticas‹/›Centros de Buceo‹). Ein großartiges Revier ist z. B. der Parque Marino Cayo Piedras mit versunkenen Schiffen und Flugzeugen. Genauere Infos in den Tauchschulen sowie unter www.cuba-diving.de.

Fallschirmspringen ▶ **Centro Internacional de Paracaidismo:** Vía Blanca Km 1,5, Tel. 045 66 72 56, www.cubairsports.itgo.com. Für Fallschirmspringer und solche, die es werden wollen.

Golf ▶ **Varadero Golf Club:** Ave. de las Américas Km 8,5, Tel. 045 66 73 88, Fax 045 66 84 81, www.varaderogolfclub.com, tgl. 7–17.30 Uhr. Greenfee 77 CUC pro Spiel, auch Unterricht.

Reiten ▶ **Centro Hípico:** Vía Blanca Km 31, Tel. 045 66 77 99. Auch Kutschen.

Termine

Touristenkarneval: Febr./Juni (genaues Datum vor Ort erfragen). Umzüge, Musik, Tanz. Übers Jahr verteilt gibt es zahlreiche Kulturveranstaltungen und Feste.

Verkehr

Flüge: Aeropuerto Internacional Juan G. Gómez, Tel. 045 24 70 15. Fluggesellschaften: Aerocaribbean, im Flughafen, Tel. 045 66 36 16. Varadero wird von vielen internationalen Fluglinien angeflogen, u. a. von Condor direkt ab Frankfurt. Nationale Flüge gibt es nach Holguín, Santiago de Cuba und Cayo Coco.
Züge: Die nächsten Bahnhöfe liegen in Cárdenas (s. rechts) und Matanzas (s. S. 253).
Busse: Terminal de Ómnibus, Calle 36, Ecke Autopista del Sur, Tel. 045 61 26 26. Víazul-Busse fahren 4 x tgl. nach Havanna (10 CUC) sowie 1 x tgl. via Santa Clara und Cienfuegos nach Trinidad (20 CUC) und 1 x tgl. nach Santiago de Cuba (49 CUC). Der Schalter, Tel. 045 61 48 86, www.viazul.com, ist tgl. 7–18 Uhr geöffnet. Ohne Reservierung kann man in die Busse nach Matanzas (10 x tgl.) und Cárdenas (stdl.) einsteigen. Für ankommende Reisende stehen Minibusse von Víazul bereit, die für den Transfer ins Hotel sorgen (2 CUC).
Mietwagen: In fast allen größeren Hotels und im Flughafen bieten die Mietwagenfirmen ihre Autos an. Bei der Anreise nach Varadero aus Richtung Matanzas sind an einer Mautstelle 2 CUC pro Fahrzeug zu entrichten.

Transport vor Ort

Auf der Halbinsel verkehrt ein **Doppeldeckerbus** (Varadero Beach Tour), der Haltestellen nahe vieler Hotels hat. Für 5 CUC pro Tag kann man ein- und aussteigen, sooft man will (tgl. 9–21 Uhr). Stilvoller fährt man mit einer der **Kutschen,** die die ganze Halbinsel auf der Suche nach Kunden befahren (9 CUC/Std., 24 CUC/Tag). Eine luftige Art der Fortbewegung bieten auch die knallgelben Motorrollertaxis, die **Cocotaxis** (Preise ähnlich wie bei herkömmlichen Taxis).
Taxis: Cubataxi, Tel. 045 61 44 44.
Motorroller können in den Hotels oder an der Avenida 1ra gemietet werden.

Cárdenas ▶ H 2/3

Von Varadero aus ist es nur ein Katzensprung in das Städtchen **Cárdenas** (95 000 Einwohner), das 1828 am Rand der gleichnamigen Bucht gegründet wurde. Mitten im Zuckeranbaugebiet gelegen, avancierte die Stadt bald zu einem bedeutenden weiterverarbeitenden Zentrum und ihr Hafen zu einem der wichtigsten des Landes. Lange vorbei ist jedoch die Zeit, in der Cárdenas seinem Beinamen Perle des Nordens gerecht wurde, denn wie fast je-

der Ort in Cuba ist auch dieser dem mehr oder weniger sanften Verfall preisgegeben. Die Einwohner versuchen mit viel List und Einfallsreichtum, den allmählichen Niedergang wenigstens pittoresk aussehen zu lassen. Was im Stadtzentrum noch gelingen mag, äußert sich im Industriegelände um den Hafen in mächtigen Häuserruinen – das gesamte Viertel macht den Eindruck, als hätte es gerade eben einen Krieg überstanden. Einzig der Fahnenmast am Ende der Hauptstraße **Avenida Céspedes** strebt stolz in den Himmel. Das Monument erinnert an den 19. Mai 1850, den Tag, an dem hier erstmalig auf der Insel die cubanische Nationalflagge gehisst wurde, weshalb Cárdenas auch Ciudad Bandera (›Flaggenstadt‹) genannt wird. Von diesem und anderen Ereignissen im Verlauf der langen Geschichte von Cárdenas berichtet das Museo Oscar María de Rojas (s. S. 266) am **Parque José Antonio Echeverría,** der wie ein Fremdkörper im Stadtbild erscheint: eine Oase der Ruhe, umgeben von schön renovierten Kolonialbauten, drei davon Museen.

Varadero so nah und doch so fern: In Cárdenas lernt man das ungeschminkte Cuba kennen

Tipp: Cárdenas per Kutsche

Wie könnte man die Stadt der Kutschen und Fahrräder – denn auch diesen Beinamen trägt Cárdenas – besser kennenlernen als von einem Pferd gezogen? Die Tiere bahnen sich meist gemächlich ihren Weg zwischen Hunderten von Radfahrern, doch manchmal überkommt es auch den stoischsten Kutscher und er fordert einen neben ihm zockelnden Kollegen zu einem kleinen Wettrennen heraus. Unterwegs kann man staunend beobachten, welch ein universales Transportmittel doch ein schlichtes Fahrrad sein kann: Von Schränken über diverse Haustiere, Wasserkanister, Eimer voller Bier, gigantische bunte Torten bis zur Großfamilie findet alles auf einem Drahtesel Platz.

Die Pferdekutschen haben die Funktion von Sammeltaxis und befahren festgelegte Strecken innerhalb der Stadt, beispielsweise entlang der Avenida Céspedes oder auf der Calle 13 Richtung Krankenhaus. Eine Fahrt kostet für Einheimische 1 CUP, von Touristen wird meist die gleiche Summe – oder mehr – in Pesos Convertibles verlangt.

Museo Oscar María de Rojas

Das Stadtmuseum mit dem Namen **Museo Oscar María de Rojas** war eines der ersten Cubas (Einweihung am 19. März 1900) und hat neben Geschichtsdokumenten auch ein buntes Sammelsurium anderer Dinge zu bieten, z. B. eine beeindruckende Sammlung von Muscheln und Schneckenhäusern aus der ganzen Welt, Artefakte präkolumbischer Kulturen von Mexiko über Cuba bis Peru, Mineralien, Münzen – darunter eine aus Hamburg –, Waffen und nicht zuletzt die üblichen Gemälde und Möbel aus dem 19. Jh. (Tel. 045 52 24 17, Di–Sa 9–18, So 9–12 Uhr, 5 CUC inkl. Führung).

Museo a la Batalla de Ideas

An der Ostecke des Parks steht das **Museo a la Batalla de Ideas,** das propagandaträchtig über die Geschichte der amerikanisch-cubanischen Beziehungen informiert. Ein ganzer Raum ist dem Kampf um die Wiederkehr von Elián González gewidmet, der seine Heimatstadt Cárdenas weltweit in die Schlagzeilen brachte. Bei einem Fluchtversuch am 22. November 1999 ertrank seine Mutter in der Floridastraße. Der damals 5-jährige Elián wurde von amerikanischen Fischern gerettet und kam zu seinen Verwandten in Miami. Ein Jahr dauerte der Streit zwischen seinem Vater und der cubanischen Regierung auf der einen und den Verwandten und der US-Regierung auf der anderen Seite, bis der Junge im Juni 2000 zu seinem Vater nach Hause zurückkehrte – eine Auseinandersetzung, bei der es weniger um persönliche als um ideologische Werte zweier verfeindeter Staaten ging. Vom Dach des Hauses bietet sich ein prächtiger Blick bis nach Varadero (Tel. 045 52 10 56, Di–Sa 9–17, So 9–13 Uhr, 3 CUC).

Museo Casa Natal de José Antonio Echeverría

Das letzte Museum im Reigen ist das **Museo Casa Natal de José Antonio Echeverría** im Geburtshaus des gleichnamigen Studentenführers, der 1957 von Batistas Schergen erschossen wurde. Ein Großteil der Ausstellung beschäftigt sich indes nicht mit dem Leben von Echeverría, sondern mit den beiden Unabhängigkeitskriegen im 19. Jh. und der Revolution im 20. Jh. (Tel. 045 52 10 56, Di–Sa 10–18, So 9–13 Uhr, 1 CUC).

Übernachten

Am Strand ▶ **Hostal El Italiano** (privat): Playa Larga 61, Tel. 045 52 18 79 (Nachbar). Manuel bietet 2 DZ mit Meerblick, ac, TV, Gemeinschaftsbad und Terrasse, sehr freundliche Vermieter, großer Garten. Ab 20 CUC.

Verkehr

Busse: Stdl. nach Varadero und 1 x tgl. nach Matanzas, Jagüey Grande und Santa Clara.

Península de Zapata und Bahía de Cochinos ►H 4

Mit dem Auto kommt man von Havanna aus über die Autopista Nacional – Abfahrt **Jagüey Grande** – und weiter über Boca de Guamá in die Bahía de Cochinos (›Schweinebucht‹). Von Cárdenas aus fährt man über Landstraßen und die Orte **Máximo Gómez** und **Perico** Richtung Halbinsel. In jedem Fall durchquert man dünn besiedelte, von Obst- und Zuckeranbau geprägte Landstriche. Hier und da ragen die hohen Schlote der Zuckermühlen, die *ingenios,* aus den endlosen Zuckerrohrfeldern, die je nach Jahreszeit abgefackelt werden.

Die letzte Zuckermühle auf festem Boden steht kurz hinter Jagüey Grande in **Central Australia.** In dieser *ingenio* befand sich das Hauptquartier Fidel Castros und der revolutionären Armee, als exilcubanische Söldner 1961 in der Schweinebucht landeten. Heute ist dort das **Museo Memorial Comandancia de la Far** eingerichtet, das unter anderem über dieses Ereignis informiert. Auch entlang der Straße erinnern Felsbrocken mit Namen und kleine Denkmäler an die Opfer der Invasion (Di–Sa 9–17, So 8–12 Uhr, 1 CUC).

Von Central Australia Richtung Süden wird es immer einsamer. Die Straße führt schnurgerade durch flaches Land, dann beginnt das unwegsame und fast menschenleere Sumpfgebiet der 285 650 ha großen **Península de Zapata,** auf der früher nur einige Köhler und Krokodiljäger lebten. Mehr als die Hälfte der Halbinsel gehört zum **Gran Parque Natural Montemar** (ehemals Parque Nacional Ciénaga de Zapata) und wurde 2001 von der UNESCO zum Biosphärenreservat erklärt. Das riesige Gebiet gilt als eines von Cubas artenreichsten Ökosystemen und ist ein wahres Paradies für (moskitoresistente) Naturliebhaber, die die Halbinsel auf den zahlreichen angebotenen Touren erkunden können.

Infos

La Finquita: an der Kreuzung der Autopista Nacional Km 142 mit der Straße nach Jagüey Grande bzw. Playa Larga, Tel. 045 91 32 24, Mo–Sa 9–17 Uhr. Snackbar und Infozentrum. Hier kann man Ausflüge ins Naturschutzgebiet buchen, z. B. zur Vogelbeobachtung (s. S. 270), zum Angeln, Tauchen und Schnorcheln. **Geldwechsel:** Achtung – weder in Playa Larga noch in Playa Girón gibt es eine Bank.

Übernachten

Strohgedeckte Hütten ► **Batey Don Pedro** (Cubanacán): zwischen der Autopista und Central Australia, Tel. 45 91 28 25, 91 32 24, www.cubanacan.cu. 12 schlichte rustikale Holzhäuschen, mit Restaurant. EZ ab 26 CUC, DZ ab 31 CUC inkl. Frühstück.

Sehr freundlich ► **Casa de Zuleida** (privat): Calle 15-A No. 7211, zwischen 72 und 74, Jagüey Grande, Tel. 045 91 36 74. 2 Zimmer im Haus eines Nationalparkangestellten, der als Angelguide arbeitet. 20 CUC.

Essen & Trinken

Riesiger Rancho ► **Pio Cuá:** zwischen Central Australia und Guamá, Restaurant tgl. 11–17, Cafetería tgl. 10–20 Uhr. Klassisches Ausflugslokal, die Spezialität ist Hühnchen vom Grill. Hauptgerichte ab 5 CUC, Büffet 8 CUC.

Boca de Guamá

18 km südlich der Autobahn, etwa auf halbem Weg nach Playa Larga, liegt **Boca de Guamá,** ein aus der geheimnisvollen Schatzlagune, einer Krokodilfarm, Souvenirläden, einer Töpferwerkstatt und Restaurants bestehender Touristikkomplex, der schon in den ersten Jahren nach der Revolution geschaffen wurde und auf kaum einer organisierten Rundreise durch Cuba ausgelassen wird. Authentische Eindrücke vom Land sind hier nicht zu erwarten.

Größte Attraktion von Guamá ist die Krokodilaufzuchtstation **Criadero de Cocodrilos,** wo um die 3000 Cubanische Krokodile *(Crocodylus rhombifer)* in eingezäunten sumpfigen Seen leben. Bei einem Rundgang kann man die Tiere aus nächster Nähe durch den Zaun beobachten – angeblich stammen alle aus den endlosen Kanälen der Halbinsel Zapata. Einige Krokodiljäger zeigen die Kunst, eine solche Kreatur mit dem Lasso einzufan-

Muy macho **– Posing mit Krokodil im Criadero de Cocodrilos**

gen und ihm das Maul zuzubinden. Das dazugehörige Restaurant bietet als besondere Spezialität Krokodilfleisch an. Die cubanischen Reiseführer versichern, die Tiere würden in erster Linie vor dem Aussterben bewahrt und nur ein kontrolliert geringer Prozentsatz von ihnen werde zu Handtaschen, Schuhen und Steaks verarbeitet (tgl. 8–18 Uhr, Erw. 5 CUC inkl. Führung, Kinder 3 CUC).

Vom Tourismuszentrum neben der Krokodilfarm fahren kleine Boote durch Mangrovenkanäle zur **Laguna del Tesoro** (›Schatzlagune‹). Der Überlieferung nach versenkten die Indianer ihren Besitz im See, um ihn vor den goldgierigen Spaniern zu retten. Auf Pfählen im Schatzsee erheben sich sieben künstliche Inseln, die durch kleine Stege und Brücken miteinander verbunden sind. Die strohgedeckten Bungalows aus Holz stellen Nachbauten von präkolumbischen Indianerhütten dar und gehören zur Ferienanlage Villa Guamá (s. S. 270). Tagestouristen haben das Taíno-

Von Köhlern, Sängerwettstreiten und Krokodilen

Thema

Die Sümpfe und Kanäle der Península de Zapata gehörten vor der Revolution zehn Großgrundbesitzern, die Krokodiljäger, Holzfäller und Köhler beschäftigten. In dieser Gegend wird heute noch nach jahrhundertealten Verfahren Holzkohle hergestellt und die *carboneros* (›Köhler‹) sind gerade in Zeiten des Energiemangels sehr wichtig geworden.

Die Carboneros leben zwar recht einsam in den Wäldern, doch alljährlich im Oktober treffen sie sich an wechselnden Orten (z. B. auf der Krokodilfarm in Guamá, s. S. 267) zu einer großen Fiesta und zum Sängerwettstreit. Ihre Lieder, die *controversias,* gehören zur spanischen Musiktradition – viele Carboneros sind spanisch-kanarischer Abstammung.

Überhaupt sind diese Controversias eine Art Volkssport der weißen Bauern auf Cuba. Eine solche Controversia besteht aus gesungenen zehnzeiligen Stanzen von Achtsilbern, einer sogenannten *décima,* die man früher auf lose Blätter drucken ließ und auf dem Markt verkaufte. Begleitet werden die Sänger von einer oder zwei Gitarren, einem Tres und kleiner Perkussion. Themen der Décimas waren Klatsch und Tratsch, Lobeshymnen und Liebeserklärungen. Manchmal erzählten die Décimas auch ganze Romane nach oder sie erklärten die Astrologie, das Universum und das Schicksal schlechthin.

Allerdings gab es wenige Dichter, die ihre Décimas aufschrieben. Zum einen, weil die meisten Leute auf dem Land weder lesen noch schreiben konnten. Zum anderen, weil die hohe Kunst beim Décima-Gesang in der Improvisation liegt. Für die Anfangszeit des Radios waren die improvisierenden Sänger sehr wichtig; mit den Décimas wurden Grüße und Nachrichten übermittelt und fast jeder Sender hatte seine eigenen *improvisadores.*

Richtig spannend wird es aber, wenn zwei Sänger oder mehrere Gruppen einen Wettstreit der Improvisation aufführen. Die Köhler von der Halbinsel Zapata schichten dazu einen Scheiterhaufen auf, daneben steht die Bühne und nach dem Sängerfest gibt es ein riesiges Freudenfeuer. Zum Auftakt singen zwei oder mehrere Sänger auf Zuruf vom Publikum über ein vorgegebenes Thema. Dann wird es immer komplizierter. Jetzt singt ein Sänger den ersten Vierzeiler und gibt damit seinem Konkurrenten einen Reim vor, den dieser weiterführen muss. Der Gegensänger erfindet dann die restlichen sechs Zeilen. Ganz raffiniert wird es aber, wenn zwei Sänger eine Kette improvisieren: Die letzte Zeile des ersten Sängers ist dann die erste Zeile des zweiten Sängers, aber der zweite Sänger muss in seinem Teil die Aussage des ersten Sängers widerlegen! Auf schönen Gesang kommt es dabei weniger an. Im Gegenteil: Der etwas schrille Ton und der nasale Gesang sind ein Erbe der Kanarischen Inseln.

Das Publikum steht stundenlang geduldig vor der Bühne, trinkt Rum aus weichen Pappbechern und kommentiert besonders komische Geistesblitze der Sänger mit Standing Ovations. Die Sangesmatadoren werden beglückwünscht, das Feuer angezündet, und die Köhler reiben sich die Hände, weil sie am nächsten Tag mit kleinen Booten große Krokodile jagen werden. Natürlich nicht, um sie zu töten, versichern sie treuherzig, nur ein bisschen mit dem Lasso jagen und einfangen und mit ihnen kämpfen auf dem wackligen Boot wollen sie, das sei nämlich *muy macho.*

aktiv unterwegs

Vogelbeobachtung auf der Península de Zapata

Tour-Infos

Start: Oficina Parque Nacional (s. S. 271)
Dauer: jeweils 2–3 Std.
Organisierte Touren: Das Infozentrum La Finquita (s. S. 267) und die Oficina Parque Nacional bieten verschiedene Exkursionen für 17–19 CUC pro Person an, z. B. Bermeja (Spaziergang mit mehreren Stopps zur Beobachtung endemischer Vogelarten), La Salina (Autofahrt zu den Salinen, wo viele Wasservögel erspäht werden können) oder eine Bootsfahrt durch das Sumpfgebiet auf dem Río Hatiguanico. Eine rechtzeitige Reservierung ist unbedingt erforderlich, da die Anzahl der Tagesbesucher im Schutzgebiet begrenzt ist und die Touren schnell ausgebucht sind.

Die Zapata-Halbinsel ist nicht nur das größte zusammenhängende Sumpfgebiet *(ciénaga)* Cubas, sondern der gesamten Inselwelt der Karibik. Auf einer Fläche von 4230 km² leben nurmehr 8000 Menschen, was die Halbinsel zur dünnstbesiedelten Region ganz Cubas macht. In den von der Außenwelt fast vollkommen unberührten Mangrovenwäldern und Marschen konnte sich eine Flora und Fauna entwickeln, deren Vielfalt schier unglaublich scheint: Über 900 Pflanzen- sowie fast 200 Vogelarten wurden hier gezählt, darunter viele Zugvögel aus nordamerikanischen Gefilden (Nov.–April).

Für Ornithologen ist dies das reinste Paradies, denn in dem international bedeutsamen Schutzgebiet leben 20 der 24 endemischen Vogelarten des Landes, u. a. der Cubaspecht *(Colaptes fernandinae)*, die Cubaralle *(Cyanolimnas cerverai)*, der Cubazaunkönig *(Ferminia cerverai)*, der Zapatasperling *(Torreornis inexpectata)* und die Bienenelfe *(Mellisuga helenae)* aus der Familie der Kolibris, die kleinste der rund 9000 Vogelarten der Welt – von der Schnabelspitze bis zum Schwanzende misst sie gerade einmal 7 cm. Auf jeden Fall beobachtet werden können Waldsänger, von denen zahlreiche verschiedene Spezies hier beheimatet sind, z. B. Goldkehl-, Palm- und Blaurückenwaldsänger oder sogar die endemischen Forns- und Gelbkopfwaldsänger. Mit etwas Geduld und vor allem Glück erspäht man außerdem Gürtelfischer, Amerikanische Schlangenhalsvögel, Schwarzkopfruderenten, Blauflügelenten, Gelbstirnblatthühnchen und, und, und.

Dorf zum Ziel, ein reichlich kitschiges Freilichtmuseum mit Skulpturen, die von der bekannten cubanischen Bildhauerin Rita Longa stammen und die Indianer bei der Verrichtung ihrer alltäglichen Arbeiten darstellen.

Auch die Sportfischerei macht Guamá zu einer Attraktion. Von hier aus starten spezielle Angeltouren (Buchung über La Finquita, s. S. 267), mehrfach im Jahr finden Turniere statt.

Übernachten

Schlafen auf Stelzen ▶ Villa Guamá (Cubanacán): Laguna del Tesoro, Tel. 045 91 55 51, www.cubanacan.cu. Bungalows, auf Pfählen in die Lagune gebaut (Moskitoschutz mitnehmen!) und nur per Boot von Boca de Guamá erreichbar. Restaurant, Pool, Disco und Bootsverleih. 44 Zi., EZ 40 CUC, DZ 50 CUC inkl. Frühstück.

Essen & Trinken

Krokodil auf dem Teller ▶ Croco Bar: Boca de Guamá, tgl. 9–16 Uhr. Im Restaurant der Krokodilfarm gibt's natürlich Krokodilfleisch (ab 5 CUC), aber auch Fisch und Geflügel.

Einkaufen

Krokodilleder und Keramik ▶ In der Ladenzeile von Boca de Guamá werden Keramikprodukte sowie alle nur denkbaren Artikel aus artengeschütztem Krokodilleder verkauft, dessen Einfuhr nach Europa verboten ist!

Verkehr

Am besten mit dem Mietwagen zu erreichen. Víazul-Busse halten an der Autopista Nacional bei Jagüey Grande; der Weitertransport nach Guamá gestaltet sich sehr schwierig. Am einfachsten ist es, die von Havanna oder Varadero aus angebotenen Tagesausflüge nach Guamá wahrzunehmen.
Bootstransport zur Laguna del Tesoro: 9–16 Uhr nach Bedarf (12 CUC hin und zurück).

Playa Larga

Rund 12 km südlich von Guamá liegt mitten in der **Bahía de Cochinos** (›Schweinebucht‹) **Playa Larga.** Der Strand kann sich zwar in keiner Weise mit Varadero messen und Playa Larga ist ein eher trostloser Ort, doch es bieten sich gute Tauch- und Schnorchelmöglichkeiten und im Vogelschutzreservat der Sumpfhalbinsel Ciénaga de Zapata kommen Ornithologen voll auf ihre Kosten (s. S. 270). Außerdem ist das Gebiet ein begehrtes Ziel für Angler, besonders für Fliegenfischer, und für Höhlentaucher. Abends muss man im gesamten Strandgebiet verstärkt mit dem Angriff blutsaugender Mücken, den *jejenes*, rechnen, einer besonders quälenden Variante der cubanischen Moskitos.

Von Playa Larga kann man einen Abstecher nach **Las Salinas** unternehmen. Hier wird nach wie vor Salz abgebaut, doch die größte Attraktion sind die vielen Wasservögel und die große Flamingokolonie, die in den seichten Gewässern nach Nahrung sucht.

Infos

Oficina Parque Nacional: von Norden kommend am Ortseingang von Playa Larga rechts ausgeschildert, Tel. 045 98 72 49, Mo–Sa 8–16.30 Uhr. Viele Infos und Buchung von Touren, u. a. zur Vogelbeobachtung und nach Las Salinas. Die letzte Tour beginnt ca. um 14 Uhr.

Übernachten

Bungalowanlage ▶ Villa Playa Larga (Cubanacán): Tel. 045 98 72 94, 98 72 06, www.cubanacan.cu. 68 Zimmer in einfachen Bungalows direkt in der berühmten Schweinebucht. Ein guter Ausgangspunkt für Exkursionen in das Naturschutzgebiet, viele Wassersportmöglichkeiten. EZ ab 37 CUC, DZ ab 46 CUC inkl. Frühstück.
Am Strand ▶ Villa Nivaldo: im Ortsteil Caletón direkt am Strand (nach Nivaldo fragen), Tel. 045 98 73 54 (Nachbar). Vermietet wird 1 DZ mit ac und eigenem Bad in einem schönen Haus direkt am Meer, auch sehr gutes Essen. Ab 20 CUC.

Essen & Trinken

An der Cueva de los Peces ▶ El Cenote: ca. 15 km hinter Playa Larga Richtung Playa Girón, tgl. 9–16.30 Uhr. *Cenotes,* so werden die kleinen Lagunen genannt, die entstehen, wenn Teile der Decke von unterirdischen Höhlensystemen einstürzen – wie bei der Cueva de los Peces, deren mit tiefblauem Wasser gefüllter Schlund gleich neben diesem netten, auf Fischgerichte spezialisierten Lokal liegt. Hauptgerichte 5–10 CUC.

Aktiv

Angeln ▶ Die Gegend ist ein Eldorado für Fliegenfischer, wobei v. a. Jagd auf Tarpone und Grätenfische gemacht wird. Empfehlenswert sind Touren mit dem offiziellen Guide Lázaro Viñola, zu erreichen in der Oficina Parque Nacional (s. links, 190 CUC/Tag).
Baden ▶ Die Strände von Playa Larga und Playa Girón sind zwar nicht so spektakulär wie diejenigen der Nordküste, doch sie fallen sanft ab und haben goldgelben, feinen Sand. Das ansonsten so blaue karibische Meer hat wegen der vielen Mangroven vielerorts eine dunkle, rötliche Farbe.
Tauchen und Schnorcheln ▶ Club Octopus: Playa Larga, Tel. 045 98 72 94, tgl. 8–17 Uhr. Der Küste vorgelagert ist ein tiefer Meeresgraben mit rund 23 Tauchspots an interessanten Korallenriffen. Im Inland gibt es exzellente Möglichkeiten zum Höhlentauchen, z. B. in der Cueva de los Peces. Die schönsten Stellen zum Schnorcheln findet man an der Punta Perdíz, ca. 20 km hinter Playa Larga Richtung Playa Girón (mit Restaurant/Bar).

Verkehr

Busse: Anfahrt mit Víazul bis Jagüey Grande möglich, von dort weiter mit dem Taxi.
Mietwagen: Einen Verleih gibt es in der Villa Playa Larga (s. S. 271).

Playa Girón

Weiter auf der Küstenstraße gelangt man ca. 30 km hinter Playa Larga in den kleinen Ort **Playa Girón.** Hier, am südlichen Ende der Schweinebucht, landeten am 17. April 1961 rund 1500 Exilcubaner. Sie rechneten damit, auf wenig Widerstand bei den zu befreienden Inselcubanern zu stoßen und innerhalb weniger Tage eine Gegenregierung zu Fidel Castro installieren zu können. Die Invasion wurde von der amerikanischen Regierung unter Kennedy und vom CIA unterstützt, begleitet wurden die Söldner von 24 Flugzeugen und 14 Kriegsschiffen. Cuba befand sich zu diesem Zeitpunkt auf dem Höhepunkt der Alphabetisierungskampagne. Die Luftwaffe konnte nur auf zwölf Maschinen zurückgreifen und das Land war im Wesentlichen auf Bodenverteidigung angewiesen. So mobilisierte man innerhalb weniger Stunden rund 20 000 cubanische Soldaten und Freiwillige, Fidel Castro selbst führte die Verteidigungsguerilla an. 72 Stunden dauerten die Kämpfe zwischen Exil- und Inselcubanern, von denen 150 bei dem Angriff starben. Dann hatte man die Invasoren zurückgeschlagen. Am Morgen des 19. April war die große Mehrheit der Söldner gefangen genommen.

Im **Museo Playa Girón** an der Zufahrtsstraße zum gleichnamigen Hotel (s. rechts) werden die Hintergründe des Angriffs sowie natürlich die Kämpfe und der Sieg über die Invasion dokumentiert. Neben Fotos von Sabotageakten der Vereinigten Staaten in Cuba, einer Darstellung vom Prozess gegen die gefangenen Söldner, Fotos von den gefallenen Cubanern und der minutiösen Rekonstruktion der Kämpfe sind ein von den cubanischen Bodentruppen abgeschossenes Flugzeug und Fidels Panzer zu betrachten. Wer den Dokumentarfilm »Muerte a los Invasores« (›Tod den Invasoren‹) sehen will, der während der Kampfhandlungen gedreht wurde, zahlt einen Peso Convertible extra (tgl. 9–17 Uhr, 2 CUC).

Der Ort selbst liegt ein paar Hundert Meter entfernt vom Meer und hat der Trostlosigkeit von Playa Larga nichts entgegenzusetzen. Zum (Sonnen-)Baden gibt es neben dem Hotel Villa Playa Girón einen wilden, lang gestreckten Strand, an dem Palmen für ein bisschen Schatten sorgen. Wassersportler sollten noch 8 km in östliche Richtung nach **Caleta Buena** fahren, einem felsigen Küstenabschnitt mit glasklarem türkisfarbenem Wasser und einem Korallenriff unmittelbar davor, der beste Konditionen zum Schnorcheln und Tauchen bietet (mit Tauchbasis).

Von Playa Girón führt eine Landstraße über **Yaguaramas** und **Rodas** in das noch knapp 90 km entfernte Cienfuegos (s. S. 273).

Übernachten

Das einzige staatliche Hotel ▶ **Villa Playa Girón:** Tel. 045 98 41 10, www.cubanacan.cu. Dieses Hotel wurde nach dem Motto »hässlicher geht nimmer« errichtet – der Clou ist der Wellenbrecher aus Beton direkt vor dem Hotelstrand. Wer vor Ort übernachten will, sollte lieber auf eines der rund 20 Privatquartiere zurückgreifen.

Auch gutes Essen und viele nützliche Infos ▶ **Mario García Rodríguez:** westl. Parallelstraße zur Ausfallstraße Richtung Cienfuegos, Tel. 045 98 42 66, 0152 27 96 06 (mobil). Ein Zimmer mit Bad, Kühlschrank, eigenem Eingang und eigener kleiner Terrasse bei einem sehr netten Lehrerehepaar, das auch ein paar Brocken Englisch spricht. 15–20 CUC.

Essen & Trinken

All you can eat ▶ **Rancho Benito:** Caleta Buena, tgl. 10–17, Mittagessen 12–15 Uhr. Büfettrestaurant direkt am Wasser mit täglich wechselnder Auswahl (um 12 CUC/Pers.).

Verkehr

Playa Girón ist nur mit dem Mietwagen, einem Taxi oder im Rahmen einer organisierten Tour zu erreichen.
Mietwagen: im Hotel Villa Playa Girón, Tel. 045 98 41 10.

Cienfuegos und Umgebung

Obwohl Cienfuegos einer der wichtigsten Industriestandorte Cubas ist, bekommt man im Stadtzentrum davon rein gar nichts zu spüren – im Gegenteil: Die breiten Boulevards versprühen französisches Flair und die herrliche Lage an der Bucht sorgt für ein außerordentlich großzügiges Ambiente.

Cienfuegos ▶ J 4

Cityplan: S. 274

Die Perle des Südens trägt ihren Namen zu Recht: **Cienfuegos,** Hauptstadt der gleichnamigen Mini-Provinz, blieb von den Zerstörungen der beiden Unabhängigkeitskriege weitgehend verschont und konnte fast alle kolonialen Bauten bewahren – viele renovierungsbedürftig, doch mit der Aufnahme des historischen Stadtzentrums in die Liste des UNESCO-Welterbes im Jahr 2005 wurde einiges in Bewegung gesetzt. Die charmante Stadt mit ihrem schönen Malecón und ihren netten Restaurants und Bars empfiehlt sich für ein paar erholsame Tage, bevor man sich in den Touristenrummel von Trinidad oder Havanna stürzt.

Geschichte

Cienfuegos liegt am nördlichen Ende der Bahía de Cienfuegos, die Kolumbus 1494 bei seiner zweiten Reise entdeckte. Die 21 km lange Bucht bildet einen tiefen natürlichen Hafen, drei Flussmündungen liefern hervorragendes Süßwasser – kein Wunder, dass die Bucht über Jahrhunderte ein ideales Versteck für Piraten und Schmuggler abgab. Um sich vor den Angriffen der Engländer zu schützen, ließ Gouverneur Horacitas im 18. Jh. ein Kastell bauen: das heutige Castillo de Jagua am Südwestrand der Bucht (s. S. 282).

Um 1650 lebten Siedler hier friedlich mit den Indianern, der spanische Pater Bartolomé de las Casas soll von seinem Wohnort am Río Arimao die Indianer vor Übergriffen der spanischen Soldateska geschützt haben. Damals hieß die Bucht nach Jagua, der indianischen Göttin des Ackerbaus, des Fischfangs und der Fruchtbarkeit, Enkelin der Sonne und des Monds.

Cienfuegos entstand erst 1819. Die ersten weißen Siedler kamen aus der ehemals französischen Kolonie Louisiana und ihre Hinterlassenschaft prägt noch heute das Bild der Stadt. Obwohl Cienfuegos nur rund 1000 Einwohner zählte, baute man den Ort nach einem wie mit dem Lineal gezogenen Schachbrettmuster auf. Zunächst gruppierten sich palmstrohgedeckte Hütten rund um den heutigen Parque Martí, in der zweiten Hälfte des 19. Jh. kamen Steinhäuser dazu. Fast alle Gebäude und Installationen wurden wenige Jahre später durch einen Hurrikan verwüstet, trotzdem verlieh man der gebeutelten Stadt 1882 den Titel *ciudad* und damit Stadtrechte.

Im 20. Jh. avancierte Cienfuegos zu einer bedeutenden Hafenstadt und einem wichtigen Industriezentrum. Anfang des Jahrhunderts brachten Zucker, Tabak und das fruchtbare Agrarland einen Reichtum, der sich auch architektonisch niederschlug: Neoklassizistische Prachtbauten wie das Teatro Terry entstanden, elegante Stadtvillen, die Säulengänge des Prado. Man umgab sich mit französischer Lebensart, feinstem Porzellan und edelsten cubanischen Hölzern und holte die Welt in die mittlerweile zur Perle des Südens

Havanna, Santa Clara
0
150
300 m
Bahía de
Cienfuegos
Cayo Loco
Avenida 70
Avenida 68
Avenida 66
Avenida 64
Avenida 62
Avenida 60
Avenida 58
Prado (Calle 37)
Avenida 70
SAN LÁZARO
Calle 45
Calle 39
Calle 41
Calle 43
56-A
Avenida 56
Avenida 54
Avenida 52
Avenida 50
Avenida 48
Primer Palacio
de Cienfuegos
PUEBLO NUEVO
Parque Martí
Calle 19
Calle 21
Calle 23
Calle 25
Calle 27
Calle 29
Calle 31
Calle 33
Calle 35
Avenida 46
Avenida 46
Fährterminal
Avenida 44
Avenida 42
Avenida 40
Avenida 38
Avenida 36
Avenida 34
Calle 37
Bahnhof
Cementerio
La Reina
Calle 19
Calle 37
Ave. 46
siehe großer Plan
Prado
Punta Majagua
Estadio 5 de
Setiembre
PUNTA
GORDA
Ensenada
Marcillán
Ensenada
Marcillán
La Punta
Punta Gorda

Cienfuegos

Sehenswert
1 Teatro Terry
2 Catedral de la Purísima Concepción
3 Museo Histórico Provincial
4 Casa de la Cultura Benjamín Duarte
5 Cementerio La Reina
6 Museo Histórico Naval Nacional
7 Palacio del Valle
8 Cementerio Tomás Acea

Übernachten
1 La Unión
2 Casa Bella Perla Marina
3 Casa Las Golondrinas
4 Casa Verde
5 Jagua
6 Palacio Azul
7 Villa Lagarto

Essen & Trinken
1 La Verja
2 El Aché
3 Café Ciudad und Restaurant Marinero

Einkaufen
1 Galería Maroya
2 El Fundador

Abends & Nachts
1 El Palatino
2 Los Jardines del UNEAC
3 Patio de Artex
4 Club El Beny
5 Casa de la Música
6 Cabaret Costa Sur

Aktiv
1 Marina Cienfuegos

aufgestiegene Stadt: Caruso und andere Berühmtheiten gaben Konzerte im Teatro Terry.

Der Prozentsatz der Schwarzen war in Cienfuegos wegen der umliegenden Zuckerplantagen sehr hoch. Bis zur Revolution 1959 herrschte Rassentrennung – auf dem Prado flanierten die Weißen des Abends auf der einen Seite, die Schwarzen auf der anderen. Schwarze Musiker durften nicht vor weißem Publikum spielen und bei Tanzveranstaltungen trennte ein Seil die Tanzfläche in eine Abteilung für Weiße und eine für Schwarze.

Die Bewegung des 26. Juli (s. S. 48) war auch in Cienfuegos gegenwärtig: Am 5. September 1957 rebellierten 28 Marineoffiziere gegen den Diktator Batista und besetzten mit 150 Kämpfern Fidel Castros die Marinebasis. Doch schon am Mittag des nächsten Tags wurde der Aufstand von Batistas Armee niedergeschlagen, die auf die Unterstützung amerikanischer Bomber zählen durfte. Gegen die Übermacht standen auch die kämpfenden Studenten am Parque Martí auf verlorenem Posten. Es war die erste größere Schlacht der revolutionären Guerilla, die dafür ohne Ausnahme exekutiert wurde.

Orientierung

Das Zentrum von Cienfuegos (etwa 120 000 Einwohner) bilden der den Champs Elysées nachempfundene **Prado** (Calle 37) und der hübsche **Parque Martí.** Die Hauptgeschäftsstraße ist die **Avenida 54,** die zwischen Prado und Park zur Fußgängerzone umfunktioniert wurde. Südlich des Zentrums geht der Prado in den **Malecón** über. Die Uferpromenade endet nach etwa 3 km an der Spitze der Halbinsel im ehemaligen Villenviertel **Punta Gorda.**

Parque Martí

Halb Cienfuegos trifft sich zum abendlichen Flanieren rund um den Musikpavillon am **Parque Martí.** Eine Statue erinnert an den Namensgeber, den cubanischen Nationalhelden José Martí, ein Triumphbogen von 1902 an die Unabhängigkeit Cubas. Dank seines Ensembles gut erhaltener Kolonialbauten gilt der Parque Martí als einer der schönsten Plätze des Landes.

Er wird beherrscht vom prachtvollen Gebäude des **Teatro Terry** 1. Der Zuckermillionär Don Tomás Terry ließ es 1889 zu Ehren seines Vaters bauen und setzte ihm mit einer Statue in der Eingangshalle ein Denkmal. 1895 wurde das Theater mit einer prunkvollen Aufführung der Aida eingeweiht. Die Innenausstattung mit kostbaren cubanischen Edelhölzern ist sehenswert (Tel. 043 51 33 61, tgl. 9–18 Uhr, 1 CUC).

An der Ostseite des Parque Martí wurde 1819 mit dem Bau der **Catedral de la Purísima Concepción** 2 begonnen, die allerdings erst nach fast 50-jähriger Bauzeit fertiggestellt sein sollte. Einen Blick lohnen allenfalls die Buntglasfenster, die 1870 aus Frankreich importiert wurden.

Die UNESCO erklärte das historische Zentrum von Cienfuegos zum Welterbe

Im neoklassizistischen Gebäude des **Museo Histórico Provincial** 3 an der Südseite des Platzes ist eine kleine Ausstellung eleganter antiker Möbel, Porzellan und Dokumente zur Stadtgeschichte zu sehen (Tel. 043 51 97 22, Di–Sa 10–18, So 9–12 Uhr, 2 CUC).

Der Art-nouveau-Palast an der südwestlichen Seite des Platzes gehörte ursprünglich einem anderen Zuckermillionär der Stadt, Don José Ferrer, und beherbergt heute die **Casa de la Cultura Benjamín Duarte** 4. Vom Turm des Gebäudes genießt man einen hervorragenden Blick über Cienfuegos (Tel. 043 51 65 84, Mo–Sa 9–18 Uhr). Gelegentlich finden in der Casa de la Cultura abends Konzerte und Veranstaltungen statt, ganz sicher bekommt man cubanische Musik in den **Jardines del UNEAC** 2 (s. S. 280) zu hören.

Das südwestlich an den Parque Martí anschließende Viertel war einmal die Chinatown

von Cienfuegos, wo viele chinesische Kontraktarbeiter im Hafen schufteten. Cienfuegos ist auch eine bedeutende Industriestadt. Hier stehen das einzige, allerdings immer noch nicht fertiggestellte Atomkraftwerk Cubas, eines der größten Zementwerke Lateinamerikas, eine Raffinerie sowie die riesige Zuckerverladestation Tricontinental. In Cienfuegos liegt auch die cubanische Garnelenflotte und in der hiesigen Fischereischule wird der seefahrende Nachwuchs wissenschaftlich ausgebildet.

Cementerio La Reina 5

Die Avenida 48 führt durch die ehemalige Chinatown hindurch und endet im Westen einen Block südlich des **Cementerio La Reina.** Hier liegen viele spanische Soldaten begraben, die im Unabhängigkeitskrieg fielen. Berühmt ist die Marmorstatue der Bella Durmiente (›Die schöne Schläferin‹) auf dem Grab einer jungen Frau, die 1907 an gebrochenem Herzen gestorben sein soll (tgl. 8–18 Uhr).

Museo Histórico Naval Nacional 6

Über die Calle 19 gelangt man auf die winzige Halbinsel **Cayo Loco** zum **Museo Histórico Naval Nacional,** wo man Exponate aus der Archäologie, der Naturgeschichte, der Seefahrt und der Kunst besichtigen kann. Interessant ist vor allem die Ausstellung über die Marinerevolte gegen Batista, die 1957 in Cienfuegos stattfand (Ave. 60, Ecke 21, Di–Sa 10–18, So 10–13 Uhr, 1 CUC).

Punta Gorda

Vom Stadtzentrum aus führt der Prado (Calle 37) schnurgerade auf die karibisch-charmante Halbinsel **Punta Gorda** mit ihren verwaschenen Holzhäuschen und den ehemals prachtvollen Villen. Die Touristenbusse halten meistens vor dem **Hotel Jagua** 5**,** einst ein hoch elegantes Etablissement, in dem die Hautevolee ihre Hochzeiten zu feiern pflegte. Gegenüber vom Hotel Jagua steht das wohl bizarrste Gebäude von Cienfuegos, eine Art rosafarbene maurische Hochzeitstorte: der **Palacio del Valle** 7. Anderthalb Millionen Dollar gab Don Ciscle del Valle y Blanco 1913 aus, um das ursprünglich ›normale‹ kreolische Landhaus in einen Palast zu verwandeln. Und da Don del Valle Spanier war, wollte er die maurische Pracht der Alhambra an die Bahía de Cienfuegos bringen. Das Ergebnis ist ein kurioses Ensemble mit vielen dekorativen Details. Der Bruder des Diktators Batista kaufte in den 1950er-Jahren den Palast und richtete hier ein ebenso elegantes wie profitables Spielkasino ein. Heute rollen hier keine Roulettekugeln mehr, stattdessen wird in einem Restaurant kreolische Küche serviert. Doch man kann auch einfach so durch das Haus streifen, die kostbar-kitschige Inneneinrichtung betrachten und den herrlichen Blick von der Dachgartenbar genießen – dazu vielleicht ein Trago Carmencita, ein köstlicher Drink, gewidmet der gleichnamigen Pianospielerin, die die Gäste seit über 20 Jahren mit ihrer musikalischen Unterhaltung erfreut (Besichtigung des Gebäudes 1 CUC).

Noch ein paar Schritte weiter und man befindet sich an der Spitze der Halbinsel. Der kurze Spaziergang dorthin lohnt unbedingt, denn hier stehen noch einige schöne alte Holzhäuser und in dem kleinen Park am Ende der Landzunge lässt es sich ganz wunderbar picknicken.

Cementerio Tomás Acea

2 km östlich vom Stadtzentrum in der Avenida 5 de Septiembre liegt der **Cementerio Tomás Acea** 8, ein weiterer sehenswerter Friedhof mit neoklassizistischem Pavillon, der von 65 Dolmen umgeben ist. Unter den vielen interessanten Gräbern befinden sich auch diejenigen der in Cienfuegos getöteten Rebellen und aufständischen Marinesoldaten (tgl. 6–18 Uhr, 1 CUC).

Infos

Havanatur: Ave. 54, zwischen 31 und 29, Tel. 043 55 13 93, Mo–Fr 8.30–12, 13.30–16.30, Sa 8.30–12 Uhr. Der übliche Service sowie Stadttouren und viele Ausflüge in die Umgebung, z. B. zum Wasserfall El Nicho (30 CUC) und zum Botanischen Garten (10 CUC).

Cubatur: Calle 37 No. 5399, zwischen 54 und 56, Tel. 043 45 12 42, tgl. 8–12, 13–18 Uhr. Ähnliches Angebot wie Havanatur.

Cubanacán: Calle 37, zwischen 12 und 14, Tel. 043 52 49 92; Ave. 54 No. 2903, zwischen 29 und 31, Tel. 043 55 16 80.

Banco Financiero Internacional: Ave. 54, Ecke 29.

Cadeca: Ave. 56 No. 3314, zwischen 35 und 33.

Klotzen statt kleckern – der Palacio del Valle in Cienfuegos

Internet: Telepunto, Calle 31, zwischen 54 und 56, tgl. 8.30–19.30 Uhr.

Übernachten

... im Zentrum:

Neoklassizistisch ▶ **La Unión** 1 (Cubanacán): Calle 31, zwischen 54 und 56, Tel. 043 55 10 20, Fax 043 55 16 85, www.cubanacan.cu. Wunderschön renoviertes Hotel mitten in Cienfuegos. Pool, Internet, medizinische Betreuung, schönes Restaurant, aussichtsreiche Dachterrasse mit Bar (17–1.30 Uhr) und sehr hübscher Patio mit Bar und Live-Musik. Außerdem Mietwagenverleih, Reisebüro, viele Sport- und Freizeitangebote. 49 Zi., EZ ab 64 CUC, DZ ab 80 CUC inkl. Frühstück.

5-Sterne-Privatquartier ▶ **Casa Bella Perla Marina** 2 (privat): Calle 39 No. 5818, zwischen 58 und 60, Tel. 043 51 89 91, wrodriguezdelrey@yahoo.es. 2 sehr gepflegte und komfortable Zimmer mit Bad, ac, Ventilator und Kühlschrank, begrünte Dachterrasse mit Blick über die Stadt und einen Teil der Bucht, Garage, zentrale Lage, köstliches Essen und dazu außergewöhnlich hilfsbereite Vermieter, die die Stadt wie ihre Westentasche kennen und eine Menge guter Tipps auf Lager haben – bei Waldo und Amileidis bleibt kaum ein Wunsch offen und man fühlt sich wie zu Hause. 20–25 CUC.

Nur 100 m vom Prado entfernt ▶ **Casa Las Golondrinas** 3: Calle 39 No. 5816, zwischen 58 und 60, Tel. 043 51 57 88, drvictor61@yahoo.es. 2 Zimmer mit Bad in schönem Kolonialhaus, auch hier große Terrasse und überaus fürsorgliche Gastgeber. 20–25 CUC.

... in Punta Gorda:

Direkt am Wasser ▶ **Casa Verde** 4 (Gran Caribe): Calle 37, zwischen 0 und 2, gegenüber Hotel Jagua, Tel. 043 55 10 03, Fax 043 55 12 45, www.gran-caribe.com. 2009 eröffnetes Hostal in einem komplett sanierten viktorianischen Haus mit Terrasse direkt am Meer, die einen herrlichen Blick auf die Bucht und das Escambray-Gebirge bietet. 8 helle Zimmer mit großen Bädern. EZ ab 61 CUC, DZ 98 CUC inkl. Frühstück.

Nicht schön, aber komfortabel ▶ **Jagua** 5 (Gran Caribe): Calle 37 No. 1, zwischen 0 und 2, Tel. 043 55 10 03, Fax 043 45 12 45, www.gran-caribe.com. Klotziges Hotel in bester Lage an der Bucht. Mit Restaurant, Pool und Cabaret Guanaroca (Mi–Mo ab 22 Uhr, Eintritt 5 CUC, davon 3 CUC zum Verzehr). 144 Zi., 2 Suiten, EZ ab 60 CUC, DZ ab 85 CUC inkl. Frühstück.

Der blaue Palast ▶ **Palacio Azul** 6 (Cubanacán): Calle 37 No. 1201, zwischen 12 und 14, Tel. 043 55 58 28–29, www.cubanacan.cu. Familiäre, eher etwas schlichte, aber dafür sehr charmante Unterkunft mit 7 Zimmern in hübscher Villa am Meer. DZ 60 CUC inkl. Frühstück.

Unter Pelikanen ▶ **Villa Lagarto** 7 (privat): Calle 35 No. 4-B, zwischen 0 und Litoral, Tel./Fax 043 51 99 66. Das letzte Haus an der Landspitze von Punta Gorda mit Garten direkt am Meer, Mini-Pool und kleinem Steg, auf dem sich oft Pelikane niederlassen. 2 hübsch mit selbst gemachten Korbmöbeln eingerichtete Zimmer im 1. Stock, große Terrasse. Rechtzeitig reservieren! 30–35 CUC.

Tipp: Für Genießer

Keinen Luxus, aber viel Gemütlichkeit, Romantik und vor allem eine unverbaute Sicht übers Meer bietet die **Villa Lagarto** (s. unten), die einen Logenplatz an der Landspitze von Punta Gorda einnimmt. Für einen Drink zum Sonnenuntergang gibt es keinen besseren Ort als die Dachterrasse des bizarren **Palacio del Valle** (s. S. 280), nur wenige Schritte von der Villa Lagarto entfernt. Danach kann man über den Malecón in Richtung Zentrum flanieren und seinen Hunger im zauberhaften **El Aché** (s. S. 280) stillen, umgeben von viel Grün und Vogelgezwitscher.

Essen & Trinken

... im Zentrum:

Mit großem Patio ▶ **La Verja** 1 (staatl.): Ave. 54 No. 3306, zwischen 33 und 35, Tel. 043 51 63 11, tgl. 12–15, 18.30–21.30 Uhr, 1. Di im Monat geschl. In der schönen antiken Umgebung wird man rundum satt, auch wenn keine kulinarischen Höhenflüge zu erwarten sind und es etwas dauert, bis das Essen auf dem Tisch steht. Hauptgerichte ab 10 CUC.

Ein Kleinod ▶ **El Aché** 2 (privat): Ave. 38 No. 4106, zwischen 41 und 43, Tel. 043 52 61 73, Mo–Fr 12–22 Uhr. Der wohl schönste Ort in Cienfuegos zum Essen: Umgeben von vielen Pflanzen und Vogelkäfigen speist man im überdachten Patio. Die Karte hat wenig Neues zu bieten, doch das Essen ist sehr gut zubereitet und kommt in großen Portionen auf den Tisch; auch hervorragende Cocktails. Alle Hauptspeisen 10 CUC inkl. Salat.

Elegantes Ambiente ▶ **1869** (staatl.): im Hotel La Unión 1, tgl. 7–10, 12–15, 18–22 Uhr. Angenehmes Hotelrestaurant mit freundlichem Service und guter Küche; auch Frühstück. Hauptgerichte um 10 CUC.

… in Punta Gorda:

Im Jachtclub ▶ **Café Ciudad:** im Club Cienfuegos 3, Calle 37, zwischen 10 und 12, 2. Stock, Tel. 043 52 65 10, tgl. 12–15, 18–22 Uhr. Elegantes Restaurant in ebenso elegantem Gebäude direkt am Meer. Große Speisenauswahl, sehr schön isst man auf dem Balkon, in der Hochsaison unbedingt reservieren (Hauptgerichte ab 10 CUC). Wesentlich günstiger ist das **Restaurant Marinero** im Erdgeschoss (tgl. 12–20 Uhr), das auf seiner Terrasse am Wasser gegrillten Fisch um die 7 CUC serviert.

Kurioser Palast ▶ **Palacio del Valle** 7: Calle 37, zwischen 0 und 2, Tel. 043 55 12 26, tgl. 12–24 Uhr. Im Erdgeschoss serviert man (überteuerte) kreolische Gerichte und Meeresfrüchte und speist im maurischen Ambiente zu Pianomusik. Die fantastische Bar auf der Dachterrasse ist wie geschaffen für einen Drink am Abend, für Weinliebhaber gibt es im Erdgeschoss eine entsprechende Bar. Hauptgerichte um 10 CUC.

Einkaufen

Einkaufsmeile ist die Avenida 54 zwischen Calle 37 (Prado) und Parque Martí, **El Bulevar** genannt.

Kunsthandwerk ▶ **Galería Maroya** 1: Ave. 54 No. 2506, Parque Martí, Mo–Sa 9–18.30, So 9–13 Uhr. Riesige Auswahl an Gemälden, Pappmascheeobjekten, Schmuck, Batikkleidung etc. **Artex:** im Teatro Terry 1, Parque Martí, Mo–Sa 9–18, So 9–12 Uhr. CDs, Souvenirs, einige Instrumente.

Zigarren, Rum, Kaffee ▶ **El Fundador** 2: Ave. 54, Ecke 29, tgl. 9–19 Uhr. Auch kalte Getränke, die man an den Tischen unter den Arkaden zu sich nehmen kann.

Abends & Nachts

Abends trifft sich die Jugend auf dem Malecón, v. a. um die Cafetería El Rápido, die kalten Getränkenachschub liefert.

Urige Bar ▶ **El Palatino** 1: Ave. 54, Ecke 27, tgl. 10–24 Uhr. Wunderschöner alter Bartresen und Tische unter den Arkaden am Parque Martí – ein prima Ort für einen Drink und zum Leute-Beobachten.

Live-Musik ▶ **Los Jardines del UNEAC** 2: Calle 25, zwischen 56 und 54, Parque Martí, tgl. 10–1 Uhr, Eintritt abends 2 CUC. In dem Patio ist am Wochenende immer *peña* mit traditionellen cubanischen Live-Bands. **Patio de Artex** 3 (auch El Cubanísimo): Calle 35, zwischen 16 und 18, Punta Gorda, Tel. 043 55 12 55, tgl. 21.30–2 Uhr, Eintritt 1–3 CUC. Live-Musik im Freien direkt am Meer.

In Gedenken an Beny Moré ▶ **Club El Beny** 4: Ave. 54, zwischen 31 und 29, Tel. 043 55 16 74, Di 22–2, Mi–So bis 3 Uhr, Eintritt 3 CUC, davon 2 CUC zum Verzehr. Live-Club.

Buntes Programm ▶ **Club Cienfuegos** 3: Calle 37, zwischen 10 und 12, Punta Gorda, Tel. 043 52 65 10, tgl. 9.30–1, ab 21 Uhr Eintritt 1–2 CUC. Auf der riesigen Terrasse des Jachtclubs mit Meerblick ist jeden Abend ab 22 Uhr etwas geboten: Theater, Live-Musik, Karaoke etc.

Disco und mehr ▶ **Casa de la Música** 5: Calle 37, zwischen 4 und 6, Punta Gorda, Tel. 043 51 17 20, Do–Sa ab 22 Uhr Live-Musik, So–Mi Disco, Eintritt 1–3 CUC. Gute Konzerte, interessanter CD-Laden und hübsche Bar über dem Wasser.

Show ▶ **Cabaret Costa Sur** 6: Ave. 40, Ecke 35, Tel. 043 52 58 84, Mi–Mo 21.30 Uhr.

Theater, Tanz etc. ▶ **Teatro Terry** 1: s. S. 275), Tel. 043 51 33 61. Fr–So Tanzaufführungen, Theater, politische Diskussionen u. a.

Beny Moré – der größte Sonero aller Zeiten

Thema

Anfang der 1940er-Jahre stieg ein großer, schlaksiger junger Mulatte in Havanna aus dem Zug, um in der Hauptstadt Karriere zu machen. Er kam aus dem Dörfchen Santa Isabel de las Lajas in der Provinz Las Villas, wo es mehr Flöhe als Menschen gab. Dort also war Bartolomé Maximiliano Moré im August 1919 geboren worden. Den Namen fand er zu umständlich, deshalb taufte er sich um in Beny Moré.

Außer seiner Gitarre hatte Beny Moré kein Gepäck und seine Referenzen waren nicht gerade umwerfend: Die vierte Klasse der Grundschule hatte er abgeschlossen und als Hilfsarbeiter in der Landwirtschaft hatte er ein paar Pesos verdient. Beny Moré nahm seine Gitarre und zog durch die Kneipen, Bars und Restaurants, am liebsten in der Hafengegend. Dann wurde er von Miguel Matamoros entdeckt, der ihn gleich auf eine Tournee nach Mexiko mitnahm. Später drängelten sich die besten Musiker Cubas, um in Beny Morés Banda Gigante zu spielen. Man nannte ihn den »größten Sonero aller Zeiten«, und obwohl Beny Moré mit unzähligen Skandalen in die Schlagzeilen kam, war seine Popularität in Cuba ungebrochen. Kein anderer sang wie er die Sones, Mambos und melodramatischen Boleros, die man nur schreiben und interpretieren kann, wenn das Leben einen nicht mit Samthandschuhen anfasst.

Beny Moré war nicht nur ein fähiger Bandleader, ein charismatischer Sänger und ein Komponist, der mit viel Witz und Charme in der Sprache der einfachen Leute schrieb. Er war musikalisch ein Neuerer, z. B. in seiner Gesangstechnik: Wenn er zum improvisierten Teil der Sones überging, zog er die Melodie so langsam, dass sie einen Gegenrhythmus zum Orchester bildete – eine Technik, die man heutzutage auf jeder guten Salsa-CD hört. Außerdem hat er die Spezialität des *rubateo* entwickelt: Das Tempo der Orchesterbegleitung beschleunigte oder verlangsamte sich, während Beny improvisierte, und wenn beide wieder zusammentrafen, dann natürlich auf Schlag eins des nächsten Taktes – wegen dieser rhythmischen Achterbahnfahrt nannte man ihn auch *el bárbaro del ritmo.* Doch diese trockenen Erklärungen können kaum vermitteln, welches rhythmische und melodische Feuerwerk Beny Moré jedesmal auf der Bühne entfachte, wie er stundenlang auf der Bühne tanzte, den Tänzern die kompliziertesten und schnellsten Schritte vorführte, bei denen seine Beine in den gestreiften Hosen in einem von ihm selbst vorangetriebenen Stakkato auf den Bühnenbrettern trommelten.

Am 19. Februar 1963 starb Beny Moré in Havanna, und die ganze Insel erstarrte in nationaler Trauer, die niemand verordnet hatte. Kaum jemand ging zur Arbeit, Geschäfte und Clubs, Kinos und Restaurants blieben geschlossen. Zehntausende Menschen säumten die 200 km lange Eisenbahnlinie zwischen Havanna und Santa Clara, als der Sarg in Beny Morés Heimatdorf Santa Isabel de las Lajas überführt wurde. 24 Stunden lang spielten alle cubanischen Radiosender ausschließlich seine Lieder. Sein Markenzeichen, den Hut, den jedes Kind kannte, bekam die Musikergewerkschaft als Geschenk. Das alljährliche Internationale Musikfestival im August in Cienfuegos ist ebenfalls dem größten Sonero aller Zeiten gewidmet.

Tipp: Jardín Botánico Soledad

Ca. 14 km südöstlich von Cienfuegos an der Straße nach Trinidad liegt der **Jardín Botánico Soledad,** der reichhaltigste der ganzen Insel. Hier wachsen auf 94 ha knapp 2000 Pflanzenarten aus Lateinamerika, Afrika und Asien, darunter 89 Gummibaum-, 23 Bambus-, 400 Kaktus- und über 300 verschiedene Palmenarten. Begründet wurde der Botanische Garten 1901 von einem Mr. Atkins, der eine große Zuckerfabrik besaß und hier mit der Zucht besonders widerstandsfähiger Sorten experimentierte. 1919 übernahm die Harvard University die Aufsicht über die Anlage, heute wird sie von der Akademie der Wissenschaften betrieben. Sehr empfehlenswert sind die ca. 45-minütigen Führungen, man kann auch mit dem Auto durch das Gelände fahren (Tel. 043 54 51 15, tgl. 8–17 Uhr, Erw. 2,50 CUC, Kinder 1 CUC).

Das Café Terry mit dem Patio lädt zum Draußensitzen ein.

Aktiv

Ausflüge ▶ Nach Trinidad (s. S. 284) führt eine landschaftlich sehr reizvolle Küstenstraße zwischen karibischem Meer und der Sierra del Escambray (s. S. 293). Wer es mit José Martí hält und die Bergseen dem Meer vorzieht, fährt zum Lago Hanabanilla (s. S. 312) oder zum Salto El Nicho (s. S. 283) in der Sierra del Escambray.

Baden ▶ An der 16 km südlich gelegenen Playa Rancho Luna gibt es zahlreiche Wassersportangebote und Tauchmöglichkeiten (s. S. 283).

Hochseefischen, Schnorcheln, Segeln ▶
Marina Cienfuegos 1: Calle 35, zwischen 6 und 8, Punta Gorda, Tel. 043 55 12 41 ext. 104. Angeln (4 Std., 200 CUC/Boot), Schnorcheltouren (ab 16 CUC/Pers.), Segeltörns etc.

Tauchen ▶ Tauchbasen in der Marina Cienfuegos (s. oben) und an der Playa Rancho Luna (s. S. 283).

Termine

Festival Beny Moré: alle zwei Jahre im Aug. (2011, ...). Live-Konzerte der besten cubanischen Bands zu Ehren des Musikers Beny Moré (s. Thema S. 281), der 45 km nördlich von Cienfuegos in Santa Isabel de las Lajas geboren wurde.

Verkehr

Flüge: Aeropuerto Jaime González, Crta. de Conao, 5 km östl., Tel. 043 55 22 67. Mehrmals wöchentl. Inlandsflüge von und nach Havanna.

Züge: Estación de Trenes, Calle 49, geg. Busbahnhof, Tel. 043 52 54 95. Verbindungen 1 x tgl. nach Santa Clara, Mi, Fr und So nach Sancti Spíritus, 4 x wöchentl. nach Havanna (11 CUC). Kein zuverlässiger Fahrplan, Züge fallen oft aus.

Busse: Terminal de Ómnibus, Calle 49, zwischen 56 und 58, Tel. 043 51 57 20. Víazul-Busse je 3 x tgl. nach Havanna (20 CUC) und Trinidad (6 CUC). Von dem kleinen Fährterminal in der Ave. 46, Ecke 25, fahren mehrmals tgl. Busse zur Playa Rancho Luna.

Fähren: Vom Fährterminal, Ave. 46, Ecke 25, unregelmäßig 1–3 x tgl. zum Castillo de Jagua. Die Fähren sind unpünktlich und stets sehr voll (45 Min.).

Mietwagen: Rex, Rotonda Cuatro Caminos, bei der Universität, Tel. 043 55 22 44; Cubacar, Calle 37, Ecke 18, Tel. 043 55 16 45.

Taxis: Cubataxi, Tel. 043 51 91 45; Taxis am Hotel Jagua und am La Unión.

Ziele in der Umgebung von Cienfuegos ▶ J 4/5

Castillo de Jagua

Der zwischen 1738 und 1745 am Westufer der Bahía de Cienfuegos erbaute **Castillo de Jagua** schützte die Stadt einst vor Piraten, heute beheimatet die Festung ein winziges Museum und ein mittelmäßiges Restaurant. Sehr lohnend dagegen ist die 45-minütige Fährfahrt ab Cienfuegos quer über die Bucht ins Fischerdorf **Perché** am Fuß der Festung (tgl. 10–16 Uhr, 1 CUC, s. oben).

Playa Rancho Luna

Cienfuegos Badewanne ist die weiße **Playa Rancho Luna** rund 16 km südlich der Stadt. Am Strand spenden Sonnenschirme etwas Schatten, nebenan liegt ein großer Betonkomplex mit mehreren Restaurants und Cafeterías, aus denen meist laute Musik dröhnt. Hier lässt sich typisch cubanisches Strandleben genießen, und außerdem ist dies eine der wenigen Strandregionen des Landes, an denen Privatquartiere erlaubt sind. Ein lang gestrecktes Korallenriff vor der Küste in Kombination mit zwei Tauchbasen bieten darüber hinaus optimale Bedingungen für Unterwasserexpeditionen.

Weniger sportlich, aber nicht minder spannend ist der Besuch im winzigen **Delfinario,** wo man nicht nur Shows mit den Delfinen erleben (tgl. 10 und 14 Uhr), sondern auch auf Tuchfühlung mit ihnen gehen kann (Crta. Pasacaballo Km 17, Tel. 043 54 81 20, Do–Di 8.30–16 Uhr, Erw. 10 CUC, Kinder 6 CUC, Schwimmen mit Delfinen Erw. 50 CUC, Kinder 33 CUC).

Die Straße zieht sich in westlicher Richtung vorbei an einem Leuchtturm bis an die Mündung der **Bahía de Cienfuegos.** Auf der gegenüberliegenden Seite wird die Bucht vom **Castillo de Jagua** (s. S. 282) bewacht, das heute umgeben ist vom Fischerdorf Perché. Von einer Mole unterhalb des ehemaligen Hotels Pasacaballo – mittlerweile eine Art Sanatorium für überwiegend venezolanische Patienten – starten in unregelmäßigen Abständen Boote zum Fort am anderen Ufer. Der Name des Hotels geht übrigens auf eine Stelle im Mündungskanal zurück, an der die Spanier mit ihren Pferden *(caballos)* das Wasser durchquerten, um nicht die gesamte Bucht umkreisen zu müssen.

Salto El Nicho

Ca. 45 km östlich von Cienfuegos findet man am Rand der Sierra del Escambray (s. S. 293) den herrlichen **Salto El Nicho.** Die Straße zum Wasserfall über **Crucecitas** kann mit einem normalen Pkw befahren werden, alternativ gibt es ab Cienfuegos organisierte Ausflüge hierher. Wer auf eigene Faust anreist und nur ein Bad nehmen will, kann in den großen Pool nahe dem Eingang springen und spart so die 5 CUC Eintritt. Vor Ort werden Ausritte angeboten, ein Restaurant serviert kreolische Küche. An Wochenenden ist meist ziemlich viel los

Infos

Havanatour: im Hotel Rancho Luna, s. unten, Tel. 043 54 80 12.

Übernachten

… an der Playa Rancho Luna:

All inclusive familiär ▶ **Faro Luna** (Cubanacán): Crta. Pasacaballo Km 18, Tel. 043 54 80 30, www.cubanacan.cu. Gepflegtes kleines Hotel am Meer, großer Pool, viele Wassersportangebote, u. a. Tauchen. 46 Zi., EZ ab 72 CUC, DZ ab 90 CUC all inclusive.

All inclusive preiswert ▶ **Rancho Luna** (Cubanacán): Crta. Rancho Luna Km 16, Tel. 043 54 80 12, Fax 043 54 81 31, www.cubanacan.cu. Unattraktives, dafür relativ günstiges Resort mit den üblichen Einrichtungen einer Unterkunft dieser Art, u. a. Tauchbasis. 222 Zi., EZ ab 64 CUC, DZ ab 80 CUC all inclusive.

Zwischen Meer und Fluss ▶ **Campismo Villa Guajimico:** Carretera a Trinidad Km 42, Cumanayagua, Tel. 042 54 09 46–48, www.cubamarviajes.cu. 54 gut ausgestattete Cabañas mitten im Grünen und perfekt als Übernachtungsstopp zwischen Cienfuegos und Trinidad. Mit eigenem kleinen Strand, Restaurant, Laden und Tauchbasis. EZ ab 25 CUC, DZ ab 36 CUC inkl. Frühstück.

Mit Meerblick ▶ **Villa Sol** (privat): Crta. Faro Luna, Casa No. 1, Tel. 0152 27 24 48 (mobil). 2 einfache, unabhängige Zimmer mit Veranda und Blick auf den Strand. 30 CUC.

Aktiv

Tauchen ▶ **Scuba Cuba Faro Luna:** im Hotel Faro Luna, Tel. 043 54 80 20. **Scuba Cuba Whale Shark:** im Hotel Rancho Luna, Tel. 043 54 80 12. **Centro de Buceo Villa Guajimico:** im gleichnamigen Hotel. Tauchgänge an über 40 verschiedenen Spots, auch Wrack- und Höhlentauchen. Tauchgang 35 CUC, Open Water Diver 300 CUC.

Trinidad und die Provinz Sancti Spíritus

Wie ein lebendiges Freilichtmuseum wirkt der historische Kern von Trinidad, dem Juwel unter den cubanischen Kleinstädten – zu Recht eine der Hauptattraktionen des Landes. Der immense Reichtum wurde von Sklaven auf den Zuckerplantagen des Valle de los Ingenios erarbeitet, eines der lohnendsten Ziele in der Umgebung, ebenso wie die Sierra del Escambray und die Provinzhauptstadt Sancti Spíritus.

8 Trinidad und Umgebung

►K 5

Cityplan: S. 286

In **Trinidad** wandelt man auf den Spuren der Zuckeraristokraten, deren Vermögen eine Bilderbuchstadt entstehen ließ, wie es sie in Cuba kein zweites Mal gibt. Bonbonfarbene Kolonialhäuser mit kunstvoll geschmiedeten Fenstergittern säumen die groben Pflastersteingassen, durch die mal ein dünner Esel effektvoll einen klappernden Holzkarren zieht, mal ein Trinitario dekorativ einen verzierten Vogelbauer spazieren trägt. Die UNESCO erklärte Trinidad zum Welterbe, denn neben der Altstadt von Havanna besitzt die Stadt das größte zusammenhängende Ensemble kolonialer Bauwerke auf Cuba. Für Fotografen gibt es hier kein Halten mehr, besonders im weichen Morgen-

Trinidad: Stadt des Zuckers ... und der Musik

und Abendlicht, wenn sich die Gassen rund um die Plaza Mayor in ein pastellfarbenes Gemälde verwandeln.

Geschichte

Gegründet wurde Trinidad 1514 von Diego Velázquez, dem ersten spanischen Gouverneur der Insel. Die Gründungsmesse las Pater Bartolomé de las Casas, der später als Fürsprecher der Indianer bekannt wurde. Die Spanier interessierten sich für diese Gegend, weil in den kleinen Flüssen, die dort ins Meer münden, Goldfunde auftauchten. Der Goldrausch währte jedoch nur kurz, denn die Vorkommen waren minimal und im Vergleich zu den Goldschätzen von Mexiko die Mühe nicht wert. Also machten sich viele Siedler mit Hernán Cortés vom nahen Hafen Casilda aus nach Mexiko auf.

Im 16. und 17. Jh. lebte Trinidad ziemlich ungestört und wohlhabend vom Schmuggel. 1704 plünderte der jamaikanische Pirat Charles Gant die Stadt. Die Antwort der Trinitarios bestand im Aufbau einer eigenen Seeräuberflotte unter der Führung berühmt gewordener Piraten wie Inocentes, Nepomuceno und Armenteros.

Etwa seit Mitte des 18. Jh. erlebte Trinidad durch Sklavenhandel, Zuckerrohranbau und Zuckerhandel sowie Viehwirtschaft eine Blütezeit, die es zum wichtigsten Kultur- und Handelszentrum von ganz Cuba machte. Es entstanden zahlreiche Prachtbauten, ein koloniales Kleinod, das u. a. aufgrund seiner abgeschiedenen Lage zwischen Sierra del Escambray und Karibischem Meer erhalten geblieben ist. Doch schon zu Beginn des 19. Jh. verlor die Stadt ihre überregionale Bedeutung, vor allem, weil sich der Hafen des benachbarten Cienfuegos als strategisch günstiger erwies. Der Unabhängigkeitskrieg mit seinen Verwüstungen und die Befreiung der Sklaven brachten die Wirtschaft Trinidads schließlich zum Erliegen: Fast alle Zuckerfabriken wurden im Krieg niedergebrannt.

Zu Beginn des 20. Jh. hielten Armut und Elend Einzug in Trinidad, ehe man in den 1950er-Jahren seine historische Bedeutung erkannte und die gesamte Stadt zum Kulturdenkmal ernannt wurde. Die eigentlichen Restaurierungen begannen nach der Revolution in den 1960er-Jahren. Heute lebt das einst so beschauliche Trinidad (36 000 Einwohner) in erster Linie vom Tourismus, was vielleicht der Atmosphäre, doch keinesfalls seiner kolonialen Pracht geschadet hat.

Der historische Kern von Trinidad mit den hellbunt gestrichenen Häusern und dem alten, wuchtigen Kopfsteinpflaster erstreckt sich im etwas höher gelegenen nördlichen Teil der Stadt, der für den Autoverkehr gesperrt ist. An vielen Straßen fallen in den Boden eingelassene Kanonenrohre auf – sie kamen als Schiffsballast aus Neuengland und sollten Fußgänger und Gebäude vor den schweren Kutschen der Zuckeraristokraten schützen.

Bei einem Bummel durch die Straßen rund um die Plaza Mayor kann man viele architek-

Tipp: Nepper, Schlepper, Bauernfänger

Falls man mit dem Mietwagen unterwegs ist, bekommt man ab der Stadtgrenze von Trinidad Begleitung von jugendlichen Fahrradfahrern, die ihre Dienste anbieten, die also etwa den Weg weisen wollen, zu einer Casa Particular führen können etc., natürlich gegen Trinkgeld oder Kommission. Am besten, man ignoriert die aufdringlichen Stadtführer und Schlepper einfach. Auch im Stadtzentrum, vor allem um die Plaza Mayor, wird man sehr oft angesprochen, dabei geht es zumeist um illegale Privatrestaurants oder ebensolche Reittouren. Diese vermeintlich günstigen Angebote sollten geflissentlich übergangen werden, denn nicht selten werden Touristen von der Polizei beim Essen gestört oder mitten in der Pampa aus dem Sattel geholt – der Spaß ist jäh beendet und das Geld weg. Leider mehrt sich auch die Zahl der Überfälle in Trinidad. Es gelten die üblichen Vorsichtsmaßnahmen: nachts nicht allein herumspazieren, einsame Gassen meiden und zu keiner Zeit Wertsachen zur Schau tragen.

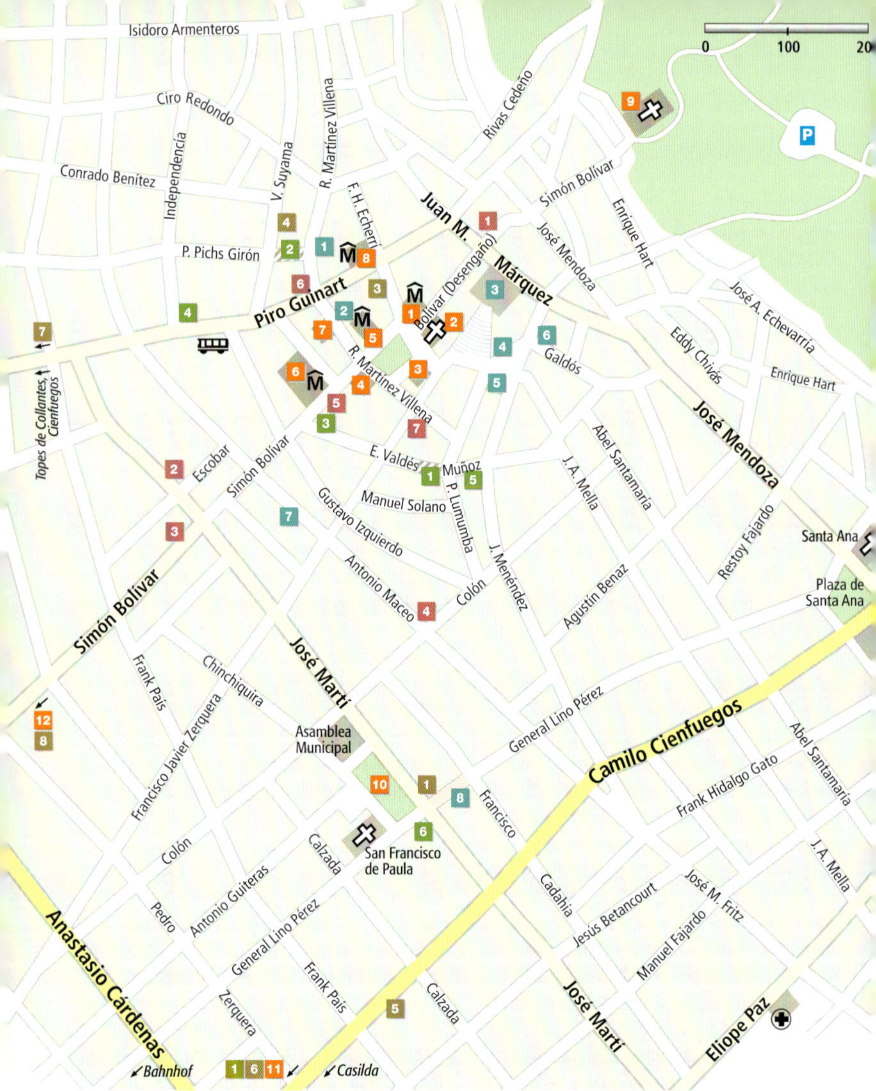

tonische Details der kolonialen Lebensweise beobachten. Berühmt sind die hohen Fenster mit ihren kunstvoll gedrechselten Holzgittern, die im 19. Jh. von fantasievoll geschmiedeten Eisengittern abgelöst wurden. Diese *rejas* haben weniger die Funktion, das Leben im Innern des Hauses von der Straße abzuschirmen, als im Gegenteil das Leben auf der Straße mit dem im Haus zu verbinden. Dass die Trinitarios schon immer sehr gesellig waren, sieht man auch an den Luken, die in die hohen, schweren Holztüren eingearbeitet wurden: Sie sind leichter zu öffnen als die ganze Tür und bieten Gelegenheit für ein kurzes Schwätzchen.

Plaza Mayor

Um die **Plaza Mayor,** den mit Abstand elegantesten kolonialen Platz ganz Cubas, gruppieren sich die Stadtresidenzen der reichsten

Trinidad

Sehenswert
1 Museo Romántico
2 Iglesia Santísima Trinidad
3 Museo de la Arquitectura Colonial
4 Casa Ortíz
5 Museo de Arqueología Guamuhaya
6 Museo Histórico Municipal
7 Casa-Templo de Santería Yemayá
8 Museo de la Lucha Contra Bandidos
9 Ermita de Nuestra Señora de la Candelaria de la Popa
10 Parque Céspedes
11 Playa Ancón
12 La Boca

Übernachten
1 Grand Hotel Trinidad
2 Las Cuevas
3 Mercedes Cuno Gonzáles
4 Jesús Fernández Juviel
5 María C. de Záyas Font
6 Brisas Trinidad del Mar
7 Finca María Dolores
8 Hostal Vista al Mar

Essen & Trinken
1 Estela
2 La Coruña
3 Sol y Son
4 Trinidad Colonial
5 Mesón del Regidor
6 El Jigüe
7 Plaza Mayor

Einkaufen
1 Markt
2 Ambulante Händler
3 Fondo Cubano de Bienes Culturales
4 Palacio de los Artesanos
5 Taller de Instrumentos Musicales
6 Casa del Tabaco

Abends & Nachts
1 Taberna Canchánchara
2 La Parranda Perico Telléz
3 Casa de la Música
4 Palenque de los Congos Reales
5 Casa de la Trova
6 Las Ruinas de Sagarte
7 Las Ruinas del Teatro Brunet
8 Casa Fischer
9 Disco Ayala

Aktiv
1 Marina Trinidad

Familien Trinidads: der Iznagas, der Ortíz und Brunets. Heute sind ihre Paläste in Museen umgewandelt.

Das gelbe Gebäude an der Nordwestseite des Platzes ist das **Museo Romántico** 1 oder auch **Palacio Brunet,** benannt nach seinem einstigen Besitzer Nicolás Brunet y Muñoz. 1740 wurde das Haus zunächst aus Holz erbaut und mit Palmblättern abgedeckt. Später erhielt es ein festes Mauerwerk und Dachziegel. Die starke Krümmung der Ziegel erklärt sich angeblich dadurch, dass sie von Sklaven auf den Oberschenkeln geformt wurden. Im Museum ist eine kostbare Sammlung von Mobiliar, Gläsern und Hausgerät aus dem 19. Jh. zu sehen. Die Sammlung wurde aus allen Teilen der Insel zusammengetragen. Von der zweiten Etage hat man einen weiten Blick über die Stadt (Di–Sa, jeden 2. So 9–17 Uhr, 2 CUC).

Auf der anderen Straßenseite erhebt sich die **Iglesia Santísima Trinidad** 2 (›Kirche der Heiligen Dreifaltigkeit‹, 1884–92). Ihre besondere Attraktion ist der Cristo de Veracruz, eine Christusfigur, die eigentlich für die Stadt Veracruz in Mexiko bestimmt war. Aus Spanien kommend hatte der Christus Trinidad heil erreicht, doch die Weiterfahrt nach Veracruz gestaltete sich schwierig: Dreimal lief das Schiff mit der Holzfigur an Bord aus dem Hafen Casilda aus, dreimal schlugen Wirbelstürme das Schiff zurück, und man gelangte zu der Überzeugung, dass dies ein göttlicher Fingerzeig sei, den Christus in Trinidad zu lassen (Mo–Sa 11–12.30 Uhr, Messe Mo–Fr 8, Sa 16, So 9 und 17 Uhr).

Ein anderer Wirbelsturm sorgte dafür, dass das **Museo de la Arquitectura Colonial** 3 in der **Casa Sánchez Iznaga** an der Ostseite des Platzes eines seiner Anziehungspunkte beraubt wurde: Im Jahr 2005 fegte Hurrikan Dennis mit bis zu 245 km/Std. über Trinidad hinweg und entwurzelte dabei den mächtigen, über 200 Jahre alten Mangobaum im Patio. Glücklicherweise blieben das Museum und seine Exponate unbeschädigt, sodass man sich hier einen interessanten Überblick über die Wohnarchitektur des 18. und 19. Jh. verschaffen kann. Zu den Ausstellungsstücken gehören auch einige besonders schöne

Die Plaza Mayor zeigt sich besonders schön im warmen Morgen- und Abendlicht

Fenstergitter (Mo–Do, Sa, jeden 2. So 9–17 Uhr, 1 CUC).

An der Südseite der Plaza Mayor liegt die elegante zweigeschossige **Casa Ortíz** 4, in der sich eine Kunstgalerie mit Werken regionaler Künstler befindet (Mo–Sa 9–17, So 9–13 Uhr).

Das letzte Museum an der Plaza Mayor, das **Museo de Arqueología Guamuhaya** 5 im **Palacio Padrón** an der Westseite, zeigt Funde aus präkolumbischer und präkeramischer Zeit. Hier wird außerdem ein mehr als 2000 Jahre altes Grab aus den Bergen samt Felszeichnungen und einem Schädel aufbewahrt. Die Fußketten der Sklaven – und die Zahnbürsten der Kolonisatoren – zeigen anschaulich den oft mühseligen Alltag vergangener Jahrhunderte (wegen Renovierung auf unbestimmte Zeit geschlossen).

Museo Histórico Municipal 6

Wenige Schritte südlich der Plaza Mayor wurde im Palast des Zuckermagnaten Cantero das **Museo Histórico Municipal** (›Stadt-

museum‹) untergebracht. Cantero war nicht nur reich und gebildet, sondern auch äußerst fantasievoll: In seinem marmorgetäfelten Bad spendete ein Engelchen Gin, ein anderes Eau de Toilette. Heute ist in den Räumen um den großen Patio die Geschichte Trinidads seit 1514 dargestellt. Eine Wendeltreppe führt zu einem kleinen Ausguck hinauf, der einen Rundblick über die ganze Stadt bis hin zum Meer eröffnet (Calle Bolívar 423, Mo–Do, Sa, jeden 2. So 9–17 Uhr, 2 CUC inkl. Turmbesteigung).

Casa-Templo de Santería Yemayá 7

Einblick in die afrocubanische Glaubensweise erhält man im **Casa-Templo de Santería Yemayá,** einem Santería-Tempel mit verschiedenen Altären. Die anwesenden Santeros geben auf Wunsch eine *consulta,* d. h. sie weissagen mit verschiedenen Techniken nicht nur die Zukunft, sondern analysieren vor allem die Gegenwart (wenn sie seriös sind). Hier feiert man den Tag der Meeresgöttin Yemayá am 8. September mit einer großen Prozession und einem *toque de santo* (›Trommelfest‹). Das Gebäude ist fast durchgehend geöffnet, um eine Spende wird gebeten (Calle R. Martínez Villena 59, zwischen Bolívar und Piro Guinart).

Museo de la Lucha Contra Bandidos 8

Die postrevolutionären Kämpfe im Land und besonders in der Sierra del Escambray, wo sich zwischen 1959 und 1965 bewaffnete konterrevolutionäre Gruppen *(bandidos)* aufhielten, werden im **Museo de la Lucha Contra Bandidos** dokumentiert. Allein das Gebäude lohnt einen Blick: Das Museum ist im ehemaligen **Convento de San Francisco de Asís** untergebracht, das 1730 erbaut, 1926 abgerissen und 1930 nach altem Vorbild neu errichtet wurde. Original erhalten blieb allein der Glockenturm, heute eines der Wahrzeichen und meistfotografierten Bauwerke der Stadt (Calle F. H. Echerrí 67-A, Tel. 041 99 64 45, Di–Sa, jeden 2. So 9–17 Uhr, 1 CUC).

Ermita de Nuestra Señora de la Candelaria de la Popa 9

Fünf Blocks bergauf von der Plaza Mayor führen die Stufen der ›Straße der Ernüchterung‹ (Calle del Desengaño), unter denen einmal ein Friedhof lag, zur Ruine der ältesten Kirche Trinidads hinauf, der **Ermita de Nuestra Señora de la Candelaria de la Popa.** Auch hier wird man mit einem weiten Panoramablick bis ans Meer belohnt.

Parque Céspedes 10

Anders als die überwiegend von Touristen besuchte Plaza Mayor wird der **Parque Cés-**

pedes zumeist von Einheimischen bevölkert. Hier befinden sich das Rathaus, ein paar Geschäfte und an der Ecke Calle Martí und Calle Céspedes einer der letzten Straßenstände, wo der *guarapo,* der Saft des Zuckerrohrs, frisch gepresst serviert wird.

Playa Ancón und La Boca

Auch in Trinidad muss man nicht auf ein Bad in den lauwarmen Wellen der Karibischen See verzichten. Zum weißen breiten Strand, der **Playa Ancón** 11, sind es nur 12 km (Anfahrt über das Fischerdorf **Casilda**). Hier landeten die Karavellen des Eroberers und späteren Stadtgründers und Gouverneurs Velázquez, später sollen die Piraten hier ihre Schätze vergraben haben. Die Playa Ancón gilt zu Recht als der schönste Südküstenstrand. Gleich drei All-inclusive-Resorts, die ihren Gästen zahlreiche Wassersportmöglichkeiten bieten, findet man hier.

Eine schmale Küstenstraße führt zum kleinen Fischerdörfchen **La Boca** 12. Wer dem touristischen Trubel in Trinidad zumindest bei Nacht den Rücken kehren will, findet hier einige Privatquartiere.

Infos

Infotur: Calle Simón Bolívar, Ecke Antonio Maceo, Tel. 041 99 62 57, Mo–Sa 8.30–17 Uhr.
Cubatur: Calle Antonio Maceo 129, Ecke Zerquera, Tel. 041 99 63 14, tgl. 8.35–19 Uhr. Hotelreservierung, Ausflüge, Víazul-Tickets.
Havanatur: im Mesón del Regidor (s. S. 292), Tel. 041 99 61 83, Mo–Fr 8–17, Sa 8–12 Uhr.
Cadeca: Calle José Martí 166, zwischen Lino Pérez und Camilo Cienfuegos.
Internet: Telepunto, Calle Lino Pérez 274, Parque Céspedes, tgl. 8–19.30 Uhr.

Übernachten

... in Trinidad:

In Trinidad werden außerordentlich viele und vor allem sehr schöne Privatquartiere angeboten, sodass man eigentlich nicht auf die staatlichen Hotels angewiesen ist. Achtung: Einige Vermieter versuchen ihren Gästen eine Vollpension aufzuzwingen *(todo obligado),* darauf sollte man aus Prinzip nicht eingehen.

Genügt höchsten Ansprüchen ▶ **Grand Hotel Trinidad** 1: Calle José Martí, Ecke Lino Pérez, Tel. 041 99 60 73–75, Fax 041 99 60 77, www.iberostar.com. Das einzige Hotel mitten im Zentrum ist in einem hübschen Kolonialhaus am Parque Céspedes untergebracht. Sehr gute Ausstattung, alle Zimmer mit Balkon oder Terrasse, toller Service, exzellentes Restaurant und viel Charme. 40 Zi., EZ ab 150 CUC, DZ ab 200 CUC inkl. Frühstück.

Aussichtsreich ▶ **Las Cuevas** 2 (Islazúl): Calle Santa Ana, Tel. 041 99 61 33, Fax 041 99 61 61. Bungalowanlage auf einem Hügel oberhalb der Stadt mit schönem Blick, Tennisplatz, Pool und abendlicher Show. 114 Zi., DZ ab 90 CUC inkl. Frühstück.

Kolonialer Traum ▶ **Mercedes Cuno Gonzáles** 3: Calle Echerrí (Calle Cristo) 57, zwischen Bolívar und Piro Guinart, Tel. 041 99 31 13, 0151 81 68 02 (mobil). Nur 20 m von der Plaza Mayor entfernt. Fantastisches Kolonialgebäude von 1730 mit originalen Steinfußböden und sehr heimeligem, ockergelb gestrichenem Patio mit Arkadengang aus Holz. 2 Zi., eines stilgerecht mit Eisenbetten eingerichtet. 15–25 CUC.

Gigantische Dachterrasse ▶ **Jesús Fernández Juviel** 4: Calle Vicente Suyama 34, zwischen Pablo Pichs Girón und Ciro Redondo, Tel. 041 99 65 95. Auf den ersten Blick nicht umwerfend, doch hat man die zwei netten Zimmer im 1. Stock und die zweigeteilte Dachterrasse (über eine Brücke miteinander verbunden) erst einmal gesehen, schwinden alle Zweifel – Trinidad von oben, als Kulisse wahlweise die Sierra del Escambray oder das Meer. Auch sehr gutes Essen und gute Parkmöglichkeit. 15–25 CUC.

Mit Familienanschluss ▶ **María C. de Záyas Font** 5: Calle Camilo Cienfuegos 126, zwischen Frank País und Miguel Calzada, Tel. 041 99 37 25, mariaelenatrinidad@yahoo.com. Sehr großes Kolonialhaus in der Hauptdurchgangsstraße (manchmal etwas laut). Die zwei Zimmer sind mit liebevoll restauriertem Mobiliar eingerichtet, selbst in den Bädern stehen kostbare alte Waschtische und Badewannen. Großer Patio. 15–25 CUC.

aktiv unterwegs

Trinidads Musikszene – eine abendliche Kneipentour

Tour-Infos
Start: Taberna Canchánchara
Dauer: open end

Trinidad hat ein extrem lebendiges Nachtleben. Die meisten Lokalitäten liegen nur einen Katzensprung voneinander entfernt rund um die Plaza Mayor.

Beginnen sollte man mit der Tour in der **Taberna Canchánchara** 1, weil der hier ausgeschenkte Spezialdrink aus Schnaps, Limonensaft, Bienenhonig und Eis einen perfekten Auftakt für den Abend bildet. Kenner gehen so weit zu sagen, dass wer *canchánchara* nicht probiert habe, nicht wirklich in Trinidad gewesen sei – schließlich gibt es diesen Cocktail seit Beginn des Unabhängigkeitskriegs 1895 und erfunden haben soll ihn kein anderer als der Freiheitskämpfer Antonio Maceo. Für die musikalische Untermalung sorgt ab 15 Uhr Alberto Pablo, ein sehr guter Perkussionist (Calle R. Martínez Villena, Ecke P. Pichs Girón, tgl. 9.30–24 Uhr).

Ebenfalls in der Calle R. Martínez Villena, zwischen Bolívar und Piro Guinart, dient ein malerischer Hinterhof mit gackernden Hühnern, Autowracks und wackligen Holzbänken als Kulisse für die Band Los Pinos, die Erinnerungen an den Buena Vista Social Club wach werden lässt. **La Parranda Perico Telléz** 2 zählt mit Abstand zu den urigsten Etablissements in Trinidad, herzliche Kontakte mit Einheimischen sind garantiert, aus unerfindlichen Quellen fließt Mojito, und wer will, kann für ein paar Pesos Convertibles spontanen Salsaunterricht nehmen (tgl. 10–23 Uhr, Eintritt frei).

Einer der stimmungsvollsten Orte des Landes, um bei einem Mojito cubanischen Klängen zu lauschen, ist die **Casa de la Música** 3. Auf der breiten Steintreppe neben der Pfarrkirche an der Plaza Mayor wird beinahe den ganzen Tag über Musik gemacht und im Salón de Espectáculo ab 22 Uhr eine Tanzshow aufgeführt, in der Disco geht ab 23 Uhr die Post ab – hier trifft sich halb Trinidad und die ganze Touristengemeinde (tgl. Live-Musik 10–24 Uhr, Eintritt Disco 1 CUC).

Nur wenige Häuser weiter dringen aus dem **Palenque de los Congos Reales** 4 afrocubanische Rhythmen, effektvoll in Szene gesetzt vom Conjunto Folclórico de Trinidad, einer professionellen Band und Tanztruppe (Calle Echerrí, tagsüber frei, abends 1 CUC Eintritt). Schräg gegenüber befindet sich die **Casa de la Trova** 5, in der routinierte *trovadores* ihr Programm zum Besten geben (Calle Echerrí 29, Ecke J. Menéndez, tgl. 10–2 Uhr, tagsüber kostenlos, abends 1 CUC Eintritt).

Für eine Erholungspause zwischendrin wie geschaffen ist der schöne Innenhof der Bar **Las Ruinas de Sagarte** 6 um die Ecke, zumindest wenn auch hier nicht gerade eine Live-Band spielt (Calle J. Menéndez, zwischen Galdós und J. M. Márquez, tgl. 10–1.30 Uhr).

... außerhalb:
Von den drei All-inclusive-Hotels an der Playa Ancón ist das Brisas Trinidad del Mar das jüngste und bei Weitem das schönste.

Gepflegt ▶ **Brisas Trinidad del Mar** 6 (Cubanacán): Playa Ancón, Tel. 041 99 65 07, www.cubanacan.cu. Überschaubare Anlage am schönsten Strandabschnitt der Halbinsel Ancón. Viele Zimmer haben einen Balkon mit Meerblick, einige sind auch für Rollstuhlfahrer geeignet. Große Poollandschaft, mehrere Restaurants und Bars (auch Strandbar), Ladenzeile, Fitnesscenter, Massage, Sauna, großes Sportangebot, Tourismusbüro, Autoverleih etc. 241 Zi., EZ ab 120 CUC, DZ ab 145 CUC all inclusive.

Landpartie ▶ **Finca María Dolores** 7: Crta. de Cienfuegos Km 1,5, ca. 3 km westl., Tel./

Tipp: Einmal Trinidad–Manaca Iznaga bitte

Besonders schön ist die Anreise ins **Valle de los Ingenios** (s. S. 297) mit dem klapprigen Nahverkehrszug vom Bahnhof Trinidad – an der siebten Haltestelle Manaca Iznaga aussteigen. Wer gerne ein Stückchen zu Fuß geht, kann den Zug auch eine Station später an der Casa Guachinango (s. S. 297) verlassen und entlang der Gleise in rund 30 Minuten über die Felder zurück nach Manaca Iznaga laufen (Abfahrt Trinidad 9.30 Uhr, Rückfahrt ab Manaca Iznaga 14.30 Uhr, 10 CUC).

Fax 041 99 64 81. Am Ufer des Río Guaurabo gelegene Bungalowanlage, ideal für Selbstversorger (Küchenzeile). Pool, Restaurant, Bar, Reitmöglichkeit (3–4 Std., 15 CUC). 45 Zi., EZ ab 59 CUC, DZ ab 74 CUC inkl. Frühstück.

Urlaub im Eigenheim ▶ **Hostal Vista al Mar** 8 (privat): Calle Real 47, La Boca, Tel. 041 99 37 16. Hier haben die Gäste ein Haus für sich alleine, der nette und unterhaltsame Vermieter wohnt gleich nebenan. Von der rundumlaufenden Veranda mit Hängematten und Meerblick hat man das ganze Ortsgeschehen im Blick. 25 CUC.

Essen & Trinken

Mit Garten ▶ **Estela** 1 (privat): Calle Simón Bolívar 557, oberhalb der Plaza Mayor, Tel. 041 99 43 29, Mo–Fr 18.30–21.30 Uhr. Besonders angenehm sitzt man im Garten hinter dem Haus. Hauptgerichte ab 8 CUC.

Hausmannskost ▶ **La Coruña** 2 (privat): Calle Martí 430, zwischen Piro Guinart und Escobar, tgl. 11–23 Uhr. Während man Schweinefleisch mit Reis und schwarzen Bohnen isst, kann man die Sprüche anderer Gäste an den Wänden lesen. Hauptgerichte ab 8 CUC.

Warten lohnt ▶ **Sol y Son** 3 (privat): Calle Bolívar 283, zwischen Frank País und Martí, tgl. 12–14, 19.30–23 Uhr. Lange Schlangen zeigen an, dass dieser Paladar sehr beliebt ist. Große Auswahl an Nudelgerichten, leckeres gegrilltes Schweinefleisch. Man sitzt im gemütlichen Patio. Hauptspeisen ab 7 CUC.

Speisen mit Stil ▶ **Trinidad Colonial** 4 (staatl.): Calle Maceo 402, Ecke Colón, Tel. 041 99 64 73, tgl. 11.30–22 Uhr. Elegantes Kolonialhaus aus dem 19. Jh. (Casa Bidegaray), das sehr geschmackvoll eingerichtet ist und erstaunlich preiswerte Kost mit Lobster, Fisch und Schweinefleisch serviert. Hauptgerichte ab 6 CUC.

Gegrilltes ▶ **Mesón del Regidor** 5 (staatl.): Calle S. Bolívar 422, Tel. 041 99 65 72, tgl. 11–22 Uhr. Spezialität des Hauses ist gegrilltes Fleisch. Hauptgerichte ab 6 CUC.

Leckeres Hühnchen ▶ **El Jigüe** 6 (staatl.): Calle R. Martínez Villena 69, Ecke Piro Guinart, Tel. 041 99 64 76, tgl. 12–22.30 Uhr. Schönes Restaurant in einem Kolonialhaus, sehr empfehlenswert ist das überbackene Huhn nach Art des Hauses für 5,95 CUC *(pollo al Jigüe)*. Auch gute Fischgerichte.

Bei Touristen beliebt ▶ **Plaza Mayor** 7 (staatl.): Calle R. Martínez Villena, Ecke Zerquera, Tel. 041 99 64 70, tgl. 12–22.30 Uhr. Das Angebot reicht von Spaghetti bis zum Lobster, auch viel besuchte Bar (bis 1 Uhr). Hauptgerichte ab 2,50 CUC, Büfett 8 CUC.

Einkaufen

Kunsthandwerk ▶ Lokal gefertigte Produkte und andere Souvenirs findet man u. a. auf einem **Markt** 1 südöstlich der Plaza Mayor, Calle E. Valdés Muñoz, Ecke P. Lumumba, und bei **ambulanten Händlern** 2 in der Calle Pablo Pichs Girón, zwischen R. Martínez Villena und Vicente Suyama. **Fondo Cubano de Bienes Culturales** 3: Calle Bolívar 418, Mo–Do 9–18, Fr/Sa 9–15, So 9–12 Uhr. **Palacio de los Artesanos** 4: Calle Piro Guinart 221, Ecke Independencia, Mo–Sa 10–18 Uhr. Auch Schmuck.

Gemälde regionaler Künstler ▶ **Galeria de Arte:** in der Casa Ortíz 4, Calle R. Martínez Villena, Ecke Bolívar, s. S. 288.

Musik ▶ **Taller de Instrumentos Musicales** 5: Calle Jesús Menéndez, Ecke Muñoz, Mo–Fr 9–17, Sa 9–12 Uhr. Instrumente, z. B. Trommeln, vom Hersteller. **Tienda Egrem:** in

der Casa de la Música 3, tgl. 10–20 Uhr. CDs und mehr.
Zigarren ▶ **Casa del Tabaco** 6: Calle Lino Pérez, Ecke Martí, Mo–Sa 9–18 Uhr.

Abends & Nachts

Neben den Tipps auf S. 291 gibt es weitere Adressen für ein bewegtes Nachtleben:
Ruinenambiente ▶ **Las Ruinas del Teatro Brunet** 7: Calle Maceo 461, zwischen Bolívar und Zerquera, Eintritt frei. Tgl. ab 22 Uhr spielt die afro-haitianische Band Bandame.
Buntes Programm ▶ **Casa Fischer** 8 (Centro Cultural Artex): Calle Lino Pérez 312, zwischen Martí und F. Cadahía, Tel. 041 99 64 86, Eintritt 1 CUC. Unterschiedliche Veranstaltungen, u. a. Do ab 21 Uhr Live-Musik.
Höhlendisco ▶ **Disco Ayala** 9: nahe Motel Las Cuevas, zu dem die Diskothek gehört. Di–So ab 22 Uhr, Eintritt 3 CUC inkl. 1 Getränk. Kuriose Location in einer großen Grotte, die einzige klassische Disco in Trinidad.

Aktiv

Tanzen und Trommeln ▶ **Casa de la Música** 3: Plaza Mayor. Tgl. Unterricht in Salsa (10–12, 15–18 Uhr, 8 CUC/Std.) und Perkussion (10–17 Uhr, 1,5 Std./10 CUC).
Radfahren ▶ **Las Ruinas del Teatro Brunet** 7: s. oben. Radverleih für 3 CUC/Tag.
Reiten ▶ Ziel fast aller von den Reisebüros (s. S. 290) angebotenen Touren ist der 5 km westlich von Trinidad gelegene Parque El Cubano.
Baden ▶ **Playa Ancón:** s. S. 290
Wassersport ▶ **Marina Trinidad** 1: Península Ancón, Tel. 041 99 62 05. Segeltörns, Hochseefischen, Tauchen und Schnorcheln.
Ausflüge ▶ Die Reisebüros (s. S. 290) bieten zahlreiche Tagestrips zu fast identischen Preisen an, u. a. nach Topes de Collantes (s. rechts), zum Stausee Hanabanilla (s. S. 312), ins Valle de los Ingenios (s. S. 297) oder ins Kolonialstädtchen Sancti Spíritus (s. S. 299). Selbstfahrer sollten unbedingt die eindrucksvolle Küstenstraße von Trinidad nach Cienfuegos befahren, die zwischen den Ausläufern der Sierra del Escambray und dem türkisfarbenen Meer verläuft.

Termine

Semana de la Cultura Trinitaria: 1. Januarhälfte. Kulturfestival.
Fest des San Juan (hl. Johannes): 24. Juni. Straßenkarneval – wie in Sancti Spíritus sitzen auch in Trinidad viele der Musiker hoch zu Ross.

Verkehr

Flüge: Trinidads Aeropuerto Alberto Delgado wird nur von kleinen Chartermaschinen im Rahmen organisierter Ausflüge angeflogen.
Busse: Terminal de Ómnibus, Calle Piro Guinart 224, zwischen Maceo und Izquierdo, Tel. 041 99 24 48. Víazul-Busse fahren 1 x tgl. via Sancti Spíritus (6 CUC) nach Santiago de Cuba (33 CUC), 1 x tgl. via Cienfuegos (6 CUC) und Santa Clara (8 CUC) nach Varadero (20 CUC) und 3 x tgl. via Cienfuegos nach Havanna (25 CUC).
Mietwagen: Cubacar, Calle Lino Pérez 366, zwischen Antonio Maceo und Francisco Cadahía, Tel 041 99 66 33.
Taxis: Cubataxi, Tel. 041 99 63 17.

9 Sierra del Escambray

▶ K 4/5

Dschungelähnliche Vegetation, Wasserfälle mit natürlichen Pools zum Planschen, Höhlen und eine ganze Reihe von Wanderwegen unterschiedlicher Länge und Schwierigkeit (s. S. 294) machen die **Sierra del Escambray** zu einem der Top-Ziele in Cuba für Naturliebhaber. Der Gebirgszug erstreckt sich über knapp 100 km zwischen Cienfuegos und Sancti Spíritus und erreicht mit dem 1156 m hohen Pico de San Juan seine größte Erhebung. Für den Tourismus erschlossen ist insbesondere der **Gran Parque Natural Topes de Collantes,** den man von Trinidad aus über eine kurvenreiche Straße nach rund 20 km erreicht. Unterwegs passiert man den Aussichtspunkt **Mirador de Caribe,** zu dem steile Stufen hinaufführen. Es lohnt sich, hier einen Stopp einzulegen und den Blick über die Bergwelt bis hinunter zur Península de Ancón schweifen zu lassen.

aktiv unterwegs

Wanderungen im Schutzgebiet Topes de Collantes

Tour-Infos

Start: alle Wanderwege beginnen im Umkreis von 15 km des Centro de Información Topes de Collantes (s. S. 296)
Länge: zwischen 4 und 10 km
Schwierigkeitsgrade: von einfach bis mittelschwer
Wichtige Hinweise: je nach Wetter können die Pfade ziemlich rutschig sein, weswegen man unbedingt festes Schuhwerk anhaben sollte; da die Gebirgsregion zu den regenreichsten in ganz Cuba zählt, sollte man auch eine wasserdichte Jacke einpacken

Der ca. 110 km² große **Gran Parque Natural Topes de Collantes** ist in verschiedene touristische Zonen unterteilt, die alle durch Wanderwege erschlossen sind. Wegen der teils mangelhaften Ausschilderung macht sich ein Führer bezahlt, den man im Centro de Información anheuern kann. In Trinidad werden auch organisierte Touren hierher angeboten. Der Zutritt zu den einzelnen Arealen kostet pro Person zwischen 3,50 und 6,50 CUC.

Parque Caburní

Der meistbegangene Wanderweg (ca. 6 km hin und zurück) startet an der Villa Caburní nordöstlich des Kurhotels und ist zugleich eine der anstrengenderen Strecken. Von Aussichtspunkten entlang der Route, die den 65 m hohen **Salto de Caburní** zum Ziel hat, bieten sich weite Blicke auf die wilde Berglandschaft. Der steile Pfad hinunter an den Fuß des Wasserfalls ist nach Regenfällen ziemlich rutschig, für den Rückweg braucht man etwas Kondition und sollte ausreichend Zeit einplanen. Über mehrere kleine Pools und eine rutschbahnähnliche Felsrinne ergießt sich Cubas höchster Wasserfall in ein glasklares Naturbecken, in dem man wunderbar schwimmen kann.

Parque Vegas Grandes

Einige Hundert Meter südwestlich des Hotels Los Helechos erstreckt sich dieser Park mit einem kurzen Wanderweg (ca. 4 km hin und zurück), der zum **Salto de Vegas Grandes** führt. Auch hier lädt ein türkisfarbener Pool zu einem Bad ein.

Die Wanderwege in den Parques Caburní und Vegas Grandes können gut miteinander kombiniert werden (ca. 6 km einfach). Startpunkt ist das Restaurant El Retiro, von Trinidad kommend ca. 3 km vor dem Kurhotel. Über den Salto Vegas Grandes erreicht man den Badepool des Salto de Caburní und steigt dann steil hinauf zur Villa Caburní.

Parque La Represa

Westlich vom Parque Vegas Grandes liegt der Parque La Represa mit dem **Sendero La Batata** (ca. 6 km hin und zurück) zum gleichna-

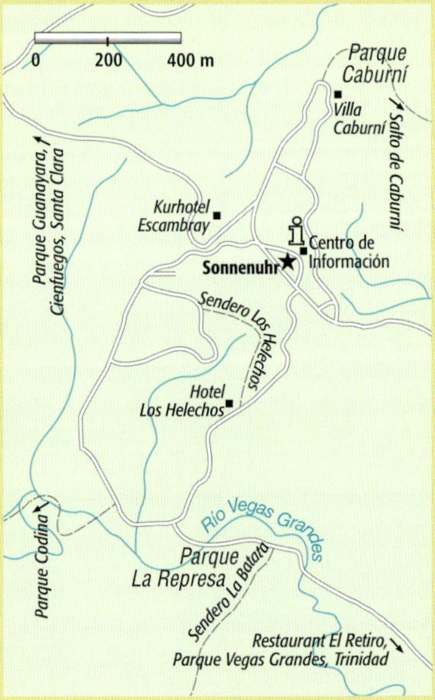

migen Höhlensystem. Hier verläuft ein unterirdischer Fluss, doch nur ganz Mutige werden in dem – für cubanische Verhältnisse – eiskalten Wasser abtauchen wollen. Der Hinweg führt relativ einfach bergab, für den Rückweg braucht man wesentlich mehr Zeit und Kraft.

Parque Codina

Etwa 7 km südlich vom Kurhotel bildet die **Hacienda Codina,** eine ehemalige Kaffeeplantage, den Mittelpunkt des gleichnamigen Parks, der zu einer Art botanischer Garten ausgebaut wurde. Man kann hier sehr gut Vögel beobachten, durch einen Orchideengarten oder Bambushain schlendern und sogar medizinische Schlammbäder nehmen. Verschiedene sehr kurze Wege führen zu Wasserfällen, Aussichtspunkten und Höhlen, z. B. zur **Cueva del Altar** mit einem ›Geheimgang‹, der zu einer Stelle mit tollem Blick bis nach Trinidad und ins Valle de los Ingenios führt.

Parque Guanayara

Einer der anspruchsvolleren Wanderwege im Schutzgebiet, der **Sendero Centinelas del Río Melidioso,** führt durch den 15 km nordwestlich von Topes de Collantes gelegenen Parque Guanayara zur **Cascada El Rocío** (ca. 10 km hin und zurück). Startpunkt ist das Restaurant La Gallega, man kann aber auch eine lange Tagestour daraus machen und bereits von Topes de Collantes starten. Vorbei an Kaffeeplantagen und am Ufer des ›Wohlklingenden Flusses‹ entlang geht es mit schönen Ausblicken auf den Pico San Juan mitten durch den Regenwald zum Wasserfall.

Wer zu Fuß unterwegs ist, findet leicht Kontakt zur einheimischen Bevölkerung

Im Herzen des Schutzgebiets auf 800 m Höhe entstand 1954 unter der Regierung Batistas ein Lungensanatorium, dessen massives, an ein Schlachtschiff erinnerndes Gebäude nach der Revolution in eine Schule umfunktioniert wurde. Mittlerweile konzentriert man sich wieder auf Hotelbetrieb und Kurbehandlungen, wobei das Hauptaugenmerk auf der Anwendung von Heilkräutern liegt. Topes de Collantes ist heute als bezahlbares und effizientes Behandlungszentrum in ganz Lateinamerika bekannt und die 210 Zimmer des Hotels sind fast ganzjährig ausgebucht.

Die eigentliche Attraktion von Topes de Collantes ist jedoch die umgebende Natur. In dem feuchten Mikroklima dieser abgeschiedenen Region – einer der regenreichsten in ganz Cuba – gedeiht eine üppige Pflanzenwelt, darunter Zierpflanzen wie Orchideen und Cubas Nationalblume, die weiß blühende *mariposa,* sowie über 300 Farn- und Baumspezies. Die Fauna ist vertreten mit geschätzten 45 % aller endemischen Vögel Cubas, zahlreichen Frosch- und Eidechsenarten, Hirschen, Baumratten *(jutías),* und auch die Cubanische Schlankboa lebt hier, ist aber nur selten zu sehen.

Infos

Centro de Informacíon: unterhalb des Kurhotels Escambray, Tel. 042 54 01 17, 54 02 31, tgl. 10–17 Uhr. Infos, Kartenmaterial, Vermittlung von Wanderführern, Canyoning etc.

Übernachten

Kurhotel ▶ Escambray: Topes de Collantes, Tel. 042 54 01 80, 54 03 04, www.gaviota-grupo.com. Fragwürdige Architektur, Gäste werden nur nach vorheriger Reservierung über eine Reiseagentur aufgenommen. 210 Zi., EZ ab 34 CUC, DZ ab 44 CUC inkl. Frühstück.

Noch mehr Ost-Charme ▶ Los Helechos und **Villa Caburní:** Topes de Collantes, Tel. 042 54 03 30/35, www.gaviota-grupo.com. Schön gelegene, aber nicht unbedingt heimelige Anlage. Mit Hallenbad. 105 Zi., EZ ab 34 CUC, DZ ab 44 CUC inkl. Frühstück.

Die mühselige Zuckerrohrernte war früher Sklavenarbeit

Verkehr

Agenturen in Trinidad bieten organisierte Ausflüge in die Topes de Collantes an. Ein Taxi ab Trinidad kostet ca. 30 CUC hin und zurück.

Valle de los Ingenios ▸ K 5

Ca. 16 km östlich von Trinidad, auf dem Weg nach Sancti Spíritus, liegt das **Valle San Luís,** in dem die Ruinen mehrerer Zuckermühlen stehen, inklusive Sklavenbaracken und Herrenhäusern – eine Zeitreise in die Sklaverei. Ein 44 m hoher neoklassizistischer Turm überragt das ganze Tal, das früher **Valle de los Ingenios** (›Tal der Zuckermühlen‹) genannt wurde. Im 18. und 19. Jh. schufteten hier Zehntausende schwarzer Sklaven auf rund 50 Zuckermühlen. In dieser Gegend wurde der Reichtum erarbeitet, mit dem die Kolonialpaläste Trinidads und das luxuriöse Leben der Zuckerbarone finanziert wurden.

Schon 4 km hinter Trinidad eröffnet sich von einem **Aussichtspunkt** (mit Cafetería) linker Hand der Straße ein wunderbarer Blick über das Tal – auch der **Torre Iznaga** ist in der Ferne auszumachen, ein beredtes Denkmal der Angst der Plantagenbesitzer vor Sklavenrebellionen. Ein Sohn der Familie Manacas aus dem Iznaga-Clan ließ ihn anlässlich einer Wette bauen: Sein Bruder wollte den tiefsten Brunnen graben lassen, er setzte den höchsten Turm daneben. Die Glocken des Turms riefen die Sklaven zur Arbeit, ein Wächter überblickte das gesamte Tal und meldete unverzüglich Brände oder Aufstände (tgl. 9–17 Uhr, 1 CUC).

Vor dem Turm preisen Frauen ihre Häkel- und Stickereiarbeiten an und im ehemaligen Herrenhaus der Familie Iznaga wurde ein Restaurant eingerichtet. Das Gebäude ist dekoriert mit alten Möbelstücken der Iznagas, aber auch mit Fußeisen, Sklavenketten und Strafboxen, die vom Leid vieler Sklavengenerationen künden. Im Verlauf des Unabhängigkeitskriegs brannten die Heere der freigelassenen oder entlaufenen Sklaven *(mambises)* alle Zuckermühlen und Plantagen im Valle San Luís nieder.

Noch schöner zum Einkehren ist die **Casa Guachinango** (s. unten), ca. 4 km nördlich von Manaca Iznaga in Richtung **Condado.** Die Hacienda wurde 1806 erstmals urkundlich erwähnt und hatte bis zum Verkauf an den cubanischen Staat 1989 mehrere Besitzer. Heute beherbergt das malerische, einsam auf den Feldern stehende Holzhaus ein Restaurant, außerdem sind Reittouren im Angebot.

Wieder zurück auf der Hauptstraße, lohnt sich 8 km östlich von Manaca Iznaga noch ein Abstecher zur **Hacienda de Guaimaro** (etwa 2 km südlich der Straße, ausgeschildert). Das auf einem kleinen Hügel erbaute Herrenhaus mit seinem imposanten Arkadengang beeindruckt schon von Weitem, wirklich faszinierend sind jedoch die außerordentlich gut erhaltenen Wandmalereien von Burgen und Landschaften Europas im Innern, ein Erbe der aus Übersee stammenden Plantagenbesitzer. Seit über 10 Jahren wird an dem Gebäude gearbeitet und die Aufpasser führen Besucher gerne herum – natürlich gegen ein kleines Trinkgeld.

Richtung Sancti Spíritus steigt die schmale Landstraße bald etwas an und führt durch eine sanfte Hügellandschaft mit Viehweiden und Tabakfeldern. Wem es hier gefällt, der findet unter Umständen auf dem Campismo Planta Cantú bei **Banao** ein Dach über dem Kopf (s. unten).

Übernachten

Schlafen im Grünen ▸ **Campismo Planta Cantú:** Crta. a Cacahual, ca. 5,5 km nördl. der Hauptstraße (3 km hinter Banao ausgeschildert), Tel. 041 296 98. Landschaftlich sehr schön gelegener Platz mit 32 äußerst einfachen Hütten, die eigentlich nur für Cubaner bestimmt sind, aber Ausnahmen werden gemacht. Bademöglichkeiten im Schwimmbad, im sauberen Fluss oder im Pool der 1,5 km entfernten Cascada de Silencio.

Essen & Trinken

Holzhaus auf Hügel ▸ **Casa Guachinango:** Carretera a Condado Km 4, tgl. 9–17 Uhr. Entspanntes Sitzen auf der überdachten Holzterrasse, dazu gibt's gute kreolische Spezialitä-

Über das Leben in den Sklavenbaracken

Thema

1963 wurde der cubanische Schriftsteller und Ethnologe Miguel Barnet durch eine Zeitungsnotiz auf einen 104 Jahre alten Schwarzen aufmerksam. Esteban Montejo hatte während der Kolonialzeit als Sklave auf den Zuckerplantagen geschuftet, war schließlich geflohen und hatte als *cimarrón* jahrelang versteckt in den Wäldern gelebt, bis er sich als Partisan *(mambí)* der Unabhängigkeitsbewegung gegen Spanien anschloss.

Über mehrere Monate interviewte Miguel Barnet den erstaunlich vitalen Esteban Montejo und fasste seine Tonbandaufzeichnungen zu einem Dokumentarroman zusammen: »Der Cimarrón. Die Lebensgeschichte eines entflohenen Negersklaven aus Cuba, von ihm selbst erzählt«.

»Alle Sklaven lebten in Baracken. Diese Häuser gibt es jetzt nicht mehr, niemand kann sie mehr sehen. Aber ich habe sie gesehen und habe nie gut darüber gedacht. Die Herrschaft, ja, die sagte, die Baracken seien Schmuckkästchen. Aber die Sklaven lebten nicht gern unter diesen Bedingungen, denn das Eingeschlossensein schnitt ihnen die Luft ab. Die Glocke der Plantage war am Ausgang. Die läutete der Aufseher. Um vier Uhr dreißig morgens wurde das Ave Maria geläutet. Ich glaube, das waren neun Glockenschläge. Man musste sofort aufstehen. Um sechs Uhr läuteten sie eine andere Glocke, die nannte man Gänsemarschglocke: Da musste man auf einem Platz außerhalb der Baracke antreten. Die Männer auf der einen Seite, die Frauen auf der anderen. Dann bis elf aufs Feld, dann aßen wir Dörrfleisch, gekochtes Gemüse und Brot. Dann, bei Sonnenuntergang, kam das Abendgebet. Um acht Uhr dreißig läuteten sie das letzte Mal zum Schlafengehen. Das hieß das Schweigen. Der Aufseher schlief in der Baracke und passte auf. Im Hof war ein weißer Nachtwächter, ein Spanier, der wachte auch. Alles war auf der Grundlage von Prügeln und Bewachung.

Ich habe viele Gräuel bei den Strafen in der Sklaverei gesehen. Deswegen passte mir dieses Leben auch nicht. Im Kesselhaus war der Block, das war das Grausamste. Es gab Blöcke zum Liegen und zum Stehen. Sie wurden aus großen Brettern mit Löchern gemacht, da zwangen sie den Sklaven, die Füße, die Hände und den Kopf hineinzustecken. So hielten sie sie zwei oder drei Monate lang eingesperrt, wegen irgendeiner unbedeutenden Schlechtigkeit. (...)

Die üblichste Strafe war das Auspeitschen. Das besorgte der Aufseher selbst mit einem Riemen aus Rindsleder, der machte Striemen auf der Haut. Die Peitsche wurde auch aus Hanf oder aus irgendeinem Zweig aus dem Wald gemacht. Das stach wie der Teufel und riss die Haut in Fetzen herunter. Ich habe viele kräftige Neger mit roten Rücken gesehen. Nachher legten sie ihnen auf die Wunden Kompressen aus Tabakblättern mit Urin und Salz.

Das Leben war hart und die Körper nutzten sich ab. Wer nicht jung als Cimarrón in die Berge ging, musste sich mit der Sklaverei abfinden. Jeder bekam dieses Leben satt. Wer sich daran gewöhnte, dessen Geist wurde kraftlos. Das Leben in den Wäldern war gesünder.«

ten und *música campesina* live. Hauptgerichte um 5 CUC.

Aktiv

Wandern ▶ Vom Campismo Planta Cantú (s. S. 297) aus kann man zu einem ehemaligen Unterschlupf von Che Guevara in den Bergen wandern (11 km). Vor Ort findet sich meist jemand, der gegen ein Trinkgeld die Führung dorthin übernimmt.

Termine

Día de San Lázaro: 16.–18. Dez. Drei Tage lang steht der Santería-Tempel in Condado, 6 km nördlich von Manaca Iznaga, im Mittelpunkt eines rauschenden Fests – am 16. Dez. werden zu Ehren von Babalú Ayé (San Lázaro) Tieropfer dargebracht, dann kommen die Trommler und der *toque,* das rituelle Trommeln, beginnt.

Sancti Spíritus ▶ L 5

Cityplan: S. 301

Von Trinidad ist das verschlafene Kolonialstädtchen **Sancti Spíritus** (90 000 Einwohner) nur 67 km entfernt. Die Provinzmetropole wird von den meisten Reisenden links liegen gelassen – fälschlicherweise, denn der kleine historische Kern lohnt auf jeden Fall einen Bummel und mit dem Hostal del Rijo besitzt Sancti Spíritus eine der schönsten Unterkünfte des ganzen Landes.

Sancti Spíritus ist eine der sieben ältesten Siedlungen Cubas. 1514 wurde sie in der Nähe eines Indianerdorfs am Río Tuinicú gegründet, ein Ort, der sich wegen Ameisenplagen als ungünstig herausstellte. Obwohl sie im Landesinnern liegt, wurde die Siedlung häufig von Piraten überfallen. Der Umzug an den Río Yayabo befreite die Siedler von den Ameisen, nicht aber von den Piraten.

Zuckermühlen und Papierfabriken in der Umgebung beeinträchtigen den kolonialen Charme von Sancti Spíritus auf den ersten Blick, hat man jedoch erst einmal das Zentrum erreicht, sind diese Eindrücke wie weggeblasen.

Parque Serafín Sánchez

Dreh- und Angelpunkt des städtischen Lebens ist der **Parque Serafín Sánchez** 1 oder Parque Central, ein hübscher baumbestandener Platz, der jedoch ziemlich unter dem starken Verkehr drumherum zu leiden hat. Renovierte Kolonialgebäude wechseln sich mit halben Ruinen ab, darunter das einst schmucke Hotel Perla de Cuba an der Nordostseite, das schon seit Jahren renoviert wird.

Dokumente und Requisiten der Sklavenhaltergesellschaft sind im kleinen **Museo Provincial** 2 ausgestellt, ferner Münzen, dekorative Kunst und natürlich auch reichlich Material über die Geschichte von Sancti Spíritus (Calle Máximo Gómez 3, Mo–Do, Sa 9–17, So 8–12 Uhr, 1 CUC).

Nur wenige Häuser weiter südlich beheimatet das **Museo de Historia Natural** 3 Exponate aus Flora und Fauna, Mineralien, Muscheln sowie ein kleines Planetarium (Calle Máximo Gómez Sur 2, Mo–Do, Sa 9–17, So 8–12 Uhr, 2 CUC inkl. Planetarium).

Plaza Honorato

Über die Calle Máximo Gómez geht es an der Casa de la Trova vorbei zum schönsten Platz von Sancti Spíritus, der **Plaza Honorato** 4. Hier residiert das mit viel Liebe restaurierte **Hostal del Rijo** 1 (s. S. 304), ein kleines, aber sehr feines Hotel. Manchmal werden auf dem Platz Stände aufgebaut, die hübsches Kunsthandwerk zum Verkauf anbieten, und nicht selten findet sich abends eine Band ein, die cubanische Rhythmen zum Besten gibt.

An der Südseite ragt die **Iglesia Parroquial Mayor del Espíritu Santo** 5 in die

Tipp: Karnevalstreiben

Während des Karnevals im Juli lohnt sich ein Ausflug nach Sancti Spíritus ganz besonders, denn hier findet das Spektakel zu Pferd statt. Hunderte von Conga-Trommlern sitzen hoch zu Ross, und man wird verwundert feststellen, dass Pferde sogar im Conga-Rhythmus galoppieren können.

Sancti Spíritus

Sehenswert

1 Parque Serafín Sánchez
2 Museo Provincial
3 Museo de Historia Natural
4 Plaza Honorato
5 Iglesia Parroquial Mayor del Espíritu Santo
6 Museo de Arte Colonial
7 Teatro Principal
8 Puente Yayabo
9 Galería de Arte UNEAC
10 Casa del Teatro
11 Galería de Arte Oscar Fernández Morera
12 Museo Casa Natal de Serafín Sánchez
13 Iglesia de Nuestra Señora de la Caridad
14 Fundación Antonio Núñez Jiménez de la Naturaleza y el Hombre
15 Embalse Zaza

Übernachten

1 Hostal del Rijo
2 Plaza
3 Hostal Antoñico Santiesteban
4 María Teresa Lorenzo Orosco
5 Rancho Hatuey
6 Zaza

Essen & Trinken

1 Mesón de la Plaza
2 Quinta Santa Elena
3 El Sótano

Einkaufen

1 Fondo Cubano de Bienes Culturales
2 Tienda El Monje

Abends & Nachts

1 Casa de la Trova Miguel Companioni
2 Cabaret Tropigala

Höhe, die als älteste Kirche Cubas (1680) gilt. Begonnen wurde mit ihrem Bau 1522, allerdings wurde sie immer wieder zerstört und neu aufgebaut, sodass von der ursprünglichen Konstruktion kaum noch etwas übrig ist. Der Turm aus dem 18. Jh. hat eine schöne Holzdecke, die man auch besichtigen kann – falls die Kirche geschlossen ist: Der nebenan wohnende Pfarrer öffnet interessierten Besuchern gern. Sowohl die Kirche wie auch die steinerne Bogenbrücke über den Yayabo und die Kolonialbauten in der Calle Llano sind zum nationalen Kulturdenkmal erklärt worden (Calle Agramonte Oeste 58, tgl. 8.30–18 Uhr, Messe: Di–Sa 17.30, So 9 Uhr).

Richtung Fluss

Einen Block weiter südlich ist in einem weiteren Stadtpalais der Zuckerdynastie Valle-Iznaga das **Museo de Arte Colonial** 6 untergebracht, eines der lohnendsten Museen von Sancti Spíritus. Kostbare Möbel, Bilder und Porzellan der Wohnkultur der Aristokratie zeugen von dem Luxus, in dem die Sklavenhaltergesellschaft lebte (Calle Plácido 74, Ecke Jesús Menéndez, derzeit wegen Renovierung geschlossen).

Vorbei am **Teatro Principal** 7 von 1876 geht es zur **Puente Yayabo** 8**,** einer steinernen Bogenbrücke, die 1815 von den Spaniern gebaut wurde. Den schönsten Blick auf die Brücke genießt man von der Terrasse des Lokals **Quinta Santa Elena** 2 (s. S. 304), das bereits mitten im historischen Stadtkern liegt. Dies ist zweifellos die malerischste Ecke von Sancti Spíritus, zwar renoviert, aber im Vergleich zu Trinidad nicht für den Tourismus herausgeputzt. In den groben Kopfsteinpflastergassen reihen sich in kräftigen Farben angemalte Häuser aneinander, Kinder spielen *béisbol,* auf den Gehwegen wippen die Menschen in ihren Schaukelstühlen, Katzen und Hunde streifen um die Ecken und ab und zu holpert ein Fahrradfahrer vorbei. Man findet hier mehr als genug Fotomotive.

Über die **Calle Llano** gelangt man zurück zur Calle Honorato, die in östlicher Richtung in die Fußgängerzone Calle Independencia mündet.

Calle Independencia

Die wichtigste Einkaufsstraße von Sancti Spíritus, die **Calle Independencia,** hat nicht nur Geschäfte zu bieten. In der **Galería de Arte UNEAC** 9 bekommt alle zwei Monate ein cubanischer Künstler die Gelegenheit, seine Werke auszustellen. Der Patio fungiert als Veranstaltungsraum, wo regelmäßig Literaturlesungen, Musik- und Tanzdarbietungen stattfinden. Das aktuelle Programm wird ausgehängt (Calle Independencia 10, Tel. 041 32 42 07, tgl. 8–12, 13.30–17 Uhr).

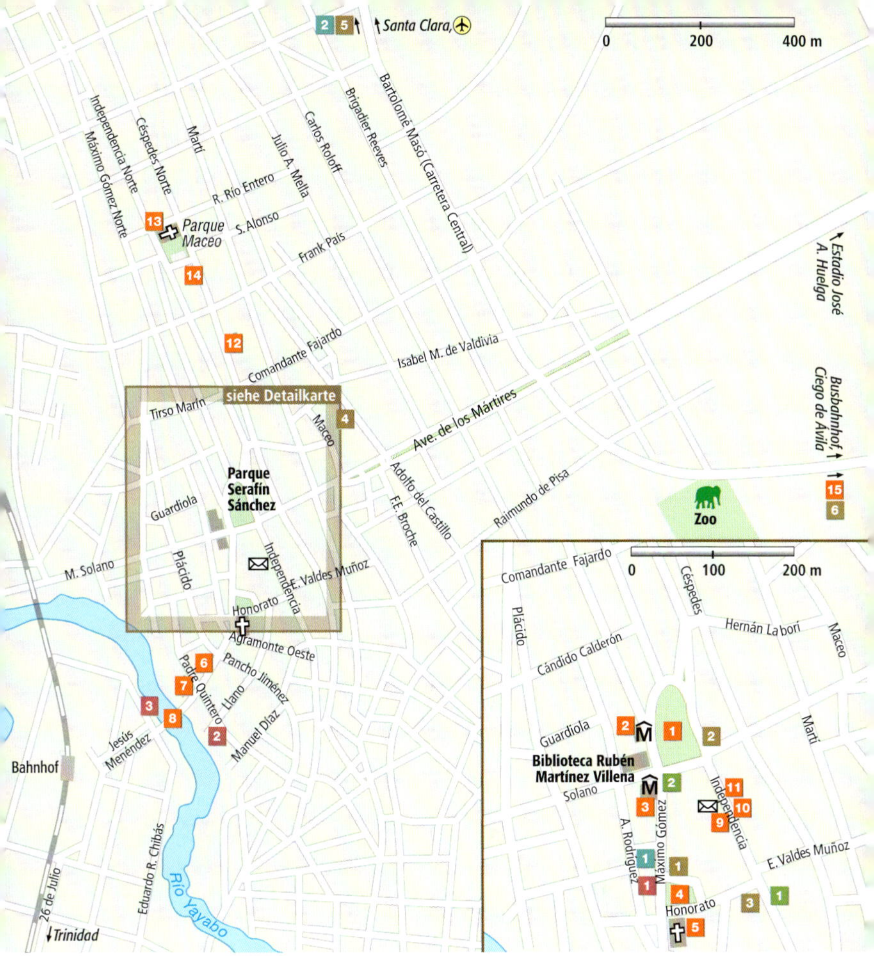

Selbst gemachte Marionetten stehen im **Casa del Teatro** 10 im Mittelpunkt. Vor allem für Familien mit Kindern sind die kostenlosen Vorstellungen ein Vergnügen (Calle Independencia 33, Tel. 041 32 57 55, Sa/So 10 Uhr).

In der Calle Independencia Nr. 35 lebte der Künstler Oscar Fernández Morera (1890–1946). Seine Arbeiten sind in der heute hier untergebrachten **Galería de Arte Oscar Fernández Morera** 11 zu sehen (Di–Sa 8.30–12, 13–17, So 8–12 Uhr, Eintritt frei).

Calle Céspedes Norte

Alle weiteren Sehenswürdigkeiten befinden sich in der **Calle Céspedes Norte,** die nordöstlich vom Parque Serafín Sánchez beginnt. In dem Haus mit der Nummer 112 wurde am 2. Juli 1846 Serafín Sánchez geboren, der an beiden Unabhängigkeitskriegen gegen Spanien teilnahm und 1896 fiel. Ihm zu Ehren wurde das **Museo Casa Natal de Serafín Sánchez** 12 gegründet, das jedoch nur einen kurzen Blick lohnt (Tel. 041 32 77 91, Di–Sa 8.30–17, So 8–12 Uhr, 0,50 CUC).

Parque Maceo

Zwei Blocks weiter nördlich stößt man auf den beschaulichen **Parque Maceo** mit der hübschen **Iglesia de Nuestra Señora de la Caridad** 13 und der **Fundación Antonio Nú-**

ñez Jiménez de la Naturaleza y el Hombre 14, einem originellen Museum, das eine spektakuläre Expedition dokumentiert: Der cubanische Schriftsteller Antonio Núñez Jiménez (1923–90) fuhr 1987 in dem Kanu Simón Bolívar 17 442 km vom Amazonas in die Karibik und durchquerte zehn Länder. Ziel seiner Unternehmung war es, die Reise der ersten indigenen Siedler Cubas, der Guanahatabeyes, nachzuvollziehen, die 3000 v. Chr. auf vermutlich genau diesem Weg eingewandert waren. Im Museum sind das riesige Holzkanu zu sehen, das am Río Napo in Ecuador für die Expedition geschnitzt wurde, sowie eine faszinierende Muschelsammlung und Artefakte von Indianern wie Speere, Pfeile und Bögen (Calle Cruz Pérez 1, Tel. 041 32 83 42, Mo–Fr 10–16 Uhr, 0,50 CUC).

Embalse Zaza

Am südöstlichen Rand der Stadt liegt der **Embalse Zaza 15,** aus dem heute noch die Spitzen der Palmen ragen. Der Stausee ist vor allem beliebt bei Anglern, die hier optimale Bedingungen vorfinden. Direkt am Ufer können moskitoresistente Menschen im Hotel Zaza übernachten und sich vom Gequake der Frösche in den Schlaf wiegen lassen.

Infos

Cubatur: Calle Máximo Gómez, Parque Serafín Sánchez, Tel. 041 32 85 18, Mo–Sa 9–12, 14–18 Uhr. Allgemeine Infos, Hotelreservierungen, Flug- und Bustickets sowie Transfers und Ausflüge, z. B. zum Embalse Zaza.
Banco Financiero Internacional: Calle Independencia Sur 2, Parque Serafín Sánchez.
Cadeca: Calle Independencia Sur 31.
Internet: Etecsa, Calle Independencia 14, tgl. 8–19.30 Uhr.

Übernachten

... im Zentrum:
Hübsches Kolonialhotel ▶ **Plaza 2** (Cubanacán): Calle Independencia, Ecke Ave. de los Mártires (Ostseite Parque Serafín Sánchez), Tel. 041 32 71 02, Fax 041 32 69 40, www.cubanacan.cu. In dem neu renovierten Kolonialgebäude wohnt man komfortabel und zentral. Die Zimmer sind epochengetreu mit Eisenbetten und -stühlen eingerichtet. Sehr schöne Lobby-Bar. 27 Zi., DZ 60 CUC inkl. Frühstück.
Im historischen Zentrum ▶ **Hostal Antoñico Santiesteban 3** (privat): Calle Honorato 7, zwischen Independencia und Llano, Tel. 041 32 41 85. 2 Zimmer, die von einem länglichen Patio abgehen – schlichte Unterkunft, aber sehr nette Atmosphäre, zentral und gutes Essen. 15–20 CUC.
Zimmer mit Terrasse ▶ **María Teresa Lorenzo Orosco 4** (privat): Calle Adolfo del Castillo 33 (1. Stock), zwischen Isabel M. de Valdivia und Ave. de los Mártires, Tel. 041 32

Die Trommeln immer dabei – nicht nur zu Karneval

47 33. In der kleinen Wohnung eines sympathischen älteren Ehepaars werden 2 Zimmer vermietet, eines davon geht direkt auf die herrliche Terrasse. 15–20 CUC.

... außerhalb:

Bungalowanlage ▶ **Rancho Hatuey** 5 (Islazúl): Carretera Central Km 384, Tel. 041 32 83 15, Fax 041 32 83 30, www.islazul.cu. 2-stöckige Häuser, die über eine Grünfläche verteilt liegen. Mit Pool und Restaurant. Ein Taxi in die Stadt kostet 5 CUC. 73 Zi., EZ 37 CUC, DZ 53 CUC inkl. Frühstück.

Basis für Angler ▶ **Zaza** 6 (Islazúl): Finca San José Km 5, Lago Zaza, ca. 10 km östl., Tel. 041 32 70 15, Fax 041 32 83 59, www.islazul.cu. Äußerlich nicht gerade ein Schmuckstück, ist das Zaza am riesigen Stausee ein beliebter Ausgangspunkt für Jagd- und Angelausflüge. Pool mit lauter Musik, abends viele Moskitos. 76 Zi., EZ ab 14 CUC, DZ ab 22 CUC inkl. Frühstück.

Essen & Trinken

Zünftig ▶ **Mesón de la Plaza** 1 (staatl.): Calle Máximo Gómez 34, Plaza Honorato, Tel. 041 32 85 46, tgl. 9–22.45 Uhr. Nettes Lokal mit rustikalen Holztischen und -bänken, Spezialität: *ternera de la villa,* ein deftiger Fleischeintopf, der in Tonschüsseln serviert wird. Hauptspeisen ab 6 CUC.

Tipp: Hostal del Rijo

Das Tourismusunternehmen Cubanacán führt meist die besten oder am schönsten gelegenen Hotels Cubas – und mit dem **Hostal del Rijo** 1 bietet es eine der stilvollsten Unterkünfte der Insel. Mit sehr viel Liebe zum Detail wurde das ehemalige Herrenhaus des Arztes Don García Rijo restauriert und wacht über die Plaza Honorato mitten im kolonialen Kern der Stadt. Wer hier nächtigen will, sollte rechtzeitig reservieren, denn es stehen nur 16 Zimmer (eines behindertengerecht) zur Verfügung. Das Gleiche gilt für das Restaurant im winzigen Patio, wo sich vier Tische um einen Brunnen gruppieren und eine Band für dezente Hintergrundmusik sorgt (Calle Honorato 12, Ecke Máximo Gómez, Tel. 041 32 85 81–83, www.cubanacan.cu, DZ 60 CUC inkl. Frühstück, Restaurant tgl. 7.30–10, 11–14, 18.30–21.45, Bar 9.30–22.30 Uhr.

Mit Flussblick ▶ **Quinta Santa Elena** 2 (staatl.): Calle Padre Quintero 60, zwischen Llano und Manuel Díaz, Tel. 041 32 81 67, tgl. 10–22 Uhr. Von der riesigen Terrasse genießt man einen herrlichen Blick auf den Fluss und die Puente Yayabo. 12–15 und ab 18 Uhr mit Musikbegleitung. Auch sehr schönes Ambiente für einen Cocktail am Abend. Hauptspeisen 3,50–7 CUC.
Unter Einheimischen ▶ **El Sótano** 3 (privat): Calle Eduardo R. Chibás 18 c, zwischen 26 de Julio und Jesús Menéndez, Tel. 041 32 56 54, tgl. 12–24 Uhr. Einfacher Paladar, aber gutes Essen, vom Tisch auf dem Balkon erspäht man Fluss und Brücke. Hauptspeisen ab 3 CUC.

Einkaufen

Die wichtigsten Geschäfte und fast alle Banken liegen in der Fußgängerzone **Calle Independencia Sur.**
Kunsthandwerk ▶ In der **Calle Honorato** werden an Ständen handgemachte Schuhe, Panamahüte und andere nette Dinge verkauft. **Fondo Cubano de Bienes Culturales** 1: Calle Independencia Sur 55, Mo–Sa 9–17, So 9–12 Uhr. Große Auswahl an Kunsthandwerk, z. B. Armbänder und Ketten aus bunten Samenkörnern. **Tienda El Monje** 2: Calle M. Solano, Ecke Máximo Gómez, Parque Serafín Sánchez, Mo–Sa 9–18, So 9–12 Uhr.

Abends & Nachts

Live-Musik ▶ **Casa de la Trova Miguel Companioni** 1: Calle Máximo Gómez 30, Parque Honorato, Tel. 041 32 68 02, tgl. 9–24 Uhr, abends Eintritt 1 CUC. Tgl. ab 21 Uhr Live-Musik, am Wochenende schon tagsüber.
Show ▶ **Cabaret Tropigala** 2: im Hotel Los Laureles, Crta. Central Km 383, 5 km nördlich, Tel. 041 32 70 16 ext. 322, Eintritt 5 CUC/ Pers. inkl. Verzehrgutschein. Jeden Sa um 23 Uhr Show.

Aktiv

Angeln und Jagen ▶ Organisation über das **Hotel Zaza** 6 (s. S. 303). Die beste Zeit für beide Aktivitäten sind die Monate Nov.–April. Bei den Angelausflügen werden bis zu 8 kg schwere Forellen aus dem Wasser gezogen (im See 30 CUC/4 Std., im Fluss 90 CUC/ 8 Std.).
Bootstouren ▶ Ausflüge auf den Lago Zaza können im **Hotel Zaza** 6 (s. S. 303) gebucht werden (5 CUC/Pers./Std., mind. 4 Pers.).

Verkehr

Züge: Estación de Ferrocarril, Ave. 26 de Julio (Verlängerung der Ave. Jesús Menéndez), Tel. 041 32 92 28. Di, Do, Sa nach Cienfuegos (5,15 CUC), jeden 2. Tag nach Havanna (13,50 CUC) sowie nach Holguín (ab Guayos, ca. 20 km nördl., dorthin per Bus).
Busse: Terminal de Ómnibus, Crta. Central, zwischen Circunvalación Norte und Crta. Jíbaro, 2 km östl. der Stadt, Tel. 041 32 41 42. Víazul-Busse nach Santa Clara (3 x tgl., 6 CUC), Trinidad (1 x tgl., 6 CUC), Varadero (1 x tgl., 16 CUC), Ciego de Ávila (4 x tgl., 6 CUC), Santiago de Cuba (4 x tgl., 27 CUC), Havanna (3 x tgl., 25 CUC).
Mietwagen: Vía Rent a Car, Ave. Jesús Menéndez, zwischen Honorato und Agramonte, Tel. 041 33 66 97, Mo–Sa 9–18 Uhr.

Die Provinz Villa Clara

Nur wenige Reisende machen sich bislang die Mühe, die Provinz Villa Clara näher anzusehen – eigentlich ein Jammer, denn sowohl die freundliche Provinzhauptstadt Santa Clara als auch das koloniale Kleinod Remedios und die weißen Traumstrände des (noch) einsamen Cayo Santa María sind einen Besuch wert.

Santa Clara ► K 4

Cityplan: S. 306
Von Sancti Spíritus führt die Landstraße über **Cabaiguán** auf die Autopista Nacional Richtung **Santa Clara** (250 000 Einwohner). Die Hauptstadt der Provinz Villa Clara liegt ziemlich unbeachtet abseits der Touristenpfade, dabei ist dies eine äußerst liebenswerte und vor allem sehr lebendige Universitätsstadt mit offenen, gastfreundlichen Menschen.

Geschichte

Die Entstehung von Santa Clara im Jahr 1689 ist eng mit der Flucht vor Piratenangriffen an der Nord- und Südküste Cubas verbunden. Sowohl aus dem nördlichen Remedios wie aus dem südlicheren Sancti Spíritus wanderten Siedlerfamilien ins Landesinnere, weil sie die ständigen Überfälle leid waren.

Die Gegend um Santa Clara hat nach Pinar del Río die besten Tabakböden der Insel, weshalb die Stadt zunächst im Wesentlichen von der Tabakproduktion lebte. Später kam die Viehwirtschaft hinzu und wie fast überall in Cuba war die Haupteinnahmequelle im 19. Jh. der Zucker.

Nach der Revolution begründete der damalige Industrieminister Che Guevara die Haushaltsgerätefabrik Inpud, lange Zeit ein Renommierobjekt. Zwischen dem Comandante Che Guevara und der Stadt Santa Clara bestand schon seit Längerem eine enge Beziehung. 1958 war der Comandante mit seinen Truppen nach Santa Clara gezogen und hatte die Stadt eingenommen. Die Einschüsse im Hotel Santa Clara Libre (s. S. 307) am Parque Vidal, dem Hauptplatz, zeugen von den erbitterten Gefechten mit regierungstreuen Soldaten. Batista hatte zur Verstärkung seiner Truppen schwere Waffen und Munition in gepanzerten Eisenbahnwaggons geschickt, doch den Rebellen gelang es, die Gleise mit einem Bulldozer zu zerstören und den Zug zu stoppen – ein wesentlicher militärischer Sieg. Auf diese Weise schnitten sie die Waffenlieferung in den Ostteil der Insel ab und konnten mit den erbeuteten Waffen schließlich die Batista-Armee überwältigen.

Che Guevara ist es auch zu verdanken, dass die Stadt fest im Reiseplan eines jeden historisch interessierten Cubabesuchers integriert ist: 39 Jahre nach seinem Einmarsch in Santa Clara hielt der Freiheitskämpfer erneut Einzug in der Stadt und fand in einem gigantischen Mausoleum (s. S. 308) seine letzte Ruhestätte – ob es in seinem Sinne ist, bleibt zu bezweifeln.

Parque Vidal und Umgebung

Rund um den verkehrsberuhigten **Parque Vidal** spielt sich das Leben ab. Anstatt Autos zirkulieren hier von Ziegen gezogene Minikutschen, die eine Schar begeisterter Kinder befördern. Ambulante Händler verkaufen Eis, Blumen und Kunsthandwerk, vor dem herrlichen neoklassizistischen Gebäude der **Biblioteca José Martí** 1 sind Studenten in

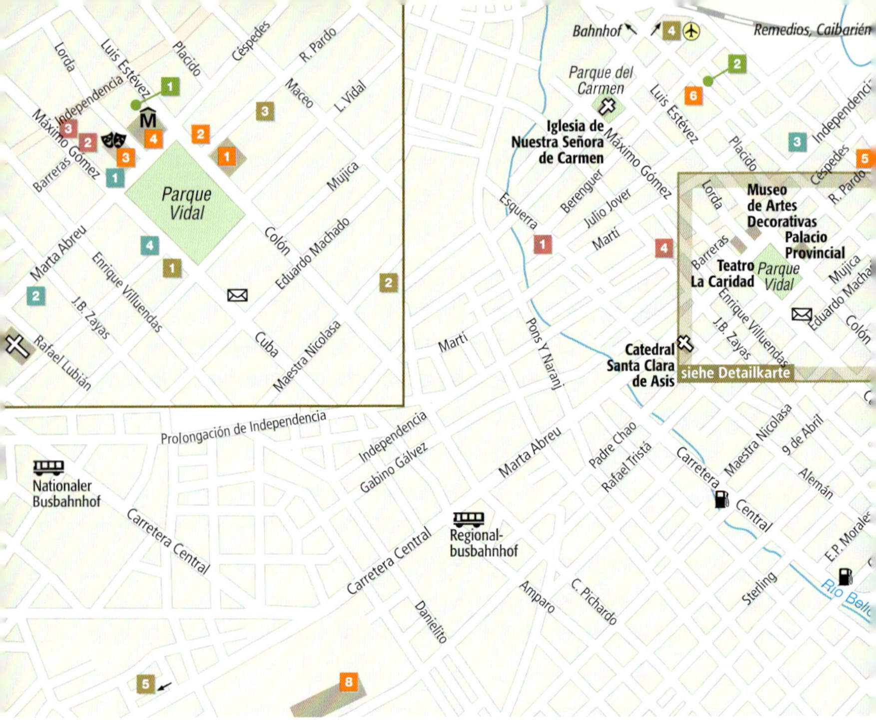

Diskussionen verstrickt, schattige Bänke laden zum Verweilen ein. Wenn dann noch am Wochenende aus dem **Salón Común** 2 an der Ecke R. Pardo cubanische Schnulzen aus den 1960er-Jahren dringen und man betagten Herrschaften beim Tanz zusehen kann, glaubt man sich endgültig in einem Filmstreifen. Dieser Platz, nicht mehr oder minder schön als manch anderer in Cuba, strahlt eine ganz besondere Atmosphäre aus, der man sich kaum entziehen kann.

Die Nordwestseite des Parque Vidal nimmt das 1885 erbaute **Teatro de la Caridad** 3 ein, gestiftet von derselben Dame, an die die Statue auf der Mitte des Platzes erinnert: Doña Marta Abreu, eine ebenso beliebte wie reiche Philanthropin. Im Innern des prächtig ausgestatteten Theaters ist vor allem das Deckengemälde des cubanischen Malers Camilo Zalaya interessant. Offizielle Besichtigungszeiten gibt es nicht, aber manchmal wird man spontan eingelassen oder man verbindet den Kunstgenuss mit dem Besuch einer der abendlichen Vorstellungen.

Auch das obligate Museum mit kolonialem Mobiliar fehlt in Santa Clara nicht: das **Museo de Artes Decorativas** 4**,** untergebracht in einem wundervollen Kolonialpalast, der allein einen Besuch wert ist. Am Wochenende finden im Innenhof häufig Theateraufführungen und Konzerte statt (Tel. 042 20 53 68, Mo, Mi, Do 9–12, 13–18, Fr/Sa 13–22, So 18–22 Uhr, 2 CUC).

Iglesia de Nuestra Señora del Buen Viaje 5

Zwei Straßenblocks nordöstlich des Parque Vidal ist die **Iglesia de Nuestra Señora del Buen Viaje** (1765) ein besonders kurioses Monument der Rassentrennung. Die schwarzen Sklaven verfolgten die Messe von einem zu diesem Zweck gebauten Hof, damit sie nicht sehen konnten, wie ihre Herren niederknieten. Mit dem Rassismus lassen sich auch die überbreiten Gehwege um den Hauptplatz erklären: In der Mitte verlief ein Gitter, damit sich Weiße und Schwarze nicht in die Quere kamen (Calle Pedro Estévez, Ecke R. Pardo).

Santa Clara

Sehenswert
1 Biblioteca José Martí
2 Salón Común
3 Teatro de la Caridad
4 Museo de Artes Decorativas
5 Iglesia de Nuestra Señora del Buen Viaje
6 Fábrica de Tabacos Constantino Pérez Carrodegua
7 Monumento a la Toma del Tren Blindado
8 Plaza de la Revolución

Übernachten
1 Santa Clara Libre
2 Hostal Florida Center
3 Héctor Martínez
4 Villa La Granjita
5 Los Caneyes

Essen & Trinken
1 Sabor Latino
2 Restaurante 1878
3 El Pullman
4 La Casa del Gobernador

Einkaufen
1 Fondo Cubano de Bienes Culturales
2 Casa del Tabaco La Veguita

Abends & Nachts
1 La Marquesina
2 Club Mejunje
3 Club Boulevard
4 Casa de Cultura

Fábrica de Tabacos Constantino Pérez Carrodegua 6

Wer einmal eine Tabakfabrik von innen sehen, aber dafür kein Vermögen ausgeben möchte, sollte die **Fábrica de Tabacos Constantino Pérez Carrodegua** besuchen, wo u. a. Zigarren der Marke Romeo y Julieta und Montecristo gerollt werden. Oft ist man der einzige Besucher und erhält eine halbstündige Privatführung, auf der man alles über die Entstehung der kostbaren Glimmstängel erfährt. Achtung: Die Eintrittskarten werden nur in den Reiseagenturen (s. unten), nicht aber direkt in der Fabrik verkauft (Calle Maceo, zwischen Julio Jover und Berenguer, Tel. 042 20 22 11, Mo–Fr 9–11, 13–15 Uhr, 4 CUC).

Infos

Cubatur: Calle Marta Abreu 10, zwischen Máximo Gómez und Villuendas, Tel. 042 20 89 80, Mo–Fr 9–12, 13–18, Sa 9–12 Uhr. Hotelbuchungen, Autovermietung, Bustickets, Eintrittskarten für die Tabakfabrik (s. oben), Exkursionen, z. B. Stadttour Santa Clara ›Auf den Spuren von Che‹, Remedios, Cayo Santa María. Sehr freundlich und hilfsbereit.
Havanatur: Calle Máximo Gómez, zwischen Marta Abreu und Independencia, Tel. 042 20 40 02, Mo–Fr 8.30–12, 13–17.30, Sa 9–12 Uhr. Ähnliches Angebot.
Oficina de Reservaciones de Campismo: Calle Maceo, zwischen 9 de Abril und Serafín García, Tel. 042 20 49 05, Mo–Fr 8–12, 13–16.30, Sa 8–12 Uhr. Reservierungen für den Campismo Río Seibabo.
Banco Financiero Internacional: Calle Cuba 8, zwischen Tristá und Machado.
Cadeca: Calle Tristá, Ecke Cuba.
Internet: Telepunto, Calle Marta Abreu 57, zwischen Parque Vidal und Villuendas, tgl. 8.30–19.30 Uhr.

Übernachten

... im Zentrum:
Mit revolutionärem Charme ▶ **Santa Clara Libre** 1 (Islazúl): Parque Vidal No. 6, zwischen Tristá und Padre Chao, Tel. 042 20 75 48, 20 75 50, www.islazul.cu. Das zehnge-

aktiv unterwegs

Auf den Spuren des Che

Tour-Infos
Start: Parque Vidal
Länge: insgesamt ca. 6 km hin und zurück
Dauer: 4–5 Std. mit Museumsbesuchen
Karte: s. S. 306

In entgegengesetzter Himmelsrichtung, aber historisch eng miteinander verbunden liegen Santa Claras bedeutendste Sehenswürdigkeiten, die man auf diesen beiden Spaziergängen kennenlernt.

Nur knapp 1 km ist es vom Parque Vidal über die Calles Luis Estévez und Independencia zur Brücke über den Río Cubanicay, wo mit dem **Monumento a la Toma del Tren Blindado** 7 der erfolgreichen Kaperung des Munitionszugs der Batista-Armee durch Che Guevara und seine Truppe gedacht wird. Zu sehen sind ein massives Betondenkmal sowie einige der entgleisten Waggons und der Bulldozer, mit dem die Rebellen die Eisenbahnlinie lahmlegten. Zwei Waggons dienen heute als Museum und beherbergen persönliche Gegenstände der Soldaten und Guerilleros (Mo–Sa 9–17 Uhr, 1 CUC).

Biegt man am Parque Vidal beim Hotel Santa Clara Libre in die Calle Rafael Tristá ein und geht ca. 2 km immer geradeaus, gelangt man zu einer ganz besonderen historischen Stätte: 1997 wurden hier die sterblichen Reste von Ernesto Che Guevara in einem Mausoleum beigesetzt. Schon von Weitem sieht man die gigantische Bronzestatue des Che, der mit Mütze und Gewehr in der Hand über die triste Betonfläche der **Plaza de la Revolución** 8 wacht – ihm zu Füßen wurde sein bekannter Satz *Hasta la victoria siempre* (›Immer bis zum Sieg‹) eingraviert. Wer mehr über das Leben des berühmten Revolutionärs erfahren möchte, der begibt sich zur Rückseite des Monuments mit dem Zugang zum **Museo Memorial Che.** Eine ewige Flamme, von Fidel Castro persönlich entzündet, erinnert an den Guerillero (Ave. de los Desfiles, Di–Sa 8–21, So 8–17 Uhr, Eintritt frei).

Ästhetik der Revolution – das Che-Monument bei Santa Clara

schossige Stadthotel mit den sorgfältig restaurierten Einschusslöchern aus Revolutionszeiten hat ernsthafte Wasserprobleme, zu denen sich nicht selten Stromausfälle gesellen. Die Zimmer sind sehr bescheiden und teilweise sehr klein. Von der Dachterrasse hat man einen Panoramablick über die Stadt. 124 Zi., EZ 17 CUC, DZ 24 CUC.

Übernachtung im Museum ▶ **Hostal Florida Center** 2 (privat): Calle Maestra Nicolasa (Candelaria) 56, zwischen Colón und Maceo, Tel. 042 20 81 61, angel.floridacenter@yahoo.com. Traumhaftes Kolonialhaus von 1872 mit urwaldähnlichem Patio inkl. Orchideen und Papageien. Der hilfreiche Angel Rodríguez vermietet zwei geräumige und stilvoll mit Antiquitäten eingerichtete Zimmer (ac, Bad, Kühlschrank, TV) und serviert hervorragende Speisen. Eine der Top-Adressen in ganz Cuba. 20–25 CUC.

Nur 20 Schritte vom Hauptplatz entfernt ▶ **Héctor Martínez** 3 (privat): Calle R. Pardo 8, zwischen Parque Vidal und Maceo, Tel. 042 21 74 63. 2 Zimmer mit Bad, die zum schön begrünten Innenhof gehen. Sehr netter Vermieter und auch hier sehr gutes Essen. 20–25 CUC.

... außerhalb:

Auf parkähnlichem Grundstück ▶ **Villa La Granjita** 4 (Cubanacán): Crta. de Maleza Km 2,5, ca. 5 km nordöstl., Tel. 042 21 81 90/91, Fax 042 21 81 49, www.cubanacan.cu. Hübsche, ordentliche Anlage mit 65 Bungalows, Restaurant, Pool und Internetservice. EZ ab 48 CUC, DZ ab 65 CUC.

Einem indianischen Dorf nachempfunden ▶ **Los Caneyes** 5 (Cubanacán): Ave. de los Eucaliptos, nahe Circunvalación, 3 km westl., Tel. 042 21 81 40, 20 45 12. Die Anlage mit palmstrohgedeckten Rundhütten stammt aus den 1960er-Jahren; mit Pool (laute Musikbeschallung, die in alle Zimmer dringt) und Restaurant. 96 Zi., EZ ab 43 CUC, DZ 54 CUC.

Essen & Trinken

Stimmungsvoll ▶ **Sabor Latino** 1 (privat): Calle Esquerra 157, zwischen Julio Jover und Berenguer, Tel. 042 20 65 39, 0152 89 59 15 (mobil), tgl. 13–22 Uhr. Gemütliches Lokal mit guten, aber überteuerten kreolischen Speisen. Hauptgerichte 10–15 CUC.

Gaumenfreuden ▶ **Florida Center** 2 (privat): s. links, tgl. 18–23 Uhr. Wunderschönes Ambiente und unschlagbar köstliches Essen. Reservierung empfohlen. Hauptspeisen ab 8 CUC.

Mit großem Innenhof zum Draußensitzen ▶ **Restaurante 1878** 2 (staatl.): Calle Máximo Gómez, zwischen Marta Abreu und Independencia, tgl. 8.30–22 Uhr. Ein bildschönes Kolonialhaus, leider nur mäßiges Essen und schleppender Service, dafür bezahlt man in Pesos Cubanos. Der Patio ist ein netter Ort für einen Drink. Ab 19 Uhr mit Pianobegleitung. Hauptgerichte um 20 CUP.

Billige Pizzas ▶ **El Pullman** 3 (staatl.): Calle Independencia (Bulevar), zwischen Máximo Gómez und Lorda, tgl. 10–24 Uhr. Pizzeria und Bar mit Tischen im Freien, bezahlt wird in Pesos Cubanos.

Gut zum Leute beobachten ▶ **La Casa del Gobernador** 4 (staatl.): Bulevar, Ecke Zayas, tgl. 12–15.30, 19–22.45 Uhr. Freundliches Restaurant mit großen Fenstern zur Fußgängerzone, auch hier sehr günstige Speisen für Pesos Cubanos.

Einkaufen

Die meisten Geschäfte liegen am **Bulevar,** dem Fußgängerbereich der Calle Independencia zwischen Maceo und Zayas.

Kunsthandwerk ▶ **Fondo Cubano de Bienes Culturales** 1**:** Calle Louis Estévez 9, zwischen Bulevar und Parque Vidal, Mo–Sa 8–19, So 8–17 Uhr. Holzskulpturen, Musikinstrumente, Hüte, Basttaschen, Ledersandalen, Schmuck etc.

Zigarren und Spirituosen ▶ **Casa del Tabaco La Veguita** 2**:** Calle Maceo 176-A, zwischen Julio Jover und Berenguer, Tel. 042 20 89 52, Mo–Sa 9–17 Uhr. Sehr schöner Laden mit großer Zigarren-, Rum- und Whiskyauswahl, kleiner Café-Bar und Rauchersalon.

Abends & Nachts

Treffpunkt am Parque Vidal ▶ **La Marquesina** 1**:** Calle Marta Abreu, Ecke Máximo Gómez. Trinkfest sollte man sein für diese

Ernesto ›Che‹ Guevara

Das Foto vom schwarz gelockten Revolutionär mit dem roten Stern auf der Militärmütze und dem in die revolutionäre Zukunft schweifenden Blick hing in den 1970er-Jahren wohl in jeder WG – der Che war weltweit ein Symbol für den Freiheitskampf unterdrückter Völker in aller Welt und heute ist er gar zum Popsymbol aufgestiegen.

In Cuba ist er noch heute allgegenwärtig – er lächelt von riesigen Plakatwänden, rollt auf Plakaten eine dicke Havanna zwischen den Zähnen, beugt sich über ein Schachbrett und zeigt sich als lianenbekränzter Jesus auf schrillen Kitschpostkarten. Jedes Schulkind in Cuba kennt noch heute, über vier Jahrzehnte nach seinem Tod, das Vermächtnis des Ernesto Guevara de la Serna – »Wir werden sein wie Che«, rufen die Kinder beim wöchentlichen Morgenappell, und sie wiederholen, was das bedeutet: bescheiden, aufopferungsvoll und revolutionär sollen sie sein, Neue Menschen eben, wie Che sie als Idealbild erträumte.

Die grundlegende Idee aller revolutionären Zielsetzungen war für ihn die Erschaffung jenes Neuen Menschen, der sich nicht von materiellen, sondern von ethischen Überzeugungen leiten lässt und der seine eigenen Grenzen zum Wohl der Gemeinschaft überwindet. Er selbst hat als Erster versucht, diesem Bild zu entsprechen, und deshalb wird Che Guevara von den meisten Cubanern geliebt und wie ein Heiliger verehrt. Che Guevara ist heute in Cuba eine Ikone, ein heiliggesprochener Märtyrer, ein Joker, der in Krisenzeiten gut fürs revolutionäre Ethos und eben auch für jeden politischen Zickzackkurs benutzbar ist.

Ernesto Guevara de la Serna wird am 14. Juni 1928 in Rosario/Argentinien geboren. Schon als Kind leidet er unter Asthmaanfällen, die ihn jedoch nicht daran hindern, ein hervorragender Sportler zu werden und als Erwachsener unablässig dicke Zigarren zu rauchen. Er studiert Medizin und bereist zusammen mit einem Freund den gesamten lateinamerikanischen Kontinent auf einem altersschwachen Motorrad.

1953 promoviert Ernesto Guevara zum Dr. med. Danach geht er nach Guatemala und von dort nach Mexiko, wo er auf die cubanischen Rebellen um Fidel Castro trifft. Sofort schließt er sich ihnen an und Che, wie ihn die Cubaner wegen seines argentinischen Akzents nennen, kämpft mit der Bewegung des 26. Juli in der Sierra Maestra, ist einer der Comandantes und zieht mit der siegreichen Rebellenarmee in Havanna ein. Aus den Erfahrungen, die Guevara während dieser Zeit sammelte, werden später die Schriften zur Strategie und Taktik des Guerillakampfs entstehen.

Der Che erhält die cubanische Staatsangehörigkeit und wird Chef der Industrieabteilung am Nationalen Institut der Agrarreform und Präsident der cubanischen Nationalbank. Mit seiner Wirtschaftspolitik versucht er, die radikale Landreform zu beschleunigen, die Monokultur des Zuckers einzuschränken, das Land zu industrialisieren und die Rohstoffeinfuhren zu beschränken.

Am 1. April 1965 legt Che Guevara alle Ämter in der cubanischen Regierung nieder und verlässt Cuba. Ob aus Rivalität zwischen

Thema

Fidel Castro und ihm, oder weil Guevara den zunehmenden Einfluss der Sowjetunion auf Cuba kritisiert, ist nicht mit Sicherheit zu klären. 1966 ist er in Bolivien, wo er eine kleine Gruppe für einen von vornherein aussichtslosen Guerillakampf aufbaut. Hier schreibt Che sein berühmt gewordenes »Bolivianisches Tagebuch«. Am 8. Oktober 1967 wird Che Guevara in La Higuera gefangen genommen und gefoltert. Am nächsten Tag erschießt ihn der junge Leutnant Mario Terán.

Die Furcht vor Che Guevaras Charisma ist auch nach seinem Tod so groß, dass sein Leichnam in einem Massengrab verscharrt wird – keine Spuren sollen von ihm bleiben. Doch 1997 fand man Ches sterbliche Überreste in Bolivien, überführte sie noch im selben Jahr nach Cuba und bestattete Che Guevara mit großem Pomp in Santa Clara. Der persönlich äußerst bescheidene Revolutionär liegt dort nun in einem gigantischen Mausoleum (s. S. 308).

Unvergessen – und sei es nur beim Wiegen der Tabakblätter …

lebhafte Bar, in der v. a. Einheimische verkehren; tgl. ab 21.30 Uhr gibt es Live-Musik.
Alternatives Kulturzentrum ▶ **Club Mejunje** 2: Calle Marta Abreu 12, zwischen Zayas und Lubián, Tel. 042 28 25 72, tgl. 21–1, Sa/So ab 16 Uhr, Eintritt meist 2 CUC. Beliebter Treff von Studenten und Künstlern. Einzigartig in Cuba sind die Transvestitenshows, die manchmal am Wochenende stattfinden. Do ab 22 Uhr Trova, Fr spielen meist die Fakiris, eine in der Region sehr bekannte Gruppe, Sa Gay-Disco, sonntagvormittags Kindertheater und nachmittags *música campesina*.
Live-Musik und Comedy ▶ **Club Boulevard** 3: Calle Independencia, zwischen Maceo und Pedro Estévez, Tel. 042 21 62 36, tgl. 20–2.30 Uhr, Eintritt Mo–Do 2 CUC, Fr–So 3 CUC. Viel besuchter Club, in dem fast jeden Abend etwas geboten wird. Beliebt bei Einheimischen.
Theater ▶ **Teatro de la Caridad** 3: Parque Vidal. Di–Sa 20.30, So 17 Uhr Theater- und Ballettaufführungen sowie Konzerte, das Programm ist außen angeschlagen, die Tickets werden für Pesos Cubanos verkauft.
Buntes Programm ▶ **Casa de Cultura** 4: Parque Vidal No. 5, Tel. 042 20 71 81. Manchmal Ausstellungen und Konzerte.

Verkehr

Flüge: Aeropuerto Internacional Abel Santamaría, Carretera Maleza Km 11, Tel. 042 20 91 38, 22 75 25, 22 75 51.
Züge: Estación de Ferrocarril, 1 km nördlich vom Parque Vidal, Tel. 042 20 28 95, 20 08 54. Reservierungsbüro: Calle Pedro Estévez Norte 323 (gegenüber). 1–2 x tgl. Züge nach Caibarién, Bayamo, Camagüey, Cienfuegos, Havanna, Matanzas, Morón (alle 2 Tage), Sancti Spíritus und Santiago de Cuba.
Busse: Terminal de Ómnibus Interprovincial, Carretera Central, zwischen Independencia und Oquendo, Tel. 042 29 21 14, 22 25 23. Der Busbahnhof für überregionale Verbindungen liegt 3 km westlich vom Parque Vidal, ein Taxi ins Zentrum kostet ca. 2 CUC. Víazul-Busse 4 x tgl. nach Havanna (18 CUC), 2 x tgl. nach Varadero (11 CUC), 1 x tgl. nach Cienfuegos (6 CUC) und Trinidad (8 CUC), 4 x tgl. nach Sancti Spíritus (6 CUC), Ciego de Ávila (9 CUC), Camagüey (15 CUC), Las Tunas (22 CUC), Holguín (27 CUC), Bayamo (31 CUC) und Santiago de Cuba (38 CUC).

Provinzbusse, u. a. tgl. nach Remedios und Caibarién, starten am Terminal de Ómnibus Intermunicipal, Carretera Central, Ecke C. Pichardo, ca. 1 km südwestlich vom Parque Vidal, Tel. 042 20 34 70.
Mietwagen: Vermittlung über Havanatur und Cubatur (s. S. 307). Cubacar, am Flughafen, Tel. 042 20 91 38, 22 75 25.

Innerhalb der Stadt
Pferdekutschen fahren u. a. entlang der Calle Marta Abreu bis zum Busbahnhof (1 CUP).
Bicitaxis verlangen für Fahrten innerhalb des Zentrums 20 CUP.
Taxis: Taxistand in der Calle Máximo Gómez am Parque Vidal. Cubataxi, Tel. 042 22 25 55.

Lago Hanabanilla ▶ K 4/5

Durch Tabakland, Viehweiden und Zuckerrohrfelder führt eine Landstraße von Santa Clara aus in südlicher Richtung über das Örtchen **Manicaragua** zum 50 km entfernten **Lago Hanabanilla.** Der künstlich gestaute See liegt idyllisch im Herzen der Sierra del Escambray (s. S. 293) und erstreckt sich über fast 32 km. Von hier aus werden die Städte Santa Clara und Cienfuegos mit Wasser versorgt und ein kleines Kraftwerk liefert Strom für die Gegend von Hanabanilla. Die umliegenden Berge und Anhöhen eignen sich gut zum Wandern (von weiter oben hat man einen sehr schönen Blick über den wie einen Spiegel zwischen den Bergen eingelassenen See), passionierte Angler machen Jagd auf Forellen und Barsche, man kann aber auch auf dem See rudern oder an einem Bootsausflug teilnehmen.

Übernachten

Schlafen am See ▶ **Hanabanilla** (Islazúl): am Lago Hanabanilla, Tel. 042 20 85 50, 20 61 84, www.islazul.cu. Nicht gerade eine architektonische Meisterleistung (sowjetischer Baustil), dennoch ein angenehmes, freundliches Hotel mit gutem Restaurant, Pool und vielen Ausflugsangeboten. 125 Zi., EZ 14 CUC, DZ 22 CUC.

Mitten in der wilden Sierra del Escambray

▶ **Campismo Río Seibabo:** Crta. a Condado, ca. 25 km südöstlich von Manicaragua kurz hinter Güinía de Miranda, Tel. 042 34 98 32. 35 Häuschen, eigentlich nur für Cubaner, aber Ausnahmen werden gemacht, dann eine perfekte Basis für Wanderungen und Ausritte. Mit Restaurant. 6 CUC/Pers.

Aktiv

Wandern ▶ In der Umgebung des Lago Hanabanilla lassen sich herrliche Touren unternehmen, stets kombiniert mit einer Bootsfahrt ab dem Hotel Hanabanilla, z. B. zum Río Negro, zu einer Kaffeeplantage oder zum Wasserfall El Nicho (s. S. 283). Kleine Boote können im Hotel gemietet werden (Mindestteilnehmerzahl 2 Pers., Bootsfahrt je nach Zielort 2–12,50 CUC p. P. hin und zurück, geführte Wanderungen 4–7 CUC/Pers.).

Angeln ▶ Der Preis für eine 4-stündige Tour mit dem Motorboot beträgt 25 CUC p. P. inkl. Guide (max. 2 Pers./Boot).

Remedios ▶ L 4

Knapp 50 km liegt das pittoreske Kolonialstädtchen **Remedios** (20 000 Einwohner) von Santa Clara entfernt und kann daher gut als Tagesausflug eingeplant werden. In Anbetracht der stimmungsvollen Atmosphäre und Unterkünfte allerdings sollte man vielleicht doch eine Übernachtung in Betracht ziehen.

Remedios ist eine der sieben ältesten Städte Cubas und vor allem für seine alljährlich im Dezember stattfindenden **Parrandas Remedianas** berühmt: Geschmückte Umzugswagen *(carrozas)* fahren durch die Stadt, begleitet von Musikbands und *congas*, die außer Musik auch jeden erdenklichen Lärm machen – wer den lautesten Krach schlägt, hat gewonnen. Dieser Brauch entstand 1820, als ein Priester sich darüber ärgerte, dass die Remedianer zu bequem waren, in die Weihnachtsmesse zu kommen. Er schickte eine Gruppe von Kindern durch die Stadt, die auf Töpfen schlugen und lärmten, um seine faulen Schäfchen aus ihren Häusern und in die Kirche zu locken. Noch weiter zurückliegende historische Wurzeln der Parrandas in Remedios sind lärmende Prozessionen, die seit dem 15. Jh. Geistliche der Stadt gegen Pest und Krankheiten verbreitende Dämonen durchführen ließen.

Museo de las Parrandas Remedianas

Die fantasievollen Kostüme und Instrumente des karnevalesken Spektakels kann man im **Museo de las Parrandas Remedianas** besichtigen. Wer im Dezember nicht live dabei sein kann, bekommt dank der vielen Fotos zumindest einen Eindruck von dem Geschehen (Calle Máximo Gómez 71, Di 8–12, 13–17, Mi–Fr 8–12, 19–20, Sa 8–12, 13–17, So 9–12 Uhr, 1 CUC).

Plaza Martí

Das Museum befindet sich nur wenige Schritte entfernt von der zentralen **Plaza Martí,** die – einzigartig in Cuba – gleich von zwei katholischen Kirchen flankiert wird: der sehenswerten **Iglesia Parroquia de San Juan Bautista de Remedios** (1692) mit einem vergoldeten Zedernholzaltar und Mudéjar-Decke sowie der aus dem 18. Jh. stammenden **Iglesia de Nuestra Señora del Buen Viaje.**

Die Geschichte von Remedios wurde ähnlich wie die von Trinidad über Jahrhunderte vom Zuckerhandel bestimmt, wovon die zahlreichen Prachtbauten rund um den kleinen Platz zeugen. Anders als Trinidad ist Remedios jedoch (noch) kein bekanntes Touristenziel und hat seinen verträumten Charme bis heute bewahrt.

Museo de la Música Alejandro García Caturla

Musikliebhaber sollten noch einen Blick in das **Museo de la Música Alejandro García Caturla** werfen, das Wohnhaus des cubanischen Komponisten, in dem er 20 Jahre lang bis zu seinem gewaltsamen Tod 1940 lebte. Caturla war nicht nur ein innovativer Kompo-

Schulkinder in Remedios, einer der sieben ältesten Städte Cubas

nist und Musiker, er erregte auch großes Aufsehen, weil er die Kultur der ›ungebildeten Leute‹ schätzte und eine schwarze Frau heiratete (Plaza Martí 5, Di 8–12, 13–17, Mi–Fr 8–12, 19–20, Sa 8–12, 13–17, So 9–12 Uhr, 1 CUC).

Infos

Cadeca: Calle Máximo Gómez 77, zwischen A. del Río und Balmaceda.

Übernachten

Architektonisches Schmuckstück ▶ **Mascotte** (Cubanacán): Calle Máximo Gómez 114, Plaza Martí, Tel. 042 39 51 44, Fax 042 39 53 27, www.cubanacan.cu. Dieses hübsche Kolonialgebäude fungiert mit einigen Unterbrechungen seit 1876 als Hotel. Es ist (noch – das Hotel Barcelona an der Plaza wird gerade renoviert) das einzige im Städtchen, aber beileibe kein Notbehelf, sondern in dieser Preis-

klasse garantiert eines der nettesten im Land. Die Hälfte der komfortablen Zimmer hat einen Balkon, am schönsten ist die Nr. 1. Restaurant und einladender Patio mit Bar (tgl. 9–23 Uhr). 10 Zi., DZ 60 CUC inkl. Frühstück.
Stilvoll ▶ Hostal La Casona Cueto (privat): Calle Alejandro del Río 72, neben der Iglesia del Buen Viaje, Tel. 042 39 53 50, amarelys@capiro.vcl.sld.cu. 2 DZ in Kolonialbau mit Patio und traumhafter Dachterrasse. 20–25 CUC.

Essen & Trinken

Mit Blick auf den Platz ▶ Las Arcadas: im Hotel Mascotte, tgl. 7–10, 11–15, 19–22 Uhr. Hell und freundlich. Hauptgerichte um 5 CUC.
Spanische Küche ▶ Fonda El Ave María: neben dem Hotel Mascotte, tgl. 10–20 Uhr. In dieser Cafetería gibt es typisch spanische Gerichte, z. B. Fabada, einen deftigen Eintopf für 2,20 CUC, oder Bratfisch für 4,35 CUC. Sehr aufmerksamer Service.

Seit 1886 in Betrieb ▶ El Louvre: Máximo Gómez 122, Plaza Martí, tgl. 7.30–24 Uhr. Cubas älteste noch existierende Cafetería ihrer Art wurde 1886 als Café, Konditorei und Restaurant eröffnet und nach dem Bürgersteig benannt, an dem sie sich befindet: der Acera del Louvre. Einfache Gerichte und Barbetrieb.

Einkaufen

Kunsthandwerk und mehr ▶ Fondo Cubano de Bienes Culturales: gegenüber vom Hotel Mascotte, tgl. 8–19 Uhr. **Artex:** Calle Máximo Gómez, zwischen A. del Río und Balmaceda, tgl. 8.30–18 Uhr. Hier werden auch CDs und Bücher verkauft.

Abends & Nachts

Kulturelle Veranstaltungen ▶ Casa de la Cultura Agustín Jiménez Crespo: Calle José A. Peña 67, etwas vom Platz zurückgesetzt, tgl. 8–23 Uhr, Eintritt frei. Fr, Sa, So gelegentlich abends Konzerte. **Las Leyendas:** Calle Máximo Gómez 124, Plaza Martí, Tel. 042 39 61 31, tgl. 9–24 Uhr, Eintritt ab 0,50 CUC. Kulturzentrum mit Bar, ab 22 Uhr Live-Musik, Tanzaufführungen, Comedy etc.

Aktiv

Stadttouren und Tanzen ▶ Paradiso: bei Artex, Calle Máximo Gómez, zwischen A. del Río und Balmaceda, tgl. 8.30–9, 15–18 Uhr. Geführte Rundgänge durch Remedios, Tanzunterricht, Jeep-Safaris etc.

Baden ▶ Die nächsten Traumstrände befinden sich auf Cayo Santa María (s. S. 317), via Caibarién über einen Damm zu erreichen.

Termine

Parrandas Remedianas: Dez. Jedes Wochenende Umzüge, Höhepunkt der Aktivitäten ist am 24. Dez. Wer Remedios zu dieser Zeit besuchen will, sollte unbedingt rechtzeitig ein Quartier buchen.

Verkehr

Von der kleinen Busstation am südlichen Stadtrand sollten eigentlich 3 x tgl. **Busse** nach Santa Clara und Caibarién abfahren, doch sie tun es nicht immer. Alternativ kann man sich um ein **Taxi** bemühen, die beste Anlaufstelle hierfür ist das Hotel Mascotte.

Mietwagen: Via Rent a Car, Calle Balmaceda 12; Cubacar, Ave. Solidaridad 3, zwischen Egido del Este und Marcelo Salado, Tel. 042 39 55 55.

Weiterfahrt nach Caibarién

▶ **L 4**

Auf der Weiterfahrt Richtung Caibarién ist ca. 2 km hinter Remedios linker Hand die **Finca La Cabaña** ausgeschildert. Auf der Schaufarm inmitten eines Palmenhains erhält man Einblick in das Leben cubanischer Bauern und kann im dazugehörigen Rancho deftige kreolische Küche probieren (Hauptspeisen um 3 CUC). Auch Reittouren (3 CUC/Std.) stehen auf dem Programm (tgl. 10–17 Uhr).

Nach weiteren 7 km kommt die Hafenstadt **Caibarién** (42 000 Einwohner) in Sicht, deren Dornröschenschlaf demnächst beendet sein dürfte, denn der nahe Cayo Santa María wird zu einem Tourismuszentrum ausgebaut. Doch noch dümpeln die bunten Fischerboote im Hafen vor sich hin. Die sehr breiten Straßen werden gesäumt von verblichenen Holzhäusern, auf den überdachten Veranden davor schaukeln sich die *cangrejeros* (›Krebsfänger‹) durch den Tag. Ihren Spitznamen verdanken die Einwohner von Caibarién den vielen Krebsen, die hier aus dem Meer gezogen und – gerne auch illegal – verspeist werden. Caibarién lebt in erster Linie vom Fischfang, wenngleich es hier auch eine stattliche Anzahl von Industrieunternehmen gibt: Ganz wichtig ist die Langustenverarbeitung, doch es werden auch Schwämme präpariert, Fahrräder hergestellt und in den beiden größten Lederfabriken des Landes Tierhäute gegerbt. Insgesamt macht der Ort einen eher verwahrlosten Eindruck und verführt nicht unbedingt zu einem längeren Aufenthalt, es sei denn, man will sich die hohen Übernachtungspreise auf Cayo Santa María (s. S. 317) sparen und von hier zu den dortigen Stränden pendeln.

Je nach Reiseziel kann man von Caibarién entweder auf direktem Weg nach Santa Clara und zur Autopista Nacional zurückkehren, oder man nimmt die gut ausgebaute Landstraße, die parallel zur Nordküste über **Yaguajay** und **Chambas** nach Morón (s. S. 322) führt, optimalerweise unterbrochen durch einen Abstecher nach Florencia (s. S. 325).

Infos

Havanatur: Ave. 9, zwischen 8 und 10, Tel. 042 35 11 71, Mo–Fr 8.30–12, 13.30–16.30, Sa 8.30–12 Uhr.

Übernachten

In Strandnähe ▶ **Brisas del Mar** (Islazúl): Reparto Mar Azul, Tel. 042 36 30 08, 35 16 99, www.islazul.cu. Einfaches Hotel, immerhin mit ac und Warmwasser. 27 Zi., davon 10 für Ausländer. EZ 13 CUC, DZ 20 CUC.

Professionelle Casa Particular ▶ **Villa Virginia** (privat): Ciudad Pesquera 73, Tel. 042 36 33 03, villavirginia@gmail.com. Am östlichen Ortsrand in einer Fischersiedlung liegt dieses gastfreundliche Haus von Virginia und Osmani. 2 funktionelle Zimmer mit ac/Bad und erstklassiges Essen, das mindestens einen Stern verdient. 20–25 CUC.

Viel Privatsphäre ▶ **Hostal El Carretero** (privat): Calle 18 No. 2112, zwischen 21 und 23, Tel. 042 36 36 75. 2 Zimmer im 1. Stock mit Bad, Kühlschrank und direktem Zugang zur eigenen Terrasse. 20–25 CUC.

Essen & Trinken

Ein empfehlenswertes Restaurant gibt es in Caibarién nicht, aber in den beiden Cafeterías am Malecón kann man günstige einfache Gerichte bestellen. Abends trifft sich hier die Dorfjugend und es wird laut Musik gespielt.

Aktiv

Baden ▶ Der Hausstrand von Caibarién liegt am nördlichen Ortsende und gehört zu einem Freizeitzentrum mit Restaurants und Bars. Am Wochenende ist hier die Hölle los, dann kommen die Menschen lastwagenweise angefahren und bevölkern den goldgelben, palmenbestandenen Sandstreifen. Weiße, einsame Strände findet man auf den nahen Cayos Las Brujas und Santa María (s. rechts).

Quallenalarm

In den Monaten Mai bis Juli suchen manchmal riesige Quallenschwärme die Küste heim. Leider sind die Tierchen so gut wie unsichtbar, wirkliche Tipps zur Vermeidung daher nicht zu geben (außer dem Wasser fern zu bleiben ...). Ein Körperkontakt mit den Quallen fühlt sich an wie ein kurzer Peitschenhieb und genauso sieht auch die betroffene Stelle danach aus: Es bilden sich rote Striemen auf der Haut, die brennen und stark anschwellen. Die Einheimischen begegnen zumindest dem Brennen mit einem ganz simplen Mittel: Kalte Zigarrenasche soll Wunder wirken.

Termine

Am 26., 27. und 28. Dez. spielt sich in Caibarién ein ähnliches Spektakel ab wie bei den Parrandas Remedianas (s. S. 313) ab.

Verkehr

Züge: 1–2 x tgl. nach Santa Clara.
Busse: 3–5 x tgl. nach Santa Clara.
Mietwagen: Rent a Car, Ave. 9, zwischen 2 und 4, Tel. 042 35 16 22, Mo–Sa 8–16 Uhr.

Cayo Las Brujas und Cayo Santa María ▶ L/M 3

Allein die Fahrt von Caibarién über den 56 km langen Pedraplén (›Damm‹) ist ein Erlebnis: Man scheint geradewegs durch die türkisfarbene See zu fahren, vorbei an Kormoranen, Flamingos und vielen winzigen Mangroveninselchen, deren grüne Blätterköpfe wie Pilze aus dem Meer ragen. 45 Brücken sollen den Wasseraustausch ermöglichen und die Umweltschäden vermeiden, die beim Bau des Straßendamms nach Cayo Coco (s. S. 326) gemacht wurden.

Festen Boden unter die Füße bekommt man erstmals wieder nach 38 km auf **Cayo Las Brujas.** Noch ist die Insel ein Paradies für Individualisten mit nur einem kleinen Hotel. Am Strand, der über einen Zufahrtsweg nach dem Flughafen erreichbar ist, könnte man sogar ein Zelt aufstellen und Robinson Crusoe spielen. Doch schon auf dem nächsten Eiland, dem winzigen **Cayo Ensenachos,** holt einen die Realität wieder ein. Vor ein paar Jahren wurde hier ein Luxusresort (http://en.occidentalhotels.com/royalhideaway/Ensenachos.asp) eingeweiht, das zu den teuersten und exklusivsten auf ganz Cuba gehört.

Die größte Insel des Archipels ist **Cayo Santa María.** Bislang haben sich drei Ferienanlagen hier niedergelassen, eine weitere ist im Entstehen und mindestens sechs weitere sind in Planung. Teil des riesigen Tourismusprojekts ist außerdem eine Dammverbindung zum rund 30 km entfernten Cayo Guillermo (s. S. 326). Bis es so weit ist, kann man auf Cayo Santa María endlos lange Strandspaziergänge unternehmen, Muscheln suchen und an einigen Stellen sogar hüllenlos baden. Erholung und Einsamkeit stehen hier an erster Stelle.

Übernachten

Badezimmer mit Meerblick ▶ **Sol Cayo Santa María** (Cubanacán): Cayo Santa María, Tel. 042 35 02 00, 35 15 00, Fax 042 35 02 05, 35 15 05, www.solmeliacuba.com. In der gepflegten Anlage verteilen sich die komfortablen Zimmer auf kleine Villen. Besondere Erwähnung verdienen die großen Fensterfronten der Badezimmer, durch die man das Meer sieht. Drei Restaurants, Strandgrill, Bars, Animation, Baby- und Miniclub, Sauna, Tennisplätze, medizinischer Service, Ladengalerie, Auto- und Mopedverleih etc. 300 Zi. (3 behindertengerecht), EZ ab 104 CUC, DZ ab 158 CUC all inclusive.

Holzbungalows am Meer ▶ **Villa Las Brujas** (Gaviota): Cayo Las Brujas, Tel. 042 35 01 99, 35 00 23/24, Fax 042 35 05 99, www.gaviota-grupo.com. Durch Plankenwege verbundene Bungalows im Grünen an einer Felsenküste, fast alle mit Terrasse und Meerblick. Nebenan erstreckt sich ein schöner, schmaler Sandstreifen, der allerdings steil ins Meer abfällt. 23 Zi., EZ ab 56 CUC, DZ ab 76 CUC inkl. Frühstück.

Tipp: Luxus pur

Flitterwöchner, Romantiker oder Luxusfanatiker mit ein klein wenig Restgeld in der Tasche finden auf Cayo Santo María eine ganz besondere Unterkunft. Die **Villa Zaida del Río,** ein nach einer Malerin aus Caibarién benanntes und mit Originalwerken von ihr dekoriertes Holzhaus im Kolonialstil, steht etwas abseits der Hotelresorts und bietet Luxus pur. Zur Ausstattung gehören ein elegantes Schlafzimmer, Pool und Jacuzzi sowie ein privater Strandabschnitt. Doch damit nicht genug, denn fürs Frühstück steht ein eigener Butler zur Verfügung. Mittag- und Abendessen werden im Hotel eingenommen (Reservierung über das Hotel Sol Cayo María, s. oben, 500 CUC/Tag all inclusive, keine Kinder).

Essen & Trinken

Im Ranchostil ▶ **Villa Las Brujas:** s. oben, tgl. 7–22 Uhr. Schönes Restaurant am Wasser. Hauptgerichte ab 8 CUC.

Einkaufen

Alles Nötige bekommt man in den Geschäften der großen Hotels.

Abends & Nachts

Das Nachtleben spielt sich auf den einsamen Cayos nur in den Hotels ab.

Aktiv

Wassersport ▶ **Marina Cayo Santa María:** Cayo Las Brujas, Tel. 042 35 00 13. Hochseefischen (4 Std. 280 CUC für max. 4 Pers.), Katamaran-Segeltörns (ab 57 CUC), Aquabike (60 CUC/Std.), Tauchen (Tauchgang 35 CUC) und Schnorcheln (ab 22 CUC/Pers.). Alles auch über die Hotels zu buchen.

Verkehr

An einer Mautstelle vor dem Pedraplén werden die Pässe kontrolliert und pro Fahrzeug 4 CUC (hin und zurück) abkassiert. Außer mit dem **Mietwagen** oder **Taxi** erreicht man die Cayos auch per **Flugzeug** (Las Brujas International Airport, Tel. 042 35 00 09).

Die Provinz Ciego de Ávila

Die fast tischflache Provinz Ciego de Ávila liegt in einer weiten Ebene und ist von Viehzucht, Zitrusplantagen und dem allgegenwärtigen Zuckerrohr geprägt. Wenig anziehend, möchte man meinen, derweil versteckt sich ihr größter Trumpf vor der Nordküste: die sagenhaften Sandstrände des Inselparadieses Jardines del Rey (›Gärten des Königs‹).

Das unscheinbare, aber sehr nette Provinzstädtchen Morón ist Durchgangsstation zu einem der größten Pauschalreiseziele Cubas, den Cayos Coco und Guillermo, wo sich zahlreiche All-inclusive-Resorts angesiedelt haben. Kilometerlange blütenweiße Strände erwarten hier die Touristen, denen der Sinn weniger nach ausuferndem Nachtleben als nach Erholung steht. Vor der Küste erstreckt sich das zweitgrößte Korallenriff der Welt, was die Inseln zur perfekten Destination für Schnorchler, Taucher und Hochseefischer macht. Die übrige Provinz Ciego de Ávila wird erst nach und nach für den Tourismus erschlossen und bietet vor allem mit der hügeligen Gegend westlich von Morón wunderschöne ländliche Landstriche.

Geschichte

Eine wesentlich größere Rolle als heute spielte die Provinz in den Befreiungskriegen des 19. Jh.: Um den Vormarsch der Rebellen von Osten nach Westen in der Mitte Cubas zu stoppen, bauten die Spanier eine 50 km lange Befestigungslinie durch die Provinz, von Júcaro im Süden bis San Fernando beim nördlichen Morón. Doch die Befreiungskämpfer unter General Antonio Maceo und General Máximo Gómez ließen sich von den 43 Befestigungstürmen und der doppelten Holzbarriere nicht abhalten – sie durchbrachen die spanische Linie im Januar 1875 und setzten ihren Vormarsch auf die Hauptstadt Havanna ungehindert fort.

Beim zweiten Unabhängigkeitskrieg reparierten die Spanier den zerstörten Verteidigungswall und stellten 20 000 Mann starke Truppen auf, allerdings wieder vergeblich. Ende 1895 wurde die Barriere erneut von den Rebellen zerstört. In der Stadt Ciego de Ávila schlug General Máximo Gómez sein Versorgungslager auf, denn Ciego, wie die Stadt verkürzt genannt wird, gehörte schon zu den mehrheitlich gegen Spanien eingestellten Städten.

Ciego de Ávila ▸ M 5

Nachdem die Autobahn kurz hinter Sancti Spíritus bei **Jatibonico** endet, fährt man über die schnurgerade Carretera Central zwischen Zuckerrohrfeldern und Obstplantagen und kreuzt mehrere kleine Orte. Ananasfelder und Zitrusplantagen künden die Nähe der Provinzhauptstadt an.

Das erst Mitte des 19. Jh. entstandene **Ciego de Ávila** (80 000 Einwohner) ist ländlich geprägt, der Autoverkehr hält sich in Grenzen. Stattdessen sieht man viele Traktoren, Pferde und (improvisierte) Kutschen. Touristische Sehenswürdigkeiten hat Ciego nicht zu bieten, was die Einwohner nicht davon abhält, samstagabends die Hauptstraße Independencia zu sperren, Musik zu machen und zu tanzen. Es scheint auch niemanden zu stören, dass der **Parque Martí** im Stadtzentrum einen Stilmix präsentiert, den man nur als lieblos bezeichnen kann. Supermarkt und Rathaus befinden sich in palastartigen, überladen verzierten Gebäuden und werden von einem überaus klotzigen zehngeschossigen Wohnblock überragt.

In einem prächtig renovierten Gebäude am Parque Martí vermittelt das **Museo de Arte Decorativo** Einblicke in das luxuriöse Leben der reichen Kreolen. Verteilt auf zwei Stockwerke werden bunt gemischte Einrichtungsgegenstände der Kolonialepoche gezeigt (Calle Marcial Gómez 2, Ecke Independencia, Mo, Di 8–16.40, Mi–Sa 8–22, So 8–12, 18–22 Uhr, 1 CUC).

Weder die Stadt noch ihre Hotels ermuntern zu einem längeren Aufenthalt. Ciego de Ávila dient allenfalls als Zwischenstation auf dem Weg zum paradiesischen Archipiélago Jardines de la Reina (s. S. 322) oder zu den Cayos Coco und Guillermo (s. S. 326).

Infos

Infotur: Calle Libertad, Ecke Honorato de Castillo, Tel. 033 20 91 09, Mo–So 8.15–16.30 Uhr. Allgemeine Infos und Touren zu vielen Zielen in der Provinz.

Havanatur: Calle Libertad 54, zwischen Maceo und Honorato de Castillo, Tel. 033 26 63 42, Mo–Sa 9–16 Uhr. Ähnliches Angebot, außerdem Hotelreservierungen und Mietwagen.

Ländlich geprägte Provinzhauptstadt: Ciego de Ávila

Oficina de Reservaciones de Campismo: Crta. Central 111, Tel. 033 22 25 01, Mo–Fr 8–17 Uhr. Hier evtl. Reservierung für den Campismo Cayo Coco (s. S. 328).
Banco Financiero Internacional: Calle Honorato de Castillo, Parque Martí.
Cadeca: Calle Independencia 118, zwischen Maceo und Simón Reyes.
Internet: Telepunto, Calle J. Agüero 64, zwischen Honorato de Castillo und Maceo, tgl. 8–17.30 Uhr.

Übernachten

Frei von Charme ▶ **Ciego de Ávila** (Islazúl): Crta. de Ceballos Km 1,5, nördl. der Stadt, Tel. 033 22 80 13, www.islazul.cu. Im Baustil der 1970er-Jahre, doch ordentliche Zimmer. Mit Restaurant, Pool, Mietwagenverleih, Disco (Di–Sa 20–24 Uhr). 90 Zi., EZ ab 26 CUC, DZ ab 34 CUC inkl. Frühstück.
Apartment mit Balkon ▶ **Mayra Martínez R.** (privat): Calle Libertad 161, zwischen Simón Reyes und Agramonte, Tel. 033 22 36 95. Ein Zimmer im Erdgeschoss sowie ein sehr schönes Apartment im 1. Stock mit Küche und Balkon. 20 CUC.
Blitzsauber ▶ **Míriam O. Marzabal Gómez** (privat): Calle Marcial Gómez 58 (1. St.), zwischen Joaquín de Agüero und Carretera Central, Tel. 033 20 32 95. 2 helle Zimmer mit Balkon und einer Küche, die gemeinsam benutzt wird, im Haus einer sehr gläubigen Protestantin. Auch schöne Terrasse. 20 CUC.

Essen & Trinken

Gut und üppig ▶ **Flamingo** (privat): Calle Candelario Agüero 234, zwischen Onelio Hernández und Arnaldo Ramírez, geg. vom Krankenhaus, Tel. 033 22 54 29, tgl. ab 19 Uhr. Kreolische Hausmannskost, die im kitschbeladenen Wohnzimmer aufgetischt wird. Hauptgerichte 7–8 CUC.
Auf spanische Taverne getrimmt ▶ **El Colonial** (staatl.): Calle Independencia 10, zwischen Simón Reyes und Maceo, Tel. 033 22 59 71, Do–Di 19–24 Uhr. In einem hübschen Patio werden cubanische Gerichte serviert. Hauptspeisen 5–12 CUC.
Mit überdachter Veranda ▶ **Fonda La Estrella** (staatl.): Calle Honorato de Castillo, Ecke Máximo Gómez, Tel. 033 26 61 86, tgl. 12–22 Uhr. In altem Holzhaus, Tische drinnen und draußen. Hauptspeisen ab 5 CUC.
Spezialität gebratene Spieße ▶ **Don Ávila:** Calle Marcial Gómez, zwischen Independencia und Libertad, tgl. 12–23 Uhr. Im Patio einer alten Villa. Hauptgerichte 4–10 CUC.
Kaffeehaus ▶ **La Fontana:** Calle Independencia, Ecke Maceo, tgl. 6–14, 15–23 Uhr. Exzellenter Kaffee (ab 1,90 CUP).

Abends & Nachts

Mit viel Geschichte ▶ **La Confronta:** Calle Marcial Gómez, Ecke Agüero, tgl. ab 11 Uhr. Eine Wachsfigur von Beny Moré empfängt die Besucher in diesem 1915 eröffneten Lokal. Die Legende will es, dass der Musiker 1936 als Zuckerrohrschneider in der Umgebung von Ciego arbeitete und eines Tages völlig pleite in dieses Lokal kam. Der Besitzer Anacleto Martínez ließ ihn kostenlos speisen, woraufhin Beny Moré hier Jahre später, als er bereits berühmt war, spontan ein Konzert zu Ehren des edlen Spenders gab. Weitere Anekdoten schmücken die Wände dieses einzigartigen Restaurants, in dem mit Moneda Nacional bezahlt wird.

Live-Musik ▶ **Don Pepe:** Calle Independencia 103, zwischen Simón Reyes und Maceo, Tel. 033 22 37 13, Restaurant tgl. 12–14, 20–23.45 Uhr, Bar geöffnet bis in die frühen Morgenstunden. Kreolische Gerichte, Milchshakes, Cocktails, angenehm lebhafte Atmosphäre, abends Live-Musik. **Casa de la Trova Miguel Angel Luna:** Calle Libertad, Ecke Simón Reyes, tgl. ab 21 Uhr, Eintritt frei. Das Programm ist auch in Ciego dasselbe wie anderswo – doch man wird selten enttäuscht.

Wechselnde Veranstaltungen ▶ **Casa de la Cultura:** Calle Independencia 76, zwischen Maceo und Honorato de Castillo, Tel. 033 22 39 74, Mo–Fr 8–22, Sa/So 8–12 Uhr.

Aktiv

Freizeitanlage ▶ **Complejo Parque de la Ciudad** (Las Turbinas): Crta. a Ceballos, nahe Hotel Ciego de Ávila, Di–So ab 10 Uhr. Der 2009 eröffnete Komplex umfasst u. a. zwei rustikale Restaurants, eine Jetski-Vermietung und einen Vergnügungspark für Kinder. Am Wochenende Rundfahrten in einer Dampfeisenbahn (0,50 CUC).

Verkehr

Flüge: Aeropuerto Máximo Gómez, bei Ciro Redondo, ca. 25 km nördl., Tel. 033 26 60 03. Ein Taxi ins Zentrum kostet 7 CUC. Cubana, Crta. Central 83, zwischen Maceo und Honorato del Castillo, Tel. 033 20 11 17, fliegt unregelmäßig nach Havanna.

Züge: Estación de Ferrocarril, Ave. Iriondo, 7 Blocks südwestl. vom Zentrum, Tel. 033 22 33 13. Verbindungen nach Havanna (3 x tgl., 16 CUC), Matanzas (2 x tgl., 13 CUC), Santiago (3 x wöchentl., 14,50 CUC), Morón (2 x tgl., 1 CUC).

Busse: Terminal de Ómnibus, Crta. Central, 1 km östl., Tel. 033 22 51 09. Víazul-Busse 6 x tgl. nach Camagüey (6 CUC), Las Tunas (13 CUC), Holguín (17 CUC) und Sancti Spíritus (6 CUC), 5 x tgl. nach Bayamo (17 CUC) und Santiago (24 CUC), 4 x tgl. nach Havanna (27 CUC), 1 x tgl. nach Trinidad (8 CUC) und Varadero (19 CUC).

Mietwagen: Cubacar, im Hotel Ciego de Ávila, Tel. 033 20 01 02; Havanautos, Calle Libertad, zwischen Maceo und Honorato del Castillo, Tel. 033 21 25 70.

Taxis: Cubataxi, Tel. 033 26 66 66.

Archipiélago Jardines de la Reina ▶ L 6–N 7

Rund 600 Koralleneilande umfasst der **Archipiélago Jardines de la Reina** vor der Südküste der Provinz Ciego de Ávila. Die unberührte Inselwelt der ›Gärten der Königin‹ wird vorsichtig für den Tourismus erschlossen und überrascht Tauchfans mit einem intakten Unterwasserparadies, das in der Karibik seinesgleichen sucht. Auch für Anhänger der Hochseefischerei sind die Cayos zu einem Topspot avanciert. Boote auf die Inseln starten von **Júcaro,** einem kleinen Ort ca. 35 km südlich von Ciego de Ávila, der bis vor Kurzem nur durch seinen Zuckerexporthafen bekannt war.

Übernachten

Auf dem Wasser schlafen ▶ Die einzige Übernachtungsmöglichkeit bietet das **Hotelschiff Tortuga,** das 87 km vor der Südküste verankert liegt (Infos: www.cuba-diving.de).

Morón ▶ M 4

Rund 45 km nördlich von Ciego de Ávila bildet **Morón** (60 000 Einwohner) das Tor zum Inselarchipel der Nordküste. Selbst wenn man das nette Städtchen nur kurz durchquert, fallen die allgegenwärtigen getöpferten Hähne auf – an der südlichen Ortseinfahrt steht das größte Exemplar dieses Wahrzeichens von Morón, geschaffen von der Bildhauerin Rita Longa. Der Hahn als Symbol des Muts und der Stärke stammt ursprünglich von spanischen Einwanderern aus Morón de la Frontera, das auch als Namensgeber für das cubanische Morón herhalten musste. 1956 tauchte der Hahn erstmals als Wahrzeichen von Morón auf – auf Betreiben des damaligen Bürgermeisters, der damit die Bedeutung seiner Stadt unterstreichen wollte: Als eine der ersten Städte Cubas besaß Morón einen Eisenbahnanschluss und hatte es vor der Revolution zu gewissem Wohlstand gebracht. Den Guerilleros war der Hahn ein Dorn im Auge und er wurde nach dem Sieg der Rebellenarmee 1959 als Symbol des Kapitalismus entfernt. Erst seit 1979 darf er wieder als Stadtmaskottchen fungieren.

Mehr über die interessante Historie der Stadt erfährt man im **Museo Canoabo,** das außerdem einige archäologische Funde aus präkolumbischer Zeit beherbergt (Calle Martí 374, Mo, Di 9–17, Mi–Sa 8–22, So 8–12, 18–22 Uhr, 1 CUC).

Sehenswert ist auch der **Bahnhof** am südlichen Ende der Calle Martí, nach Havanna der zweitälteste des Landes. Das 1923 errichtete Gebäude überrascht u. a. mit Buntglasfenstern und Holzarbeiten im französischen Stil.

Ca. 3 km südöstlich des Zentrums wurde in der ehemaligen Zuckerfabrik **Central Patria o Muerte** ein Museum eingerichtet, das über den Prozess der Zuckergewinnung informiert. Auf dem Gelände stehen auch zwei gut erhaltene Baldwin-Dampfloks von 1920, mit denen Rundfahrten durch die Zuckerrohrfelder der Gegend unternommen werden. Der Besuch ist nur im Rahmen einer organisierten Tour möglich, z. B. mit Viajes Cubanacán (s. unten).

Infos

Viajes Cubanacán: im Hotel Morón, Ave. Tarafa, Tel. 033 50 47 20. U. a. Ausflüge zur Zuckerfabrik (s. oben).

Vor Ciego de Ávila reihen sich Obstplantagen und Zuckerrohrfelder aneinander

Tipp: Per Rad oder Kutsche zur Milchlagune

Am nördlichen Rand von Morón beginnt ein wenig befahrenes Landsträßchen, das geradewegs zur 8 km entfernten **Laguna de la Leche** (›Milchlagune‹) führt, das letzte Stück im Schatten von Bäumen an einem Kanal entlang. Cubas größtes Süßwasserreservoir ist ein beliebtes Naherholungsgebiet und bietet entsprechende Einrichtungen.

Im Complejo Náutico werden Tretboote und Kajaks vermietet, man kann eine Fahrt im Motorboot unternehmen (10 CUC/45 Min.), angeln gehen (halber Tag 35 CUC), schwimmen oder sich einfach nur in eines der Restaurants setzen und fangfrischen Fisch genießen. Sehr hübsch sind das Restaurant La Atarraya, das auf Stelzen im See erbaut wurde (Tel. 033 50 53 51, Di–So 12–19 Uhr, Fisch ab 3 CUC), oder auch das Lokal am gegenüberliegenden Ufer des Kanals, unmittelbar an dessen Mündung in den See, zu dem per Boot übergesetzt wird. Für Abendunterhaltung mit Live-Musik und Disco sorgt das Centro Nocturno La Cueva (Mi–So 22–2 Uhr, Eintritt ab 1 CUC).

Einen offiziellen Radverleih gibt es in Morón nicht, aber die Besitzer der Privatunterkünfte wissen in solchen Fällen meist zu helfen. Pferdekutschen warten am Bahnhof auf Kunden; die Fahrt zur Lagune kostet ca. 10 CUC hin und zurück inkl. Wartezeit vor Ort.

Ecotur: im Hotel Morón (s. unten), Tel. 033 50 22 30, 30 82 62, ecotursaciego@enet.cu. Spezialisiert auf Jagd- und Angeltrips, auch Hochseefischen (s. S. 325).

Internet: Etecsa, am Parque Martí, tgl. 8.30–12.30, 13–18.30, 19–19.30 Uhr.

Übernachten

Wer nicht unbedingt in den All-inclusive-Anlagen auf Cayo Coco oder Cayo Guillermo wohnen möchte, findet in Morón ein paar gute Alternativen, darunter etwa 70 Privatquartiere.

Mit schönem Pool ▶ **Morón** (Islazúl): Ave. Tarafa, am südl. Stadtrand, Tel. 033 50 22 30, Fax 033 50 21 33, www.islazul.cu. Einer der hässlichen Betonklötze, aber komfortable, saubere Zimmer. Außerdem Restaurant, Disco, Bars, Autoverleih, Reiseagentur und Internet. 144 Zi. und 8 Cabañas, EZ ab 28, DZ ab 36, Cabaña ab 55 CUC inkl. Frühstück.

Villa im New-Orleans-Stil ▶ **La Casona de Morón** (staatl.): Calle Cristóbal Colón, nahe Bahnhof, Tel. 033 50 22 36/37. Günstiges Hotel mit nur 7 Zimmern in hinreißendem Gebäude; derzeit geschlossen, aber nachfragen lohnt sich auf jeden Fall.

Professionelle Frauenpower ▶ **Casa Maite** (privat): Luz Caballero 40 b, zwischen Libertad und Agramonte, zwei Blocks westlich der Calle Martí, Tel. 033 50 41 81, yio@moron.cav.sld.cu, maite69@enet.cu. Maite führt ein stilvolles Haus, serviert absolut fantastisches Essen und dient mit vielen wertvollen Infos über die Region – kaum etwas, das sie nicht weiß. Vermietet wird ein 60 m^2 großes Apartment mit Bad, Küche, TV und Safe sowie ein DZ mit Bad und Kühlschrank; große Dachterrasse, Garage, Wäscheservice, Bar, Radverleih. Sehr zu empfehlen. 20–25 CUC.

Auch hier ist eine Frau am Werk ▶ **Hostal Vista al Parque:** Calle Luz Caballero 49 d, zwischen Libertad und Agramonte, Tel. 033 50 41 81, yio@moron.cav.sld.cu. 12 Jahre Erfahrung in der Zimmervemietung haben Idolka ein Gespür für die Wünsche ihrer Gäste entwickeln lassen, die sich hier wie zu Hause fühlen können. 1 Zimmer mit Bad, TV, Kühlschrank und Safe, Terrasse. 20–25 CUC.

Essen & Trinken

Erschwingliche Langusten ▶ **Las Fuentes:** Calle Martí 169, Tel. 033 50 57 58, tgl. 19–23 Uhr. Nettes, kleines Restaurant mit begrüntem Patio und Brunnen. Hauptgerichte ab 1,50 CUC, Langusten 18 CUC.

Internationale Küche ▶ **Paraíso Palmares:** Calle Martí 382, Tel. 033 50 20 35 ext. 117, Di–So 12–14, 19–21 Uhr. Die Spezialität ist Paella Valenciana. Hauptspeisen ab 3 CUC.

Einkaufen

In der Hauptgeschäftsstraße **Calle Martí** findet man alle wichtigen Läden.

Abends & Nachts

Live-Musik ▶ **Casa de la Trova Pablo Bernal:** Calle Libertad 74, zwischen Martí und Narciso López, Di–So 10–24, Sa bis 2 Uhr, Eintritt 1 CUC. Ein Treff der Troubadoure. Live-Musik ab 21 Uhr.

Bar ▶ **Jardín Apolo:** im Patio des Teatro Apolo, Calle Martí, Ecke Sergio Antuña. Rund um die Uhr geöffnete Bar mit lauter Musik.

Discos ▶ In den **Hotels Morón** und **La Casona de Morón** (s. S. 324) kann man das Tanzbein schwingen (beide Di–Sa 22–2.30, So 16–20 Uhr, Eintritt 3,50 CUC/Pers., 5 CUC/ 2 Pers.

Termine

Kulturwoche: Mai (2.–9.). Viele verschiedene Veranstaltungen.

Festival de Bolero: 1. Junihälfe.

Karneval: Sept. In Morón findet der Umzug auf dem Wasser statt und dafür werden die Boote zu *carrozas* (›Festwagen‹) hergerichtet. Außerdem gibt es die größte Paella Cubas, von der 3000 Leute satt werden.

Aktiv

Angeln ▶ Hervorragende Reviere sind die Laguna de la Leche (s. S. 324) und die Laguna Redonda (s. S. 326). Buchung von Ausflügen über Ecotur (s. S. 324).

Jagen ▶ Wer es nicht lassen kann oder will, findet um Morón gute Voraussetzungen zur Vogeljagd: Juli–Anfang Sept. Tauben, Ende Okt.–Ende März Enten und Schnepfen; etwa 200 CUC/Tag plus Gewehrmiete (15 CUC/ Tag) und Lizenz (25 CUC/Woche). Reservierungen über Ecotur (s. S. 324).

Verkehr

Flüge: Der nächste Flughafen befindet sich auf Cayo Coco (s. S. 329).

Züge: Bahnhof, am südlichen Ende der Calle Martí. Züge nach Ciego de Ávila, Santa Clara, Camagüey (mit Anschluss nach Havanna und Santiago) sowie nach Florencia und Nuevitas.

Busse: Nahverkehrsbusse *(guaguas)* nach Ciego de Ávila starten etwa alle 90 Min. gegenüber vom Bahnhof.

Mietwagen: Cubacar, im Hotel La Casona, Tel. 033 50 20 20, und Ave. Tarafa, Ecke Bahnhof, Tel. 033 50 22 22; Havanautos, Ave. Tarafa, zwischen 5 und 6, Tel. 033 50 21 14.

Taxis: Cubataxi, Tel. 033 50 32 90.

Die Umgebung von Morón

Die Umgebung von Morón ist vor allem für Angler und Jäger von Interesse: Zwei Seen voller Fische, die 68 km² große Laguna de la Leche (s. S. 324) und die kleinere Laguna Redonda (s. S. 326), warten auf Angler und Wassersportler und die Sumpf- und Waldlandschaft ist ein beliebtes Revier für Vogeljäger.

Centro de Conservación de Cocodrilos ▶ M/N 4

Ca. 7 km östlich von Morón liegt das **Centro de Conservación de Cocodrilos,** eine Aufzuchtstation für Krokodile. Auf dem Gelände finden auch Vorführungen mit Kampfhähnen statt (tgl. 9–19 Uhr, Erw. 3 CUC, Kinder bis 12 Jahre frei).

Loma de Cunagua ▶ N 4

Nochmals knapp 15 km östlich bietet sich von der 338 m hohen **Loma de Cunagua** ein toller Blick über die Küstenebene bis hinüber zum Archipiélago de Camagüey. Der Hügel gehört zu einem rund 27 km² großen Naturschutzgebiet, das zahlreiche Vogel- und Reptilienarten beherbergt, darunter der Nationalvogel Tocororo und die endemische Santa-María-Schlange. Für die Erkundung des Parks stehen Führer bereit (tgl. 7–18 Uhr, 1 CUC).

Florencia ▶ M 4

Etwa 40 km westlich von Morón verkörpert **Florencia** das Klischee eines trägen Wildwest-Städtchens. Potenzielle Besucher seien gleich vorgewarnt: Bedeutende Sehenswürdigkeiten gibt es nicht – die Atmosphäre und die Umgebung sind es, die hier verzaubern. Florencia liegt am Rand eines niedrigen Gebirgszugs, den **Alturas del Nordeste,** in einer Hügellandschaft, die vom Ackerbau geprägt ist. Im Ort sieht man mehr Männer stolz durch die Straßen reiten als Autos. Mitten durch Florencia führen grasüberwucherte Eisenbahnschienen. Tatsächlich fährt von dem verwitterten blauen Holzgebäude, dem Bahnhof, täglich ein Zug nach Morón. Entlang der Gleise reihen sich Essensstände aneinander, alle mehr oder weniger mit dem gleichen Angebot. Das ist Florencia.

Die Umgebung erkundet man am besten auf dem Pferderücken. In der Cafetería La Esquinita (s. unten) werden solche Touren nach vorheriger Anmeldung organisiert, sei es zum nahen Stausee oder zu einer der zahlreichen Höhlen in der Umgebung, z. B. den mehr als 5000 m langen **Cavernas Boquerones** beim gleichnamigen Campismo (s. unten). Die etwas beschwerliche Anfahrt lässt sich mit einem Mietwagen auf eigene Faust meistern und lohnt sich in jedem Fall, auch wenn man hier nicht übernachten will (oder darf): auf der Hauptstraße von Florencia Richtung Perea fahren, an der ersten größeren Kreuzung (mit Bushaltestelle) rechts abbiegen, der Lehmpiste bis zur Bahnlinie folgen und gleich danach wieder rechts abbiegen; nach ein paar Hundert Metern an der Teerstraße links, dieser 2,5 km folgen, dann die letzten 2 km auf guter Schotterstraße bis zum Campismo. Der Platz liegt geradezu paradiesisch, umgeben von Felswänden in einem palmenbestandenen Flusstal, das zu einem erfrischenden Bad einlädt. Auf dem Campismo kann man eventuell Führer anheuern, die einen durch die wild-romantische Landschaft geleiten.

Übernachten

Einfachste Hütten ▶ **Campismo Boquerón:** Poblado Boquerón, ca. 8 km nordwestl. von Florencia, Tel. 033 55 93 18. 22 Hütten, die eigentlich nur an Cubaner vermietet werden (Ausnahmen möglich). 5 CUC p. P.

Aktiv

Reiten ▶ **La Esquinita:** Calle Martí, gegenüber vom Bahnhof, Tel. 033 55 92 94. Unterschiedlich lange Ausflüge in die Umgebung. Buchung auch über Reiseagenturen in Morón und auf den Inseln.

Laguna Redonda und Pueblo Holandés ▶ M/N 4

Auf dem Weg von Morón zu den nördlichen Cayos liegt nach ca. 14 km rechter Hand die **Laguna Redonda** (›Runde Lagune‹), eines der beiden Zentren in der Umgebung für Sportangler, deren begehrteste Beute die riesig großen Forellen im See sind. Zum Freizeitkomplex gehört ein nettes Rancho-Restaurant direkt am Wasser, außerdem kann man an Bootsausflügen teilnehmen und Jetski fahren (s. unten).

Kurz darauf passiert man ein im holländischen Stil gebautes Viehzüchterdorf, das **Pueblo Holandés.** Dieser wahrhaft exotische Ort entstand in den 1960er-Jahren auf Initiative von Celia Sánchez, der damaligen Lebensgefährtin Fidel Castros. Auch heute noch werden hier Rinder der Rasse Santa Gertrudis gezüchtet, die überwiegend für den Verzehr in den Hotels auf den Cayos bestimmt sind.

Cowboys in Aktion kann man 4 km weiter auf dem **Rodeoplatz** erleben, wo am Wochenende ab 11 Uhr regelmäßig Veranstaltungen stattfinden (Eintritt 1 CUC).

Aktiv

Angeln ▶ **Centro Náutico La Redonda:** Laguna La Redonda, Tel. 033 30 24 89, tgl. 9–17 Uhr; Forellenangeln in der ›Runden Lagune‹ (4 Std./35 CUC plus 10 CUC für Führer), auch Bootsausflüge und Jetski-Verleih, mit nettem Restaurant.

10 Cayo Coco und Cayo Guillermo ▶ M/N 3/4

Bevor man auf den 1988 eröffneten Pedraplén fahren darf, der rund 25 km nördlich von Morón auf die idyllischen Cayos führt, muss man an einem Kassenhäuschen halten, das gleichzeitig ein Kontrollposten ist. Einheimische dürfen nur mit einem zuvor bei Cubatur erworbenen Ticket in Form eines Verzehrbons (7 CUC pro Person) auf die Inseln fahren, Ausländer bezahlen einen Obolus von 2 CUC und müssen ihren Reisepass zeigen. Dann braust man mehrere Kilometer übers blaugrün schillernde Meer. Leider wurden in den Damm nicht genügend Rohre eingebaut, um einen ausreichenden Wasseraustausch zu garantieren, weshalb das Wasser östlich des Pedraplén ungesund dümpelt. Insgesamt 34 km lang ist der Straßendamm, der einen winzigen Teil der Inselchen des **Archipiélago de Camagüey** – auch **Cayería del Norte** oder **Jardines del Rey** (›Gärten des Königs‹) genannt – miteinander verbindet. Der gesamte Archipel steht unter Naturschutz, doch die cubanische Akademie der Wissenschaften erstellte vor etlichen Jahren ein erstaunliches Gutachten, demzufolge selbst 16 000 Hotelzimmer das Ökosystem des Naturparks nicht aus dem Gleichgewicht bringen würden. Auch der (noch) kleine Flughafen auf Cayo Coco scheint keinen geschützten Wasservogel aus der Ruhe zu bringen ...

Cayo Coco lockt ebenso wie der westlich gelegene **Cayo Guillermo** mit einigen Luxushotels und unwirklichen Traumstränden – feiner weißer Sand, türkisfarbenes Wasser, eine Hand voll Palmen. Eine weitere Attraktion ist das vorgelagerte, lang gestreckte Korallenriff, nach dem Great Barrier Reef in Australien das zweitgrößte der Welt. Besonders vor Cayo Guillermo werden Taucher ins Schwärmen geraten, denn hier ist die Unterwasserwelt mit ihren Seehechten, den Makrelen, Flundern, Marlinen und Macabís besonders faszinierend. Selbst die kostbare (artengeschützte) schwarze Koralle wächst hier.

Noch weiter draußen im Meer, auf dem **Cayo Media Luna,** hatte Ex-Diktator Batista ein kleines Sommerversteck und Ernest Hemingway fischte hier. Nach seiner Jacht wurde die **Playa Pilar** am äußersten Westzipfel von Cayo Guillermo benannt, der vermutlich spektakulärste Strand der Inseln und Ausgangspunkt für Segeltörns zum Cayo Media Luna.

Von Cayo Coco aus gelangt man auf weiteren Pedrapléns über den **Cayo Romano** zum Leuchtturm Diego Velázquez auf **Cayo Paredón Grande.** Keine der beiden Inseln ist erschlossen, ringsum liegen einsame Strände, worunter die **Playa Los Pinos** auf Cayo Romano am schönsten ist.

Die einzigen Alternativen zum Strandleben bieten zwei touristische Einrichtungen auf Cayo Coco. Im Zentrum der Insel liegt der **Sitio La Güira,** ein winziges Museumsdorf, das das cubanische Landleben vor 100 Jahren lebendig machen soll. Individualisten können sich in den typischen *bohíos* (palmstrohgedeckten Hütten) übrigens auch einquartieren. Den Sitio La Güira besucht man am besten im Rahmen einer Inseltour mit dem Touristenbus (s. S. 329) – im Ticketpreis von 6 CUC ist der Eintritt von 2 CUC bereits enthalten (tgl. 9–18 Uhr). Das Gleiche gilt für den **Parque Natural El Bagá** weiter westlich, ein gut 700 ha großer Naturpark mit Wanderpfaden, Tiergehegen, einem nachgebauten Taíno-Dorf etc. Im Angebot sind außerdem Bootstouren, Vogelbeobachtung sowie ein großer Spielplatz und spezielle Aktivitäten für Kinder (Tel. 033 30 10 62, ext. 103, Mo–Sa 9.30–17.30 Uhr, 10–15 CUC).

Infos

Die Reiseagenturen haben ihre Büros in den großen Hotelresorts.

Internet: Alle Hotels bieten Internetzugang.

Übernachten

Alle Hotels arbeiten nach dem All-inclusive-System, haben mehrere Restaurants, Strandgrills, Cafés, Bars, Diskotheken, Geschäfte etc., bieten umfassende Sport- und Freizeitangebote an und sind wesentlich günstiger, wenn man sie von Europa aus bucht.

... auf Cayo Coco:

Schlafen auf Stelzen ▶ Meliá Cayo Coco (Cubanacán): Playa Las Coloradas, Tel. 033 30 11 80, Fax 033 30 11 95, www.solmeliacuba.com. Sehr angenehmes 5-Sterne-Hotel mit 250 Zimmern, davon 74 auf Stelzen in einer Lagune erbaut. Riesenangebot an Sportaktivitäten. 250 Zi., EZ ab 125 CUC, DZ ab 190 CUC all inclusive.

Im spanischen Kolonialstil ▶ Blau Colonial (Cubanacán): Playa Larga, Tel. 033 30 13

11, Fax 033 30 13 84, www.blauhotels.com. Stilvolles 5-Sterne-Resort mit 342 Zimmern. EZ ab 101 CUC, DZ ab 152 CUC all inclusive.
Riesenkomplex ▶ **Tryp Cayo Coco** (Cubanacán): Playa Larga, Tel. 033 30 13 00, Fax 033 30 13 86, www.solmeliacuba.com. 508 Zimmer in pastellfarbenen, maximal dreigeschossigen Häusern am Strand. EZ ab 101 CUC, DZ ab 152 CUC all inclusive.
Für Individualreisende ▶ **Sitio La Güira:** im Zentrum von Cayo Coco, Tel. 033 30 12 08. 4 Zimmer in rustikalen Holzhäusern, Restaurant und Bar. Achtung: Die Stechmücken können den Aufenthalt zur Hölle machen. DZ ab 17 CUC inkl. Frühstück.
Schlichte Bungalows am Strand ▶ **Campismo Cayo Coco:** Playa Uva Caleta, Tel. 033 30 11 05. Das absolute Gegenteil der luxuriösen All-inclusive-Welt: 64 Hütten, die eigentlich nur an Cubaner vermietet werden, aber in der Nebensaion werden manchmal Ausnahmen gemacht. DZ ab 15 CUC.
... auf Cayo Guillermo:
Schöne Poollandschaft ▶ **Sol Cayo Guillermo** (Cubanacán): Playa del Medio, Tel. 033 30 17 60, Fax 033 30 17 48, www.solme liacuba.com. In ein- bis zweigeschossigen Bungalows mit Terrasse oder Balkon wohnt man inmitten eines tropischen Gartens. 268 Zi., EZ ab 101 CUC, DZ ab 152 CUC all inclusive.
Idyllische Lage ▶ **Villa Cojímar** (Gran Caribe): Playa del Medio, Tel. 033 30 17 12, Fax 033 30 17 27, www.gran-caribe.cu. Das älteste und daher günstigste der vier Hotels auf Cayo Guillermo. Tauchbasis und Boote zur Playa Pilar. 212 Zi., EZ ab 95 CUC, DZ 130 CUC (all inclusive).

Einkaufen

Dinge des täglichen Bedarfs und ein paar Souvenirs bekommt man in den Hotelgeschäften.

Abends & Nachts

Show & Disco in einer Korallensteinhöhle ▶ **Cueva del Jabalí:** Cayo Coco, Tel. 033 30 12 06. Der einzige Nightlifespot außerhalb der Hotels, Mi und Do ab 22.30 Uhr Show mit anschließender Disco, Eintritt 20 CUC inkl. aller Getränke.

Aktiv

Alle Hotels haben ein großes Aktivitäten- und Ausflugsangebot, z. B. Wassersport, Reiten und Bootsausflüge zu anderen Inseln oder durch die Mangrovensümpfe.
Fallschirmspringen ▶ **Aeroclub Cayo Coco:** neben dem Hotel Sol Cayo Coco. Tandemsprünge für 40 CUC.
Bootsausflüge, Hochseefischen ▶ **Marina Marlin Aguas Tranquilas:** nahe Hotel Meliá Cayo Coco, Tel. 033 30 14 11, 30 13 23. **Marina Puertosol Cayo Guillermo:** Tel. 033 30 17 38. Hier großes Angebot an Wassersport, z. B. Segeltörns mit Katamaranen zum winzigen Cayo Media Luna inkl. Schnorcheln am Korallenriff, Strandaufenthalt und Mittages-

sen (Erw. 75 CUC, Kinder 38 CUC), Seafaris, Hochseefischen (pro Boot und bis zu 3 Pers. 270 CUC für ca. 4 Std.) etc. **Ecotur:** im Hotel Sol Cayo Coco, Tel. 033 30 81 63, 30 82 62, ecotursaciego@enet.cu, ist auf Hochseefischen spezialisiert (ab 220 CUC für 2 Pers.). **Jungle Tours,** Tel. 033 30 15 15, in den meisten Hotels vertreten, verleiht Motorboote, mit denen man durch die Mangrovenwälder der Inseln fahren kann.

Tauchen und Schnorcheln ▶ Blue Diving: Playa Las Coloradas, im Hotel Meliá Cayo Coco, Tel. 033 30 81 79. **Scuba Cuba:** in den Hotels Tryp Cayo Coco, Tel. 033 30 10 20, Meliá Cayo Guillermo, Tel. 033 30 16 27, und Sol Cayo Guillermo, Tel. 033 30 17 60, alle: comercial@marlin.cco.tur.cu (pro Tauchgang 40 CUC, Open Water Diver 310 CUC, Scuba Diver 180 CUC, Schnorchelkurse 20 CUC).

Verkehr

Die Inseln sind nur per Flugzeug, Taxi oder Mietwagen erreichbar.

Flüge: Aeropuerto Cayo Coco, Tel. 033 30 91 61/62. Aerocaribbean, Tel. 033 30 91 06, fliegt nach Varadero und Havanna.

Mietwagen (alle Cayo Coco): Cubacar, Tel. 033 30 12 75/76, am Kreisverkehr zwischen den Meliá- und Tryp-Resorts und in den Hotels. Havanautos, im Hotel Sol Cayo Coco, Tel. 033 30 12 28. Rex, im Hotel Sol Cayo Coco, Tel. 033 30 22 44.

Taxis: Cubataxi, Tel. 033 30 14 14.

Transport auf den Inseln: Das einzige öffentliche Transportmittel ist ein **Touristenbus,** der an allen Hotels und Sehenswürdigkeiten hält; für 6 CUC darf man ein- und aussteigen, sooft man will. In den Hotels kann man **Motorroller** mieten.

Wassersport wird groß geschrieben auf den Cayos

Camagüey und Provinz

Das fruchtbare Umland hat Camagüey einen gewissen Reichtum beschert, der Cubas drittwichtigste Stadt und Kapitale der gleichnamigen Provinz zu einer der schönsten im ganzen Land macht. Viele alte Bauwerke wurden liebevoll restauriert, und schmale, verwinkelte Sträßchen öffnen sich zu malerischen Plätzen, auf denen es nicht viel Vorstellungskraft bedarf, um sich in koloniale Zeiten zurückzuversetzen.

11 Camagüey ▸ O 6

Cityplan: S. 332

Geschichte

Die Provinzhauptstadt **Camagüey** (300 000 Einwohner), 2008 zum UNESCO-Welterbe erklärt, ist eine der sieben ältesten Städte der Insel. Am 2. Februar 1514 gründete Diego Velázquez die Siedlung Santa María del Puerto Príncipe, allerdings nicht, wo sich heute Camagüey befindet, sondern an der Nordküste in der Nähe des Hafens Nuevitas. Zweimal zog die gesamte Siedlung wegen Piratenüberfällen um: 1516 an das Ufer des Río Caonao und 1528 an den heutigen Ort. Ausschlaggebend war das gute Weideland rund um die Stadt. Der florierende Wohlstand der Viehzüchter erregte allerdings selbst noch im Binnenland das Interesse der Freibeuter: 1668 brannte der englische Pirat Henry Morgan die Stadt nieder und zog als reicher Mann aus Camagüey ab. Er sperrte die reichsten Bürger kurzerhand ohne Lebensmittel in die Kathedrale, bis der Hunger sie mürbe gemacht hatte und sie ihm freiwillig ihre Schätze überließen. Da auf den Zuckerplantagen Zehntausende Sklaven arbeiteten, lebte das Bürgertum auch in beständiger Angst vor Sklavenaufständen – zu Recht, wie sich im 17. Jh. herausstellte, als rebellische Sklaven die Stadt niederbrannten.

Im Verlauf der Unabhängigkeitskriege wurden mehrere Bürger der Stadt als Befreiungskämpfer berühmt: Am 4. November 1868 begründeten 76 junge Patrioten auf der Finca Las Clavellinas das erste Befreiungsheer, ein Jahr später zog Ignacio Agramonte, der heute als Befreiungsheld verehrt wird, als Chef der aufständischen Division Camagüey siegreich in die Stadt ein. Andere berühmte Namen aus Camagüey sind Ana Betancourt (1832–1901), eine der ersten Frauen, die für die Unabhängigkeit kämpften, sowie der Patriot Enrique José Varona (1849–1933), der für ein autonomes Cuba plädierte.

Auch beim zweiten Befreiungskrieg spielte Camagüey eine wichtige Rolle. Nur acht Monate nach Kriegsbeginn bezogen die Generäle Máximo Gómez und Antonio Maceo mitsamt ihren Armeen Quartier in Camagüey, und am 2. November 1898 reiste das geschlagene spanische Bataillon aus Cádiz per Eisenbahn von Camagüey nach Nuevitas, um sich für die Heimkehr nach Spanien einzuschiffen.

Tipp: Souvenirs

Verhältnismäßig gut bestückte Schaufenster sowie diverse Ateliers interessanter Künstler machen aus Camagüey zwar kein Shoppingparadies, aber doch einen geeigneten Ort, um die Stadtbesichtigung gleich mit einem Einkaufsbummel zu verbinden (s. S. 337).

Die Spanier gingen, die Amerikaner kamen: Am selben Tag gab der noch von den Spaniern eingesetzte Bürgermeister der Stadt die Hoheitsgewalt an General L. H. Carpenter weiter, Chef der US-amerikanischen Interventionstruppen. Es war nicht das letzte Mal, dass US-Truppen Camagüey besuchten. Als sich im fernen Havanna das Präsidentenkarussell drehte, die United Fruit Company das Land übernahm und Wirtschaftskrisen für Hunger sorgten, streikten die Zuckerarbeiter in Camagüey und die Studenten rebellierten. Mit dem Ergebnis, dass 1917 sowie erneut 1921 die US-Marines landeten und die Stadt besetzten.

Während der Batista-Ära erlebte Camagüey mehrere Aufstände, mit denen die Studenten den Guerillakrieg in der Sierra Maestra unterstützen wollten. Im Jahr 1958 zogen Camilo Cienfuegos und Che Guevara in die Provinz ein.

Die Geschichte Camagüeys ist in vielen Winkeln der Altstadt gegenwärtig. Bei einem Spaziergang durch den historischen Kern fallen auch die riesigen Tonkrüge auf, die neben den Eingangstüren der Häuser oder in Patios stehen. Da die Stadt beständig mit Wassermangel zu kämpfen hatte, fingen die Camagüeyanos das Regenwasser auf und konstruierten für diesen Zweck enorm große Tonkrüge, *tinajones* genannt, die schnell zu einem kolonialen Statussymbol wurden: Je mehr bauchige Tinajones eine Familie besaß, desto reicher war sie. Bis zu 4 m Umfang können diese Tinajones haben, die früher auch für die Verschiffung von Flüssigkeiten genutzt wurden. 1974 machte man sich den Spaß, die Tinajones in Camagüey zu zählen – es waren 18 000 und die meisten stammten noch aus dem 19. Jh. Heute versucht man, die Kunst der Tinajón-Fabrikation wiederzubeleben.

Camagüey ist eine der wenigen Städte Cubas, deren Straßen nicht im Schachbrettmuster angelegt sind – mit den vielen kreuz und quer verlaufenden Gassen wollten die Einwohner potenzielle Angreifer verwirren, heute fällt den Touristen die Orientierung schwer. Das Zentrum ist jedoch so klein, dass man sich nicht wirklich verlaufen kann.

Tipp: Noche Camagüeyana

So nennt sich das Straßenspektakel, das jeden Samstagabend in der Calle Maceo vonstatten geht – Live-Bands heizen die Stimmung an, alle tanzen, und man findet bereitwillige Salsa-Lehrer, die den Europäern mal eben ein paar Schritte beibringen. (Ein wenig sollte man in dem Getümmel allerdings auf Taschendiebe achten).

Parque Agramonte

Camagüeys geschäftigster Platz ist der zentrale **Parque Agramonte** 1, benannt nach dem Befreiungskämpfer, der im ersten Unabhängigkeitskrieg gegen die Spanier sein Leben ließ. Die Palmen an jeder Ecke des Platzes erinnern an vier cubanische Patrioten, die im Jahr 1851 von den Spaniern hingerichtet wurden. Zu der List, harmlose Palmen zu pflanzen und sich in ihren Schatten zu setzen, mussten die Camagüeyanos greifen, weil die Kolonialbehörden selbstverständlich keine Denkmäler für von ihnen ermordete Patrioten duldeten.

Tipp: Mercado Agropecuario El Río

Lebhaftes Markttreiben kennzeichnet Cubas größten Bauernmarkt, den **Mercado Agropecuario El Río** 4 südlich des historischen Zentrums. Hier herrscht ungewohnter Überfluss: An unzähligen Ständen türmt sich Obst und Gemüse aller Art, lautstark werden selbst gemachte Tomatensoßen angepriesen, lange Knoblauchzöpfe und fette Schweinshaxen baumeln von den Decken der Holzbuden herunter, und es gibt sogar eine kleine Marktecke, in der allerlei seltsame Naturheilmittel verkauft werden. Blutrünstige Zeitgenossen können dem *matadero* (Schlächter) bei seiner Arbeit zusehen (Crta. Central Oeste Km 2,5, geg. Fábrica de Refrescos, Mo–Sa 9–19, So 9–14 Uhr).

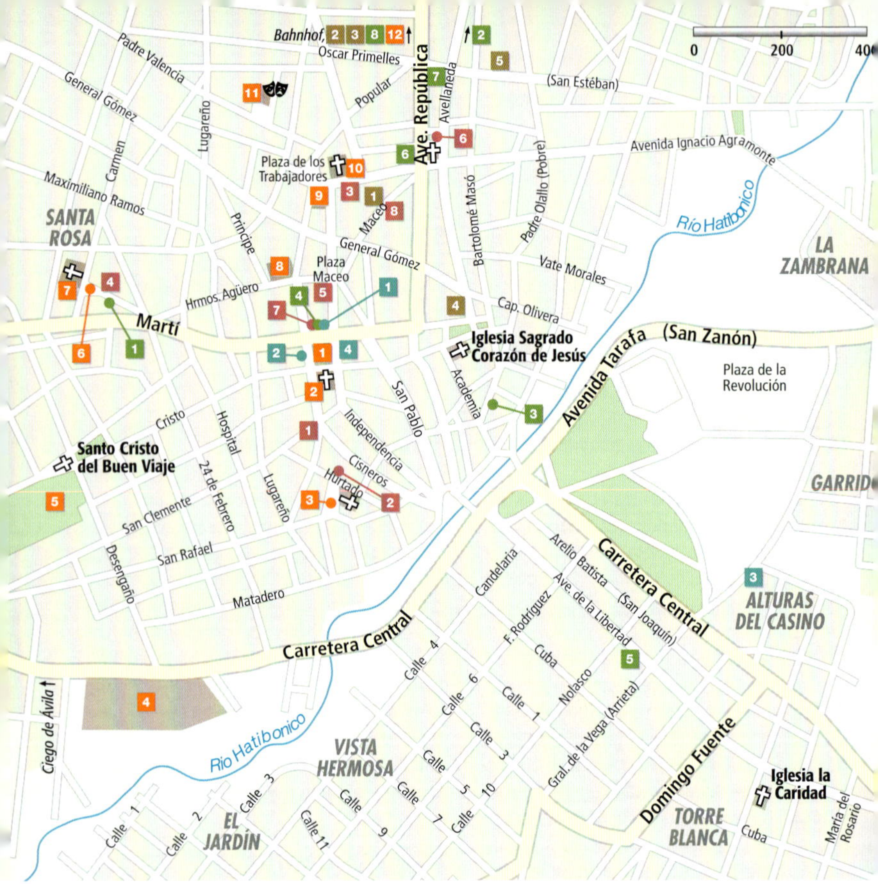

An der Südseite erhebt sich die **Catedral de Nuestra Señora de la Candelaria** 2. Sie wurde schon 1530 errichtet, doch in den zahlreichen Kämpfen um die Stadt immer wieder zerstört und wieder neu aufgebaut, was ihre schlichte Bauweise erklären mag. Während der Unabhängigkeitskriege fungierte sie als Militärquartier, doch selbst in jenen Tage entfernte man die Statue der Heiligen Jungfrau der Candelaria neben dem Altar nicht – denn sie ist niemand anderes als die afrocubanische Göttin Oyá, die Königin der Toten.

Plaza San Juan de Dios 3

Südlich des Parque Agramonte taucht man auf der kopfsteingepflasterten **Plaza San Juan de Dios** aus dem 18. Jh. in koloniale Atmosphäre ein. Einstöckige, hell getünchte Kolonialhäuser gruppieren sich um den Platz mit der 1728 erbauten gleichnamigen **Kirche** und dem benachbarten alten Krankenhaus hinter maurischer Fassade. Das **Hospital San Juan de Dios** wurde lange Zeit als Kinderklinik genutzt, zwischen 1971 und 1991 diente es als Krankenschwesternschule und jetzt ist es ein **Museum** für dekorative Kunst. Allein der Patio von 1840 mit seinen Palmen und *tinajones* lohnt den Besuch, vom Turm bietet sich ein schöner Blick über die Stadt (Tel. 032 29 13 88, Di–Sa 9–17, So 9–12 Uhr, 1 CUC).

An der Nordseite haben sich eine Cafetería und ein Restaurant niedergelassen, beide mit Tischen unter Sonnenschirmen auf dem verkehrsberuhigten Platz. Am Wochenende findet auf der Plaza San Juan de Dios gelegentlich ein Floh- und Souvenirmarkt statt.

Camagüey

Sehenswert
- 1 Parque Agramonte
- 2 Catedral de Nuestra Señora de la Candelaria
- 3 Plaza San Juan de Dios
- 4 Mercado Agropecuario El Río
- 5 Cementerio Raúl Lamar
- 6 Plaza del Carmen
- 7 Convento Ursulina
- 8 Casa Natal de Nicolás Guillén
- 9 Casa Natal Ignacio Agramonte
- 10 Iglesia de Nuestra Señora de la Merced
- 11 Teatro Principal
- 12 Museo Provincial Ignacio Agramonte

Übernachten
- 1 Gran Hotel
- 2 Colón
- 3 Plaza
- 4 Los Vitrales
- 5 Casa de Caridad
- 6 Camagüey

Essen & Trinken
- 1 El Califa
- 2 La Campana de Toledo
- 3 La Isabella
- 4 El Ovejito
- 5 Las Ruinas
- 6 Callejón Bodegón
- 7 Café Ciudad
- 8 Doña Neli

Einkaufen
- 1 Estudio-Taller Martha P. Jiménez
- 2 Atelier Oscar Rodríguez La Seria
- 3 Atelier Magdiel García Almanza
- 4 Estudio-Taller de Arte Joel Jover y Ileana Sánchez
- 5 Fondo Cubano de Bienes Culturales
- 6 Galería Colonial
- 7 Casa de los Santos
- 8 Artex

Abends & Nachts
- 1 El Cambio
- 2 Casa de la Trova Patricio Ballagas
- 3 Caribe
- 4 La Volanta

Cementerio Raúl Lamar 5

Am westlichen Rand des historischen Zentrums befindet sich der **Cementerio Raúl Lamar,** Cubas ältester Friedhof (1814) – und der einzige, der um eine Kirche herum angelegt wurde (tgl. 7–18 Uhr, Eintritt frei). Die **Iglesia Santo Cristo del Buen Viaje** bewacht eine kleine Totenstadt mit marmorgeschmückten Häusern, in denen u. a. Salvador Cisneros Betancourt begraben liegt, seines Zeichens Marquis von Santa Lucía und später Präsident der Zivilregierung, die zur Zeit des Zehnjährigen Kriegs von den Revolutionären eingerichtet worden war (Tel. 032 29 55 65, tgl. 7–11, Di, Do, Fr auch 14–18 Uhr, 1 CUC).

Plaza del Carmen

Ein netter Spaziergang führt vom Friedhof in nördlicher Richtung durch das Gassengewirr auf Camagüeys malerischsten Platz, die **Plaza del Carmen** 6. Lebensgroße Skulpturen, u. a. von drei ›Klatschtanten‹ *(las chismosas),* einem Liebespaar und einem Zeitungsleser, schmücken diesen Platz, der ähnlich wie die Plaza San Juan de Dios von einer Kirche und wunderschön renovierten Kolonialhäusern umgeben ist. In einem davon befindet sich das Restaurant **El Ovejito** 4**,** ein bezaubernder Ort, um in beschaulicher Atmosphäre bei einem Essen und einem Glas Wein seinen Gedanken nachzuhängen.

Um die Ecke haben im ehemaligen **Convento Ursulina** 7 die Stadthistoriker und -architekten ihren Sitz, auf deren Konto die Restaurierung der zahlreichen prächtigen Gebäude geht. Auf Nachfrage kann das Ursulinerkloster meist besichtigt werden, wobei Interessierte eventuell Gelegenheit finden, sich über die laufenden Sanierungsprojekte zu informieren (Calle Carmen 7, Tel. 032 28 63 54, Di–Fr 9–18, Sa/So 9–13 Uhr).

Casa Natal de Nicolás Guillén 8

Auf dem Rückweg ins Zentrum kann man in die **Casa Natal de Nicolás Guillén** hineinspicken, das Geburtshaus von Cubas Nationaldichter und heute ein Studienzentrum, in dem persönliche Dinge und Bücher des Poeten aufbewahrt werden. Meist steht jemand bereit, der mit Besuchern einen kurzen Rundgang unternimmt.

Nicolás Guillén (1902–85) wurde als Sohn eines gebildeten Mulatten geboren, der am Unabhängigkeitskrieg gegen Spanien teilgenommen hatte, eine Tageszeitung herausgab und 1917 bei einem Aufstand gegen das korrupte Regime des damaligen Präsidenten Menocal erschossen wurde. Da die Soldaten auch die Druckmaschinen des Vaters zerstört hatten, verarmte die Familie. Guillén, der erfolglos versucht hatte, in Havanna Jura zu studieren, hielt sich mit Gelegenheitsarbeiten über Wasser. Er müsse schon die Hautfarbe wechseln, bekam er zu hören, wenn er sich um besser bezahlte Jobs bewarb. In Camagüey war es trotz der heroischen Vergangenheit nicht besser als in anderen Städten Cubas: Die Rassendiskriminierung beherrschte Alltag und Gesellschaftsleben der Stadt.

Nicolás Guillén war der erste moderne cubanische Dichter, der afrocubanische Elemente in seiner Lyrik – bekannt als *poesía negra* – verarbeitete. Vor ihm hatte es niemand

Sinfonie in Pastell: Die Plaza San Juan de Dios ist Camagüeys ältester Platz

gewagt, etwa in der Sprache der ›dicklippigen Neger‹ (*negros bembones* – so auch der Titel eines seiner Gedichte) zu schreiben. Die Anknüpfung an die verachteten Formen der Lieder, Tänze, Sprache und Dichtungen der Afrocubaner war für Guillén ein Akt der Befreiung. Viele seiner Gedichte flossen wieder in die Anonymität der Folklore zurück, was er als die größte Ehre empfand, die ihm zuteil werden konnte (Calle Hermanos Agüero 58, zwischen Cisneros und Príncipe, Tel. 032 29 37 06, tgl. 8.30–12, 13.30–16 Uhr, Eintritt frei, Spende erbeten).

Plaza de los Trabajadores und nördliches Zentrum

Nur wenige Schritte sind es zur **Plaza de los Trabajadores,** wo die **Casa Natal Ignacio Agramonte** 9 einen Besuch lohnt. Im Geburtshaus des Befreiungshelden Agramonte befindet sich heute ein Museum, das den Befreiungskriegen gewidmet ist (Ave. Agramon-

te 459, Ecke Independencia, Tel. 032 29 71 16, Di–Sa 9–16.45, So 8–11.30 Uhr, 2 CUC).

Camagüey besitzt die größte Anzahl katholischer Kirchen in Cuba und natürlich ist auch die Plaza de los Trabajadores mit einer solchen geschmückt. Die barocke **Iglesia de Nuestra Señora de la Merced** 10 (1748 erbaut und nach einem Brand Anfang des 19. Jh. neu errichtet) und das angrenzende Kloster gelten als eines der beeindruckendsten Bauwerke Camagüeys, auch wenn es von außen nicht unbedingt den Anschein hat. Sehenswert sind vor allem der Klosterhof mit seinem Kreuzgang und den vielen originalen *tinajones* sowie im Kircheninnern der Hauptaltar und der Santo Sepulcro, ein Sarg, der 1762 aus Tausenden eingeschmolzener Silbermünzen gegossen wurde (Tel. 032 29 27 40, Mo–Sa 9–11, 15–17, So Messe um 9 Uhr, Spende erbeten).

Das nahe liegende **Teatro Principal** 11 mit seinen schmiedeeisernen Gittern, farbigen Glasfenstern und der ausladenden Marmortreppe ist ebenfalls sehenswert, insbesondere wenn eine Aufführung des Balletts von Camagüey auf dem Programm steht – neben der Ballettkompanie von Alicia Alonso in Havanna das berühmteste Ensemble auf Cuba. Es wurde 1967 nach der Revolution gegründet und ist mittlerweile weltberühmt, weshalb es oft auf Tournee ist (Calle Padre Valencia 64).

Über die Avenida Agramonte gelangt man zur **Avenida República,** neben der Calle Maceo die wichtigste Einkaufsstraße der Stadt. In ihrer Verlängerung, nördlich vom Bahnhof, befindet sich in der ehemaligen spanischen Kaserne heute das **Museo Provincial Ignacio Agramonte** 12 mit naturkundlichen und historischen Exponaten sowie einer kleinen Gemäldegalerie (Ave. de los Mártires 2, Tel. 032 28 25 25, Di–Sa 10–17, So 10–12 Uhr, 2 CUC).

Infos

Cubatur: Ave. Agramonte 421, zwischen República und Plaza de los Trabajadores, Tel. 032 25 47 86, Mo–Fr 9–13, 14–16.30, Sa 9–11.30 Uhr. Bus- und Flugtickets, Hotelreservierungen, Mietwagen, Exkursionen (z. B. zum Rancho King und an die Playa Santa Lucía).

Havanatur: Ave. Agramonte 448, Tel. 032 28 86 04, Mo–Fr 9–12, 13–16.30, Sa 9–12 Uhr. Ähnliches Angebot.

Asistur: Ave. Agramonte 449, Tel. 032 25 19 52, 28 65 17, Mo–Fr 8–17 Uhr. Hilfe in Notsituationen, z. B. bei Unfällen oder rechtlichen Problemen.

Banco Financiero Internacional: Calle Independencia 221, Plaza Maceo.

Cadeca: Ave. República 353, zwischen Oscar Primelles und Santa Rita.

Internet: Telepunto, Ave. República 453, zwischen San Martín und El Solitario, tgl. 8.30–19 Uhr.

Übernachten

... im Zentrum:

In Camagüey gibt es eine stattliche Zahl an Privatquartieren, insgesamt rund 300 Stück.

Das schönste und beste Hotel der Stadt ▶ **Gran Hotel** 1 (Islazúl): Calle Maceo 67, zwischen Agramonte und General Gómez, Tel. 032 29 20 93–94, Fax 032 29 39 33, www.islazul.cu. Zentral, stilvoll und sehr gute Einrichtungen, u. a. Pool, Reiseagentur, Internet und tolle Dachterrasse mit Bar (ab 16 Uhr), wo Florentino himmlische Cocktails mixt. Im Salón Caribe im 5. Stock speist man in edlem Ambiente mit Panoramablick (Büffet 12 CUC, Hauptgerichte um 6 CUC). 72 Zi., EZ ab 56 CUC, DZ ab 64 CUC inkl. Frühstück.

Aus den 1920er-Jahren ▶ **Colón** 2 (Islazúl): Ave. República 472, zwischen San José und San Martín, Tel. 032 28 33 46, 28 33 80, Fax 032 25 48 78, www.islazul.cu. Ebenfalls zentral und angenehm, die Zimmer sind komfortabel, aber leider klein und etwas dunkel. Hübsche Lobby-Bar und netter Innenhof mit Cafetería und Restaurant. 47 Zi., EZ 32 CUC, DZ ab 38 CUC inkl. Frühstück.

Gegenüber vom Bahnhof ▶ **Plaza** 3 (Islazúl): Calle Van Horne 1, zwischen República und Avellaneda, Tel. 032 28 24 13, 28 24 35, www.islazul.cu. Renoviertes, aber dennoch sehr schlichtes Hotel. Fragen Sie nach einem Zimmer auf der Rückseite, dort ist es ruhiger. 67 Zi., EZ ab 19 CUC, DZ ab 21 CUC.

Privatquartier mit fünf Sternen ▶ **Los Vitrales** 4: Calle Avellaneda 3, zwischen General Gómez und Martí, Tel. 032 29 58 66, requejobarreto@gmail.com. Mit Sicherheit eines der besten Privatquartiere Cubas, beheimatet in einem mit viel Liebe zum Detail renovierten ehemaligen Mini-Kloster – kein Wunder: Der Besitzer Rafael Requejo Barreto ist Architekt. 2 große komfortable Zimmer, idyllischer Patio, absolut köstliches Essen und viele hilfreiche Tipps vom liebenswürdigen Gastgeber. Mit Garage. 20–25 CUC.

Drinks in der Hollywoodschaukel ▶ **Casa de Caridad** 5**:** Calle Oscar Primelles 310-A, zwischen Bartolomé Masó und Padre Olallo, Tel. 032 29 15 54, carmita1@enet.cu. Schönes Haus mit großem begrüntem Patio. 2 Zimmer mit Bad und Kühlschrank. 20–25 CUC.

... außerhalb:

Professioneller und freundlicher Service ▶ **Camagüey** 6 (Islazúl): Crta. Central Este Km 4,5, Tel. 032 28 72 67–70, Fax 032 28 71 81, www.islazul.cu. Architektonisch nicht gerade umwerfend, aber saubere Zimmer, Pool, Restaurants, Mietwagenverleih und Cabaret Tradi Cuba mit Disco (Di–So 21–1 Uhr, Eintritt 2 CUC inkl. 1 CUC Verzehr). 142 Zi., EZ ab 21 CUC, DZ ab 30 CUC inkl. Frühstück.

Essen & Trinken

Üppige Portionen ▶ **El Califa** 1 (privat): Calle San Clemente 46 a, Ecke Cisneros, tgl. 12–24 Uhr. In gemütlicher Atmosphäre kommen Steaks mit Reis und Hühnchengerichte auf den Tisch. Hauptgerichte um 8 CUC.

An der idyllischen Plaza San Juan de Dios ▶ **La Campana de Toledo** 2 (staatl.): Tel. 032 28 68 12, tgl. 10–22 Uhr. Kreolische Küche in einer Kolonialvilla, jedes Mal, wenn jemand das Restaurant betritt oder verlässt, läutet eine Glocke. Hauptgerichte ab 4 CUC.

In einem ehemaligen Kino ▶ **La Isabella** 3 (staatl.): Ave. Agramonte 447, zwischen Maceo und Independencia, Tel. 032 22 15 40, tgl. 11–16, 18.30–22 Uhr. In diesem hübschen Restaurant hat sich der Stadthistoriker verwirklicht: Zu Ehren des ersten Lichtspielhauses der Stadt ist der Raum dekoriert mit Filmrollen, alten Projektoren sowie Fotos und Plakaten cubanischer Streifen, die Stühle tragen die Namen berühmter Schauspieler und Regisseure. Hervorragende italienische Gerichte ab 2 CUC.

Spezialität Lamm ▶ **El Ovejito** 4 (staatl.): Calle Hermanos Agüero 280, Plaza del Carmen, Tel. 032 29 52 24, tgl. 12–24 Uhr. Sehr geschmackvoll mit antiken Möbeln und Werken von Oscar Rodríguez La Seria eingerichtetes Restaurant, das sich – wie der Name bereits vermuten lässt – auf Lammgerichte spezialisiert hat. Tipp: *paleta de cordero rellena* (mit Speck und Möhren gefülltes überbackenes Lamm). Bezahlt wird in Pesos Cubanos. Hauptgerichte ab 30 CUP.

Günstige Snacks ▶ **Cafetería im Gran Hotel** 1 (s. S. 336): 24 Std. Nicht schön, aber immer gerappelt voll und mit echter Cimbali-Kaffeemaschine. Zum Essen gibt's Hühnchen, Sandwiches, Hot-Dogs etc.

Schattige Terrasse zum Draußensitzen ▶ **Las Ruinas** 5 (staatl.): Calle Independencia, Ecke Hermanos Agüero, tgl. 24 Std. In dieser Cafetería kann man sich mit kalten Getränken und kleinen Gerichten stärken.

Tische in kopfsteingepflasterter Gasse ▶ **Callejón Bodegón** 6 (staatl.): Ave. República 79, Ecke Callejón de la Soledad, Tel. 032 29 19 61, tgl. 11–23 Uhr. Man sitzt schön neben der Kirche; gut für Snacks und einen Drink, die Hauptgerichte (um 6 CUC) sind weniger empfehlenswert.

Für Kaffeefans ▶ **Café Ciudad** 7 (staatl.): Calle Martí, Ecke Císneros, tgl. 10–20 Uhr. Große Auswahl an verschiedenen Kaffeesorten, samstags um 18 Uhr, wenn am Parque Agramonte die cubanische Flagge eingeholt wird, wird der Kaffee in einem traditionellen Holzmörser gemahlen. Spezialität ist der mit Honig gesüßte Café Mambí, zu dem ein Stück kreolischer Käse gereicht wird – so, wie ihn schon die *mambises* (s. S. 56) getrunken haben. Kaffee ab 0,35 CUC.

Bäckerei ▶ **Doña Neli** 8**:** Calle Maceo, gegenüber vom Gran Hotel, tgl. 8–21 Uhr. Leckeres Weißbrot und süße Teilchen zum Mitnehmen – ideal für zwischendurch.

Einkaufen

Die traditionellen Einkaufsstraßen sind die **Calle Maceo** (zwischen General Gómez und

Agramonte) sowie der nördliche Abschnitt der **Calle República** (ab Ave. Agramonte).

Kunst ▶ **Estudio-Taller Martha P. Jiménez** **1**: Plaza del Carmen, Tel. 032 29 16 96, http://www.pprincipe.cult.cu/artista/webmartha/, tgl. 8–20 Uhr. Die international bekannte Keramikkünstlerin schuf die Bronzefiguren auf der Plaza del Carmen, stellt in ihrer Galerie aber auch eigene Gemälde und Drucke aus. **Atelier Oscar Rodríguez La Seria** **2**: Calle Bellavista 420, Tel. 032 28 69 09, tgl. 9–18 Uhr. Auch dieser renommierte Künstler verkauft seine Arbeiten ab Atelier. **Atelier Magdiel García Almanza** **3**: Calle Padre Olallo 304, zwischen Francisco Villardel und Ramón Guerra (nahe dem Fluss), Tel. 032 29 34 54, tgl. ab 8 Uhr. Fantasievolle Holzskulpturen, die in ihre Einzelteile zerlegbar sind und somit in (fast) jeden Koffer passen. **Estudio-Taller de Arte Joel Jover y Ileana Sánchez** **4**: Calle Martí 154, zwischen Independencia und Cisneros, Parque Agramonte, Tel. 032 29 23 05, tgl. 10–12, 13–17 Uhr. Moderne Malerei made in Camagüey. In einem der ältesten Gebäude am Platz stellt das Künstlerpaar seine Werke aus, die in spannendem Gegensatz zu den alten Fresken und Antiquitäten stehen.

Kunsthandwerk und mehr ▶ **Fondo Cubano de Bienes Culturales** **5**: Ave. de la Libertad 112 (südlich des Río Hatibonico), Mo–Fr 9–18, Sa 9–17 Uhr. Gute Auswahl an Musikinstrumenten, Bildern, Kunsthandwerk und Souvenirs. **Galería Colonial** **6**: Ave. Agramonte 104, Ecke República. Hier versammeln sich gleich mehrere Geschäfte, u. a. ein Zigarrenladen mit Rauchersalon (Mo–Sa 9–17, So 9–12 Uhr). **Casa de los Santos** **7**: Calle Oscar Primelles 407, zwischen República und Avellaneda, Mo–Sa 8–17 Uhr. Handbemalte und wunderbar kitschige Heiligenfiguren in allen Größen.

Musik ▶ **Artex** **8**: Calle República 381. Die beste Adresse für CDs.

Abends & Nachts

Bar ▶ **El Cambio** **1**: Calle Martí 152, Ecke Independencia, tgl. 10–2 Uhr. Ein Dauerbrenner, gestaltet von Oscar Rodríguez La Seria. Früher wurden in diesem Gebäude Lotterielose verkauft und die Gewinne in Bargeld umgetauscht – daher der Name.

Shows, Konzerte etc. ▶ **Galería Colonial** **6**: Ave. Agramonte 104, Ecke República, Mi–So 22–1 Uhr, Eintritt 2–3 CUC. Abendlich wechselndes Kulturprogramm.

Live-Musik ▶ **Casa de la Trova Patricio Ballagas** **2**: Calle Salvador Cisneros 171, zwischen Martí und Cristo, Parque Agramonte, Mo–Do 12–24, Fr/Sa 12–2, So 21–2 Uhr, Eintritt 3 CUC, davon 2 CUC zum Verzehr. Ein Besuch lohnt sich unbedingt, denn die Live-Musik (ab 21 Uhr) ist sehr gut und die Bar ausnehmend gemütlich. Fr traditionelle Trova mit der Gruppe Sonero Camacho.

Cabaret ▶ **Caribe** **3**: Calle Gral. de la Vega s/n, gegenüber Parque Casino Campestre, Tel. 032 29 81 12, Eintritt 5 CUC/Paar, davon 3 CUC zum Verzehr. Tgl. ab 23 Uhr. **La Volanta** **4**: Calle Independencia, Parque Agramonte, So–Fr 14–24, Sa 14–2 Uhr, der Eintritt wird in Pesos Cubanos bezahlt. Hier verzaubert ein Magier die Menschen, danach wie überall Disco. Sa und So Cabaret.

Theater ▶ **Teatro Principal** **11**: Calle Padre Valencia 64, Tel. 032 29 30 48, Eintrittskarten ab 2 CUC, Ballett 5 CUC). Üblicherweise beginnen die Vorstellungen Fr und Sa um 20.30, So um 17 Uhr.

Aktiv

Ausflüge ▶ Alle interessanten Ziele liegen im Norden der Provinz und können gut miteinander kombiniert werden (s. S. 339).

Termine

Jornada de la Cultura Camagüeyana: erste Februarhälfte. Stadtfest.

Osterprozession: März/April. Eine der ganz wenigen Osterprozessionen, die in Cuba erlaubt sind – kein Wunder, dass die Stadt dann beinahe überquillt vor Menschen.

Karneval: Ende Juli. Farbenprächtige Umzüge, Trommler, hüpfende *diablitos* (Teufelchen) und phonstarke Bands.

Festival Internacional de la Danza: Dez. Stelldichein der wichtigsten Tanzkompanien Cubas und aus anderen Ländern.

Das Fahrrad ist auch in Camagüey eines der wichtigsten Verkehrsmittel

Verkehr

Flüge: Aeropuerto Ignacio Agramonte, 7 km nördl., Tel. 032 26 10 10, 26 72 02. Cubana, Ave. República, Ecke Correa, Tel. 032 29 21 56, 28 53 83, Mo–Fr 8.15–16 Uhr; Aerocaribbean, im Flughafen, Tel. 032 26 71 72, 26 72 27. Cubana fliegt 9 x wöchentl., Aerocaribbean 4 x wöchentl. nach Havanna.

Züge: Estación Central Ferrocarril, Calle Van Horne, zwischen República und Avellaneda, Tel. 032 28 94 19, 29 26 33. Nach Havanna 2 x tgl. mit dem normalen Zug, alle 2 Tage fährt zusätzlich der Schnellzug El Francés; nach Santiago 1 x tgl.

Busse: Terminal de Ómnibus, Carretera Central, 3 km südl. des Zentrums, Tel. 032 27 03 96. Víazul-Busse 5 x tgl. nach Santiago (18 CUC) und Havanna (33 CUC), 1 x tgl. über Sancti Spíritus (10 CUC) nach Trinidad (15 CUC) sowie nach Varadero. Nahverkehrsbusse starten in der Avenida Carlos J. Finlay (nahe Bahnhof) nach Nuevitas und Santa Cruz del Sur sowie von der Haltestelle nahe Gleis 1 des Bahnhofs 3 x tgl. nach Playa Santa Lucía.

Mietwagen: Cubacar, im Hotel Plaza, Tel. 032 28 24 13; Havanautos, im Hotel Camagüey, Tel. 032 27 24 28.

Innerhalb der Stadt: Fahrradrikschas findet man im Stadtzentrum. Pferdekutschen befahren u. a. eine festgelegte Strecke zwischen Bus- und Zugbahnhof.

Die Nordküste

Mit Ausnahme der Stadt Camagüey liegen alle lohnenswerten Ziele der größten Provinz des Landes im Norden am Meer und alles ist aufs Strandleben ausgerichtet. Während es Individualreisende eher auf den weitgehend unerschlossenen Cayo Sabinal lockt, ist der Ort Playa Santa Lucía bereits für den Pauschaltourismus erschlossen.

Von Camagüey nach Nuevitas

► O 6–P 5

Durch pampaartiges Cowboyland führt der Weg von Camagüey Richtung Norden zur Hafenstadt Nuevitas. Unterwegs passiert man das Agrarstädtchen **Minas** (20 000 Einwohner) am Ostrand der **Sierra de Cubitas,** mit knapp über 300 m die einzige größere Erhebung der Provinz. Ein Stopp lohnt sich hier nur für Musiker, die in der **Fábrica de Instrumentos Musicales** vorbeischauen möchten. Erfolgreiche Überredungskunst vorausgesetzt, darf man hier bei der Entstehung von Violinen und Gitarren zusehen. Eventuell bietet sich die Gelegenheit, eines der Instrumente günstig zu erwerben (Crta. Camilo Cienfuegos, an dem großen, roten Schriftzug ›Minas‹ links abbiegen, die Fabrik liegt nach ca. 600 m auf der rechten Straßenseite, Tel. 032 69 62 32).

Weitere 40 km später ist **Nuevitas** erreicht, ein touristisch unbedeutendes, aber deswegen nicht uncharmantes Industriestädtchen an der Atlantikküste. Hierher lohnt es sich nur zu fahren, wenn man eine Vorstellung der Gruppe Caidije besuchen kann. Es ist die berühmteste und beste Folkloregruppe der haitianischen und jamaikanischen Zuckerrohrschneider, die im 20. Jh. nach Cuba eingewandert sind. Vor allem die jährliche Fiesta im April mit den spektakulären Machetentänzen sollte man gesehen haben.

Übernachten

Eigentlich besteht kein Grund, in Nuevitas zu verweilen. Vielen Besuchern dient die Stadt jedoch als Basis für Tagesausflüge zu den umliegenden Stränden.

Privatunterkunft bei einem Englischlehrer

► **Eduardo Seijido Cabilla:** Calle Céspedes 6, zwischen Martí und Agramonte, Tel. 032 421 15. 2 Zimmer im Haus einer sehr netten Familie, wirklich schön ist das Zimmer im 1. Stock mit Terrasse und Blick aufs Meer. 15–20 CUC.

Renovierungsbedürftig ► **Caonaba** (Islazúl): Calle Albaisa, Ecke Martí, Tel. 032 448 03,

1926 gegründet und mittlerweile in der vierten Generation aktiv: die Gruppe Caidije

www.islazul.cu. Das einzige Hotel der Stadt liegt auf einem Hügel südlich des Zentrums. 48 Zi., EZ 11 CUC, DZ 18 CUC.

Abends & Nachts

Kulturelle Veranstaltungen ▶ **Casa de la Cultura:** Calle Máximo Gómez, Ecke J. Agüero, Tel. 032 41 32 01, tgl. 7–23 Uhr. Jeden Abend ab 20.30 Uhr findet hier irgendeine Veranstaltung statt, oft Live-Konzerte regionaler Gruppen.

Termine

Karneval: 14.–18. Nov. Umzüge mit *carrozas* (Festwagen) und Comparsas.

Cayo Sabinal ▶ P 5

Nördlich von Nuevitas bildet der lang gestreckte **Cayo Sabinal** die schützende Westseite der Bahía de Nuevitas. Hierher verirren sich nur ganz wenige Menschen, allenfalls aus Playa Santa Lucía (s. rechts) werden ab und zu Pauschaltouristen im Rahmen eines Bootsausflugs herübergebracht. Von Nuevitas erreicht man die Insel über einen holprigen, von zahlreichen Schlaglöchern übersäten Pedraplén, der selbst bei trockenem Wetter nur mit einem Geländewagen befahren werden sollte. Wie üblich auf den Cayos muss man auch hier an einem Kontrollhäuschen seinen Pass vorzeigen und eine Mautgebühr entrichten (5 CUC/Person).

An der wilden **Playa Los Pinos** (43 km ab Nuevitas) befand sich einst ein rustikales Restaurant mit einer Handvoll einfacher Bungalows, doch die Anlage wurde durch einen Zyklon zerstört und seitdem nicht wieder aufgebaut. Wer hier ins Wasser gehen möchte, muss auf die starken Strömungen achten!

Wesentlich besser sind die Bedingungen zum Baden, Schnorcheln und Tauchen an der **Playa Bonita** (62 km ab Nuevitas), wo das Korallenriff – das zweitlängste der Welt – maximal 200 m vor der Küste liegt. Hier befindet sich auch das einzige Restaurant (9–16 Uhr) auf der Insel. Die Pläne zu weiteren touristischen Einrichtungen inklusive großer Hotelbauten liegen allerdings schon in der Schublade.

Rancho King ▶ P 6

Wer das Glück auf dem Rücken der Pferde sucht, ist in der Provinz Camagüey ebenfalls richtig. Rund 25 km hinter Nuevitas Richtung Playa Santa Lucía kann man den **Rancho King** besuchen, eine Schaufarm mit Restaurant, vielleicht ein Rodeo erleben und natürlich reiten (Crta. a Santa Lucía Km 35, Cafetal Guaimaro, Tel. 032 481 15, tgl. 12–22 Uhr, Hauptgerichte um 5 CUC).

Playa Santa Lucía ▶ P 5

Vom Rancho King sind es noch 40 beinahe schnurgerade Kilometer durch flaches Weideland bis **Playa Santa Lucía** (1000 Einwohner). Ein feinkörniger, 25 km langer Sandstrand mit kristallklarem Wasser und für Taucher überaus lohnende Korallenriffe sind die größten Attraktionen des ansonsten eher tristen Ferienorts. Außerhalb der fünf Strandhotels, allesamt älterer Bauart, besitzt Playa Santa Lucía keine nennenswerte touristische Infrastruktur.

Um etwas karibisches Flair zu schnuppern, nimmt man die 7 km lange Schlaglochpiste zur **Playa Los Cocos** an der Einfahrt zur Hafenbucht von Nuevitas in Angriff. Auf einer kleinen Landzunge stehen bunte Holzhütten, im türkisfarbenen Wasser schaukeln die Fischerboote und der strahlend weiße Strand verlockt zum Nichtstun. Zur Stärkung zwischendrin laden zwei nette Restaurants sowie eine Snackbar mit Tischen unter Palmen. Hier kann man cubanisches Strandleben par excellence genießen, denn am Wochenende bevölkern auch viele Einheimische den Sandstreifen. In der Lagune hinter dem Strand sind meist Hunderte von rosafarbenen Flamingos zu sehen.

Von Playa Santa Lucía bieten sich drei Möglichkeiten zur Weiterfahrt: entweder auf dem gleichen Weg zurück nach Camagüey, über eine relativ gut ausgebaute Landstraße ins etwa 80 km entfernte Las Tunas (s. S. 343) oder parallel zur Küste über Puerto Padre nach Holguín (s. S. 345), wobei vor Puerto Padre ein etwa 15 km langer Pistenabschnitt zu bewältigen ist, der in der Regenzeit gemieden werden sollte.

Infos

Infotische der verschiedenen Reiseagenturen findet man in den Hotels. Das kleine **Servicezentrum** mit Bank und Etecsa-Büro liegt östlich der Resorts.

Übernachten

Überschaubares und freundliches Resort ▶ **Gran Club Santa Lucía** (Cubanacán): Tel. 032 33 61 09, Fax 032 36 51 53, www.cubanacan.cu. Eine der schöneren Anlagen im Ort. Großes Freizeit- und Fitnessangebot, u. a. Sauna, Massage, Jacuzzi, Tennis. 252 Zi., EZ 101 CUC, DZ 125 CUC.

All inclusive mit 4 Sternen ▶ **Brisas** (Cubanacán): Tel. 032 33 63 17, Fax 36 51 42, www.cubanacan.cu. Großes Strandresort mit den üblichen Einrichtungen. 400 Zi., EZ ab 55 CUC, DZ ab 90 CUC.

Die günstige Alternative ▶ **Hotel Escuela Santa Lucía:** Tel. 032 33 63 10, Fax 032 36 51 66, aloja@ehtstl.co.cu. Motelähnliche Unterkunft, die gleichzeitig als Hotelfachschule fungiert. Nüchterne Einrichtung, aber extrem freundlicher Service, direkt am Strand gelegen und alle Zimmer haben eine kleine Terrasse mit Meerblick. 31 Zi., EZ ab 25 CUC, DZ ab 35 CUC.

Nur mit dem eigenen Wagen erreichbar ▶ **Campismo Punta Ganado:** ca. 5 km östlich von Playa Santa Lucía, Tel. 032 33 62 89. Unmittelbar am Strand, aber am Ende der Welt liegt dieser Campismo mit 38 Cabañas, die gelegentlich auch an Ausländer vermietet werden. 5 CUC/Pers.

Essen & Trinken

Essen unter Palmen ▶ **Ranchón Bucanero** und **La Bocana:** Playa Los Cocos, tgl. 9–23 Uhr. Auf Meeresfrüchte spezialisierte Restaurants direkt am weißen Strand. Hauptgerichte ab 8 CUC.

Italienische Küche und Meeresfrüchte ▶ **Luna Mar:** im Centro Comercial, Playa Santa Lucía, tgl. 10–22.30 Uhr. Hauptgerichte um 8 CUC.

Deftig kreolisch ▶ **Doña Yulla:** am Ortseingang von Santa Lucía, tgl. 12–22 Uhr. In dem Ableger dieser Restaurantkette werden einfache, aber satt machende Speisen serviert. Hauptgerichte um 5 CUC.

Einkaufen

Zwischen dem Club Santa Lucía und dem Club Amigo Caracol liegt ein **Centro Comercial** mit mehreren Läden.

Abends & Nachts

Bar mit Live-Unterhaltung ▶ **Centro Cultural Marverde:** neben Club Amigo Caracol, Tel. 032 33 62 05. Tgl. ab 23 Uhr wechselnde Abendveranstaltungen, oft Live-Musik (Eintritt 1 CUC).

Aktiv

Ausflüge ▶ Die Reiseagenturen in den Hotels offerieren Touren nach Camagüey und zu anderen Orten.

Bootstouren ▶ **Centro Náutico Tararaco:** neben Hotel Escuela Santa Lucía, Tel. 032 33 64 04. Segeltörns zur Playa Bonita auf Cayo Sabinal (69 CUC, s. S. 341), Hochseefischen (204 CUC pro Boot für max. 4 Pers.), Schnorchelausflüge (20 CUC/3 Std.), Flamingotour inkl. Schnorcheln (63 CUC). Auch buchbar über die Hotels.

Tauchen ▶ **Scuba Cuba Shark's Friends:** zwischen Hotel Brisas und Club Santa Lucía am Strand, Tel. 032 36 51 82, sharks_friends@sunnet.stl.cyt.cu. Internationale Tauchschule, die neben dem normalen Programm auch fragwürdige Haishows anbietet (nur für erfahrene Taucher, 65 CUC). Vor der Küste liegen 35 Tauchgründe, darunter eine in 32 m Tiefe liegende Höhle und spanische Wracks. Ein Tauchgang kostet 30 CUC.

Verkehr

Flüge: Der nächstgelegene Flughafen befindet sich in Camagüey (ca. 2 Std.).

Busse: Nach Nuevitas 2 x tgl., nach Camagüey 1 x tgl. Von den Hotels fährt ein Shuttle zur Playa Los Cocos.

Mietwagen: Cubacar, im Gran Club Santa Lucía, Tel. 032 33 61 09. Havanautos, im Brisas Santa Lucía, Tel. 032 33 63 18.

Kutschen: Die Fahrt zur Playa Los Cocos kostet ca. 6 CUC.

Die Provinz Las Tunas

Auf der Touristenkarte führen die Provinz Las Tunas und ihre gleichnamige Hauptstadt ein sehr stiefmütterliches Dasein. Natürlich hat das seinen Grund, denn bedeutende Sehenswürdigkeiten sucht man vergeblich. Wer sich jedoch für ein verschlafenes Provinzstädtchen und Strände mit viel Lokalkolorit begeistern kann, liegt hier genau richtig.

Las Tunas ► P 6/7

Das beschauliche **Las Tunas** (140 000 Einwohner) fungiert als Handelszentrum für die ländliche Provinz, die überwiegend vom Zucker lebt. Mit Tourismus hat man hier kaum etwas am Hut, umso herzlicher werden die wenigen Besucher aufgenommen. Auf dem zentralen **Parque Vicente García** kann es schon einmal passieren, dass man neugierig über das Woher und Wohin ausgefragt wird.

An der Ostseite des Platzes steht das **Museo Provincial Vicente García González,** das in erster Linie über die Geschichte der Stadt und der Provinz informiert. Ferner sind alte Münzen, naturwissenschaftliche Exponate sowie antikes Mobiliar zu sehen. Ein Raum ist Wechselausstellungen vorbehalten (Calle Francisco Varona, Di–Sa 8.30–14.30, So 8.30–12 Uhr, 1 CUC).

Nur einen Block entfernt in nördlicher Richtung liegt der beschauliche **Parque Maceo,** beliebter Treffpunkt der älteren Herrschaften, die sich hier gerne zu einem Schwatz niederlassen. In der **Galería de Arte UNEAC** stellen Künstler aus dem gesamten Karibikraum ihre Werke aus, darunter immer wieder interessante Fotoarbeiten (Calle Custodio Orive 7, zwischen A. Maceo und A. Villamar).

Der Rundgang durch die Stadt ist schnell beendet. Mit ihrem Hotel und ihren knapp 70 Privatunterkünften dient die Provinzkapitale jedoch als angenehme Übernachtungsstation auf dem langen Weg von West nach Ost.

In Las Tunas teilen sich die Wege: Die Carretera Central führt weiter nach Holguín im Osten und eine gute Landstraße direkt nach Bayamo im Süden. Reisende mit Ziel Holguín können die Stadt auch via Puerto Padre über eine passable Landstraße, sozusagen durch die Hintertüre erreichen.

Infos

Banco Financiero Internacional: Calle Vicente García, Ecke 24 de Febrero.
Cadeca: Calle Colón 141.
Internet: Etecsa, Calle Francisco Vega 273, zwischen Vicente García und Lucas Ortíz, tgl. 8–21 Uhr.

Übernachten

In Las Tunas gibt es nur wenige Privatquartiere, die mangels Kundschaft ständigen Veränderungen unterworfen sind und nicht uneingeschränkt empfohlen werden können.

Persönliche Atmosphäre ► Cadillac (Islazúl): Calle Colón, Ecke Francisco Vega, Tel. 031 37 27 91, www.islazul.cu. Das zentrale Hotel wurde aufwendig renoviert und verfügt über nur 8 Zimmer und 2 Suiten, außerdem Nachtclub, Bar-Cafetería und Dachterrasse. EZ 40 CUC, DZ 50 CUC inkl. Frühstück.

Außerhalb des Zentrums ► Las Tunas (Islazúl): Ave. 2 de Diciembre, nahe Plaza de la Revolución, Tel. 031 34 50 14, www.islazul.cu. Lange Zeit die einzige Option in Las Tunas und inzwischen extrem renovierungsbedürftig, aber immerhin mit Pool und zwei Res-

Tipp: Cucalambé Festival

Jährlich gegen Ende Juni/Anfang Juli steigt auf dem Gelände des Hotels El Cornito, ca. 5 km westlich von Las Tunas, das Cucalambé Festival, ein riesiges Folklorespektakel zu Ehren des cubanischen Dichters Cristóbal Nápoles Fajardo alias El Cucalambé, der durch seine *décimas* (s. S. 269) zu Berühmtheit gelangte. Aus der ganzen Umgebung strömen die Menschen in das kleine Bambuswäldchen, Buden werden aufgebaut, Strohhüte, fettige Snacks und Zuckerwatte verkauft, eimerweise fließt das Bier und auf zahlreichen Bühnen spielen Bands. Der Eintritt ist frei.

taurants. Alle Zimmer in den Stockwerken 2–5 mit Balkon. 98 Zi., EZ ab 23 CUC, DZ ab 28 CUC inkl. Frühstück.

Essen & Trinken

Üppige kreolische Speisen ▶ **La Bamba** (privat): Ave. Frank País 52, zwischen 2 de Diciembre und R. Ortíz, tgl. 12–22 Uhr, jeden 3. Di im Monat geschl. Untermalt von klassischer Musik speist man in diesem Paladar, leider lässt das restliche Ambiente etwas zu wünschen übrig. Hauptspeisen 8 CUC.

Langusten für den kleinen Geldbeutel ▶ **La Bodeguita** (staatl.): Calle Francisco Varona 303, Tel. 031 37 15 36, tgl. 12–15, 19–23 Uhr. Sehr hübsches Lokal mit Natursteinwänden und großen Weinregalen, nur das Essen könnte etwas besser sein. Ab 20.30 Uhr mit Musikbegleitung. Hauptspeisen ab 3 CUC, Langusten um 9 CUC.

Rustikal ▶ **El Baturro:** Calle Vicente García s/n, zwischen Julián Santana und Ramón Ortuño, Tel. 031 37 15 23, tgl. 11–23 Uhr. Lokal im spanischen Stil mit kreolischer und internationaler Küche. Hauptspeisen ab 3 CUC.

Umfangreiche Speisekarte ▶ **Ranchón La Rotonda** (staatl.): Circunvalación Sur (am Kreisverkehr aus Bayamo kommend), tgl. 7–2 Uhr. Nicht unbedingt lauschig zum Sitzen, aber sauber und passables Essen. Hauptgerichte max. 6 CUC.

Einkaufen

Die Haupteinkaufsstraße ist die **Calle Vicente García.**

Abends & Nachts

Kino und Disco ▶ **Luanda:** Calle Francisco Varona, zwischen Lora und Menocal, Di–So ab 21 Uhr. Über die Stadtgrenze hinaus beliebte Disco, im selben Gebäude ist ein Kino.

Live-Musik ▶ **El Patio de los Tamarindos:** im Centro Cultural Huellas, Calle Francisco Vega 229, zwischen Lucas Ortíz und Vicente García, Tel. 031 37 10 14, Di–Fr 15–19, 21–24, Sa/So 21–2 Uhr, Eintritt in CUP. Do–So ab 21 Uhr spielen Bands.

Kulturhaus ▶ **Casa de la Cultura:** Calle Vicente García 8, Tel. 031 34 35 00, tgl. 8–22.30 Uhr. Im hübschen Säulenpatio finden abends regelmäßig Veranstaltungen statt.

Aktiv

Baden ▶ Ausgedehnte und fast menschenleere weiße Strände findet man westlich und östlich der Hafenstadt Puerto Padre an der Nordküste (s. S. 345).

Verkehr

Flüge: Aeropuerto Hermanos Ameijeiras, ca. 5 km nordöstlich, Tel. 031 34 68 73. 4 x wöchentl. nach Havanna.

Züge: Terminal de Trenes, Calle Lucas Ortíz, Ecke Frank País, ca. 2 km nordöstlich, Tel. 031 34 81 46. Tgl. Verbindungen nach Holguín, Santiago de Cuba, Camagüey, Matanzas, Havanna.

Busse: Terminal de Ómnibus, Calle Francisco Varona 240 (Crta. Central, gut 500 m südlich des Zentrums), Tel. 031 37 42 95. Víazul-Busse 6 x tgl. nach Holguín (5 CUC), 5 x tgl. nach Bayamo (9 CUC) und Santiago de Cuba (11 CUC), 4 x tgl. via Camagüey (8 CUC) nach Havanna (39 CUC). Nahverkehrsbusse 2 x tgl. nach Puerto Padre.

Mietwagen und Motorroller: Havanautos, im Hotel Las Tunas, Tel. 031 37 15 06. Moto Club Luanda, Calle Francisco Varona, zwischen Lora und Menocal, Tel. 031 34 86 78, verleiht Motorroller.

Taxis: Cubataxi, Tel. 031 34 44 44.

Die Nordküste ► Q/R 6

Etwa 55 km nördlich von Las Tunas liegt die nichtssagende Hafenstadt **Puerto Padre,** lediglich ein Zwischenstopp auf dem Weg zu den Stränden weiter westlich und östlich. Die Playas Herradura und La Boca gehören zu den wenigen Orten Cubas, wo Individualtouristen in unmittelbarer Nähe von weißen Sandstränden eine Privatunterkunft finden. Wer es etwas komfortabler mag, sollte die Playa Covarrubias mit ihrem Hotel ansteuern.

Playa Covarrubias

Ein idealer Ort zum Ausspannen: Der lange weiße Sandstrand fällt sanft ins grünblaue Meer ab, rundherum ist nichts außer endlosen Zuckerrohrfeldern und dem 45 km entfernten Küstenörtchen Puerto Padre. Covarrubias ist einer von rund 30 Stränden der Region und der einzige, der für den Tourismus erschlossen wurde. Hochbetrieb herrscht deswegen aber noch lange nicht, denn bislang steht hier nur ein Hotel mit knapp 200 Betten. Die meisten Besucher kommen wegen des wilden, einsamen Strands und des ca. 3 km langen Korallenriffs, das sich schützend vor die Bucht legt und ideale Bade- und Tauchbedingungen schafft. In der Laguna Real neben dem Hotel sind Tölpel und rosafarbene Flamingos zu beobachten.

Playa Herradura und Playa La Boca

Ländliche Strandatmosphäre findet man in **Playa Herradura,** ungefähr 30 km nordöstlich von Puerto Padre. Der winzige Ort gruppiert sich um eine ebenso winzige Bucht, die flankiert wird von einem weißen Strand mit Palmen sowie einigen Bars, aus denen lautstark Musik dröhnt. Hier badet man inmitten der Dorfgemeinschaft und bekommt garantiert die eine oder andere Chance, sein Spanisch aufzufrischen. Wen es nach mehr Ruhe verlangt, der kann sich an die lang gestreckten Strände östlich und westlich der Bucht zurückziehen.

Entlang kilometerlanger, menschenleerer Strände führt die Fahrt weiter nach **Playa La Boca,** Ende der Straße und Ende der Welt. Wie in Playa Herradura hört auch hier die Teerstraße am Ortseingang abrupt auf. Ein paar Holperpisten führen durch die wenigen Häuserreihen und zum Strand, der sich in einem langen Bogen um die türkisfarbene Bucht zieht. Einsamkeit vorprogrammiert.

Übernachten

... an der Playa Covarrubias:
In der Mitte von Nirgendwo ► **Brisas Covarrubias** (Cubanacán): 45 km nordwestlich von Puerto Padre, Tel. 031 51 55 30, 51 53 76, www.cubanacan.cu. 4-Sterne-Anlage, jeweils mehrere Zimmer in doppelstöckigen Bungalows am Strand. Tennis, Beachvolleyball, großes Wassersportangebot, Shop, Disco, Autovermietung etc. 180 Zi., EZ ab 88 CUC, DZ ab110 CUC all inclusive.
... in Playa Herradura und Playa La Boca: Keine Hotels, aber mehrere Privatquartiere in Puerto Padre und Playa Herradura (extrem einfache Unterkünfte) sowie zwei empfehlenswerte Casas in Playa La Boca:
Sehr nette Vermieter ► **Raul Balmaceda Peña:** Calle 4 No. 15, Tel. 031 54 71 80, 54 25 50. 1 Zimmer und 1 unabhängiges Apartment mit Bad und Küche. 20–25 CUC.
Viel Privatsphäre ► **Ansberto Reyes Sánchez:** Calle 4 No. 15. 1 Zimmer, leider muss man auf dem Weg zum eigenen Bad durch die Küche. Letztere darf allerdings mitbenutzt werden, ebenso der herrlich kitschige Garten mit Miniwasserfall und Grill. Der Besitzer, ein netter älterer Herr, lässt sich nur selten sehen.

Verkehr

Busse: Von Puerto Padre 2 x tgl. nach Las Tunas und 1 x tgl. nach Holguín. Um an die Playas Herradura und La Boca zu gelangen, muss man in Jesús Menéndez (Chaparra) aussteigen und auf einen der unregelmäßig verkehrenden Busse warten.
Fähren: Von El Socucho (per Bus mit dem 15 km südl. gelegenen Puerto Padre verbunden) setzen Boote nach Playa La Boca über.
Taxis: In Puerto Padre findet man Taxis beim Busterminal an der Hauptstraße. Eine Fahrt nach Playa Herradura kostet um 20 CUC.

Wahrzeichen der Stadt Baracoa – El Yunque, der Tafelberg

Kapitel 4

Cubas Osten

Vier Provinzen – Holguín, Granma, Santiago de Cuba und Guantánamo – teilen sich den wilden Osten Cubas, kurz Oriente genannt. Die urwüchsigste aller cubanischen Landschaften bietet zugleich die spannendsten Reisewege, was in Anbetracht der vielen unzugänglichen Gebirgsregionen nicht weiter überraschen mag.

Drei große Bergketten durchziehen das Gebiet: im Süden die Sierra Maestra mit Cubas höchstem Gipfel, dem Pico Turquino (1974 m), im Norden die Sierra de Cristal und die scharfzackigen Cuchillas de Baracoa (›Messer von Baracoa‹). Das Bild wird bestimmt von landwirtschaftlichen Anbauflächen in den Ebenen und Kaffeeplantagen in den Mittellagen, idyllischen Flusstälern und Palmenhainen, während die Berge mit dichten Regen- und Kiefernwäldern bedeckt sind. An die Küste schmiegen sich mal längere, mal kürzere, mal tiefschwarze und mal blendend weiße Strände.

Von Letzteren profitiert vor allem die Region um Guardalavaca, Cubas wichtigstes Urlaubsresort im Osten. Die nahe gelegene Provinzmetropole Holguín gilt als eine der (gast-)freundlichsten Städte des Landes und bildet das Tor zur Nordküste, deren nächstes städtisches Highlight erst wieder mit Baracoa am äußersten Ostzipfel der Insel erreicht wird.

An der Südküste liegt mit Santiago de Cuba die Wiege der karibischen Musik – das hört sich idyllisch an, doch spätestens wenn sich die Stadt zur Karnevalszeit im Juli in einen akustischen Hexenkessel verwandelt, wird man das Temperament der karibischen Kultur kennenlernen.

Das propere Bayamo schließlich dient als Ausgangspunkt für die Sierra Maestra, wo mit einer Hand voll Rebellen die cubanische Revolution begann. Denn nicht zuletzt ist der Oriente auch eine sehr geschichtsträchtige Region.

Auf einen Blick

Cubas Osten

Sehenswert

12 **Parque Nacional Turquino:** Nicht jeder wird Cubas höchsten Gipfel erklimmen wollen, doch allein die Wanderung zu Fidels Hauptquartier während der Revolution lohnt den Abstecher in die Berge (s. S. 377).

13 **Küstenstraße nach Santiago de Cuba:** Cubas Highway No. 1 – spektakuläre Aussichten sind auf dieser kaum befahrenen Strecke zwischen Pilón und Santiago de Cuba garantiert (s. S. 384).

14 **Santiago de Cuba:** Die heimliche Hauptstadt der Insel ist zugleich die Kapitale der Musik und des Karnevals (s. S. 388).

15 **Baracoa:** Verträumtes Paradies mit Suchtpotenzial am äußersten Ostzipfel der Insel (s. S. 415).

Schöne Routen

Entlang der Nordküste von Banes nach Baracoa: Öffentliche Verkehrsmittel sind hier Mangelware, wer jedoch per Auto oder Rad unterwegs ist, kann auf dieser Strecke fernab des Massentourismus das ländliche Cuba kennenlernen (s. S. 368).

Passstraße La Farola: Erst seit den 1960er-Jahren existiert diese Verbindung von der Südküste nach Baracoa, die von Cubas trockenster in die feuchteste Region führt – quer durch eine grüne Gebirgslandschaft mit fantastischen Ausblicken über beide Küsten (s. S. 413).

Unsere Tipps

Gibara: In dem liebenswürdigen Städtchen kann man die Seele baumeln lassen, Höhlen erforschen oder an einem der Strände in der Umgebung Badefreuden fernab vom Touristenrummel genießen (s. S. 357).

Museo Arqueológico Chorro de Maita und Aldea Taína: Dieses Museum bei Guardalavaca beherbergt den größten Indianerfriedhof der Karibik. Im nachgebauten Taíno-Dorf erhält man einen Einblick in die Lebensweise der frühen Bewohner Cubas (s. S. 364).

Cafetal La Isabélica: Die alte Kaffeeplantage ist fast original erhalten und liegt in einer aussichtsreichen Gebirgslandschaft (s. S. 407).

Strandbasis: Nette Privatquartiere an der Playa Siboney laden dazu ein, tagsüber die Sehenswürdigkeiten im lauten und schwülheißen Santiago zu erkunden und nachts eine frische Meeresbrise zu genießen (s. S. 407).

aktiv unterwegs

Zu Fuß durch den Humboldt-Nationalpark: In dem riesigen, zum UNESCO-Welterbe gehörenden Schutzgebiet leben einige von Cubas meistbedrohten Tierarten (s. S. 370).

Besteigung des Pico Turquino: Die Wanderung auf Cubas höchsten Gipfel gehört im wahrsten Sinne des Wortes zu den Höhepunkten einer Cubareise (s. S. 380).

Spaziergang durch El Tivolí: Französische Einwanderer aus Haiti ließen sich in diesem Stadtviertel von Santiago de Cuba nieder, das zu den malerischsten Ecken der Provinzhauptstadt gehört (s. S. 398).

Bootsfahrt auf dem Río Toa: Durch tropischen Regenwald führt die Fahrt in einem traditionellen Holzboot bis fast ins Meer – ein herrlicher Ausflug in der Region Baracoa (s. S. 425).

Holguín und Provinz

Die Stadt der Parks zählt zu den charmantesten Orten des Landes und die Provinz verdankt ihren Platz in der Geschichte Cubas der ersten Landung von Kolumbus auf der Insel. Mit Gibara, der *villa blanca,* besitzt die Region die besterhaltene Kolonialstadt iberischen Stils in Cuba und mit der Strandregion von Guardalavaca das bedeutendste Pauschalreiseziel im Oriente.

In der Provinz Holguín bewegt man sich auf indianischem Boden. Zur Zeit der Entdeckung lebten hier vor allem Maniabón-Indianer, die zur Gruppe der Taínos gehörten. Bei Banes und Guardalavaca stieß man auf die meisten und die größten Funde indianischer Kulturen Cubas. Die Ausgrabungen belegen, dass in dieser Gegend seit 6000 Jahren Menschen siedelten, womit es sich um Zeugnisse der ältesten indianischen Kultur in der Karibik handelt.

Die Provinz Holguín war seit dem 19. Jh. ein reiches landwirtschaftliches Zentrum. Außer Zuckerrohr wurden hier Tabak und Obst angebaut und die Spanier betrieben Rinderzucht im großen Maßstab. Anfang des 20. Jh. geriet die Gegend zwischen Banes und der Bahía de Nipe unter die Herrschaft der amerikanischen United Fruit Company. Sie verwandelte einen Teil der Provinz Holguín in eine gigantische Zuckerrohrplantage mit sklavereiähnlichen Arbeitsbedingungen.

Nach der Unabhängigkeit Cubas entwickelten die USA ein heftiges Interesse an der Provinz. Minengesellschaften entdeckten bei der Stadt Moa erhebliche Nickelreserven und legten ein Bergwerk an, das amerikanische Arbeiter beschäftigte. Bananenplantagen, Zuckerrohrfelder, Zuckermühlen und die Transportwege befanden sich ausschließlich in US-amerikanischen Händen. Die vertraute Nachbarschaft brachte amerikanische Militärstrategen auf die Idee, einen Marinestützpunkt in der Bahía de Nipe anzulegen, doch schließlich entschieden sie sich doch für Guantánamo. Heute sind die Traumstrände rund um Guardalavaca an der Nordküste der größte Joker der Provinz Holguín.

Holguín ►R 7

Cityplan: S. 352

Die Provinzkapitale **Holguín** (225 000 Einwohner) kann nicht gerade als Schmuckstück kolonialer Baukunst bezeichnet werden, doch kaum eine andere Stadt des Landes ist auf angenehme Art so geschäftig und trotzdem so entspannt. Größere Bedeutung erlangte Holguín erst wegen seines internationalen Flughafens, auf dem man landet, wenn man Urlaub in Guardalavaca macht.

Jahrhundertelang war Holguín nicht mehr als ein Dorf, das noch 1726 aus nur 60 Häusern bestand. 1525 gehörte die Gegend einem spanischen Kapitän namens García Holguín. Er gründete den Ort exakt an der Stelle, wo vorher die Taíno-Siedlung Maguanes gestanden hatte, und taufte ihn San Isidro de Holguín.

Wie auch die anderen Städte des Oriente ist Holguín stolz darauf, im 19. Jh. eine Wiege der Rebellion gewesen zu sein. General Calixto García, ein führender General des ersten Unabhängigkeitskriegs gegen Spanien (1868) wurde hier geboren. Nur wenige Tage nach dem Grito de Yara (der die cubanischen Patrioten aufrief, zu den Waffen zu greifen) belagerte Calixto García zwei Monate lang eine spanische Militäreinheit, die sich in einem Stadthaus in Holguín verschanzt hatte. 1878 gelang es Calixto García und seinen Truppen, das spanische Militär vorübergehend aus der Stadt zu vertreiben.

Parque Calixto García

Holguíns zentraler Platz, der **Parque Calixto García,** wurde nach diesem populären General benannt, an den eine Statue erinnert. Zu den Zeiten Calixto Garcías nahm man es mit den Sitten übrigens etwas genauer: Der Platz war durch gespannte Seile in zwei Hälften getrennt: Die Männer flanierten auf der einen, die Frauen auf der anderen Seite.

An der Nordwestseite des Platzes steht jenes Stadtpalais, das Calixto García 1868 belagerte. Der reiche Großgrundbesitzer Francisco Rondán y Rodríguez hatte 1860 damit begonnen, sich ein ebenso elegantes wie trutziges Wohn- und Geschäftshaus bauen zu lassen, doch noch bevor alles fertig war, begann der Unabhängigkeitskrieg Cubas gegen Spanien, und Señor Rondán vermietete das Haus dem spanischen Militär als Quartier. Offensichtlich trugen die spanischen Soldaten eigenwillig bunte Uniformen, weshalb die Leute aus Holguín sie als ›Wellensittiche‹ *(periquitos)* verspotteten, und das klassizistische Stadthaus lebt bis heute mit dem Spitznamen La Periquera (›Wellensittichkäfig‹). Seit 1978 ist das Gebäude ein nationales Monument. Heute befindet sich das **Museo Provincial La Periquera** 1 darin, wo man u. a. Dokumente aus den Unabhängigkeitskriegen bestaunen kann, darunter José Martís Schwert, und einen Vorgeschmack auf die archäologischen Funde der Umgebung bekommt. Sehr anschaulich wird die präkolumbische Geschichte dargestellt. Kostbarstes Exponat ist eine verzierte zeremonielle Steinaxt, die Hacha de Holguín, Symbol des indianischen Widerstands gegen die Spanier (Calle Frexes 198, Di–Sa 8–16.30, So 8–12 Uhr, 1 CUC).

Der Parque Calixto García ist kulturelles und geschäftliches Zentrum von Holguín. Hier findet man das moderne Bürohaus **Pico de Cristal** 2 (›Glasgipfel‹), das **Teatro Eddy Suñol** 3**,** die **Casa de Arte Plástico** 4 mit Werken zeitgenössischer Künstler aus ganz Cuba (Calle Martí 180, Di–So 9–22 Uhr), das nette **Café La Begonia** 2**,** die **Casa de la Trova** 1**,** die **Casa de la Cultura** 4 und das türmchenverzierte **Cine Martí** 5**.** Fast jeden Abend und häufig auch tagsüber treffen sich auf dem Platz junge und alte Troubadoure aus Holguín, um ihre Sones und Guarachas zu spielen. Der berühmteste Musiker der Stadt war El Guayabero, ein verschmitzter Herr im weißen Anzug mit einem eleganten Strohhut, der eigentlich Faustino Oramas hieß und witzig-pikante Guarachas sang. Er starb 2007 mit 96 Jahren, stand jedoch bis zum Schluss auf der Bühne.

Museo de Ciencias Naturales 6

Holguíns spektakulärstes Museum ist zweifellos das **Museo de Ciencias Naturales Carlos de la Torre y Huerta,** einen halben Block südlich vom Parque Calixto García. Im Naturkundemuseum findet man die umfangreichste und schönste Sammlung der farbenprächtigen Polymita-Schneckenhäuser der Insel sowie präparierte Exemplare mehrerer Hundert Vogelarten und schier unzählige Mineralien (Calle Maceo 129, zwischen Martí und Luz Caballero, Di–Sa 9–17, So 9–13 Uhr, derzeit wegen Renovierung geschl., 1 CUC).

Tipp: Drehorgelmusik

Cubas Osten beheimatet zwei Fabriken, in denen die für die Region typischen Drehorgeln hergestellt werden – eine davon steht in Holguín (die andere entsteht gerade in Manzanillo). Zwei Monate dauert es, bis ein solches klingendes Ungetüm zusammengebaut und bemalt ist. Interessierte können in der **Fábrica de Órganos** 13 an der Straße nach Gibara hineinschauen oder mit etwas Glück am Parque Céspedes einem Straßenkonzert lauschen: Do um 16 Uhr und So um 10 Uhr ist hier manchmal eine der großen traditionellen Drehorgeln zu hören (Fabrik: Crta. de Gibara 301, Mo–Fr 7–12, 12.30–15.30 Uhr, Eintritt frei, Spende erbeten).

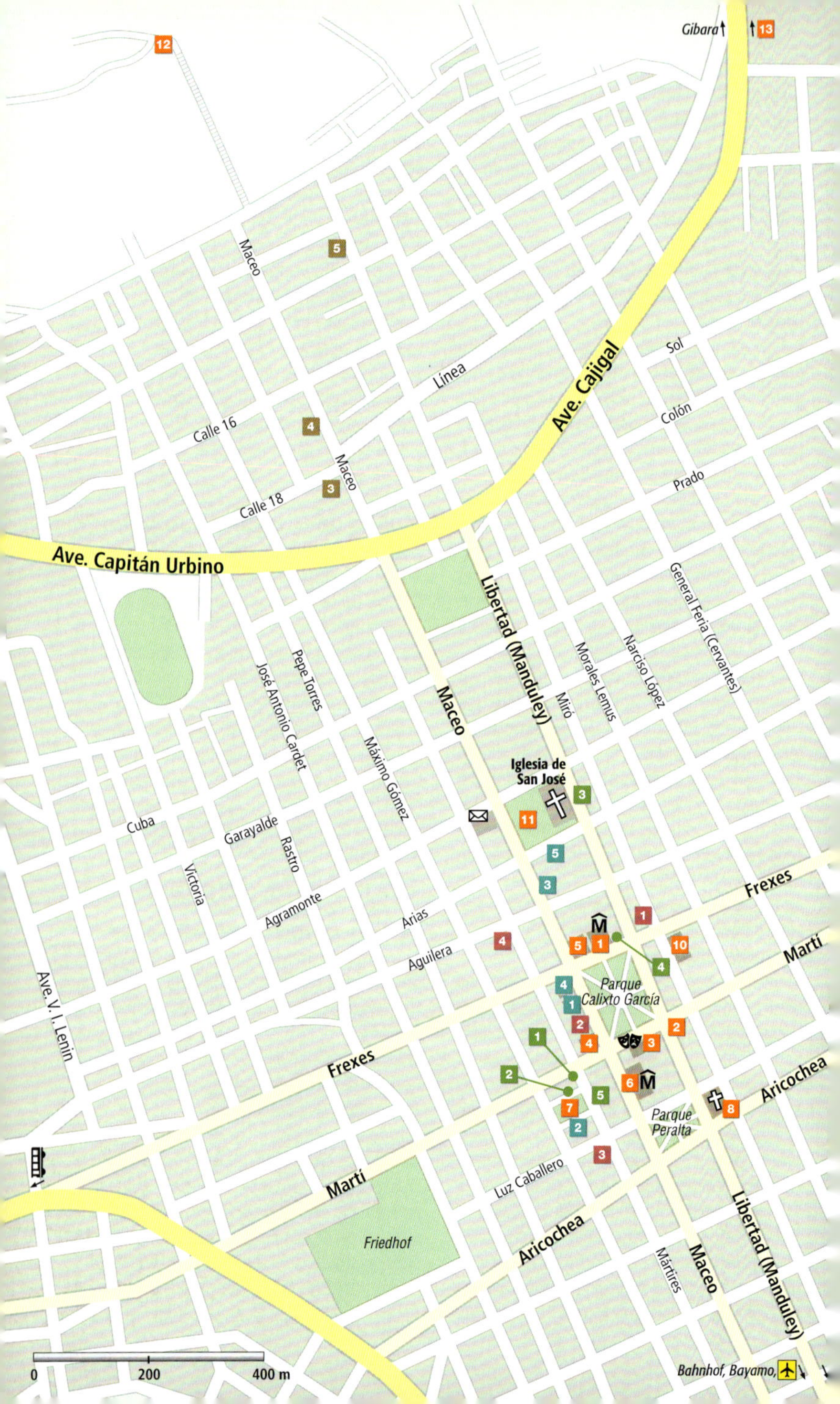

Gibara
13
12
5
Maceo
4
3
Maceo
Calle 16
Calle 18
Línea
Ave. Cajigal
Sol
Colón
Prado
Ave. Capitán Urbino
Libertad (Manduley)
Maceo
Miró
Morales Lemus
Narciso López
General Feria (Cervantes)
Pepe Torres
José Antonio Cardet
Máximo Gómez
Iglesia de San José
3
11
5
3
Cuba
Garayalde
Rastro
Victoria
Agramonte
Arias
Aguilera
4
1
5
1
10
4
Frexes
Martí
Parque Calixto García
4
1
2
2
4
3
1
2
5
7
2
6
3
8
Parque Peralta
Aricochea
Ave. V. I. Lenin
Frexes
Martí
Luz Caballero
Aricochea
Friedhof
Mártires
Maceo
Libertad (Manduley)
0
200
400 m
Bahnhof, Bayamo,

Holguín

Sehenswert
1 Museo Provincial La Periquera
2 Pico de Cristal
3 Teatro Eddy Suñol
4 Casa de Arte Plástico
5 Cine Martí
6 Museo de Ciencias Naturales Carlos de la Torre y Huerta
7 Plaza de la Marqueta
8 Catedral de San Isidro
9 Fábrica de Tabacos Jesús Feliú Leiva
10 Casa Natal de Calixto García
11 Parque Céspedes
12 Loma de la Cruz
13 Fábrica de Órganos
14 Valle de Mayabe

Übernachten
1 El Bosque
2 Pernik
3 Villa Liba
4 Hospedaje La Palma
5 Touracade
6 Villa Mirador de Mayabe

Essen & Trinken
1 Salón 1720
2 La Begonia
3 La Casa del Chef
4 La Bodeguita de Holguín

Einkaufen
1 Librería Jigüe
2 La Marqueta Egrem
3 Galería Holguín
4 Fondo Cubano de Bienes Culturales
5 Tienda Temas

Abends & Nachts
1 Casa de la Trova
2 Centro Cultural Plaza de la Marqueta
3 La Caverna de los Beatles
4 Casa de la Cultura
5 Casa Iberoamericana

Plaza de la Marqueta und Parque Peralta

Westlich und südlich des Museums liegen zwei weitere der zahlreichen Plätze Holguíns. Mit ihrer – fast abgeschlossenen – Renovierung hat sich die **Plaza de la Marqueta** 7**,** um die sich ein paar nette Geschäfte und ein Kulturzentrum (tolle Patio-Bar!) gruppieren, zum kolonialen Kleinod der Stadt gemausert.

Eine Kuriosität ist die **Catedral de San Isidro** 8 am **Parque Peralta.** 1720 baute man die Kirche als liebevolles Durcheinander aller möglichen architektonischen Stile, doch die eigentliche Merkwürdigkeit ist ihr Altar: Er ist dem Heiligen Isidor geweiht, dem Schutzpatron der Stadt. Ursprünglich stand er in einer Kirche im 72 km entfernten Bayamo, und nachdem diese niedergebrannt worden war, schleppten Sklaven den Altar freiwillig und zu Fuß nach Holguín. Als Gegenpol dazu steht auf dem Platz vor der Kirche ein Denkmal für Karl Marx (tgl. 8–12, 16–18 Uhr).

Fábrica de Tabacos Jesús Feliú Leiva 9

Südlich des Zentrums kann man in der **Fábrica de Tabacos Jesús Feliú Leiva** den Weg vom Tabakblatt bis zur fertigen Zigarre verfolgen und die Produkte auch gleich vor Ort erstehen. Tickets für die Besichtigung der Fabrik werden nur von Cubatur (s. S. 354) verkauft, der Laden ist auch ohne Anmeldung zugänglich (Calle Coliseo, Ecke 3ra, Reparto Peralta, Tel. 024 46 80 00, Fabrik: Mo–Sa 8–12, 13–16 Uhr, 5 CUC, Laden: Mo–Sa 8–16 Uhr).

Casa Natal de Calixto García 10

Östlich des Parque Calixto García liegt in der Calle Miró 145 die schlichte **Casa Natal de Calixto García.** Das Geburtshaus des berühmten Generals ist heute ein Museum, in dem man einige seiner persönlichen Gegenstände betrachten kann und Informationen über die langwierige Loslösung von Spanien bekommt (Di–So 9–17.30 Uhr, 1 CUC).

Parque Céspedes 11

Über die **Calle Frexes** mit ihren hübsch restaurierten Kolonialgebäuden – darunter das Haus des Künstlerverbands UNEAC und eine traditionelle Apotheke mit naturheilkundlichen Mitteln – geht es am Parque Calixto García vorbei und durch die kurze Fußgängerzone in der **Calle Maceo** zum vielleicht schönsten Platz Holguíns, dem **Parque Céspedes.** Die baumbestandene Plaza wird überragt vom Glockenturm der **Iglesia de San José** und manchmal kann man hier einem Konzert der für die Region typischen Drehorgeln lauschen (s. S. 351).

Loma de la Cruz 12

Am Ende der Calle Maceo, ca. 20 Gehminuten vom Stadtzentrum entfernt, führen 460 Stufen auf die **Loma de la Cruz** (›Kreuzeshügel‹). Das Kreuz stellten die Bürger von Holguín 1790 hier auf – um sicherzustellen, dass die Sklaven von Holguín nicht dem Beispiel ihrer haitianischen Brüder folgten, die im selben Jahr die Herrschaft der Weißen abgeschüttelt hatten. Noch heute zieht alljährlich am 3. Mai, dem Tag des Kreuzes, eine Prozession auf den Hügel, wenn auch aus anderen Gründen. Touristen spazieren wegen der fantastischen Aussicht hinauf.

Valle de Mayabe 14

10 km südöstlich von Holguín erstreckt sich das enorm fruchtbare **Valle de Mayabe** mit Obstplantagen, Gemüsepflanzungen und einem kleinen Stausee. Doch nicht deshalb fahren die Touristenbusse hierher, sie wollen vielmehr zum **Mirador de Mayabe,** einem Hügel, von dem aus man das gesamte Tal überblickt. Vom improvisierten Aussichtspunkt hat sich der Mirador längst zu einer Touristenattraktion mit Hotel, Restaurant, Pool, Folklore, einem kleinen Freilichtmuseum, vielen Tieren und hübschem Garten gemausert. Nur eines hat sich nicht geändert: Nach wie vor muss ein armer Esel namens Pancho eimerweise Bier trinken, während ihn die Touristen dabei fotografieren, denn was wäre Mayabe ohne diesen berühmten *burro de Mayabe?*

Infos

Kein Tourismusbüro.

Cubatur: im Restaurant Salón 1720 (s. S. 356), Tel. 024 42 16 79, Mo–Sa 13–17 Uhr; Infotisch in der Snackbar La Begonia (s. S. 356), Tel. 024 47 73 54, Mo–Sa 8–12 Uhr. Mofa- und Autovermietung, organisierte Ausflüge nach Gibara, Guardalavaca etc.

Banco Financiero Internacional: Calle Libertad 167, zwischen Frexes und Aguilera.

Cadeca: Calle Libertad 205, zwischen Martí und Luz Caballero.

Internet: Telepunto, Calle Maceo, Ecke Martí, Parque Calixto García, Tel. 024 42 26 33, tgl. 8.30–19 Uhr.

Übernachten

... in Holguín:

Bungalows im Grünen ▶ **El Bosque** 1 (Islazúl): Ave. Jorge Dimitrov, Ecke 15, 2,5 km östlich des Zentrums, Tel. 024 48 10 12, 48 11 40, www.islazul.cu. 69 Bungalows in gepflegter Grünanlage. Mit Pool, Bar und Res-

Weite Flächen und einsame Cowboys sind typisch für die Provinz Holguín

taurant, am Wochenende Disco. EZ ab 25 CUC, DZ ab 35 CUC inkl. Frühstück.

Professionell und ruhig ▶ Pernik 2 (Islazúl): Ave. Jorge Dimitrov, nahe Plaza de la Revolución, 1,5 km östl. vom Zentrum, Tel. 024 48 10 11, Fax 024 48 16 67, www.islazul.cu. Architektonisch nicht gerade anheimelndes Hotel aus den 1970er-Jahren, aber recht komfortabel. Mit Pool, Restaurant, Disco, Taxistand und Autovermietung. 200 Zi., EZ ab 20 CUC, DZ ab 30 CUC inkl. Frühstück.

Im Look der 1950er-Jahre ▶ Villa Liba 3 (privat): Calle Maceo 46, Ecke 18 (Línea), nahe Loma de la Cruz, Tel. 024 42 38 23. Stilvolles Riesenhaus und stilvolle Gastgeber, die 2 große Zimmer mit Bad vermieten. Sehr angenehm, aber etwas überteuert. 25–30 CUC.

Mit Haustierzoo im Innenhof ▶ Hospedaje La Palma 4 (privat): Calle Maceo 52, zwischen 16 und 18 (Línea), Tel. 024 42 46 83, 0152 23 92 06 (mobil). 2 großzügige Zimmer mit Bad in neuerem Haus. Sehr aufgeschlossene, ungezwungene Atmosphäre und riesiger Patio. 20–25 CUC.

Nur für Studenten ▶ Touracade 5 (staatl.): Calle Libertad 26, nahe Loma de la Cruz, Tel. 024 46 28 23, Fax 024 48 18 43. Kleine Villa mit Garten und schlichten, jedoch sauberen Zimmern. Buchung über die Universität. 9 Zi., 10 CUC/Pers.

... außerhalb:

Hotel auf Hügel ▶ Villa Mirador de Mayabe 6 (Islazúl): Loma de Mayabe, ca. 10 km südöstlich von Holguín, Tel. 024 42 21 60, www.

islazul.cu. Motel am bekannten Aussichtspunkt (s. S. 354). 24 Zi., EZ ab 20 CUC, DZ ab 30 CUC inkl. Frühstück.

Essen & Trinken

Klein, aber fein ▶ **Salón 1720** 1 (staatl.): Calle Frexes 190, Ecke Miró, Tel. 024 46 81 50, tgl. 12–22.30 Uhr. Sehr gutes und elegantes Restaurant mit originellen Gerichten wie Rumgarnelen. Empfehlenswert: die Dachterrasse mit der Bar El Jigüe – dies ist definitiv der schönste Ort in Holguín für einen romantischen Mondscheincocktail (Di–So 20–2 Uhr, ab 23 Uhr mit Live-Musik). Hauptgerichte um 8 CUC.

Am Parque Calixto García ▶ **Cafetería und Restaurant Cristal** (staatl.): im Pico de Cristal 2, Calle Martí, Ecke Libertad, Tel. 024 45 38 42, tgl. 12–15, 18–22 Uhr. In der Cafetería kleine Gerichte zu vernünftigen Preisen. Wer es lieber eleganter hat, geht ins Restaurant Isla Cristal zwei Etagen höher (tgl. 12–23 Uhr). Hauptgerichte 3–8 CUC.

Unter einem Blätterdach entspannen ▶ **La Begonia** 2: (staatl.): Calle Maceo 176, am Parque Calixto García, tgl. 8–2 Uhr. Im Freien werden kleine Gerichte serviert (ab 3 CUC), dabei kann man das Geschehen auf dem Hauptplatz im Auge behalten.

Kreolische Küche ▶ **La Casa del Chef** 3 (staatl.): Calle Luz Caballero 93, zwischen Máximo Gómez und Mártires, Mo–Sa 12–19 Uhr. Lebhaftes kleines Restaurant mit bodenständigem Essen, sehr beliebt bei Einheimischen zum Mittagessen. Hauptspeisen um 3 CUC.

Frisch vom Grill ▶ **La Bodeguita de Holguín** 4 (staatl.): Calle Aguilera 249, Ecke Mártires, tgl. 12–23 Uhr. Man sitzt im überdachten Innenhof und genießt leckere Speisen vom Grill, z. B. gemischte Spieße (je 1 CUC) oder Cordon Bleu (2 CUC). Abends mit Musiktrio.

Einkaufen

Bücher ▶ **Librería Jigüe** 1: Calle Martí, Ecke Mártires, Mo–Sa 9–16.30 Uhr. Schreibwaren und Bücher, z. T. auch englischsprachige Literatur.

Musik ▶ **La Marqueta Egrem** 2: Plaza de la Marqueta, Tel. 024 42 61 01, Mo–Fr 8–12, 12.30–16, Sa 8–12 Uhr. CDs und Musikinstrumente.

Kunst und Kunsthandwerk ▶ **Galería Holguín** 3: Calle Libertad 137, Parque Céspedes, Tel. 024 45 33 02, Di–So 8–22 Uhr. Gemälde und Skulpturen. **Fondo Cubano de Bienes Culturales** 4: Calle Frexes 196, Parque Calixto García, Mo–Fr 10–17, Sa 9–12 Uhr. Kunsthandwerk.

Künstlerbedarf ▶ **Tienda Temas** 5: Plaza de la Marqueta, Mo–Fr 10–16, Sa 10–12 Uhr. Erstaunliches Angebot an Farben, Pinseln etc.

Zigarren ▶ **Fábrica de Tabacos Jesús Feliú Leiva** 9: Calle Coliseo, Ecke 3ra, Reparto Peralta, Tel. 024 46 80 00, Mo–Sa 8–16 Uhr.

Abends & Nachts

Täglich Live-Musik ▶ **Casa de la Trova** 1: Calle Maceo 174, Parque Calixto García, Tel. 024 45 31 04, So–Di 10–18, 21–1, Mi–Sa 14–18, 21–2 Uhr, ab 21 Uhr Eintritt 1 CUC. Sehr schöne Räumlichkeiten mit Innenhof und Bar. Live-Musik meist ab 14 Uhr. **Centro Cultural Plaza de la Marqueta** 2: Mercado 1, Plaza de la Marqueta, Tel. 024 42 10 57, Di–So 10–24 Uhr. Mit Bar Mona Lisa, jeden Abend ab 22 Uhr Live-Musik, Sa geht hier die Post ab (2 CUC Mindestkonsum pro Person).

Die Pilzköpfe lassen grüßen ▶ **La Caverna de los Beatles** 3: Calle Maceo, Ecke Aguilera, tgl. 16–2 Uhr. Dem Auftrittsort der Beatles in Liverpool nachempfundene Kneipe mit Rockmusik aus den 60ern – eine Rarität in Cuba.

Bier vom Fass ▶ **Taberna Bucanero:** in der 3. Etage des Pico de Cristal 2, Calle Martí, Ecke Libertad, Di–So 15–23 Uhr, Eintritt 5 CUC (davon 4 CUC zum Verzehr). Karaoke, Live-Musik, Tanz, auch kleines Büffet.

Kleinkunst und Ausstellungen ▶ **Casa de la Cultura** 4: Calle Maceo 172, neben Casa de la Trova, tgl. 7.30–23 Uhr. Unregelmäßig finden hier Konzerte, Lesungen und Ausstellungen statt.

Lateinamerikanische Peñas ▶ **Casa Iberoamericana** 5: Calle Arias 161, Parque Céspedes, Tel. 024 42 25 33, Mo–Fr 8–16.30

Uhr. Fr und Sa ab 21 Uhr *peñas* mit Live-Musik. Auch Infos über Kulturveranstaltungen.

Aktiv

Ausflüge ▶ Von Holguín empfehlen sich Exkursionen nach Gibara (s. S. 357), in die Bahía de Bariay (s. S. 361), zum Indianerfriedhof Chorro de Maita (s. S. 364) und nach Banes (s. S. 367).

Strände ▶ s. Guardalavaca S. 362.

Termine

Pilgerzug und Prozession zur Loma de la Cruz: 3. Mai.

Festival de Cultura Iberoamericana: Ende Okt. Theater- und Tanzvorstellungen sowie Straßenfeste.

Verkehr

Flüge: Aeropuerto Internacional Frank País, ca. 10 km südlich der Stadt, Tel. 024 47 46 30. Ein Taxi von Holguín zum Flughafen kostet um 8 CUC. Gegen 14 Uhr fährt ein öffentlicher Bus von der Calle General Rodríguez 84 (Nähe Bahnhof) zum Flughafen. Cubana, im Pico de Cristal, Calle Libertad, Ecke Martí, Tel. 024 42 57 07; Aerocaribbean, ebenfalls im Pico de Cristal, Tel. 024 46 85 56. Condor und andere internationale Fluggesellschaften fliegen Holguín direkt an. Inlandsflüge 3 x wöchentl. nach Havanna und 1 x wöchentl. nach Santiago de Cuba.

Züge: Terminal de Ferrocarril, Calle Vidal Pita 3, zwischen Libertad und Maceo, Tel. 024 42 23 31. Zugtickets für Touristen werden im Ladis-Büro gegenüber vom Bahnhof verkauft (Schild: U/B Ferrocuba Provincia Holguín), allerdings sind die Verbindungen in der Provinz unzuverlässig. Einigermaßen regelmäßig fahren die Züge nach Havanna und Santiago de Cuba (Umsteigen erforderlich in Cacocum, 17 km südl. von Holguín).

Busse: Estación José María, Crta. Central, zwischen Independencia und 20 de Mayo, Tel. 024 42 21 11. Verbindungen mit Víazul nach Santiago de Cuba (3 x tgl., 11 CUC), Havanna (4 x tgl., 44 CUC), Trinidad (1 x tgl., 26 CUC) und Varadero (1 x tgl., 38 CUC). Nahverkehrsbusse verkehren unregelmäßig nach Gibara, Guardalavaca, Banes, Mayarí und Moa.

Mietwagen: Vermittlung über Cubatur (s. S. 354), in den Hotels Pernik und El Bosque sowie im Flughafen.

Taxis: Cubataxi, Tel. 024 47 31 55, 42 32 90.

Innerhalb der Stadt: Bicitaxis sind das praktischste und preiswerteste Transportmittel innerhalb der Stadt. Rechnen Sie für eine kurze Strecke 0,50 CUC, für eine längere 1 CUC. Ähnliches gilt für die Kutschen.

Gibara und Umgebung

▶ R 6

Rund 40 Autominuten nordöstlich von Holguín liegt in der Bahía de Gibara das zauberhafte Hafenstädtchen **Gibara** (16 000 Einwohner). Auf dem Weg dorthin sieht man schon von Weitem die **Silla de Gibara,** einen eigenartig geformten, steilen Karstfelsen, der entfernt an einen Sattel erinnert. Über einen anderen kuppelartigen Felsen hatte sich bereits Kolumbus gewundert, weshalb der Felsen heute **Mezquita de Colón** heißt. Selbst von der Hafenpromenade in Gibara kann man diese beiden markanten Steinformationen im Dunst erkennen.

Insider fahren nach Gibara, um dort Langusten zu essen, die in den kleinen (meist inoffiziellen) Restaurants der Stadt in vielen Varianten angeboten werden. Außerdem wurde Gibara wegen seines intakten Ensembles kolonialer iberischer Baukunst zum Monumento Nacional erklärt und besitzt für seine Größe reichlich Kultur: Ganze drei Museen nennt das Örtchen sein Eigen.

Parque Calixto García

Im Mittelpunkt des kleinstädtischen Lebens steht der **Parque Calixto García,** ein hübscher kolonialer Platz mit mächtigen, Schatten spendenden Afrikanischen Eichen, einer eigenwilligen Miniaturausgabe der New Yorker Freiheitsstatue und der **Iglesia de San Fulgencio.** Die Kirche ist zwar häufig verschlossen, doch auch von außen eine Augenweide.

In der Calle Luz Caballero 23 an der Westseite des Parks findet man im **Museo de Historia Natural** Naturgeschichtliches und Wissenswertes über die lokale Flora und Fauna (Tel. 024 84 44 58, Mo 13–17, Di–Sa 9–12, 13–17, So 9–12 Uhr, 1 CUC).

Zigarren für den nationalen Markt entstehen in der **Fábrica de Tabaco Pedro González Camilo** an der Südseite des Parks in der Calle Independencia 11-A. Eine Besichtigung ist offiziell nicht möglich, doch durch die großen Fenster lässt sich das Geschehen gut beobachten.

Plaza del Fuerte

Einen Block in östlicher Richtung erhebt sich über dem Meer das kleine **Fuerte Fernando VII.,** dessen Innenhof am Wochenende zur Open-Air-Bühne umfunktioniert wird (Tel. 024 84 44 71, tgl. 8–19, 20–2 Uhr, abends 1 CUC, Fr–So abends Live-Musik und Imbissstände). Auf dem Platz davor findet jeden Samstagmorgen ein bunter **Bauernmarkt** statt. Neben dem üblichen spärlichen Obst- und Gemüseangebot gibt es hier leckere Sandwiches mit Fleisch vom Spanferkel und für die Kinder knallrosafarbene Zuckerwatte.

Palmstrohgedeckte *bohíos* erinnern an die Häuser der Indianer

Museo Municipal de Historia und Museo de Arte Colonial

Einen weiteren Stopp auf der Besichtigungstour sollte man in dem prachtvollen Stadtpalast der Calle Independencia 19 einlegen, von 1905 bis 1959 das Wohnhaus der Familie von José Homobono Beola y Valenzuella, einer der reichsten Familien Gibaras. Im Erdgeschoss informiert das **Museo Municipal de Historia** über die Stadtgeschichte und im 1. Stock zeigt das sehenswerte **Museo de Arte Colonial** in 15 Räumen eine exquisite Gemäldesammlung und wertvolle koloniale Möbel. Fast alle Exponate entstammen dem Besitz des Aristokratenclans, der sein Geld mit Zucker machte (Di–Sa 8–12, 13–17, So 8–12 Uhr, wegen Renovierung evtl. geschlossen, 2 CUC).

Als wichtigster Hafen an der Nordküste des Oriente hatte es Gibara schon früh zu erheblichem Reichtum gebracht. Davon zeugt das Ensemble schöner alter Gebäude im Zentrum, die nach und nach renoviert werden. Bereits seit zehn Jahren laufen die Arbeiten am Theater, neben dem Teatro Sauto in Matanzas (s. S. 256) das einzige Schauspielhaus aus dieser Zeit in Cuba. Auch die Nebenstraßen sind auf jeden Fall einen Spaziergang wert – die vielen weiß getünchten Häuser haben Gibara den Namen *ciudad blanca* (›weiße Stadt‹) eingebracht.

Loma Los Caneyes

Zum Schutz des Hafens erbaute man nicht nur das Fuerte Fernando VII. am Meer, sondern auch die Festung **El Cuartelón** auf dem **Loma Los Caneyes** – Gibara war nach Havanna die zweite befestigte Stadt in Cuba.

Mehr als ein paar Mauerreste sind von El Cuartelón nicht erhalten, doch der Aufstieg lohnt sich allein wegen des herrlichen Blicks über Gibara und seine Bucht bis hin zum satteIförmigen Silla de Gibara. Außerdem weht hier oben fast immer eine erfrischende Brise, das Übrige tut ein kühles Bier im hiesigen Restaurant oder in der Rancho-Bar, einem beliebten Treffpunkt der Einheimischen.

Cuevas de los Panaderos

Hobby-Speläologen finden ihr Revier 2 km außerhalb in den **Cuevas de los Panaderos.** Das riesige Höhlensystem umfasst mehr als 15 Räume, die über glitschige Gänge miteinander verbunden sind. Aus Sicherheitsgründen sollte man die unbeleuchteten Höhlen nur mit einem Führer besichtigen. Die beste Adresse hierfür ist José Corella alias Joselín, der für 5 CUC pro Person etwa vierstündige Touren anbietet und über die Privatquartiere oder direkt unter den Telefonnummen 024 84 45 88 bzw. 0152 22 31 62 kontaktiert werden kann.

Playa de Caletones und Playa Blanca

18 km nordwestlich von Gibara, erreichbar über eine holprige Piste, liegt die **Playa de Caletones,** die aus mehreren kleinen weißen Stränden mit flachem, badewannenwarmem Wasser besteht. Sonnenschirme sorgen für Schatten, die Anwohner für Verpflegung, denn sie bieten in ihren Häusern (natürlich illegal) frisches Meeresgetier an. Eine ganz besondere Attraktion der Gegend sind die Salzwasserpools im felsigen Untergrund hinter dem Strand, die ein prima Sprungbecken für Kinder abgeben. Weitere, noch schönere Pools liegen rund 3 km entfernt; gegen einen kleinen Obolus dienen die Einheimischen gerne als Führer.

Vom Hafen in Gibara kann man mit einem Boot über die Bucht zur **Playa Blanca** (nicht zu verwechseln mit der Playa Blanca westlich von Guardalavaca) übersetzen, wo es sich hervorragend schnorcheln lässt. Die Abfahrt der Boote erfolgt nach Bedarf bzw. sofern Benzin vorhanden ist (20 Min. einfach, hin und zurück um 2 CUC).

Übernachten

... in Gibara:

Zimmer mit Aussicht ▶ **Hostal Buenavista** (Palmares): Plaza del Fuerte, im Restaurant El Faro, Tel. 024 84 45 96. Nur 4 Zimmer, alle neu renoviert, freundlich eingerichtet und mit Meerblick. EZ 25 CUC, DZ 40 CUC inkl. Frühstück.

Koloniale Pracht ▶ **Hostal Vitral:** Calle Independencia 36, Tel. 024 84 44 69, escalona@cristal.hlg.sld.cu. Fantastisch ausgestattetes Kolonialgebäude mit 2 Zimmern, Gästeküche, großem begrüntem Patio und einer absolut traumhaften Dachterrasse mit Liegestühlen. Sehr gutes Preis-Leistungs-Verhältnis. 20–25 CUC.

Von einer Französin geführt ▶ **Casa de los Amigos:** Calle Céspedes 15, zwischen J. Peralta und Luz Caballero, Tel. 024 84 41 15, lacasadelosamigos@yahoo.fr. Viele zieht es weg aus Cuba, Chantal aus Bordeaux konnte sich nicht mehr trennen und betreibt jetzt eine Casa mit deutlich europäischem Einschlag, was sich auch beim Essen bemerkbar macht. 2 Zimmer, die sich ein Bad teilen, Hängematten im Innenhof, alles sehr liebevoll und farbenfroh eingerichtet. Achtung: Die Unterkunft sollte evtl. geschlossen werden – unbedingt vorher anrufen. 20–25 CUC.

Dem Meer ganz nah ▶ **Villa Boquerón:** Ave. Rabí 53 (Uferstraße), zwischen J. Peralta und Luz Caballero, Tel. 024 84 44 03, 0152 23 27 40 (mobil), gelena@cristal.hlg.sld.cu. Die zwei kleinen Zimmer werden durch die Dachterrasse mit unverstelltem Blick aufs Meer und die lieben, hilfsbereiten Gastgeber mehr als wettgemacht. 20–25 CUC.

... außerhalb:

Für Ausländer offen? ▶ **Campismo Silla de Gibara:** ca. 25 km südöstlich von Gibara an der Piste nach Fray Benito, Tel. 024 42 15 86. 42 Cabañas unterschiedlicher Ausstattung (Ventilator oder ac), Pool und Restaurant in wunderschöner Weidelandschaft am Fuß der Silla de Gibara. Ausritte möglich. Nur für Cubaner, Ausnahmen möglich. 5 CUC/Pers.

Essen & Trinken

Netter Paladar ▶ **Los Hermanos** (privat): Calle Céspedes 13, zwischen Peralta und Luz Caballero, Tel. 024 84 45 42. In einem großen Innenhof werden zu fast jeder Uhrzeit üppige kreolische Mahlzeiten serviert. Auch Zimmervermietung. Hauptspeisen 7–10 CUC.

Viel Fisch und Meeresfrüchte ▶ **El Faro** (staatl.): Plaza del Fuerte, Tel. 024 84 45 96, tgl. 12–24 Uhr. Das wenig anheimelnde Restaurant bietet typisch kreolische Kost und Meerblick. Hauptgerichte ab 2,50 CUC.

In alter Ruine ▶ **Doña Yulla La Marina:** Calle Donato Mármol, tgl. 9–24 Uhr. Äußerst rustikales Restaurant, sehr beliebt bei Einheimischen. Huhn mit Reis für 25 CUP.

Einkaufen

Souvenirs ▶ Im **Fuerte Fernando VII.** befindet sich ein Laden, der u. a. schöne Tonwaren verkauft (Mo–Sa 9–12, 13–17 Uhr).

Abends & Nachts

Nach Einbruch der Dunkelheit werden die Gehsteige in Gibara nach oben geklappt und die Schaukelstühle vor die Türe gestellt. Für etwas Abwechslung sorgen:

Hier trifft sich die einheimische Jugend ▶ **Centro Cultural El Colonial:** Calle Luz Caballero 23, Ecke Sartorio, Di–So 10–24 Uhr. Abends regelmäßig Theater, Konzerte und andere Veranstaltungen; mit Cafetería und Artex-Laden.

Kulturhaus ▶ **Casa de la Cultura Raúl Gómez García:** Calle J. Aguero 103, Plaza de la Cultura, Tel. 024 84 43 00. Fast jeden Abend ab 21 Uhr Programm, regelmäßig Musikabende – übrigens: Auch Gibara hat einen Julio Iglesias, der einige Preise eingeheimst hat und sich hinter dem echten nicht verstecken muss.

Termine

Festival Internacional del Cine Pobre: Woche nach Ostern. Gezeigt werden Independentstreifen, gedreht mit der Digitalkamera (www.cubacine.cult.cu/cinepobre/).

Karneval: Ende Juni. Improvisierte Congas und vier Tage Ausnahmezustand.

Verkehr

Busse: Die kleine Busstation liegt 1 km außerhalb an der Landstraße nach Holguín. Verbindungen 2 x tgl. nach Holguín.

Mietwagen: Cubacar, Calle Independencia Final, Tel. 024 84 42 22.

Fähren: je nach Bedarf zur Playa Blanca (s. S. 360) und nach El Caliche, von wo aus man mit Pferdekutschen über Potrerillo bis Fray Benito und Santa Lucía (Rafael Freyre) fahren kann (s. S. 362).

Bahía de Bariay ▶ R 6

Im Jahr 1514 war ganz Cuba mit eiserner Hand von den Spaniern ›befriedet‹ – die verbliebenen Indianer lehnten sich kaum noch gegen die europäische Herrschaft auf. Knapp ein Jahrzehnt später lebten nur noch wenige Tausend Indianer auf Cuba. Die harte Fronarbeit in den Bergwerken, Massaker sowie europäische Krankheiten hatten sie fast vollständig ausgerottet. Trotzdem ist die Provinz Holguín, besonders im nordöstlichen Teil, deutlicher als andere Gegenden Cubas von der indianischen Vergangenheit geprägt. Hier wurden bei Ausgrabungen die meisten Artefakte und der größte Indianerfriedhof der Karibik (s. S. 364) gefunden.

Seinen Anfang nahm alles am 12. Oktober 1492 in der **Bahía de Bariay** nordöstlich der Provinzhauptstadt Holguín. In Cuba machen sich mehrere Orte an der östlichen Nordküste die historische Ehre streitig, Schauplatz der Entdeckung durch Kolumbus gewesen zu sein. Historiker haben mittlerweile festgestellt, dass Kolumbus in dieser Bucht und nirgendwo sonst eingelaufen ist. Als seine Karavellen hier landeten, lebten zwischen 100 000 und 300 000 Ureinwohner auf der Insel – »die schönste, die Menschenaugen je gesehen haben«, notierte Kolumbus in sein Bordbuch. Die cubanischen Indianer (Taínos und Siboneyes) glaubten, die Fremden seien geradewegs vom Himmel gekommen, um sie vor den ständigen Angriffen der kriegerischen Aruak-Indianer von den Nachbarinseln zu schützen. Sie küssten den in ihren schimmernden Rüstungen göttergleichen Spaniern Hände und Füße und boten ihnen Speisen an. Unglücklicherweise trugen einige Taíno-Indianer etwas Goldschmuck, was Kolumbus in seiner Hoffnung bestärkte, das Eldorado gefunden zu haben – eine Illusion, wie sich später herausstellte.

Die Westseite der Bucht nennt sich heute **Parque Monumento Nacional Bariay.** 1992 wurde hier anlässlich der 500-Jahr-Feier von der Künstlerin Caridad Ramos Mosquera ein Denkmal geschaffen, das Macht und Euphorie der Entdecker zumindest andeutungsweise mit den tragischen Konsequenzen für die Entdeckten konfrontiert: 16 indianische Götterstatuen werden von griechischen Säulen, die in Form eines Schiffsrumpfs angeordnet sind, geradezu eingekreist und zusammengetrieben (Tel. 024 43 07 66, tgl. 9–16.30 Uhr, Erw. 8 CUC, Kinder 4 CUC inkl. Führung und Kutschfahrt durch den Park).

Die Bahía de Bariay kann nur mit einem Mietwagen oder Taxi erreicht werden: entweder über die Teerstraße von Holguín bzw. Guardalavaca via Rafael Freyre (s. S. 362), nach ca. 4 km Richtung Fray Benito rechts ausgeschildert; oder von Gibara über Floro Pérez und Fray Benito. Die Strecke zwischen Floro Pérez und Fray Benito ist ungeteert und in einem sehr desolaten Zustand. Bei Regen sollte sie gemieden und sonst mit äußerster Vorsicht befahren werden.

Essen & Trinken

Im Stil einer spanischen Taverne ▶ Colombo: im Parque Monumento Nacional Bariay, Tel. 024 43 07 66, tgl. 9–16.30 Uhr. Mit herrlicher Aussicht über die Bucht. Hauptspeisen um 8 CUC.

Guardalavaca und Umgebung ▶ R/S 6

Die Strandregion

Nordöstlich von Holguín erstreckt sich die paradiesische Strandlandschaft von Guardalavaca (›Hüte die Kuh‹), das schönste und größte Ferienzentrum des Oriente. Von West nach Ost reihen sich sechs größere Strände aneinander.

Westlich von Rafael Freyre führt eine Teerstraße zu den **Playas Blanca und Don Lino,** beide vor allem bei Einheimischen beliebt, wobei sich an der pittoresken Playa Don Lino eines der wenigen Hotels an dieser Küste für Individualtouristen befindet. Am Ende der Straße nach Playa Blanca steht an der Ostseite der Bahía de Bariay (s. S. 361) ein nüchternes Denkmal, dessen verwitterte Tafel darüber informiert, dass an diesem Ort einst Christoph Kolumbus in Cuba landete.

Richtung Guardalavaca zweigt kurz hinter der Zuckerfabrik **Rafael Freyre** (auch Santa Lucía genannt) die Zufahrtsstraße zur **Playa Pesquero Nuevo** ab, ein Puderzuckerstrand mit den drei Ferienresorts Playa Pesquero, Playa Costa Verde und Blau Costa Verde.

Die nächste Bucht weiter östlich mit der bezaubernden **Playa Yuraguanal** hat das Hotel Occidental Gran Playa Turquesa in Beschlag genommen, das sich besonders durch seine zahlreichen kinderspezifischen Einrichtungen hervorhebt und deshalb gerne von Familien gebucht wird. Ein weiterer Pluspunkt ist der nahe **Bioparque Rocazul,** ein knapp 150 ha großer Naturpark am Ufer der Bahía de Naranjo. Als Abwechslung zum Strandleben kann man hier reiten (16 CUC/Std.), an geführten Wanderungen mit Vogelbeobachtung teilnehmen (8 CUC/Std.) und angeln, der Fang wird hinterher gegrillt (25 CUC/3 Std.). Einige der Führer sprechen sehr gut Deutsch (Tel. 024 43 33 10, tgl. 9–17 Uhr).

Zurück auf der Hauptstraße umrundet man die **Bahía de Naranjo** und kann von der dortigen Marina aus Bootsausflüge zum **Cayo Naranjo** unternehmen. Das Inselchen gehört zu dem einige Tausend Hektar großen **Parque**

Natural Bahía de Naranjo und bietet ein Meeresaquarium sowie zwei große Pools: In einem kann man mit Delfinen schwimmen, der andere hat eine Plattform mit Seelöwen. Wer das Besondere liebt, kann in dem Gästezimmer auf dem Eiland übernachten. Im Preis von 150 CUC für zwei Personen sind die volle Verpflegung (ohne Getränke) und täglich ein Bad mit Delfinen enthalten (Tel. 024 43 04 39, tgl. 9–17 Uhr, Bootstransfer Hinfahrt 9–11 Uhr, Rückfahrt ca. 13 Uhr, Eintritt Aquarium inkl. Bootstransfer Erw. 34 CUC, Kinder bis 12 J. 17 CUC, inkl. Schwimmen mit Delfinen Erw. 79 CUC, Kinder 39 CUC, Shows tgl. 12 Uhr).

Weiter auf der Hauptstraße zweigt nach ca. 1 km eine Straße zur **Playa Esmeralda** (auch Estero Ciego) ab, einem Küstenstreifen mit romantischen Badebuchten, Felsen und smaragdfarbenem Meer. Zwei sehr schöne Hotels befinden sich hier: das Sol Río de Luna y Mares und das Luxushotel Paradisus Río de Oro.

Nach weiteren 2 km kommt man über die Hauptstraße nach **Guardalavaca** (ca. 500 Einwohner), einem nichtssagenden Ort, dessen größter (und einziger) Joker seine weite Bucht mit feinkörnigem Sand ist, an der man das Strandleben unter blühenden Bäumen genießen kann. Auch hier ist das Wasser

Strandleben unter und auf Bäumen – Guardalavaca

grünblau schimmernd und der Sand makellos weiß – ein hübscher Kontrast zur farbenprächtigen Vegetation, die bis an den Strand reicht. Die Hotels im ›alten‹ Guardalavaca sind etwas schlichter und preiswerter als die an den westlichen Stränden, dennoch ist auch hier für alle Wassersportaktivitäten gesorgt.

Museo Arqueológico Chorro de Maita

Geradewegs in die Welt der Taínos führt die Landstraße von Guardalavaca Richtung Banes (s. S. 367). Sattgrüne Hügel wellen sich rechts und links der Straße, in sanften Tälern blitzen zwischen Palmenhainen hier und da palmstrohgedeckte *bohíos* heraus, umgeben von üppigen Bananenstauden und blühenden Bäumen. Man fährt durch eine scheinbar unberührte Idylle, die die Begeisterung der Spanier über die eben entdeckte Insel noch heute nachempfinden lässt. 7 km hinter Guardalavaca folgt man der Beschilderung zum **Museo Arqueológico Chorro de Maita** (Tel. 024 43 02 01, tgl. 9–15 Uhr, 2 CUC) und steht nach 2 km vor dem größten Indianerfriedhof der Karibik. Über 60 Skelette der Taínos wurden hier gefunden. Wahrscheinlich entstand die Grabstätte zwischen 1490 und 1540, also bereits nach Landung der Spanier – somit ist auch zu erklären, weshalb sich ein toter Europäer auf den Friedhof verirren konnte. Er ist nicht der Einzige, der mit gefalteten Händen beigesetzt wurde, auch viele Taínos wurden, nachdem die Spanier sie umgebracht hatten, nach dieser christlichen Sitte begraben. Hier bekommt man auch einige Requisiten zu sehen, mit denen die Taínos ihre Toten für die lange Reise ins Jenseits ausstatteten, sowie Darstellungen der umfangreichen Beerdigungsriten. Besonders auffällig sind die deformierten Köpfe einiger Taínos: Dem damaligen Schönheitsideal entsprechend flachte man sich künstlich die Stirn ab.

Tipp: Ruhige Oase in der All-inclusive-Welt

Eine angenehme Abwechslung zu den sterilen Hoteleinrichtungen bietet das Strandlokal **El Cayuelo** ganz im Osten von Guardalavaca – zwar gibt es auch hier ein klimatisiertes Restaurant, doch viel romantischer lassen sich Fisch, Langusten, Krabben & Co. am weißen Strand unter Palmen genießen. Man kann auch nur etwas trinken und El Cayuelo zum Ziel eines spätnachmittäglichen Strandspaziergangs machen (ca. 10 Gehmin. östl. vom Hotel Las Brisas, Tel. 024 43 07 36, tgl. 10.30–22.30 Uhr, Hauptgerichte ab 6 CUC).

Aldea Taína

Gegenüber dem Museum wurde 1998 ein nach archäologischen Vorgaben rekonstruiertes Taíno-Dorf eröffnet, das in einer etwas kitschigen Atmosphäre versucht, den Alltag und die Lebensweise der Taínos darzustellen. Der Rundgang durch die **Aldea Taína** informiert über die Ernährung, Landwirtschaft und Riten der Ureinwohner. Nachdem Kolumbus die ersten Taíno-Dörfer gesehen hatte, schrieb er: »Meiner Meinung nach waren diese Wohnplätze bedeutend schöner als jene, die wir bisher gesehen hatten. (…) Die Behausungen waren in Hüttenform gebaut, sehr geräumig und erweckten den Eindruck eines militärischen Feldlagers. Allein waren sie nicht reihenweise angeordnet, sodass sie keine Straßen bildeten, sondern wuchsen bald hier, bald da aus dem Boden. Im Innern sind sie fein säuberlich ausgekehrt; ihre Einrichtungsgegenstände sind reich verziert. Man fand viele Plastiken, weibliche Gestalten darstellend, und zahlreiche Gesichtsmasken, die wundervoll ausgearbeitet waren. Ich weiß nicht recht, ob die Inselbewohner diese Gegenstände als Zierrat oder zu religiösen Kulthandlungen verwenden. In jenen Behausungen gab es auch Hunde, die niemals bellten; ferner wilde und gezähmte Vögel, erstaunlich gut verfertigte Netze, Waffen und Fischergeräte.« (Tel. 024 43 04 22, tgl. 9–17 Uhr, 3 CUC inkl. Show).

Infos

Kein Tourismusbüro, aber Infotische der Reiseagenturen in allen Hotels.

Cubanacán: Playa Guardalavaca, Tel. 024 43 02 26, tgl. 8–17 Uhr. Allgemeine Infos, Hotelreservierungen, Transfers, organisierte Ausflüge, Vermittlung von Führern etc.
Gaviota Tours: Playa Esmeralda, Tel. 024 43 09 09. Ähnliches Angebot.

Übernachten

Fast alle Hotels an den Stränden von Guardalavaca arbeiten nach dem All-inclusive-System und sind entsprechend teuer. Wer individuell vor Ort auf Zimmersuche geht, muss mit erheblich höheren Preisen rechnen als bei der Buchung eines Pauschalpakets von zu Hause aus.

All inclusive ins Paradies ▶ **Paradisus Río de Oro** (Gaviota): Playa Esmeralda, Tel. 024 43 00 90, Fax 024 43 00 95, www.gaviota-grupo.com, www.solmeliacuba.com. Sehr stilvolles Resort mit Poollandschaft, Jacuzzis mit Blick aufs Meer und allen anderen Einrichtungen einer Anlage dieses Stils – sogar einen kleinen, hoteleigenen Strand gibt es, die romantische Playa Caleticas. 300 Zi., EZ ab 205 CUC, DZ ab 330 CUC all inclusive.

Das größte Resort ▶ **Playa Pesquero** (Gaviota): am gleichnamigen Strand, Tel. 024 43 35 30, Fax 024 43 05 35, www.gaviota-grupo.com. Riesige Anlage, u. a. mit Tennisplätzen, Bogenschießen, Fitnesscenter, Kinderclub, 11 Restaurants (darunter ein vegetarisches), mehreren Bars und großem Ausflugsangebot. 944 Zi., EZ ab 125 CUC, DZ ab 220 CUC all inclusive.

Direkt am paradiesischen Strand ▶ **Sol Río de Luna y Mares** (Gaviota): Playa Esmeralda, Tel. 024 43 00 60, Fax 024 43 00 65, www.gaviota-grupo.com, www.solmeliacuba.com. Für sämtliche Wassersportarten ist gesorgt: Windsurfen, Segelschule, Schnorcheln, Tauchen. Der Service und der Hotelkomfort ist den Preisen angemessen. 480 Zi., EZ ab 100 CUC, DZ ab 180 CUC all inclusive.

Guter Service ▶ **Brisas** (Cubanacán): am östl. Ende der Playa Guardalavaca, Tel. 024 43 02 18, Fax 024 43 01 62, www.cubanacan.cu. Achitektonisch recht gelungene Hotelanlage, im Pauschalarrangement enthalten ist das Kid's Camp (für 2- bis 11-Jährige), außerdem Beauty-Salon, Tennisplätze mit Flutlicht, Pool, umfangreiches Wassersportangebot, Disco, diverse Restaurants und Bars. In den kleineren Bungalows ist man schöner untergebracht als im klotzigen Hauptgebäude. 437 Zi., EZ ab 95 CUC, DZ ab 140 CUC all inclusive.

Beliebt bei Einheimischen ▶ **Villa Don Lino** (Islazúl): Playa Don Lino, Rafael Freyre, Tel. 024 43 03 07–09, Fax 024 43 03 09, www.islazul.cu. Nette Bungalowanlage (Nr. 19–36 mit Meerblick) mit kleinem Pool, Restaurant und Bar direkt an einem von Felsen und Palmen eingerahmten Strand. 36 Zi., EZ ab 24 CUC, DZ ab 35 CUC all inclusive.

Sehr schlicht ▶ **Villa Cabañas** (Islazúl): hinter der Clínica Internacional in Guardalavaca, Tel. 024 43 03 14, www.islazul.cu. 27 einfache Zimmer mit Klimaanlage. EZ ab 20 CUC, DZ ab 30 CUC inkl. Frühstück.

Tipp: Locomotur

In einer restaurierten, fauchenden Dampfeisenbahn von 1920 tuckert man durch die Zuckerrohrplantagen. Der organisierte Ausflug beinhaltet Besuche in der Zuckermühle in Rafael Freyre und im Parque Monumento Nacional Bariay mit Mittagessen im dortigen Restaurant (ca. 6 Std., Erw. 49 CUC, Kinder bis 12 J. 30 CUC, Reservierung u. a. über Gaviota Tours, Tel. 024 43 09 09).

Essen & Trinken

Das Essen in den Hotelrestaurants ist bis auf wenige Ausnahmen (Sol Meliá, Brisas) nicht gerade eine lukullische Entdeckung und, falls man kein Paket gebucht hat, tendenziell überteuert. Da Guardalavaca als hochkarätiges touristisches Zentrum gilt, sind keine Privatrestaurants erlaubt. Etwas Abwechslung bieten die folgenden staatlichen Lokale:

Fisch und Meeresfrüchte ▶ **El Ancla:** am westl. Ende der Playa Guardalavaca, Tel. 024 43 03 81, tgl. 11–22.30 Uhr. Hübscher Ort für ein Abendessen mit Blick auf die Playa Guardalavaca. Hauptgerichte 6–23 CUC.

Das Wort Überfluss ist in Cuba unbekannt – Bauernmarkt in Banes

Rustikal ▶ **Casa del Campesino Nené:** gegenüber Museum Chorro de Maita in der Aldea Taína, tgl. 9–17 Uhr. Leckeres Spanferkel vom Grill (7,50 CUC) bekommt man in diesem Restaurant serviert.
Essen im Bauernhaus ▶ **El Conuco de Mongo Viña:** Bahía de Naranjo, nahe Playa Esmeralda, tgl. 9–15 Uhr. Von Guardalavaca am besten mit dem Auto zu erreichen ist dieses Rancho-Lokal im Stil eines Bauernhauses, selbst die dazugehörigen Tiere fehlen nicht. Auch schlichte Unterkunft in einer Holzhütte (DZ 20 CUC). Hauptgerichte ab 5 CUC.

Einkaufen

In den beiden Einkaufszentren **Los Flamboyanes** und **3D** befinden sich mehrere Souvenirläden sowie u. a. eine Cafetería, ein Fotoservice, eine Filiale von Havanatur und eine Bank.
Kunsthandwerk ▶ Täglich Markt am westl. Ende der Playa Guardalavaca (9–17 Uhr).

Zigarren ▶ **El Cuje:** beim Club Amigo Atlántico in Guardalavaca, tgl. 9–22 Uhr.

Abends & Nachts

Freiluftdisco ▶ **Club La Roca:** am westl. Ende der Playa Guardalavaca, Tel. 024 43 03 14, Fr, So 23–2, Sa 23–3 Uhr, Eintritt 3 CUC inkl. 2 CUC Verzehr. Lebhafter Tanztempel am Strand.
Cabaret ▶ **Nocturno:** Crta. Central Holguín–Las Tunas Km 2,5 km, Tel. 024 42 93 45, Di–So ab 21 Uhr, Eintritt Di–Do 6 CUC inkl. 4 CUC Verzehr, Fr–So 10 CUC inkl. 8 CUC Verzehr. Alle Cabarets eifern dem Tropicana in Havanna nach – allemal ganz unterhaltsam.

Aktiv

Hochseefischen und Bootstouren ▶ **Marina Internacional Bahía de Vita:** Crta. Guardalavaca Km 38, Tel. 024 43 04 33, marvita@enet.cu. Boot für 5 Std. und bis zu 6 Pers. um 270 CUC, auch ganztägige Segeltörns mit dem Katamaran inkl. Besuch des Meeresaquariums in der Bahía de Naranjo und Schwimmen mit Delfinen (ca. 110 CUC). **Marina Bahía de Naranjo:** Bahía de Naranjo, Tel. 024 43 01 32. Ähnliches Angebot. **Marina Marlin:** Playa Guardalavaca, Tel. 024 43 04 91. Motorbootausflüge in der Bucht, die Kunden steuern selbst (39 CUC), Katamarantörns (69 CUC), Hochseeangeln (4 Std., Boot für 6 Pers. 310 CUC, 72 CUC p. P.).

Reiten ▶ Gegenüber vom Hotel Guardalavaca, Tel. 024 43 07 80, 8 CUC/Std., 12 CUC/2 Std.

Tauchen und Schnorcheln ▶ **Dive Center Blue World:** im Hotel Blau Costa Verde, Playa Pesquero, Tel. 024 43 05 30. **Dive Center Sea Lovers:** im Hotel Paradisus Río de Oro, Playa Esmeralda, Tel. 024 43 00 90, 43 01 32. **Centro de Buceo Eagle Ray:** Playa Guardalavaca, Tel. 024 43 03 16. Einführungskurse ca. 70 CUC, Scuba Diver 180 CUC, Open Sea 365 CUC, Advanced 280 CUC, Rescue 335 CUC. Schnorchelausrüstung kann meist für etwa 5 CUC geliehen werden.

Ausflüge ▶ Empfehlenswerte Exkursionen von Guardalavaca führen in westliche Richtung nach Holguín (s. S. 350) und in das Fischerstädtchen Gibara (s. S. 357), was sehr gut mit einem Besuch in der Bahía de Bariay (s. S. 361) verbunden werden kann. Auf den Spuren der indianischen Ureinwohner wandelt man auch im Museo Indocubano in Banes (s. rechts). Meist per Helikopter werden entferntere Ziele wie die beiden Naturparadiese Cayo Saetia (s. S. 370) und Pinares de Mayarí (s. S. 369) sowie Santiago de Cuba (s. S. 388) angesteuert. Alle Touren können bei einer der Reiseagenturen in den Hotels gebucht werden.

Verkehr

Flüge: Der nächste Flughafen befindet sich in Holguín (s. S. 357).

Busse: Tgl. Verbindungen mit Guaguas nach Holguín, es kann allerdings schwierig sein, einen Platz zu ergattern.

Mietwagen: Cubacar, am westl. Ende der Playa Guardalavaca, Tel. 024 43 01 34, tgl. 8–17 Uhr. Verleiher auch in allen Hotels.

Taxis: Tel. 024 43 01 39. Die Fahrt nach Holguín kostet ca. 20 CUC.

Transport vor Ort: Mehrmals tgl. verkehrt ein **Touristenbus** zwischen den Hotels der verschiedenen Strände sowie zur Bahía de Bariay, zum Bioparque Rocazul und zur Aldea Taína (5 CUC). **Pferdekutschen** fahren die Strandmeile entlang (Fahrpreis max. 2 CUC). **Motorroller** werden gegenüber vom Hotel Las Brisas (8 CUC/Std., 25 CUC/Tag) und in den meisten Hotels vermietet; **Fahrräder** kann man in vielen Unterkünften leihen.

Banes ▶ S 6

In über 100 Ausgrabungsstätten rund um **Banes** (30 000 Einwohner), ca. 36 km südöstlich von Guardalavaca, wird die indianische Vergangenheit erforscht. Die interessantesten Fundstücke hat man im **Museo Arqueológico Indocubano** zusammengestellt. Sie belegen, dass in der Region eine hoch entwickelte indianische Kultur vorhanden war, und geben einen guten Überblick über die Geschichte und die Lebensweise der cubanischen Ureinwohner. Sorgfältig gearbeitete Schmuckstücke, Keramik, Steinwerkzeuge, Statuen, Gebrauchsgegenstände sowie Musikinstrumente aus Muscheln gehören zu den mehr als 1000 Exponaten des Museums und sie stellen nur einen Bruchteil der Fundstücke dar. Die beiden Hauptattraktionen sind ein goldener Fetisch – der erste, den man in der Gegend fand – und ein indianischer Schädel, der an der Stirn ein kreisrundes Loch aufweist, das eigentlich nur von einer spanischen Kugel stammen kann (Calle General Marrero 305, Tel. 024 80 24 87, Di–Sa 8–16, So 8–12 Uhr, 1 CUC).

Ist man schon einmal in Banes, sollte man auch der **Iglesia de Nuestra Señora de la Caridad** am Parque Martí einen Besuch abstatten. In der Art-déco-Kirche heirateten am 12. Oktober 1948 Fidel Castro und Birta Díaz Balart. Die Ehe, aus der Sohn Fidelito hervorging, wurde 1954 geschieden. Familie Díaz Balart gehörte unter der Diktatur Batistas zur einflussreichen Oberschicht. Kurioserweise stammen die wichtigsten Kontrahenten der jüngeren cubanischen Geschichte aus Banes und Umgebung: 1901 wurde Fulgencio Batista hier geboren und das Dorf Birán, aus dem Fidel und Raúl Castro stammen, liegt nur etwa 80 km südlich (s. rechts).

18 km östlich von Banes erstrecken sich völlig abgeschieden zwei hellsandige Strände, die vor allem von Einheimischen frequentiert werden. An der schöneren **Playa Puerto Rico** gibt es einen Campismo (s. unten), an der **Playa de Morales** etwas zum Essen und Trinken.

Übernachten

... in Banes:

Das einzige staatliche Hotel für Ausländer in Banes ist das **Motel Oasis,** das jedoch nicht einmal für den Notfall empfohlen werden kann. Dafür gibt es mehrere Privatquartiere, u. a.:

Zentrumsnah und stilvoll ▶ Villa Bella: Calle Céspedes 119, zwischen Flor Crombet und Augusto Blanca, Tel. 024 80 23 58. 1 Zimmer bei sehr angenehmen Vermietern in geschmackvoll eingerichtetem Haus. Mit Garage. 20–25 CUC.

Pittoresk ▶ Colonial Guest House: Calle H No. 1526-F (am Eingang von Banes gegenüber Tankstelle), Tel. 024 80 22 04. 1 Zimmer mit unabhängigem Eingang, riesigem Bad, Vorraum und Terrasse in hübschem Kolonialhaus. Mit Parkplatz. 20 CUC.

... außerhalb:

Am Strand ▶ Campismo Puerto Rico Libre: ca. 18 km östl. an der Playa Puerto Rico, Tel. 024 969 18. 36 Cabañas am Meer, eigentlich nur für Cubaner, Ausnahmen möglich. 5–10 CUC/Pers.

Essen & Trinken

Nett dekoriert ▶ El Latino: Calle Martí, zwischen Ave. de Cárdenas und General Marrero, Tel. 024 80 22 98, tgl. 10–20 Uhr. Auf der Speisekarte stehen Pizzas (ab 1,50 CUC) und Fleisch- und Fischgerichte (2–5 CUC).

Verkehr

Banes ist am besten mit dem Mietwagen zu erreichen.

Busse: Calle Tráfico, Ecke Los Angeles, Banes. Tgl. morgens ein Bus nach Holguín sowie regelmäßig Sammeltaxis nach Guardalavaca, Holguín und Mayarí.

Mietwagen: Cubacar, Terminal Banes, Ecke Calle Mulas, Tel. 024 80 32 39.

Entlang der Nordküste nach Baracoa

Die meisten Touristen wählen für die Anreise in die östlichste Stadt Cubas, Baracoa (s. S. 415), die Strecke entlang der Südküste über Guantánamo, wo im Gegensatz zur Nordküste gute öffentliche Verkehrsverbindungen bestehen. Wer jedoch mit dem Mietwagen oder mit dem Fahrrad unterwegs ist und schlechte Wegabschnitte nicht scheut, kann den Oriente und seine gegensätzlichen Landschaften auch auf einer fantastischen Rundtour entlang der Küste kennenlernen. Die Fahrtzeiten sollte man großzügig berechnen, denn viele Straßenabschnitte befinden sich in einem beklagenswerten Zustand.

Sitio Histórico de Birán ▶ R 7

Auf dem Weg von Banes gen Süden in die Sierra de Cristal durchfährt man exakt die Gegend, die Compay Segundo in seinem Welthit »Chan Chan« besingt – die Stationen sind die Örtchen Cueto und Mayarí. Nicht abschrecken lassen sollte man sich von den ersten Kilometern bis **Santa Isabel de Nipe,** denn auf diesem Teilstück wird die Teerstraße immer wieder von holprigen Schotterpisten unterbrochen. In Santa Isabel de Nipe teilt sich die Straße gen Osten nach Mayarí und gen Westen nach Cueto.

Für historisch Interessierte bietet sich ein Abstecher über **Cueto** Richtung Süden ins Dorf **Birán** an, rund 80 km von Banes entfernt. Hier liegt die Finca Manacas, auf der Fidel und Raúl Castro geboren wurden und ihre Kindheit verbrachten. Das riesige Anwesen nennt sich inzwischen **Sitio Histórico de Birán,** eine Art Freilichtmuseum mit mehreren Gebäuden, die sich um das ehemalige (abgebrannte und neu aufgebaute) Wohnhaus der Familie Castro gruppieren. Zu sehen sind Fidels Wohnhaus, in dem er lebte, nachdem er sein Studium der Rechtswissenschaften absolviert hatte und als Jurist tätig war, eine Schule, Unterkünfte für die Lehrerin und Arbeiter sowie eine Kampfarena für Hähne. Das doppelstöckige Holzgebäude der Familie zeigt Möbel, Kleidung und viele Fotos aus Fidels Jugend, auch sein Geburtszimmer kann besichtigt werden (Tel. 024 28 61 14, Mo–Sa 9–16, So 9–12 Uhr, 10 CUC).

Sierra de Cristal ▶ S 7

Von Santa Isabel de Nipe erreicht man innerhalb kürzester Zeit das verschlafene Provinzstädtchen **Mayarí,** Ausgangspunkt für einen abenteuerlichen Ausflug in die **Sierra de Cristal.** Für Naturliebhaber ist dieser Gebirgszug mit dem 1231 m hohen Pico de Cristal ein Paradies, denn hier findet man tropischen Regenwald mit Farnen, Moosen und wilden Orchideen ebenso vor wie ausgedehnte Kiefernwälder, in deren Schatten Bananen und Kaffee gedeihen – diese Gegend zählt zu den bedeutendsten Kaffeeanbaugebieten Cubas. Die Bergwelt erkundet man entweder wandernd oder auf dem Pferderücken. Führer und Reittiere vermittelt das 26 km südlich von Mayarí gelegene Öko-Resort **Pinares de Mayarí** (s. S. 370), das von fast allen Reiseagenturen auch als Exkursionsziel angeboten wird.

Besondere Attraktionen in der Umgebung des Hotels sind der über 100 m hohe **Salto Guayabo** (tgl. 7–16 Uhr, Eintritt Aussichtspunkt 2 CUC, geführter Spaziergang zum Wasserfall 5 CUC) sowie das Höhlensystem **Farallones de Seboruco,** in dem 5000 Jahre alte indianische Artefakte gefunden wurden.

Die Straße – oder besser Piste – von Mayarí zum Hotel ist extrem schlecht und teilweise sehr steil. Sie kann mit einem normalen Pkw gemeistert werden, aber nur bei absoluter Trockenheit und von einem geübten

Die Gegend um Moa ist vom Nickelabbau gezeichnet

aktiv unterwegs

Zu Fuß durch den Humboldt-Nationalpark

Tour-Infos

Start: am Besucherzentrum des Nationalparks (s. S. 371), hier stehen auch die erfoderlichen Führer bereit
Länge: ca. 7 km
Dauer: ca. 5 Std. mit Pausen
Schwierigkeitsgrad: leicht

Die geführte Wandertour beginnt wenig westlich des Besucherzentrums am Río Santa María. Zunächst geht es etwa 1,5 km auf einem ebenen Pfad durch üppige Vegetation. Orangen-, Mandarinen- und Mangobäume gedeihen hier, Kokospalmen, so weit das Auge reicht. Vom Guide erfährt man Interessantes über die verschiedenen Nutzhölzer und medizinischen Pflanzen. Dann beginnt der Aufstieg zu einer der wichtigsten Erhebungen in dieser Gegend, dem 740 m hohen **Monte Iberia.** Allmählich wandelt sich die Vegetation in submontanen Regenwald mit einer Vielzahl besonderer Baumarten und riesiger Farne. Schließlich erreicht man die Quelle des Río Santa María, wo – zumindest während der Regenzeit – ein Wasserfall 25 m in die Tiefe stürzt. Als Pausenstopp auf dem Rückweg sollte man den Sprung ins kühle Nass des glasklaren Río Santa María wagen.

Auf der gesamten Tour hat man die Chance, einige der in dieser Region beheimateten Tier- und Pflanzenarten kennenzulernen, darunter einige der kleinsten Spezies der Welt: das Monte-Iberia-Fröschchen *(Eleutherodactylus iberia),* mit rund 1 cm Körperlänge die weltweit kleinste bekannte Amphibie, oder den Zwergkolibri bzw. Zunzuncito *(Mellisuga helenae),* den kleinsten Vogel der Welt. Außerdem erblickt man mit Sicherheit auch einige der wundervoll bunten Polymita-Schnecken *(Polymita picta),* die, obwohl vom Aussterben bedroht, oft von Einheimischen zu Ketten aufgefädelt verkauft werden – hiervon sollte man unbedingt Abstand nehmen.

Fahrer. Allein für die 12 km bis zum Salto Guayabo sollte man 40 Minuten Autofahrt einplanen.

Übernachten

... in Mayarí:

Mayarís einziges Privatquartier ▶ **Elin Fernández Consuegra** (privat): Calle Moncada 89, jesusenrique@cristal.hlg.sld.cu. 2 Zimmer, eines im 1. Stock und ein kleiner, aber hübsch mit Natursteinen gestalteter Raum im Erdgeschoss. Im Hinterhof fallen einem die Mangos direkt in den Mund. 20–25 CUC.

... in der Sierra de Cristal:

Übernachtung in den Bergen ▶ **Pinares de Mayarí** (Gaviota): Tel. 024 50 33 08, www.gaviota-grupo.com. 19 rustikale Holzhütten und 10 Zimmer mit Bad stehen den Besuchern zur Verfügung, außerdem kann man ein Dampfbad nehmen, im Pool schwimmen, Basketball, Tennis und Baseball spielen – Letzteres weist darauf hin, dass dies jahrelang ein abgeschlossenes Resort der Regierung war. EZ ab 30 CUC, DZ ab 45 CUC.

Cayo Saetia ▶ S 7

Knapp 30 km nordöstlich von Mayarí liegt in der **Bahía de Nipe** das nur 42 km² große Inselchen **Cayo Saetia,** ein nahezu unberührtes Naturparadies mit weißen Sandstränden, Mangrovenwäldern und zum Teil savannenartiger Vegetation. Man sieht hier nicht nur *jabalíes* (›Wildschweine‹), sondern auch importierte Exoten wie Strauß, Zebra, Antilope und Wasserbüffel. Cayo Saetia war jahrzehntelang das Jagd- und Urlaubsparadies der cubanischen Elite, die das Safariabenteuer liebte. Vor einigen Jahren wurde das Reservat dem internationalen Tourismus geöffnet. Für 10 CUC Eintritt darf man auf Cayo Saetia baden und schnorcheln, im Angebot sind außerdem Jeepsafaris (9 CUC/Std.) und Ausritte (6 CUC/Std.) Ein traumhaft ruhiges und komfortables Hotel gibt es auf Cayo Saetia auch und das Restaurant ist bekannt für seine guten Fischgerichte und Meeresfrüchte.

Übernachten

Inselunterkunft ▶ **Cayo Saetia** (Gaviota): Tel. 024 51 69 00, www.gaviota-grupo.com. Man schläft in rustikalen Holzhütten oder luxuriösen Chalets im Alpenstil. EZ ab 49 CUC, DZ ab 60 CUC inkl. Frühstück.

Moa ▶ T 7

Ginge es darum, einen Orden für die hässlichste cubanische Stadt zu vergeben, hätte **Moa** die allerbesten Chancen auf den Titel. Der vom Nickelabbau gezeichnete Ort und seine Umgebung lassen den Fuß auf dem Gaspedal nach unten treten, um die Industrieanlagen schnellstmöglich hinter sich zu bringen – Naturliebhabern und Umweltschützern sträuben sich hier die Haare. Allerdings gibt es in Moa das einzige größere Hotel entlang dieser Strecke, weshalb die Stadt gerne als Übernachtungsstation genutzt wird.

Übernachten

Geeignet als Übernachtungsstopp ▶ **Miraflores:** Ave. de la Amistad, Reparto Miraflores, Tel. 024 60 61 03, Fax 024 60 63 32. Ein hässlicher Betonklotz, aber mit Hallenbad und freundlichem Service. 139 Zi., EZ 20 CUC, DZ 30 CUC inkl. Frühstück.

Parque Nacional Alejandro de Humboldt ▶ T/U 7

Auch die trockene Gegend hinter Moa kann keinen Schönheitspreis gewinnen. Erst nach weiteren rund 30 km taucht man plötzlich ein in üppiges Grün und dichte Palmenhaine. Diese zauberhafte und unerwartete Landschaftsveränderung wird mit einer massiven Verschlechterung der Straße bezahlt, lohnt die Mühen aber allemal.

Wenig später kommt linker Hand das Besucherzentrum des **Parque Nacional Alejandro de Humboldt** in Sicht, seit 2001 auf der Liste des UNESCO-Welterbes. Der riesige Nationalpark umfasst insgesamt 700 km^2, wovon 20 641 ha für Besucher erschlossen sind. Je nach Ausdauer kann man in Begleitung eines Führers verschiedene Wege begehen (2–5 Std., s. S. 370) und bekommt dabei eine Fülle an Informationen über Flora und Fauna. Der Park beheimatet 928 Pflanzenarten, die nur in Cuba vorkommen, 366 davon allein in dieser Region. Außerdem ist er einer der letzten Zufluchtsorte für einige von Cubas meistbedrohten Tierarten, darunter der nachtaktive Cubanische Schlitzrüssler *(almiqui)*, eines der wenigen Säugetiere mit giftigem Speichel. Auf eine gemütlichere Art lässt sich der Park auf einer der Bootstouren durch die von Mangroven umgebene **Bahía de Taco** kennenlernen – zwischen Oktober und Dezember zeigt sich vielleicht eines der äußerst seltenen Manatís (Seekühe), die in der warmen Bucht ihr Winterquartier ›aufschlagen‹ (tgl. 7.30–17 Uhr, geführte Wanderungen bis 15 Uhr, 10 CUC inkl. Wanderung, Bootstour 5 CUC extra).

Die miserable Piste setzt sich fort bis zur **Playa Maguana** (s. unten), von hier sind es noch ca. 22 km auf einer guten Teerstraße bis nach Baracoa.

Tipp: Villa Maguana

22 km westlich von Baracoa erstreckt sich die **Playa Maguana,** ein wilder und umso bezaubernderer weißer Sandstrand mit Palmen. Ein einfaches Restaurant bietet frischen Fisch und Unterkunft die idyllische **Villa Maguana**, eine für cubanische Verhältnisse nahezu exklusive Unterkunft mit nur 16 Zimmern. Zum Hotel gehören ein winziger Privatstrand und ein ebenso winziges Restaurant (Hauptspeisen ab 5 CUC). Dies ist ein wunderbarer Ort für ein romantisches *tête-à-tête,* ungestört von jeglichen Einflüssen der Zivilisation und doch mit allen Annehmlichkeiten (Tel. 021 64 12 04/05, 64 51 06, Fax 021 35 55 18, www.villamaguana.com, www.gaviota-grupo.com, EZ ab 57 CUC, DZ ab 73 CUC).

Bayamo und die Provinz Granma

Erst seit 1975 heißt diese Provinz Granma, getauft nach der gleichnamigen Jacht, mit der Fidel Castro und 80 Rebellen im Jahr 1956 südlich von Niquero landeten, um den Guerillakampf zu beginnen. Die Hauptstadt Bayamo hat für Besucher kaum etwas zu bieten, dient jedoch als sehr angenehme Basis für die Erforschung der Sierra Maestra und für Ausflüge an die Küste.

Die geschichtsträchtige Provinz ist stolz darauf, Ausgangsort vieler Rebellionen und zweier Unabhängigkeitskriege gewesen zu sein, und weiß dies auch zu vermarkten. Drei der bedeutendsten Sehenswürdigkeiten sind historischer Natur: La Demajagua (das Gut von Carlos Manuel de Céspedes), der Parque Nacional Desembarco del Granma (wo Fidel und seine Truppe 1956 an Land gingen) sowie die Comandancia de la Plata (Fidel Castros Hauptquartier während der Revolution), mitten in der atemberaubenden Sierra Maestra gelegen, ein fantastisches Reiseziel für Wanderer.

Geschichte

Bayamo ist die zweite Stadt, die Diego Velázquez in Cuba gründete (1514). Auch in dieser Region lebten viele Indianer – ihre Dörfer wurden zerstört und sie selbst versklavt, was zu einer raschen Dezimierung führte. Doch die Indianer wehrten sich. Das Beispiel des unbeugsamen Kaziken **Hatuey,** der nach langer Verfolgung in der Nähe von Yara von den Spaniern auf dem Scheiterhaufen verbrannt worden war, wirkte offensichtlich fort. Schon 1533 rebellierten die ersten Sklaven der Provinz in den Goldminen von Jobabo.

Über Jahrhunderte war der Schmuggel das einträglichste Geschäft der Bayamesos. 1602 versuchten die Kolonialbehörden, den Tabak- und Sklavenschmuggel zu unterbinden: Sie verhafteten acht führende Persönlichkeiten der Stadt und verurteilten sie zum Tod. Das war der Auftakt zur ersten cubanischen Revolte gegen die spanische Krone, denn die gesamte Stadt bewaffnete sich, stürmte das Gefängnis und besetzte die Unterkunft des spanischen Abgesandten, bis dieser kapitulierte und wieder abzog.

Auch die erste überlieferte Geiselnahme fand in Bayamo statt. Der französische Pirat Gilberto Girón hatte den Bischof Fray Juan de las Cabezas y Altamirano im Hafen von Manzanillo gefangen genommen und stellte Lösegeldforderungen an die Honoratioren von Bayamo. Doch statt für die Freilassung ihres Bischofs zu zahlen, überfiel eine Abordnung von kampferprobten Bürgern und Sklaven den Piraten. Dem Negersklaven Salvador Golomón gelang es, Girón im Zweikampf zu töten. Der Kopf des Piraten wurde zur Abschreckung auf dem Hauptplatz von Bayamo ausgestellt und der befreite Bischof kehrte im Triumphzug nach Bayamo zurück. Über dieses Ereignis schrieb der Kanarier Silvestre de Balboa Troya y Quesada sein Epos »Spiegel der Geduld« – das erste literarische Werk, das in Cuba erhalten ist (1608) und eine lebendige Darstellung der Gesellschaft auf der Insel.

Kreolisches Selbstbewusstsein, materieller Wohlstand und die große Entfernung zur Kolonialmetropole Havanna führten dazu, dass in Bayamo eine besonders fortschrittliche und lebendige kulturelle und intellektuelle Atmosphäre entstand. Auch die Freimaurerlogen waren in Bayamo stark vertreten, einer der berühmtesten Freimaurer war der in Europa ausgebildete Grundbesitzer **Carlos Manuel de Céspedes.** Er befreite am 10. Oktober 1868 die Sklaven seines Guts La Demajagua, stellte sich an die Spitze des aus Schwarzen und Weißen zusammengesetzten Heers und rief zusammen mit einigen Verbündeten die erste große Rebellion gegen die spanischen Kolonialherren aus: »Gleichheit und Unabhängigkeit oder der Tod«. Dieses Ereignis wird heute als **Grito de Yara** (›Kampfruf von Yara‹) gefeiert und der 10. Oktober ist Nationalfeiertag.

Mit 147 Männern zog Carlos Manuel de Céspedes auf Bayamo und nahm schon am 20. Oktober die Stadt ein. Bei der Siegesfeier sang man die gerade von dem Patrioten Perucho Figueredo komponierte Hymne La Bayamesa. Sie wurde zur Nationalhymne von Cuba, die beiden letzten, spanienfeindlichen Strophen werden angesichts der heute angestrebten wirtschaftlichen und politischen Verbindungen mit Spanien allerdings nicht mehr gesungen.

Im Januar 1869 rückte die spanische Kolonialarmee bedrohlich auf Bayamo zu, doch die Bayamesos zogen es vor, ihre Stadt niederzubrennen und sie nicht in die Hände der Spanier fallen zu lassen. Seit dieser Tat nennt man Bayamo La Heróica, ›die Heldenhafte‹, was sogar auf dem Ortsschild vermerkt ist. Trotz allen Heldentums ist Bayamo auch eine lebendige, bunte Stadt, deren Straßen viele restaurierte Kolonialhäuser aufweisen.

Bayamo ► Q 8

Cityplan: S. 374

Im Vergleich zu vielen anderen cubanischen Städten macht **Bayamo** (130 000 Einwohner) einen außergewöhnlich aufgeräumten Eindruck und besticht durch seine entspannte Atmosphäre, gut bestückte Geschäfte und einige gute, günstige Restaurants. Dass dabei die klassischen Sehenswürdigkeiten vielleicht

Der Weg nach Bayamo führt über den Fluss Cauto

0
100
20
Av. Francisco Vicente Aguilera
Pedro
Batista
Pío
Rosado
Cisnero
José Martí
Idalberto Tamayo
Hermanos Lotty
Markt
Bahnhof
Línea
Maceo
Parada
Guamá
Cacique
Monumento Perucho Figueredo
Pl. de la Revolución
Monumento Carlos Manuel de Céspedes
Donato
Saco
26 De Julio
Antonio
José
Máximo
Gómez
Mármol
Figueredo
Perucho
Av.
Juan
Clemente
Zenea
Carlos
Manuel de Céspedes
General García
Miguel
Enrique
Capote
General
Lora
Manuel Pedreira
Masó
Museo de Cera
Carretera Central
Manuel del Socorro
Manzanillo, Bartolomé Masó, Parque Nacional Turquino
Gómez
Máximo
Serafín Sánchez
José Martí
Av. Amado Estévez
Av. Amado Estévez
Río Bayamo
A. González
Parque Ñico López
Augusto Márquez
General García
Carretera Central
Av. Jesús Rabí
Busbahnhof
Santiago de Cuba
1
2
3
4
5
6

Bayamo

Sehenswert
1 Museo Casa Natal Carlos Manuel de Céspedes
2 Museo Provincial
3 Plaza del Himno
4 Iglesia del Santísimo Salvador
5 Parque Museo Ñico López

Übernachten
1 Royalton
2 Sierra Maestra
3 Olga Celeiro Rizo
4 Escuela Telégrafo
5 Casa de Ale

Essen & Trinken
1 El Polinesio
2 La Bodega
3 La Casona
4 La Sevillana
5 1513
6 Panadería Doña Neli

Einkaufen
1 Tienda Novoart

Abends & Nachts
1 Casa de la Trova La Bayamesa
2 Piano Bar
3 Casa de la Cultura

etwas zu kurz kommen, fällt eigentlich kaum ins Gewicht.

Rund um die Plaza de la Revolución

Getreu der Geschichte von Bayamo heißt der Hauptplatz **Plaza de la Revolución** (auch **Parque Céspedes**), und er war der erste Platz in Cuba, der so genannt wurde. Natürlich steht hier ein Denkmal für Carlos Manuel de Céspedes und das Geburtshaus des Befreiungshelden, eines der wenigen Gebäude, das beim ›Unabhängigkeitsbrand‹ von 1868 nicht zerstört wurde, beheimatet heute das liebevoll aufgemachte **Museo Casa Natal Carlos Manuel de Céspedes** 1 (Calle Maceo 57, Tel. 023 42 38 64, Di–Sa 10–18, So 10–14 Uhr, 1 CUC).

Gleich daneben liegen das **Museo Provincial** 2 mit einem Abriss der Provinzgeschichte seit Gründung von Bayamo bis zum Unabhängigkeitskrieg (Calle Maceo 55, Tel. 023 42 41 25, Di–Fr 9–17, Sa/So 9–13, 17–21 Uhr, 1 CUC) und das **Hotel Royalton** 1 (s. S. 376), ein besonders prachtvoller Kolonialbau. Im heutigen Gebäude der Poder Popular an der Südseite des Platzes unterzeichnete Céspedes 1869 das Dokument zur Abschaffung der Sklaverei im befreiten Cuba.

Nur ein paar Schritte sind es von hier zur malerischen, kopfsteingepflasterten **Plaza del Himno** 3**,** so benannt nach der dort zelebrierten Nationalhymne. Hier steht Cubas zweitälteste Kirche, die **Iglesia del Santísimo Salvador** 4 aus dem Jahr 1516. Die Kirche selbst wurde vom Feuer 1869 zerstört, doch die kleine **Capilla La Dolorosa** (›Kapelle der Schmerzensreichen Jungfrau‹) von 1733 blieb erhalten. Hauptaltar und Statue der schwarzhäutigen Jungfrau stammen von 1740 (werktags 9–12, 15–17, Sa 9–12 Uhr).

Parque Museo Ñico López 5

Auch im 20. Jh. waren Stadt und Provinz Ausgangspunkt für Rebellionen. Nicht nur in Santiago de Cuba überfielen junge Revolutionäre am 26. Juli 1953 eine Kaserne des Diktators Batista, zeitgleich fand auch in Bayamo ein Angriff statt. Doch ebenso wie in Santiago scheiterte der erste Versuch, die Batista-Diktatur zu stürzen: Die 25 Rebellen wurden größtenteils erschossen und die meisten brutal gefoltert. Ihre Geschichte kann man im **Parque Museo Ñico López** verfolgen, einer ehemaligen Kaserne, in deren Offizierskasino ein Museum über den Aufstand erzählt. Park und Museum wurden nach einem der Männer benannt, Ñico López, der den Angriff überlebte, nach Mexico floh und drei Jahre später mit Fidel Castro, 80 Guerrilleros und der Jacht Granma an der Playa Las Coloradas (s. S. 383) landete (Calle A. González 57, zwischen General García und Serafín Sánchez, Di–Sa 9–12, 13.30–17, So 9–13 Uhr, Eintritt frei).

Infos

Havanatur: an der Westseite der Plaza de la Revolución, Tel. 023 42 76 62, Mo–Fr 8.30–12, 13.30–16.30 Uhr. Hotelreservierungen, Flug-, Zug- und Bustickets, Exkursionen etc.

Oficina de Reservaciones de Campismo: Calle General García 112, zwischen Saco und Figueredo, Tel. 023 42 24 25, Mo–Fr 8–13, 14–17 Uhr.
Ecotur: im Hotel Sierra Maestra, Crta. Central Km 1,5, Tel. 023 42 79 70, 42 48 75. Organisierte Ausflüge in die Umgebung, u. a. zur Comandancia de la Plata (20 CUC), und Besteigungen des Pico Turquino (2 Tage 45 CUC, 3 Tage 65 CUC, jeweils inkl. Führer, Unterkunft und Verpflegung).
Banco Financiero Internacional: Crta. Central Km 1, nahe Busbahnhof.
Cadeca: Calle José A. Saco 109, zwischen General García und Mármol.
Internet: Telepunto, Calle General García 161, zwischen Saco und Figueredo, tgl. 8.30–18.30 Uhr.

Übernachten

Mittendrin im Geschehen ▶ Royalton 1 (Islazúl): Calle Maceo 53, Plaza de la Revolución, Tel. 023 42 22 24, 42 47 92, Fax 023 42 47 92, www.islazul.cu. Neu renoviertes Stadthotel in einem Kolonialbau. Mit umlaufender Veranda, von der aus man das Treiben auf dem Platz beobachten kann, und sehr angenehmer Dachterrasse. 33 Zi., EZ ab 31 CUC, DZ ab 50 CUC inkl. Frühstück.
Sozialistischer Charme ▶ Sierra Maestra 2 (Islazúl): Crta. Central Km 1,5 (Richtung Santiago), Tel. 023 42 49 70, Fax 023 42 79 73, www.islazul.cu. Wenn man ein Zimmer fernab vom dauerbeschallten Pool und der lauten Disco ergattert, lässt es sich hier aushalten. Trotz der guten Infrastruktur (Reiseagentur, Post, kleine Krankenstation, bewachter Parkplatz) ist das Sierra Maestra nicht gerade anheimelnd. 132 Zi., EZ ab 19 CUC, DZ ab 30 CUC inkl. Frühstück.
In Hörweite der Casa de la Trova ▶ Olga Celeiro Rizo 3 (privat): Calle Parada 16 (im 1. Stock), zwischen Martí und Mármol, Tel. 023 42 38 59, yaimara.grm@infomed.sld.cu. 2 Zimmer, die sich ein Bad teilen, aber große Terrasse zum Draußensitzen und Balkon mit Blick auf die Casa de la Trova. 20–25 CUC.
Ein Schnäppchen mit viel Charme ▶ Escuela Telégrafo 4 (staatl.): Calle José A. Saco 108, zwischen General García und Mármol, Tel. 023 42 55 10, reservas@ehtgr.co.cu. Das kleine Kolonialhotel, das gleichzeitig als Hotelfachschule fungiert, wird derzeit renoviert. Gut ausgestattete Zimmer mit Balkon, freundlicher Service, gutes Restaurant. Aktuelle Preise auf Anfrage. 12 Zi., EZ 15 CUC, DZ 20 CUC.
Balkon mit Flussblick ▶ Casa de Ale 5 (privat): Calle Máximo Gómez 16, Tel. 023 42 63 97, saidarosa67@yahoo.es. Einen Katzensprung von der Plaza del Himno entfernt in ruhiger Sackgasse. Sehr kleines Haus, aber zwei nette Zimmer, eines mit Balkon und Flussblick. Gute Parkmöglichkeit. 20 CUC.

Essen & Trinken

Draußen essen ▶ El Polinesio 1 (privat): Calle Parada 125, zwischen Pío Rosado und Cisnero, Tel. 023 42 38 60, tgl. 12–23 Uhr. Trotz des exotischen Namens gibt es hier leckere kreolische Gerichte in großen Portionen, nur die Musikberieselung könnte etwas dezenter sein. Hauptgerichte 4–8 CUC.
Flotter und netter Service ▶ Escuela Telégrafo 4 (staatl.): im gleichnamigen Hotel s. oben, tgl. 12–23 Uhr. Das derzeit beste Restaurant Bayamos, man speist in einem hübsch dekorierten Saal mit Kronleuchtern an der Decke und großen Fenstern zur Straße. Tipp: Huhn mit Käse und Schinken gefüllt. Auch während der Hotelrenovierung geöffnet. Hauptgerichte 2–6 CUC.

Tipp: Günstig speisen

Die Stadt besitzt einige überraschend gute und gepflegte Restaurants, in denen man sehr billig isst und noch in Pesos Cubanos zahlen kann – allen voran das elegante **La Sevillana** 4. Bereits für 15 CUP bekommt man hier gekochtes Huhn, Vorspeisen gibt es schon ab 3 CUP. Gästen in Sportkleidung oder -sandalen wird der Zutritt übrigens verwehrt (Calle General García, zwischen Lora und Figueredo, Tel. 023 42 14 72, Mi–Mo 12–14, 18–22 Uhr, unbedingt reservieren).

Terrasse zum Fluss ▶ **La Bodega** 2: Plaza del Himno 34, Tel. 023 42 10 11, tgl. 12–21 Uhr. Umfangreiche Speisekarte und prächtiger Blick auf den Río Bayamo. Hauptgerichte ab 2,50 CUC.
Rustikal ▶ **La Casona** 3 (staatl.): Plaza del Himno, tgl. 12–16, 18–24 Uhr. Hier werden billige Pizzas (5–20 CUP) und weiche Spaghetti (6–21 CUP) aufgetischt.
Gute kreolische Küche ▶ **1513** 5 (staatl.): Calle General García, Ecke Lora, Tel. 023 42 29 39, tgl. 12–14, 18.30–22 Uhr. Kreolische Gerichte zu Schleuderpreisen. Besonders gut: der traditionelle *congrí*-Reis und das geräucherte Hühnchen. Hauptspeisen um 10 CUP.
Snacks vom Bäcker ▶ **Panadería Doña Neli** 6: Calle Capote, Ecke Figueredo, tgl. 8–23 Uhr. Knuspriges Brot und leckere Kuchen.

Einkaufen

Die meisten Geschäfte liegen in der Fußgängerzone **Calle General García,** Bayamos todschicker Flaniermeile.
Souvenirs aller Art ▶ **Tienda Novoart** 1: Calle General García 171, zwischen Figueredo und Lora, Mo–Fr 9–17, Sa 10–14 Uhr. Kunstgewerbe und Schmuck. **Artex:** in der Casa de la Trova 1 (s. unten), tgl. 9–17 Uhr. Viele CDs, T-Shirts und andere Mitbringsel.

Abends & Nachts

Disco ▶ **Bayamo en Coche:** im Hotel Sierra Maestra 2, Do–So 10–2 Uhr, Eintritt Do/Fr 3 CUC inkl. 2 CUC Verzehr, Sa/So 5 CUC inkl. 4 CUC Verzehr. Beliebter Treffpunkt von Einheimischen.
Gut für einen Drink ▶ **La Bodega** 2: s. oben, Di–So 10–1 Uhr. Ab 21 Uhr Eintritt 3 CUC inkl. 2 CUC Verzehr.
Live-Musik ▶ **Casa de la Trova La Bayamesa** 1: Calle Maceo, Ecke Martí, Tel. 023 42 56 73, Di–So 9–17, 21–2 Uhr, abends Eintritt 1 CUC. Auch in Bayamo singen die Troubadoure … **Piano Bar** 2: Calle General García, zwischen Lora und Masó, Tel. 023 42 40 27, Di–So 14–2 Uhr, Eintritt frei. Ab 22 Uhr tritt hier immer ein Musiker oder eine Band auf.
Kulturhaus ▶ **Casa de la Cultura** 3: Calle General García 15, Tel. 023 42 59 17, tgl. 8–23 Uhr. Im Kulturhaus finden unregelmäßig Konzerte, Lesungen und Ausstellungen statt.

Aktiv

Ausflüge ▶ Ein abwechslungsreicher Tagesausflug führt nach Manzanillo und in die Parques Nacionales La Demajagua und Desembarco del Granma (s. S. 381, 382). Wanderfans können sich zum Parque Nacional Turquino aufmachen und dort Fidel Castros Hauptquartier während der Revolution (Comandancia de la Plata) besuchen oder den höchsten Berg Cubas erklimmen (s. S. 380).

Verkehr

Flüge: Aeropuerto Carlos Manuel de Céspedes, ca. 8 km nordöstl., Tel. 023 42 75 14, 42 36 95. Cubana, Calle Martí, Ecke Parada, Tel. 023 42 75 14, Di und Do 14–16 Uhr. Cubana-Flüge 2 x wöchentl. von und nach Havanna.
Züge: Estación de Ferrocarril, Calle Línea, zwischen José A. Saco und Parada, Tel. 023 42 30 12. Tgl. nach Manzanillo und Santiago, alle 2 Tage nach Camagüey und Havanna.
Busse: Terminal de Ómnibus, Crta. Central, Ecke Jesús Rabí, 1 km südl. vom Zentrum, Tel. 023 42 40 36. Víazul-Busse 5 x tgl. nach Santiago de Cuba und Holguín und 3 x tgl. nach Havanna.
Mietwagen: Havanautos und Cubacar, im Hotel Sierra Maestra, Tel. 023 48 29 90.
Taxis: Cubataxi, Tel. 023 42 43 13. Eine Fahrt zum Flughafen Bayamo kostet ca. 3 CUC, zum Flughafen Holguín ca. 17 CUC.
Transport vor Ort: Am besten bewegt man sich in der Stadt mit **Pferdekutschen** vorwärts. Man hält sie einfach an oder steigt an der Hauptroute (zwischen Bahnhof und Krankenhaus) ein. Auch zum Flughafen kann man per Kutsche fahren (ab Bahnhof 2 CUC).

12 Parque Nacional Turquino ▶ P/Q 8

Zwischen Bayamo und der Südküste liegt in der Sierra Maestra der 23 200 ha große **Parque Nacional Turquino** mit Cubas höchstem Berg, dem 1974 m hohen **Pico Turquino.** Der

Ausflug in den Nationalpark lohnt sich für Naturliebhaber und historisch Interessierte gleichermaßen, denn die dschungelbewachsenen Berge sind ebenso spektakulär wie ein Besuch in der Comandancia de la Plata, dem Hauptquartier Fidel Castros während der Revolutionskämpfe.

Von Bayamo aus fährt man in den rund 50 km südwestlich gelegenen Ort **Bartolomé Masó.** Dort folgt man den Schildern nach Santo Domingo und gelangt über steile Serpentinen ins Gebirge. Der gepflegte Campismo La Sierrita und die Villa Santo Domingo (s. S. 379) sind ideale Ausgangspunkte für Touren durch den Nationalpark, den man auf herrlichen Wanderwegen durchstreifen kann. Obligatorisch ist die Begleitung eines Führers, den die Parkverwaltung in **Santo Domingo** organisiert.

Comandancia de la Plata

Über Cubas steilste Straße erreicht man von der Schranke in Santo Domingo nach knapp 5 km den Aussichtspunkt **Alto del Naranjo** (950 m), nach weiteren 3 km zu Fuß über Dschungelpfade steht man vor der **Comandancia de la Plata** (1200 m). Hier hatte Fidel Castro nach der verunglückten Landung der Granma im Dezember 1956 mit einer Handvoll Rebellen sein Hauptquartier aufgeschlagen und hier interviewte ihn Herbert Matthews von der New York Times.

Für diese Tour sollten hin und zurück 3,5 bis 4,5 Stunden eingeplant werden. Wer kein eigenes Auto zur Verfügung hat und auch die Strecke bis zum Aussichtspunkt per pedes zurücklegt (ca. 1,5–2 Std. einfach), muss bis 8 Uhr vom Parkeingang starten; letztmöglicher Aufbruch von Alto del Naranjo ist um 11 Uhr (20 CUC/Pers., maximale Gruppengröße 20 Pers.).

Durch die Berge ans Meer

Mit viel Zeit im Gepäck und einem Jeep als fahrbarem Untersatz empfiehlt sich die landschaftlich sehr reizvolle Strecke von Barto-

Dschungelbewachsene Berge gaben in der Sierra Maestra ein hervorragendes Versteck für die Rebellen um Fidel Castro ab

lomé Masó über **Las Mercedes** nach **Marea del Portillo** (s. S. 384) an der Südküste. Bis San Lorenzo ist die Straße geteert, danach geht es auf einer teils haarsträubenden Piste mit heftigen Anstiegen mitten durch die Bergwelt der Sierra Maestra bis ans türkisfarbene Meer. Die Strecke sollte nur in der Trockenzeit befahren werden, da auch einige Flussbetten zu queren sind.

Übernachten

Bungalows am Fluss ▶ **Villa Santo Domingo** (Islazúl): Santo Domingo, Tel. 023 56 55 68, www.islazul.cu. Auf einem knapp bemessenen und etwas düsteren Gelände stehen 20 Bungalows, die eigentlich nur durch ihre Nähe zum Parkeingang bestechen. Mit Restaurant. EZ ab 29 CUC, DZ ab 34 CUC inkl. Frühstück.

Schöner Bergblick ▶ **Balcón de la Sierra** (Islazúl): Ave. Masó, Bartolomé Masó, Tel. 023 56 55 35, www.islazul.cu. 21 Zimmer mit ac, Bad, TV und Telefon, außerdem Restaurant, Bar und Autoverleih. EZ ab 16 CUC, DZ ab 20 CUC inkl. Frühstück.

Einfach, aber symphatisch ▶ **Campismo La Sierrita:** Crta. Santo Domingo Km 8, Bartolomé Masó, kein Telefon. 27 Cabañas, davon 4 sehr komfortable Exemplare (mit Sitzgruppe und Kühlschrank) für ausländische Touristen. Nettes Restaurant und Bademöglichkeit im Fluss. Reservierung in der Oficina de Reservaciones de Campismo in Bayamo (s. S. 376). Ab 9 CUC p. P.

In den Parque Nacional Desembarco del Granma

Manzanillo ▶ P 8

Über **Yara** (hier begann der Unabhängigkeitskrieg gegen Spanien) gelangt man von Bayamo nach etwa 60 km durch flaches Land in die Küstenstadt **Manzanillo** (110 000 Einwohner), die über mehrere Hügel verteilt am Golfo de Guacanayabo liegt. Zwar kündet der Konzertpavillon Glorieta auf dem Parque Céspedes noch von besseren Zeiten, doch insgesamt wirkt Manzanillo recht verfallen. Man spürt deutlich, dass selbst für dringendste Reparaturen das Geld fehlt.

In einem der wenigen renovierten Gebäude Manzanillos am zentralen Platz hat das **Museo Histórico Municipal** eine Heimat gefunden, das der Stadtgeschichte und den vergangenen sozialen Kämpfen gewidmet ist. Im hübschen Innenhof finden abends manchmal Veranstaltungen statt (Tel. 023 57 20 53, Di–Fr 9–17, Sa 9–12, 19–22, So 9–13 Uhr, Eintritt frei).

Ausländischen Besuchern zeigt man gern die **Calle Caridad,** eine hübsche Treppenstraße sieben Blocks südwestlich des Parque Céspedes. Einige schmucke Häuschen mit Blumenreliefs erinnern an Celia Sánchez, die im nahen Örtchen Media Luna geboren wurde und in Manzanillo ihre revolutionären Pläne schmiedete. Als Fidel Castro mit der Jacht Granma an der nahen Playa Las Coloradas (s. S. 383) landete, waren sie und ihre Vertrauten die Ersten, die ihm hilfreich zur Seite standen. Der verstorbenen Lebensgefährtin Fidel Castros hat man mit dem **Monumento y Museo Celia Sánchez** am oberen Ende der Straße ein Denkmal gesetzt (Tel. 023 57 43 92, Mo–Fr 8–12, 13–17, Sa 8–12 Uhr, Eintritt frei).

Tipp: Schöner schlafen

Unmittelbar an der pittoresken Treppenstraße Caridad in Manzanillo liegt die **Casa Adrián y Tonia.** In dem geschmackvoll mit vielen modernen Gemälden eingerichteten Haus wird ein gut ausgestattetes Zimmer mit eigener kleiner Küche und eigenem Eingang vermietet, der Clou jedoch ist die fantastische Dachterrasse mit Blick über ganz Manzanillo und das Meer – eine Privatunterkunft der Extraklasse (Calle Mártires de Vietnam 49, Ecke Caridad, Tel. 023 57 30 28, sbertran@golfo.grm.sld.cu, 15–25 CUC.).

Infos

Cadeca: Calle Martí 188, zwischen López und Figueredo.

aktiv unterwegs

Besteigung des Pico Turquino

Tour-Infos

Start: am Parkeingang in Santo Domingo
Länge: ca. 36 km hin und zurück
Dauer: 2 Tage
Schwierigkeitsgrad: anspruchsvolle, körperlich sehr anstrengende Wanderung
Infos: Centro de Flora y Fauna, Santo Domingo, Tel. 023 56 53 49
Organisierte Touren: zu buchen bei Ecotur in Bayamo (s. S. 376)

Für Natur- und Wanderfreaks das Nonplusultra ist die Besteigung des Pico Turquino. Unter gigantischen Baumfarnen und einem noch viel höheren Blätterdach marschiert man wie durch einen Urwald, in dem hier und da bunte Orchideen hervorblitzen. Vom höchsten Punkt Cubas schließlich bietet sich ein majestätischer Blick in alle Richtungen – zumindest wenn der Gipfel nicht, wie sooft, in Nebelschwaden gehüllt ist.

Ab dem Parkeingang beträgt die Strecke ganz nach oben 18 km. Fast alle Gipfelstürmer verbringen eine Nacht auf dem **Campamento Aguada del Joaquín** 8 km hinter Alto del Naranjo (s. S. 378, 3–3,5 Std.), zugleich die einzige Stelle zwischen dem Aussichtspunkt und dem Gipfel, wo man seine Wasservorräte auffüllen kann. Von hier erklimmt man am nächsten Tag den **Pico Turquino** (4–4,5 Std.) und geht dann üblicherweise die gesamte Strecke zum Ausgangspunkt zurück. Alternativ dazu kann man auch auf der anderen Seite des Pico zum Meer absteigen und noch eine Nacht auf dem **Campamento La Majagua** (19 km hinter Alto del Naranjo) verbringen, bevor man sich an die letzten sehr steilen 3 km nach **Las Cuevas** macht (6–7 Std. ab dem Pico).

Die Erlaubnis zur Besteigung des Pico beträgt inklusive Übernachtungen 33 CUC pro Person, der obligatorische Führer kostet zusätzlich 10 CUC pro Tag. Im recht komfortablen Campamento Aguada del Joaquín stehen Betten mit Laken zur Verfügung, auch Essen kann vorbestellt werden (Abendessen ca. 9 CUC, Frühstück 2 CUC). Wer schon vor seiner Anreise einen Guide organisieren will, wendet sich unter der Telefonnummer 023 56 53 49 oder unter ffturquino@enet.cu an Gallego oder Chachi.

Die beste Zeit für eine Besteigung des Pico Turquino sind die trockene(re)n Monate Dezember bis April – auf dem Gipfel kann es zu jeder Jahreszeit regnen oder gar hageln –,

Übernachten

Hässliches Entlein ▶ **Guacanayabo** (Islazúl): Circunvalación Camilo Cienfuegos, Tel. 023 57 40 12, www.islazul.cu. Einige Kilometer südwestlich des Zentrums liegt dieses nüchterne, Ende der 1970er-Jahre gebaute Hotel mit Pool (tagsüber sehr laut, abends noch lautere Disco). 112 Zi., EZ ab 15 CUC, DZ ab 20 CUC inkl. Frühstück.

Essen & Trinken

Sehr gute Fischgerichte ▶ **La Roca** (privat): Calle Mártires de Vietnam 68, Tel. 023 57 30 28, tgl. 12–24 Uhr. Nicht sehr schön zum Sitzen, aber ausgezeichnetes Essen in großen Portionen. Hauptgerichte 4–8 CUC.

Weniger Schein als Sein ▶ **Las Américas** (staatl.): Calle Maceo, Ecke Martí, am Parque Céspedes, Tel. 023 57 30 43, tgl. 12–14.30, 18–22 Uhr. Trotz seines nicht gerade anheimelnden Äußeren dürfte das Las Américas das einzige annähernd vernünftige Restaurant der Stadt sein. Spezialität: dünne Steaks und Meeresfrüchte. Hauptgerichte ab 13 CUP.

Abends & Nachts

In Form eines Schiffs ▶ **Complejo Cultural Costa Azul:** Ave. 1ra de Mayo, zwischen Agui-

wobei selbst dann die Temperaturen plötzlich auf bis zu 10 °C fallen können. Eine entsprechende Ausrüstung, d. h. feste, schlammerprobte Schuhe, ein warmer Fleece und gute Regenbekleidung, wird daher im eigenen Interesse vorausgesetzt.

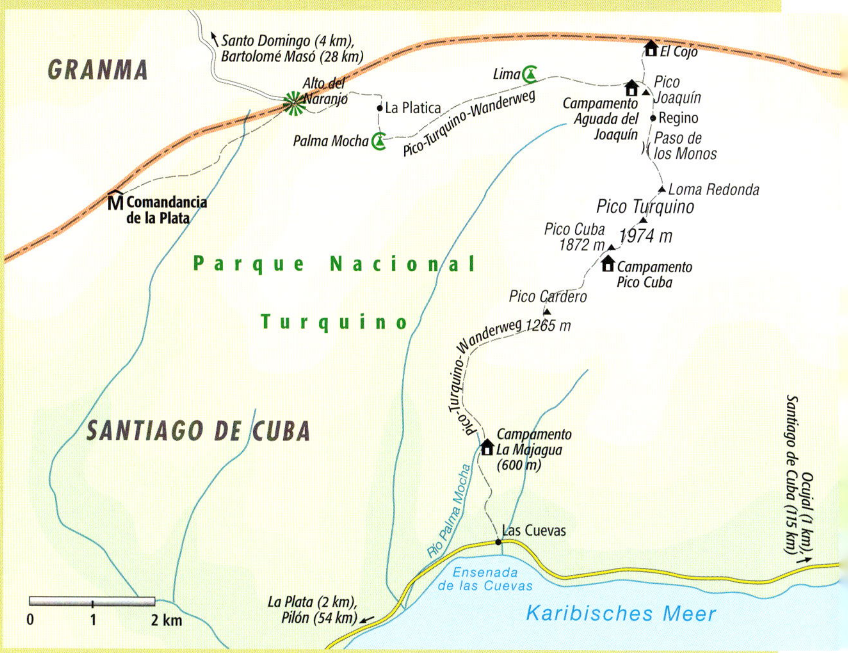

lera und Narciso López, Tel. 023 57 31 58, tgl. ab 10 Uhr. Kulturzentrum mit Fischrestaurant, Cabaret und Nachtclub.
Live-Musik ▶ **Casa de la Trova Carlos Puebla:** Calle Masó, Ecke Merchán.

Verkehr

Flüge: Aeropuerto Sierra Maestra, Crta. a Cayo Espino Km 7, Tel. 023 57 74 01.
Züge: Terminal de Trenes, am nördlichen Ende der Ave. Marchán, Tel. 023 57 75 12. 2 x tgl. über Yara nach Bayamo (2 CUC).
Busse: Terminal de Ómnibus, Carretera a Bayamo Km 2, Tel. 023 57 47 20. Keine Verbindungen mit Víazul. Astro-Busse (die offiziell keine Ausländer mitnehmen) 4 x tgl. nach Bayamo sowie tgl. nach Pilón und Havanna.
Mietwagen: Havanautos, neben der Tankstelle Servi-Cupet an der Circunvalación Camilo Cienfuegos, Tel. 023 57 20 56. Cubacar, im Hotel Guacanayabo, Tel. 023 57 77 37.
Taxis: Cubataxi, Tel. 023 57 77 37.

Parque Nacional La Demajagua

▶ P 8

Gut 10 km südlich von Manzanillo Richtung Media Luna wurde das Gelände der ehemaligen Zuckermühle und des Guts von Carlos

Einfach und sehr rustikal – in einem *bohío* in der Sierra Maestra

Manuel de Céspedes zum **Parque Nacional La Demajagua** ernannt. Eine Woche, nachdem Céspedes am Morgen des 10. Oktober 1868 seine Sklaven freigelassen und zum Krieg gegen die spanischen Kolonialherren aufgerufen hatte, zerstörten deren Soldaten die Plantage. 1969 baute man an dieser Stelle ein Museum, in dem Gegenstände vom Gut und Erinnerungsstücke an Céspedes verwahrt sind. Draußen wacht ein großer steinerner Kaiman, in dessen Auge die berühmte Glocke angebracht ist, mit der der Unabhängigkeitskrieg eingeläutet wurde, über die Freiheit (Mo–Sa 8–17, So 8–12 Uhr, 1 CUC).

Parque Nacional Desembarco del Granma ▶O 9

Wer weiter auf den Spuren der cubanischen Rebellionen reisen möchte, fährt über **Media Luna** und Niquero in das noch rund 60 km entfernte Örtchen **Las Coloradas** und befindet sich fast schon dort, wo die Revolution von 1959 begann. Am 2. Dezember 1956 landeten, übers Meer aus dem mexikanischen Exil kommend, an der Playa Las Coloradas Fidel Castro, Che Guevara und 80 Rebellen mit der Jacht Granma – so zumindest heißt es in der offiziellen Geschichtsschreibung. Tatsächlich strandete die ›Großmutter‹ mehr,

als dass sie landete, denn das Schiffchen war hoffnungslos überladen, keiner der Passagiere hatte seemännische Kenntnisse und zu allem Überfluss warteten ein Sturm sowie die Luftwaffe Batistas auf die Rebellen. Heute gehört diese historische Gegend zum **Parque Nacional Desembarco del Granma,** der knapp 28 000 ha unberührtes Waldland an der Südspitze Cubas umfasst und 1999 in die Liste des UNESCO-Welterbes aufgenommen wurde.

Kurz hinter dem Parkeingang beginnt der Weg zur **Playa Las Coloradas** mit dem **Monumento Portada de la Libertad,** einem kleinen Museum und einer Kopie der Jacht (das Original steht neben dem Museo de la Revolución in Havanna, s. S. 181). Der betonierte Steg, der vom Museum durch die Mangrovensümpfe ins Meer führt, wurde selbstverständlich nachträglich gebaut. Man kann sich lebhaft vorstellen, in welch ausweglos scheinender Situation die Rebellen waren – tagelang irrten sie in den Sümpfen umher, bis sie wieder festen Boden unter den Füßen hatten. Die meisten von ihnen überlebten die Landung nicht (tgl. 8–18 Uhr, Eintritt Nationalpark und Museum 5 CUC).

Ein schmales Sträßchen führt weiter ins 10 km südlich gelegene **Cabo Cruz.** Kurz vor dem sehr idyllischen Fischerdörfchen kann man dem Wegweiser **Sendero Arqueológico Natural El Guafe** folgen, einem ca. 2 km langen Lehrpfad, der durch ein Karstgebiet führt. Über 20 Höhlen sind über die Jahrtausende nach und nach von einem unterirdischen Fluss ausgewaschen worden. Die hier lebenden Indianer haben in einer davon aus Stalagmiten den berühmten Wassergott gemeißelt. Auf der etwa 1,5-stündigen Rundwanderung bekommt man außerdem unzählige Schmetterlinge und Vogelarten sowie über 400 Jahre alte Riesenkakteen, Orchideen und andere Pflanzen zu sehen, viele davon endemisch. Führer werden am Parkeingang oder auf dem Campismo Las Coloradas (s. S. 384) vermittelt.

Da die Straße von Cabo Cruz nicht weiter nach Osten führt, muss man zurück nach Niquero und dort Richtung Pilón fahren, wenn man über die Küstenstraße zu Füßen der Sierra Maestra Santiago de Cuba erreichen will – eine landschaftlich atemberaubende Strecke, die jedes Schlagloch wert ist (s. S. 384).

Auf dem Rückweg lohnt ein Stopp in dem angenehm verträumten Städtchen **Niquero.** Man kann dem **Museo Municipal** einen Besuch abstatten, in dem indianische Exponate aus der Umgebung zusammengetragen sind (Di–So 9–17 Uhr, 1 CUC), und sich danach mit einem der himmlischen Früchteshakes erfrischen, die an Ständen vor dem Busbahnhof verkauft werden.

Übernachten

Hotel in angenehmem Ort ▶ Niquero (Islazúl): Calle Martí, Niquero, Tel. 023 59 23 67, www.islazul.cu. Schlichte, aber freundliche Unterkunft im Zentrum. 26 Zi., EZ 15 CUC, DZ 24 CUC inkl. Frühstück.

Bungalowanlage am Strand ▶ Campismo Las Coloradas: Crta. de Niquero Km 17, Tel. 023 57 82 56. 28 Bungalows für 4–6 Pers., vermietet offiziell auch an ausländische Touristen. Mit schmalem Strand, Restaurant und Bar. In Ferienzeiten und an Wochenenden unbedingt rechtzeitig reservieren über die Oficina de Campismo in Bayamo (s. S. 376). Ab 6 CUC p. P.

13 Küstenstraße nach Santiago de Cuba

▶ O–R 8/9

Zwischen den Örtchen Niquero und Media Luna zweigt die Küstenstraße ins gut 200 km entfernte Santiago de Cuba ab. Das schmale Asphaltband schlängelt sich zwischen der hoch aufragenden Sierra Maestra auf der einen und dem tiefblauen karibischen Meer auf der anderen Seite dahin und eröffnet immer wieder spektakuläre Ausblicke. In ganz Cuba gibt es keine zweite so schöne Panoramastraße, und auch wenn der Teerbelag häufiger, als einem lieb ist, in Schotter wechselt, sollte man sich diese Strecke auf keinen Fall entgehen lassen.

Malerisch zwischen den Bergen und der See liegt der ruhige Badeort **Marea del Portillo** (ca. 500 Einwohner), der in erster Linie durch seinen schwarzen Sandstrand und seine idyllische Lage besticht: Man wohnt in direkter Nachbarschaft mit Cubas höchstem Berg, dem Pico Turquino. Für einen reinen Badeurlaub gibt es schönere Strände und Hotels in Cuba, dafür sind die Unterkünfte recht günstig, die vor allem von Senioren und Familien mit Kindern gebucht werden.

Erneut auf den Spuren der Revolution wandelt man im 35 km östlich gelegenen **La Plata** und in **Uvero** 70 km östlich. In La Plata (nicht zu verwechseln mit der Comandancia de la Plata) gewannen Fidel Castros Rebellen das erste Gefecht – dargestellt im Museo de la Plata – und in Uvero überwältigten sie am 28. Mai 1957 ein Militärlager sowie die beiden roten Lastwagen am Straßenrand. Eine palmengesäumte Straße führt zum Denkmal, mit dem an dieses Ereignis erinnert wird.

Das zweite und letzte Ferienresort an diesem Küstenabschnitt befindet sich in **Chivirico,** wo zwei All-inclusive-Hotels auf Gäste warten. Doch auch außerhalb dieser Zentren passiert man immer wieder kleine, einsame Buchten mit manchmal weißen Sandstränden, die zu einem Sprung ins kühle Nass verlocken.

Übernachten

... in Marea del Portillo:

Schöne All-inclusive-Anlage ▶ Farallón del Caribe (Cubanacán): Crta. Granma Km 12,5, Tel. 023 59 70 80–83, Fax 023 59 70 80, www.cubanacan.cu. Fantastisch auf einem Hügel gelegenes Resorthotel mit Pool, zahlreichen Wassersportangeboten und vielen organisierten Ausflügen, u. a. per Boot zum weißsandigen Cayo Blanco oder per Pferd in die Sierra Maestra. Nur in der Hochsaison (ab Nov.) geöffnet. 140 Zi., EZ ab 65 CUC, DZ ab 90 CUC all inclusive.

An einem schwarzen Strand ▶ Marea del Portillo (Cubanacán): daneben, Tel. 023 59 70 81–83, Fax 023 59 70 80, www.cubanacan.cu. Ebenfalls nur in der Hochsaison geöffnet ist diese zum Farallón del Caribe gehörende, etwas ältere Hotelanlage. Mit Autoverleih. 130 Zi., EZ ab 55 CUC, DZ ab 80 CUC all inclusive.

Im Motelstil ▶ Villa Punta Piedra (Cubanacán): zwischen Pilón und Marea del Portillo, Tel. 023 59 70 62, www.cubanacan.cu. Kleines, freundliches Hotel mit geräumigen, sauberen Zimmern, Restaurant, Pool und Privatstrand. 13 Zi., EZ ab 24 CUC, DZ ab 31 CUC inkl. Frühstück.

... in La Mula:

Rustikale Cabañas ▶ Campismo La Mula: Crta. Granma Km 120, ca. 125 km vor Santiago, Tel. 022 32 62 62. 41 Cabañas an der Mündung des Río La Mula ins Meer, davon

14 für ausländische Touristen. Reservierung direkt oder in der Oficina de Reservaciones de Campismo in Santiago de Cuba (s. S. 399). Ab 6 CUC/Pers.

... in Chivirico:

In toller Lage ▶ **Brisas Sierra Mar** (Cubanacán): Playa Sevilla, Tel. 022 32 91 10, Fax 022 32 91 16, www.cubanacan.cu. Typische All-inclusive-Anlage mit Tauchzentrum. Tagesgäste können für 35 CUC pro Person und Tag alle Einrichtungen benutzen. 200 Zi., EZ 96 CUC, DZ 120 CUC.

Nur für Erwachsene ▶ **Brisas Los Galeones** (Cubanacán): Playa Chivirico, Tel. 022 32 61 60, www.cubanacan.cu. Kleine Hotelanlage mit fantastischer Aussicht übers Meer und die Berge. Gäste unter 16 Jahren haben keinen Zutritt. 34 Zi., EZ ab 75 CUC, DZ ab 100 CUC all inclusive.

Auf einem Hügel über dem Meer ▶ **Guamá:** ca. 5 km östl. von Chivirico, Tel. 022 32 61 24/25. Äußerst schlichte, motelähnliche Unterkunft. DZ 15 CUC.

... in Caletón Blanco:

Strandtrubel ▶ **Campismo Caletón Blanco:** Crta. Caletón Blanco, knapp 30 km vor Santiago, Tel. 022 32 61 26. Für internationalen Tourismus zugelassener Campismo mit 22 komfortablen Cabañas am Meer. Reservierung über die Oficina de Reservaciones de Campismo in Santiago (s. S. 399). Ab 9 CUC/Pers.

Essen & Trinken

In den Hotels sowie in kleinen Imbissen und Restaurants entlang der Strecke.

Aktiv

Reiten ▶ In vielen Orten kann man für rund 5 CUC/Std. Pferde mieten und damit die Umgebung erkunden.

Tauchen ▶ **Centro de Buceo Albacora:** neben dem Club Amigo in Marea del Portillo, Tel. 023 59 71 39. Eine weitere Tauchbasis befindet sich im Hotel **Brisas Sierra Mar** in Chivirico, Tel. 022 32 91 10, ext. 979. Entlang der Küste liegen mehrere Wracks, außerdem eindrucksvolle Korallenriffe und Unterwasserhöhlen.

Achtung: Straßenschäden

Die letzten Hurrikane in Cuba haben die Küstenstraße zwischen Marea del Portillo und Santiago schwer in Mitleidenschaft gezogen: Felsbrocken auf der Fahrbahn und vom Meer weggespülte Straßenabschnitte zwingen zu teils akrobatischer Fahrweise, außerdem sind ein paar Flussbetten zu queren, da manche Brücken nicht mehr befahrbar sind. In Trockenzeiten kann man die Straße zwar auch mit einem normalen Pkw bewältigen, aber man sollte für die Befahrung Zeit und Geduld mitbringen. Wer Nerven sparen will, macht sich mit einem Jeep auf den Weg.

Wandern ▶ Marea del Portillo ist ein idealer Ausgangspunkt für Touren in der Sierra Maestra, v. a. in den Parque Nacional Turquino (s. S. 377).

Verkehr

Relativ verlässliche **Busverbindungen** gibt es nur zwischen Chivirico und Santiago. Zwischen Manzanillo, Pilón, Marea del Portillo und Chivirico verkehren unregelmäßig einige wenige öffentliche Busse. Die meisten Einheimischen sind mit Lastwagen unterwegs, die jedoch nur selten Touristen mitnehmen. Wer ein enges Zeitbudget hat, sollte sich für diese Strecke unbedingt einen **Mietwagen** nehmen, z. B. im Hotel Marea del Portillo, Tel. 023 59 70 05 (s. Kasten oben).

Von Bayamo nach Santiago de Cuba ▶ Q/R 8

Auch die Strecke zwischen Bayamo und Santiago auf der Carretera Central (127 km) ist außerordentlich reizvoll. Die Straße schlängelt sich über grüne Berghänge und durch Täler mit Königspalmen, durch Kaffeeplantagen und an palmstrohgedeckten Hütten vorbei.

Ein erster Abstecher lohnt sich gut 35 km hinter Bayamo in **Baire,** wo eine Straße gen Süden nach **Filé** und zur **Villa El Saltón** (s. S.

387) abgeht. Das lauschige Hotel liegt in den Ausläufern der Sierra Maestra bei einem Wasserfall, dessen Pool wie geschaffen für einen erholsamen Badetag ist. An der Poolbar gibt's kühle Drinks und die tischflachen Felsen geben eine prima Sonnenbank ab. Aktivere Naturen können die herrliche Landschaft auch auf geführten Wanderungen oder Ausritten erkunden.

Die Weiterfahrt von hier Richtung Santiago auf der kleinen Landstraße über **Las Minas** und **Dos Palmas** kann nur unerschütterlichen Autofahrern empfohlen werden, zur Regenzeit ist die miserable Piste überhaupt nicht passierbar. Besser fährt man zur Carretera Central zurück und dort weiter nach **Contramaestre** und **Palma Soriano.**

Bei **Melgarejo,** knapp 30 km hinter Palma Soriano, sollte man erneut die Hauptstraße verlassen und die **Basílica de Nuestra Señora del Cobre** besuchen. Man kann die Abzweigung gar nicht verpassen, denn schon hier werden am Straßenrand kleine Madonnen, Kerzen, Blumen und Kränze feilgeboten.

Im Valle El Cobre liegt die Kupfermine, der ein Gutteil des ehemaligen Reichtums von Santiago zu verdanken ist. Bis ins 19. Jh. hinein war sie eines der größten Kupferbergwerke der Welt. Auch das dazugehörende Dörfchen heißt nach der Mine (*cobre* = Kupfer). Beherrscht wird das abgelegene Tal jedoch von den großen weißen Türmen der Basilika. Die Kirche vom Ende des 19. Jh. ist der Señora del Cobre gewidmet (›Heilige Jungfrau des Kupfers‹), der Nationalheiligen Cubas.

Vor drei Jahrhunderten sollen drei kleine Jungen an der Nordküste die hölzerne Statue der Schwarzen Jungfrau aus dem Wasser gefischt und nach El Cobre gebracht haben. Damals lebten dort sehr viele Sklaven, von denen die meisten aus Nigeria kamen und dem Volk der Yoruba angehörten. Sie und ihre Nachfahren, die Kreolen, setzten die Virgen del Cobre mit Ochún gleich, der Aphrodite des afrocubanischen Götterhimmels. Der Volkskult, der sich durch die Jahrhunderte um

Das Meer auf der einen, die Sierra Maestra auf der anderen Seite – so verläuft die traumhafte Küstenstraße von Pilón nach Santiago de Cuba

die Virgen del Cobre entwickelte, basiert auf dem afrikanischen Charakter der Göttin bzw. der wundertätigen Heiligen (s. S. 64).

Ernest Hemingway stiftete der Virgen del Cobre seine Nobelpreismedaille. Jahrzehntelang wurde sie zusammen mit unzähligen Votivgaben in der kleinen Kapelle der Basilika ausgestellt. Nachdem die Medaille gestohlen (und wiedergebracht!) wurde, bewahrt man sie nun an einem sicheren Ort auf. Die anderen Votivgaben sind aber auch sehr interessant: Da stiftet die Mutter eines gewissen Fidel Castro eine Plakette, damit die Jungfrau ihren Sohn in der Guerilla beschütze, und Bauern aus der Umgebung bringen Geschenke und Votivtafeln, oft auch nur Zettel, auf denen sie die Jungfrau darum bitten, die Rebellen siegen zu lassen – als Jahreszahlen sind 1868, 1895 oder 1957 vermerkt. Wahre Pilgerscharen ziehen am 8. September, dem Día de la Virgen del Cobre, und am 25. Dezember zur Kirche (tgl. 6–18 Uhr, Messen Mo, Di, Do–So 8, So auch 16 Uhr).

Einen Ausflug zur Basilika von El Cobre kann man auch von Santiago de Cuba aus unternehmen. Vom dortigen Busbahnhof Intermunicipal in der Avenida de los Libertadores, Ecke Calle 4, fahren täglich mindestens zwei Busse nach El Cobre. Alle Reiseagenturen in Santiago bieten organisierte Ausflüge zur Basilika an.

Übernachten

Für Ruhesuchende ▶ Villa El Saltón (Cubanacán): ca. 3 km südlich von Filé, Tel. 022 56 63 26, Fax 022 564 92, www.cubanacan.cu. 22 Zimmer mit Balkon, Kühlschrank und TV, verteilt auf vier Gebäude. Rancho-Restaurant, Bar, Sauna, Massage, geführte Spaziergänge zum Wasserfall (2 CUC/Std.). EZ ab 43 CUC, DZ ab 68 CUC inkl. Frühstück.

Pilgerherberge ▶ Hospedaria El Cobre: neben der Basilika in El Cobre, Tel. 022 34 62 46. Extrem einfaches Gästehaus, auch billige Mahlzeiten, Alkoholverbot. EZ 25 CUP, DZ 40 CUP, im Schlafsaal 10 CUP p. P.

Santiago de Cuba und Umgebung

Malerisch räkelt sich die heimliche Hauptstadt Santiago de Cuba zwischen den grünen Ausläufern der Sierra Maestra und dem kobaltblauen karibischen Meer. Eine Stadt voller Charme und Musik – man denke nur an die legendären Musiker aus der Casa de la Trova und an den rauschenden Straßenkarneval im Juli, der ganz Santiago in den Ausnahmezustand versetzt.

14 Santiago de Cuba

► R/S 8

Cityplan: S. 394

Wenn **Santiago** (knapp 500 000 Einwohner) heute die heimliche Hauptstadt Cubas genannt wird, hat das auch historische Gründe. Denn abgesehen davon, dass Santiago die unumstrittene Hauptstadt der Rebellion und der Musik ist, war sie ein Vierteljahrhundert lang – von 1524 bis 1549 – auch die politische Hauptstadt des Landes.

Geschichte

Gegründet wurde die Stadt 1514. 1524 verlegte Gouverneur Diego Velázquez seinen Sitz von Baracoa nach Santiago, damals eine kleine Siedlung mit einem idealen natürlichen Hafen. Die Idylle trog allerdings, denn die Siedlung war heiß, feucht und stickig. Die Sümpfe zwischen den Hügeln bewirkten Mückenplagen und Gelbfieberepidemien, frische Winde werden von den Bergen der Sierra Maestra abgehalten und immer wieder drohten Erdbeben die allmählich wachsende Stadt zu zerstören. Die Hoffnungen der Spanier, in den Bergen auf reiche Goldvorkommen zu stoßen, erfüllten sich nicht. Dafür entdeckten sie westlich der Stadt Kupferminen, die möglicherweise schon von den Indianern genutzt worden waren. Um die Minen systematisch auszubeuten, importierte man immer mehr Sklaven.

Schnell avancierte Santiago zum wichtigsten Zentrum des Sklavenhandels in Cuba, von hier aus wurden die Afrikaner in alle anderen Teile Cubas und der Neuen Welt weitertransportiert. Doch nicht nur für den Sklavenhandel bedeutete Santiago eine wichtige Drehscheibe. Die spanischen Konquistadoren Diego Velázquez, Hernán Cortés (der erste Bürgermeister Santiagos) und Francisco Pizarro starteten von hier aus ihre Eroberungsfahrten nach Mexiko.

Zwar musste die Stadt 1549 ihre Stellung als Hauptstadt an Havanna abtreten, doch wegen der außerordentlich ergiebigen Kupfermine und dem florierenden Sklavenhandel versank Santiago nicht in Bedeutungslosigkeit, obwohl die Stadt unter den zahlreichen Attacken französischer, englischer, niederländischer, deutscher und spanischer Freibeuter und Piraten erheblich zu leiden hatte. Doch die Santiagueros waren schlau genug, sich ihre Scheibe vom großen Schmuggelkuchen abzuschneiden. Sie galten selbst in der ganzen Karibik als gewitzte Korsaren und wurden deshalb auch von der spanischen Krone besonders geschätzt. Erst 1640 versuchte die Stadtverwaltung Santiagos, die Stadt mit einer imposanten Festung vor Piraten und anderen Mächten zu schützen, und ließ auf einem hohen Felsen an der Hafeneinfahrt El Morro bauen – von demselben Architekten, Bautista Antonelli, der auch schon das gleichnamige Pendant in Havanna entworfen hatte. 1662 erfolgte der lange erwartete Angriff der Engländer, die 1655 die Nachbarinsel Jamaika erobert hatten. El Morro hielt zwar stand, doch die Briten konnten über einen Angriff östlich der Stadt Santiago schließlich einnehmen. Brände und Verwüstungen in der ganzen Stadt waren die Folge. Die Casa del Té, das ›Teehaus‹ am Parque Céspedes, ist eine der angenehmeren Hinterlassenschaften der Engländer in Santiago, die von Mücken und Krankheiten aus der sumpfigen Gegend bald vertrieben wurden.

Gut 100 Jahre später kamen erneut Gäste über das Meer nach Santiago, jedoch nicht mit kriegerischen Absichten. 30 000 französische Pflanzer und ihre Sklaven waren vor der blutigen Revolution in Haiti nach Cuba geflohen, wo die Santiagueros sie freundlich aufnahmen. Die Haitianer brachten Kaffeepflanzen mit und begründeten den Kaffeeanbau in den Tälern der Sierra Maestra. In diesen Jahrzehnten erlebte Santiago eine nie gekannte Blüte. Da die haitianische Konkurrenz weggefallen war, boomte der Zuckerhandel. Hinzu kamen die Gewinne aus dem Kupferbergbau, dem Sklavenhandel und den neuen *cafetales.* Großzügige, aber wegen der Erdbebengefahr nicht allzu große Paläste entstanden, außerdem ein prächtiges Theater und andere reich geschmückte Bauten. Die Franzosen, wie die ehemaligen Bootsflüchtlinge genannt wurden, hatten außer den Kaffeepflanzen auch ihr *savoir vivre* mitgebracht,

Tipp: Vorsicht

Santiago ist nicht gewalttätiger als andere Städte, aber aggressiver. Die Schlepper bleiben wie Kletten an einem kleben und allein reisende Frauen müssen sich auf penetrante Anmache einstellen. Am besten ignoriert man sowohl die *jineteros* wie auch das Gebalze – auf keinen Fall in irgendwelche Diskussionen darüber verstricken lassen.

Auf dem Festival del Caribe wird auch für die Santería-Götter getanzt

Die ›Franzosen‹, die Tumba Francesa und der Karneval

Thema

Im 18. Jh. kamen wieder einmal Fremde über das Meer nach Santiago, diesmal jedoch nicht mit kriegerischen Absichten. Es waren Boatpeople aus Haiti: 30 000 französische Plantagenbesitzer und ihre (freigelassenen) Sklaven waren vor der Revolution nach Cuba geflohen, wo die Santiagueros sie freundlich aufnahmen.

Die Franzosen, wie die Einwanderer genannt wurden, hatten außer den Kaffeepflanzen auch ihr *savoir vivre* mitgebracht, was sich in Kleidung, Küche, Musik, Tänzen und Lebensart niederschlug. Vor allem die Musik der ehemaligen Sklaven, *negros franceses* (›französische Neger‹) genannt, klang in den Ohren der Santiagueros reichlich merkwürdig: Sie schlugen auf große, paukenartige Trommeln, zupften Marimbas, bliesen in Muscheltrompeten und tanzten dazu eine Art französisches Menuett, *à la haïtienne* allerdings: Mit weiß gepuderten Allongeperücken auf dem Kopf tanzten sie den Cocoyé.

Alles, was vor 200 Jahren von der Nachbarinsel kam, wird in Santiago als französisch bezeichnet, so auch die große Trommel *(tumba)* der haitianischen Einwanderer, die *tumba francesa.* Der Einfachheit halber erhielten ihre Vereine gleich denselben Namen. Die Tumbas Francesas ziehen an Feiertagen, am Karneval und beim Festival del Caribe durch die Straßen und präsentieren ihre Tänze – den Masón, den Yuba und den Frente. Dann wird der Platz vor der Kathedrale zum Schauplatz einer Parodie auf den französischen Königshof. In bunten Fantasieuniformen und -kostümen tanzen bis zu hundertköpfige Ensembles tropische Menuette und Kontertänze.

Beim Karneval von Santiago gibt es keine Zuschauer – jeder tanzt, trommelt oder trötet auf der *corneta china,* der ›chinesischen Trompete‹. Auf die Idee, den etwas quäkigen Klang dieses Instruments mit den dumpferen Schlägen der Congas (Congas sind die wichtigsten Instrumente der Festzüge, gleichzeitig heißen die Trommelgruppen sowie der Tanz Conga) zu verbinden, hatten chinesische Kontraktarbeiter die Santiagueros gebracht.

Sechs Conga-Formationen ringen beim Karneval in Santiago um die beste Prämierung. Die kurzen, schnellen Schritte der getanzten Congas entstanden während der Sklavenzeit: Die Sklaven durften an Karneval zwar auf der Straße tanzen, sie mussten jedoch Fußketten tragen, die ihren Tanz auf kurze rhythmische Schritte begrenzte. Die berühmteste der sechs offiziellen Congas aus Santiago heißt Conga Paso Franco. Meist eröffnet diese Formation das Hauptspektakel des Karnevals, den Rumbón Mayor.

Neben den Congas gibt es noch die Comparsas. Jedes Stadtviertel besitzt eine solche Comparsa, eine aus 200 bis 500 Menschen bestehende Karnevalsformation, die jeweils eine bestimmte Choreografie hat. Und jedes Viertel will gewinnen, denn auch die besten Kostüme und die besten Songs der Comparsas werden jedes Jahr vom *jurado* (einer Jury, die in der Avenida Victoriano Garzón das Defilee der Congas und Comparsas abnimmt) preisgekrönt. Alle zusammen toben dann zur Karnevalszeit durch Santiago. Mal geht es schneller, mal langsamer, aber es geht immer vorwärts durch die schmalen Straßen. Unzählige Kilometer legt so eine Comparsa oder Conga an einem Karnevalstag und in der dazugehörigen Nacht zurück.

was sich in Kleidung, Küche, Musik, Tänzen und Lebensart niederschlug.

Mittlerweile lebte es sich auch ein bisschen ruhiger in Santiago, denn zum Morro waren noch fünf weitere Festungsanlagen hinzugekommen. Gefahr drohte der eleganten Lebensart eher von innen als von außen. Immer wieder flackerten Sklavenaufstände auf, und die Erfahrungen auf der Nachbarinsel Haiti waren nicht dazu angetan, die Sklavenhalter zu beruhigen. Mit drakonischen Strafen versuchten sie, auch die kleinste Aufmüpfigkeit der Afrikaner zu unterdrücken.

Doch es gab auch ein liberales Bürgertum in Santiago: Pflanzer und Intellektuelle, die mit den Ideen der Französischen Revolution sympathisierten, forderten die Abschaffung der Sklaverei und die Loslösung von Spanien. Viele von ihnen folgten Carlos Manuel de Céspedes aus Manzanillo und kämpften für die Unabhängigkeit von Spanien. 1872 betrug die Zahl der Aufständischen in der heutigen Provinz Santiago 12 000 Mann, davon 4000 Weiße und 8000 Farbige. Um die Bevölkerung von weiteren Kämpfen abzuhalten, stellten die Spanier 1874 die Leiche des gefallenen Céspedes öffentlich zur Schau.

Auch im zweiten Unabhängigkeitskrieg spielten die Stadt Santiago und die Provinz Oriente eine bedeutende Rolle. José Martí, geistiger Vater des letzten und siegreichen Befreiungskriegs, ist in Santiago begraben. Nachdem die meisten spanischen Truppen um Santiago – und in anderen Gebieten Cubas – geschlagen waren, griffen die USA in den letzten Kriegstagen ein. Im Hafen von Santiago blockierten sie die spanische Marine, die darauf wartete, zurück nach Europa zu kommen. Einige Schiffe wurden versenkt, die Soldaten versuchten, sich an Land zu retten, und der US-Generalstab forderte von den letzten spanischen Militärs, die Kapitulation zu unterzeichnen. Nach einigem Hin und Her geschah dies auch. Am 17. Juli 1898 wurde die spanische Flagge über Santiago eingeholt und nicht die cubanische Fahne, sondern das Sternenbanner aufgezogen – zur Empörung der Santiagueros und der Mambí-Kämpfer.

Tipp: Stadtrundfahrt mit Straßenkreuzer

Am Parque Céspedes, schräg gegenüber der Kathedrale, warten meist ein paar hochglanzpolierte Chevrolets inklusive Chauffeur, um Touristen auf kürzeren oder längeren Spazierfahrten die Stadt und ihre Umgebung zu zeigen. Mehr als 10 CUC pro Stunde bzw. 50 CUC pro Tag sollte man auf keinen Fall bezahlen müssen.

Seine rebellischen Traditionen setzte Santiago im 20. Jh. fort. Bis 1959 war die Stadt Schauplatz zahlreicher bewaffneter Aufstände gegen die verschiedenen Diktaturen und auch die cubanische Revolution nahm mit dem Sturm auf die Moncada-Kaserne 1953 ihren Anfang in Santiago.

In den folgenden Jahren forderte der Kampf gegen die Diktatur in Santiago Tausende von Opfern. Fast jede Familie war auf die eine oder andere Art in die Auseinandersetzungen verwickelt. Die Bauern und die Santiagueros unterstützten mehrheitlich die Guerilla in der Sierra Maestra. Am 1. Januar 1959 schließlich zog die Rebellenarmee als Sieger in Santiago ein und Fidel Castro hielt seine erste öffentliche Rede vom Balkon des Rathauses der Stadt, gefeiert von jubelnden Menschenmengen.

Später wurden mit sowjetischer Hilfe ein Kraftwerk, eine Ölraffinerie und die größte Textilfabrik Lateinamerikas in der Umgebung von Santiago gebaut – zum Glück weit genug entfernt, um den kolonialen Charme der Stadt nicht zu zerstören.

Orientierung

Beinahe alle Sehenswürdigkeiten Santiagos liegen in der zentralen Altstadt zwischen dem Parque Céspedes und der Plaza de Marte. Im Südwesten grenzt der nette Stadtteil El Tivolí an die Innenstadt und etwa 2 km östlich davon liegt das großzügig angelegte Wohnviertel Vista Alegre mit einigen netten Unterkünften und Restaurants.

Parque Céspedes

Seit über 500 Jahren ist der **Parque Céspedes** der Mittelpunkt und das Herz Santiagos, ein außerordentlich beliebter Treffpunkt aller Bürger. Auf den Bänken im Schatten sitzen Menschen mit Einkaufstaschen, alte Männer halten ein Schwätzchen und kauen auf ihren Zigarrenstumpen, und fast meint man, die Rufe der Straßenhändler zu hören, die noch bis in die 1950er-Jahre ihre Waren mit Liedern anpriesen. Doch heute organisieren sich die Santiagueros ihren Lebensunterhalt nur mühsam und meistens ›links herum‹ und auf dem Schwarzmarkt wird nicht gesungen.

Über das Treiben auf dem Platz wacht die mächtige, gelb getünchte **Catedral de Nuestra Señora de la Asunción** 1. Die erste Kirche wurde hier schon im Jahr 1516 errichtet. Sie brannte nieder, wurde etwas größer wieder aufgebaut, ein Erdbeben zerstörte sie, man baute eine größere Kirche und so fort. Die Kathedrale in ihrer jetzigen Form wurde 1922 fertiggestellt, der Grundbau stammt von 1810. Das Hauptportal mündet oberhalb des

Vom Balcón de Velázquez schweift der Blick über den Hafen bis zur Sierra Maestra

Parque Céspedes auf eine große Terrasse, die sozusagen die zweite Etage des Platzes darstellt. Von der Balustrade kann man wie der Trompete spielende steinerne Engel zwischen den Zwillingstürmen das Hin und Her auf dem Platz beobachten (Di–So 9–12, 17–19 Uhr).

Einen weiteren Logenplatz über dem Parque Céspedes bietet schräg gegenüber die Terrasse des wunderschönen kolonialen **Hotels Casa Granda** 2 (s. S. 400), der vermutlich schönstgelegene Ort in Santiago für einen Mittagssnack.

Tipp: Billig essen

Die Restaurants der staatlichen Kette Doña Yulla haben durchweg ein gutes Preis-Leistungs-Verhältnis: z. B. **La Cocinita Doña Yulla** 9, Calle Heredia, Ecke Hartmann, tgl. 11.30–22 Uhr.

Noch günstiger sind die Pizzas und *cajitas* (Essen zum Mitnehmen in Pappboxen), die man an der Ecke Calle General Lacret und Bartolomé Masó bekommt.

Direkt gegenüber der Kathedrale liegt das **Ayuntamiento** 2, von dessen Balkon Fidel Castro am 1. Januar 1959 den Sieg der Revolution verkündete. Es ist eine Nachbildung aus den 1940er-Jahren des früheren Rathauses, das von einem Erdbeben zerstört wurde.

Links vom Rathaus steht das älteste Haus Cubas, die **Casa Diego Velázquez** 3. Das Wohnhaus (1516) des ersten Gouverneurs der Insel ist heute das **Museo de Ambiente Histórico Cubano.** Kostbares Mobiliar aus cubanischen Edelhölzern, wertvolles Geschirr und Gläser sind hier ausgestellt. Interessant ist auch der Goldschmelzofen, in dem ein Teil der geraubten Goldschätze der Azteken eingeschmolzen wurde, bevor man das kostbare Gut nach Spanien brachte (Calle Félix Peña 612, Ecke Aguilera, Mo–Mi, Fr/Sa 9–16, Do 9–13 Uhr, 2 CUC).

Nach dem Gouverneur ist auch der **Balcón de Velázquez** 4 hinter der Kathedrale benannt. Von der Aussichtsterrasse, die über einem spanischen Fort errichtet wurde, genießt man einen herrlichen Blick über das verfallene Hafenviertel und die Bucht mit der Sierra Maestra im Hintergrund (Calle Bartolomé Masó, Ecke Corona, 1 CUC).

Calle Heredia

Die kleine Straße, die neben dem Hotel Casa Granda vom Platz abgeht, ist die **Calle Heredia,** Santiagos Kulturstraße. Hier finden sich mehrere Museen, der Patio von **Artex** 4 (s. S. 403) sowie die berühmte **Casa de la Trova** 3 (s. S. 84 u. 403), wo sich seit Jahrzehnten

Bayamo, Estación de Ferrocarril (Bahnhof), El Cobre
G. de Quesada
Narciso López
Sao del Indio
Los Maceos
Miguel Gómez
General Portuondo
Máximo Gómez
Sagarra
Sánchez Hechevarría (San Jerónimo)
Cornelio Robert
Avenida José A. Saco
(Enramada)
Aguilera
Heredia
Lino Boza
Bartolomé Masó (San Basilio)
Diego Palacios
Lucha Clandestina
D. Mesnier
(Santa Rosa)
Princesa
Calixto García
(San Fernando)
Trocha
24 de Febrero
General Pedro Pérez
Nestor Sánchez
Carlos M. Villalón
2 de Agosto
Peralejo
(Alameda)
10 de Octubre
Corona
Félix Peña (Santo Tomás)
General Lacret (San Pedro)
Hartmann (San Félix)
General Banderas
Pio Rosado
P. Valiente
Mayia Rodríguez
Padre Pico
Jesús Rabí
Pío Rosado (Carnicería)
P. Valiente (Calvario)
Bahía de Santiago de Cuba
Ehemaliger Bahnhof
Uhrturm
Parque Alameda
Avenida Jesús Menéndez
Castillo El Moro, Cayo Granma, Marina Marlin
Parque Céspedes
EL TIVOLÍ
CHICHARRONES
Flughafen, Castillo El Morro

Santiago de Cuba

Sehenswert

1 Catedral de Nuestra Señora de la Asunción
2 Ayuntamiento
3 Casa Diego Velázquez
4 Balcón de Velázquez
5 Casa Natal de José María Heredia
6 Galería de Arte La Confronta
7 Museo del Carnaval
8 Museo del Ron
9 Museo Emilio Bacardí
10 Plaza Dolores
11 Museo Ciencias Naturales Tomás Romay
12 Plaza de Marte
13 Parque Histórico Abel Santamaría
14 Moncada-Kaserne
15 Casa de las Religiones
16 Mercado Municipal
17 Museo de la Lucha Clandestina
18 Casa Natal de Antonio Maceo
19 Casa Natal de Frank y Josué País
20 Cementerio de Santa Ifigenia

Übernachten

1 Meliá Santiago de Cuba
2 Casa Granda
3 San Basilio
4 San Juan
5 Las Américas
6 Villa Santiago
7 Libertad
8 Rolando und Laudelina
9 Casa Gallart
10 Versalles
11 Hacienda El Caney

Essen & Trinken

1 Zunzún
2 Salón Tropical

Fortsetzung s. S. 396

Santiago de Cuba

Essen & Trinken
3 Las Gallegas
4 Don Antonio
5 Santiago 1900
6 Taberna de Dolores
7 Cafetería Las Américas
8 Casa de Té
9 La Cocinita Doña Yulla

Einkaufen
1 Fondo Cubano de Bienes Culturales
2 Tienda Matamoros
3 Discoteca Egrem
4 Fábrica de Instrumentos Musicales Sindo Garay
5 Librería La Escalera
6 Galería Oriente
7 Galería-Taller Miguel Ángel Botalín Pampín
8 Fotoservice La Catedral
9 Barra del Ron Caney
10 Casa de Tabaco
11 La Maisón

Abends & Nachts
1 Cabaret Tropicana
2 Club 300
3 Casa de la Trova
4 Artex
5 Patio Los Dos Abuelos
6 Casa de las Tradiciones
7 Casa de los Estudiantes
8 Casa de la Cultura Miguel Matamoros
9 Teatro Heredia
10 Casa del Caribe
11 Centro Cultural Africano
12 Conjunto Folclórico Cutumba
13 Foco Cultural El Tivolí

Aktiv
1 Mercadú
2 Paradiso

die Santiagueros treffen, um der allgemeinen Leidenschaft zu frönen: der Musik. Sones, Boleros und Guarachas werden hier nicht einfach nur gesungen, sondern gelebt. An den Wänden hängen Porträts der legendären *trovadores* Miguel Matamoros, Manuel Corona und Sindo Garay.

Nur wenige Meter entfernt steht das Geburtshaus des rebellischen Dichters José María Heredia (1803–39), nach dem Santiagos bekannteste Straße auch benannt ist. Heredias patriotische Verse stießen bei den Zuckeraristokraten auf wenig Gegenliebe. Er beteiligte sich an Verschwörungen für die Unabhängigkeit und floh vor der Verfolgung in die USA und später nach Mexiko, wo er als Richter, Steuerbeamter, Unterrichtsminister, Professor für Literatur und Geschichte und als Rektor des Mexikanischen Instituts von Toluca tätig war. Heute lernen die Schulkinder seine hoffnungsvolle Hymne auf das freie Cuba auswendig. Bei einem Rundgang durch die **Casa Natal de José María Heredia** 5 bekommt man u. a. einige Familienfotos und Erstausgaben seiner Veröffentlichungen zu sehen. Abends finden gelegentlich Lesungen statt oder es werden Vorträge gehalten (Calle Heredia 260, zwischen Hartmann und Pío Rosado, Di–Sa 9–17, So 9–13 Uhr, 1 CUC).

Wiederum nur wenige Häuser weiter, an der Ecke Pío Rosado, lohnt die **Galería de Arte La Confronta** 6 mit Wechselausstellungen zeitgenössischer Künstler einen Besuch (Mo–Sa 9–16.30 Uhr), bevor man das schräg gegenüberliegende **Museo del Carnaval** 7 ansteuert, wo drei afrocubanische Cabildos ihre schönsten Kostüme und Requisiten ausstellen: die Carabalí Izuama, die Carabalí Olugo und die französisch-haitianische Tumba Francesa (s. S. 390). Wer montags bis samstags gegen 16 Uhr kommt, kann eine Minivorstellung erleben – ein eindrucksvoller, wenn auch nicht hinreichender Ersatz für den legendären Karneval Santiagos, der im Juli nach der Fiesta del Caribe gefeiert wird (Calle Heredia 303, zwischen Pío Rosado und Porfirio Valiente, Di–Sa 8.45–17.15, So 8.45–13 Uhr, 1 CUC).

Museo del Ron und Museo Emilio Bacardí

Ein Block südlich der Calle Heredia liegt die Prachtvilla des reichen Aktionärs Mariano Gómez, eine Oase für Rumliebhaber, denn im Innern befindet sich das **Museo del Ron** 8. Und damit der Museumsrundgang nicht allzu staubig wird, kann man in der dazugehörenden **Taberna del Ron** um die Ecke einige leckere Sorten, auch verarbeitet zu Cocktails, kosten (Museum: Calle Bartolomé Masó 358, Ecke Pío Rosado, Mo–Sa 9–17 Uhr, 2 CUC inkl. 1 Glas Rum; Bar: tgl. 9–21 Uhr).

Die kleine Rumtour lässt sich in der Calle Aguilera, Ecke Pío Rosado, noch fortsetzen. Dort steht der schneeweiße Palast des 1922 verstorbenen Rummillionärs und Dynastiebegründers Emilio Bacardí. Hochprozentiges in Gläsern bekommt man an diesem Ort zwar nicht, aber im hier untergebrachten **Museo Emilio Bacardí** 9 kann man die eindrucksvolle Kunstsammlung Bacardís, einige persönliche Gegenstände der Bacardí-Familie sowie exotische Mitbringsel von zahlreichen seiner Reisen betrachten. Die restliche Ausstellung vermittelt sehr anschaulich die Geschichte Cubas (Mo 13–17, Di–Sa 9–17, So 9–13 Uhr, 2 CUC).

Plaza Dolores und Umgebung

Einen Block weiter gelangt man auf die schattige **Plaza Dolores** 10**,** einen kleinen Platz, der nach der 1962 bei einem Brand zerstörten Kirche an der Ostseite benannt wurde. In den Ruinen der Kirche befindet sich heute ein Konzertsaal mit hervorragender Akustik, in dem alljährlich im Dezember das Chorfestival stattfindet. Im ehemaligen Lagerhaus **Taberna de Dolores** 6 (s. S. 402) stärken sich die Santiagueros gern mit großen Portionen kreolischer Küche, während die meisten Touristen eines der drei Restaurants an der Nordseite des Platzes besuchen.

Die nördliche Parallelstraße José A. Saco (ursprünglich Calle Enramada) ist eine beliebte Flanierstraße. Zwar gibt es hier nicht allzu viel zu kaufen, doch die erloschenen Neonreklamen aus den 1950er-Jahren verbreiten einen nostalgischen Charme. Eine ganz ähnliche Aura umgibt das **Museo Ciencias Naturales Tomás Romay** 11**,** wo man Genaueres über die Erdbeben in Santiago erfahren, sich über Flora und Fauna informieren und eine Vorführung im kleinen Planetarium besuchen kann (Calle José A. Saco 601, Ecke Barnada, Mo 14–17.30, Di–Fr 8.30–17.30, Sa 8–12 Uhr, 1 CUC).

Plaza de Marte 12

Die Avenida José A. Saco läuft geradewegs auf die **Plaza de Marte** zu, einen großen verkehrsumbrausten Platz, auf dem zu Kolonialzeiten das Militär exerzierte. Im **Hotel Rex** an der Nordostecke kann man sich das Zimmer mit der Nr. 34 zeigen lassen: Hier wohnte Abel Santamaría, ein junger Revolutionär aus Santiago, der mit Fidel Castro den Angriff am 26. Juli 1953 auf die Moncada-Kaserne plante, dabei verhaftet wurde und später im Gefängnis umkam.

Parque Histórico Abel Santamaría und Umgebung

Dem Volkshelden Abel Santamaría ist der an der Avenida de los Libertadores gelegene **Parque Histórico Abel Santamaría** 13 gewidmet. Dort wurde ein Museum eingerichtet, das über die sozioökonomischen Bedingungen Cubas vor der Revolution informiert und den Raum beherbergt, in dem Fidel Castro 1953 seine legendäre Verteidigungsrede »Die Geschichte wird mich freisprechen«, hielt (Mo– Sa 9–17 Uhr, 1 CUC).

Die **Moncada-Kaserne** 14 an der Ecke Avenida de los Libertadores und General Portuondo dient heute als Schulzentrum und **Museo Histórico 26 de Julio.** Wer sich für die Details des Angriffs auf die Kaserne und für den langen Unabhängigkeitskampf der Cubaner interessiert, findet hier eine Fülle von Informationen (Di–Sa 9–19, So, Mo 9–12.30 Uhr, 2 CUC).

Nördlich des Parque Céspedes

Tief in die Geschichte der cubanischen Revolution verstrickt sind drei weitere Söhne der Stadt, deren Geburtshäuser besichtigt werden können. Einer der berühmtesten Kämpfer für die Unabhängigkeit des Landes kam am 14. Juni 1845 in der Calle Los Maceos Nr. 207, Ecke Corona, zur Welt. Die **Casa Natal de Antonio Maceo** 18 wurde in ein kleines Museum über das Leben des Generals verwandelt (Mo–Sa 9.30–17 Uhr, 1 CUC).

In der Calle General Banderas 226 steht die **Casa Natal de Frank y Josué País** 19**,** zwei Brüder, die beide für die Bewegung des 26. Juli gegen die Diktatur Batistas aktiv waren. Frank País führte 1956 den Angriff auf das Polizeikommissariat (s. S. 398) und wurde wie auch sein Bruder 1957 von der Batista-

aktiv unterwegs

Spaziergang durch El Tivolí

Tour-Infos

Start: Mercado Municipal
Länge: ca. 1,5–2 km
Dauer: je nach Aufenthaltsdauer an den einzelnen Stationen 1–2 Std.
Karte: s. S. 394

Im Südwesten des Parque Céspedes liegt einer der malerischsten Winkel Santiagos, das Stadtviertel **El Tivolí.** Seinen Namen verdankt es französischen Einwanderern, die im 18. Jh. aus Haiti geflüchtet waren. Die schmalen, verwinkelten Sträßchen des Viertels ziehen sich bis hinunter zur Bucht und laden zu einem gemütlichen Bummel ein, bei dem man mitten durch den cubanischen Alltag spaziert.

Eine gebührende Annäherung an El Tivolí bietet die **Calle Padre Pico,** die beim **Mercado Municipal** 16 (›Markt‹) an der Ecke der Calle Aguilera beginnt. Vom oberen Ende der pittoresken Treppenstraße, ein beliebtes Fotomotiv, liegt einem die Stadt zu Füßen.

Die westliche Parallelstraße der Padre Pico, die **Calle General Jesús Rabí,** war eine bei vielen Santiagueros gefürchtete und verhasste Adresse. Hier steht das ehemals berüchtigte Polizeikommissariat, in dem unter Batista zahlreiche Regimegegner verhört und gefoltert wurden. Am 30. November 1956 griff unter der Führung des damals 22 Jahre alten Frank País (s. S. 397) eine bewaffnete Gruppe junger Leute aus Santiago das Polizeiquartier an, um von der Landung der Jacht Granma in der benachbarten Provinz abzulenken (s. S. 382). Heute beherbergt das Gebäude das **Museo de la Lucha Clandestina** 17 und zeigt handfeste Details aus der rebellischen Geschichte der Stadt (Calle General Rabí 1, tgl. 9–17 Uhr, 1 CUC).

Einen schönen **Ausblick** über den unteren Teil des Viertels und die Bucht von Santiago bietet sich von der Ecke Princesa und Callejón Santiago. Zurück auf der Calle General Rabí führt nach wenigen Schritten eine steile Treppe zum Eingang der **Casa de las Tradiciones** 6 hinauf, Treffpunkt von Intellektuellen und Künstlern und einer der besten Orte in Santiago, um afrocubanische Musik zu hören (s. S. 403).

Polizei ermordet (Mo–Do, Sa 9–17, Fr 9–12 Uhr, 1 CUC).

Die Gräber der Brüder País können auf dem **Cementerio de Santa Ifigenia** 20 ca. 1,5 km nordwestlich des Zentrums besucht werden. Dieser Friedhof ist mindestens ebenso interessant wie der Cementerio Colón in Havanna, unter anderem stehen hier das mächtige Grabmal von Emilio Bacardí sowie das kreisrunde Mausoleum von Cubas Nationaldichter und Freiheitsheld José Martí. Martí wollte mit dem Gesicht zur Sonne begraben werden und dieser Wunsch ist ihm hier erfüllt worden. Alle 30 Minuten findet vor seinem Grabmal in Begleitung pompöser Musik eine Wachablösung statt, bei der auch weibliche Soldaten mit von der Partie sind. Auch viele Freiheitskämpfer gegen Spanien, darunter Carlos Manuel de Céspedes, Aufständische jeder Couleur und Rebellen liegen auf dem Friedhof begraben – ein Spaziergang über das Gelände ist wie ein Gang durch die gewaltgeprägte cubanische Geschichte (Ave. Crombet, tgl. 8–18 Uhr, 1 CUC).

Südlich vom Friedhof zieht das bunte, postmoderne Bahnhofsgebäude die Blicke auf sich. Die Straßen rund um die **Estación de Ferrocarril** sind ziemlich neu und stehen unter dem Stern der Mercedes-Benz-Niederlassung.

Infos

Infotur: Calle General Lacret 701, Ecke Heredia, Parque Céspedes, Tel. 022 66 94 01.

Cubatur: bei Infotur (s. S. 398), Tel. 022 68 60 33, tgl. 8–19 Uhr. Allgemeine Infos, Flug- und Bustickets, Autoverleih, Reservierungen für die Cabarets sowie großes Angebot an Exkursionen, z. B. Cayo Granma, El Morro und El Cobre (54 CUC), El Cobre (19 CUC), Parque Baconao und Parque Nacional Gran Piedra (65 CUC).

Havanatur: Calle 8 No. 56, zwischen 1 und 3, Vista Alegre, Tel. 022 64 36 03, 64 12 37, Fax 022 68 72 81, Mo–Fr 8.30–12, 13–17.30, Sa 8–12 Uhr. Ähnliches Angebot sowie Transfers.

Oficina de Reservaciones de Campismo: Calle Cornelio Robert 163, zwischen Padre Pico und Corona, Tel. 022 65 36 39, Mo–Fr 8–12, 13–15 Uhr. Reservierungen für die Campismos La Mula und Caletón Blanco, westlich von Santiago am Meer (s. S. 384, 385).

Banco Financiero Internacional: Ave. de las Américas, Ecke E, Mo–Fr 8.30–15 Uhr.

Cadeca: Calle Aguilera 508 und im Hotel Las Américas.

Asistur: Calle 4 No. 202, zwischen 7 und 9, Vista Alegre, Tel. 022 68 61 28, 64 23 46. Hilfe bei Diebstahl, Unfall, Krankheit.

Internet: Etecsa, Calle Heredia, Ecke Félix Peña, Parque Céspedes, tgl. 8.30–19.30 Uhr.

Übernachten

In Santiago wird man keine Schwierigkeiten haben, ein gutes und preiswertes Privatquartier zu finden. Bucht man Halbpension, isst man wesentlich besser und günstiger als in den offiziellen Restaurants.

... in Santiago und Vororten:

Moderner Glaskasten ▶ **Meliá Santiago de Cuba** 1 (Cubanacán): Ave. de las Américas, Ecke M, Reparto Sueño, Tel. 022 68 70 70, Fax 022 68 71 70, www.solmeliacuba.com. Das modernste und luxuriöseste Hotel von Santiago de Cuba, innen schöner als außen – die Einheimischen nennen es respektlos Zuckerspeicher. Mit 3 Pools, einer davon nur für Kinder, Sauna, Fitnesscenter, 4 Restaurants und mehreren Bars, darunter das angenehme Santiago Café (tgl. 22–2 Uhr). 268 Zi., 34 Suiten, EZ ab 85 CUC, DZ ab 110 CUC inkl. Frühstück.

Traditionsreich ▶ **Casa Granda** 2 (Gran Caribe): Calle Heredia 201, Ecke General Lacret, Parque Céspedes, Tel. 022 65 30 21–24, Fax 022 68 60 35, www.gran-caribe.com. Direkt am quirligen Hauptplatz von Santiago mit herrlicher Terrasse zum Draußensitzen – nichts für Ruhesuchende, aber hervorragend geeignet für Nachtschwärmer. 58 Zi., 3 Suiten, EZ ab 67 CUC, DZ ab 96 CUC inkl. Frühstück.

Kolonialer Charme ▶ **San Basilio** 3 (Cubanacán): Calle Bartolomé Masó 403, zwischen Porfirio Valiente und Pío Rosado, Tel. 022 65 17 02, Fax 022 65 16 87, www.cubanacan.cu. Winziges Hotel mit nur 8 Zimmern in liebevoll renoviertem Kolonialhaus mitten im Zentrum. DZ 60 CUC inkl. Frühstück.

Löwengebrüll als Wecker ▶ **San Juan** 4 (Islazúl): Crta. de Siboney Km 1,5, Tel. 022 68 72 00/01, Fax 022 68 70 17, www.islazul.cu. 110 Zimmer, die meisten davon in Bungalows, die eigentlich einen Stern mehr verdient hätten. Ein Teil der Hotelanlage grenzt an den Zoo, weshalb man schon mal von unerwarteten Tierlauten geweckt werden kann … Ansonsten ruhig und äußerst angenehm. EZ ab 29 CUC, DZ ab 40 CUC inkl. Frühstück.

Einfach, aber recht komfortabel ▶ **Las Américas** 5 (Islazúl): Ave. de las Américas, Tel. 022 64 20 11, 64 26 95, Fax 022 68 60 75, www.islazul.cu. Mit kleinem Pool, Restaurant und Cafetería. 70 Zi., EZ ab 28 CUC, DZ ab 40 CUC inkl. Frühstück.

Sehr ruhig ▶ **Villa Santiago** 6 (Gaviota): Ave. Manduley 502, Vista Alegre, Tel. 022 64 16 02, 64 15 98, Fax 022 68 71 66, www.gaviota-grupo.cu. Schlichte Bungalowanlage im früheren Villenviertel Vista Alegre. Mit Pool, freundlicher Service. 54 Zi., EZ ab 25 CUC, DZ ab 35 CUC inkl. Frühstück.

Freundlich und mit toller Dachterrasse ▶ **Libertad** 7 (Islazúl): Calle Aguilera 568, Plaza de Marte, Tel. 022 62 77 10, 62 83 60, www.islazul.cu. Schlichtes Hotel mit empfehlenswertem Restaurant und aussichtsreicher Bar auf dem Dach. 17 Zi., EZ ab 18 CUC, DZ ab 32 CUC inkl. Frühstück.

Nur wenige Schritte vom Parque Céspedes entfernt ▶ **Rolando und Laudelina** 8 (privat): Calle Cornelio Robert 115, zwischen

Escudero und 10 de Octubre, Tel. 022 65 30 42. Zentrales Haus mit Patio und 2 Zimmern – das eine besticht durch sein immens großes Bad, das andere im 1. Stock durch seine Helligkeit. Sehr sauber, freundliche und gut informierte Besitzer. 20–25 CUC.

Zum Wohlfühlen ▶ **Casa Gallart** 9 (privat): Calle 6 No. 302, Ecke 11, Vista Alegre, Tel. 022 64 33 07, maydepedro@yahoo.es. 2 liebevoll und farbenfroh hergerichtete Zimmer im Haus einer sehr sympathischen Familie mit Kindern. Mit Parkplatz. 20–25 CUC.

... außerhalb:

An der Straße zum Flughafen ▶ **Versalles** 10 (Cubanacán): Alturas de Versalles Km 1, Barrio Versalles, Tel. 022 69 10 16, Fax 022 68 62 45, www.cubanacan.cu. Komfortable Unterkunft mit schönem Blick auf Santiago, Restaurant, Pool mit Bar, Nachtclub (Do–Di Eintritt 12 CUC, davon 8 CUC zum Verzehr). 72 Zi., EZ ab 51 CUC, DZ ab 64 CUC inkl. Frühstück.

Mangobäume im Garten ▶ **Hacienda El Caney** 11 (Gaviota): Calle Marqueti 2, Carretera del Caney, ca. 7 km nordöstl., Tel. 022 64 13 70, 68 71 34, Fax 022 68 70 66, www.gaviota-grupo.cu. Traumhaft schönes Haus mit umlaufender Terrasse, Pool, Restaurant und Bar. 6 Zimmer, immer 2 teilen sich ein Bad – perfekt für Familien oder größere Gruppen. Gehört zur Villa Santiago (s. S. 399) und kann nur über diese gebucht werden; nicht direkt hingehen! EZ ab 21 CUC, DZ ab 31 CUC inkl. Frühstück.

Essen & Trinken

Die Privatrestaurants sind heftigen behördlichen Drangsalierungen ausgesetzt, denn offensichtlich reagieren die staatlichen Lokale allergisch auf Konkurrenz. In Letzteren sollte man sich zumeist auf einen extrem schleppenden Service und sehr mittelmäßiges Essen einrichten – was angesichts der interessanten regionalen Küche ein Jammer ist.

Edles Ambiente ▶ **Zunzún** 1 (staatl.): Ave. Manduley 159, Ecke 7, Vista Alegre, Tel. 022 64 15 28, tgl.12–22 Uhr. Wohl das eleganteste Restaurant Santiagos, wenngleich auch hier bereits der Putz von den Wänden blättert. Internationale Küche, z. B. Kanincheneintopf und Fischfilet in Weißweinsoße. Hauptspeisen 8–20 CUC.

Nahe der Kathedrale ▶ **Las Gallegas** 3 (privat): Calle Bartolomé Masó 305, tgl. 12–24 Uhr. Der einzige Paladar im Zentrum ist nur wegen seiner Lage, nicht aber wegen seines Essens zu empfehlen. Hauptgerichte 8 CUC.

Sehen und gesehen werden ▶ **Casa Granda** 2 (staatl.): im gleichnamigen Hotel, Parque Céspedes, tgl. ab 7 Uhr. Für kleine Mahlzeiten ist die Hotelterrasse die beste Adresse

In den schmalen Sträßchen von El Tivolí ist man mittendrin im cubanischen Alltag

in der Innenstadt: flinker Service, gute Snacks und ein Logenplatz über dem Parque Céspedes. Eine fantastische Aussicht über ganz Santiago genießt man vom Restaurant auf der Dachterrasse (Hauptgerichte ab 6 CUC).

Dreigestirn ▶ Don Antonio 4 (staatl.): Plaza de Dolores, Tel. 022 65 23 07. Im eleganten Stadtpalais der Grafen Candelarias speist man in antikem Ambiente. Das Restaurant ist stadtbekannt für seine frischen Langusten (ab 16,50 CUC), einfache Gerichte gibt es schon ab 3 CUC. Zum gleichen Unternehmen gehören die benachbarten günstigeren Lokale **La Perla del Dragón** (Chop Suey auf cubanische Art) und **La Teressina** (Pizza und Spaghetti, ebenfalls *a la cubana*). Öffnungszeiten alle tgl. 11–23 Uhr.

Speisen bei Bacardí ▶ Santiago 1900 5 (staatl.): Calle Bartolomé Masó 354, zwischen Pío Rosado und Hartmann, Tel. 022 62 96 98, tgl. 12–24 Uhr, derzeit wegen Renovierung geschlossen. Früher wohnte in diesem Palast die Familie der Rumdynastie, heute werden kreolische und internationale Gerichte ser-

Tipp: Salón Tropical

Der Weg in diesen Paladar lohnt sich: eine begrünte Terrasse zum Sitzen, professioneller Service und exzellentes Essen – montags bis donnerstags gibt es meist italienische Spezialitäten und Gegrilltes, am Wochenende werden spanische Gerichte serviert (Hauptspeisen ab 6 CUC). Achtung: An der Straßenkreuzung beim Restaurant wartet immer eine ganze Traube von Schleppern, die einen auf die Frage nach dem Weg zu anderen Privatrestaurants führen – nicht beirren lassen! Der **Salón Tropical** 2 liegt im 2. Stock und ist ausgeschildert (Calle Fernández Marcané 310, zwischen 9 und 10, Santa Barbara, nahe Hotel Las Américas, Tel. 022 64 11 61, in der Hochsaison 12–24, sonst 18–24 Uhr).

viert. Elegantes Jugendstilambiente. Hauptgerichte ab 5 CUC.

Lauschiger Innenhof ▶ **Taberna de Dolores** 6 (staatl.): Calle Aguilera 468, Plaza de Dolores, tgl. 12–24 Uhr. Bodenständige kreolische Küche, freundlicher Service und sehr gute Mojitos. Hauptgerichte um 6 CUC.

Kleine Gerichte ▶ **Cafetería Las Américas** 7 (staatl.): neben dem Hotel Las Américas auf einer Anhöhe am Kreisverkehr, tgl. 24 Std. Spiegeleier, Pasta, Pizza, Milchmixgetränke *(batidos)*.

Hinterlassenschaft der Engländer ▶ **Casa de Té** 8 (staatl.): Calle Aguilera 20, Ecke General Lacret, Di–So 9–21 Uhr. Teehaus, in dem kleine, günstige Snacks sowie vor allem Heißgetränke serviert werden.

Einkaufen

Die beliebtesten Einkaufsstraßen der Santiagueros sind die **Avenida José A. Saco** (Enramada) sowie die **Calle Aguilera** und die **Calle Heredia.**

Mitbringsel aller Art ▶ **Fondo Cubano de Bienes Culturales** 1: Calle Heredia, Ecke General Lacret, Mo–Sa 9–19 Uhr. Große Auswahl an Postkarten, Postern, Gemälden und Kunsthandwerk. **Tienda Matamoros** 2: Calle Porfirio Valiente, Plaza Dolores, Mo–Sa 9–19.30, So 9–17 Uhr. Auch Zigarren, Rum, Kaffee, Gitarren, T-Shirts etc.

Musik ▶ **Artex:** in der Casa de la Trova 3 (s. S. 403), Di–So 11–19 Uhr, und im Laden des Musikclubs Artex 4 (s. S. 403), tgl. 9–18 Uhr. CDs diverser Musikrichtungen, viel alte Trova. **Discoteca Egrem** 3: Ave. José A. Saco 309, Mo–Sa 9–18 Uhr. Sehr gute Auswahl an CDs aus Santiago. **Fábrica de Instrumentos Musicales Sindo Garay** 4: Ave. P. Lumumba 55, Tel. 022 62 52 56, Mo–Fr 8–16 Uhr. Hier werden Gitarren und Perkussionsinstrumente hergestellt und verkauft.

Antiquarische Bücher ▶ **Librería La Escalera** 5: Calle Heredia 265, zwischen Hartmann und Pío Rosado, tgl. 10–22 Uhr. Ein uriges Buchantiquariat mit zauberhafter Atmosphäre und gelegentlicher Live-Musik.

Kunst ▶ **Galería Oriente** 6: Calle General Lacret 656, Parque Céspedes, Mo 8–12, Di–Sa 9–21 Uhr. Werke cubanischer Künstler (mit Ausfuhrstempel). **Galería-Taller Miguel Ángel Botalín Pampín** 7: Calle Núñez de Balboa 8, zwischen Pedro Alvarado und 10, Reparto Terraza, Tel. 022 62 60 16, www.cubanart.org. Die meisten Ölgemälde dieses international bekannten Künstlers haben seine Heimatstadt Santiago zum Thema.

Fotozubehör ▶ **Fotoservice La Catedral** 8: Calle General Lacret, zwischen Heredia und Bartolomé Masó, tgl. 9–20 Uhr.

Rum ▶ **Barra del Ron Caney** 9: Ave. Jesús Menéndez, zwischen Narciso López und Gonzalo de Quesada, Tel. 022 62 55 76, Mo–Sa 9.20–17.20, So 9.20–11.20 Uhr. Rum aller Jahrgänge direkt vom Erzeuger.

Zigarren direkt ab Fabrik ▶ **Casa de Tabaco** 10: in der Fábrica de Tabacos César Escalante, Ave. Jesús Menéndez 703, Nordseite des Parque Alameda, gegenüber vom Uhrturm, Tel. 022 62 23 66, Mo–Sa 9–17, So 9–12 Uhr.

Mode ▶ **La Maisón** 11: Ave. Manduley 52, zwischen 1 und 3, Vista Alegre, Tel. 022 64 11 17, Mo–Fr 10–17, Sa 9–12 Uhr. Diverse Boutiquen, eine kleinere Kopie des La Maisón in Havanna; an manchen Tagen um 22 Uhr Modenschau (Eintritt 5 CUC inkl. 1 Getränk).

Abends & Nachts

Samstagabends verwandelt sich die untere Avenida 24 de Febrero (nahe dem Hafen) in eine riesige **Open-Air-Disco** mit einem wahren Meer aus Ständen und Menschen. Aktuelle Infos über Veranstaltungen bietet www.cultstgo.cult.cu (Link ›Cartelera Cultural‹).

Angesagter Tanztempel ▶ Cabaret Tricontinental: im Hotel Las Américas 5 (s. S. 399), Tel. 022 64 20 11, Di–So 21.30–2 Uhr, Eintritt 5 CUC, davon 3 CUC zum Verzehr. Nach der Show wird abgetanzt.

Ableger des berühmten Tropicana ▶ Cabaret Tropicana 1: Autopista Nacional Km 1,5, Tel. 022 68 70 87, Do–So 21–2 Uhr, Show ab 22 Uhr, Eintritt 20 CUC inkl. 1 Getränk. Nicht gar so berühmt wie sein Zwilling in Havanna, doch eine glänzende und tänzerisch hervorragende Show.

Reichlich Cocktails ▶ Club 300 2: Calle Aguilera 302, zwischen General Lacret und Hartmann, Tel. 022 65 35 32, Mo–Do 12–20, Do–So 21–2 Uhr, Eintritt 3 CUC inkl. 1 Getränk. Nett dekorierter Club mit privater Atmosphäre, vor allem Boleros und Jazz.

Das Aushängeschild ▶ Casa de la Trova 3: Calle Heredia 206, zwischen Hartmann und General Lacret, Tel. 022 65 26 89, tgl. 12–1 Uhr, Eintritt tagsüber 1 CUC, ab 21 Uhr 3 CUC. Die wohl berühmteste Casa ihrer Art in Cuba (s. S. 84) – junge und ältere Troubadoure aus Santiago, auch gut zum Tanzen.

Hier spielen bekannte Größen ▶ Artex 4: Calle Heredia 304, zwischen Porfirio Valiente und Pío Rosado, Tel. 022 65 48 14, tgl. 9–2 Uhr, Eintritt ab 21.30 Uhr 2 CUC. Auftritte von Cracks der Musikszene Santiagos, auch regelmäßig Folkloreaufführungen, angenehme lockere Atmosphäre.

Traditionelle Gruppen ▶ Patio Los Dos Abuelos 5: Calle Francisco Pérez Carbo 5, Plaza de Marte, Tel. 022 62 33 02, tgl. 21–2 Uhr, Eintritt 2 CUC. Jeden Abend ab 22 Uhr Live-Musik.

Treffpunkt von Künstlern und Intellektuellen ▶ Casa de las Tradiciones 6: Calle Jesús Rabí 154, El Tivolí, Tel. 022 65 38 92, tgl. 11.30–24 Uhr, Eintritt frei. Unter der Woche ab 20 Uhr Live-Musik, am Wochenende bereits am späten Vormittag (s. S. 398).

Der durchdringende Klang der *corneta china* gehört in Santiago zum Karneval

Tipp: Afrocubanische Kultur in Santiago

Santiago ist eine Hochburg der afrocubanischen Kultur. Hier sind nicht nur die Santería und die Regla Conga lebendig, wie man sie aus anderen Teilen Cubas kennt. Durch die starke Präsenz der Haitianer ist in Santiago ein deutlich vom Voodoo beeinflusstes Mischprodukt entstanden, denn die haitianischen Sklaven brachten ihre Götter, ihre Kulte, ihre Instrumente und Tänze mit nach Cuba.
So ist etwa der haitianische Baron Samdi, der mächtige Totengott des Voodoo, nach Santiago gereist, ebenso wie die zahlreichen Geister – die *iwa* und *mystè* (die Geheimnisvollen), die *envizib* (die Unsichtbaren) und die *zanj* (die Engel). Auch die Stocktänzer *(majo jonks)* mit ihren bunten Tüchern gehören dazu.

Basisadressen für afrocubanische Kultur in Santiago sind die **Casa de las Tradiciones** 6 (s. S. 403) und die **Casa del Caribe** 10**,** ein Studienzentrum für karibische Kultur und bedeutender Veranstalter, der u. a. das Festival del Caribe im Juli organisiert. Interessierte können hier Tanz- oder Trommelkurse belegen und fast jeden Tag ab 17 Uhr finden kulturelle Veranstaltungen statt, u. a. probt hier regelmäßig das Conjunto Folclórico Kokoyé (Calle 13 No. 154, Ecke Calle 8, Vista Alegre, Tel. 022 64 22 85, Eintritt 1 CUC). Bei beiden Adressen bekommt man Infos über die zahlreichen Karnevalscomparsas und -congas, Termine von Auftritten etc. Fragen Sie nach den Congas Los Hoyos, Paso Franco und El Guayabito, der Comparsa El Tivolí und der Tumba Francesa (s. S. 390).

Im **Museo del Carnaval** (s. S. 396) sind Kostüme, Instrumente und Requisiten der berühmtesten Karnevalcomparsas aus Santiago zu sehen.

Unbedingt einen Besuch wert ist die **Casa de la Cultura** 8 (s. unten), wo die traditionelle Rumba in ihren drei Varianten getanzt wird: Columbia, Yambú und Guaguancó.

Wer sich für die Volksreligionen Santería und Vodú (cubanisch für Voodoo) interessiert, wird in der **Casa de las Religiones** 15 fündig. In mehreren Räumen sind Altäre aufgebaut und kundige Führer erklären die wichtigsten Details der verschiedenen Glaubensrichtungen. Sehr interessant ist ein Besuch am Día de la Caridad del Cobre (8. Sept.), am Día de Santa Barbara (4. Dez.) oder am Día de San Lázaro (17. Dez.), wenn zahlreiche Aktivitäten stattfinden (Calle 13 No. 206, Vista Alegre, Tel. 022 64 36 09, Mo–Sa 9–17 Uhr, 1 CUC.

Ein weiteres afrocubanisches Zentrum ist das **Centro Cultural Africano** 11**,** in dessen Patio häufig sonntags ab 18 Uhr Live-Musik afrikanischen Ursprungs gespielt wird (Ave. Manduley 106, Ecke 3, Vista Alegre, Tel. 022 64 77 20, Mo–Fr 9–17 Uhr, 2 CUC).

Zuschauer sind auch willkommen bei den Proben der Folkloregruppe **Conjunto Folclórico Cutumba** 12 (Ave. 24 de Febrero, Ecke Santa Úrsula, Mo–Fr ab 9 Uhr). Im **Teatro Heredia** 9 (s. S. 405) üben die Gruppen Conjunto Folclórico del Oriente und Danza del Caribe und im **Foco Cultural El Tivolí** 13 gibt das Conjunto Folclórico Sarabanda Mayombé regelmäßig Kostproben seines Könnens (Calle D. Mesnier 208, zwischen Jesús Rabí und Padre Pico, Mo–Sa 14–18, So 20–24 Uhr).

Kostenlose Proben ▶ **Casa de los Estudiantes** 7**:** Calle Heredia 204, zwischen General Lacret und Hartmann. In dieser Kultureinrichtung finden zwar nur selten offizielle Konzerte statt, aber man kann interessanten Gruppen kostenlos bei ihren Proben zuhören – relativ sichere Termine sind Mo, Mi und Fr ab 9 Uhr.

Kulturhaus ▶ **Casa de la Cultura Miguel Matamoros** 8**:** Calle General Lacret 651, am Parque Céspedes, tgl. 9–22 Uhr. Normalerweise nachmittags diverse Kulturveranstaltungen, abends meist ab 20 Uhr Tanz und Live-Musik, Sa und So bereits vormittags; Sa 11 Uhr Sábado de la Rumba. Das aktuelle Programm ist außen angeschlagen.

Theater ▶ Teatro Heredia 9: Ave. de las Américas, Ecke Ave. de los Desfiles, Plaza de la Revolución, Tel. 022 64 31 78. Wichtigster Veranstaltungsort des Oriente, im großen Saal Theater, Ballett, Konzerte etc., im dazugehörigen Café Cantante Niágara Kleinkunst. Das Programm hängt aus.

Aktiv

Ausflüge ▶ Empfehlenswerte Tagestouren führen in den Parque Nacional Gran Piedra und in den Parque Baconao (s. S. 407), nach El Cobre (s. S. 386) sowie an die Südküste Richtung Chivirico (s. S. 384). Alle Reisebüros bieten organisierte Fahrten zu diesen und anderen Zielen an.
Baden ▶ Strände findet man in Playa Siboney und im Parque Baconao (s. S. 407).
Tauchen ▶ (s. S. 409)

Termine

Festival de la Trova: März. Stelldichein von Cubas wichtigsten Musikern des traditionellen Genres.
Fiesta de San Juan: 24. Juni. Prozessionen und karnevalsähnliche Umzüge mit Congas.
Festival del Bolero: Juni. Bolerofestival.
Festival del Caribe (oder Fiesta del Fuego): 3.–9. Juli. Zahllose Bands und Comparsas in den Straßen, Feuerschlucker, Straßentheater, Konzerte auf dem Parque Céspedes usw.
Karneval: 21.–27. Juli. Bei Santiagos bedeutendstem Fest ziehen tage- und nächtelang die Congas durch die Straßen, die ganze Stadt ist ein einziges Open-Air-Festival. Hotelzimmer in dieser Zeit unbedingt rechtzeitig vorher reservieren!
Festival de Coros: Ende Nov. Internationales Chorfestival.

Verkehr

Flüge: Aeropuerto Antonio Maceo, ca. 8 km südl., Tel. 022 69 10 53, 69 86 12. Die Fahrt mit dem Taxi ins Zentrum kostet ca. 15 CUC. Cubana, Ave. José A. Saco, Ecke General Lacret, Tel. 022 65 15 77–79, und im Flughafen, Tel. 022 69 12 14. Aerocaribbean, Calle General Lacret, zwischen Heredia und Bartolomé Masó, Tel./Fax 022 68 72 55. Aerogaviota, Calle 17 No. 53, Vista Alegre, Tel. 022 64 12 43. Cubana fliegt tgl. nach Havanna (ab 100 CUC), außerdem nach Baracoa, Camagüey und Varadero, Aerocaribbean 1 x tgl. nach Havanna und 2 x wöchentl. nach Holguín.
Züge: Terminal Central de Ferrocarriles, Ave. Jesús Menéndez, Ecke Paseo de Martí, Tel. 022 62 28 36. Züge nach Bayamo, Camagüey, Ciego de Ávila, Havanna, Holguín, Manzanillo, Matanzas. Beste Verbindung nach Havanna mit dem Schnellzug El Francés, alle 2 Tage 18.25 Uhr (Stopps: Camagüey, Santa Clara). Tickets am Ladis-Schalter im Bahnhof, tgl. 8–17 Uhr.
Busse: Terminal de Ómnibus, Ave. de los Libertadores, Ecke Yarayó (ca. 4 km nordöstl. vom Parque Céspedes), Tel. 022 62 60 91. Víazul-Busse nach Guantánamo und Baracoa (1 x tgl., 6 bzw. 15 CUC), Trinidad (1 x tgl., 33 CUC), Varadero (1 x tgl., 49 CUC) und Havanna (4 x tgl., 51 CUC).

Tipp: Sprach-, Tanz- und Trommelkurse

Immer mehr Leute ziehen das ruhigere Santiago dem hektischen Havanna als Basis vor, um sich unter professioneller Anleitung im Spanischsprechen, Tanzen oder Trommeln zu üben. Hilfreiche Adressen hierfür sind:
Mercadú 1: Calle 7 No. 302, Vista Alegre, Tel. 022 64 22 10 oder Tel./Fax 022 64 31 86, vallejo@mercadu.uo.edu.cu. Sprachkurse für Ausländer mit Studentenvisum an der Universidad de Oriente, Dauer meist zwei oder vier Wochen bei täglich 3 Std. Unterricht (ab 200 CUC für 2 Wochen), Kursbeginn jeweils Anfang des Monats, zu Ferienzeiten im Aug./Sept. kein Unterricht.
Paradiso 2: Calle Heredia, zwischen Félix Peña und General Lacret, Tel. 022 62 70 37, www.paradiso.cu. Sprachunterricht, Perkussion, Tanz etc., 5 CUC/Std. Die Ansprechpartnerin ist María de los Ángeles, maria@scsc.artex.cu.
Diverse Veranstalter organisieren auch Kurse ab Deutschland, Infos s. S. 116.

Mietwagen: Cubacar, im Hotel Casa Granda, Tel. 022 68 61 07; Havanautos, im Hotel Las Américas, Tel. 022 64 20 11, und im Flughafen, Tel. 022 68 61 60, 69 22 45.
Taxis: Cubataxi, Tel. 022 65 10 38/39. Außerdem Stände an der Kathedrale und an der Plaza de Marte (1,50 CUC Grundgebühr plus 0,40–0,80 CUC/km). Taxis ohne Taxameter findet man in der Calle General Lacret, Fahrpreis unbedingt vorher aushandeln.

Ausflüge in die Umgebung

Cayo Granma und Castillo El Morro ►R 8

Ein Halbtagesausflug führt entlang der Küste zur Ostseite von Santiagos Hafeneinfahrt. In stetem Auf und Ab schlängelt sich die Straße am Meer entlang, anfänglich durch eine hässliche Industriezone und dann durch eine grüne Küstenlandschaft, bis sie nach etwa 6 km zunächst die Marina Marlin in **Punta Gorda** erreicht. Von hier kann man per Boot zum kleinen **Cayo Granma** in der Bucht von Santiago übersetzen (s. S. 409). Zu Kolonialzeiten war die Insel Residenz eines Sklavenhändlers und Zwischenstation für die Sklaven, bevor sie in andere Städte und Länder Amerikas verschifft wurden. Heute leben rund 1500 Menschen in pastellfarbenen Holzhäuschen, viele davon auf Stelzen über dem Wasser gebaut. In gut 20 Minuten hat man das Inselchen umrundet. Typischerweise genehmigen sich die meisten Besucher danach noch ein Fischessen im romantischen Restaurant der Insel (s. S. 409).

10 km außerhalb des Zentrums thront auf einem hohen Felsen die 1640 erbaute Festung **El Morro,** mit vollständigem Namen: Castillo del Morro San Pedro de la Roca. Von hier aus hat man einen spektakulären Blick über die Bahía de Santiago, die Berge der Sierra Maestra und die Karibische See – an klaren Tagen kann man (fast) bis Haiti sehen. Es braucht nicht viel Vorstellungskraft, um sich auszumalen, welche ruhm- und leidvollen Erfahrungen die Stadt mit den Piraten machen musste. Im Innern der Festung, die seit 1997 zum UNESCO-Welterbe gehört, befindet sich das **Museo de la Piratería** (tgl. 9–19.30 Uhr, Eintritt 4 CUC, Parken 1 CUC).

Gleichnamiges Pendant zur Festung in Havanna: das Castillo El Morro

Zurück ins Zentrum von Santiago geht es ganz schnell über die Carretera del Morro, vorbei am Hotel Balcón del Caribe, dem Cabaret San Pedro del Mar und dem Flughafen.

Parque Nacional Gran Piedra
▶ S 8

Den mit 1234 m höchsten Berg der östlichen Sierra Maestra, die **Gran Piedra,** erreicht man von Santiago aus über die Straße in Richtung Parque Baconao (s. rechts). Nach etwa 14 km ist die Abzweigung zum ›Großen Stein‹ ausgeschildert.

Bald darauf bietet sich ein kurzer Halt an, um den **Prado de las Esculturas** zu besichtigen – einen großen Park mit 20 modernen Skulpturen von Künstlern aus zehn Ländern (tgl. 8–17 Uhr, 1 CUC). Dann schraubt sich die Carretera de la Gran Piedra rund 15 km hoch in die Berge.

Die Teerstraße endet am Hotel **Villa Gran Piedra** (s. S. 408). Kletterfreudige Menschen steigen vom Hotel die 452 Stufen bis zum Gipfel hinauf (Zutritt 1 CUC) – die spektakuläre Panoramasicht bis Haiti und Jamaika entschädigt für alle Mühen. Das schlichte Hotel empfiehlt sich für Ruhe suchende Menschen und Naturliebhaber, die ihre Umgebung auch gerne zu Fuß kennenlernen. Zusammen mit einem Führer kann man Wandertouren verschiedener Länge unternehmen und passiert dabei mindestens eine der 77 verfallenen Kaffeeplantagen am Berg.

Das Vorzeigeexemplar der Kaffeeplantagen ist der **Cafetal La Isabélica,** früher im Besitz des französischen Pflanzers Victor Constantín, der hier mit seiner Sklavin Isabel María in eheähnlichen Verhältnissen lebte. Heute befindet sich auf der restaurierten, zum UNESCO-Welterbe gehörenden Hacienda ein äußerst sehenswertes **Museum,** das den Kaffeeanbau, die Produktionsweisen und das Leben auf der Plantage plastisch vor Augen führt. Dies ist die einzige Plantage Cubas, die weitgehend in ihrem Originalzustand erhalten blieb und obendrein besichtigt werden kann. Autofahrer gelangen über einen 2 km langen Fahrweg dorthin, der am Hotel Villa Gran Piedra beginnt (tgl. 8–16 Uhr, 1 CUC).

Museo Histórico Granjita Siboney und Playa Siboney
▶ S 8/9

Nahe dem Dörfchen Playa Siboney am Fuß der Cordillera de la Gran Piedra versteckten sich Fidel Castro und die Rebellen der Bewegung des 26. Juli, bevor sie 1956 die Moncada-Kaserne überfielen. Ihre Tarnung war eine Hühnerfarm *(granjita),* deren Brunnen als Waffenlager herhalten musste. In den acht Zimmern der **Granjita Siboney** kann man heute anhand von Dokumenten, Zeitungsausschnitten, Uniformen und persönlichen Gegenständen den Hergang dieses Auftakts zur Revolution verfolgen. An die vielen jungen Revolutionäre erinnern jeweils kleine Denkmäler, die die Straße zwischen Santiago und Siboney säumen (Crta. de Siboney Km 3,5, Mo 9–13, Di–So 9–17 Uhr, 1 CUC).

Das winzige **Playa Siboney** selbst beheimatet Santiagos nächstgelegenen Strand in dieser Himmelsrichtung, ein breiter gelber Sandstreifen im Schatten von Palmen. Zwei Bars verkaufen gekühlte Getränke, Essstände billige belegte Brötchen und das Restaurant La Rueda mit schöner Terrasse am Hang frischen Fisch – was will man mehr. Wegen seiner relativen Nähe zu Santiago (20 km) und ein paar netten Privatquartieren eignet sich Siboney auch gut als ruhige Basis für die Erkundung der Stadt.

Parque Baconao **▶ S 8/9**

Lange Zeit waren die fehlenden Strände der wunde Punkt Santiagos. Hätte die heimliche Hauptstadt wenigstens einen kleinen Traumstrand in ihrer Nähe gehabt, wäre die Konkurrenz zu Havanna perfekt gewesen. Inzwischen hat man immerhin einen annehmbaren Ersatz gefunden: Die Strände zwischen Santiago und der Laguna Baconao sind so gut ausgebaut, z. T. künstlich aufgeschüttet, und erschlossen, dass Santiago nun auch Strandurlauber befriedigen kann – und endgültig in Wettstreit mit Havanna tritt. Die gesamte Küstenzone wurde zum **Parque Baconao** ernannt, ein 52 km langer und 80 000 ha großer Freizeitpark mit Hotels, Restaurants, Museen und zahlreichen anderen Attraktionen.

Etwa 4 km hinter der Abzweigung nach Playa Siboney liegt linker Hand der **Complejo Recreativo Fiesta Guajira,** eine kleine Finca, auf der jeden letzten Sonntag im Monat ein Rodeo stattfindet (Eintritt 2 CUC). Ansonsten kann man hier Ausritte unternehmen (5 CUC/Std.) und im rustikalen Restaurant die günstige kreolische Küche probieren (Crta. de Baconao Km 2,5, Tel. 022 395 26).

Wer lieber in Süß- als in Salzwasser badet, sollte die **Finca El Porvenir** besuchen. Vom bewachten Parkplatz geht es über eine Treppe hinunter in ein idyllisches kleines Tal mit einem Fluss, der ein großes Schwimmbad (inklusive Poolbar) speist. Im angeschlossenen Restaurant kann man sich mit Gegrilltem stärken (um 4 CUC) oder einfach nur einen kühlen Drink zu sich nehmen (Crta. de Baconao Km 4, ca. 1,5 km abseits der Hauptstraße, Restaurant tgl. 12–18, Freizeitanlage tgl. 9–17 Uhr, Erw. 2 CUC, Kinder 1 CUC).

Unbedingt einen Besuch wert, vor allem für Familien mit Kindern, ist das **Valle de la Prehistoria,** ein grünes Tal, in dem man überrascht und vielleicht amüsiert auf einen lebensgroßen Dinosaurier stößt, dann auf einen zweiten und einen dritten – 227 lebensgroße und täuschend echte Nachbildungen von Dinosauriern, Mammuts und prähistorischen Menschen stehen in diesem Tal herum und alle sehen aus wie mitten in einer Bewegung eingefroren – Jurassic Parc auf Cubanisch (Crta. de Baconao Km 6,5, tgl. 8–16.45 Uhr, Erw. 1 CUC, Kinder 0,50 CUC).

Ein Stück weiter kann man im **Museo Nacional de Transporte Terrestre por Carretera** (Automuseum) Uraltautos und als besonderes Highlight den Cadillac des legendären Sängers Beny Moré bewundern. Oldtimerfans werden jubilieren: Das älteste Modell stammt aus dem Jahr 1912. 36 Original- und ca. 2500 Modellautos demonstrieren die Entwicklung des Automobils von den Anfängen bis heute (Crta. de Baconao Km 8,5, La Punta, tgl. 8–17 Uhr, 1 CUC).

Einer der beliebtesten Strände des Parque Baconao, die **Playa Verraco,** folgt nach weiteren 10 km. Kurz davor liegt in einem Waldstück die **Comunidad Artística Verraco,** wo man Künstlern bei der Arbeit zusehen und ihre Werke – Skulpturen, Bilder und Tonwaren – auch kaufen kann.

Dressierte Delfine und andere Meeresbewohner, darunter Haie, Meersschildkröten und Seelöwen, beheimatet das **Acuario Baconao** (Crta. de Baconao Km 42, Di–So 9–17 Uhr, Delfinshows 9.30, 10.30, 13 Uhr, Erw. 5 CUC, Kinder 3 CUC). Viel schöner ist es jedoch, auf der **Laguna Baconao** eine Bootsfahrt zu unternehmen und darauf zu hoffen, dass die wild hier lebenden Delfine eine freiwillige Show abziehen.

Übernachten

… am Castillo El Morro:

Auf einer Steilklippe über dem Meer ▶ **Balcón del Caribe** (Islazúl): Crta. del Morro Km 7,5, Tel. 022 69 10 11, Fax 022 69 23 98, www.islazul.cu. Nahe der Morro-Festung in traumhafter Lage, alle Bungalows mit Meerblick, privater Terrasse und Hängematte, Pool und (baufällige) in die Klippen geschlagene Treppe zum Meer. Sehr gemächlicher Service – trotzdem oder gerade deswegen gut geeignet zum Ausspannen. Restaurant, Cafetería, Bar. 94 Zi., 22 Bungalows, EZ ab 12 CUC, DZ ab 18 CUC inkl. Frühstück.

… im Parque Nacional Gran Piedra:

Für Naturliebhaber ▶ **Villa Gran Piedra** (Islazúl): Crta. de la Gran Piedra Km 14, Tel. 022 68 61 47, 68 63 95, www.islazul.cu. 17 Doppel- und 5 4er-Zimmer in rustikalen Bungalows (innen schöner als außen), die inmitten von Baumfarnen, Kaffeestauden, Orangen-, Mango- und Zitronenbäumen am Berghang stehen (Nr. 14–20 mit Meerblick). EZ ab 13 CUC, DZ ab 20 CUC inkl. Frühstück.

… in Playa Siboney:

Privatunterkunft am Strand ▶ **Guillermo González Soto:** Malecón, zwischen 4 und 5, Tel. 022 39 95 18, eguillan@egj.uo.edu.cu. Schönes Privatquartier mit 2 Zimmern im 1. Stock und riesiger Sonnenterrasse mit Liegestühlen und Meerblick. Auch sehr gutes Essen. 15–25 CUC.

… im Parque Baconao:

Im karibischen Stil ▶ **Club Amigo Carisol-Los Corales** (Cubanacán): Crta. de Baconao

Km 54, an der Playa Cazonal, Tel. 022 35 61 22, Fax 022 35 61 77, www.cubanacan.cu. Zwei Strandhotels mit insgesamt ca. 300 Zimmern, Pool, Tennisplätzen, Geschäften, Restaurants, Mietwagenverleih und Tauchbasis. Beide Unterkünfte liegen direkt am zwar schmalen, aber gepflegten Sandstrand. In der Nebensaison geschlossen. EZ ab 40 CUC, DZ ab 60 CUC all inclusive.
Schlicht ▶ **Villa Punta Aventura:** (staatl.) Tel. 022 391 64. Hinter dem Automuseum versteckt sich diese Unterkunft im Motelstil. Pool, Bar und sehr nettes Restaurant mit Tischen unter Weinreben (tgl. 7–21 Uhr). 20 Zi., DZ ab 20 CUC.

Essen & Trinken

... auf Cayo Granma:
Inselrestaurant ▶ **El Cayo:** Tel. 022 69 01 09, tgl. 12–17 Uhr. Die Spezialität ist *mariscada,* gemischte Meeresfrüchteplatte für 15 CUC. Schöner Blick auf die Stadt, die Morro-Festung und die Bucht.
... am Castillo del Morro:
Blick (fast) bis Haiti ... ▶ **El Morro:** neben der Festung, Tel. 022 69 15 76, tgl. 12–17, in der Hochsaison bis 21 Uhr. Gartenrestaurant auf den Klippen über dem Karibischen Meer, kreolische Küche und Snacks, z. B. Hühnchen in Ananassaft. Sehr freundlicher Service. Hauptspeisen um 8 CUC.
... im Parque Baconao:
An der Laguna Baconao ▶ **La Casa de Rolando:** Crta. de Baconao Km 58, Di–So 9–17 Uhr. Gut gewürzte cubanische Küche wird auf der Terrasse mit schönem Blick auf die Lagune serviert. Außerdem Bootsverleih und -touren. Hauptspeisen ab 3 CUC.

Einkaufen

Kunsthandwerk ▶ Vor der Festung El Morro gibt es zahlreiche Souvenirläden und Stände.

Abends & Nachts

Tanz- und Musikshow ▶ **Cabaret San Pedro del Mar:** Crta. del Morro Km 8, Tel. 022 69 10 11, Do–So ab 21 Uhr, Eintritt 10 CUC inkl. 1 Getränk. Ab 22 Uhr Aufführung, danach Tanzmusik.

Aktiv

Baden ▶ In puncto Breite und Sandqualität können sich die Strände im Parque Baconao nicht mit jenen der Nordküste messen, doch sind sie feinsandig und hell und die karibischen Wellen verwöhnen mit noch höheren Temperaturen als der Golf an der Nordküste. Da es hier stellenweise Seeigel gibt, sollte man Badeschuhe tragen. Wassersport ist an der gesamten Küste möglich.
Hochseefischen, Bootstouren ▶ **Marina Internacional Marlin:** Punta Gorda, Tel. 022 69 14 46, 68 63 14, Fax 022 68 61 08, marlin@nautica.scu.cyt.cu. Bootsausflüge zu diversen Zielen, Hochseefischen (ca. 250 CUC/ 3 Std.). Mit schönem Terrassenrestaurant (tgl. 12–17 Uhr, Büfett ca. 9 CUC/Pers.).
Tauchen ▶ **Centro de Buceo Marina Internacional de Santiago de Cuba:** in der Marina Internacional Marlin, Tel. 022 69 14 46 (Tauchgang 30 CUC, Open Water 299 CUC). **Scuba Cuba:** im Club Bucanero, Tel. 022 68 60 70, und in Sigua, Tel. 022 68 63 14, beide im Parque Baconao (Tauchgang 35 CUC, Open Water Diver 300 CUC).
Wandern ▶ Gute Möglichkeiten bieten sich im Parque Nacional Gran Piedra, wo man von kurzen 2-stündigen Spaziergängen bis hin zu ganztägigen Trekkingtouren viele Möglichkeiten hat. Da die Wege unmarkiert sind, sollte man einen Führer anheuern, der u. a. von der Villa Gran Piedra (s. S. 408) vermittelt wird. Achtung: Nach Regenfällen sind die größtenteils schattigen Wege sehr rutschig.

Verkehr

Busse: Regelmäßige Verbindungen von Santiago nur nach Playa Siboney.
Fähre: Zum Cayo Granma ab der Marina Marlin in Punta Gorda (je nach Bedarf 8.30–17 Uhr, hin und zurück 3 CUC) oder ab einer kleinen Mole zwischen Punta Gorda und El Morro (*embarcadero* ausgeschildert, 6–23 Uhr, ca. alle 90 Min., 1 CUC).
Taxis und **Mietwagen** (Cubacar, Havanautos) stehen im Hotel Carisol-Los Corales, Tel. 022 35 61 22, bereit. Die Fahrt mit dem Taxi von Playa Siboney nach Santiago kostet ca. 10 CUC.

Die Provinz Guantánamo

Cubas östlichste Provinz dürfte gleichzeitig die in aller Welt bekannteste sein: Fast jeder kennt das Lied »Guajira Guantanamera« und fast jeder hat schon einmal vom US-Stützpunkt Guantánamo gehört. Dass die gleichnamige Hauptstadt dabei zum Nebenschauplatz wird, kommt nicht von ungefähr. Sie ist lediglich eine Zwischenstation auf dem Weg ins malerische Baracoa, das in einer der schönsten Gegenden Cubas liegt.

Guantánamo ►T 8

Von Santiago führt die Carretera Central nach **Guantánamo** (200 000 Einwohner), Hauptstadt der gleichnamigen Provinz am äußersten Südostzipfel Cubas.

Geschichte

Nur 40 Jahre vor Ankunft der Spanier hatten sich hier Indianer niedergelassen, daher auch der Name: Guantánamo bedeutet ›zwischen den Flüssen liegend‹, womit der Río Bano, der Río Guaso und der Río Jaibo gemeint sind, die in der Bucht ins Meer münden. Im 18. Jh. legten französische Kaffeepflanzer, die von Haiti nach Cuba geflüchtet waren, in den Bergen um Guantánamo Plantagen an, im 19. Jh. kam der Zuckerrohranbau dazu. Weltbekannt wurde Guantánamo aber vor allem durch das Lied »Guajira Guantanamera« (s. S. 412) und durch die Marinebasis der Vereinigten Staaten.

Das Recht auf einen Stützpunkt erhielten die USA durch das Platt Amendment, einen Zusatzartikel der ersten ›freien‹ Verfassung, der den USA zudem jegliches Interventionsrecht zugestand (s. S. 47). Am 10. Dezember 1903 übernahmen die Vereinigten Staaten das Territorium, das sie für 2000 Golddollar jährlich gepachtet hatten.

Im Jahr 1965 starteten die US-amerikanischen Marines von Guantánamo, um einen Aufstand in der Dominikanischen Republik niederzuschlagen. Schon 1960 hatten die USA begonnen, in Guantánamo Minen zu legen. An dem 24 Meilen langen Stacheldrahtzaun, der den Stützpunkt umgibt, liegen heute beiderseits insgesamt 70 000 Tret- und Panzerminen, damit gehört dieses Gebiet zu den größten Minenfeldern der Welt. Der Stützpunkt verfügt u. a. über einen Schießplatz für die Luftwaffe, zwei Flughäfen, einen Artillerieschießplatz, einen Gefechtsstand, Radarstationen, Beobachtungsstände, ein Krankenhaus, Munitions- und Truppenlager, Hindernisbahnen, Infanterie- und Panzerschießplätze sowie eine Meerwasserentsalzungsanlage, die rund 4,5 Mio. Liter täglich entsalzen kann. Seit 1964 hat Cuba, nach der Entführung von 34 cubanischen Fischern, die Militärbasis von der Wasserversorgung abgeschnitten. Auf dem Stützpunkt leben in mehreren Wohnvierteln etwa 7000 Personen, davon 3000 Militärs. Hinzu kommt eine wechselnde Anzahl von Flüchtlingen (Boatpeople aus Cuba und Haiti) und Gefangenen (seit 2002 rund 600 mutmaßliche Taliban- und Al-Qaida-Kämpfer), die hier auf skandalöse Weise in Lagern festgehalten werden.

Sehenswertes

Bis vor wenigen Jahren war es möglich, mit einer Sondererlaubnis von zwei Aussichtspunkten auf der West- und Ostseite der Bucht einen Blick auf die Base Naval zu werfen. Dies hat die cubanische Regierung mittlerweile untersagt. Wer sich den US-Stützpunkt näher ansehen möchte, ist auf das realistische Landschaftsmodell angewiesen, das man in Guantánamo im **Museo Provincial** – untergebracht im ehemaligen Gefängnis von 1860 – ansehen kann. Sehr interessant ist auch die Ausstellung über die entlaufenen Sklaven, die in den Bergen um die Stadt in Wehrdörfern lebten (Ave. José Martí, Ecke Prado, Tel. 021 32 58 72, Mo 14.30–17, Di–Sa 8.30–12, 14.30–17 Uhr, 1 CUC).

Guantánamo selbst ist alles andere als ein touristisches Zentrum, ganz im Gegenteil, die Stadt kann durchaus als trist bezeichnet werden. Immerhin lohnt sich ein Spaziergang durch das streckenweise gut renovierte Zentrum, über den **Parque Martí** und beispielsweise durch die **Markthalle** an der Ecke Los Maceos und Prado.

Infos

Mintur: Calle Calixto García 1057, zwischen Mármol und Varona, Tel. 021 35 59 91.
Buró de Reservaciones de Campismo: Calle Flor Crombet 410, Mo–Fr 9–12, 14–16 Uhr. Evtl. Reservierungen für den Campismo Yacabo Abajo (s. S. 414).
Banco Financiero Internacional: Calle Ahogados, Ecke 14 Norte, Mo–Fr 8–15 Uhr.
Cadeca: Calle Calixto García, Ecke Prado, Mo–Sa 8–17.30 Uhr.
Internet: Telepunto, Calle Los Maceos, Ecke Aguilera, Tel. 021 32 78 78, Mo–Sa 8.30–19.30 Uhr.

Übernachten

... im Zentrum:
Liebenswerte Gastgeber ▶ **Elsie Castillo Osoria** (privat): Calle Calixto García 766, zwischen Prado und Jesús del Sol, Tel. 021 32 24 56, albertols@infosol.sld.gtm.cu. Die beiden Zimmer sind eher klein und dunkel, dafür gibt es einen schönen begrünten Innenhof und einen Fernsehraum mit herrschaftlichen Ausmaßen. 20–25 CUC.
Schick ▶ **Lissett Foster Lara** (privat): Calle Pedro A. Pérez 761, zwischen Jesús del Sol und Prado, Tel. 021 32 59 70. Ein Zimmer in schickem Apartment und eines auf der Dachterrasse, wo man auch sitzen und kochen kann. 15–20 CUC.
... außerhalb:
Im Reparto Caribe ▶ **Guantánamo** (Islazúl): Calle 13 Norte, zwischen Ahogados und

Auch im trockenen Guantánamo wachsen *frutas bombas* (Papayas)

»Guantanamera« – wie ein Ohrwurm entsteht

Thema

»Ich bin ein einfacher Mensch und komme von da, wo die Palmen wachsen; bevor ich sterbe, möchte meine Seele das besingen, was sie quält./ Mein Lied ist von hellem Grün, aber auch blutrot wie die Flamme; mein Lied ist wie ein verwundeter Hirsch, der Schutz sucht in den Bergen./Mit den Allerärmsten möchte ich mein Los teilen; nicht das Meer lockt mich, sondern der Wildbach der Berge.«

(José Martí, »Guantanamera«)

Der Musiker, dessen Name untrennbar mit der Guajira und der verwandten Guaracha verbunden ist, ist Joseíto Fernández. Am 5. September 1908 wurde El Rey de las Melodías (›König der Melodien‹) in einem Slum von Havanna geboren. Zunächst schlug er sich als Schuster, Zeitungsverkäufer und Straßenmusiker durch. Schon damals sah er so aus, wie er auf späteren Plattencovern abgebildet ist: ein schlaksiger Mulatte, der zerstreut und melancholisch unter seinem Strohhut hervorblickte, eine Art tropischer Don Quijote, der sich immer von Kopf bis Fuß in makelloses Weiß kleidete. Mitte der 1920er-Jahre sang Joseíto regelmäßig bei einem der zahllosen Radiosender in Havanna – live, wie es damals üblich war, ein paar Minuten pro Woche. Geld bekam er dafür nicht, aber immerhin wurde er etwas bekannter. Für dieses Programm hatte er 1928 eine Guajira geschrieben, eine Liedform, die ihm viel Platz zum Improvisieren ließ. »Guajira Guantanamera« hatte er sie genannt, und von Woche zu Woche schrieben ihm immer mehr Leute aus dem ganzen Land und machten ihm Vorschläge, über welche Themen er beim nächsten Mal improvisieren könnte. Die Melodie dieser Guajira Guantanamera ermöglichte es, alle nur denkbaren Verse dazu zu singen, vierzeilige, zehnzeilige oder durchkomponierte Gedichte – oder alles hintereinander.

Auf diese Musik konnte man einem Fräulein aus Villa Clara zum Geburtstag gratulieren oder um Gnade für einen Busfahrer bitten, der einen Unfall hatte und kein Geld besaß, den Schaden zu bezahlen. Die Sendung wurde immer populärer und man taufte sie schließlich Guantanamera. 20 Jahre lang war Joseíto Fernández der Star des Senders CMQ und Guajira Guantanamera die beliebteste Sendung des Landes, unter anderem deshalb, weil sie eine Art gesungene Klatschspalte war.

Eines Tages kam Joseíto Fernández auf die Idee, Verse von José Martí, dem cubanischen Freiheitskämpfer und Dichter, zu dieser Musik zu singen. Zwischendurch nahm Fernández mit seinem Orchester, das er mittlerweile gegründet hatte, immer mal wieder ein paar neue Versionen seiner Guajira Guantanamera auf, unter anderem auch die mit den Versen von José Martí. Eine dieser Aufnahmen gelangte dann in den 1960er-Jahren durch einen Zufall in die USA. Dort hörte Pete Seeger das Lied, nannte es »Guantanamera« und nahm es sofort auf. Einen Hinweis auf Joseíto Fernández sucht man auf der Platte vergeblich. Auch von den zahllosen anderen Versionen seines Lieds erhielt Joseíto Fernández niemals einen Pfennig. Meist ist als Hinweis auf den Komponisten nur ›cubanische Folklore‹ vermerkt.

3 Oeste, Tel. 021 38 10 45, Fax 021 38 24 06, www.islazul.cu. Ca. 2 km entfernt vom Zentrum in einem hässlichen Viertel mit vielen Plattenbauten. Saubere und komfortable Zimmer. Restaurant, Pool, Disco, Autoverleih. 112 Zi. und 12 Cabañas, EZ 15 CUC, DZ 20 CUC inkl. Frühstück.

Am Flussufer ▶ **Villa La Lupe** (Islazúl): Carretera del Salvador Km 3,5, Tel. 021 35 52 87, 38 26 12, www.islazul.cu. Noch weiter außerhalb (ca. 6 km nördl.), aber viel netter als das Guantánamo im Grünen gelegen. Am besten ein Zimmer weit weg vom Pool verlangen. Restaurant, Bar. 50 Zi., davon 19 für Ausländer, EZ 15 CUC, DZ 20 CUC inkl. Frühstück.

Essen & Trinken

Rund um den **Parque Martí** gibt es einige Cafeterías und Schnellrestaurants.

Kitschige Gemütlichkeit ▶ **La Cubanita** (privat): Calle Martí 864, zwischen Flor Crombet und Aguilera, tgl. 12–24 Uhr. Die beste Option im Zentrum ist dieser mit Spitzendeckchen und Blumen hübsch dekorierte Paladar. Hauptgerichte 3–6 CUC.

Einkaufen

Regionales Kunsthandwerk ▶ **Fondo Cubano de Bienes Culturales:** Calle Calixto García 853, Parque Martí, Mo–Sa 9–18 Uhr.

Abends & Nachts

Rustikale Kneipe ▶ **La Ruina:** Calle Calixto García, Ecke Emilio Giro, Mo–Do 10–0.30, Fr–So 10–1.30 Uhr. Mit schweren Holztischen und großen Fenstern zur Straße. Auch kleine Gerichte.

Cocktailbar ▶ **Havana Club:** Calle Los Maceos, Ecke Flor Crombet, Mo–Do 10–24, Fr–So 10–2 Uhr. Hier schlürft man Drinks.

Haitianische Kultur ▶ **Sede de la Tumba Francesa:** Calle Serafín Sánchez 715, zw. Jesús del Sol und Narciso López. Di, Do und Sa meist vormittags folkloristische Vorführungen (s. S. 390).

Live-Musik ▶ **Centro Cultural Artex:** Calle Máximo Gómez 1062, Tel. 021 35 54 99, Di–So 21–2 Uhr, Eintritt 1 CUC. Fr–So ab 21.30 Uhr spielen Bands, mit Bar.

Aktiv

Ausflug in den Steinzoo ▶ Für Familien mit Kindern lohnt sich der Besuch im 20 km nördlich bei Boquerón in den Bergen gelegenen **Zoológico de Piedra.** Die Tiere des originellen Zoos wurden von dem Bauern Angel Iñigo aus Stein geschaffen (tgl. 9–17 Uhr, 1 CUC).

Verkehr

Flüge: Aeropuerto Mariana Grajales, 12 km südlich. Cubana, Calle Calixto García 817, zwischen Prado und Aguilera, Tel. 021 35 54 53, 35 59 12, Mo–Fr 7–11, 14–16 Uhr, fliegt 5 x wöchentl. nach Havanna.

Züge: Estación de Trenes, Pedro A. Pérez, Ecke Narciso López, Tel. 021 32 55 18, 32 55 91. Tgl. nach Havanna mit Stopps in allen größeren Städten.

Busse: Terminal de Ómnibus, Crta. Santiago (Verlängerung der Ave. Camilo Cienfuegos), Tel. 021 32 55 88. Víazul-Busse 1 x tgl. nach Baracoa (9 CUC) und Santiago (6 CUC).

Innerhalb der Stadt: Das beste Fortbewegungsmittel sind **Kutschen,** die festgelegte Routen befahren, z. B. vom Zentrum zum Hotel Guantánamo (1 CUP).

Taxis: Cubataxi, Tel. 021 32 36 36.

Von Guantánamo nach Baracoa ▶ T/U 8

Gut 150 km sind es noch von Guantánamo nach Baracoa. Bei **Tortuguilla** erreicht die Landstraße das Meer und führt über **San Antonio del Sur** und **Imías** Richtung Osten. Dieser einsame Küstenabschnitt bildet einen enormen Kontrast zu allem, was man bisher an cubanischen Landschaften gesehen hat. Ungewöhnlich trocken und von Kakteen bewachsen ist die Steilküste, die vorherrschenden Farben sind Gelb und Braun. Das ändert sich erst wieder, wenn die Straße bei **Cajobabo** ins Landesinnere abknickt und sich als **Passstraße La Farola** in die Berge der Cuchillas de Baracoa hinaufwindet. Allein dieser Abschnitt der Strecke durch dichten Bergregenwald lohnt die Fahrt nach Baracoa. Übrigens landeten José Martí und Máximo Gó-

Die Gegensätze des Oriente: Von der wüstenhaften Südküste ...

mez nach ihrem Exil in den USA 1895 just an der **Playa de Cajobabo** – ein günstiger Ort, denn jegliche Staatsmacht war weit.

Wer statt der Passstraße La Farola den äußersten Ostzipfel Cubas erkunden möchte, fährt von Cajobabo die Landstraße Richtung **La Máquina** weiter. Allerdings sollte man mit schlechten Straßen und nur notdürftig reparierten Brücken rechnen. Zuweilen ist die Strecke auch gesperrt, denn immer wieder spülen die Meereswellen Rauschgift an Land, das von Drogenhändlern über dem Meer abgeworfen und von seiner Zielperson verpasst wurde. Auf dem Weg nach **Maisí** kommt man an kilometerlangen Stränden aus schwarzem Sand vorbei. In den Hügeln verbergen sich viele Höhlen mit Wandmalereien der Indianer.

30 km östlich von Baracoa lohnt das Fischerörtchen **Yumurí** an der Mündung des gleichnamigen Flusses einen Halt. Die Einheimischen fahren mit Booten den Fluss hoch, der sich durch zwei tiefe Canyons schlängelt. Endpunkt der Tour ist ein Inselchen im Río Yumurí, wo eine Badepause eingelegt wird. Diesen Ausflug kann man auch von Baracoa aus unternehmen oder buchen.

Auf der restlichen Strecke nach Baracoa führt die landschaftlich wunderschöne Straße durch eine grüne Hügellandschaft mit ausgedehnten Palmenhainen und Obstplantagen, vorbei an einsamen wilden Sandstränden und durch den **Paso de los Alemanes,** einen natürlichen Felstunnel. Einheimische verkaufen Obst, Kokosnüsse und große Kakaokugeln, auch ein (illegales) Fisch- oder Langustenessen in einem Privathaus bekommt man hier auf Schritt und Tritt angeboten.

Übernachten

... in Yacabo Abajo:

An der Playa Yacabo ► **Campismo Yacabo Abajo:** Crta. Guantánamo–Baracoa Km 75, Tel. 021 88 02 89. 18 Zimmer in doppelstöckigen Häusern – eigentlich nur für Cubaner, aber es werden Ausnahmen gemacht. Die Anlage ist völlig der Sonne ausgesetzt und bietet kaum Schatten. 6 CUC p. P.

... in Imías:

Einfachste Hütten ► **Cabañas Playa Imías:** am gleichnamigen Strand, Tel. 021 88 03 56. 4 Cabañas mit ac oder Ventilator, schlechte

… geht es auf der Passstraße La Farola ins regenreiche Baracoa

Wasserversorgung. Nebenan liegen eine Cafetería und ein Restaurant. DZ ab 9 CUC.

15 Baracoa ►U 8

Cityplan: S. 416
Die abgeschiedene Lage und die für lange Zeit undurchdringlichen Berge bewirkten, dass Cuba über Jahrhunderte die Existenz von **Baracoa** vergaß, was dem Charme der Stadt und der Unberührtheit der Natur am östlichen Ende der Insel ausgesprochen gut getan hat. Nicht nur Musiker, Maler und Dichter sind von Baracoa verzaubert, das vielen als pittoreskester Ort der Insel gilt.

Geschichte

Eingeklemmt zwischen einem Bergmassiv, der schönsten Flussmündung Cubas und der grünblauen See, scheint Baracoa sich mit angeschwemmtem Strandgut, Schmuggel, Bananen, Kokosnüssen, Kakao und Illusionen über Wasser zu halten. Dabei war Baracoa einmal die *ciudad primada,* der erste Ort der Insel und für drei kurze Jahre die Hauptstadt Cubas. 1492 legte Kolumbus in der Bucht von Baracoa an, die er Puerto Santo (›Heiliger Hafen‹) taufte. Er errichtete hier im Dezember 1492 ein Holzkreuz und segelte weiter. Am 15. August 1511 gründete Diego Velázquez die Siedlung Nuestra Señora de la Asunción, doch auch ihn hielt es nicht lange in der Stadt. Er zog weiter ins strategisch günstiger gelegene Santiago de Cuba.

Der heutige Name Baracoa ist indianischen Ursprungs und bedeutet ›hohes Land‹ oder ›Existenz des Meers‹ – die Forscher sind sich nicht ganz einig, doch beide Bedeutungen treffen auf die idyllisch zwischen Bergen und Meer gelegene Stadt zu. In jedem Fall lebten viele Indianer hier und Flüchtlinge von den anderen eroberten Karibikinseln kamen hinzu. Beispielsweise der Kazike Hatuey, der sich und die Seinen von Haiti aus nach Baracoa gerettet hatte und erbitterten Widerstand gegen die Spanier leistete. 20 Jahre nach seiner Hinrichtung lehnten sich die Indianer in Baracoa erneut gegen die Spanier auf und die gesamte Stadt wurde niedergebrannt.

Baracoa existierte über Jahrhunderte mit dem Rücken zur Kolonie und mit dem Gesicht

Baracoa

Sehenswert
1 Castillo Seboruco
2 Museo Arqueológico La Cueva del Paraíso
3 Plaza Independencia
4 Catedral de Nuestra Señora de la Asunción
5 Plaza Martí
6 Fuerte Matachín
7 Fortaleza de la Punta

Übernachten
1 La Habanera
2 La Rusa
3 Rafael Navarro Gallardo
4 El Mirador
5 Porto Santo
6 Villa Maguana

zum Meer. Die Bürger der Stadt, Kaffee- und Kakaopflanzer, lebten vor allem vom Schmuggel und Tauschhandel mit den Nachbarinseln. Allerdings kamen auch häufig ungebetene Besucher übers Meer. Auf den Tortuga-Inseln nördlich von Haiti hatten berüchtigte Piraten ihr Zentrum, die Baracoa immer wieder überfielen. Also sah sich die Kolonialmacht gezwungen, die kleine Stadt mit massiven Bastionen zu umgeben, und baute die Festungen Seboruco, La Punta und Matachín. Baracoa war nach Havanna die am besten befestigte

Essen & Trinken
1 La Colonial
2 485 Aniversario
3 El Parque
4 Casa del Chocolate

Einkaufen
1 Fondo Cubano de Bienes Culturales
2 Artex
3 Atelier El Muro
4 Galería Cabo Verde

Abends & Nachts
1 Casa de la Trova
2 Casa de la Cultura
3 Bar El Patio
4 Terraza Artex

Stadt Cubas, ein merkwürdiger Zustand, da es hier eigentlich gar keine großen Reichtümer zu beschützen gab, denn die Berge hinter der Stadt erlaubten keine Zuckerplantagen. Von der *ciudad primera* wurde Baracoa schnell zur *ciudad muerta,* zur ›toten Stadt‹.

Das regenreiche und sehr feuchte Klima begünstigt den Anbau tropischer Früchte, weshalb sich die United Fruit Company im vergangenen Jahrhundert für die Gegend um Baracoa interessierte und Bananenplantagen anlegte. Doch als eine Plage 1944 die Pflanzen vernichtete, erlosch das Interesse wieder und die United Fruit zog sich zurück. Nach wie vor ist Baracoa ein Hauptanbaugebiet für Bananen, aber außerdem für Kokosnüsse, die dort auch zu Kokosmehl und Kokosöl weiterverarbeitet werden – hier steht die einzige Kokosölfabrik in Cuba. In den Bergen liegen die Kaffee- und Kakaopflanzungen.

Anschluss an die restliche Insel bekam Baracoa erst 1965 mit Fertigstellung der Passstraße La Farola. Das Wahrzeichen der Stadt ist El Yunque, »ein hoher und quadratischer Berg, der eine Insel zu sein scheint«, bemerkte Kolumbus. Yunque bedeutet ›Amboss‹ oder ›Schiff‹, was die Form des Bergs sehr gut umschreibt. Scherzhaft sagt man über Baracoa, seine Magie bestehe aus drei Lügen: das ›Schiff‹ sei kein Schiff, die Straße La Farola (›Leuchtturm‹) leuchte keineswegs und im Río de Miel (›Honigfluss‹) fließe auch kein Honig. Der lokale Sangesmatador Cayamba, der sich selbst als »alten Troubadour mit der hässlichsten Stimme der Welt« bezeichnete, sang über Baracoa, es sei »ein Schatz in einem Tresor aus Bergen«.

Kaum jemand, der dem Charme von Baracoa (45 000 Einwohner) nicht erliegt. Die Stadt und ihre herrliche Umgebung bieten genügend Stoff für einen mehrtägigen Aufenthalt – man muss nur aufpassen, dass daraus keine ewige Liebe entsteht, wie die Legende vom Honigfluss weissagt: Es war einmal eine junge, hübsche Frau, die wegen ihrer goldglänzenden Haut und Augen und ihrer sanften Art liebevoll Miel (›Honig‹) genannt wurde. Eines Tages badete sie im Fluss und wurde dabei von einem Mann beobachtet, der in einem Boot vorüberfuhr. Von ihrer Schönheit verzaubert ging er an Land und machte ihr den Hof. Miel verliebte sich so sehr in den Mann, dass sie bald fürchtete, er könne sie eines Tages verlassen. Vor lauter Angst begann sie zu weinen, und ihre Tränen flossen in den Fluss, dessen Wasser immer süßer und süßer wurde. Der Mann verschob seine Weiterreise jeden Tag aufs Neue, um im Fluss zu baden. Er konnte sich nicht losreißen, blieb und vermählte sich mit Miel. Seitdem wird der Fluss Río Miel genannt – und man sagt, wer in seinem Wasser badet, verheiratet sich in Baracoa und bleibt der Stadt für immer treu.

Castillo Seboruco 1

Einen ersten Überblick über Baracoa verschafft man sich am besten vom **Castillo Seboruco,** das sich etwa 40 m über der Stadt erhebt. Das zwischen 1739 und 1742 erbaute Fort diente zunächst als Befestigung gegen die Engländer und später als Gefängnis. Heutzutage muss der Aufenthalt in dem Gemäuer bezahlt werden, denn hier hat sich das hübsche **Hotel El Castillo** (s. S. 421) eingerichtet. Allein des herrlichen Panoramablicks wegen lohnt sich der Aufstieg, der sich mit einer Mahlzeit im besten Restaurant der Stadt oder auch nur mit einem Mojito auf der Poolterrasse weiter versüßen lässt.

Museo Arqueológico La Cueva del Paraíso und Cuevas Tainas

Knapp 300 m vom Hotel entfernt liegt das **Museo Arqueológico La Cueva del Paraíso 2,** das unbedingt einen Besuch lohnt. Die Gegend um Baracoa ist eine Schatztruhe für archäologische Funde aus präkolumbischer Zeit und dieses in einer natürlichen Höhle liebevoll eingerichtete Museum vermittelt einen sehr guten Eindruck davon. Alle Exponate wurden in der unmittelbaren Umgebung der Stadt gefunden, darunter faszinierende Petroglyphen und zeremonielle Gegenstände der Taínos. Besonders beeindruckend ist die Begräbnisstätte mit sehr gut erhaltenen Skeletten (Calle 2, Reparto Paraíso, Mo–Fr 8.30–17, Sa/So 8.30–12 Uhr, 3 CUC).

Das Umland von Baracoa vereint übrigens die größte Konzentration von Petroglyphen nicht nur in Cuba, sondern in der gesamten karibischen Inselwelt. Die englischsprachigen Führer des Museums, alles (angehende) Archäologen, bieten auch Wanderungen zu bedeutenden archäologischen Stätten in der Umgebung an, z. B. zu den 3 km entfernten **Cuevas Taínas,** zwei Höhlen mit Zeugnissen präkolumbischen Lebens wie Felszeichnungen, einer Begräbnisstätte und Ruinen von Zeremonialplätzen (ca. 4 Std. hin und zurück, ab 5 CUC pro Person).

Karibische Köstlichkeiten in Baracoa

Thema

Zugegeben, die cubanische Küche hebt nur höchst selten zu kulinarischen Höhenflügen ab: Bestimmendes Element der Speisekarte ist Reis mit Bohnen – mal gemischt, mal getrennt, mal soßig, mal trocken. Nicht so im tropischen Baracoa, wo ganz anders gekocht wird als im übrigen Cuba ...

Haben Sie je Reis mit Kokosnuss probiert? Oder Fischfilet nach Art der heiligen Barbara? Dafür wird eine Kokosnuss zerkleinert, gestampft und durch ein feines Tuch gepresst. Mit Kräutern, Koriander, süßen Zwiebeln, Knoblauch und Oregano köchelt das Kokosmus Stunden vor sich hin, bis eine sämige Soße entsteht, in der Fische und Meeresfrüchte gegart werden. Beides sind traditionelle Gerichte aus Baracoa, wie auch das ganz ähnliche *enchilado* auf der Basis von Meer- oder Flusskrebs, der angereichert mit Tomaten, einheimischen Gewürzen und Chili gekocht und zum Schluss mit Kokosmilch abgeschmeckt wird.

Das *calalú* ist eigentlich eine Speise für die afrocubanischen Götter, doch am östlichen Zipfel Cubas dürfen sich an der ebenfalls in Kokosmilch gekochten Köstlichkeit (eine Mischung aus verschiedenen Knollenfrüchten) auch Sterbliche gütlich tun. Oder darf es eine Kanonenkugel *(bola de cañón)* sein? Man glaubt, eine gefüllte Kartoffel zu essen, doch die Kartoffel ist eine besonders schmackhafte Sorte Gemüsebananen. Aus den Gemüsebananen macht man hier auch *frangollo,* was nichts anderes ist als knusprig frittierte und zerstampfte Bananenscheiben.

Den zahlreichen pikanten Gerichten aus Gemüsebananen und Kokosnuss folgen die fantasievollen süßen Leckereien wie *chorote,* eine köstliche dickflüssige Schokolade, *pudín de boniato* aus Kokosmilch, Zucker und Süßkartoffeln, frittierte *buñuelos* aus Yucca oder *yemitas,* sehr süße Bällchen aus Kokosnuss und Kakao, sowie *turrón de coco* aus geraspelter Kokosnuss, Milch, Vanille und Zucker.

Höhepunkt der Naschereien aber dürfte Baracoas eigenwilligste Kreation sein: *cucurucho,* eine mit Apfelsinen, Ananas, Papayas und Honig versetzte Kokosraspelköstlichkeit, kunstvoll eingewickelt in Palmblätter. Für Kokosnuss-Junkies ein Muss ist daher auch der Besuch in der weltweit einzigartigen **Fábrica de Cucurucho,** etwa 2 km westlich von Baracoa an der Hauptstraße Richtung Moa gelegen. Neugierige Besucher sind jederzeit willkommen und können den Produktionsprozess vom Aufschlagen der Kokosnüsse über die Zubereitung der klebrigen Masse bis zu ihrer eigenwilligen Verpackung verfolgen. Von den rund 20 Arbeitern werden täglich bis zu 1500 Cucurucho-Hütchen zusammengebastelt – natürlich alles in Handarbeit und unter erschreckend einfachen Bedingungen. Der Eintritt in die Fabrik ist kostenlos, doch über ein paar Pesos extra freut sich hier jeder (Crta. de Mabujabo Km 1,5, Tel. 021 64 33 30, Mo–Fr 7–15 Uhr).

Wie sagte doch Alejo Carpentier in seinem Roman »Sacre du Printemps«?: »Baracoa ist ein Liliput aus Frangollos, warmer Schokolade und Haifischgulasch ...«

Für ein lukullisches Abenteuer in Baracoa eignen sich übrigens am besten das Restaurant Duaba im Hotel El Castillo oder der Paladar La Colonial (s. S. 422).

Plaza Independencia

Der Hauptplatz von Baracoa, die **Plaza Independencia** 3 (auch Parque Central), ist ausnahmsweise dreieckig. Hier hat man einem berühmten Opfer der spanischen Eroberung und Missionierung ein Denkmal gesetzt. Die Bronzebüste auf dem Platz erinnert an den Indianerkaziken **Hatuey,** der in den Bergen von Baracoa lebte, gegen die Spanier kämpfte und 1512 bei Yara auf dem Scheiterhaufen verbrannt wurde. Überragt wird die kleine Plaza Independencia von der **Catedral de Nuestra Señora de la Asunción** 4. Nachdem Piraten die Kirche im Jahr 1652 zerstört hatten, entstand 1803 diese auch innen recht schlichte Kathedrale. Größte Sehenswürdigkeit ist das Santa Cruz de la Parra (›Kreuz des Weinstocks‹), das Kolumbus angeblich aus Spanien mitgebracht und am 1. Dezember 1492 am Westufer der Bahía de Baracoa in den Boden gerammt hat – die Stelle gehört heute zum **Hotel Porto Santo** 5 (s. S. 422) und kann besichtigt werden. Bei dem Kreuz, dem eine wundertätige Macht zugeschrieben wird, handelt es sich wahrscheinlich um die älteste europäische Reliquie in der Neuen Welt. Die Kirche ist häufig geschlossen – versuchen Sie es am Nebeneingang in der Calle Maceo oder während der Messen: Di–Fr 18 Uhr, Sa 20 Uhr, So 9/10 Uhr.

Plaza Martí und Fuerte Matachín

Nur wenige Schritte sind es von der Plaza Independencia zur **Plaza Martí** 5, Baracoas geschäftigstem Platz und Beginn der Einkaufsstraße José Martí. An deren östlichem Ende ist im gut erhaltenen **Fuerte Matachín** 6 (1739–42) das **Museo Municipal** untergebracht, das der umtriebige Stadthistoriker Alejandro Hartmann zu einer sehenswerten Dokumentation über den Mythos Baracoa verwandelt hat. Er sammelte die Spuren der wenigen berühmten Persönlichkeiten von Baracoa: vom Sänger Cayamba und von La Rusa zum Beispiel (s. S. 422), die sich in die Stadt und die Revolution verliebt hatte und lange in einem Haus lebte, das heute das **Hotel La Rusa** 2 ist. Auch noch viele andere dramatische, amüsante und heroische Anekdoten aus der Stadtgeschichte von den präkolumbischen Tagen bis in die heutige Zeit sind im Stadtmuseum einzusehen, außerdem historische Waffen, Exponate aus dem Unabhängigkeitskrieg und der Revolution sowie eine beeindruckende Sammlung farbenprächtiger Landschnecken, *polymita* genannt, die nur in dieser Gegend vorkommen. Abends finden im großen Innenhof oft kostenlose Musikveranstaltungen statt (Tel. 021 64 21 22, tgl. 8–12, 14–18 Uhr, 1 CUC).

Fortaleza de la Punta 7

Ein Bummel über Baracoas reichlich nüchterne Uferpromenade **Malecón** führt, vorbei am Hotel La Rusa, zur dritten und letzten Fes-

tung der Stadt, der 1803 gebauten **Fortaleza de la Punta** in der Avenida de los Mártires. Gespickt mit (heute leeren) Kanonen bewachte sie einst den Hafen von Baracoa. Inzwischen beherbergt das Gemäuer ein nettes Restaurant, in dem am Wochenende abends eine bunte – und laute – Show geboten wird.

Infos

Havanatur: Calle Maceo 120, Tel. 021 64 53 58, Mo–Fr 8–12, 14–17.30, Sa 8–12 Uhr. Allgemeine Infos sowie u. a. Exkursionen in die Umgebung, z. B. Parque Nacional Alejandro de Humboldt (ab 24 CUC), El Yunque (ab 16 CUC), Río Toa und Río Yumurí (je um 20 CUC).
Cubatur: Calle Maceo 147, Tel. 021 64 53 06, Mo–Sa 8–12, 14–17, So 8–12 Uhr.
Archipiélago (Ecotur): Calle Coronel Cardoza 24, Tel. 021 64 36 65, Mo–Sa 8–12, 14–17, So 8–12 Uhr. Im Büro der Nationalparkbehörde bekommt man Infos über die National- und Naturparks der Umgebung; die Preise der Touren liegen etwas über dem Durchschnitt, z. B. Parque Nacional Alejandro de Humboldt ab 32 CUC.
Cadeca: Calle Martí 241.
Internet: Etecsa, Calle Maceo, Plaza Independencia, tgl. 8.30–19 Uhr.

Übernachten

... im Zentrum:
Unterkunft in einer Festung ▶ **El Castillo** 1 (Gaviota): Calle Calixto García, Loma del Paraíso, Tel. 021 64 51 65, Fax 021 35 55 19,

Der unvergessene Che Guevara grüßt von einer Hauswand in Baracoa

Tipp: Fiesta umsonst und draußen

Die zentrale **Plaza Independencia** ist Treffpunkt der Jugendlichen. Fast jeden Samstagabend verwandeln sich der Platz und die Calle Maceo in eine riesige Open-Air-Kneipe mit laut schallender Musik und viel, viel Bier, das der Einfachheit halber gleich direkt von Tankwagen, sogenannten *pipas de cerveza* ausgeschenkt wird (und ziemlich gepantscht ist).

www.gaviota-grupo.com. Das schönste Hotel Baracoas liegt 10 Min. vom Zentrum entfernt im ehemaligen spanischen Fort und bietet einen tollen Blick über Stadt, Meer und Hinterland (die beste Aussicht haben die Zimmer Nr. 201–211). Gutes Restaurant mit lokaler Speisekarte. 34 Zi., EZ ab 42 CUC, DZ ab 58 CUC inkl. Frühstück.

Herrlich kolonial ▶ La Habanera 1 (Gaviota): Calle Maceo 124, Tel. 021 64 52 73, 64 52 25, Fax 021 64 52 26, www.gaviota-grupo.com. Dieses zentrale Hotel im Kolonialstil hat nur 10 Zimmer, die hübsch mit Korbmöbeln eingerichtet sind und über TV, Telefon und Minibar verfügen – Nr. 101, 108, 109 und 110 sogar über einen Balkon mit Meerblick. Auch sehr nettes Restaurant und hübscher Patio mit Cafetería. EZ ab 30 CUC, DZ ab 35 CUC inkl. Frühstück.

Geschichtsträchtig ▶ La Rusa 2 (Gaviota): Calle Máximo Gómez 161, Ecke Malecón, Tel. 021 64 30 11, Fax 021 64 23 37, www.gaviota-grupo.com. Am Malecón liegt diese Unterkunft, in dem sich die Russin Magdalena Rowenskaia auf der Flucht vor der bolschewistischen Revolution in den 1930er-Jahren niederließ. Sie gab dem Hotel ihren Namen, der cubanische Schriftsteller Alejo Carpentier machte es mit seinem Roman »Le Sacre du Printemps« berühmt. Auch Fidel Castro, Che Guevara und Errol Flynn haben hier schon gewohnt. Zimmer mit Meerblick, einfach und sauber. 12 Zi., EZ ab 25 CUC, DZ ab 30 CUC.

Stilvolle Casa Particular ▶ Rafael Navarro Gallardo 3 (privat): Calle Félix Ruenes 29, zwischen Coroneles Galano und Céspedes, Tel. 021 64 34 41, adiscu10@gmail.com. Großes, helles und sauberes Zimmer im 1. Stock mit Terrasse, Meerblick und viel Privatsphäre. Die gebildeten Vermieter, ein Lehrerehepaar, wissen mit allerlei Infos und Material über Baracoa zu helfen. 15–20 CUC (je nach Saison inkl. Frühstück).

Angenehm luftige Zimmer ▶ El Mirador 4 (privat): Calle Maceo 86, zwischen 24 de Febrero und 10 de Octubre, Tel. 021 64 26 47, ilianacu09@gmail.com. 2 helle Zimmer im 1. Stock eines Kolonialhauses. Großer Balkon mit Blick bis zum Meer. 12–15 CUC.

... außerhalb:

Hier landete Kolumbus ▶ Porto Santo 5 (Gaviota): Crta. del Aeropuerto, 2 km westlich des Zentrums, Tel. 021 64 51 06, 64 35 46, Fax 021 35 55 18, www.gaviota-grupo.com. Schöner Blick über die Bucht, Pool mit Bar, kleiner Privatstrand, Tennisplatz, Mietwagen, Infobüro. Trotz des nahen Flughafens wohnt man hier ruhig, aber leider etwas ab vom Schuss. 60 Zi., EZ ab 42 CUC, DZ ab 56 CUC inkl. Frühstück.

Romantik pur ▶ Villa Maguana 6: s. Beschreibung S. 371.

Essen & Trinken

Lokale Spezialitäten ▶ Duaba (staatl.): im Hotel El Castillo 1 (s. S. 421), Tel. 021 64 51 65, tgl. 12–14.30, 19–21.45 Uhr. In der Burg speist man etwas vornehmer als in der Stadt. Empfehlenswert sind typische Gerichte aus Baracoa wie Fisch in Kokosmilch mit Koriander und Oregano (8 CUC). Das Lokal gilt zu Recht als bestes der Stadt.

Speisen bei Kerzenlicht ▶ La Colonial 1 (privat): Calle José Martí 123, Tel. 021 64 53 91, tgl. ab 10 Uhr. Baracoas einziger Paladar bietet ein hübsches Ambiente, kulinarische Spezialitäten der Region (z. B. Fisch in Kokosmilch), große Portionen und einen freundlichen Service. Hauptgerichte 7–9 CUC.

Fisch und Meeresfrüchte ▶ Vista al Mar (staatl.): im Hotel La Rusa 2 (s. S. 420), Tel. 021 64 30 11, tgl. 18–21.45 Uhr. Hat zwar nur wenige Gerichte zur Auswahl, bietet aber dafür eine Terrasse mit Blick auf den Malecón und das Meer. Hauptgerichte ab 3 CUC.

Günstig ▶ 485 Aniversario 2 (staatl.): Calle Maceo 141, Plaza Independencia, 24 Std. In der Cafetería mit dem Zungenbrechernamen *(cuatrocientos ochenta y cinco)* werden sehr preiswertes Backhuhn und Fisch serviert. Fast jeden Abend Live-Musik und ausgelassene Stimmung.
Snacks im Freien ▶ El Parque 3 (staatl.): Calle Maceo 142, Plaza Independencia, tgl. 8–2 Uhr. Unter freiem Himmel genießt man kleine Gerichte, ab 21.30 Uhr mit begleitender Live-Musik, dann 1 CUC Eintritt.
Schokolade zum Trinken ▶ Casa del Chocolate 4: Calle Maceo 121, tgl. 7–22.45 Uhr. Köstliche Kakaogetränke *(chorote)*, leckere Kuchen und schlichtweg traumhafte Eiscreme für Pesos Cubanos.

Einkaufen

Baracoas schwül-heißes Klima zeigt auch Auswirkungen auf die Öffnungszeiten: Zwischen 12 und 14 Uhr haben die meisten Geschäfte geschlossen.
Souvenirs aller Art ▶ Fondo Cubano de Bienes Culturales 1: Calle Maceo 120, Mo–Sa 9–18 Uhr. Recht gut sortierter Souvenirshop und Kunstgalerie mit Werken verschiedener Künstler aus Baracoa. Wenn sie nicht ausgestellt sind, sollte man nach Arbeiten der Maler Pedro Sabo und Orlando Piedra fragen. **Artex 2**: Calle Martí, Ecke Céspedes, Mo–Sa 9–17, So 9–12 Uhr. Postkarten, Bücher, CDs etc.
Kunst ▶ In Baracoa findet man zahlreiche kleine Galerien, u. a.: **Atelier El Muro 3**: Calle Coronel Cardoza 1, tgl. 9–13, 16–19 Uhr. In dem winzigen Atelier des malenden Ehepaars Roles und Inalbis entstehen naive, mit viel Ironie und Tiefsinn gespickte Gemälde (ab 40 CUC). **Galería Cabo Verde 4**: Calle Maraví 30, zwischen Maceo und Rubert López, tgl. 8–12, 14–18 Uhr. Überwiegend naive Malerei, man kann den Künstlern bei der Arbeit zusehen. Bilder ab 20 CUC.

Abends & Nachts

Sympathische Atmosphäre und gute Musik ▶ Casa de la Trova 1: Calle Maceo 149-B, tgl. 10–24 Uhr, Eintritt 1 CUC. Die Trovadores aus Baracoa spielen versiert und sehr herzergreifend.
Kulturhaus ▶ Casa de la Cultura 2: Calle Maceo 124, Tel. 021 64 23 64, tgl. ab 21 Uhr, Eintritt frei. Abwechselnd wird traditionelle (z. B. mit der Band Nueva Trova) und afrocubanische (z. B. mit der Profi-Gruppe Bararumba) Live-Musik gespielt.
›Der Innenhof‹ ▶ Bar El Patio 3: Calle Maceo, zwischen Frank País und Maraví, Tel. 021 64 51 97, tgl. ab 10 Uhr, Eintritt abends 1 CUC. Hier kann man ein Bier trinken, sich mit kleinen Snacks stärken und mitreißenden Bands lauschen.
Meist sehr voll und sehr laut ▶ Terraza Artex 4: Calle Maceo 129 (altos), neben dem Fondo de Bienes Culturales, Mo–Fr 22–24, Sa/So 22–1 Uhr, Eintritt ab 1 CUC. Show und Live-Musik auf einer Open-Air-Terrasse – tanzen und trinken bis zum Umfallen.

Aktiv

Baden ▶ Kleine Strände, viele davon mit schwarzem bzw. dunklem Sand, laden zum Schwimmen und Sonnenbaden ein. Mit Abstand am schönsten sind die Playa Maguana ca. 22 km nordwestlich von Baracoa (s. S. 371) sowie die Playa Blanca 5 km südöstlich der Stadt. Auch an den Flüssen gibt es idyllische Badeplätze, z. B. im Río Duaba entlang der Schotterpiste zum Campismo El Yunque.
Wandern ▶ Exzellente Wandermöglichkeiten bietet der Parque Nacional Alejandro de Humboldt (s. S. 371) ca. 32 km westlich von Baracoa. Jede Reiseagentur in Baracoa hat organisierte Touren dorthin im Programm.

Termine

Festival de Cultura Tradicional: Erste Aprilwoche. Das Datum erinnert an die Landung von General Antonio Maceo an der Playa Duaba am 1. April 1895, dem Beginn des zweiten Unabhängigkeitskriegs gegen Spanien. Den Auftakt bildet eine Prozession zum Duaba-Denkmal, danach eine Kulturwoche mit Musik, Tanz, Ausstellungen, Kochwettbewerben und einer Fiesta am Malecón.
Festival anlässlich der Gründung Baracoas: 13.–15. Aug. Ähnliches Programm.

Waschplatz, Transportweg, Wasserreservoir – der Río Toa hat viele Funktionen

Verkehr

Flüge: Aeropuerto Gustavo Rizo, ca. 3 km westl. vom Zentrum nahe dem Hotel Porto Santo, Tel. 021 64 22 16, 64 53 75. Cubana, Calle José Martí 181, Tel. 021 64 53 74, Mo–Fr 8–12, 14–17 Uhr; 4 x wöchentl. nach Havanna (128 CUC), davon 2 x mit Stopp in Santiago (32 CUC).

Busse: Terminal Interprovincial, Ave. Los Mártires, Ecke José Martí, Tel. 021 64 36 70, 64 38 80. 1 x tgl. Víazul-Busse über Guantánamo nach Santiago de Cuba (15 CUC). Tickets unbedingt rechtzeitig besorgen, da die Busse oft ausgebucht sind.

Mietwagen: Vía Rent a Car, Calle Calixto García, Ecke Loma del Paraíso, Tel. 021 64 16 64. Weitere Verleiher u. a. in den Hotels El Castillo und Porto Santo.

Innerhalb der Stadt: Kutschen befahren festgelegte Routen auf allen größeren Straßen und kosten 1 CUP pro Person. **Bicitaxis** verlangen 5 CUP für Fahrten innerhalb der Stadt (falls sie Ausländer mitnehmen). Verleih von **Motorrollern** in der Cafetería El Parque (s. S. 423) und bei Vía Rent a Car (s. oben).

Fahrräder – oft sehr alte Vehikel ohne funktionierende Bremse – kann man in der Calle Coronel Cardoza 1, neben dem Atelier el Muro, leihen.

Bus Turístico: Tgl. 9–18 Uhr verkehrt ein Touristenbus mit Stopps an den interessantesten Punkten: Parque Central, Fuerte Matachín, Hotel La Rusa, Hotel Porto Santo, El Yunque, Rancho Toa und Playa Maguana. Für 5 CUC kann man zusteigen, sooft man will.

Taxis: Cubataxi, Tel. 021 64 37 37.

Die Umgebung von Baracoa ▶ U 7/8

Die Bergwelt Baracoas mit ihren subtropischen Regenwäldern, Flusstälern und Höhlen ist ein in der Karibik einzigartiges ökologisches Reservat, das 1987 von der UNESCO unter Schutz gestellt wurde. Erst seit kurzer Zeit wird hier sanfter Tourismus praktiziert. Alle Ausflüge können in den Reiseagenturen vor Ort gebucht oder auf eigene Faust unternommen werden. Abgesehen vom **Río Yu-**

aktiv unterwegs

Bootsfahrt auf dem Río Toa

Tour-Infos

Start: geführte Tour, Abholung im Hotel
Dauer: ca. 6 Std.
Buchung: bei Cubatur oder Havanatur (s. S. 421), 20 CUC p. P. inkl. Transport

Cubas wasserreichster Fluss, der Río Toa, liegt ca. 8 km nordwestlich von Baracoa und entspringt auf 947 m in den Cuchillas del Toa (›Messer des Toa‹). Bereits ein Erlebnis ist die ca. 1-stündige Wanderung entlang dem Unterlauf durch tropischen Regenwald, in dem zahlreiche Papageienarten durch lautes Kreischen auf sich aufmerksam machen.

Den Fluss in seiner ganzen Schönheit lernt man bei der anschließenden Bootsfahrt kennen. In einer der traditionellen *cayucas,* die aus einem Stück Holz geschnitzt sind, treibt man langsam dem Meer entgegen. Hinter jeder Flussbiegung wartet eine neue Überraschung. Schmale Canyons wechseln sich mit weiten Ebenen ab und immer wieder lugt der Yunque über dem Dschungeldach heraus. Jede Familie, die am Flussufer lebt, hat ihre eigene *cayuca,* und der Volksmund sagt, die Kinder am Río Toa lernten zuerst paddeln und dann laufen.

Auf dem Programm steht außerdem eine längere Pause an der Playa Duaba (s. unten).

murí (s. S. 414) liegen alle lohnenswerten Ziele westlich von Baracoa, darunter auch die **Playa Maguana** und der **Parque Nacional Alejandro de Humboldt** (s. S. 371).

Finca Duaba und Playa Duaba

Nach 2,5 km auf der Straße nach Moa zweigt links eine gute Piste zum Campismo El Yunque und zur **Finca Duaba** ab. Auf der 3,5 ha großen Plantage kann man das Landleben genießen, bei einer kurzen Führung die verschiedensten Pflanzen kennenlernen, sich mit kreolischen Gerichten stärken und im nahen Río Duaba schwimmen. An der Mündung des Duaba befindet sich der berühmte schwarze Strand, die **Playa Duaba,** an dem General Antonio Maceo am 1. April 1895 aus dem Exil kommend landete (Finca: tgl. 8–17 Uhr, Führung 1 CUC, Spanferkel inkl. Vor- und Nachspeise 10 CUC).

El Yunque

El Yunque, der Tafelberg Baracoas, ist mit 575 m die höchste Erhebung im Umkreis und gehört zum **Parque Natural Duaba.** Wer hier hinauf möchte, muss einen Guide mitnehmen und eine gute Kondition haben – die Wanderung hin und zurück dauert ca. vier Stunden. Flora und Fauna sind einzigartig: Wasserfälle und wild wachsende Orchideen, Baumfarne, in allen Grüntönen schimmernde Moose, uralte Bäume und in jahrhundertelanger Abgeschiedenheit lebende Spezies, von denen viele noch gar nicht erforscht sind, machen den Yunque zu einem spannenden Ausflugsziel. Ganz sicher erspäht man Kolibris und mit etwas Glück sogar Cubas Nationalvogel, den Tocororo. Die Aussicht von der Höhe auf die sattgrüne Dschungellandschaft und die mit Kokospalmen bewachsenen Flusstäler bis hin zur karibischen See ist atemberaubend. Früher gab es auf dem Berg übrigens viele *palenques,* Gemeinschaften entflohener Sklaven, die hier den nötigen Schutz fanden.

Guides warten 4 km von der Hauptstraße entfernt in einem Häuschen am Eingang des **Campismo El Yunque** (nur für Cubaner) auf Kundschaft. Die Station ist täglich von 8–18 Uhr besetzt, aber wegen des schwülen Klimas sollte eine Tour auf den Yunque nur früh am Morgen gestartet werden. Die geführte Wanderung auf den Berg kostet 13 CUC pro Person, zum Wasserfall **La Cascada** mit schönem Badepool 8 CUC (2 Std. hin und zurück).

Register

Abakuá 73
Abenteuersport 117
Adressen 135
Afrocubaner 59
Agramonte, Ignacio 330, 335
Aguas Claras 234
Águila, Gorki 94
Alamar 205
Aldea Taína 364
Alltagskultur 56
Alturas del Nordeste 326
Álvarez, Adalberto 93
Álvarez, Santiago 101
Angeln 130
Anreise 120
Antonelli, Bautista 388
Aponte, José Antonio 45
Apotheken 143
Archipiélago de Camagüey 327
Archipiélago de los Canarreos 210
Archipiélago Jardines de la Reina 322
Archipiélago Los Colorados 238
Arenas, Reinaldo **96,** 137
Arrate, José Martín Félix de 43
Arroyo Naranjo 225
Ärztliche Versorgung 142
Ausgehen 134
Auslandskrankenversicherung 120, 142
Ausrüstung 141

Babalawo 62, 70
Babalú Ayé 61
Bacardí, Emilio 397, 398
Bahía de Bariay 361
Bahía de Cochinos 51, **271**
Bahía de Corrientes 245
Bahía de Naranjo 362
Bahía de Nipe 350, **370**
Baire 386
Balboa, Silvestre de 372
Ballett 134
Banao 297
Banes 367
Baracoa 415
Barnet, Miguel **95,** 298
Bartolomé de las Casas 41, 273, 285
Bartolomé Masó 378
Bases Llenas 94
Basílica de Nuestra Señora del Cobre 386
Batá 68
Batista, Fulgencio **48,** 368
Bayamo 373
Bedia, José 99
Behinderte 119
Betancourt, Ana 330
Bevölkerung 15
Bewegung des 26. Juli **48,** 275, 375, 407
Bildung 31
Birán 368
Boca Ciega 206
Boca de Guamá 267
Bolero 89
Bolívar, Simón 176
Bootsausflüge 118
Brey, Ricardo 99
Bru, Lardo 48
Bruguera, Tania 100
Buena Vista Social Club 89

Cabaiguán 305
Cabaret 134
Cabeza 243
Cabildo 77
Cabo Cruz 383
Cabo de San Antonio 245
Cabrera Infante, Guillermo 96
Cadelo, Claudia 37, **38**
Cafetal La Isabélica 407
Caibarién 316
Cajobabo 413
Caleta Buena 272
Caletón Blanco 385
Camagüey 330
Campismos 129
Cárdenas 264
Carpentier, Alejo **95,** 158, 176
Casa de la Cultura 134
Casa de la Trova 84, 134
Casas Particulares 128
Casilda 290
Castillo de Jagua 282
Castro, Raúl 26, 32, 51
Cavernas Boquerones 326
Cayería del Norte 327
Cayo Coco 19, **326**
Cayo Ensenachos 318
Cayo Granma 406
Cayo Guillermo 19, **326**
Cayo Jutías 235, **238**
Cayo Largo 19, 22, **214**
Cayo Las Brujas 317
Cayo Levisa 238
Cayo Media Luna 327
Cayo Naranjo 362
Cayo Paraíso 238
Cayo Paredón Grande 327
Cayo Romano 327
Cayo Sabinal 341
Cayo Saetia 370
Cayo Santa María 19, **317**
Central Australia 267
Céspedes, Carlos Manuel de **46,** 47, 373, 382, 398
Chachachá 87
Chambas 317
Changó 64
Charanga Habanera 93
Che Guevara 48, 305, 308, **310,** 383
Chinesen 56
Chivirico 384
Ciego de Ávila 319
Ciénaga de Zapata 271
Cienfuegos 273
Cojímar 205
Comandancia de la Plata 378
Comparsa 77
Complejo Turístico Las Terrazas 220

Der Haupteintrag ist **fett** hervorgehoben.

Comunidad Artística Verraco 408
Comunidad Los Aquáticos 237
Condado 297
Contramaestre 386
Cooder, Ry 89
Cordillera de Guaniguánico 19
Cortés, Hernán 41, 285, 388
Cortés, José Luís 93
Crucecitas 283
Cubakrise 51
Cuchillas de Baracoa 413
Cueto 368
Cueto, Rafael 81
Cueva de los Portales 225
Cueva de San Miguel 237
Cueva del Indio 237
Cueva Punta del Este 212
Cueva Santo Tomás 19, **237**
Cuevas de Bellamar 256
Cuevas de los Panaderos 359
Cuevas Taínas 418

Damas de Blanco 36
Danzón 86
Delgado, Isaác 93
Dessalines, Jean-Jacques 43, 58
Diaz, Jesús 37, **96**
Diego Velázquez 41, **285,** 372, 388, 393, 415
Diplomatische Vertretungen 112
Dos Palmas 386
Drake, Francis 156
Drogen 135
DuPont 258

Einkaufen 133
Einreise 120
Eintrittspreise 119
El Cobre 387
El Cucalambé 344
El Mégano 206
El Nicho 283
El Yunque 425
Eleggúa 65
Elektrizität 141
Embalse Zaza 22, **302**
Emigranten 56
Ensenada de Siguanea 212
Essen und Trinken 102
Esson, Tomás 99
Estévez, Abilio 97

Fallschirmspringen 118
Farallones de Seboruco 369
Fauna 18
Feiertage 79
Fernsehen 144
Ferrer, Ibrahím 90
Festivals 78
Fidel Castro 48, **49,** 172, 210, 367, 368, 378, 379, 383, 387
Figueredo, Perucho 373
Filé 386
Film 101
FKK 117
Flora 16
Florencia 317, **325**
Floro Pérez 362
Fotografieren 135
Frauen allein 135
Fray Benito 362
Friedensvertrag von Paris 46
Friedensvertrag von Zanjón 46

García, Calixto 350, 353
Garciandía, Flavio 98
Geldwechsel 138
General Brooke 46
General Crowder 47
Geografie 14, **19**
Geschichte 14, **40**
Gesellschaft 56
Gesundheit 30, **142**
Gesundheitstourismus 142
Gibara 357
Golf 130
Golfo de Guacanayabo 379
Gómez, Mariano 48
Gómez, Máximo **46,** 330, 413
González Morillo, Leovigildo 235
González, Elián 266
González, Rubén 87
Gran Parque Natural Montemar 22, **267**
Gran Parque Natural Topes de Collantes **293,** 294
Gran Piedra 407
Grito de Yara **45,** 373
Guanabacoa 59, **204**
Guanabo 206
Guanahatabeyes 245
Guane 243, 244
Guantánamo 410
Guardalavaca 19, **362**
Guevara, Ernesto 48, 305, 308, **310,** 383
Guillén, Nicolás 16, **95,** 259, 333
Gutiérrez Alea, Tomás 101

Haiti 43
Haitianer **58,** 389
Havanna 42, **154**
– Acuario Nacional 188
– Almacenes San José 175
– Altstadt 163
– Ausgehen 195, 198
– Basílica de San Francisco de Asís 172
– Bodeguita del Medio 171
– Callejón de Hamel 186
– Capitolio 180
– Casa Benito Juárez 176
– Casa de África 176
– Casa de Baños 170
– Casa de la Obra Pía 176
– Casa de las Américas 187
– Casa de los Árabes 172
– Casa de los Marqueses de la Real Proclamación 174
– Casa de Simón Bolívar 176
– Casa del Conde de la Reunión 171
– Casa del Obispo 172

Register

– Casa Natal de José Martí 175
– Castillo de la Real Fuerza 165
– Castillo de los Tres Reyes del Morro 181
– Castillo de San Salvador de La Punta 181
– Catedral 169
– Cementerio Cristóbal Colón 187
– Centro Asturiano 180
– Centro de Arte Contemporáneo Wifredo Lam 171
– Centro de Arte La Casona 173
– Colección Arte de Nuestra América 187
– Convento de Santa Clara 174
– Cuervo y Sobrinos 173
– Droguería Johnson 177
– Edificio FOCSA 185
– Einkaufen 194
– El Floridita 195
– El Templete 168
– Essen 191
– Estación Central 175
– EXPO Cuba 203
– Fábrica de Tabacos Partagás 180
– Farmacia Taquechel 177
– Finca La Vigía 203
– Fortaleza San Carlos de la Cabaña 181
– Fototeca de Cuba 173
– Gabinete de Arqueología 169
– Galería Haydée Santamaría 187
– Geschichte 155
– Giraldilla 165
– Gran Teatro de La Habana 180, **198**
– Habana Vieja 163
– Heladería Coppelia 186
– Hotel Ambos Mundos 176
– Hotel Habana Libre 184
– Iglesia de San Francisco de Paula 175
– Iglesia del Espíritu Santo 174
– Iglesia y Convento San Agustín 175
– Informationen 188
– Jardín Botánico 203
– Lonja del Comercio 172
– Malecón 182
– Manzana de Gómez 180
– Maqueta de La Habana 188
– Maqueta del Centro Histórico 176
– Marina Hemingway 188
– Memorial Granma 181
– Miramar 188
– Monumento José Martí 188
– Museo de Arte Colonial 169
– Museo de la Cerámica 176
– Museo de la Ciudad 164
– Museo de la Danza 187
– Museo de la Revolución 181
– Museo del Automóvil 172
– Museo del Chocolate 176
– Museo del Ron 172, **173**
– Museo del Tabaco 176
– Museo Ernest Hemingway 204
– Museo Histórico de las Ciencias Carlos J. Finlay 175
– Museo Nacional de Bellas Artes 180
– Museo Nacional de la Música 172
– Museo Postal Cubano 188
– Palacio de Bellas Artes 180
– Palacio de los Capitanes Generales 163
– Palacio de los Condes de Bayona 169
– Palacio de los Condes de Lombillo 169, 173
– Palacio del Conde de Jaruco 173
– Palacio del Conde de Santovenia 168
– Palacio del Marqués de Aguas Claras 170
– Palacio del Segundo Cabo 165
– Palacio Pedroso 172
– Parque Central 177
– Parque Histórico Morro-Cabaña 181
– Parque Lenin 203
– Perfumería Habana 1791 176
– Playa 188
– Plaza de Armas 163
– Plaza de la Catedral 169
– Plaza de la Revolución 187
– Plaza de San Francisco 172
– Plaza de Simón Bolívar 176
– Plaza Vieja 173
– Plazuela de Paula 175
– Seminario de San Carlos y San Ambrosio 172
– Stiftung Fernando Ortiz 186
– Taller Experimental de Gráfica de La Habana 170
– Transport 175
– Übernachten 189
– Universidad de La Habana 186
– Vedado 183
– Verkehr 202
Hanabanilla-Stausee 22, **312**
Hatuey **41,** 372, 418
Heiliger Lazarus 61
Helms-Burton-Gesetz 52
Hemingway, Ernest 171, 176, 203, 205, 387
Heredia, José María 396
Hershey-Bahn 201
Hip-Hop 94
Höhlen 130
Holguín 350
Hotels 127

Imías 413
Informationsquellen 110
Internet 110, 144
Isabel Rubio 243, **244**
Isla de la Juventud 22, **210**

Der Haupteintrag ist **fett** hervorgehoben.

Jacht Granma **48,** 375, 383
Jagen 130
Jagüey Grande 267
Jardín Botánico Soledad 282
Jardines del Rey 327
Jatibonico 319
Jorrín, Enrique 87
Júcaro 322
Juden 58

Kadima 94
Karneval **77,** 390
Kinder 118
Kitsch Cubano 98
Klima 141
Kolonialzeit 41
Kolumbus, Christioph 40, 169, 361, 364, 415, 420
Kommunikation 144
Kommunistische Partei 47
König Carlos II. 43
Kulinarisches Lexikon 106
Kultur 80
Kunst 97

La Bajada 245
La Boca 290
La Farola 413
La Fé 212, 245
La Máquina 414
La Mula 385
La Palma 225
La Plata 384
Lago Hanabanilla 22, **312**
Laguna Redonda 326
Lam, Wifredo **97,** 171
Landkarten 112
Las Coloradas 382
Las Cuevas 380
Las Mercedes 379
Las Minas 386
Las Salinas 271
Las Terrazas 220
Las Tunas 343
Lesben 137
Lesetipps 112
Lezama Lima, José 94
Literatur **94,** 112
Loma de Cunagua 325
López, Orestes 86
Los Van Van 93

Maceo Grajales, Antonio **46,** 330, 397
Machado, Gerardo 47
Mafia 48, 86, 161, 184
Maisí 414
Mambises 46
Mambo 86
Manaca Iznaga 292
Manicaragua 312
Manolín 93
Mantua 243
Manzanillo 45, **379**
Marea del Portillo 379, **384**
María La Gorda 243, **245**
Martí, José **44,** 46, 161, 175, 211, 391, 398, 412, 413
Martínez, Raúl 98
Matamoros, Miguel 81
Matanzas 45, 209, **253**
Mayarí 369
Media Luna 382, 384
Melgarejo 386
Mella, Julio Antonio 47
Mendieta y Montefur, Carlos 48
Mendive, Manuel 97
Menéndez, Aldito 99
Menschenrechte 33
Meyer-Lanski **48,** 184
Mietwagen 115, **123,** 125
Minas 340
Moa 350, **371**
Mogotes 234
Montejo, Esteban 62
Moré, Beny 83, 86, **281**
Morell de Santa Cruz, Pedro Augustín 43
Morgan, Henry 210, 330
Morón 317, 319, **322**
Mountainbiken 118
Mural de la Prehistoria 235
Museo Arqueológico Chorro de Maita 364
Museo Histórico Granjita Siboney 407
Musik 80
Musiktipps 92

Nápoles Fajardo, Cristóbal 344
Narváez, Pánfilo de 155
Natur 16
Nganga 69
Niquero **383,** 384
Notruf 143
Novoa, Glexis 99
Nueva Gerona 210
Nuevitas 330, **340**

Obama, Barack 37
Ochún 64
Öffentlicher Nahverkehr 124
Öffnungszeiten 119, 133, 139
Ojo de Agua 243
Omni Zona Franca 99
Opción Cero 27, 51
Opposition 33
Oríchas 62
Orientierung 135
Orishas 94
Ortíz, Fernando 20

Padura, Leonardo 97
Paleros 69
Palma, Estrada 47
Palma Soriano 386
Parque Baconao 407
Parque La Güira 224
Parque Monumento Nacional Bariay 361
Parque Nacional Alejandro de Humboldt 22, **371,** 425
Parque Nacional Desembarco del Granma 383

Register

Parque Nacional Gran Piedra 407
Parque Nacional La Demajagua 381
Parque Nacional Península de Guanahacabibes 245
Parque Nacional Turquino 377
Parque Natural Duaba 425
Paulito y su Élite 93
Payá, Osvaldo 36
Península de Guanahacabibes 245
Península de Hicacos 258
Península de Zapata 267
Perché 282
Pérez Prado, Dámaso 87
Pérez, Fernando 101
Perico 267
Período Especial en Tiempos de Paz 27, **51**
Peso Convertible 138
Peso Cubano 138
Pico Turquino 22, **378, 380**
Pilón 383
Pinar del Río 228
Piñeiro, Ignacio 83
Piñera, Virgilio 95
Piraten 156
Pizarro, Francisco 388
Platt Amendment **47,** 48, 410
Playa Ancón 19, **290**
Playa Arroyo Bermejo 209
Playa Belén 244
Playa Blanca 360, 362
Playa Boca de Galafre 244
Playa Covarrubias 345
Playa de Cajobabo 414
Playa de Caletones 360
Playa de Morales 368
Playa Don Lino 362
Playa Duaba 425
Playa Esmeralda 363
Playa Girón 272
Playa Herradura 345
Playa Jibacoa 209
Playa La Boca 345
Playa Larga 19, **271**
Playa Las Coloradas 383
Playa Los Cocos 341
Playa Maguana **371,** 425
Playa María La Gorda 245
Playa Pesquero Nuevo 362
Playa Puerto Rico 368
Playa Rancho Luna 283
Playa Santa Lucía 19, **341**
Playa Siboney 19, **407**
Playa Verraco 408
Playa Yuraguanal 362
Playas del Este 19, **206**
Politik 15, 24
Politisches System 32
Pons 243
Pop-Art 98
Portuondo, Omara 90
Post 144
Preisniveau 139
Prostitution 136
Pueblo Holandés 326
Puente Bacunayagua 209
Puerto Padre 341, **345**
Punk 94
Punta Gorda 406

Radfahren 131
Radio 144
Rafael Freyre 361, **362**
Rancho King 341
Rancho Luna 19
Rap 93
Real Compañía 43
Reggaeton 94
Regla 204
Regla Conga 61, **69**
Reiseagenturen 116
Reiseapotheke 142
Reiseplanung 115
Reisezeit 141
Reiten 132
Religion 15
Remedios 313
Revolution 48
Ribera, Nicolás de 156
Río Toa 425
Río Yumurí 425
Robaina, Alejandro 244
Rodas 272
Rodríguez, Arsenio 83
Rodríguez, Ciro 81
Routenplanung 115
Rumba 88
Rundreisen 115, 116

Saavedra, Lázaro 99
Salto El Nicho 283
San Andrés 225
San Antonio del Sur 413
Sánchez, Celia 379
Sánchez, Elizardo 36
Sánchez, Yoani 37, 38
Sancti Spíritus 299
San Diego de los Baños 224
Sandino 245
San Francisco de Paula 204
San Juan y Martínez 244
San Luís 244
San Martín, Grau 48
Santa Clara 305
Santa Isabel de Nipe 368
Santa Lucía **238,** 243
Santa María del Mar 206
Santamaría, Abel 397
Santería 61
Santiago de Cuba 42, 84, **388**
– Ayuntamiento 393
– Balcón de Velázquez 393
– Calle Padre Pico 398
– Casa de la Trova 393
– Casa de las Religiones 404
– Casa de las Tradiciones 398
– Casa del Caribe 404
– Casa Diego Velázquez 393
– Casa Natal de Antonio Maceo 397
– Casa Natal de Frank y Josué País 397

Der Haupteintrag ist **fett** hervorgehoben.

- Casa Natal de José María Heredia 396
- Castillo El Morro 406
- Catedral de Nuestra Señora de la Asunción 392
- Cementerio de Santa Ifigenia 398
- Centro Cultural Africano 404
- El Tivolí 398
- Galería de Arte La Confronta 396
- Mercado Municipal 398
- Moncada-Kaserne 48, 397
- Museo Ciencias Naturales Tomás Romay 397
- Museo de Ambiente Histórico Cubano 393
- Museo de la Lucha Clandestina 398
- Museo del Carnaval 396
- Museo del Ron 396
- Museo Emilio Bacardí 397
- Museo Histórico 26 de Julio 397
- Parque Céspedes 392
- Parque Histórico Abel Santamaría 397
- Plaza de Marte 397
- Plaza Dolores 397

Santo Domingo 378
Schattenwirtschaft 24
Schlepper 136
Schwarzer Frühling 36
Schwarzmarkt 27, 133
Schweinebucht 51, **271**
Schwule 137
Segeln 132
Segundo, Compay 91
Siboneyes 40
Sicherheit 137
Sieben-Jahre-Krieg 43
Sierra de Baracoa 22
Sierra de Cristal 22, **369**
Sierra de Cubitas 340
Sierra de las Casas 211
Sierra de los Órganos 19
Sierra del Escambray 22, 293
Sierra del Rosario 19, **220**
Sierra Maestra 22, 377, 407
Sitio Histórico de Birán 368
Sklaven 42, 56
Socarrás, Prío 48
Son 81
Sores, Jacques de 156
Soroa 223
Souvenirs 133
Soziales 24, 30
Spartipps 139
Spezialperiode in Friedenszeiten 27, **51**
Spezialreisen 116
Sport 130
Sportklettern 117, 132,
Sprachführer 146
Stevenson, Robert Louis 210
Strände 19, 117
Sumidero 243
Surfen 132

Tabak 20, 42, 232
Tabio, Juan Carlos 101
Taínos 40, 350
Tauchen 132
Telefonieren 145
Timba 93
Torre Iznaga 297
Torres Llorca, Rubén 99
Tortuguilla 413
Touristenbüros 111
Touristenkarte 120
Transportmittel 118, 121
Trinidad 284
Trinkgeld 140
Trio Matamoros 81
Tumba Francesa 390

Umwelt 16, 23
Unabhängigkeitskriege 45
UNEAC 93
Unterkunft 127
USA 46
US-Embargo 27, **52**
Uvero 384

Valdés, Zoé 97
Valle de la Prehistoria 408
Valle de las Dos Hermanas 235
Valle de los Ingenios 292, **297**
Valle de Mayabe 354
Valle de Viñales 234
Valle de Yumurí **209,** 254
Valle El Abra 225
Valle El Cobre 386
Valle San Luís 297
Varadero 19, **258**
Varela-Projekt 36
Varona, Enrique José 330
Velázquez, Diego 155
Verhalten 136
Verkehrsregeln 124
Villa Clara 305
Villa, Ignacio 59
Viñales 225, **234**
Visum 120
Vogelbeobachtung 118
Vuelta Abajo 228, **244**

Währung 138
Wandern 118, 132
Wasserski 132
Wirtschaft 15, **24,** 27

Yaguajay 317
Yaguaramas 272
Yara 41, 45, **379**
Yemayá 64
Yoruba 62
Yumurí 414

Zahlungsmittel 138
Zayas y Alfonso, Alfredo de 47
Zehnjähriger Krieg 45
Zeitungen 145
Zollbestimmungen 120

Abbildungsnachweis/Impressum

Bildnachweis

akg-images, Berlin: S. 2 u., 99, 100

Avenue Images/Bilderberg, Hamburg: S. 3 u., 211 (Dirscherl); 114, 354/355, 369 (Ellerbrock); 323 (Enders); 31, 288/ 289, 320/321 (Grames); 1 mi., 233, U4 o. (Heimann); 4 u., 278 (Kunz); 253 (Madej); 4 o., 10/11, 104, 192, 216, 218 re., 240/241, 250, 264/265, 268, 276/277, 284, 400/401 (Modrak); 50 (Popperfoto); 215 (Probst); 9 (Rescio); 227 (Spalek)

Getty Images, München: Titel

Rainer Hackenberg, Köln: S. 119

Tobias Hauser, Freiburg: S. 386/387

laif, Köln: S. 378, 382/383 (Aurora/Azel); 5 u., 7 o., 85, 296, 362/363 (Celentano); 130 (Eisermann); 152, 159, 295, 340, 346/347, 373, 403, 406, 415, 420/421 (González); 1 li. u. re., 2 o., 3 o., 7 mi. u. u., 17, 21, 22/23, 111, 148/149, 150, 152 li., 155, 160, 164/165, 177, 182/183, 199, 206/207, 218 li., 246/247, 248, 259, 311, 328/329, 348, 389, 392/393, U4 u. (Hauser); 8 o., 222, 308 (Heeb); 57 (Knop); 53 (Loubat); 5 mi., 8 u., 25, 42, 76, 82/83, 126, 129, 143, 189, 302/303, 314/315, 339, 358/359 (Raach); 39 (Redux/Brennan); 334/335 (Sahm); 72 (Tophoven)

Look, München: S. 67 (Raach); 88 (Firmhofer)

Mauritius Images, Mittenwald: S. 196 (age); 3 mi., 170/171 (imagebroker/Kohls); 34/35 (imagebroker/Moxter); 28/29 (Runkel)

Picture-Alliance, Frankfurt: S. 91 (dpa/Winther); 7 u., 62/63 (epd-Bild/Endig); 71 (Godong/Deloche)

transit, Leipzig: S. 103 (Bader); 5 o., 6 o., 74/75, 108/109, 133, 140, 144, 348 li., 366, 411, 414, 424 (Roetting)

Zitatnachweis

S. 16 aus: Nicolás Guillén, »Gedichte«, Frankfurt 1982, © Suhrkamp Verlag

S. 20 aus: Fernando Ortíz, »Tabak und Zucker. Ein kubanischer Disput«, Frankfurt 1990, © Insel Verlag

S. 40 aus: Guillermo Cabrera Infante, »Ansicht der Tropen im Morgengrauen«, Frankfurt 1992, © Suhrkamp Verlag

S. 62 und 298 aus: Miguel Barnet, »Der Cimarrón. Die Lebensgeschichte eines entlaufenen Negersklaven auf Cuba, von ihm selbst erzählt«, Frankfurt 1976, © Suhrkamp Verlag

S. 158 aus: Alejo Carpentier, »Die Stadt der Säulen«, in: Stegreif und Kunstgriffe. Essays zur Literatur, Musik und Architektur in Lateinamerika, Frankfurt 1980, © Suhrkamp Verlag

S. 158 aus: Guillermo Cabrera Infante, »Drei traurige Tiger«, Frankfurt 1989, © Suhrkamp Verlag

S. 217 aus: Guillermo Cabrera Infante, »Rauchzeichen«, Frankfurt 1990, © Suhrkamp Verlag

Kartografie

DuMont Reisekartografie, Fürstenfeldbruck

© DuMont Reiseverlag, Ostfildern

Umschlagfoto: Titelbild, Trinidad

Über die Autorinnen: Ulli Langenbrinck ist freie Autorin und lebt im Ruhrgebiet. Sie hat zahlreiche Film-, Radio- und Magazinreportagen über die Karibik und Portugal veröffentlicht. Anke Munderloh, in Süddeutschland zu Hause, arbeitet als Autorin und freie Lektorin im Reise- und Outdoorbereich. Seit ihrem Studium der spanischen Linguistik bereist sie Lateinamerika regelmäßig.

Hinweis: Autorinnen und Verlag haben alle Informationen mit größtmöglicher Sorgfalt geprüft. Gleichwohl sind Fehler nicht vollständig auszuschließen. Alle Angaben erfolgen ohne Gewähr. Bitte schreiben Sie uns! Über Ihre Rückmeldung zum Buch und über Verbesserungsvorschläge freuen sich Autorinnen und Verlag:
DuMont Reiseverlag, Postfach 3151, 73751 Ostfildern, E-Mail: info@dumontreise.de

1. Auflage 2011

Grafisches Konzept: Groschwitz, Hamburg
Printed in Hungary